工商管理经典译丛 市场营销系列 | Business Administration Classics·marketing

U0874224

服务营销

—Services Marketing—

第 8 版

Eighth Edition

约亨·沃茨（Jochen Wirtz）
克里斯托弗·洛夫洛克（Christopher Lovelock）
—— 著 ——

韦福祥 等
—— 译 ——

中国人民大学出版社
·北 京·

工商管理经典译丛·市场营销系列

出版说明

随着我国市场经济的不断深化，市场营销在企业中的地位日益突出，高素质的市场营销人才也成为企业的迫切需要。中国人民大学出版社早在1998年就开始组织策划“工商管理经典译丛·市场营销系列”丛书，这是国内第一套引进版市场营销类丛书，一经推出，便受到国内营销学界和企业界的普遍欢迎。

本丛书站在当代营销学教育的前沿，总结国际上营销学的最新理论和实践发展的成果，所选图书均为营销学界有影响的专家学者所著，被世界各国（地区）的高校师生和企业界人士所广泛使用。在内容上，涵盖了营销管理的各个重要领域，既注意与国内营销学相关课程配套，又兼顾企业营销的实际需要。

市场营销学是实践性很强的应用学科，随着我国企业营销实践的日渐深入和营销学教育的快速发展，本丛书也不断更新版本，增加新的内容，形成了今天呈现在读者面前的这一较为完善的体系。今后，随着营销学的发展和实践的积累，本丛书还将进行补充和更新。

在本丛书选择和论证过程中，我们得到了国内营销学界著名专家学者的大力支持和帮助，原我社策划编辑闻洁女士在早期的总体策划中付出了大量的心血，谨在此致以崇高的敬意和衷心的感谢。最后，还要特别感谢为本丛书提供版权的培生教育出版集团、约翰威立公司、麦格劳-希尔教育出版公司、圣智学习出版公司等国际著名出版公司。

希望本丛书对推动我国营销人才的培养和企业营销能力的提升持续发挥应有的作用。

中国人民大学出版社

译者序

在服务营销学界，大致可划分为以克里斯廷·格罗鲁斯（Christian Grönroos）为代表的北欧学派（Nordic School）和以帕拉苏拉曼（Parasuraman，A.）、泽丝曼尔（Zeithaml，V. A.）和贝里（Berry，L.）等人为代表的北美学派（North America School）。在服务营销学科进入国内的很长时间里，洛夫洛克和沃茨先生都鲜为人知。但事实上，洛夫洛克先生也是服务营销学科的奠基人之一。早在2009年撰写博士论文期间，我便开始阅读两个学派和洛夫洛克先生的著作、文章，记得当时读的第一本洛夫洛克先生的书就是*Product Plus*，但遗憾的是，该书一直没有被国内学者翻译。那本书写于20世纪80年代，书中很多观点实际上是在很多年后才为国内学者所了解，典型的如“服务之花”。唯一遗憾的是，尽管2014年曾翻译出版了洛夫洛克教授的《服务营销》（第7版·国际版），但却一直难以谋面。先生已逝，殚精竭虑翻译好他的这本书，也算是对先生的一种告慰。

2016年，中国人民大学出版社希望我能翻译第8版，我毫不犹豫地答应了，原因非常简单，尽管现在国内服务营销方面的书籍已经有很多，但我们真的需要像洛夫洛克和沃茨先生撰写的这样严谨的著作。现实中，关于服务营销理论，有太多的讹传，特别是在网络上，有太多的谬误。例如，关于PZB，无论是在百度还是其他搜索引擎上，帕拉苏拉曼、泽丝曼尔和贝里三位学者都被“引渡”到了英国牛津大学，而且将PZB与服务质量管理模型（Gaps Model）混为一谈，称为一种服务质量管理模式。三人的贡献岂止于此，学界和业界现在所用的服务质量度量方法SERVQUAL，还有容忍区域模型，等等，都来自三人，这种轻率令人啼笑皆非。

2016年，赴相识多年的老友卡斯帕尔（Hans Kasper）所在的荷兰马斯特里赫特大学参加SERVSIG会议，见到格罗鲁斯、汉斯和沃茨教授。沃茨教授听说我要翻译本书的第8版，非常高兴，归国后不久寄来一大包原版书，深受感动，唯有努力翻译。

全书仍是5篇15章，但仔细阅读，发现本版与上一版相比，有了很多变化，有些是根本性的。主要变化包括：

第一，最大的变化是作者署名顺序发生了变化。《服务营销》（第7版·全球版）署名顺序为克里斯托弗·洛夫洛克、约亨·沃茨，本版的署名顺序正好颠倒过来了。但洛夫洛克先生的名字依然在封面上，表达了沃茨教授对已故洛夫洛克教授的敬重。

第二，全书的结构发生了变化。如第1章，原来的题目是“服务经济时代营销新视野”，现在则改为“在服务经济中创造价值”，看似变化不大，实际上其内涵和外延都发生了巨大变化，更强调了为顾客创造价值，内容比第7版丰富了许多。同时，把原来的第15章中的“服务利润链”理论提前到了本章，使读者从阅读本书开始，便对服务营销的基本逻辑关系有非常清晰的了解。其他章节题目也有类似的变化。

第三，内容更加充实。全书内容与本书副标题 People（人）、Technology（科技）和 Strategy（战略）呼应得更加紧密。在第7版中，服务文化问题着墨并不多，但本版则将其作为重点加以阐述。我们知道，组织文化在服务企业中的作用远比在制造企业中的作用要大得多，因为在服务组织中有太多的“软标准”，所以从严格意义上讲，服务组织是文化驱动的组织，本版对此问题的论述非常充分。再如，服务领导力问题，上一版研究得并不多，本版强化了这方面的内容。此外，一些科技进步在服务营销的应用，如原来在渠道论述中没有涉及的 App 等也被纳入研究范围。

第四，增加了新的章节。第15章“创建全球领先的服务组织”从结构到内容全部是崭新的，原来的第15章是“努力成为服务行业的领导者”，两者的高度和前沿性从题目便可管窥一豹。

另外，本版更新和增加了很多新的案例，在注重理论性的同时，全书更具实战性，限于篇幅，不一一列举。

如果读者仔细阅读，会发现沃茨、洛夫洛克一书与格罗鲁斯和泽丝曼尔等人所撰写的服务营销之不同。例如，“服务之花”是两人独有的；关于服务设计问题，对服务蓝图理论和应用阐述得最清楚的也是他们两人；还有关于服务质量差距模型，两人的论述也与其他学者有差异。相信读者在阅读的时候会看到这些差异及其他独特之处。另外，沃茨和洛夫洛克的风格与格罗鲁斯和泽丝曼尔等人不同，格罗鲁斯偏重理论性，泽丝曼尔等人则偏重实用性和基础知识的普及，沃茨和洛夫洛克则将两个学派的特点有机地融合起来，形成了自己独特的风格。

本书是我的研究团队精诚合作的结果，先后有数位教师参与了翻译工作，他们是刘萍博士（第10章）、姚亚男博士（第2、第5、第6和第7章）、曹花蕊博士（第8、第13和第14章）、杜伟强博士（第3和第4章）和张丽霞博士（第9章），案例则由部分研究生翻译，感谢所有参与翻译的教师和学生。

我自己承担了第1、第11、第12和第15章的翻译及全书的统稿、审校工作，整个统稿和审校重译及修改的字数近3万字！整个统稿、审校过程从2017年一直持续到2018年，创下我所有主持翻译专著的时间跨度和修改字数之最。

非常感谢中国人民大学出版社石岩编辑对本书翻译工作的支持以及在翻译过程中提出的众多宝贵意见，更感谢她的耐心和宽容。还要特别感谢王前编辑，她的编辑加工使本书增色不少，其敬业精神和专业度令人敬佩，真诚地说一声：谢谢！

在今天这个浮躁的时代，由于众所周知的原因，没有多少人愿意做专著翻译工作了，这需要工匠精神，不问东西，只求知识普及。我希望我们小小的付出，能对更多的人了解服务营销学科，了解沃茨和洛夫洛克两位学者，贡献一点绵薄之力。水平有限，错误在所难免，恳请读者不吝赐教，对不当之处批评指正。

韦福祥

戊戌年初春于碧湖园

前　言

在急速扩张的世界经济中，服务业的重要性从未如此引人注目，科技更是以令人瞠目的速度快速发展。一切都在变，唯一不变的就是变。传统行业中那些曾声名显赫的公司江河日下，甚至随着新的商业模式不断涌现而消亡。竞争日趋惨烈，企业必须采用新的战略和策略，以应对顾客每分每秒都在变化的需求、期望和行为。本书正是在全球由产品经济向服务经济转化的大背景下应运而生。在这样一个大背景下，服务管理和营销的技能从未像今天这样重要。

在今天这个服务和知识经济时代，企业创造和营销价值需要明确审视有形产品和无形服务融合的重要性，知道怎样进行高质量的服务运营，知道顾客信息管理流程，了解怎样激励一线员工和提升其竞争力，并由此通过有效的服务战略将上述“资产”转化成组织绩效。本书要实现的目标包括：

(1) 使读者能够真正了解营销、管理所面临的挑战，迎接这些挑战，并通过一流服务的传递实现盈利。本书为读者提供了迎接这些挑战的基本工具和战略。

(2) 使读者掌握先进的管理思维和服务营销知识。

(3) 提升读者的顾客服务导向和意识。

服务营销科学在发展，本书也是如此，每次新一版的推出，都在继承上一版的基础上融入了诸多创新性内容。第 8 版也是如此，这本书真实地反映了我们所面临的现实世界，将最新的学术研究成果和管理者的思考纳入其中，进而提出最前沿的服务营销观点。

新版的撰写充满了挑战。在服务营销领域，一些具有开拓精神的教授提出的新观点会对学术和教学产生巨大的影响，越来越多的学生开始选修服务营销，从职业生涯角度看，这是一种非常好的现象，因为今天很多大学毕业生将来一定会进入服务行业工作。

第 8 版高度概括了服务经济的持续进展，总结了新的研究发现，充分考虑了服务经济和科学技术快速发展对服务营销理论产生的影响，并根据审阅者和使用者所提出的建议，对本书的结构和陈述方式进行了变革。

新结构、新观点

几乎所有的章节都根据新的架构进行了重新整合，让读者对本章内容和观点有直观的感受。

将新科技应用实例融入了全书，从移动电子商务（M-commerce）、社交网络到机器人、人工智能及生物识别技术。

对全部15章都进行了修订，增加了新的案例和最新研究成果，各章内容变化最大之处如下：

第1章："在服务经济中创造价值"，原来的章题为"服务经济时代营销新视野"，从中大家可以看出变化很大。不仅深入探讨了现代服务经济的特性，而且对B2B服务进行了深入研究（上一版没有），如服务外包和离岸外包。同时，将服务利润链理论由第15章提前到本章，以对后面章节起到提纲挈领的作用。

第2章：由原题目"服务情境中的消费者行为"修改为"了解服务消费者"，涵盖了顾客消费后行为，包括服务质量，服务质量维度及其度量，以及服务质量与顾客忠诚的关系。而这些在上一版中是第14章的内容。

第7章："服务营销沟通"的结构和内容现在根据5W模型进行了重新整合。在服务营销沟通"漏斗"中，增加了一节新内容，将新的沟通渠道纳入进来（如社交媒介、App等），内容增加了很多。

第8章："服务流程设计"也增加了一节内容，详尽讨论了情感映射和服务蓝图等一系列问题。

第11章："通过有效员工管理获取服务竞争优势"新增了两节内容。一节主要讨论服务文化问题，特别是构建良好的服务氛围；另一节则主要研究服务组织中的领导力问题。在上一版中，服务领导力问题是第15章中的内容。

第14章："提高服务质量和生产率"，将原来附录中的一些内容放入了正文，包括全面质量管理、六西格玛方法等。

第15章："创建全球领先的服务组织"，从结构到内容全部是崭新的，对全书重要的内容和主题进行了概括，并对如何成为全球领先的服务企业提出了具体建议。本章强调了顾客满意度对服务组织长期盈利能力的影响以及如何提升顾客满意度，等等。

本书适用范围

本书适用对象主要是研究生、MBA及EMBA。我们是在管理大框架下进行服务营销研究，因此，本书适用于将来想从事管理工作的全日制学生，更适用于在职的EMBA学生，因为他们可以将理论学习与其所从事的管理工作有机结合起来，学习效果会更佳。

不管从事哪一类管理工作，充分了解营销、人力资源管理和运营三者之间的有机关系至关重要。正是基于这样一种理念，在设计本书逻辑结构时，我们做了精心安排，读者不必逐章学习，可以根据需要，选择不同的章节和案例进行学习。

本书特色

本书最重要的特色包括：

- 通过构建完整、易懂的理论框架，结合最前沿的学术研究成果来研究现实管理问题。目标是在理论和现实之间搭建一座桥梁，解决企业实际问题。

● 根据整合理论框架对教材进行科学的组织，学生可以一目了然地了解每一章的基本内容。

● 很多章节采纳易懂、易记的理论框架来编排，不同章节之间的相关性得以提升。这个框架贯穿全书各章。

● 全书简洁、可读性强，而且结构严谨。

● 强调国际化视野，从美国、欧洲和亚洲精心选择具有国际化特色的不同案例。

● 教材的系统性很强，每章有明确的学习目标，简明的理论框架对每章内容进行了高度概括，每章后都有小结，以便读者对每章内容的复习。

● 每章都有开篇案例，还插入了服务展望等专栏，以提高学生学习的兴趣，并为课堂讨论提供素材。服务展望中的内容来自最新研究成果，或最富创新性的服务组织的实践活动。

我们将现有营销管理、原理教材中的相关材料尽量补充到本书中。但我们必须认识到，服务经济是多元化的经济，我们无法用一个单一的模型或理论框架把服务经济相关的方方面面都囊括进来，如大型国际化服务企业与小型本土化服务公司就存在巨大的差异。基于此，本书为管理者提供了“工具箱”，使管理者知道，在不同的情境下，如何利用不同的概念、框架和分析流程来解决不同的问题。

目 录

第 1 篇　了解服务产品、消费者与市场

第 1 章　在服务经济中创造价值 …… 003
为什么要研究服务 …… 006
服务业中的支撑性行业 …… 009
改变服务市场格局的决定性力量 …… 011
经济发展的核心引擎：B2B 服务 …… 011
外包与离岸外包并行不悖 …… 013
什么是服务 …… 014
新视角：只有利益，没有所有权 …… 015
基于过程视角的四种服务分类 …… 017
服务对传统营销理论提出的挑战 …… 019
服务营销组合策略 7P …… 021
传统服务营销组合理论在服务业中的应用 …… 021
利用扩展的服务营销组合策略管理顾客接触 …… 024
营销必须与其他管理职能进行有机整合 …… 025
服务利润链 …… 026
有效服务营销战略构建的基本理论框架 …… 028
结　论 …… 030
第 2 章　了解服务消费者 …… 034
服务消费三阶段模型 …… 036
服务购买前阶段 …… 036
服务接触阶段 …… 045
服务接触后阶段 …… 052
结　论 …… 060
第 3 章　竞争市场环境中的服务定位 …… 064
顾客导向型服务市场策略 …… 066
服务市场细分 …… 070
目标服务市场 …… 072
定位服务准则 …… 075
采用定位图来规划竞争战略 …… 077

建立有效的定位战略 …… 082
结　论 …… 083

第2篇　4P理论在服务营销中的应用

第4章　开发服务产品与品牌 …… 089
创造服务产品 …… 090
服务之花 …… 093
品牌服务企业、产品与体验 …… 100
品牌服务产品分层 …… 102
建立品牌价值 …… 103
提供品牌体验 …… 104
开发新服务 …… 105
在开发新服务方面取得成功 …… 107
结　论 …… 108
第5章　服务产品在实体渠道与电子渠道中的分销 …… 112
服务背景下的分销 …… 113
分销什么 …… 113
如何对服务进行分销 …… 115
服务传递的地点 …… 120
何时提供服务 …… 123
中间商的作用 …… 124
特许经营 …… 126
在大型国内市场上进行服务分销所面临的挑战 …… 128
在全球市场上进行服务分销 …… 129
结　论 …… 137
第6章　服务定价与收益管理 …… 141
有效的定价是企业获得财务成功的关键 …… 142
三足而立的定价策略 …… 144
收益管理：何为收益管理以及如何运作 …… 152
服务定价中的伦理与公平问题 …… 159
执行服务定价策略 …… 164
结　论 …… 171
第7章　服务营销沟通 …… 174
整合服务营销沟通 …… 175
界定目标受众 …… 176
制定营销沟通目标 …… 178
服务营销沟通的战术目标 …… 178
设计有效的沟通信息 …… 182
服务营销沟通组合 …… 185
服务营销沟通的时机决策 …… 201

预算决策与沟通计划评估 …… 201
营销沟通中的道德与消费者隐私 …… 202
企业形象设计的作用 …… 204
市场营销沟通组合的整合 …… 205
结 论 …… 206

第3篇 顾客界面管理

第8章 服务流程设计 …… 213
什么是服务流程 …… 214
设计和编制服务流程 …… 216
绘制服务蓝图 …… 217
服务流程再造 …… 227
顾客参与服务流程的水平 …… 231
自助服务技术 …… 232
结 论 …… 238
第9章 服务需求和生产能力的平衡 …… 242
服务需求波动对服务收益的影响 …… 243
服务生产能力的界定 …… 244
服务能力管理 …… 246
了解需求模式 …… 247
需求管理 …… 249
通过排队系统汇总需求 …… 252
顾客感知等待时间 …… 258
通过预约系统汇总需求 …… 259
为闲置产能创造其他用途 …… 261
结 论 …… 262
第10章 打造服务环境 …… 265
服务环境——服务营销的一个重要元素 …… 266
服务环境的目的是什么 …… 266
服务环境下顾客反应的相关理论 …… 270
服务环境的维度 …… 274
整合所有服务环境要素 …… 284
结 论 …… 288
第11章 通过有效员工管理获取服务竞争优势 …… 290
服务业员工至关重要 …… 292
一线工作充满困难和压力 …… 295
失败、平庸和成功的三种循环 …… 298
人力资源管理——如何做到人事相宜 …… 303
服务业文化、氛围与领导力 …… 319
结 论 …… 325

第4篇　构建顾客关系

第12章　顾客关系管理与顾客忠诚培育 …… 331
顾客忠诚研究 …… 332
忠诚之轮 …… 339
构建顾客忠诚的基础 …… 340
顾客忠诚关系构建战略 …… 346
减少顾客流失战略 …… 351
顾客忠诚战略的实施 …… 354
CRM：顾客关系管理 …… 356
结　论 …… 361
第13章　顾客抱怨管理与服务补救 …… 365
顾客的抱怨行为 …… 366
顾客对有效服务补救的反应 …… 370
有效服务补救系统的原则 …… 372
服务保证 …… 378
阻止滥用和机会主义消费行为 …… 382
结　论 …… 391

第5篇　追求卓越服务

第14章　提高服务质量和生产率 …… 397
整合服务质量战略与服务生产率战略 …… 398
什么是服务质量 …… 401
识别并纠正服务质量问题 …… 401
测量服务质量 …… 405
从顾客反馈中学习 …… 405
服务质量的硬性测量 …… 411
分析和解决服务质量问题的工具 …… 414
质量的回报 …… 417
生产率界定与度量 …… 420
提高服务生产率 …… 421
提高服务质量和生产率的集成和系统化方法 …… 424
结　论 …… 429
第15章　创建全球领先的服务组织 …… 432
创建全球领先的服务组织 …… 432
顾客满意度与组织绩效 …… 436
结　论 …… 438

案例研究 …… 440
词汇表 …… 489

第1篇　了解服务产品、消费者与市场

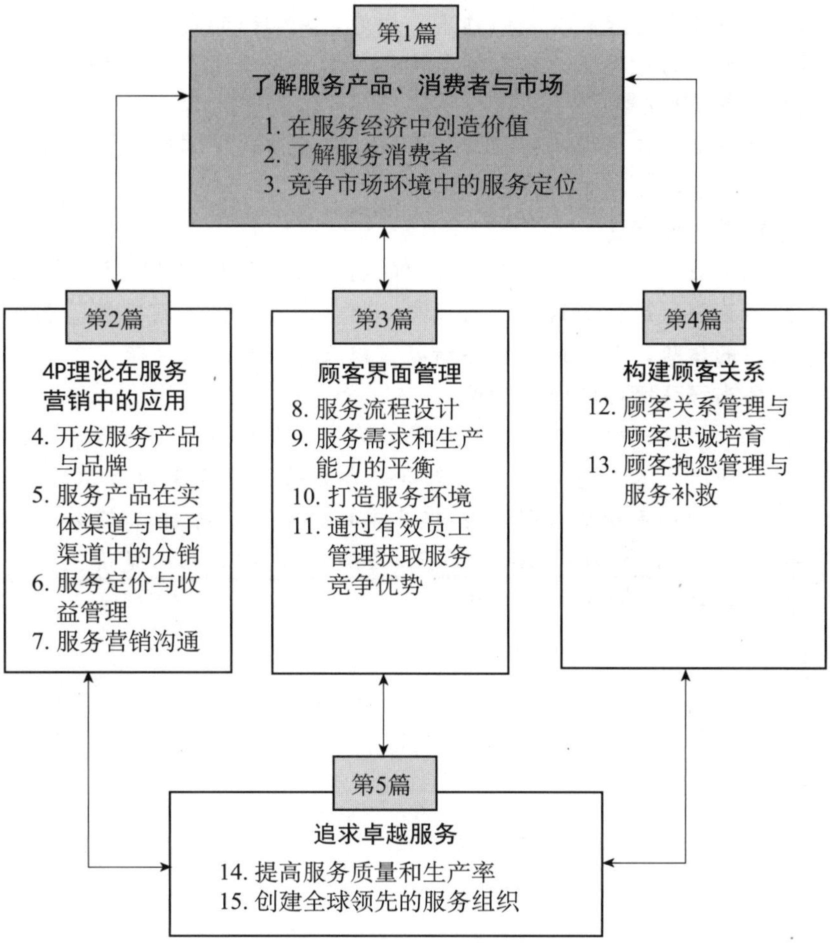

图Ⅰ　服务营销理论框架

通过本篇三章的学习，你能够了解服务营销基础知识以及怎样成为有效的服务营销者。本篇具体的章节及内容简介如下。

第 1 章　在服务经济中创造价值

第 1 章强调了服务在当代经济中的作用。同时，我们还界定了服务特性以及服务怎样在不牵涉到所有权转移的情况下为顾客创造价值。本章还研究了服务营销所面临的挑战以及服务营销组合，即 7P 问题。

图Ⅰ阐释的是全书的基本理论框架，从系统的角度研究了不同服务类型企业的营销战略制定问题。我们将在第 1 章中解释这一框架。

第 2 章　了解服务消费者

本章主要研究企业应怎样了解服务情境中的消费者需求和行为。本章构建的理论基础是服务消费三阶段模型，该模型解释了消费者如何寻求、评估不同服务，怎样作出购买决策，在服务接触中的体验，如何评估服务绩效，以及怎样形成忠诚等一系列问题。

第 3 章　竞争市场环境中的服务定位

第 3 章讨论了如何构建顾客驱动的服务营销战略，怎样通过价值诉求在市场上的定位来获取竞争优势。同时，本章还将顾客、竞争者和公司（通常简称为 3C）与公司的定位战略有机地结合起来。公司的定位基本流程是市场细分、选择目标市场、定位（即 STP 战略，S 为 segmentation，T 为 targeting，P 为 positioning），核心是价值诉求有效地植入消费者心智，进而找到有价值的目标市场。

第1章 在服务经济中创造价值

我们早已迈入服务经济时代。

——卡尔·阿波切特和让·詹姆克
商业和服务领域思想领导者

在今天的市场上，消费者的选择权比以往任何时期都大。

——《经济学人》杂志

灌输知识是远远不够的，要让人们拥有新的视野，而这需要改变他们看待世界的方式，使他们以全新的目光来审视这个世界。

——约翰·斯里·布朗
创新领域思想领导者

学习目标

通过本章的学习，您将能够：

1. 了解服务业对国民经济的贡献；
2. 知晓服务行业中最重要的几个产业；
3. 了解改变服务市场的力量；
4. 明确 B2B 服务对企业服务生产率提升和经济发展的推动作用；
5. 熟悉外包和离岸外包服务的区别；
6. 利用非所有权服务理论框架来界定服务；
7. 了解服务最基本的四种分类；
8. 熟悉服务特性及在竞争市场上服务产品所面临的特殊挑战；
9. 了解传统市场营销组合理论在服务业中的应用；
10. 了解顾客界面管理的服务市场营销组合策略（即 7P）；
11. 了解服务企业必须将营销职能与运营和人力资源管理有机整合的深层次原因；
12. 明晰服务利润链对服务管理的意义；
13. 知晓如何有效构建服务营销战略。

开篇案例

让我们进入服务营销的世界

与本书其他读者没有什么不同，你也一定有过服务经历。事实上，我们每天都在与服务打交道，如打电话、刷信用卡、乘公交车，或者是下载音乐、上网以及从自动取款机（ATM）上取款，它们已经成为你日常生活中不可或缺的组成部分，你甚至都意识不到它们的存在，除非有一天这些服务出了问题。有些服务可能比较复杂，更加难忘，如乘游轮度假、接受理财服务或者是到医院做检查。在你的一生中，上大学或攻读研究生也许是你需要作出的最重大、最复杂的服务决策。大学是非常复杂的服务组织，因为大学所提供的服务不仅牵涉到教育服务，还包括图书馆、学生宿舍、医疗保健、体育设施、博物馆、安保、学业咨询及职业生涯规划等。

在校园里，你可以通过不同的设施来接受不同的服务，如书店、邮局、复印店、银行和食品店，可以上网，也可以去娱乐、放松自己。这些都是典型的个人服务消费，或称为B2C服务。

公司或非营利组织都会牵涉到B2B的服务问题，行业不同，程度不同，但一般来说，其规模会远远大于B2C服务。现在，很多企业会采取服务外包的策略，把越来越多的非核心业务外包给其他服务企业，以节约成本，维持核心竞争力，但如果外包不能取得预期效果，这些服务组织就无法取得成功。顾客对企业提供服务的质量和价值并不总是满意的。接受服务后，有时顾客可能会非常愉悦，但有时则相反，可能会非常失望。

不管在B2B还是B2C市场上，企业不兑现承诺，质次价高，不了解顾客的需要，员工粗俗无礼且缺乏应有的服务技能，服务时间不便利顾客，管理流程复杂，无端浪费顾客时间，自助设施不能正常使用，网站设计复杂，这一切都会导致顾客不满意甚至抱怨。

服务供应商的竞争是惨烈的，需要管理者有与众不同的思维模式。很多服务企业抱怨成本太高，而利润太少；抱怨员工技能低下，而且工作没有积极性；抱怨顾客无理要求太多，无法满足。但让我们高兴的是，还是有一些服务企业知道该怎样在高效、盈利运营的基础上让顾客愉悦。

你可能非常愿意光顾有些服务企业。但你是否想过为什么？它们是怎样成功地把远远超出你期望的服务传递给你的？本书就将研究这些问题。你将知道，服务企业该怎样努力，让顾客满意，同时实现盈利。除了要了解核心概念、基本的理论框架和服务营销工具，你还将读到很多包括美国在内的世界各国的服务营销经典案例。从这些企业的经验中，你将掌握在激烈的服务市场上竞争制胜的法宝。

图1-1概括了第1章的基本内容。在本章中，我们将详细讨论仍处于变革中的服务经济，对服务特性进行界定，归纳市场营销所面临的挑战。本章的结尾是一张结构图，描述了从服务营销战略构建到实施的全过程，这也是本书的理论框架。

为什么要研究服务

- 服务在全球经济中占有重要地位
- 很多新的工作机会由服务业创造
- 了解服务营销知识有利于个人竞争优势构建

服务定义

- 服务为顾客提供利益，但不牵涉到所有权
- 服务是一方为另一方提供利益的经济活动，在特定时间内，服务能够给人、物或其他资产带来预期的结果。接受服务一方付出金钱、时间、精力，期望通过员工以及他们的技术和技能、货物、设施、网络或系统得到期望的价值

服务产业

按对美国GDP的贡献排序：

- 政府服务
- 不动产服务
- 企业与专业服务
- 批发与零售业
- 交通、公用事业和通信业
- 金融、保险业
- 医疗行业
- 酒店与餐饮行业
- 艺术、娱乐和休闲业
- 其他服务

基于服务对象的分类

- 针对人体的服务（如客运和美发行业）
- 针对所有物的服务（如货运和维修行业）
- 针对精神的服务（如教育）
- 针对信息的服务（如会计）

重要趋势

- 总体趋势
  政府政策
  社会变革
  企业发展趋势
  信息技术（IT）的进步
  全球化
- B2B服务增长
  外包
  离岸外包
  企业更加关注核心竞争力
  经济分工更加细化
  通过研发（R&D）提高生产率

服务对传统营销理论提出的挑战

一般认为服务有四个特征，即无形性（intangibility）、差异性（heterogeneity）、不可分割性（inseparability）和易逝性（perishability），简称IHIP。这些特征的管理意义是：

- 很多服务不可储存（易逝性）
- 无形要素决定了服务价值高低（服务从形态上看是无形的）
- 服务通常难以理解（服务在精神层面上也是无形的）
- 顾客通常参与服务的生产（特别是针对人的服务，服务生产与消费过程无法分离）
- 人（服务员工）是服务产品或服务经历的一部分
- 运营投入与产出差异很大（服务差异性）
- 时间因素非常重要（如在服务能力管理方面）
- 可能通过非有形渠道进行分销（如信息加工服务）

职能

需要将下列影响顾客经历的管理职能进行有机整合：

- 营销
- 运营
- 人力资源
- 信息技术

服务利润链

下列要素间存在紧密关联：

- 领导力
- 内部质量和信息技术（IT）
- 员工心理契约
- 顾客价值、满意度和忠诚
- 利润和增长

将服务战略付诸实践

本书按照服务营销管理基本理论框架构建，内容涵盖：

- 了解服务产品、消费者和服务市场
- 4P理论在服务营销中的应用
- 利用服务营销组合中的另外3P（服务过程、人员和有形环境）设计和管理顾客界面
- 构建顾客关系
- 追求卓越服务

图 1－1　服务营销导论

为什么要研究服务

我们面临一个悖论：生活在服务经济时代，但营销理论研究和教学的主流依然由制造业理论主导。如果你学过市场营销的课程就可以清晰地了解这一点，你在课堂上所学的几乎都是怎样营销有形产品，特别是消费品，而不是服务产品。但值得庆幸的是，越来越多的学者、咨询人士和教师，包括本书的作者，开始致力于服务营销的研究。在过去的30年里，已经有大量的服务营销研究成果面世。相信我们，本书将为你提供服务营销方面足够的知识和技能，以使你有效地应对未来的竞争。

服务业已成为大多数国家的支柱性产业

在全球范围内，各国服务业的快速增长已是不争的事实。随着一个国家经济的发展，在三次产业中就业人数的比重会发生极大的变化。[1]即使在新兴经济国家，服务产出的增长也是迅速的，而且服务业产值一般都占到了国内生产总值（GDP）的一半以上。图1-2说明的是，随着人均国民收入的增长，全球经济正迅速转型为以服务业为主导的经济。在发达经济体中，那些与高科技相关的服务业被界定为知识型服务业，事实已经证明，知识型服务业已经成为一国经济中最具活力的产业。[2]图1-3表明，在全球经济中，服务业创造的价值几乎占GDP的2/3。

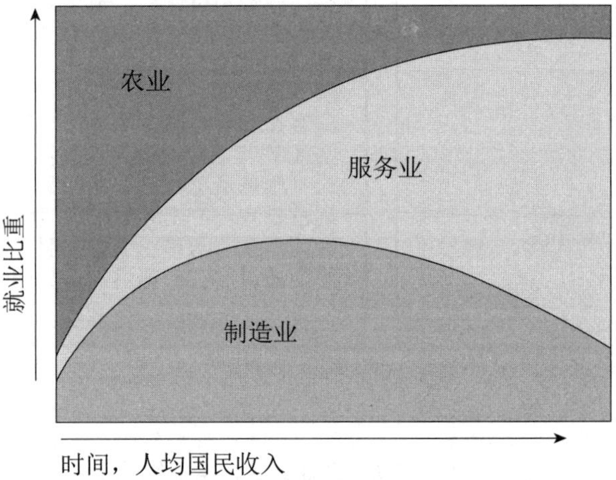

图1-2 经济发展与就业结构图

资料来源：International Monetary Fund，1997.

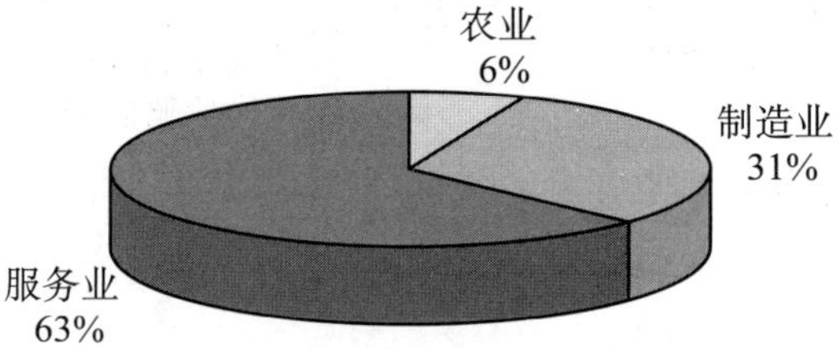

图1-3 全球服务业对GDP贡献率

资料来源：The World Factbook 2015，Central Intelligence Agency，www.cia.gov，accessed January 22，2015.

图1-4表明了在不同经济体中服务行业所占的比重。非常发达的国家和地区，服务一般要占GDP的65%~80%。唯一例外的是韩国，韩国是典型的制造业主导型国家，服务业占GDP的比重只有58%，尽管韩国很发达。服务业占比最高的国家分别是泽西、巴哈马和百慕大，我们可以发现这些国家都是一些小岛国，基本没有其他产业。在欧洲，服务业占比最高的国家是卢森堡（86%），而巴拿马也由于巴拿马运河的原因，客运和货运业高度发达，加之集装箱码头、自由港及金融、保险和旅游服务，服务业比重达到了78%。

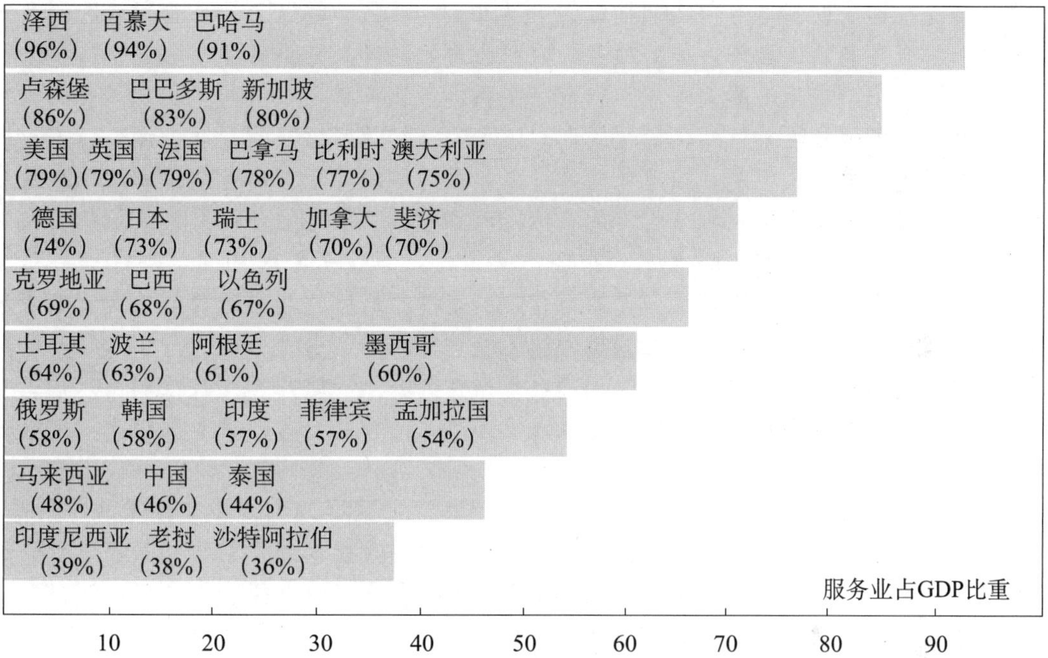

图1-4　部分国家和地区服务业占GDP比重示意图

资料来源：The World Factbook 2015, Central Intelligence Agency, www.cia.gov, accessed January 22, 2015.

一个比较特殊的例子是中国。近年来，中国经济发展迅速，但其服务业占GDP比重依然偏低，其主导产业依旧是农业、制造业和建筑业，但我们必须看到，中国政府已经逐渐改变投资战略，将大量资金投向基础设施，包括航运设施和新机场建设。还有些国家服务业比重偏低是由于资源的约束，如沙特阿拉伯，由于过于依赖石油行业，其服务业占GDP的比重仅为36%。

服务业创造了大量新的就业机会

在全球，服务业都是发展最快的行业，新的就业机会主要来自服务业。这是一个长期趋势。[3]服务工作不仅仅是指一些传统低收入服务行业的一线员工工作，如餐饮和顾客呼叫中心等。事实上，建立在知识经济基础之上的专业服务、企业服务、教育和医疗行业发展更为迅猛，提供的就业机会也更多。[4]在这些行业工作，收入很高，但需要良好的教育背景，职业前景令人艳羡。

很多制造业突破了将服务视为有形产品附属物的传统观念，将产品要素作为服务营销。请阅读服务展望1-1，考察劳斯莱斯是怎样实现这种变革的。

服务展望 1-1

劳斯莱斯的“现场动力”

很多制造企业利用服务，为顾客提供优异价值，以获取竞争优势。劳斯莱斯就是一个活生生的案例。劳斯莱斯以近乎疯狂的技术创新和制造全球一流的飞机引擎在市场上获得了巨大的成功，现在天空中飞翔的一半的最新式的宽体喷气式客机和1/4的单通道客机的引擎都是来自劳斯莱斯。劳斯莱斯获得成功的要素很多，但最重要的无疑是其历史性转变，即从以制造为中心转向以服务为中心。“现场动力”是企业实施的一个非常复杂的将服务与制造融为一体的项目，它令公司的顾客兴奋不已。

想象一下，在无垠的太平洋上空，一架飞机正从东京飞往洛杉矶，在漫长的飞行途中，乘客无聊地打盹。突然，一道闪电划破了天空，受到惊吓的顾客也许会在很短的时间内重新进入梦乡。但是，在地球的另一端，在英国的德比郡，劳斯莱斯的工程师可能会非常紧张。闪电击中飞机是常有的事情，而且并不一定总是会威胁到飞机的安全，但这次闪电使飞机引擎发出嘎嘎声。乘客不必担心，即使引擎关闭了，飞机也会安全着陆。问题是在洛杉矶是否需要全面的检查，这是例行的做法，但无疑会给上百名乘客带来不便，在检修期间他们只能在候机大厅无聊地等候。

飞机遭遇闪电的数据被发往德比郡，数据在屏幕上闪过，图形被绘制出来，工程师开始对这些数据和图形进行分析。飞机还没降落，分析结论已传回到飞机上，引擎一切正常，飞机可以正点起飞。

行业专家估计，飞机制造商从服务和销售零部件获取的利润是单纯卖飞机的7倍！丰厚的利润吸引了无数独立服务企业，它们所提供的飞机零部件的价格只有飞机制造企业的1/3。正是看准了这一点，劳斯莱斯将技术与服务有机地整合到一起，使得竞争对手难以模仿。劳斯莱斯并不是简单地卖飞机引擎，而是将飞机引擎与其他部件和服务整合到一起，命名为“全方位呵护”（TotalCare®），进行捆绑式销售，按引擎运转时数收取费用。在网站广告中，它将这种全方位呵护形容为“保证引擎一生安安静静”。劳斯莱斯承诺，引擎一旦出现问题将立即更换。位于德比郡的运营操作室对公司所售出的3 500台引擎进行持续监控，以确保对引擎有可能出现的问题进行准确预测，并敦促航空公司定期更换引擎，以减少零部件更换，确保顾客满意。今天，公司生产的引擎中，有80%按照上述模式进行销售。尽管劳斯莱斯在空客A380上的引擎出了些麻烦，但它能很快追踪到问题所在并迅速解决。

与劳斯莱斯一样，IBM公司过去一直被认为是一家制造商，但事实上，IBM公司已经成功从一家制造商转变为服务提供商，而且已经成为全球最大的企业和技术服务提供商，其服务的内容涵盖了管理咨询、系统整合和管理理论应用等，这已经成为IBM全球服务战略的重要组成部分。[5]除了这些，在培训员工以适应服务经济等各个方面，IBM都走在了前面。IBM创建了一个新的术语，即服务科学、管理与工程（Service Science，Management and Engineering，SSME），简称**服务科学**（service science），并将其定义为与服务设计、服务改进和服务系统评价相关的综合性学科。为了能够在服务经济环境中更有效率，IBM认为，未来本科生或研究生应当是T型人才，也就是说，不仅要学好自己的本专业，如工商管理、工程管理或者是计算机科学（字母T中的竖），同时还要掌握与服务相关的其他学科知识（字母T中的横），这就是所谓的T型人才。[6]

一些重要的研究中心对IBM的观点进行了跟踪研究，并归纳出未来专业化服务竞争的整合性关键要素。这些重要的研究中心包括美国马里兰大学史密斯商学院罗伯特卓越服务中心（www. rhsmith. umd. edu/ces）、美国亚利桑那大学凯里商学院服务领导力研究中心（http：//wpcarey. asu. edu/csl）和瑞典卡尔斯塔德大学服务研究中心（www. ctf. kau. se）。最近，学术期刊《服务科学》开始发行，以便为服务科学研究成果的发表提供渠道。[7]

服务是竞争力的真正来源

本书对当今世界所面临的经济服务化作出了深刻的阐释。我们将研究服务的特性以及这些特性将对顾客行为和营销战略产生哪些影响，这些研究将拓展你的视野，并使你构建起自己职业生涯的竞争优势。除非你命中注定在农场或家庭作坊工作，否则，在职业生涯中，你无法回避服务问题。当然，有些服务可能不以盈利为目的，如做志愿者或者在非营利组织工作，但从本书获取的知识对你肯定有所帮助，而且很有可能会激发你创建自己的服务企业的灵感。

服务业中的支撑性行业

服务业是由哪些行业构成的，最大的是哪个行业？回答这类问题并不容易，因为有很多行业是B2B的，你平时根本接触不到，除非你恰巧在这些行业工作。利用国家经济统计数据对回答此类问题可能会有所帮助。为了使我们能清晰地了解服务经济，政府统计部门对产业做了新的分类。在美国，**北美产业分类系统**（North American Industry Classification System，NAICS）[8]已经取代了创建于20世纪30年代的以制造业为导向的标准产业分类（Standard Industrial Classification，SIC），加拿大和墨西哥也采取了这一新的分类（参见服务展望1-2）。

服务展望1-2

NAICS：北美产业新分类

北美产业分类系统由美国、加拿大和墨西哥三国统计机构共同创建，该分类为北美自由贸易协定（North American Free Trade Agreement，NAFTA）的国家经济统计提供了新的产业分类方法。它取代了以前的一些国家统计系统，如此前美国的SIC编码。

NAICS将近年来出现的新的服务行业囊括进来，更为重要的是，制造业中很多附加服务原来是无法统计到服务业增加值中的，如会计、企业内部餐饮及产品运输等，这次全部被纳入了。国民经济产业被重新组合和重新界定，仅从数量上看，NAICS就比SIC增加了358个新的产业，390个被重新界定，只有422个产业被完整地保留下来。由上而下，这些产业被依次区分为行业、次级行业、产业集群及构成产业集群的企业。

在新界定的行业和次级行业中，牵涉到服务行业的包括：信息服务业，被认为是信息经济时代新兴和独特的行业；医疗服务和社会救助服务；专业、科学和商务服务；教育服务；食宿服务；艺术、消遣、休闲和娱乐服务（包括企业所提供的满足消费者文化、休闲和娱乐方面需要的服务活动）。

NAICS 采取了一致性分类原则，同一类企业必须是有相同或相近生产流程的企业。这样分类是为了使数据更准确、有用，正确地反映一些特殊行业的发展趋势。这些行业包括：应用高科技的企业（如移动通信）、以前没有的企业（如环境咨询）以及商业模式发生变化的企业（如仓储俱乐部），等等。

NAICS 的服务分类异常详尽，研究人员可以获取非常丰富有用的统计信息。例如，艺术、休闲和娱乐业的代码是 71，7112 则是观赏性体育，而 711211 则是体育队和体育俱乐部。通过研究不同时期各行业收入（剔除通货膨胀因素后的收入）的变化，我们就可以得出不同行业是发展还是停滞的结论。NAICS 还可以用于对劳动力就业统计数据进行分类，确定一个特定产业中企业的数量到底是多少，等等。**北美产品分类系统**（North American Product Classification System，NAPCS）将服务产品分成了数千种，如果你想研究服务行业和服务产品，结合 NAICS 数据无疑是一个非常好的选择。

资料来源：Economic Classification Policy Committee，"NAICS—North American Industry Classification System：New Data for a New Economy，" Washington，DC：Bureau of the Census，October 1998；North American Industry Classification System，United States 2002 [Official NAICS manual]，Washington，DC：National Technical Information Service，PB2002101430* SS，2002. http：//www. census. gov/eos/www/naics/，accessed January 22，2015.

美国服务业对 GDP 的贡献率

从图 1－5 中我们可以看到主要的服务行业对美国**国内生产总值**（GDP）的贡献率。在该图中，2013 年，美国 GDP 的 13%，即超过 1/8 来自不动产和租赁行业，这一数字中超过 90%来自这样一些活动，如住宅或商业地产的租赁；代替所有

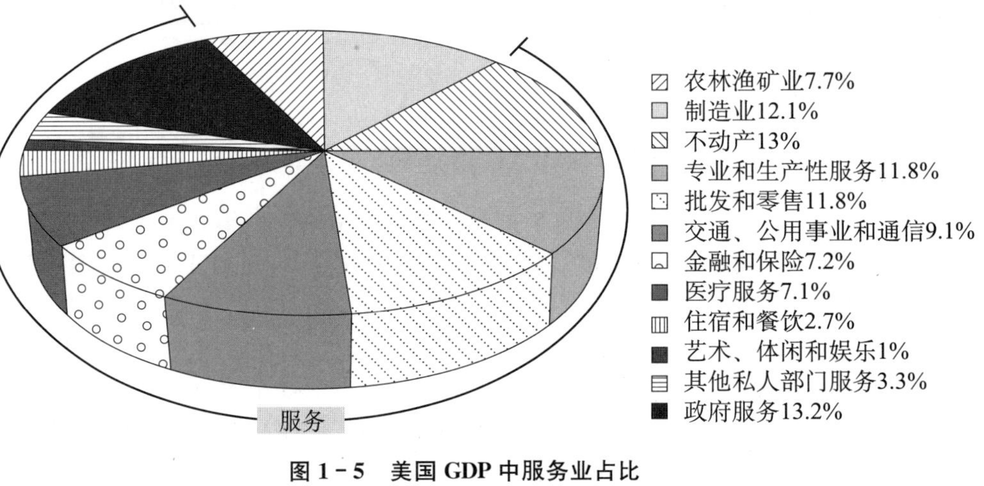

图 1－5 美国 GDP 中服务业占比

资料来源：Adapted from：U. S. Department of Commerce，Bureau of Economic Analysis，GDP by Industry Accounts for 2013，2007，www. bea. gov；accessed January 22，2015.

者对个人资产进行管理；为生产设施的购买、销售和租赁提供服务；对资产进行评估以决定其现状及价值，等等。这些价值在统计的过程中都纳入不动产和租赁行业。同时，租赁是一个非常宽泛的行业，从重型建筑设施（附带或不附带操作员）到办公家具、帐篷和第三方供应，等等。服务业中另一个比较大的行业是有形产品的分销系统，包括批发和零售行业，还有货物的运输与储存，该行业所创造的价值约占整个 GDP 的 11.8%，比不动产和租赁行业略低。

还有一些较为重要的行业是专业和生产性服务行业（11.8%）、金融和保险行业（7.2%）和医疗行业（7.1%）。住宿和餐饮服务只占 2.7%，其他服务行业，如艺术、休闲和娱乐，包括一些需要观众高度投入的服务，如体育比赛转播、健身中心、滑雪设施、博物馆和动物园、音乐会、赌场、高尔夫球课程、游览码头及主题公园等，总共只占 GDP 的 1%。美国的 GDP 为 17.1 万亿美元，我们提到的最后一类服务尽管比例很小，但其在 2013 年所创造的价值约为 1 640 亿美元，令人刮目相看。

改变服务市场格局的决定性力量

到底是哪些因素导致了服务业的快速发展？政府政策、社会变革、企业发展趋势、信息技术的进步和全球化无疑是改变今天服务市场格局的决定性力量（见图 1－6）。正是这些因素的共同作用，改变了服务市场上需求、供给、竞争态势及顾客购买决策模式。

在这些所有驱动因素中，信息技术和通信行业无疑是最重要的。大数据、云计算、用户生成内容、移动通信、网络技术、人工智能以及基于应用程序（App）的顾客自助服务，是促使服务革命最重要的因素。这些技术能够使企业加深与顾客的关系，提供多元化的信息沟通渠道和个性化的服务，增强顾客需求分析能力，提高生产率和盈利能力。[9]更重要的是，这些新技术也催生了很多具有创新性的服务模式，从对等服务（peer-to-peer service，如“空中食宿”网站爱彼迎（Airbnb）利用网络实现旅游者和家有空房出租者的有效对接）到整合商业模式（如优步通过 App 将单个的司机与打车者有机结合起来），再到众包服务平台（典型的如 crowdSPRING，这是一家在线创意服务交易网站，用户发布设计要求和愿意支付的报酬，威客们根据要求完成作品并上传，用户从中选择最满意的作品），等等。

经济发展的核心引擎：B2B 服务[10]

经济发展的一个核心驱动力是由先进的富有竞争力和创新性的生产性服务所构成的生态系统。也许你会问：生产性服务为什么能够同时改进制造业和整个经济的生产效率？道理非常简单。想一想下面的例子：一家大型制造企业有 100 名员工经营其自有食堂，在国民经济统计中被归类为制造业员工，生产有形产品。但事实

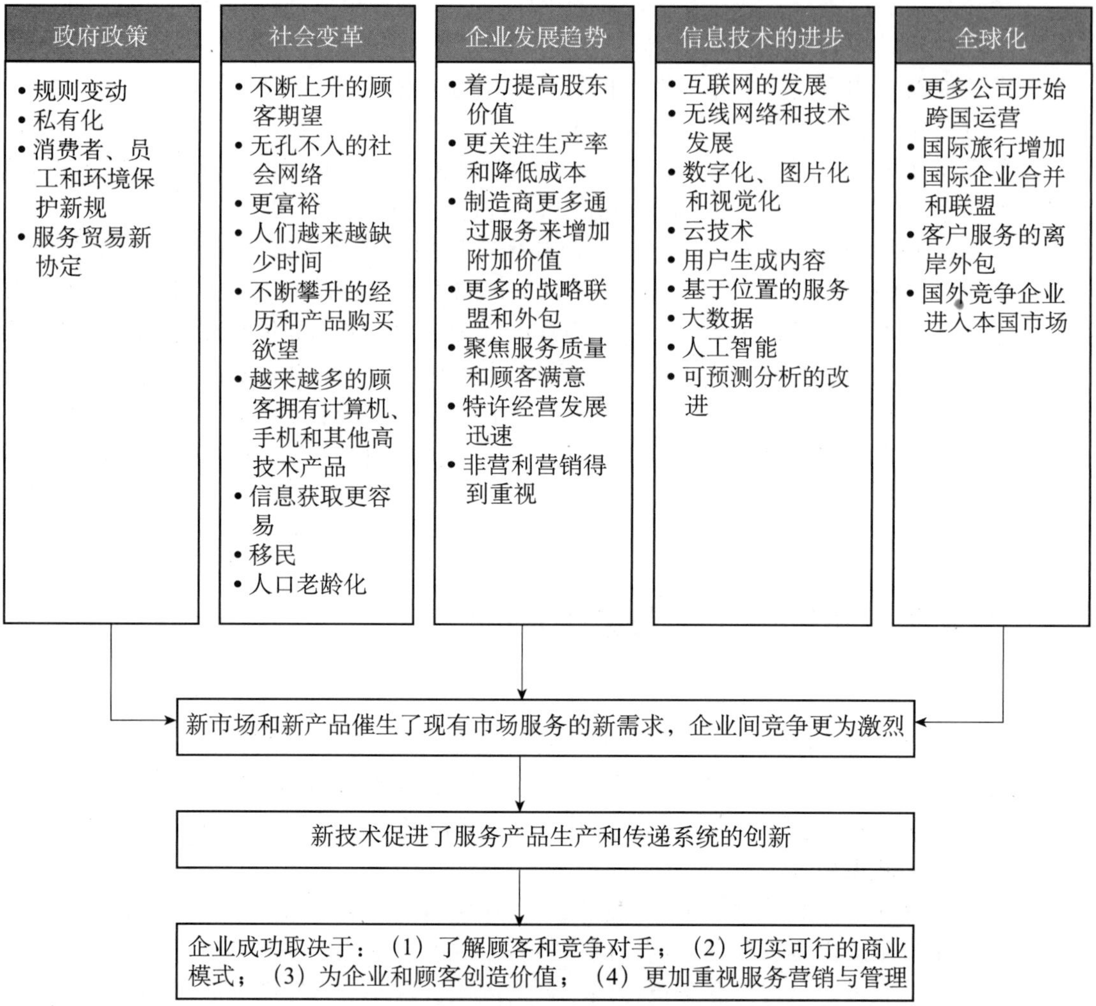

图1-6　服务经济变革的驱动因素

上，尽管这是一家大型企业，在某些方面可能有过人之处，但在食品原材料采购、烹饪、食堂设计和运营、选聘厨师及食堂成本和质量控制方面就一定很卓越吗？答案显然是否定的：这家企业食堂的饭菜不一定好吃。如果食堂很小，企业管理层通常意识不到其对整个组织绩效的影响，也不会影响组织在流程变革和研发方面的投入。

但随着企业规模的增大，企业会逐渐意识到问题所在，它会以招标的形式，将影响组织绩效的食堂业务外包。中标者一般是专门从事餐饮业的企业，或者是一个餐饮集团。这家公司的核心竞争力就是餐饮运营，其服务和食品质量将远远好于制造企业，而且由于众多标准化的子公司的存在，会形成规模经济，学习曲线导致单位成本不断下降，进而为公司赢得成本优势。

对于企业来说，在流程改善和研发方面的投资可以从多方面受益。在制造企业中，以往一些管理者所认为的支持性活动现在已经成为管理者关注的焦点，他们通过将这些活动外包给第三方，更好地构建自己的核心竞争力。麦肯锡公司的调查表明，制造业现在有20%～25%的服务是外包的，而且还有进一步外包的潜力。[11]这无疑提高了经济的专业化水平，也提高了生产率和我们的生活水平。

外包与离岸外包并行不悖

高工资国家的服务工作岗位是不是会减少？答案是肯定的。新的通信技术意味着有些服务可以在距离顾客很远的地方进行。[12]离岸外包指一国居民消费的服务来自另外一国（见图1-7）。在21世纪到来之前，离岸外包主要局限在制造业，但在过去的20年间，受通信和信息技术驱动，加之服务贸易全球化和全球商业服务模式的变革，离岸外包已经在全球各行业非常普及，成为一种趋势。

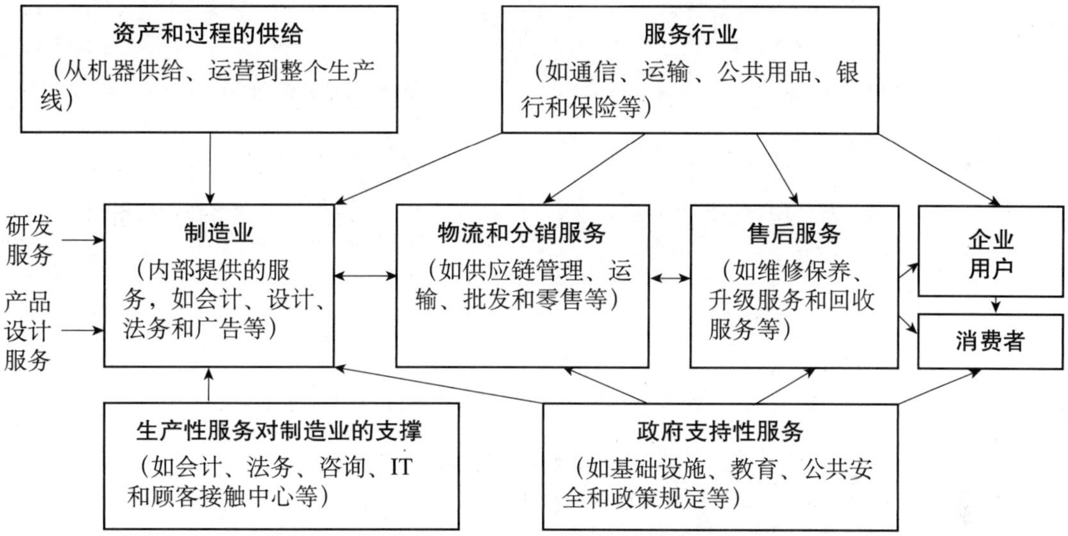

图1-7　外包是服务行业发展的重要驱动因素

资料来源：Jochen Wirtz and Michael Ehret, "Service-Based Business Models: Transforming Businesses, Industries and Economies," in Raymond P. Fisk, Rebekah Russell-Bennett, and Lloyd C. Harris, eds., *Serving Customers: Global Services Marketing Perspectives* (Tilde University Press, Melbourne, Australia), 28-46.

图1-8阐释了在外包和离岸外包中可以形成的不同商业模式。[13]第一种情形（箭头1）是一家企业决定将服务外包给国内企业；第二种情形（箭头2）是一家企业利用国外供应商代替国内供应商；箭头3和4阐述的是另外两种情形：有些情况下，企业会作出外包和离岸外包的决策以及在国外建立分支机构，建立分支机构也称为控制型外包（captive offshoring）；最后一种情形（箭头5）是将外包和离岸外包相结合的模式，即将服务购买由国外分支机构转向国外企业。

麦肯锡公司的研究表明，全球有11%的服务工作将被“远程化”。然而，离岸服务对服务就业的影响并不大，按照他们的预测，在发达国家，只对全部服务就业人员中的1%产生影响[14]，但数量可能并不小，很多收入颇丰的专业服务人员的工作可能被素质更高的人，如来自印度、菲律宾和白俄罗斯的专业服务人员取代。[15]

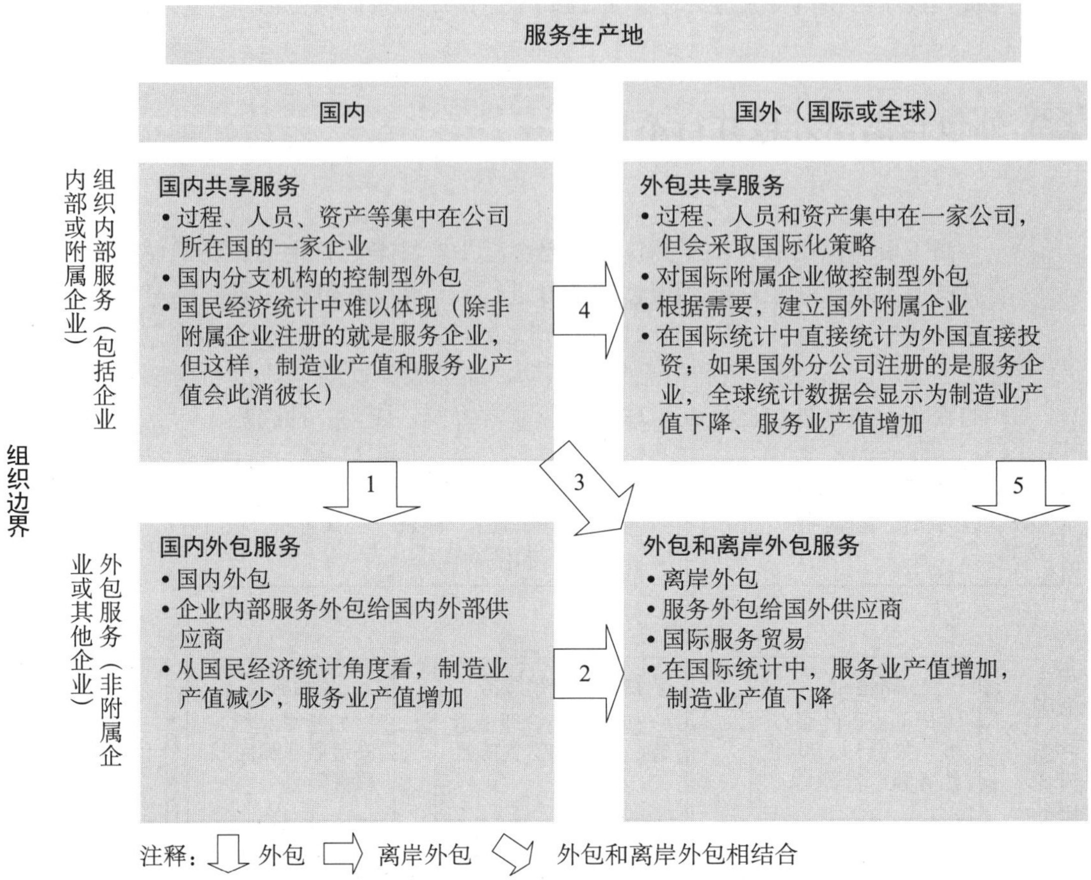

图 1-8　外包和离岸外包两者并行不悖

资料来源：Jochen Wirtz，Seven Tuzovic，and Michael Ehret（2015），“Global Business Services：Increasing Specialization and Integration of the World Economy as Drivers of Economic Growth,” *Journal of Service Management*，Vol. 26，No. 4，pp. 565－587.

什么是服务

迄今为止，我们的讨论集中于不同服务行业，现在，我们必须回答这样一个问题：到底什么是服务？

历史观点

两个多世纪前，学者们就试图描述和定义服务了。在18世纪后期和19世纪前期，古典经济学研究的焦点集中在财富的创造和拥有上，而不是服务是什么。他们认为，货物是具有价值的有形物，货物是有所有权的，而且是可以交换的。货物所有权可以通过不同方式获得，包括购买、以物易物、生产商或前所有者赠予，或者是现在的所有者依法将货物所有权转让给新的主人。

1776年，亚当·斯密（Adam Smith）出版了著名的《国富论》，在书中讨论了生产性和非生产性劳动成果问题。[16]他认为，生产性劳动创造产品，生产后可以储存，然后进行交换以换取货币，是创造财富的；而非生产性劳动尽管令人尊重、有用而且是必要的，但服务在生产过程中就消失了，因此，服务并不创造财富。关于这一问题，法国经济学家让-巴蒂斯特·萨伊（Jean-Baptiste Say）认为，服务的生产和消费是不可分割的，并发明了一个新的术语"非物质产品"（immaterial product）形容服务。[17]

今天，对于很多服务来说，服务的生产和消费过程是可以分离的（如干洗、草坪修剪和天气预报）[18]，而且并不是所有的服务都具有易逝性特征（如利用录像带录下音乐会或体育比赛供日后欣赏），这与我们以前理解的服务有了相当大的差别。更重要的是，有些服务实际上是为服务接受者提供持久性的价值（你接受的教育就能说明一切）。但有一点我们必须记住，是否牵涉到所有权的转移无疑是区分产品与服务最科学的一个维度，服务营销领域的一些重要的学者都反复强调了这一点。[19]

新视角：只有利益，没有所有权

服务是由一系列复杂的活动组成的，界定服务非常困难。[20]最早**服务**（service）的含义是仆人为主人所做的一切。后来，学者将其定义为："提供服务、帮助或给别人带来利益的活动，服务活动通常会给另一方带来利益或福祉。"[21]早期营销理论在定义服务时，通常将其与有形产品进行比较，认为服务是"活动、行动、演出或者努力"，而产品则被定义为"物、设施、原材料、物体或其他东西"。[22]但我们认为，没有必要将服务与产品关联起来进行定义，可以对服务作出单独的定义。一个最短小精悍的定义就是我们通常所说的"有些东西你可以买卖，但却无法归入囊中"。[23]这个定义很生动而且容易记住，但对于指导营销战略的实施并没有太大的用处。今天，我们有了新的观念，即购买服务时，不牵涉到所有权的转移问题。

假设你在一家酒店度周末，或者是找理疗师治疗你受伤的膝盖，或者是听音乐会，这些行为的共同点是什么？很显然，所有这些服务都不牵涉到所有权的转移。但如果没有所有权，你花钱费力费时，到底买的是什么？这些服务到底帮助你解决了什么问题？简而言之，它们的价值到底是什么？

克里斯托弗·洛夫洛克（Christopher Lovelock）和埃弗特·古梅松（Evert Gummesson）提出了这样的观点，顾客通过租用的方式来获取利益。[24]顾客认为有价值而且愿意付钱购买的是他们期望得到的经历和解决方案。我们一般用一个具有普适性的词汇**"租用"**（rent）来表示顾客付钱在一定时间内有条件地使用某些东西或有权使用某些技能、设施及网络，而不是把这些技能或设施直接买走（在很多情况下，这也根本做不到，一个顾客去听音乐会，只是通过演唱者的演唱技能实现心情愉悦，但并不是购买演唱者本人）。

按照非所有权理论框架，我们可以将服务大致分成五类，即：（1）租用服务提供者或技能；（2～4）不同程度地租用货物或设施（高级的、定制的或公用的）；（5）对网络和系统的租用和使用。具体分类如下：

1. **劳力与技能租用服务**。顾客也会雇用他人来帮助自己做自己不愿意做（如家庭保洁）或者是由于缺乏必要的知识、工具或技能，自己无法做的工作。在很多情况下，顾客所租用的通常不是一个人，而是一个团队，如汽车维修、手术和管理咨询，等等。

2. **货物租用服务**。这类服务使得顾客在短期内拥有对某些有形货物的使用权，对于这类货物，顾客只想临时使用，而不是长期拥有。典型的如游船、演员演出服、联合收割机，等等。

3. **特定空间和地点的租用服务**。通过这种方式，顾客可以使用一栋大楼、运输工具或某个区域中的指定部分，如入住酒店的套房，在飞机上特定的座位就座，或者是在饭店中的某张桌子上吃饭，等等。

4. **共享设施服务**。顾客租用这些设施的使用权，这些设施包括内部、外部或虚拟设施，例如主题公园、高尔夫球俱乐部和收费高速公路。

5. **网络和系统使用服务**。顾客以付费方式获得特定网络的使用权。服务提供者根据顾客的需要来设置具体的进入和使用条款。例如，电信服务、公用设施和银行服务以及社会在线网络及网络游戏服务等。

是否具有使用权牵涉到营销的任务和战略。例如，对于租用服务的顾客和购买产品的顾客，企业的营销战略具有很大的差异。如果一个顾客假期想租辆车在夏威夷游玩，顾客考虑的主要是租车手续是不是方便，租车地点和时间，服务人员态度和工作熟练程度怎样，汽车是不是干净，车况如何，等等。如果顾客想买一辆车，那么，他们的关注点就会发生变化，他们会更多地考虑价格、品牌形象、保养、费用、汽车外观，以及颜色和车的内饰等因素。

服务定义

基于服务不牵涉到所有权转移这一特性，我们将服务定义如下：

服务定义

服务是一方向另一方提供的经济活动。在特定时间内，服务会给服务接受者（人、物或资产）带来预期的结果。顾客付出货币、时间和精力，期望通过服务组织所提供的货物、劳力、专业技能、网络和系统等获得价值。但对于服务过程中出现的任何有形要素，顾客通常都无法获得其所有权。[25]

请注意，我们将服务定义为两方之间发生的经济活动，其含义是在市场上价值在买者和卖者之间的交换。我们将服务形容成“演出”，因为顾客要参与服务，时间因素在服务过程中非常的重要。我们还强调通过购买，顾客得到他们想要的或预期的结果。事实上，很多服务企业在市场上营销的是潜在顾客需要的解决方案。最后，我们所给出的定义强调，顾客付出货币、时间和精力，换取期望的价值，这些价值源于使用能够创造价值的有形或无形场所、系统等要素，而不是要占有这些要素，得到它们的所有权（有些例外，如汽车修理过程中零部件的更换，饭店准备的食物和饮料，但这些有形要素给顾客带来的价值一般会低于与其相伴随的服务的价值）。

服务产品、顾客服务与售后服务

服务经济快速增长，加之有形产品的附加价值更多依赖于服务，导致服务与有形产品之间边界的模糊。很多原来所谓的制造企业，从汽车生产企业丰田到飞机引擎制造商通用电气（GE）和劳斯莱斯，再到高科技设备制造商三星和西门子，都快步迈向服务企业。[26]很多企业将原来简单的附加服务与有形产品组合起来，构建出新的富有竞争力的要素，并将其作为独立的服务进行营销。[27]另外一个成功的例子是劳斯莱斯（参见服务展望1-1）。

服务营销中的基本原则和工具（如服务定价、呼叫中心对服务生产能力的管理、服务质量改善以及服务员工管理等）同样可以用于制造业中对附加服务的管理。西奥多・莱维特（Theodore Levitt）在很早以前就发现，“所有的行业都是服务业，区别不过是服务贡献率大小而已。每个人都在接受服务”。[28]而最近，罗兰德・鲁斯特（Roland Rust）和黄明辉（Ming-Hui Huang）指出，“对有形产品和服务的定义已经过时了，服务不仅仅指服务业，服务无处不在”。[29]更具革命性的观点来自斯蒂芬・瓦格（Stephen Vargo）和罗伯特・路希（Robert Lusch），他们在一篇获奖的论文中提出了**“服务主导逻辑”**（service-dominant S-D logic）的概念。这一概念的基本含义是：所有产品有价值的部分都是服务，比如有形产品价值的体现不是产品本身，而是在产品消费过程中由服务给顾客带来的利益，他们将其定义为**“使用价值”**（value-in-use）。[30]

基于过程视角的四种服务分类

不知读者是否发现，服务与有形产品最重要的区别是服务在交易的过程中不牵涉到所有权的转移，而服务与服务之间的区别则在于服务对象是什么。在服务过程中，人、有形物或者数据都可以是服务对象，而服务的过程可能是有形的，也可能是无形的。一些针对人体或有形物的服务过程，我们是可以看得到的，但那些针对人脑、无形资产的服务过程，我们是无法看到的。基于此，我们可以宽泛地将服务分为四类，即**人体服务**（people processing）、**所有物服务**（possession processing）、**精神服务**（mental processing）和**信息服务**（information processing）（见图1-9）。[31]尽管这些行业看起来好像有很大区别，但其核心特性，即过程性特征是基本相同的。也正因为如此，同一行业的管理者很容易相互学习，进而对本组织的服务进行创新。下面，让我们共同探讨这四类服务及其在营销、运营和人力资源管理方面的意义。

人体服务

远古时期，人们就开始寻求满足或改变自己的形形色色的服务，旅行，吃饭，

	服务活动的名称	
服务活动性质	人	所有物
有形活动	**人体服务** •美发 •旅客运输 •医疗服务	**所有物服务** •货运 •熨烫与干洗服务 •维修与保养
无形活动	**精神服务** •教育 •广告/公共关系 •心理治疗	**信息服务** •会计 •银行 •法律服务

图1-9　四种服务分类

住宿，保持健康，或者是让自己变得更漂亮。为接受这些服务，顾客需要将身体作为服务要素投入。道理非常简单，因为如果他们不投入自己的身体，服务就无法进行，也就无法得到他们想要的服务结果。简而言之，他们必须进入**“服务工厂”**(service factory)，获取服务提供者为他们提供的利益。当然，有时也可能是服务提供者携带必要的服务工具上门服务，在顾客选择的地点为他们提供价值。人体服务的管理学意义在于：

第一，服务生产与消费同时进行，这意味着顾客必须亲自到服务现场（服务工厂）。由于顾客的参与性，企业必须在服务地点、流程设计、服务环境，乃至服务需求和供给平衡方面作出非常好的安排。

第二，在服务传递过程中，顾客的积极配合非常重要。例如，在美甲服务过程中，你必须与美甲师合作，说清楚你的服务诉求，坐那里不乱动，同时，让你伸出哪个手指，就得伸出哪个手指。

第三，对于管理者来说，服务地点、服务流程设计、服务环境和供给与需求的匹配异常重要，要基于顾客的观点来设计这些服务要素。除了要考虑货币成本，对时间、顾客身体和精力等非货币成本也要予以考虑。

所有物服务

很多情况下，顾客想要组织提供的是针对他们所有物的一些有形的服务，例如，帮助顾客进行房间除虫，修剪树篱，修理电梯，维修摔坏的智能手机屏，邮寄包裹，或者是帮助治疗生病的宠物。所有物服务的管理学意义在于：

第一，与针对人体的服务不同，针对所有物的服务生产与消费过程是分离的，因此，企业有更大的自由度，在节约成本的基础上进行服务设计。

第二，顾客在服务过程中参与度很低。顾客参与可能仅限于送取需要修理的物品，因此，生产过程和消费过程是可以分离的。但在有些服务传递过程中，顾客可能会选择在现场监督服务过程，如看看工人如何修剪草坪，宠物医生怎么给狗注射疫苗，等等。

精神服务

这些服务的对象是人的精神，服务目的是矫正人的态度或影响人的行为。例如，我们常见的教育、新闻和信息、咨询服务以及宗教活动。精神服务需要顾客的投入，包括时间和精力。但在有些情况下，顾客不一定在现场，只需与服务提供者保持信息沟通即可。尽管都是针对人的服务，但针对精神和人体两类服务差异很大。一个旅客可以轻松地睡觉就得到服务结果，即到达目的地，但如果参加在线学习，最好课程结束后再睡，否则什么也学不到。

由于此类服务主要基于信息（如课程、演讲、音乐、视觉形象或视频），这些服务内容可以数字化，而且通过下载的方式获得，例如我们所熟悉的优酷，等等。波士顿交响乐团的演出既可以现场听，也可以听 CD 或看 DVD，尽管效果肯定会有所不同。这些服务可以像有形产品一样进行“储存”并反复消费。对于有些顾客来说，在线学习或者是买一张光盘在家里学习某项技能或知识，可能是比到学校去上课更好的选择。这类服务的管理学意义在于：

第一，顾客不一定亲临服务现场，他们可以远程获得自己所需要的服务。

第二，这类服务可以储存以备后来消费，同时可以反复消费。

信息服务

服务提供者可以利用信息与沟通技术（information and communications technology，ICT）对信息进行处理。当然，专业人员也可以利用他们的大脑来处理信息。作为服务结果的信息通常是无形的，但通过各种方法，可以将这些信息转化为有形的“物”，如信件、报告、书籍或者是各种格式的文件。有些服务对信息收集和加工高度依赖，典型的如财务、法律、市场调查以及管理咨询和医疗诊断服务。

事实上，信息服务和精神服务的边界是比较模糊的。例如，股票经纪人会对客户交易情况进行分析，对其未来投资战略给出建议；企业法律顾问则会帮助企业寻找法律风险所在，并向它们提出问题解决方案；而市场调查人员则是通过他们对事物的观察，对未来事物的发展趋势作出判断，这些过程都与精神服务非常相似。一言以蔽之，两种服务都与信息有关，所以有时我们会将两者合称为**基于信息的服务**（information-based services）。

服务对传统营销理论提出的挑战

现有的市场营销理论和实践都是建立在制造业基础之上的，这些理论能直接应用于并没有所有权转移的服务业吗？答案是否定的。通常认为服务具有**无形性**（intangibility）、**差异性**（heterogeneity）、**生产与消费的不可分割性**（inseparability）以及**易逝性**（perishability）[32]，简称 **IHIP**[33]。表 1－1 对服务与有形产品的异同点进行了具体的说明。这些差异的存在使得服务营销与有形产品的营销在很多方面产生了巨大的差异。

我们应当了解这些差异，以避免在服务营销中生搬硬套传统的市场营销理论。

例如，从无形性角度看，有些服务的无形性程度高一些，而另外一些可能低一些，进而构成了一个连续流（参见图1-20）。[34]我们前面讨论的四类不同的服务，只有在面对面的情况下，顾客才会真正成为服务经历的一部分。例如，针对人体的服务，顾客参与度很高，而在线银行顾客的参与度就较低。通过阅读本书，你可以找到这些差异，进而制定不同的营销组合策略。

表1-1　服务的八个典型特性的管理意义

差异	管理意义	与营销相关的主题
很多服务产品无法储存	• 顾客或者放弃服务，或者被迫等待	• 通过促销、价格的动态调整和预订来保持需求的平稳 • 与运营部门密切协调，以随时调整服务产能
价值创造过程中无形要素占据主动地位	• 顾客无法品尝、闻或者触摸服务构成要素，甚至可能无法观看和倾听这些要素 • 服务的度量非常困难，从而难以将一个企业的服务与竞争对手的服务区别开来	• 通过一些有形要素的强调，促使无形服务有形化 • 在广告和品牌塑造过程中，利用具体的象征和生动的形象来推广服务
服务难以看到和理解	• 顾客所感知的风险和不确定性更大	• 教育顾客作出正确的选择，向他们解释应当怎样搜寻信息，怎样评价服务，并提供服务保障
顾客可能会参与服务生产	• 服务过程中，顾客与服务提供者的设备、设施和系统会发生互动 • 顾客不配合，参与度低，会直接影响服务生产率，毁掉顾客服务经历并减少顾客所得到的利益	• 为顾客提供方便、实用的设备、设施和系统 • 培训顾客更好地参与服务，为顾客参与提供支持
人是服务体验中的一部分	• 服务人员和相关顾客的外表、态度和行为会对顾客的服务经历产生影响，进而影响其满意度	• 通过招聘、培训和奖励，强化员工对服务的认知 • 在正确的时间选择正确的顾客，按照服务特性塑造他们的行为
服务运营投入与产出差异性极大	• 难以保持服务质量的一致性、可靠性，也难以通过生产率的提升降低服务成本 • 服务失误难以避免	• 根据顾客的期望来设定服务标准，重新设计服务产品，尽量简洁，并在第一次就把事情做好。 • 建立良好的服务补救流程 • 当顾客不参与服务生产过程时，激发顾客与服务提供者的自动互动
时间因素极其重要	• 顾客将时间因素视为稀缺资源并慎重分配，厌恶无谓的等待，希望服务能及时而且便利	• 在服务创新方面，寻求加快服务传递速度，缩短顾客等待时间，延长服务时间
可能会通过非实体渠道分销	• 基于信息的服务可以通过电子渠道传送，如互联网或语音通信，但核心服务产品包含有形活动 • 渠道整合具有挑战性，也就是要确保不同渠道传递的服务具有一致性	• 努力设计出界面友好、安全的网站以及免费电话服务系统 • 确保所有的信息服务要素都能够从网站下载

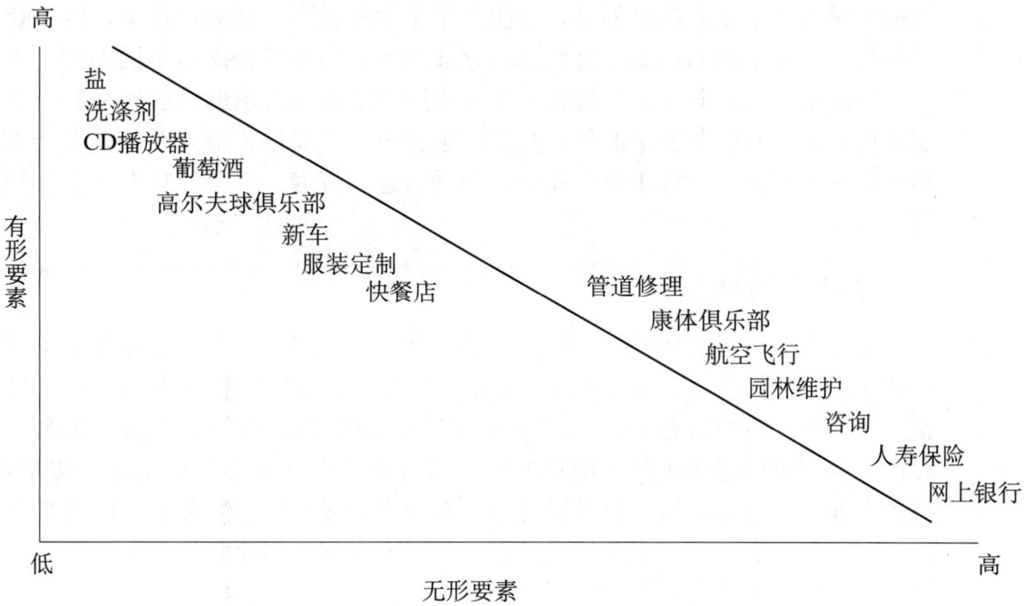

图1-10　产品与服务中有形及无形要素增加值示意图

资料来源：Adapted from Lynn Shostack.

服务营销组合策略7P

有形产品营销战略制定的要素主要包括4个，即产品、价格、渠道（或分销）和促销（或沟通）。这4个要素合在一起，通常称为**4P**营销组合。[35]正如表1-1所示，服务本身所具有的特性对传统营销理论提出了挑战，原来的4P营销组合无法应用于服务营销，我们必须根据服务营销特性，对4P作出重新审视。

更进一步说，传统的市场营销组合理论无法将顾客互动问题纳入进来，我们必须在原来的4P基础之上再加3个P，即**过程**（process）、**有形环境**（physical environment）和**人**（people）。[36]在竞争激烈的服务市场上，**7P**反映了服务的内在特性，能够确保企业制定满足顾客需要、获得利润的营销战略。现在让我们对7P进行分析。

传统服务营销组合理论在服务业中的应用

产品

在企业市场营销战略中，服务产品居于核心地位。如果服务产品设计得很糟糕，即使其他几个营销组合要素非常好，企业也无法为顾客创造价值。市场营销组合的逻辑起点是服务概念创意，它决定了企业能否为顾客创造价值，能否比竞争对手更好地满足他们的需要。将概念转化成现实，需要整合许多不同但相互支撑的要素。从理论上讲，服务产品包括一个对应顾客最基本需求的核心产品和一系列附加服务要素，附加服务要素的作用是共同强化核心产品的价值，并使顾客能够更有效地使用核心产品。附加服务产品一般包括信息、咨询、订单处理及对意外情况的处理，等等。

渠道与时间

服务分销包括实体或电子渠道（或两者兼而有之），至于选择哪个渠道，主要取决于服务的特性（见表1-1）。例如，今天顾客办理银行业务的渠道已经非常丰富，可以到银行柜台办理，也可通过ATM、电话以及网络银行进行办理。通过互联网，企业可以将很多基于信息的服务实时地传送到世界各个角落。更重要的是，服务企业可以进行直销，也可以通过分销商来完成销售、服务和与顾客接触等方面的任务。为了有效地将服务传递给顾客，企业必须作出服务传递的时间、地点、方法和渠道方面的正确决策。[37]

核心服务和附加服务的分销。互联网的快速发展使得很多行业的销售渠道有了更宽泛的选择。但我们必须区分基于信息服务的两种不同类型的服务传递方式，即**核心产品**（core products）的传递（核心产品用来满足顾客最重要的需要）和**附加服务**（supplementary services）的传递的区别。附加服务对有形产品的购买起到支持性作用，但没有附加服务，核心产品功能可能会无法发挥。例如，可汗学院（Khan Academy）和Coursera为学生提供的在线教育就是核心产品，还有前进意外保险公司（Progressive Casualty）提供的汽车保险等都属此类。

与此相对应，如果你要买户外装备和在线预订机票，核心产品的传递必须通过实体渠道。假设你从REI公司（Recreational Equipment Inc.）购买了帐篷和睡袋，这些产品肯定是通过实体物流系统派送到你家中。要乘坐美联航的飞机，你必须去机场。很多附加服务是建立在电子商务基础之上的，例如，信息传递、预订和支付，但核心产品通过电子商务则可能无法完成。

时间因素在服务过程中的重要意义。地点方便和服务速度是服务传递和分销重要的决定因素（参见表1-1）。许多服务顾客就在现场，是实时传递的，让顾客长时间等待显然不是明智的选择。特别是在生活节奏非常快的今天，顾客对时间因素越来越敏感，时间已经作为重要的成本要素影响到顾客的购买决策，有些顾客甚至愿意用金钱来购买时间。[38]例如，有些情况下，你可能宁可多花钱打出租车而不是坐公交，以节约时间。越来越多的顾客希望一旦他们有需求，服务“立等可取”。如果一家企业慢了，一定会有另一家企业以更快的速度提供服务。今天，服务渠道更多，很多企业可以提供一周7天每天24小时不间断的服务。

价格和其他

与有形产品一样，顾客在支付过程中对价值的感知，对于价值在顾客和企业之间的顺畅传递起到至关重要的作用。对于供应商来说，通过价格战略的实施，企业可以弥补服务提供所产生的成本并获取利润。价格战略是动态的，价格水平必须根据顾客类别、服务传递的时间和渠道、需求水平以及企业服务产能，随着时间的推移不断调整。

从顾客角度来说，价格是他们获取他们想要得到的利益所必须付出的成本的重要组成部分。但对一项服务到底“值”还是“不值”，顾客所考量的不仅仅是价格，还会将时间和精力等付出一并考虑在内。因此，对于服务营销人员来说，在制定价格时，不能单纯地看目标顾客是否有支付能力，是否愿意支付，还要着眼于怎样将顾客在使用服务时发生的其他成本最小化。这些成本支出包括额外货币支付成本（如到服务场所的交通费用）、时间支出、顾客不愿支出的精力和体力成本以及对感官的负面刺激（如不好的味道），等等。

大多数服务产品不可储存。服务是一系列的活动或“表演”，其存在是短暂和易逝的，而且无法像制造业那样生产后进行储存，以备日后销售（见表1－1）。尽管设施、设备和服务人员可以提前做好准备，为顾客提供服务，但这些要素只是服务产能，并不是服务产品本身。如果没有需求，这些产能只有白白浪费，企业无法利用这些资产为顾客、为自己创造任何价值。如果需求超过服务产能，顾客只能要么失望地离开，要么进行无谓的等待。因此，对于服务营销人员来说，一项最艰巨的任务就是如何通过动态价格战略的实施，保持需求与供给（服务产能）之间大致平衡。

促销与顾客教育

我们将如何向顾客及潜在顾客介绍我们的服务？如果没有有效的沟通，任何营销工作都不可能取得成功。在营销工作中，沟通可以起到三个重要作用：第一，提供产品或服务的必要信息及建议；第二，让顾客相信特定产品或品牌的优势；第三，说服这些顾客在特定的时间内购买产品或服务。在服务营销中，对于新顾客来说，需要更多的沟通工作。服务提供者要教会顾客怎样从服务中受益，在什么时间和什么地方可以接受服务，以及在服务过程中应当怎样参与，从而得到更好的服务结果。

服务难以看到和理解，决定服务价值的通常是无形要素。服务无形性是由精神和物质两个维度构成的。精神无形的含义是在购买前顾客无法想象将要接受的服务是什么样的，也无法预知自己将得到什么。而物质无形则是指顾客无法提前体验服务的无形要素（品尝、闻、触摸、观看或者是倾听）。[39]决定服务价值大小的主要是一些无形要素，如服务过程、网上交易情况、员工的服务技能和态度等。因此，他们很难在接受服务前，判断哪些服务特性是重要的，哪些是不重要的，也无法对服务质量进行度量（见表1－1）。

基于此，服务企业与顾客之间的沟通很重要的任务就是通过强调企业的经历、资质和员工专业技能，使顾客建立起对企业服务能力的信心。例如，企业可以使用有形要素来证明企业的竞争力，增加服务利润。在此过程中，训练有素的员工起着至关重要的作用，因为这些员工可以利用其良好的沟通技巧和专业技能，帮助顾客作出好的决策，可以教育顾客，让他们知道在服务传递过程中和服务传递结束后自己所承担的责任，并帮助顺利地完成所有的服务流程，而这些工作都有助于降低顾客感知风险。同时，把企业怎样提供服务和承诺以文字的形式呈现给顾客，也可以使顾客安心，消除顾客疑虑。在帮助顾客了解、喜欢服务产品的过程中，企业可以变得更有竞争力，生产效率也更高。[40]总之，如果你知道如何更好地利用服务，你不仅会获得更好的服务体验和结果，还可能促进服务企业提升生产率，节约其服务成本，甚至能通过对它的这种帮助来减少你为服务所支付的费用。

顾客之间的互动会影响顾客的服务经历。在服务场所遇到的其他顾客无疑会对你的满意度产生影响。如他们的穿着，他们是谁，他们的行为等，都会强化或弱化企业形象，并对顾客服务经历产生积极或消极的影响。道理非常简单：我们需要通过营销沟通实现顾客与服务设施的有效匹配，而且教育他们在接受服务过程中有恰当的行为。

利用扩展的服务营销组合策略管理顾客接触

服务过程

聪明的管理者知道服务营销关键之所在，知道企业应该如何做，更知道服务过程与服务结果同等重要。因此，创造和传递服务产品要素需要对有效的服务过程进行设计和实施。如果服务过程设计糟糕，服务传递将是缓慢、僵硬和毫无效率的，顾客得到的是时间的损失和失望的服务经历。这也会给一线员工带来麻烦，增加他们工作的难度，导致生产率低下和满意度下降。

服务运营投入和产出有很大差异。服务运营投入和产出通常会有很大差异，对于服务过程管理来讲，这是一个严峻的挑战（参见表1-1）。当服务以面对面的形式传递给顾客时，消费与生产过程同时开始，最后的“组装”必须是实时的，运营会分布在很多场所或分店。分散的运营（而不是中心工厂）模式使得服务企业在服务传递可靠性、质量控制和生产率提升等各个方面举步维艰。一位快消品营销人员跳槽到假日酒店任职，他惊奇地发现：

> 尽管我曾是宝洁公司一条生产线的控制工程师，但我无法控制酒店的质量。如果你买一袋汰渍洗衣粉，你会有极大的把握，相信袋子里的东西能把衣服洗干净。但如果你“买”的是假日酒店的一间客房，你可能不太敢肯定，你一定会睡个好觉，因为酒店里可能会有人吵架，有人砸墙，什么事情都有可能发生。[41]

正因为如此，最好的服务企业在服务流程设计方面殚精竭虑，尽量减少顾客服务过程的差异性，而且尽量将不同的顾客区分开来。同时，采取标准化的服务流程，严格地监控服务质量，培训员工悉心服务，并尽量将原来由人承担的工作实现自动化，因为毋庸置疑，人是造成难以保持服务质量一致性的原因之一。

顾客参与服务生产。有些服务要求顾客参与，以共同生产出服务产品（见表1-1）。例如，在接受理财服务时，你必须参与，要投入多少，需求是什么，期望的回报率以及愿意承受的风险。唯有如此，理财顾问才能给你提出合理化建议，你才能得到你想要的服务。有些学者认为，顾客实际上是“兼职员工”（partial employees）。[42]由于智能机器、通信和互联网的发展，自助服务技术（self-service technologies，SST）日趋发达，现在顾客参与的形式越来越多地以自助服务体现出来。[43]但不管是顾客亲自到场参与服务，还是借助自助技术，设计良好的服务过程以确保服务传递的顺利进行都是十分必要的。

要平衡需求与服务产能之间的关系。在制造业，可以通过提前准备好原材料或者是零部件建立“缓冲区”，保证生产过程顺畅进行。但在服务业中，这样的“缓冲区”是无法建立的，因为那意味着顾客的等待！因此，服务过程的管理实际上就是服务需求与服务产能平衡的管理，就是良好排队等待系统的设计以及对顾客等待心理的管理。

有形环境

如果你所提供的服务要求顾客必须到现场参与，那么，你就必须花点时间思考怎样设计有形环境或有形环境[44]，如建筑的外观、景观、设备、内部装修、员工的着装、标识、印刷宣传品以及其他可视线索，它们对企业所提供的服务质量起到佐证的作用，并能引导顾客顺利完成服务流程。在管理有形环境问题上，企业必须小心翼翼，因为这些要素对顾客满意度[45]和服务生产率有着深刻的影响。

人

尽管科技进步神速，但很多服务仍然需要顾客与服务员工进行面对面的互动才得以完成（见表1-1）。在很多情况下，你会发现，一家服务企业与另一家服务企业的区别就在于员工的服务态度与技能。服务企业需要与人力资源部门密切合作，通过甄选、培训和激励的方式，打造能够与所提供服务相匹配的员工队伍。除了必要的服务技能，员工还必须具备良好的沟通技巧和服务态度。具有战略眼光的人力资源管理者知道，忠诚、有服务技能而且受到激励的员工会独立或在团队中更好地履行自己的职责，这也是企业核心竞争力的关键要素。

营销必须与其他管理职能进行有机整合

在前一节中，我们讨论了作为服务营销组合策略构成要素的7P。仔细审视这七个要素，你会发现在服务行业，服务营销组合策略构成要素之间相互依赖，不同部门之间必须配合，才能取得预期的服务结果。在所有的管理职能中，有四个管理职能相互依存，而且对满足顾客需要至关重要，这四个管理职能分别是营销、运营、人力资源管理和IT。图1-11阐释了这四个职能之间的相互依存性。高层管理者的重要职责之一是确保这四个部门拆除部门“栅栏”，所有的管理者和员工协同工作。

在服务企业中，运营属于直线系统，其职责是通过设施、设备、系统和一线员工，完成服务传递工作。在很多服务组织中，运营经理有时也会参与服务产品和流程设计、有形环境设计以及生产率和质量改进计划。

人力资源管理基本是对员工的管理，其主要职责是工作职责界定，招聘、培训和激励员工，以及员工工作生活品质提升，所有这一切都与人有关。在一个运营良

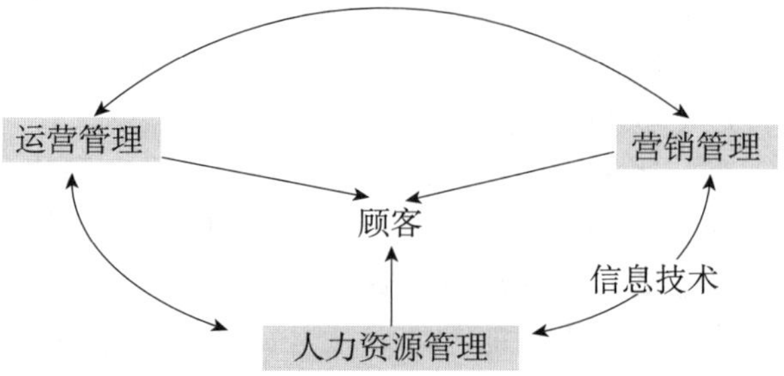

图1-11 营销、运营、人力资源管理和IT职能必须协同为顾客服务

好的服务企业，人力资源经理应当从战略高度来看待这些问题。他们必须清楚，一线员工服务质量和对组织的忠诚度已经成为企业竞争优势的重要来源。如果人力资源经理不懂顾客，这个企业将付出沉重的代价。当员工了解并支持组织目标，具有服务岗位所要求的技能和接受过恰当的培训，并且了解持续顾客满意对于他们个人和组织的意义时，营销和运营工作会变得更加容易，也会更加成功。

如果服务流程的关键职能与信息高度相关，在每个顾客接触点，都需要向顾客提供实时信息（从顾客数据到价格再到可利用的服务资源）。运营、人力资源和营销管理等职能会高度依赖IT，并借此为组织顾客创造价值。

正因为如此，在研究服务营销时，我们并没有将研究的视角局限在营销本身，在众多章节，我们都是将三者结合起来进行研究。有些企业的管理人员会进行岗位轮换，特别是在运营和营销两个部门之间的工作轮换，以便管理人员从不同的角度清晰地了解服务营销的特性及其与其他部门的关系。如果你在服务企业工作，可能也会如此。

假设你是一家小旅馆的经理，或者是一家大银行的首席执行官（CEO），在这两种情况下，你每天必须考虑怎样让你的顾客满意，使你的服务运营工作顺畅而有效率地进行，确保员工不仅工作效率高，而且给顾客提供的服务也要好。简而言之，你要做的上述工作实际上涵盖了我们上面阐述的管理职能。这些管理职能之间会相互影响，如果一个执行得不好，整体顾客服务质量感知就会下降，顾客就会不满意。在现实生活中，有很多在服务业从事管理工作的人可能并没有在营销岗位上工作的经历，但这并不意味着他们没有进行营销。按照埃弗特·古梅松的观点，不管是直接为顾客提供服务，还是设计服务流程和服务策略的员工或管理者，都是企业的兼职营销人员。[46]

服务利润链

将营销、运营、人力资源管理和IT较好地整合在一起的概念模型是服务利润链。该模型由美国哈佛大学詹姆斯·海斯科特（James Heskett）和他的同事提出，其基本观点是：在服务企业中，员工和顾客是最重要的资源，这也是衡量服务企业是否成功的重要标志。他们将服务组织盈利能力、顾客满意、顾客忠诚与满意且忠诚的员工为企业创造的价值以及顾客和科技在服务运营中的作用联系起来。他们认为：

> 一流服务企业的高层管理者很少花费时间和精力来设定利润或市场占有率目标，因为他们非常清楚，在新的服务经济背景下，一线员工和顾客才应该是企业关注的对象。成功的服务管理者聚焦能够给企业带来盈利的要素，在人力资源、支持一线员工的科技方面上加大投资，如雇用与企业文化一致的员工，给他们提供有效的培训和良好的薪酬，这些与服务企业各个层面员工的生产率都存在密切的关系。
>
> 根据成功服务企业构建的服务利润链理论认为，员工满意和顾客满意这些“软”行动要素实际上决定了企业盈利能力。通过学习此模型，可以帮助管理人员最大限度地获取竞争优势，并扩大他们与竞争对手之间的差距。[47]

服务利润链模型（见图1－12）阐释了管理过程与服务企业成功之间的关联性。

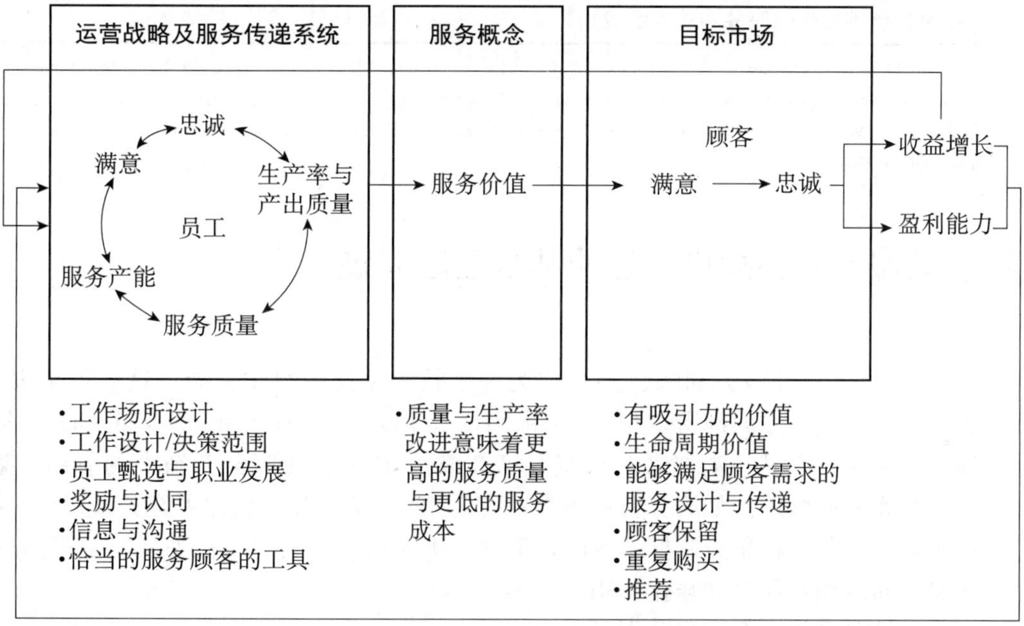

图1－12　服务利润链

资料来源：Reprinted by permission of Harvard Business Review：Heskett，JL.，Jones，T. O.，Loveman，G. W.，Sasser Jr.，W. E.，and Schlesinger，L. A.（March-April 1994），“Putting the Service-Profit Chain to Work，” *Harvard Business Review*，p. 166. Copyright © 1994 by the Harvard Business School Publishing Corporation；all rights reserved.

表1－2提供了一个实用的总结，突出了服务业领导者为了有效管理组织所需采取的行动。提升企业利润和盈利能力共包括8个环节。环节1和环节2关注顾客，包括强调识别和理解顾客需求、为确保顾客忠诚所进行的投资和承诺采用新的绩效测量方法，该方法能够追踪诸如顾客与员工满意度和忠诚度等变量。环节3则通过由服务理念为顾客所产生的价值，强调为了持续提升服务质量和服务生产率而进行投资的必要性。

环节4到环节7则展示了服务业领导者的行为与员工的关系，这些行为包括：整个组织关注一线、支持为员工提供更广阔空间的职业生涯规划、投资于有前途的经理的个人发展。针对领导者行为与员工的关系，还有一个观点：综合考虑到营业额降低、生产率提高以及质量提升等因素，支付更高的工资实际上会降低劳动力成本。最后一个环节即环节8强调服务利润链的成功与否取决于高层管理者。服务利润链是本书重要的理念，我们将在核心章节中说明如何成功地利用服务利润链。

表1-2　服务利润链中的不同环节

1. 顾客忠诚驱动盈利能力和增长。
2. 顾客满意驱动顾客忠诚。
3. 价值驱动顾客满意。
4. 质量和生产率驱动价值。
5. 员工忠诚驱动服务质量和生产率。
6. 员工满意驱动员工忠诚。
7. 内部质量驱动员工满意。
8. 高层管理者强调服务利润链的成功。

资料来源：Heskett，JL.，Jones，T. O.，Loveman，G. W.，Sasser Jr.，W. E.，and Schlesinger，L. A.，(March-April 1994)，"Putting the Service-Profit Chain to Work，" *Harvard Business Review*；James L. Heskett，W. Earl Sasser，and Leonard L. Schlesinger，*The Service Profit Chain*（Boston：Harvard Business School Press，1997）.

有效服务营销战略构建的基本理论框架

本书将7P和服务利润链整合成为一个较为宽泛的组织框架，这一框架表明，各章之间在主题方面都密切相关。如图1-13所示，全书分为5篇，分别是：第1篇：了解服务产品、消费者与市场；第2篇：4P理论在服务营销中的应用；第3篇：顾客界面管理（如服务营销组合独有的3P）；第4篇：构建顾客关系；第5篇：追求卓越服务。在研究此框架图时，请注意不同篇章之间的内在关联以及不同战略要素之间的相互促进和强化作用。

五篇各自的主要内容分别是：

第1篇　了解服务产品、消费者与市场

第1篇是服务营销研究的基本理论框架以及怎样才能成为一个有效的服务营销者。具体内容包括：

第1章：界定服务概念并且说明如何在不牵涉到所有权转移的条件下为顾客创造价值。

第2章：分别探讨了高接触度和低接触度服务中的顾客行为，研究了服务消费的三阶段模型，进而揭示了顾客怎样搜寻服务，对服务的价值作出评估，作出服务购买决策，服务接触中的服务经历，以及度量服务绩效。

第3章：讨论服务价值诉求在市场上应如何定位，从而为企业构建竞争优势。包括如何进行市场细分，怎样定位，以及如何吸引目标市场顾客，等等。

第2篇　4P理论在服务营销中的应用

第2篇研究了传统4P理论在服务营销中的应用。具体内容包括：

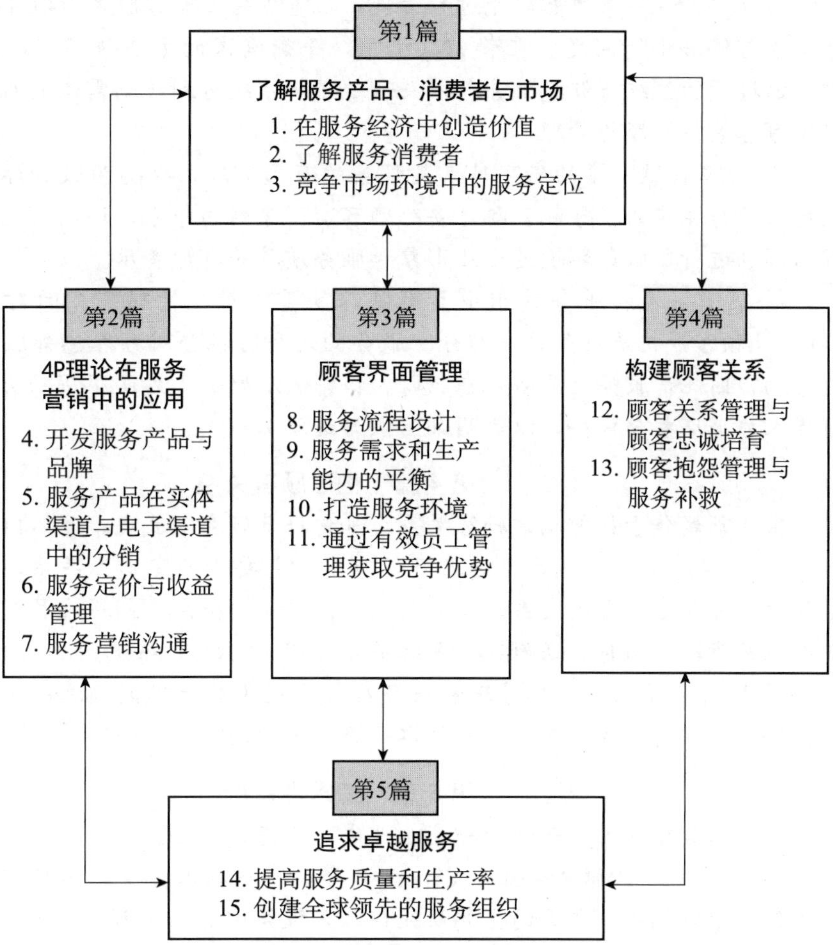

图 1－13　服务营销的整合模型

第 4 章：产品由核心服务和附加服务要素组成。附加服务对核心服务起到支撑和强化作用。

第 5 章：探讨产品传递给顾客的时间和地点。

第 6 章：研究在考虑成本、市场竞争、价值以及收益管理等方方面面因素情况下，怎样进行服务定价。

第 7 章：企业如何与顾客有效沟通，达到促销和顾客教育的目的。在服务营销中，顾客教育是服务不可或缺的组成部分，服务过程的有效性与顾客参与息息相关。

第 3 篇　顾客界面管理

第 3 篇的主要研究内容是顾客与企业互动管理。它涵盖了服务营销独有的 3P，即人、过程和有形证据。

第 8 章：只有通过服务过程，服务产品才会被创造出来，也才能将产品要素传递给顾客。本章首先研究有效服务传递过程的设计，特别是怎样将运营和服务传递系统有机结合起来，将价值诉求传递给顾客。通常情况下，顾客会以共同生产者的身份参与服务过程，良好的服务流程设计必须考虑到这一点。

第 9 章：这一章依然研究过程管理，但重点转向顾客服务过程中每个环节的服务需求与供给平衡问题。在营销战略中，平衡需求的方法很多，包括减缓需求波动，通过预约系统来储存服务，以及通过排队系统达到控制需求的目的。本章还探讨了顾客等待问题的管理。

第 10 章：这一章的研究对象是服务的有形环境，也称为服务环境。服务环境设计必须与相应的服务相匹配，要给顾客留下深刻的印象，还要有利于服务传递过程的顺利进行。服务环境是企业形象和服务质量的有形展示。

第 11 章：人在服务营销中具有特殊的重要性，特别是在面对面服务中，人（员工及顾客）就是服务的一部分。服务的这种特性会对顾客感知服务质量产生重要影响，因此，服务企业必须在招聘、培训和激励员工方面狠下功夫。本章构建了服务人才循环整合模型，以说明如何做好这些工作。

第 4 篇　构建顾客关系

第 4 篇聚焦于如何构建顾客关系，如何提升顾客忠诚度。具体内容包括：

第 12 章：企业盈利需要选准目标市场，需要与顾客建立关系，更需要保持和强化与顾客业已建立的关系。本章引入忠诚之轮的概念，阐释在构建顾客忠诚时的三个系统步骤。同时，还研究了顾客关系管理（CRM）系统。

第 13 章：有效的抱怨管理和服务补救有利于培养忠诚顾客，而服务担保则是服务补救非常有效的工具，也是高水平服务质量的标志之一。

第 5 篇　追求卓越服务

第 5 篇集中探讨了如何使一家企业成为优秀的服务企业。

第 14 章：对于服务企业而言，生产率和质量都很重要，而且都与企业最终的服务绩效紧密相关。本章的主要研究内容是服务质量；利用差距模型来找出影响服务质量的因素及怎样缩小服务差距。倾听和了解顾客很重要的路径是通过顾客意见反馈。我们引入了与服务质量相关的服务生产率概念，强调在今天竞争激烈的市场上，两者同等重要，必须同步提升。

第 15 章：是本书的最后一章，集中探讨了怎样在营销、人力资源、运营等各个方面促进服务组织提升绩效。

结　论

为什么要研究服务？因为当今世界经济发展的最大驱动力源于服务业。在全球范围内，服务业创造了无数就业机会。科技的快速变革、全球化、政府政策的调整、消费者需求和生活方式的变化，都极大地促进了所有行业的变革和重新整合。在这样的大背景下，营销战略是否有效无疑决定了一个组织的繁荣、衰退，或者是彻底失败。

在本章中，我们介绍了服务营销的特性，在很多方面，服务与有形产品的营销都是不同的。想要成为一个成功的服务营销管理者，你就必须了解服务营销的基本概念和工具，更要知道如何有效地使用这些理论和工具。7P 中每个要素在服务营销中都有其独特的作用，但如何将它们有机地整合在一起运用，是问题的关键所在。在阅读教材、听课和完成作业的同时，你应当牢牢记住：在今天竞争如此激烈的服务市场上，真正的胜利者一定是不断审视自己业务模式；不断地寻求更具创新性的方法，以便为顾客提供更好的服务；充分利用科技发展带来的新的机遇；采取科学的方法，有效地构建和实施企业营销战略，我们坚信这一点。

本章小结

1. 服务业对世界经济发展举足轻重，在 GDP 中占比最高，而且从全球角度看，绝大多数新的就业机会来自服务业。

2. 服务业中的支撑性产业板块（按照对 GDP 贡献率排序）：

- 政府服务
- 不动产服务
- 专业及生产性服务
- 批发和零售贸易
- 交通、公用事业和通信服务
- 金融和保险服务
- 医疗服务
- 住宿和餐饮服务
- 艺术、休闲和娱乐服务

3. 众多因素正在促使经济发生剧烈的变革，使其趋于服务导向。这些因素包括政府政策、社会变革、企业发展趋势、科技进步和全球化。

4. 专业服务为制造业和其他服务组织外包非核心业务活动、流程和资产创造了条件。一些过去企业并不重视的支持性活动，现在成了那些独立服务提供商的管理焦点和核心竞争力。这种变化的好处在于：

- 企业可以享受规模和范围经济带来的好处，即高质量和高生产率。
- 可以有更严格的质量和成本管控（可以多渠道获取标准化运作模式）。
- 由于上述原因，流程改进和研发可以很快得到应用。
- 专业服务的快速增长促进了经济专业化，进而快速提高了总体生产率和生活水平。
- 价值创造主要源于无形要素（如“物质无形”）。
- 可以利用无形渠道进行分销（特别是信息加工一类的服务）。
- 服务通常难以视觉化、难以理解（如精神无形）。
- 运营投入和产出存在很大差异（如服务的差异性）。
- 人是服务经历的一部分。
- 顾客可能会参与服务的生产（如果是针对人体的服务，人和服务过程就无法分离）。
- 很多服务产品无法储存（易逝性）。
- 时间因素在服务中具有极其重要的作用。

5. 外包指将以前企业内部提供的服务委托给外部服务提供商，而离岸外包则是指服务在一国生产，在另外一个国家消费。外包与离岸外包不同，但一般同时进行（例如，企业可以只进行外包，也可能外包与离岸外包同时进行，如一家位于美国的公司将顾客服务中心外包给菲律宾服务提供商）。

6. 到底什么是服务？服务与有形产品最重要的区别是：服务是一种租赁，不牵涉所有权的转移。接受服务的顾客获得了与这项服务相关的员工、员工技能的使用权，也获得了在特定时间内一些有形物品或空间，或者是共享某些设施、网络和系统的权利。服务就是向顾客提供他们所期望的结果或经历。

7. 服务类别非常多，我们可以根据服务的内在特性对服务进行分类，即服务对象是顾客还是他们的所有物，服务活动的结果是有形的还是无形的。这四种分类具有重要的营销意义，它们分别是：

- 人体服务
- 所有物服务
- 精神服务
- 信息服务

精神服务和信息服务也可以合并，称为基于信息的服务。

8. 服务特性将服务与有形产品区分开来，这些特性就是我们所说的无形性（I，intangibility）、差异性（H，heterogeneity）、生产与消费不可分割性（I，inseparability）和易逝性（P，perishability），简称IHIP。这些特性对营销和管理提出了一系列挑战。

9. 由于服务自身特性，我们需要对传统的4P进行修正。修正的内容包括：

- 顾客所需要的不仅仅是产品的核心功能。
- 产品还应包括附加服务，如咨询服务、顾客接待和顾客期望管理。
- 产品传递涉及的主要是时间和地点，但很多信息加工要素的传递是通过电子渠道，而不是实体渠道。
- 定价要考虑非成本因素和收益管理。
- 促销在很大程度上就是沟通和引导服务过程顺利进行的顾客教育，而不是单纯的促销和广告。

10. 服务营销组合加入了三个新的P，以更好地进行顾客界面管理。这三个P分别是：

- 过程：对顾客服务过程的设计与管理，包括服务需求与供给之间平衡的管理和与服务过程相关的顾客等待管理。
- 有形环境：也称为服务环境，对服务产品传递起到支撑作用，而且可以将企业形象与服务质量等无形要素有形化。
- 人：包括对服务人员的招聘、培训和激励，以促使服务人员为顾客提供良好的服务质量，提高服务生产率。

11. 为了在市场竞争中赢得先机，企业必须将营销、运营、人力资源管理和IT有机整合起来。此处，所谓整合，指的是上述管理职能要素之间不仅匹配，还要相互强化。

12. 服务利润链阐释的是一个成功的企业应当怎样整合关键管理职能，以不断提升组织绩效：

- 必须对顾客关系进行有效管理，并制定有效的战略，以构建具有长久性的顾客忠诚。
- 在向目标顾客传递价值时，必须让顾客知道企业所给予他们的价值远胜于竞争对手所能提供的价值。
- 必须通过服务过程、系统、管理工具和IT技术持续改进，提高服务质量和服务生产率。
- 必须向一线员工授权，并有效激励员工。
- 高层管理者需要对有利于优化服务利润链的相关要素给予坚定的支持。

13. 本书提出了一个服务营销战略理论框架。该框架由相互关联的5篇构成：

- 第1篇：服务企业了解市场、顾客和竞争的重要性。
- 第2篇：如何将市场营销中的传统4P理论应用于服务市场营销。
- 第3篇：研究了服务营销组合中增加的3P以及如何管理顾客界面。
- 第4篇：阐释了如何通过忠诚之轮、有效顾客抱怨管理和服务担保来构建长久顾客关系。
- 第5篇：讨论了怎样提升服务质量和服务生产率。本篇最后研究了管理和领导方式的变革如何促进企业成为服务市场领导者。

复习题

1. 服务业在全球主要经济体中比重不断上升的主要原因是什么？

2. 促使服务业变革的五个最重要的因素是什么？它们对服务经济的影响如何？

3. 一国经济能否完全建立在服务业基础之上？如果一个国家制造业消耗越来越少，这是经济衰退的信号吗？

4. 为什么说专业服务会促进单个企业和整个经济的生产效率？

5. “服务是租借而不是拥有。”请解释这句话的含义并举例证明你的观点。

6. 简单说明四大服务分类并对各类服务举例说明。

7. 服务的哪些特性决定了服务营销必须有新的方法、新的概念和新的理论体系？

8. “对服务企业来说，在制定营销组合战略时，4P是不可或缺的方法。”试提出反面观点并证明你的结论。

9. 哪类服务受可变的投入和产出问题影响最大（最小）？为什么？

10. 为什么在服务业中营销、运营、人力资源管理和IT四个管理职能之间的关联性比制造业要紧密得多？试举例说明。

11. 简单阐述服务利润链对服务管理的意义。

12. 对构建有效的服务营销战略理论框架，最关键的因素有哪些？

应用练习

1. 请登录下列国家或地区的统计局网站：美国经济分析局（www.bea.gov）、欧洲统计（http://europa.eu.int/en/comm/eurostat/web/national-accounts/database）和你所在国家的统计局网站。第一，从每个网站采集服务占各国GDP比重的最新数据；第二，服务业就业人数占全部就业人数的比重；第三，按行业分解上述两组数据；第四，采集服务进出口数据。对整个经济结构变动、不同服务行业变动的长期趋势进行分析。

2. 在很多国家，法律和会计公司开始做广告。寻找一些相关的广告，并对下列问题进行分析：这些企业怎样解决其服务的无形性问题？它们怎样才能做得更好？它们是怎样有效解决顾客服务质量感知和风险感知问题的？又是怎样提升营销水平的？

3. 通过网站（www.ibm.com/annual-report）查阅IBM的年度报告和季度报告，对其不同业务作出描述。根据你的观察，企业未来发展机遇主要集中在哪些市场？主要的竞争威胁又来自哪里？

4. 试举例说明互联网和通信技术（如移动商务及App）怎样改变了你所使用的服务。

5. 请选择一家你熟悉的服务企业，探讨服务营销组合7P中的每个要素在特定产品中是怎样应用的。

6. 请简单说明第1章中的概念如何应用于宗教组织和非营利组织（如世界野生动物基金会）。

第2章 了解服务消费者

我得不到满足感。

——节选自《（我得不到）满足感》，滚石乐队主唱米克·贾格尔

全世界是一个舞台，我们每个人都只是舞台上的一名演员，都有自己的出场和谢幕，同时在扮演多种角色。

——节选自《皆大欢喜》，莎士比亚

那些搜寻必要的信息并作出明智选择的人比米克·贾格尔更容易获得满足感。

——克拉斯·福内尔

密歇根大学杰出 Donald C. Cook 名誉教授、美国顾客满意度指数创始人

学习目标

通过本章的学习，您将能够：

1. 理解服务消费三阶段模型；
2. 通过多要素模型，理解消费者如何在众多可替代的服务中作出评价、选择；
3. 知晓为什么顾客尤其是那些有很多经验和信任属性的顾客通常很难对服务作出评估；
4. 知晓顾客购买服务时面临的各种感知风险，以及企业降低这些感知风险的策略；
5. 理解顾客如何形成服务期望，以及服务期望的构成；
6. 了解关键时刻的比喻；
7. 对比顾客对高接触度服务与低接触度服务的不同体验和评价；
8. 熟知服务生产模型（SERVUCTION），并且理解构成服务经历的一系列互动；
9. 从服务接触的“剧场”理论获得启示；
10. 知晓角色、脚本，以及感知控制理论如何有助于理解服务接触；
11. 知晓顾客如何评价服务，以及顾客满意的决定因素；
12. 理解服务质量、服务质量的维度和测量，以及服务质量如何对顾客忠诚产生影响。

开篇案例

苏珊·芒罗：消费服务的顾客[1]

商科专业的毕业生苏珊·芒罗（Susan Munro）吃过早餐后，在iPhone上查看了天气预报应用程序。预报说今天会下雨，所以她离开公寓前带了雨伞。在去公交车站的路上，她顺便往邮箱投了一封信。公交车准时到达，还是平时的那位司机，司机认出了苏珊，当苏珊出示交通月票时，司机还向她热情地问好。

公交车到站，苏珊下车步行走向商学院。她与许多学生一起到达了阶梯教室，找到座位坐下，她要在那里上市场营销课。教授非常有活力，他推崇与学生进行主动的沟通、对话。苏珊在课堂讨论中作了不少贡献，在倾听其他同学的分析和见解时也学到了许多东西。

苏珊和朋友们一起到刚刚粉刷一新的学生活动中心吃午餐。美食广场宽敞明亮，装饰丰富多彩，有各种各样的小店。从当地小吃到品牌连锁快餐店的食品摊位，这里应有尽有，有多种食物可供选择，包括三明治、可丽饼、健康食品，以及各种亚洲美食和甜品。苏珊想吃三明治，但是赛百味（Subway）排队的人实在太多了，她就和朋友一起去了汉堡王（Burger King），然后又去邻近的一家名为Have-a-Java的咖啡屋喝了一杯拿铁。也许是因为大雨的缘故，那天的美食广场异常拥挤。苏珊和朋友最终找到了一张空出的餐桌，但是他们不得不自己清理桌子上的脏盘子。“真是懒呀！”朋友马克抱怨之前在这张餐桌用餐的顾客。

吃过午饭，苏珊在取款机取了一些现金。这时，她想起周末有个工作面试，于是她打电话给发型师。由于一名顾客的预约临时取消，所以苏珊幸运地预约到了美发服务。

苏珊急不可待地到达美发沙龙，沙龙的装潢时尚，员工亲切友好。但不幸的是，发型师却迟到了，苏珊不得不等候了20分钟，她利用等候时间复习了人力资源课程，还有一些顾客在阅读沙龙提供的杂志。苏珊洗完头发以后，发型师建议她的发型可以做一些细微的改变。由于苏珊从没有“提亮”过发色，不确定是否好看，所以她否定了“提亮”发色这个建议（因为她不想冒这个风险，特别是马上就要工作面试了），但她还是接受了发型师的其他提议。苏珊坐在椅子上，通过镜子注视着整个理发过程，并且在设计师需要的时候转动头部配合。苏珊对自己的新发型非常满意，连连称赞发型师的工作和技术。在付给发型师小费后，她到前台支付了美发费用。

在回家的路上，苏珊到干洗店取回洗好的衣服。干洗店灯光昏暗，弥漫着洗涤剂的味道，墙体也亟须重新粉刷。她非常气愤，因为虽然她的衬衫已经按时洗好，但是面试要穿的套装还没有洗好。留着脏指甲的服务员毫无诚意地向她道歉。虽然来这家干洗店非常方便，衣服洗得也不错，但是苏珊觉得店员的态度不太友好，也不太乐于帮助顾客，她对服务员的服务并不满意。然而，附近再没有其他干洗店了，她别无选择，只能继续到这家店洗衣服。

回到公寓楼后，苏珊打开大厅里的信箱，保险公司寄来了账单，不过并不需要她亲自去支付，因为费用是从银行账户自动划转的。正当要丢弃垃圾信件时，她发现了一张新开张的干洗店的宣传单，并且附有一张折扣券。苏珊把折扣券放进口袋，决定去新开的干洗店试试。

今天轮到苏珊准备晚餐，她到厨房看看是否有可用的食材，随之叹了一口气，因为厨房里没有什么食材了。或许她可以做些沙拉，再打电话叫一份大号比萨外卖。

“苏珊的一天”这个小故事将会贯穿第2章，向我们阐释服务消费者行为的相关概念和理论。

服务消费三阶段模型

苏珊的经历描绘了各种服务情境和各个消费阶段的消费者行为。理解顾客行为背后的原因是市场营销中非常重要的内容。我们需要了解顾客在购买、使用服务时如何作出决策，有哪些因素决定了顾客在实际的消费过程中、消费完成以后的满意程度。如果企业没有很好地理解以上这些内容，就无法创造、传递服务，也就无法拥有进行重复购买的满意顾客。

我们可以将**服务消费**（service consumption）划分为三个主要阶段：服务购买前阶段、服务接触阶段、服务接触后阶段。图2-1显示，每个服务消费阶段都各自包含多个步骤。服务购买前阶段包括：需求唤醒、信息搜寻、评价备选方案、作出购买决策这几个步骤。在服务接触阶段，顾客开始接触、体验服务，并且对服务进行消费。服务接触后阶段包括顾客对服务绩效的评价，顾客对服务评价会对以后的顾客重购、顾客推荐意愿起决定性作用。本章接下来的内容就围绕服务消费的三阶段，以及相关的关键概念进行阐释。

服务购买前阶段

服务购买前阶段（pre-purchase stage）开始于**需求唤醒**（need-awareness），随后顾客通过信息搜寻对各种备选服务进行评价，最终决定是否要购买某项服务。

需求唤醒

人们对服务的购买和使用是由个人或组织的潜在需求或需求唤起引发的。需求唤醒驱使人们搜寻信息、评价备选方案，最终作出是否购买的决策。人的需求可能是由以下因素引起的：

- 潜意识（比如，个人身份和抱负）；
- 身体、生理需求（例如，苏珊的饥饿感驱使她去汉堡王）；
- 外部因素（例如，社交媒体或者服务企业的各种营销活动）。

一旦人们意识到自己的需求，就会采取行动来予以满足。在苏珊的例子中，她

<table>
<tr><th colspan="2">服务购买前阶段</th></tr>
<tr><th>服务消费阶段</th><th>主要概念</th></tr>
<tr><td>➢ 需求唤醒
• 信息搜寻
• 明确需求
• 寻求解决方案
• 识别可选择的服务产品与服务供应商</td><td>➢ 需求唤醒
➢ 诱发集合
➢ 考虑集</td></tr>
<tr><td>➢ 评价备选方案（包括解决方案和服务供应商）
• 浏览供应商信息（例如，广告、宣传册、网站）
• 浏览第三方信息（例如，公共评论、评价、网络评论、博客、公共机构的投诉、企业满意度评价、企业荣誉）
• 与服务人员沟通、讨论
• 征求第三方、其他顾客的意见</td><td>➢ 多要素模型
➢ 搜寻属性、体验属性与信任属性
➢ 感知风险</td></tr>
<tr><td>➢ 作出服务购买决策、服务预订</td><td>➢ 形成顾客期望：理想的服务、预期的服务、恰当的服务、容忍区域</td></tr>
</table>

↓

<table>
<tr><th colspan="2">服务接触阶段</th></tr>
<tr><th>服务消费阶段</th><th>主要概念</th></tr>
<tr><td>➢ 向选定的服务供应商提出服务请求，或者进行自助服务（先支付，后开票据）
➢ 人员传递服务或者自助服务</td><td>➢ 关键时刻
➢ 服务接触
➢ 服务生产系统
➢ 服务剧场
➢ 角色与脚本理论
➢ 感知控制理论</td></tr>
</table>

↓

<table>
<tr><th colspan="2">服务接触后阶段</th></tr>
<tr><th>服务消费阶段</th><th>主要概念</th></tr>
<tr><td>➢ 服务绩效的评价
➢ 顾客意愿</td><td>➢ 感知与期望一致/不一致
➢ 不满意、满意、愉悦
➢ 服务质量
➢ 口碑
➢ 重复购买
➢ 顾客忠诚</td></tr>
</table>

图 2－1　服务消费三阶段模型

对美发的需求受到周末工作面试因素的驱动，因为她想在面试中展示自己的最佳状态。**需求**（needs）和**需要**（wants）不断发展，例如，人们对新奇、创新性的服务体验需求与日俱增，如带有向导服务的登山、滑翔、漂流、山地自行车以及蹦极等极限运动。

信息搜寻

一旦人们意识到自己的需求和需要解决的问题，需求随之就会驱使人们寻找满足需求和解决问题的方案。你的脑海里可能会同时出现多种备选方案，这些备选方案形成了**诱发集合**（evoked set）。诱发集合的形成可能源于顾客以往的经历，也可能是源于外界因素，例如，社交媒体、网络评论、在线搜索、广告、零售展示、故事演绎，以及服务员工、亲朋好友的推荐。但是，消费者不可能把所有的备选方案都纳入诱发集合用来作最终的决策，因此消费者会削减诱发集合的数量，最终形成**考虑集**（consideration set）。对于苏珊来说，简易午餐的考虑集包括三明治商店和汉堡王。在信息搜寻的过程中，消费者还会了解到服务的相关属性，以便形成对企业如何完成服务的期望。[2]

评价备选方案

一旦消费者形成自己的考虑集、理解服务的关键属性以后，他们就会作出购买决策。在市场营销中，我们通常用**多要素模型**（multi-attribute model）模拟消费者的购买决策过程。

1. 多要素模型

多要素模型阐释的是，消费者通过服务产品各个属性对自身的重要程度来评价、对比考虑集中的备选方案。每个服务属性都有自己的权重，服务属性的权重越高，对消费者就越重要。例如，假设在苏珊的考虑集中，有三家干洗店可供选择。表2-1列出了这三个可替代服务选择，以及苏珊用来评价、对比的各个服务属性。从表2-1中可以看出，对于苏珊来说，干洗的质量最重要，随后是地点的便利性和价格。苏珊可以使用两种常见的决策规则作出最终决策：一种是比较简单的线性补偿规则（linear compensatory rule），另一种是相对复杂一些，但是更接近现实情境的联结式规则（conjunctive rule）。使用不同的决策规则，苏珊会作出不同的选择。因此，对于企业来说，通过深入的调查研究来了解目标顾客群通常使用的决策规则非常重要。

表2-1　消费者选择——苏珊选择干洗店的多要素模型

	现有干洗店	校园干洗店	新干洗店	权重（%）
干洗质量	9	10	10	30
地点便利性	10	8	9	25
价格	8	10	8	20
营业时间	6	10	9	10
按时交付的可靠性	2	9	9	5
员工的亲和度	2	8	8	5
店面设计	2	7	8	5
总分	7.7	9.2	9.0	100

如果使用线性补偿规则，苏珊会计算每家干洗店的总分，赋值范围是从1到10。具体计算方法是：将每家干洗店的各个属性与各个属性的权重相乘，最终加总得到总分。例如，现有干洗店的总分为：9×30%（干洗质量属性得分）+10×25%（地点便利性属性得分）+8×20%（价格属性得分）+其他各个属性的得分×各自的权重。在分别计算三家干洗店的总分之后，最终结果为：现有干洗店7.7分，校园干洗店9.2分，新干洗店9.0分。因此，苏珊最终的选择是校园干洗店。

在联结式规则下，消费者会综合考虑总分以及一个或者几个关键服务属性的最低临界值，并以此作出最终决策。例如，苏珊在选择干洗店时，只会考虑“地点便利性”属性上得分大于等于9分的干洗店，因为她实在不愿意抱着衣服走太长的路程。在这种情况下，苏珊就会在现有干洗店和新干洗店中作出选择，并且最终会选择新干洗店，因为新干洗店比现有干洗店的总分要高。如果在使用联结式规则进行决策的过程中发现没有满足其最低临界值的干洗店，那苏珊可能会推迟选择，改变决策策略，或者调整最低临界值。

服务提供者在理解目标顾客的决策过程之后，可以采取很多措施尽量影响消费者的决策过程，以便增大服务被消费者选中的机会。

● 首先，企业要确保自己的服务处于消费者的考虑集当中，如果没有被消费者纳入考虑集，也就无从谈及被消费者选择。企业可以通过广告或者病毒式营销（第7章）使自己的服务进入消费者的考虑集。

● 其次，企业可以改变和调整消费者的感知（例如，如果一家诊所在个性化和特殊护理方面比较突出，但是顾客并没有注意到这一点，那么诊所在与顾客进行沟通时，就要强调自己在这方面的优势，调整顾客的感知）。

● 企业还可以改变服务属性的权重（例如，在与顾客进行沟通时，强调企业的优势，而弱化企业的劣势）。

● 企业甚至可以引进新的服务属性。例如，赫兹租车公司（Hertz）对环保汽车进行宣传，具有环保意识的消费者在选择汽车租赁服务时会考虑“环保”这个服务属性。

总之，企业的目标在于塑造、影响目标顾客群的决策过程，使顾客作出“正确”的选择，即最终选择企业提供的服务。[3]

2. 服务属性

多要素模型的假设前提是：在购买之前，消费者可以评价所有重要的属性。但是，这种假设有时并不成立，因为相比其他属性，有些属性很难在购买前进行评价。产品的属性有以下三种类型。[4]

（1）**搜寻属性**（search attributes）。搜寻属性是指在购买之前顾客能够评价的有形的特点。例如，一家餐厅的搜寻属性包括：食物的种类、餐厅的地理位置、餐厅的风格（比如，是正式餐厅、休闲餐厅还是家庭聚会餐厅），以及价格。再比如，你可以在正式打高尔夫球之前先查看一下高尔夫球场；加入健身俱乐部之前先参观一下，并且试用一两台健身器材。这些有形的产品属性有助于顾客在购买之前更好地了解、评价服务，减少顾客的不确定性感知和购买风险。

（2）**体验属性**（experience attributes）。体验属性是指顾客在购买之前无法进行评价的服务属性。在对诸如可靠性、易用性和用户支持等服务属性进行评价之前，顾客必须先对服务进行实际的“体验”。正如餐厅的例子中，你只有在餐厅实际体验之后，才能知道是否喜欢餐厅的食物，服务员提供的服务到底如何，餐厅的氛围是否舒适。

度假、现场娱乐演出、许多医疗过程都具有非常显著的体验属性。虽然我们可以查看旅行宣传册，浏览描述度假胜地的网站，观看旅行影片，阅读旅行专家和其他游客的评论，或者是听亲友讲述旅行体验，但是只有亲自体验过在加拿大落基山脉徒步旅行，在加勒比海潜水，你才能确切评价或者实际感受到这些运动带给我们的强烈震撼与心旷神怡之美。

此外，别人的评论和推荐也不能涵盖有些特殊情况。例如，餐厅的顶级厨师可能恰巧在你去就餐的那天休假，相邻餐桌喧闹的生日聚会可能会毁掉你周年纪念日的浪漫烛光晚餐。

（3）**信任属性**（credence attributes）。某些产品特性即使在实际消费以后，顾客也很难对其进行评价，这就是产品的信任属性。顾客只能被迫相信某些服务流程是按照事先的承诺进行的，并且达到了服务供应商承诺的质量水准。例如，餐厅服务的信任属性包括：餐厅厨房的卫生条件、烹饪材料的营养品质与新鲜程度（例如，餐厅是否真的使用高级橄榄油烹饪菜品）。

对于顾客来说，很难判断汽车维修保养服务的好坏；病人通常也无法评价牙医在复杂的牙科手术过程中的表现。专业服务的消费也是一样。人们之所以寻找、消费专业服务帮助自己，是因为人们本身没有经过相关的服务培训，缺乏服务专业知识，例如一些咨询服务、外科手术、法律咨询和顾问服务。你如何确定这些服务的最佳标准呢？实际上，人们对这些服务的评价归根结底是要靠对服务提供者的技能和专业性的信任。

所有的产品都可以置于“容易评价”—“很难评价”的连续谱上，而产品评价的难易程度又取决于产品的搜寻属性、体验属性、信任属性的显著程度。如图 2-2 所示，大多数有形产品都位于连续谱的左侧区域，因为有形产品的搜寻属性显著。

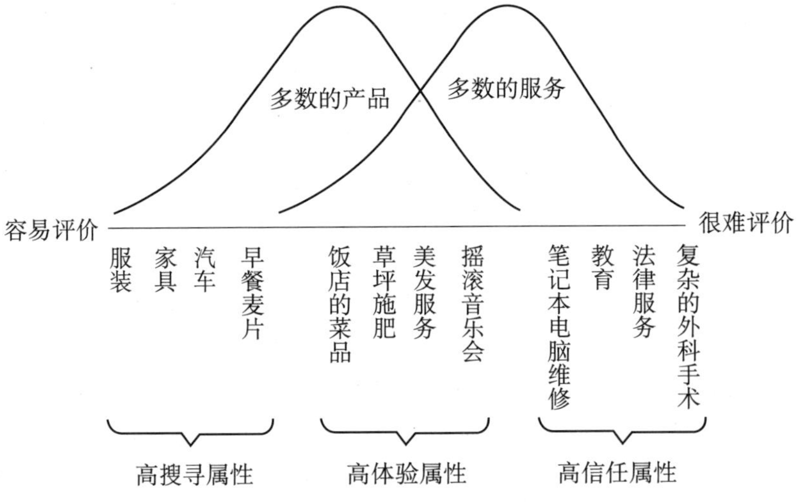

图 2-2 产品特性对评价难易程度的影响

资料来源：Adapted from Valarie A. Zeithaml，“How Consumer Evaluation Processes Differ Between Goods and Services，” in J. H. Donnelly and W. R. George，*Marketing of Services*（Chicago：American Marketing Association，1981）.

与之相反的是，多数服务都位于连续谱的中间至右侧区域，因为服务具有较高的体验属性和信任属性。

顾客对服务的评价越困难，其作出购买决策的感知风险就越大。接下来，我们就探讨感知风险。

3. 感知风险

如果买了不满意的有形产品，通常可以退换，而这种做法对于服务来说并不适用。例如，苏珊·芒罗从未尝试过染发，不确定是否好看，所以她拒绝了发型师提亮发色的建议。苏珊的这种不确定性感觉增加了她的**感知风险**（perceived risk）。感知风险对于高体验属性、高信任属性的服务来说更加显著，而且初次购买、使用服务的顾客可能会面临更大的不确定性。回想一下你第一次决定是否要购买某种自己并不熟悉的服务的情景，特别是这种服务购买的结果对你来说极其重要，例如，购买医疗保险，或者选择就读的大学。你很可能会担心没有作出最佳或者甚至没有作出好的选择。服务可能产生的结果越糟糕，产生负面结果的概率越大，你的感知风险就会越高。表2-2总结了七类感知风险。

表2-2　服务购买使用的感知风险

感知风险类型	顾客感知举例
功能风险（不满意的表现结果）	● 培训课程会向我传授如何找到好工作的技能吗？ ● 这张信用卡在任何时间、任何地点购物都能有效吗？ ● 干洗能去除夹克上的污渍吗？
财务风险（金钱损失、不可预期的成本）	● 如果我听从证券经纪人的建议进行这项投资是否会亏损？ ● 如果在这家网站注册，信用卡的个人信息是否会被窃取？ ● 修理汽车的费用是否比预先估计的要高？
时间风险（浪费时间、时间延迟的影响）	● 进入展览会场参观之前是否会排队等候？ ● 这家餐厅的服务效率会不会很低，导致我下午开会迟到？ ● 浴室的装修是否可以在朋友拜访之前完工？
物理风险（人身伤害、财产损失）	● 整容手术后会不会有并发症状、留下疤痕？ ● 包裹里的东西会不会在邮寄过程中损坏？ ● 吃路边摊会不会导致胃不好？
心理风险（恐慌、情绪）	● 我怎么知道这架飞机会不会坠毁？ ● 咨询顾问会不会让我觉得自己很愚蠢？ ● 医生的诊断会不会让我感到心烦？
社会风险（其他人的想法和反应）	● 如果朋友们知道我注册了相亲服务会怎么看我？ ● 亲戚们会满意我为家庭聚会选择的餐厅吗？ ● 我选择了一家没有名气的律师事务所，生意合作伙伴会不会不赞同？
感官风险（对五官感觉的负面影响）	● 从我就餐的餐桌向外望，看到的会不会只是停车场，而不是海滩？ ● 隔壁客人的噪声会不会让我失眠？ ● 我住的房间是否有霉味？

顾客应该如何处理这些感知风险呢？人们在感知风险的情况下会感觉不舒服，因此会使用各种方法降低自己的感知风险，包括：

- 向可信、可靠的人际资源寻求信息，例如家人、朋友和同事。[5]
- 利用网络对比服务，搜寻独立评论和评价，浏览社交媒体上的相关讨论。
- 信赖声誉良好的企业。
- 寻求担保和保证书。
- 亲自到服务现场查看，或者在购买前试用几项服务性能，检查服务的有形线索或其他有形证据，例如，对服务设施的感觉、服务设备的外观，或者是企业获得的荣誉和奖项。
- 向专业知识丰富的员工询问在做决策时需要注意的竞争服务的情况。

顾客都是规避风险的——世界万物都是如此——并且会选择感知风险较小的服务。因此，企业要主动采取措施减少顾客的感知风险。企业可以根据服务的不同性质，采取相应的策略降低顾客的感知风险：

- 鼓励潜在顾客在实际消费之前通过浏览企业的网站和视频资料提前了解、熟悉企业的服务。
- 鼓励潜在顾客在购买前参观企业的服务设施。
- 向顾客提供免费试用服务，非常适用于体验属性显著的服务。许多宴会和餐厅服务都会让想举办婚宴的顾客在预订婚宴之前免费试餐。
- 对于具有高信任属性、高顾客参与度的服务来说，广告和服务推广有助于企业与潜在顾客之间的沟通，向潜在顾客介绍服务可以带给顾客的利益、服务的使用，以及如何才能达到最佳的服务效果。
- 资格证书陈列。从事医生、建筑师和律师等职业的人员通常会向顾客出具他们的学位证书和其他资质证明，因为他们想让顾客直观地“看到”他们具有提供这些专业服务的资格。许多提供专业服务的企业网站向潜在客户展示它们的服务，强调企业服务的专业性，甚至展示以往的成功案例。
- 实施**证据管理**（evidence management），向顾客呈现一系列符合企业形象定位和价值主张的有形证据，包括服务现场的设计、设备、设施，以及员工的服饰和行为。[6]例如，苏珊光顾的那家美发沙龙的赏心悦目的店面装潢驱使她选择到这家沙龙消费，而且这也可能是导致苏珊对这家美发沙龙的服务感到满意的因素，虽然发型师让她苦苦等候了20分钟。
- 制定可以建立顾客信心、产生对企业信任感的可视化安全程序。
- 让顾客可以从网络上获知订单、服务进展的状态。许多快递服务企业都使用这种策略（例如，FedEx，DHL和UPS）。
- 向顾客提供诸如退款保障、履约保证等服务保障。

如果企业能够有效地对潜在顾客的感知风险进行管理，降低顾客的不确定性，就会增加企业被顾客选中的机会。接下来，我们要讨论的另一个影响顾客选择（最终影响顾客满意）的重要因素是顾客期望。

4. 服务期望

顾客期望是在信息搜寻和决策过程中，通过顾客对信息的搜寻和可替代服务的评价形成的。如果之前没有相关的购买经验，那么你可以根据网络搜索和评论、口碑、故事演绎或者企业的各种营销活动形成购买前的服务期望。服务期望会在不同的情境下发生变化，例如，顾客对高峰时段服务传递及时性的期望会低于非高峰时段。

正如多要素模型部分介绍的那样，期望是可以改变的，也是可以管理的。企业可以通过营销沟通、新服务和科技的介绍形成顾客的期望。通过媒体和互联网增加信息的获取也可以改变顾客的期望。例如，现在消费者对医疗保健服务的信息获取来源十分广泛，他们消息灵通，希望可以参与到医生的治疗决策中。服务展望 2－1 描述了患有严重疾病的孩子的父母的新决定。

服务展望 2－1

家长希望可以参与孩子的医疗决策

许多家长都想积极参与到孩子的治疗过程中。由于媒体对医疗进展、健康保健相关知识的深入报道，以及消费者组织对相关知识的普及、教育活动，如今的家长消息更加灵通，具备更多的医疗知识，不再愿意只是简单地被动接受专家的建议。特别是那些患有先天性缺陷疾病或者需要终身治疗的孩子的家长，往往愿意投入大量的时间和精力学习、了解一切关于孩子健康的知识。有些家长甚至针对某种疾病自发成立了非营利组织，让面临同样问题的家庭联合起来，一起募集资金用于疾病的研究和治疗。

互联网使人们很容易就能获得医疗信息和医疗研究成果。得克萨斯心脏研究中心针对 160 名患有心脏疾病的孩子的家长的一项研究表明，有 58%的家长从互联网获取与孩子疾病诊断相关的信息，4/5 的用户表示很容易就能找到心脏病学相关信息，并且其中有一半用户可以说出各自最喜欢的心脏病学网站，几乎所有的家长都认为这些信息有助于他们进一步了解孩子的身体状况。研究显示，有 6 名家长甚至建立了关于孩子先天性心脏病的个人互动网站。

耶鲁纽黑文儿童医院（Yale New Haven Children's Hospital）的前儿科主任诺曼·J. 西格尔（Norman J. Siege）对这种现象发表评论说：

> 现在情况发生了很大变化，那些“请相信我，让我来处理”的日子已经一去不复返了。许多家长拿着从网络上打印的资料来问我，为什么某某医生会这样写。他们会去聊天室了解情况，他们也想了解慢性疾病的治疗过程。一些家长对疾病的了解程度几乎等同于年轻的医学专业学生或者实习医生。

西格尔医生认为这种趋势很好，并且表示他很乐于与家长共同讨论孩子的疾病，但不得不承认的是，有些医生还是难以适应这种趋势。

资料来源：Christopher Lovelock and Jeff Gregory，“Yale New Haven Children's Hospital，”New Haven，CT：Yale School of Management，2003（case）.

顾客期望是由哪些因素构成的呢？期望包括许多因素：理想的服务、恰当的服务、预期的服务，以及容忍区域（容忍区域是处于理想服务和恰当服务之间的服务水平）。[7] 图 2－3 中的模型显示了不同顾客期望水平的影响因素。这些因素如下所示：

- **理想的服务**（desired service）。顾客希望得到的服务水平称为理想的服务，

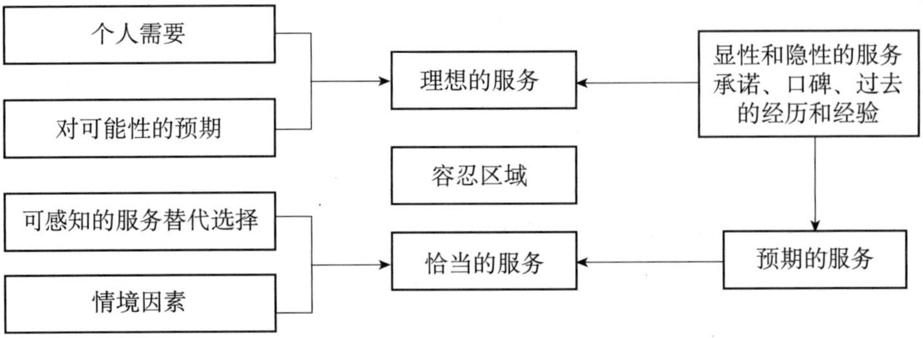

图 2-3　影响顾客服务期望的因素

资料来源：Adapted from Valarie A. Zeithaml, Leonard A. Berry, and A. Parasuraman (1993), "The Nature and Determinants of Customer Expectations of Service," *Journal of the Academy of Marketing Science*, Vol. 21, No. 1, pp. 1-12.

它是顾客"盼望"或"希望"获得的服务水平——顾客根据个人需要认为服务提供者能够也应该提供的服务水平的结合体。理想的服务也可能会受到服务提供者的各种显性和隐性承诺、口碑以及顾客过去的实际经历和经验的影响。[8]但是，大多数顾客还是很实际的，他们很清楚，企业不可能总会提供他们"希望"的服务水平，所以顾客还有一个服务期望临界值，称为恰当的服务，也是顾客的预期服务水平。

- **恰当的服务**（adequate service）。恰当的服务是指在没有不满意的情况下，顾客可以接受的最低服务水平。
- **预期的服务**（predicted service）。预期的服务是顾客实际上期望获得的服务水平。预期的服务也会受到服务提供者承诺、口碑以及顾客过去的实际经历和经验的影响。预期的服务对顾客对恰当的服务的定义有直接影响，高预期服务的恰当服务水平要高于低预期服务的恰当服务水平。

顾客的预期服务水平也会随不同的情境发生变化，例如，顾客会根据以往的经验预期到，在夏季，阴雨天气状况下去博物馆参观的人数要多于晴天时的参观人数，因此会更加拥挤。所以，如果顾客是在夏季凉爽的雨天里排队 10 分钟购买博物馆门票，那么这种情况并不会低于顾客的恰当服务水平。此外，顾客对其他供应商的服务期望水平也是影响顾客对本企业恰当服务期望的因素之一。

- **容忍区域**（zone of tolerance）。对于企业来说，很难保证在各个服务传递渠道、分支机构，以及数以万计员工与所有顾客的接触点都提供一致、稳定的服务。即便是同一名服务员工，在不同时期、同一天的不同时段服务绩效也是变化的。顾客可以接受的这种变化程度就是顾客的容忍区域。过于低下的服务绩效会导致顾客失望、不满，而超越顾客的理想服务水平则会给顾客带来惊喜，使顾客感到愉悦。我们还可以将容忍区域视作一个范围，如果提供的服务水平在这个范围之内，顾客就不会特别地关注服务绩效；而如果提供的服务水平落在这个范围以外，那么顾客就会产生正面/负面的反应。[9]

容忍区域的大小因人而异，这取决于市场竞争状况、价格、特定服务属性的重要性等因素，这些因素都会对恰当服务水平产生影响。相比之下，理想服务水平则会随着顾客经验的累积而缓慢上升。例如，一家小型企业的所有者向企业的会计师征询财务意见，其理想的服务水平是第二天就可以收到会计师提供的全面、深入的分析和反馈。但是如果企业所有者是在所有会计人员都在忙于准备企业、个人的年度纳税申报的情况下提出的服务请求，那么他就会基于以往的经验，预期到自己不会很快得到服务反馈。在这个例子中，虽然企业所有者的理想服务水平并没有改变，但是他对服务响应及时性的容忍区域变宽了，因为他对一年中服务繁忙时期的恰当服务水平降低了。

预期服务水平是消费者选择过程中最重要的因素，我们将在下一部分进行介绍。理想的服务、恰当的服务和容忍区域是顾客满意的重要决定因素，我们将在“服务接触后阶段”部分进行介绍。

服务购买决策

消费者在比较各个具备替代性的竞争服务的重要属性、评估感知风险，进而形成自己的理想服务、恰当服务、预期服务水平期望之后，就做好了作出最佳选择的准备。

对于经常购买的服务，消费者可以非常简单、迅速地作出决策，无须考虑太多——因为这些服务的购买感知风险低，有明确的可选择替代物，而且消费者曾经使用过这些服务，所以对服务的各种特性了如指掌。如果消费者有自己喜爱的供应商，就很有可能会毫无理由地再次选择购买该供应商提供的服务。然而，在许多情况下，消费者在作出购买决策时需要权衡，其中，价格是需要考虑的关键因素。例如，为更快捷的服务、更宽敞的景观房、更佳的观看演出座位而支付额外的费用是否值得？

在复杂决策过程中，消费者需要对多种要素进行权衡（详见“多要素模型”部分）。比如在选择航班时，航班的起飞时间是否方便，是否安全可靠，飞机上的座椅是否舒适，机组成员服务是否周到，机票是否含餐以及食物的质量，这些服务要素会因不同的舱位存在差异，有时即便是在相同票价的情况下也会有所不同。

消费者一旦作出决策，很快就会转入服务消费的服务接触阶段。服务接触阶段可能立即就会发生，比如进入快餐店就餐，而在乘坐航班、观看现场演出前经常需要提前预订。

服务接触阶段

消费者在作出购买决策之后，就进入了服务经历的核心阶段——**服务接触阶段**（service encounter stage）。消费者在这个阶段会与服务企业发生一系列的接触。我们通过几个模型来更好地理解服务接触阶段的消费者行为。首先，**服务接触**（service encounter）的“关键时刻”表明了对接触点进行有效管理的重要性；第二个模型是高/低接触度服务模型，有助于我们更好地理解服务接触点的本质和不同程度；第三个模型是服务生产模型，主要关注构成顾客服务经历和服务体验的各种服务互动；最后，服务剧场模型，以及相关的服务脚本、角色理论、感知控制理论，介绍了如何通过“服务舞台表演”来有效打造顾客需要的服务体验。

构成服务接触的一系列“关键时刻”

理查德·诺曼（Richard Normann）借用斗牛比赛中的**“关键时刻”**（moment of truth）来比喻企业与顾客之间接触点的重要性：

> 顾客在关键时刻对服务质量进行感知，服务提供者和顾客在这个时刻发生接触。服务提供者拥有的技能、动力、工具与顾客的期望、行为共同创造了服务传递过程。[10]

在斗牛比赛中，公牛和斗牛士的生命都时刻处于危险之中，这些危险时刻在服务背景中就是关键时刻，顾客和企业之间的关系会在这些关键的接触点上岌岌可危。

斯堪的纳维亚航空公司（SAS）前执行总裁简·卡尔森（Jan Carlzon）在将SAS从以运营为导向的企业转变为顾客导向型航空公司的过程中，借用关键时刻作为企业的控制点。卡尔森这样描述SAS：

> 去年，平均每5名SAS员工会与1 000万名顾客发生服务接触，每次接触的时间为15秒。由此推算，SAS每年会与顾客发生多达5 000万次的服务接触，每次接触时间要持续15秒钟。这5 000万个“关键时刻”将最终决定SAS的成败。在这些“关键时刻”，我们必须向顾客证明，SAS是他们的最佳选择。[11]

每个服务企业都会面临与SAS同样的挑战，即如何确定、管理与顾客接触的“关键时刻”。

高接触度与低接触度服务的接触特性

在服务过程中，顾客会与服务系统有不同程度的接触。有的服务接触时间短暂，只包括几个步骤，例如，顾客呼叫顾客服务中心，或者使用应用程序。而有些服务接触需要很长的时间跨度，包括不同复杂程度的互动。例如，主题公园的游览可能会需要一整天的时间。图2-4将服务划分为三种不同层面的互动，包括顾客与服务人员之间的互动、与有形服务要素之间的互动，或者是两者兼而有之。虽然顾客与企业之间的接触程度具有一定范围，但是对于企业来说，仍有必要区分高接触度和低接触度服务的不同特点，分别进行管理。例如，我们可以注意到，虽然传统的零售银行服务、个人电话银行服务以及网上银行服务分别位于图2-4中的不同区域，但是它们提供的银行基础服务是一样的，如转账服务。

● **高接触度服务**（high-contact services）。在高接触度服务中，整个服务传递过程包括组织和顾客之间的大量互动。当顾客进入服务传递的场所时，就相当于步入了一座“服务工厂”——而这种情况在制造业中很少见到。从这个角度看，医院就是一家“医疗保健工厂”，餐厅则是一家“食物服务工厂”。由于这些服务业关注的对象是“人”，而非没有生命的物体，所以这些服务业面临的挑战就是如何从服务环境、与服务人员互动的角度为顾客创造引人入胜的体验。在服务传递的过程中，顾客会接触到许多服务组织的有形线索，例如，服务场所内外部的装饰、设施装备、服务人员的外表和行为，甚至还包括其他顾客的行为。对于苏珊来说，干洗

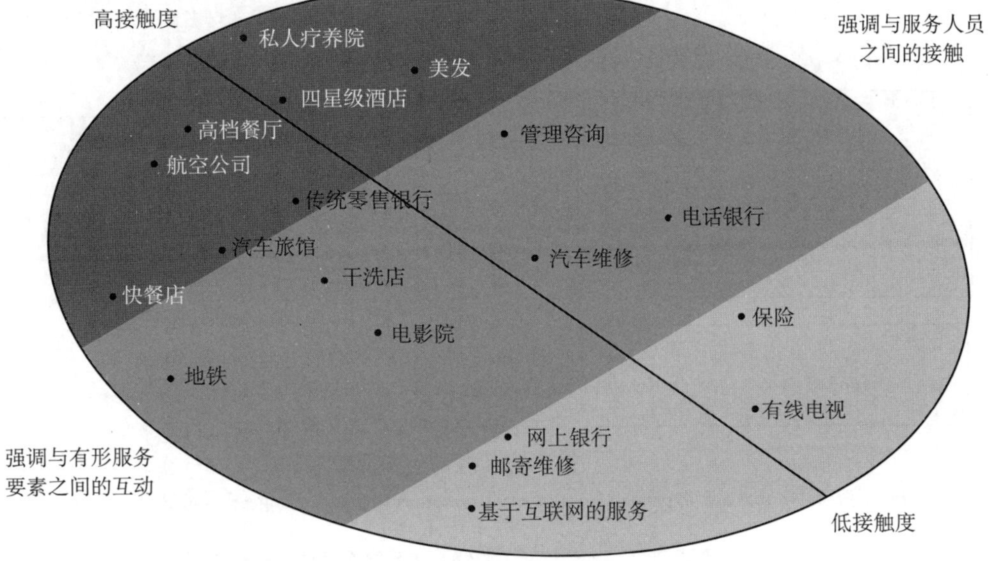

图 2-4　顾客与服务组织不同的服务接触程度

店的有形线索，如昏暗的内部装潢、需要维修的墙壁，都导致了糟糕的服务体验。服务接触的速度甚至也会对顾客满意产生影响。[12]

● **低接触度服务**（low-contact service）。在接触层次光谱中，与高接触度服务相反方向的是低接触度服务。在低接触度服务中，顾客与服务组织之间几乎不存在直接的、物理上的有形接触，即使有的话也是很少。取而代之的是，顾客与服务组织可以通过电子媒介或其他传递渠道进行远距离接触。例如，顾客可以自己通过邮件、电话和网络处理保险和银行转账业务，或者是通过网络购买信息化服务（例如，从 iTunes 购买歌曲，将电子书下载到 Kindle 阅读），而不是亲自到实体企业去购买。实际上，许多高度、中度接触的服务都在向低接触度服务转化，因为在消费者选择中，便利性的权重越来越大，所以这种转化趋势日益显著。

服务生产系统

法国学者皮埃尔·艾格理尔（Pierre Eiglier）和埃里克·兰吉尔德（Eric Langeard）首先将服务企业界定为一个系统，这是一个包括营销、企业运营和顾客的整合系统。两位学者创造了一个新的词汇“servution system”（service 与 production 的结合，译为“服务生产系统”），用来描绘服务组织可视化的并且可以被顾客体验的那部分有形环境。[13]图 2-5 中的服务生产模型向我们展示了高接触度服务中构成顾客体验的所有互动。顾客与服务环境、服务员工，以及在服务接触过程中出现在服务现场的其他顾客互动。在此过程中的每个互动都可能会创造价值（例如，舒适的环境，友好、胜任的员工，以及其他有趣的顾客），或者损害价值（例如，电影院里挡住你视线的顾客）。企业必须对所有互动进行有效管理，确保顾客可以获得他们需要的服务体验。

服务生产系统包括技术核心部分和服务传递系统。

● **技术核心部分**（technical core）——企业在这里处理各种服务生产的投入，

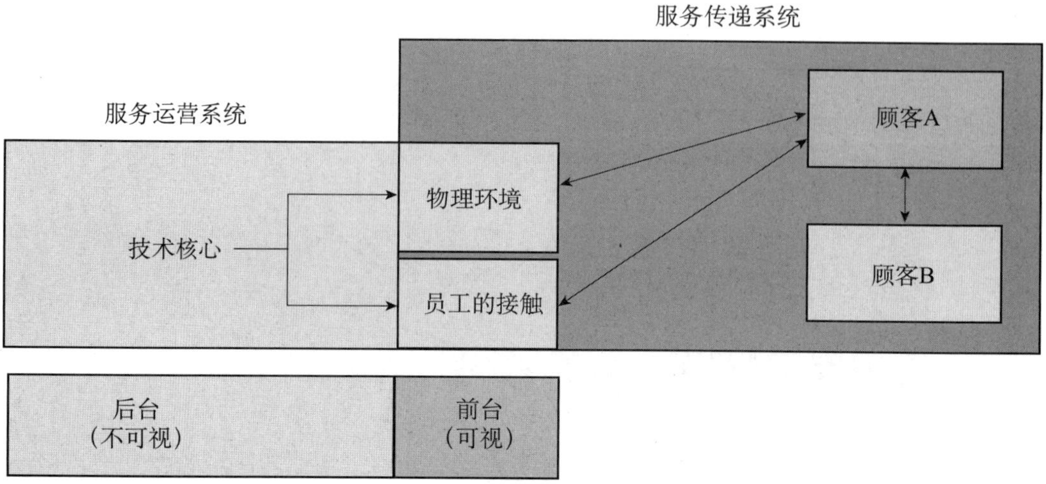

图 2－5　服务生产模型

资料来源：Adapted and expanded from an original concept by Eric Langeard and Pierre Eiglier.

创造各种服务产品要素。技术核心部分一般在企业的后台运作，并且对于顾客来说，这部分是不可视的（例如，餐厅的厨房）。如同在剧院里，观众不可见的元素是“后台”或“后勤”，而观众可见的舞台元素是“前台”。[14]顾客一般对后台发生的事情不感兴趣。但是，如果后台的运作会影响到前台的服务，那么顾客就会关注“后台”发生的事情。例如，如果餐厅的厨房下错了菜单，那么顾客的晚餐就被毁了。

● **服务传递系统**（service delivery system）——服务产品在这里进行最后的“组装”，并传递给顾客。这个子系统包括服务运营系统的可视化部分——服务组织的建筑、设备和服务员工——可能还包括其他顾客。如果用“剧场”来类比的话，服务系统的可视前台部分就是一个现场剧院，服务组织在舞台上为顾客提供服务经历。

整个服务运营过程中，可视化部分的比例会因顾客与组织的接触程度不同而不同。由于高接触度服务过程会直接涉及顾客，因此在整个服务运营过程中会存在大量的可视化要素，以及许多互动——或者“关键时刻”——需要管理。相比之下，低接触度服务有大量的后台服务运营系统，而前台服务要素仅限于网络、电话或者信件沟通，顾客通常观察不到“服务工厂”中服务的运营状况，这会使服务组织对服务设施的设计、管理相对容易一些。例如，银行的信用卡用户可能从来都没有去过实体银行——用户遇到任何问题只需要与银行客服人员通过电话进行联系、解决即可，在这种情况下，顾客与服务组织在服务“剧场”中就几乎没有任何演出。

服务传递的服务剧场理论：整合的视角

由于服务传递包括顾客经历的一系列事件，所以用剧场来比喻服务生产系统中的服务和服务体验是最恰当不过的。[15]服务剧场比喻对于高接触度服务来说尤其有用，例如医疗、酒店服务，还有同时要为大量顾客提供服务的服务企业，例如医院、职业运动，以及娱乐业。下面我们就来讨论服务剧场的舞台（例如，服务设施）和演员阵容（例如，前台服务人员）。

● **服务设施**。我们可以将服务设施想象成是一个包罗万象的舞台。舞台上的场景会随着剧情的变化而不断改变（例如，乘坐飞机的旅客从机场入口到航站楼办理登机手续，然后到登机口候机，最后进入机舱）。有些舞台上只有简单的“道具”，比如出租车服务；而有些舞台上的“道具”则非常丰富，例如，度假酒店中有风格各异的建筑设施、奢华的内部装潢，以及郁郁葱葱的园林景观。

● **服务人员**。前台服务人员就像是戏剧舞台上的演员，在舞台上扮演着各种角色，他们在前台的表演要受到后台服务生产团队的支撑。在一些情况下，服务人员要穿着特定的“戏服”（例如，酒店的门童经常会穿着一些稀奇的制服，UPS运输司机一般会穿着基本款式的棕色制服）。

服务剧场的比喻还包括舞台上演员们饰演的各种“角色”，以及演出的“脚本”，接下来我们就对这一问题进行探讨。

角色与服务脚本理论

剧场中的演员需要熟悉自己扮演的角色、熟悉剧本。同样，在服务接触中，掌握**角色**（role）和**脚本**（script）理论可以帮助组织更好地理解、设计、管理服务接触过程中员工和顾客的行为。

1. 角色理论

如果我们从戏剧角度审视服务传递过程的话，那么服务组织的员工和顾客都在演出中扮演着他们预定的角色。斯蒂芬·格洛夫（Stephen Grove）和雷·菲斯克（Ray Fisk）将角色定义为“为了最大限度地实现目标，个体在社会互动、沟通中获得并表现出来的行为模式集合”。[16]角色也可以被界定为“在特定环境或情境下引导顾客行为的社交线索、社会期望的集合”。[17]在服务接触过程中，服务员工和顾客双方的满意度和生产率取决于双方角色的一致性，或者在服务接触过程中双方完成角色扮演的程度。服务人员必须参考顾客的期望来扮演自己的角色，否则就会导致顾客不满。作为顾客，也必须“遵守游戏规则”，否则就会为企业、员工甚至其他顾客带来不必要的麻烦。任何一方对自己扮演的角色感觉不舒服，或者表演不到位，就会影响到双方的满意度和生产率。

2. 服务脚本理论

服务脚本就像是电影剧本，限定了服务传递过程中服务员工和顾客的一系列行为，服务员工和顾客要根据剧本进行服务接触。服务员工要接受正规的培训，顾客则会通过自身的实际服务经历、与其他顾客的交流，以及与企业之间的沟通、企业的培训熟悉服务脚本。[18]顾客在某个服务企业的服务体验越多，就会越熟悉该企业的服务脚本。顾客不愿意再重新学习、熟悉新的剧本，也可能是他们不会转向企业竞争对手的原因之一。任何有悖于服务脚本的行为都会使顾客和员工受挫，并导致顾客不满。如果企业决定要改变服务脚本（例如，使用新技术将高接触度服务转变为低接触度服务），那么企业就要对员工和顾客进行培训，告知他们新技术、新运营模式可以带来的利益。

许多服务戏剧都要严格按照服务的脚本演出（例如，空乘服务人员为经济舱提供的服务），以减少服务的不稳定性，有利于保持服务质量的一致性。但是，并非所有的服务“演出”都有严格的服务脚本，对于那些高度定制化的服务来说，服务脚本是灵活多变的——例如，设计工作者、教育工作者、咨询顾问——这些服务的脚本会随着情境和顾客的不同而发生变化。

图2-6显示的是诊所里的洗牙、简单牙科检查的“服务脚本”，这个脚本中有3名演员——患者、诊所前台接待人员，以及牙医。每个人都有自己演绎的角色，反映了他们各自在服务接触中所起的作用。患者扮演的角色区别于其余两个服务提供者扮演的角色（患者并不期待这次服务接触），前台接待人员的角色也有别于牙医的角色，反映了他们两种不同的工作性质。这个服务脚本一部分由牙科诊所的有效运营需要构成，更重要的是由精湛、安全的专业技术构成（而不是口罩、手套）。只有患者在服务传递过程中予以配合，检查、清洗牙齿的核心服务才能很好地完成。

患者	前台接待人员	牙医
1. 电话预约		
	2. 确认需求、安排应诊时间	
3. 到达牙科诊所		
	4. 问候患者；确认需求；引导患者到候诊室等候；通知牙医患者已经到达	
		5. 浏览患者相关记录
6. 在候诊室等候		
		7. 问候患者，引导患者到治疗室
8. 进入治疗室，在诊疗椅上坐好		
		9. 核实以往的诊断病历；询问前一次治疗后发生的问题
10. 回答牙医提出的问题		
		11. 为患者穿上防护衣
		12. 放平诊疗椅；佩戴防护口罩、手套和眼镜
		13. 检查患者的牙齿（选择性地向患者提出问题）
		14. 将吸引装置放在患者口腔中
		15. 用高速运转的牙科设备和手动工具依次清洗患者的牙齿
		16. 取出吸引装置；完成清洗过程
		17. 将诊疗椅复位；让患者漱口
18. 漱口		
		19. 摘除并丢弃口罩和手套，摘掉眼镜
		20. 完成治疗记录，将患者档案送还前台接待处
		21. 移除患者的防护衣
		22. 向患者赠送免费牙刷；提出个人口腔护理建议
23. 从诊疗椅上坐起		
		24. 向患者致谢、道别

图2-6　牙齿清洗与简单牙科检查的服务脚本

患者	前台接待人员	牙医
25. 离开治疗室		
	26. 问候患者；核实接受的治疗，并出示账单	
27. 付账		
	28. 出示收据；确定下次应诊的日期，并记录预约日期	
29. 拿预约卡		
	30. 向患者致谢、道别	
31. 离开诊所		

图 2-6　(续)

3. 角色与脚本理论互为补充

思考一下课程中教授和学生分别扮演的角色。教授的角色是什么呢？是向学生传递精心设计的课程，让学生聚焦于讲座的关键主题，使主题具有趣味性，让学生可以融入课堂上的讨论。学生的角色是什么呢？学生要做好讲座前的准备工作，课上要认真听讲、积极参与课堂讨论，不扰乱课堂秩序。讲座服务脚本的开场部分描述了讲座双方特定的行为。例如，学生应该在讲座开始前到达报告厅，在座位上坐好，打开笔记本电脑；教授的脚本是：进入报告厅，将讲义放到桌子上，打开笔记本电脑和 LCD 投影仪，向学生问好，做必要的课程说明，随后准时上课。你可以从上述例子中看出，“角色”和“脚本”两个理论框架是互为补充的，分别从两个角度描述了服务接触过程中双方的行为。优秀的服务营销管理者应该深入理解两种理论视角，主动界定、与员工和顾客进行沟通，培训员工和顾客扮演好各自的角色、按照服务脚本共同完成演出，并获得高顾客满意度和高服务生产率。

在本书的后续章节中，我们将更加详细地探讨服务传递系统的核心要素——服务脚本、服务角色的设计。具体来说，第 7 章“服务营销沟通”将探讨如何教育、培训顾客在服务传递过程中扮演好自己的角色；第 8 章“服务流程设计”讨论如何设计服务脚本与服务角色；第 10 章“打造服务环境”探讨服务环境的设计过程；第 11 章“通过有效员工管理获取竞争优势”探讨如何对服务员工进行管理。

感知控制理论

服务接触的另一个维度是“感知控制”[19]，也就是说顾客在服务接触过程中需要控制感，这是顾客行为和顾客满意的一个重要驱动因素[20]。顾客在服务情境下的感知控制感越强，满意度就越高。可以根据不同的控制类型对顾客的感知控制进行管理，包括行为控制、决策控制以及认知控制。

行为控制是指除了企业提供的服务，顾客可以改变服务情境，或者要求企业传统服务之外的定制化的服务（例如，让一线服务员工为浪漫的烛光晚餐做特别的准备）。决策控制是指顾客可以在两种或者更多种标准化服务中进行选择，但是每种备选服务的内容都不会发生变化（例如，在餐厅的两张餐桌中选择其一就餐）。认知控制的意思是顾客要了解某些事件发生的原因（例如，飞机的技术原因造成了航班晚点），并且还要知道接下来要发生的事情（也称为“可预测性控制”，例如，航班会晚点多长时间）。如果有人随时向我们说明事情发展的动态，我们的情绪一般就会得到缓解。[21]

设想一下你处在以上这些情境时的感觉，就可以很快理解在这些情境下的控制感会让你感觉好一些。相反，如果在这些情况下，你失去了控制感——例如，你不知道航班晚点的原因，也不知道会晚点多久，你感觉如何？对于网上服务，也同样如此——用户想知道交易是否得到正常处理，网站是否瘫痪（这就是为什么网站上通常会有浮动图标或者进度条，用来显示交易正在进行）。甚至像ATM这样的自助服务设施，也要让用户感觉到可控。你是否注意到ATM会发出一些声音，以便告诉你交易正在进行，并没有发生吞卡事故？

总之，在服务接触中对控制感的设计和管理非常重要。但是，如果在服务的脚本和角色界定十分严格的情况下（例如，自助服务技术，快餐、个人银行等脚本界定严格的服务），定制化服务的空间和可能性就会十分有限。这就意味着，企业不可能给予顾客很多行为控制感，因为一旦服务系统瘫痪，服务生产率和质量就会受到损害。在这种情况下，企业可以尽量给予顾客更多的决策控制感（例如，为顾客提供两种或者更多选择）、认知控制感（例如，医院一般都会详细地向病患解释正在采取的治疗方案，以及采取这种治疗方案的原因）、可预测性控制感（例如，在等候期间，一定要让顾客知晓需要等待的时间）。对于企业来说，好消息是，大部分情况下，控制感之间是可以互补的。也就是说，行为控制感的降低可以通过更高的决策控制感和认知控制感得到补偿。

服务接触后阶段

服务消费的最后阶段是**服务接触后阶段**（post-encounter stage）[22]，包括消费者对服务实际体验在态度上和行为上的反馈。重要的消费者反馈包括：顾客满意、服务质量感知、重复购买，以及顾客忠诚。我们接下来将依次探讨这些概念。

顾客满意

在服务消费的服务接触后阶段，顾客对自己实际体验到的服务表现进行评价，并且与顾客先前的期望进行比较。接下来，我们将详细探讨服务期望与顾客满意、顾客愉悦之间的联系。

满意的期望-差距模型（expectancy-confirmatory model of satisfaction）。满意是顾客在与产品发生一系列的接触之后作出的判断和评价。大多数关于顾客满意的研究都是建立在期望-差距模型基础之上的（见图2-7）。[23]在这个模型中，顾客的实际体验与消费前期望的一致/不一致是顾客满意的重要决定因素。

满意模型中的服务期望又从何而来呢？在购买决策过程中，顾客会对服务的各个属性以及与之相关的购买风险进行评价。在这个过程中，顾客对自己选择的服务可能表现出的绩效形成了期望（例如，我们在消费者的购买决策过程部分讨论的预期的服务、理想的服务和恰当的服务）。如果服务的某些属性在消费者的选择过程

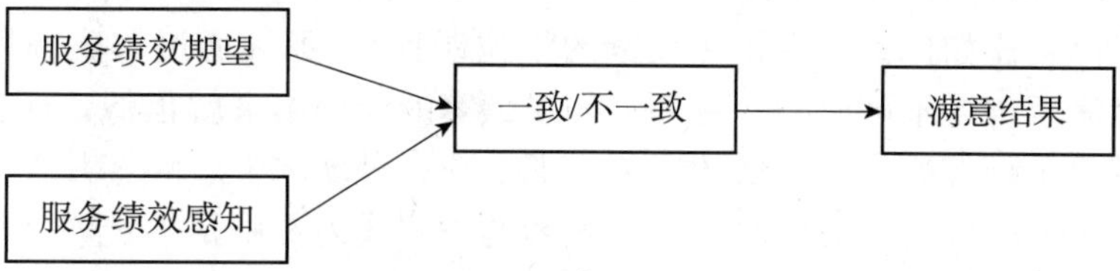

图 2－7　满意的期望-差距模型

资料来源：Adapted from Richard L. Oliver（1997），*Satisfaction：A Behavioral Perspective on the Consumer*（New York：McGraw-Hill），110.

中占有重要的地位，那么与这些重要属性相关的容忍区域就会很窄，而且非常稳定。例如，如果顾客没有选择中途有 4 小时停留的航班，而是支付了 350 美元的额外费用购买了直航的机票，那么对于顾客来说，6 小时的航班延误可绝不是一件小事。如果顾客为高质量的服务支付了额外费用，那么顾客就具有很高的服务期望，因此，如果服务失败，顾客就会非常失望。明智的企业在服务接触过程中的每个阶段都会对顾客期望进行管理，以便顾客可以预期到企业实际能够传递给顾客的东西。[24]

在服务消费过程中、消费完成以后，顾客对服务绩效进行体验，同时与自己的预期服务水平进行比较，最后根据比较的结果形成满意与否的判断。如果实际的服务绩效感知低于顾客期望，就会形成**负向不一致**（negative confirmatory）。例如，当苏珊获知套装没有按时洗好之后，她感到非常不满意，导致想尝试其他干洗店。如果顾客实际体验的服务高于顾客的预期，就会形成**正向不一致**（positive confirmatory）；如果实际体验恰好等于顾客期望，那么就称为**期望一致**（confirmation of confirmatory）。[25]

只要顾客感知的服务绩效位于容忍区域内（即适当服务水平以上），那么顾客就会感觉到合理范围内的满意，也就是说，当顾客对服务绩效的感知接近或超越理想服务水平时，顾客会感到非常愉悦。满意的顾客很可能会重复购买，保持顾客忠诚，并且传播企业的正面口碑。[26]但是，如果实际的服务体验没有满足顾客的期望，顾客可能就会保持沉默，抱怨糟糕的服务质量，或者是转向其他的服务供应商。[27]

我们可以看到，消费者选择过程中使用的服务要素在满意评价中再次被使用，消费者把对各个要素的评价进行汇总，最终得出总体的顾客满意评价。而消费者对各个服务要素的满意度则源于对各个服务要素的实际体验，这些又对最终的消费者整体满意度具有重要的影响。

多要素模型有助于我们更好地理解顾客满意的形成过程，特别是可以帮助管理者识别对消费者整体满意度影响最大的服务要素。尤其是在顾客对一些服务要素满意而对另一些服务要素不满意的情况下，关键服务要素的识别显得更加重要。[28]对以上这一点的理解可以帮助管理者加强关键服务要素的改善和提高（即对消费者总体满意度影响较大的服务要素）。

期望在任何情况下都是合适的参照标准吗？在顾客有充足的知识能够选择满足自身需求和需要的理性竞争市场中，实际服务绩效与期望的对比是行之有效的方法。如果期望被满足，那么顾客就是满意的。但是，如果在非竞争市场中，或者是顾客不能自由选择的情况下（例如，由于时间或地域的限制，或者是服务的转换成本过高：比如作为学生正在攻读的学位课程），那么通过与先前期望的对比来界定顾客满意将是不可取的。例如，如果顾客的期望本来就很低，而实际的服务传递只是满足了顾客原本就很低的期望，那么在这种情况下，顾客几乎感觉不到接受了很高质量的服务。在类似情况下，顾客的需求或需要则是界定顾客满意更加合适的参考标准，企业要做的是满足或超越顾客的需求和需要，而不是顾客的期望。[29]

期望-差距模型对于体验、搜寻属性是非常适用的（例如，“我知道你是否遵守了承诺，在下午1点之前将货品送达”），但是对于信任属性就不太适用。例如，如果让顾客评价信任属性显著的服务质量，如复杂的法律案件、医疗服务，对于这些服务来说，顾客甚至在服务传递过程完成之后也很难对其进行评价。在这种情况下，顾客可能并不清楚自己对服务的期望，并且在很长时间之内都可能不清楚服务组织提供的专业服务到底如何。在这种情况下，客户/患者通过服务组织的有形线索与自身的实际体验来评价服务质量便成为一种自然趋势。服务体验因素包括顾客对服务人员服务风格的感觉（例如，服务人员亲切友善的态度，与顾客的眼神接触，对患者的同情和关注，言简意赅地向患者介绍治疗措施），以及那些顾客能够评价的、与满意度相关的服务要素（例如，服务环境，诊所的候诊时间，医院里的饭菜是否可口）。因此，顾客对服务质量的感知受到服务的过程属性评价与服务有形要素的强烈影响——是一种“晕轮效应”。[30]

最后，顾客依赖于他们原有的期望（例如，我希望能用钱买到最好的手术服务）对其满意度进行评价。如果服务提供者的服务环境没有问题，顾客会倾向于利用一些信任属性来衡量服务是否达到了他们的期望以及自己是否满意。因此，企业必须了解顾客会怎样评价它们的服务并提前做好服务运营方面的管理，这会极大影响顾客满意度，即使顾客评价服务的一些属性可能与核心属性（如手术质量）并无关联。

顾客愉悦与顾客满意的区别。顾客愉悦是下列三个因素的函数：(1) 没有预期到的高服务质量；(2) 心理觉醒（例如，惊讶、兴奋）；(3) 正向情感反应（例如快乐、欢乐或者幸福）。[31]相比之下，高顾客满意度只是正向期望差距（positively confirm expectations，即实际感知高于顾客期望）和正向情感反应的函数。因此，要使顾客感到愉悦，就要清楚地知道顾客目前还没有预期到的东西。一旦顾客感觉到愉悦，就会对顾客忠诚起到极其重要的作用。[32]需要引起注意的是，一旦顾客感到了愉悦，顾客的期望也会随之提高，如果服务又退回到原来的水平，顾客就会感到不满，企业以后就要付出更多的努力才能使顾客感到愉悦。[33]

基于对美国顾客满意度指数（American Customer Satisfaction Index，ACSI）10年数据的分析，克拉斯·福内尔（Claes Fornell）和同事告诫企业，如果企业只是持续地追求超越顾客期望，试图达到不可能完成的目标，那么其结果只能是适得其反，企业的努力经常会接近收益递减的临界点。[34]更为重要的是，大多数企业在试图让顾客愉悦之前，首先要做的是持续不断地满足顾客的需要和期望，正如近期《哈佛商业评论》刊登的一篇以呼叫中心服务为背景的文章所强调的：“……顾客真正想要的仅仅是（却又往往很难得到）令人满意的服务问题解决方案”。[35]然而，一些以顾客为中心的创新型企业似乎依然能够取悦顾客，即便是在像保险业这样的平凡普通的市场领域（参见服务展望2-2）。

服务展望 2-2

美国前进保险公司让顾客感到愉悦

美国前进保险公司（Progressive Insurance）以为顾客提供的卓越服务而自豪，该保险公司在索赔处理流程方面的服务给人留下了深刻的印象。为了提高顾客满意度和顾客保留率，同时降低成本，企业引入了即时响应服务体系，为顾客提供一周7天每天24小时的理赔服务。理赔师提供移动服务，而不是待在办公室里处理，要在9小时之内对损坏的车辆检查完毕。大多数情况下，保险理赔代理人到达事故现场时，现场证据还是新鲜的。

可以想象下面的场景：事故现场在佛罗里达州坦帕市，情况混乱紧急。虽然并没有发生乘客流血事件，但是他们都被吓坏了。前进保险公司的高级理赔代表兰斯·埃基（Lance Edgy）在事发后几分钟内就到达了事故现场。他对受害人进行了安抚，为他们提供医疗、维修、报案，以及法律程序等方面的建议。他请投保人威廉·李斯特（William Lister）进入公司的移动办公车内，车内装有空调，配有舒适的桌椅、两部移动电话。甚至在拖车清扫完事故残骸之前，他就已经确定了全险奥迪的市场价值。在这次事故中属于无过错方的李斯特事后惊讶地说："这真是太棒了——雪中送炭，对事情负责，这大大超出了我的预料。"

缩短事故处理周期对前进保险公司也是有益的。公司的成本降低了，如果能够迅速处理估值，那么就会减少需要律师涉足处理的概率，还能防止保险欺诈行为的发生。前进保险公司一直在寻找新的方法愉悦顾客。公司的网站 www. aggression. com 一直被 Gómez（一家网络质量测评公司）评为最佳保险互联网运营商，Gómez 测评时会优先考虑网站的教育性、购买性以及服务能力。前进保险公司凭借其友好、创新性、卓越的顾客服务使顾客感到惊喜，因此被 Gómez 的测评再三提名。

服务质量

我们所讨论的服务质量是什么呢？由于服务是无形的，因此相比有形产品，服务的质量很难衡量。此外，顾客经常要经历服务生产的过程，所以我们有必要对服务传递的过程与服务的产出（或者是服务结果）加以区分。[36]我们将卓越的服务质量定义为持续满足或者超越顾客期望的高标准服务绩效。一些案例显示，即使服务失败是有形的，我们也很难对服务质量进行管理。然而，提高服务质量并保持高水平的服务质量对于企业来说是非常重要的，因为好的服务质量是一些重要顾客行为的关键驱动因素，包括口碑传播、顾客推荐、重复购买，以及顾客忠诚。

1. 顾客满意与服务质量[37]

虽然顾客满意、服务质量都被定义为顾客对服务绩效的实际感知与顾客期望之间的比较，但顾客满意与服务质量是两个截然不同的概念。具体来说，满意是顾客对一次消费体验的评价，是一种短暂的、暂时性的评价，是对一次消费体验直接的、即时性的反应。与之相反，服务质量则是指顾客对企业相对稳定的态度和信念，这一点显著区别于满意的概念。举例来说，在你最喜爱的星巴克，你可能会对某次消费并不满意，但是你仍然认为星巴克的服务非常好。当然，顾客满意与服务质量之间是相互联系的。虽然对某个企业的整体服务质量感知是相对稳定的，但是，久而久之，服务质量会与多次满意度评价的变化方向一致。[38]服务质量进而又会对顾客的行为意向产生影响（例如，口碑、重复购买意向）。

有时，人们所指的是交易质量（例如，食物的质量、服务人员友善的态度、餐厅的氛围），这与对某个服务要素的满意度紧密相关（例如，对餐厅里食物、服务的满意度）。交易质量与要素满意度都是针对某次特定交易而言的，它们共同决定了整体的顾客满意度，进而形成服务质量信念（服务要素层面或者整体层面）。正是这些词汇的混用让人们经常感到困惑。如果能将基于交易的判断与相对稳定的信念和态度区别开来的话，你就可以看清这些概念的差别。也就是说，针对某些要素的交易质量和满意度在消费者整体满意度之前产生，进而会影响关于企业服务质量信念的形成（包括要素层面和整体层面）。

需要注意的是，消费者下一次的重购意愿受到上个时期消费者对企业服务质量信念的影响，而发生在当下消费过程中/消费后，对一次性交易满意度的判断对重购意愿影响较小。也就是说，正如我们在多要素选择模型中所介绍的，消费者会对下一次的服务交易进行预测。例如，如果消费者认为某个发型师总体来说是不错的，他就很可能再找同一个发型师理发，即便是在对上一次服务不满意的情况下，消费者也会认为上一次的服务失败只是个例外。但是顾客第二次甚至第三次的不满意就会大大降低对企业整体服务质量的评价，并且会危及顾客的重复购买（见图2-8）。

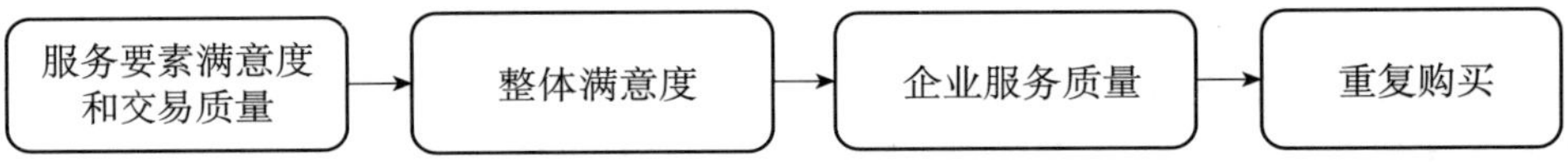

图2-8　从要素满意度到重复购买

2. 服务质量的维度

瓦拉瑞尔·泽丝曼尔等人（Valarie Zeithaml，Leonard Berry，A. Parasuraman）进行了大量的服务质量研究，并且识别出顾客用于评价服务质量的10个维度（见表2-3）。在随后的研究中，他们发现这些维度中有一些是高度相关的，所以将其合并为5个广义的维度：

- 有形性（实体要素的外观）；
- 可靠性（可依赖的精确表现）；
- 响应性（及时的、有帮助的）；
- 保证性（可信性、安全性、能力和礼仪）；
- 移情性（容易接近、良好的沟通、理解顾客）。[39]

表2-3　顾客用于评价服务质量的一般维度

服务质量维度	定义	问题举例（问项）
有形性	有形设施、设备、人员和沟通材料的外观	酒店的设备很有吸引力吗？ 我的会计师穿着很得体吗？ 我的银行对账单清晰明了吗？

续前表

服务质量维度	定义	问题举例（问项）
可靠性	能够可靠并准确地履行所承诺的服务	我的律师会如其承诺的那样给我回电话吗？ 我的电话账单没有错误吗？ 我的电视机第一次就修好了吗？
响应性	愿意帮助顾客并提供及时的服务	当出现问题时，企业迅速地解决了吗？ 我的股票经纪人愿意回答我的问题吗？ 有线电视公司愿意约定安装人员到达的具体时间吗？
保证性		
● 可信性	服务提供者值得信任、可靠、诚实	医院的信誉好吗？ 我的股票经纪人避免给我施加压力购买股票吗？ 维修企业对其工作结果提出保证吗？
● 安全性	远离危险、风险和怀疑	晚上使用银行的 ATM 安全吗？ 我的信用卡能够防止未经授权的使用者使用吗？ 我能确信保险公司会提供完全理赔吗？
● 能力	拥有完成服务所需要的技能和知识	银行出纳员能不笨拙地处理我的交易吗？ 我打电话时我的医疗保险公司能够获得我所需要的信息吗？ 我的牙医看起来能够胜任吗？
● 礼仪	礼貌、尊重、周到、友好的服务员工	空乘人员个人举止令人愉快吗？ 在接听我的电话时，电话接线员一直都很有礼貌吗？ 水管工踩上地毯前会脱掉脏兮兮的鞋子吗？
移情性		
● 容易接近	可接近并容易接触	当我有问题时，是否很容易就可以与管理人员进行沟通？ 航空公司有 24 小时免费电话吗？ 酒店的地理位置方便吗？
● 良好的沟通	倾听顾客，使用他们能够理解的语言给他们提供信息	经理愿意倾听我的抱怨吗？ 我的医生避免使用专业术语吗？ 当电工不能如约来访时，会打电话通知我吗？
● 理解顾客	努力了解顾客及其需求	酒店里有人认出我是常客吗？ 股票经纪人会试图决定我具体的财务目标吗？ 搬家公司会照顾到我的时间安排吗？

3. 服务质量的测量

为了测量服务质量，瓦拉瑞尔·泽丝曼尔和她的同事开发了一种名为 **SERVQUAL** 的测量工具。[40]这种测量方法的假设前提是，顾客通过将实际感知的服务与自己的预期服务进行对比来评价服务质量。SERVQUAL 模型被视为通用的测量工具，广泛应用于各种服务行业。其基本形式是，受访者回答 21 个问题，这些问题用于测量顾客对某个特定服务行业的期望，涵盖了一些特定的服务特性（见表 2－4）。随后，顾客还要回答他们对企业服务的实际感知。当感知绩效的评分低于预期时，就是低服务质量的表现，反之则是高服务质量的表现。

表 2－4　SERVQUAL 模型

SERVQUAL 模型包括五个维度：有形性、可靠性、响应性、保证性和移情性。每个维度都包含几个测量问项。目前，SERVQUAL 有多种应用形式，以下列出了 21 个理想（或者预期）的问项。在每个选项上，都采用 7 分量表，从“非常不同意＝1”到“非常同意＝7”。

顾客对企业服务的实际感知用同样的问项测量（例如，下面表格中的问项 1“XYZ 企业有现代化的设备”）。最后计算出每个问项、维度之差得出整体的服务质量得分，作为企业服务质量水平的评价指标。

如果调查的时间紧迫，不能同时测量理想的（或者期望的）、实际感知的服务绩效，那么两次测量可以合并，同样使用相同的 21 个问项（例如“现代化的设备”），并且测量标准变为“低于我理想中的服务水平”“与我理想中的服务水平一致”“高于我理想中的服务水平”。

有形性

- 优秀的银行（也可以是有线电视公司、医院或其他合适的服务业）会有（或者应该有）现代化的设备。
- 优秀银行里的有形设备会有吸引人的视觉效果。
- 优秀银行的员工外表会整洁得体。
- 优秀银行里与服务有关的材料（如手册或银行对账单）会产生吸引人的视觉效果。

可靠性

- 优秀的银行会认真履行对顾客作出的承诺。
- 当顾客有问题时，优秀的银行会抱着真诚的态度来解决顾客的问题。
- 优秀的银行会在第一时间提供服务。
- 优秀的银行在它承诺的时间内提供服务。
- 优秀的银行坚持无差错记录。

响应性

- 优秀银行的员工会准确告知顾客提供服务的时间。
- 优秀银行的员工会为顾客提供及时服务。
- 优秀银行的员工总是乐于帮助顾客。
- 优秀银行的员工从不会因为太忙而忽略顾客的要求。

保证性

- 优秀银行的员工行为给顾客带来信心。
- 优秀银行的顾客对其交易有安全感。
- 优秀银行的员工能一如既往地对顾客彬彬有礼。
- 优秀银行的员工具备回答顾客问题所需的知识。

移情性

- 优秀银行会给予顾客特别的关注。
- 优秀银行的营业时间方便所有的顾客。
- 优秀银行的员工能够给予顾客个人关注。
- 优秀银行的员工理解顾客的具体需求。

资料来源：Adapted from Parasuraman，A.，Zeithaml，V. A.，and Berry，L（1988），“SERVQUAL：A Multiple Item Scale for Measuring Consumer Perceptions of Service Quality，” *Journal of Retailing*，Vol. 64，pp. 12－40.

4. 将 SERVQUAL 定制化

尽管 SERVQUAL 的通用模型（表 2－4）得到了广泛应用，但是许多管理人员发现，当将 SERVQUAL 应用于他们从事的具体行业和服务背景时，需要仔细考虑这些测量问项。因此，大多数研究者都减少、增加或者改变了表格中的一系列表述。[41]其他研究表明，SERVQUAL 模型主要测量两个因素：内在服务质量（与格罗鲁斯（Grönroos）所称的功能性质量类似）和外在服务质量（指服务传递中可以触摸的方面，某种程度上类似于格罗鲁斯所说的技术性质量）。[42]

服务展望 2－3

定义与测量电子服务质量的新思考

SERVQUAL 模型大多数情况下用来在面对面的服务中测量服务质量。为了测量网络零售商的服务质量，帕拉苏拉曼、泽丝曼尔和玛尔赫特拉（Malhotra）开发了 22 个选项的 E-S-QUAL 模型，反映了四个关键维度：效率（例如导航是否简单明了？交易能迅速完成吗？网站登录速度快吗？），系统可靠性（例如，网站总是可靠吗？能即时登录吗？能做到稳定不崩溃吗？），交易履行（例如，能如约传递订单吗？能真实地描述所提供的服务吗？），以及隐私保护（例如，隐私信息是否能够得到保护？是否不与其他网站共享个人信息？）。

随后的研究把虚拟、有形渠道的服务质量测量进行了整合。乔尔·科利尔和卡罗尔·比恩斯托克（Joel Collier and Carol Bienstock）曾说："对于企业有网站的管理者而言，了解顾客如何感知服务质量是非常必要的，这可以帮助他们理解顾客在在线服务交易过程中看重的是什么。"电子服务质量不仅仅是网站交易，即流程质量，还应延伸到结果质量和补救质量，对以上每个方面都要测量。在线交易过程中顾客与供应商的相互分离强调了以下问题的重要性：评价企业如何有效地处理顾客问题、顾客关心的事情，以及问题带给顾客的挫败感。

- 流程质量。顾客首先通过五个流程质量维度评估他们在电子零售网站上的经历：隐私保护、设计、信息、易用性和功能性。其中，功能性是指迅速登录网页、不会无法链接、可选择的支付方式、准确执行顾客命令以及能够吸引广大的访客（包括残疾人和说别国语言的人）。
- 结果质量。顾客对流程质量的评估会对结果质量的评估产生深刻的影响，结果质量由订单的及时性、订单的准确性和订单条件构成。
- 补救质量。出现问题时，顾客评估补救流程的标准有：互动公平（找到并联系网站技术支持的能力，包括电话支持）、程序公平（政策、程序及在投诉过程中的回应度）以及结果公平。企业的反应对顾客的满意度及其未来的购买意向会产生重要的影响。

两种测量模型都强调，根据特定的服务情境对服务质量的测量进行定制化修改非常重要。

资料来源：A. Parasuraman，Valarie A. Zeithaml，and Arvind Malhotra（2005），"E-S-QUAL：A Multiple-Item Scale for Assessing Electronic Service Quality，" *Journal of Service Research*，Vol. 7，No. 3，pp. 213－233；Joel E. Collier and Carol C. Bienstock（February 2006），"Measuring Service Quality in E-Retailing，" *Journal of Service Research*，Vol. 8，pp. 260－275.

以上研究强调，对顾客感知的服务质量进行测量是非常困难的，需要根据具体的研究情境调整测量维度和测量方法。总之，对于企业来说，理解如何具体应用服务质量的五个维度是非常重要的（参见服务展望 2－3），只有做到这一点，企业才能对自己的服务质量进行测评，找出缺陷，并采取措施进行改进（我们将在第 14 章中讨论这些内容）。

顾客忠诚

顾客忠诚（customer loyalty）是顾客在长期内持续惠顾某个企业，特别是不光顾其他企业，并且将企业的产品推荐给朋友和同事的意愿。顾客忠诚不仅仅限于行为层面，还延伸至偏好、嗜好，以及未来的行为意向。

顾客忠诚的对立面是顾客流失，它是指顾客不再考虑该企业的产品，转而成为其他企业的忠诚顾客。上升的顾客流失率不仅说明企业的产品质量出了问题（或者竞争对手为顾客提供了更大的价值），而且是企业利润下降的重要指标。大客户是不会一夜之间消失的，他们往往会逐步减少购买量，将部分业务转向其他企业来表达与日俱增的不满。

顾客忠诚是满意顾客的一个重要结果，满意的顾客认为企业传递了最佳服务。顾客不会天生就忠诚于某个企业！所以，企业需要给顾客一个忠诚于企业的原因。向顾客传递令人满意的最佳服务体验、打造正面的服务感知是构建顾客忠诚的第一步，也是最为重要的一步。本书随后的章节将详细讨论构建顾客忠诚的战略和工具，例如，第 12 章中的忠诚之轮，以及第 13 章中的顾客抱怨管理与服务补救。

结　论

服务消费三阶段模型——服务购买前阶段、服务接触阶段以及服务接触后阶段——有助于我们理解个体顾客是如何识别自己的需求，搜寻各种替代方案，处理自己的感知风险，选择、使用、体验特定的服务，并且最终评价他们的服务体验，以及自己是否满意。我们在不同的服务消费阶段讨论的不同模型互为补充，有助于我们深入、细致地理解服务背景下的消费者行为。对于所有的服务来说，有效管理服务消费三阶段中的顾客行为是创造满意顾客的核心，这些满意的顾客愿意与服务提供者保持长期关系。因此，更好地理解顾客行为应该是服务营销战略的核心内容，本书在随后的章节将对其进行详细的讨论。

本章小结

1. 服务消费阶段。

服务消费可以划分为以下几个阶段：（1）服务购买前阶段；（2）服务接触阶段；（3）服务接触后阶段。

服务购买前阶段包括以下四个步骤：（1）需求唤醒；（2）信息搜寻；（3）对可替代服务解决方案和服务提供者进行评估；（4）作出购买决策。

2. 以下理论有助于我们更好地理解服务购买前阶段的消费者行为：

- 识别促使顾客寻求解决方案满足自己需要的动机。可能有好几个可以互相替代的解决方案出现在顾客的脑海中，这些可替代的选择方案构成了诱发集合，诱发集合再进一步缩小为几个供顾客仔细斟酌的选择方案，最终形成考虑集。

● 在搜索的过程中，消费者逐渐对服务属性有所了解，并且对考虑集中企业在各个服务属性上的表现形成期望。

● 多要素模型。许多决策都需要对多个要素进行复杂的权衡。多要素模型模拟了消费者的决策过程。多要素模型将消费者对考虑集中企业各个服务要素的期望与各个要素的权重结合起来作出最终决策。

● 多要素模型中，有两种常见的消费者决策规则：线性补偿规则和联结式规则。在服务属性得分不变的情况下，消费者运用不同的决策规则会作出不同的消费决策。

● 企业应该积极采取措施对多要素模型中的关键服务要素进行管理，以便增加企业被消费者选中的机会。企业首先要确保自己进入消费者的考虑集，然后要根据企业的优势，打造目标顾客对服务要素绩效的感知、营销服务要素的权重，甚至影响消费者采用的决策规则。

3. 服务属性。人们通常很难对服务进行评价，因为服务的搜寻属性较低，却具有较高的体验属性和信任属性，这使得顾客很难在购买之前对服务进行评价。因此，服务的有形线索就变得非常重要，企业要通过对有形线索的细致管理，塑造顾客对服务体验属性、信任属性的期望和感知。

4. 感知风险。由于很难评价服务，消费者在购买服务时具有更高的感知风险。成功的企业应该采取降低感知风险战略减少顾客的感知风险，例如提供免费试用与质量保证。

5. 服务期望与服务购买决策。

● 服务期望。服务期望由信息搜寻和对服务属性的评价形成。期望的构成要素包括理想的、恰当的以及预期的服务水平。位于理想服务与恰当服务之间的区域是顾客的容忍区域，在这个区域之内，顾客可以接受服务水平的变动。

● 服务购买决策。服务购买前阶段的结果是：顾客在对服务属性的期望和对可选择替代解决方案感知风险进行评估的基础上作出购买决策。许多决策都要对多种服务属性进行复杂的权衡，典型的服务属性包括价格。

6. 在服务接触阶段，顾客对服务进行体验、消费。一些概念和模型可以帮助我们更好地理解顾客在这个阶段的行为：

● 关键时刻是指在企业与顾客进行服务接触的过程中，可以建立/破坏与顾客之间关系的关键点。

7. 我们对高接触度服务与低接触度服务进行了区分。高接触度服务的管理十分具有挑战性，因为在高接触度服务中，有许多需要管理的接触点和关键时刻；而相比之下，多数低接触度服务则是通过网络、设备（如 ATM）或者呼叫中心传递给顾客，服务传递过程中几乎没有与顾客的直接接触。

8. 服务生产模型。

包括技术核心与服务传递系统。

● 技术核心是服务传递的后台系统，并且对于顾客来说是不可视的，但是服务后台发生的行为会对服务前台的活动产生一定的影响。因此，服务的后台行为与前台行为必须协调一致。

● 服务传递系统是服务的前台系统，是顾客可见的部分，包括所有创造服务体验的互动。在高接触度服务中，服务传递系统包括顾客与服务环境、服务员工以及其他顾客的接触界面。每个接触界面都有可能创造或损害价值。企业必须精心安排设计这些与顾客的接触界面，从而打造让顾客满意的服务体验。

9. 可以用剧场来比喻服务的传递过程，企业可以将提供的服务视为带有道具和演员的“舞台”演出，从而对服务过程进行相应的管理。其中，舞台道具就是服务设施、设备，而演员就是服务员工与顾客。

10. 角色和脚本理论。

● 为了能够扮演好各自在服务中的角色，每个演员都要深入理解自己的角色和脚本。企业可以利用角色和脚本理论对员工和顾客行为的服务脚本、服务角色进行更加有效的设计、培训、沟通和管理。

● 消费者需要控制感。在服务接触中可以设计三种控制感：行为控制（顾客可以根据自己的偏好调整服务接触）；决策控制（顾客可以在几种标准化服务中进行选择）；认知控制（顾客知道发生了什么事情，以及事情发生的原因，还知道接下来将要发生的事情，也称为可预测性控制）。

● 如果在服务接触过程中脚本和角色的设计非常严格的话（例如，快餐店、个人银行），那么消费者的行为控制感就会非常有限。在这种情况下，企业可以为顾客提供更多的决策控制、认知控制，以及可预测性控制。

11. 在服务接触后阶段，顾客对服务绩效进行评价，并将其与之前的期望进行对比。

● 满意的期望-差距模型认为，满意是基于顾客期望与实际绩效感知之间的对比形成的。

● 满意是从高度满意到极度不满之间的连续流。只要顾客对服务的感知绩效在容忍区域之内，即恰当的服务水平之上，顾客就会感到满意。随着服务感知绩效逐渐接近或超越理想的服务水平，顾客就会变得非常满意。当服务感知达到了令人感到意外的超高服务水平时，顾客就会感到愉悦。但是如果服务感知绩效低于恰当的服务水平，就会导致顾客不满意。

● 当顾客的感知与期望呈现正向不一致并且伴随惊喜时，就会产生顾客愉悦。

12. 提供卓越的服务质量意味着企业要持续满足或者超越顾客的期望。

● 相比顾客满意（针对某次交易的服务体验），服务质量是关于消费者对企业整体绩效的信念和态度。

● 消费者从五个维度评价服务质量：（1）有形性；（2）可靠性；（3）响应性；（4）保证性；（5）移情性。

● 在顾客满意与服务质量的评价相悖的情况下（例如，“我觉得整体来说，企业还是非常棒的，但是上一次的体验很差”），顾客会选择使用比较稳定的服务质量形成对下一次购买的期望。但是第二次或者第三次的不满意就会大大降低对企业整体服务质量的感知，并且危及顾客的重复购买。

● SERVQUAL 是服务质量测量量表，包含 5 个维度、22 个问项。使用量表测量时，要根据特定的情境和服务行业进行调整，包括网络购物与网络服务。

复习题

1. 请阐释服务消费三阶段模型。

2. 顾客是如何对考虑集中的服务进行选择的？

3. 线性补偿规则和联结式规则之间的区别是什么？

4. 描述产品的搜寻、经验和信任属性，并举例说明。

5. 请解释为什么服务比有形产品更难评价。

6. 为什么消费者感知风险在服务选择、购买和使用中起到了重要的作用？企业如何才能降低消费者的感知风险？

7. 顾客期望是如何形成的？结合自己最近的服务经历，解释理想服务与恰当服务之间的区别。

8. 什么是“关键时刻”？

9. 简述高接触度服务与低接触度服务之间的区别，解释顾客对两种不同服务的体验的本质区别。

10. 选择一项你熟悉的服务，勾画出该项服务的服务生产系统，界定该项服务的“前台”与“后台”活动行为。

11. 服务提供者如何从剧场角度，通过角色和脚本理论深入理解服务接触过程中的消费者行为？

12. 阐述顾客期望与顾客满意之间的关系。

13. 什么是服务质量？与顾客满意有什么区别？

14. 服务质量的五个维度是什么？

15. 如何测量服务质量？

应用练习

1. 假设你要举办一个重要的家庭聚会，构建一个多属性模型，对三家餐馆进行比较分析，并利用两个决策准则对餐馆选择作出决策。

2. 选择三种服务：一种是高搜寻属性，一种是高体验属性，还有一种是高信任属性。详述顾客在进行评价时，哪种产品特性评价容易，哪种不易评价，并提出特定的战略，以帮助市场营销者在不同的情境下提升顾客评价并降低感知风险。

3. 设计一份简单的问卷来衡量顾客期望关键构成要素（即理想服务、恰当服务和预期服务以及容忍区域）。对重要客户做 10 次访谈以了解他们期望的结构。根据你调查和访谈的结果，对企业怎样更好地提供服务提出建议。

4. 下列服务的后台要素是什么：(a) 汽车修理；(b) 航空；(c) 大学；(d) 咨询公司。如何让顾客恰当地看到服务后台要素，你将怎样做？

5. 在低接触度的服务组织中，前台员工有哪些角色？这些角色与高接触度服务相比，是更重要还是更不重要？

6. 拜访两家你认为服务方式不同并存在竞争关系的公司（如银行、餐厅或加油站）。利用本章所提供的理论框架对其服务方式进行比较分析。

7. 利用脚本和角色理论来分析你所接受的某项服务。你怎样领悟这些理论在管理中的应用？

8. 企业怎样将感知控制设计到服务接触过程之中？请利用面对面接触和在线接触来说明这一问题。

9. 简单描述你所经历的电子邮件、电话和面对面的低接触度和高接触度服务。对每项服务，你的满意度如何？影响服务接触满意度的关键要素是什么？在两种情况下，服务提供者应如何提升服务质量？

第3章 竞争市场环境中的服务定位

企业要想在这个过度沟通的社会取得成功，就必须在潜在顾客的心中树立一个定位。这个定位不仅要考虑企业自身的优势和劣势，而且要考虑竞争者的优势和劣势。

——阿尔·里斯和杰克·特劳特
市场定位的提出者

战略的本质就是选择不同于竞争者的商业经营方式。

——迈克尔·波特
哈佛商学院教授、竞争战略之父

学习目标

通过本章的学习，您将能够：

1. 了解如何运用顾客、竞争者、企业内部分析法（即3C分析法）建立顾客导向型服务市场策略；
2. 知晓定位策略的核心因素（即STP）并且解释这些核心因素对服务企业至关重要的原因；
3. 在运用其他基本要素进一步识别和描述细分市场之前先对顾客需求进行市场细分；
4. 区分市场细分的重要性属性与决定性属性；
5. 使用不同的服务水平对细分市场进行分级；
6. 对顾客服务使用四种聚焦战略作为竞争优势；
7. 定位一种服务使其区别于竞争者；
8. 了解如何采用定位图来规划竞争战略；
9. 制定行之有效的定位策略。

开篇案例

定位使这家日托中心在竞争中脱颖而出

罗杰·布朗（Roger Brown）和琳达·梅森（Linda Mason）相识于商学院，他们之前都曾从事管理咨询。从商学院毕业后，他们在柬埔寨进行难民儿童的救助行动，之后在东非开展“救救孩子们”的救济行动。当他们回到美国后，看到市场对幼儿保育中心的巨大需要：家长需要能为幼儿提供照顾、教育，让孩子健康快乐地成长的日托中心，能让他们安心工作。

他们的行业分析显示出一些不利因素：缺乏行业进入门槛，利润持续偏低，劳动密集度高，缺乏专利技术，规模经济效应不明显，品牌效应微弱，严格的制度监管。因此，布朗和梅森创办了 Bright Horizons（BH）公司，帮助他们将上述行业劣势扭转为优势。BH 公司摒弃了传统的直接面向家长的服务营销方式（一次面向一个顾客销售），而与那些试图通过在工作场所提供日托中心服务，以帮助员工解除照顾幼儿的后顾之忧的企业建立了战略联盟。这种商业模式具有许多优势：

- 有利于建立强大的低成本营销渠道。
- 有助于 BH 赢得商业伙伴/顾客，他们可以提供资金和配套设施来建立日托中心，并且他们本身有意愿帮助 BH 实现商业目标，提供高质量的日托服务。
- 为家长带来便利，他们自然而然地受到 BH 日托中心的吸引（不把孩子送往同 BH 竞争的托儿所），因为这个日托中心离上班地点最近，免除了接送孩子的奔波之苦，同时也让他们十分放心。

为了实施其以质量取胜的差异化策略，BH 高薪聘请最好的师资队伍。BH 意识到传统的幼教方式要么缺乏课程指导，要么实施一套死板且千篇一律的课程教学，因此制定了一套灵活的教学法，命名为“世界展现在孩子们的指尖”。这种教学方式既给出了教学大纲，又给教师充分的权力来规划日常教学活动。

公司获得了美国国家幼儿教育组织（National Association for the Education of Young Children，NAEYC）的认证，并在这方面作了大力的宣传。BH 对质量的重视表明，它完全有能力达到甚至超越地方或国家级别的最高认证标准。这样，严格的制度监管反而为公司的发展创造了机会，而不是造成阻碍，同时还为公司带来了竞争优势。

公司在其客户群体（包括许多高科技公司）的专业支持下，研发了多种创新技术，例如，将孩子们的上课录像通过网络集体传送到家长们的台式电脑上；电子扫描或拍摄孩子们的手工制作；电子张贴日托中心的菜单、日程表和学生评估表；学生能力在线测试，等等。这些高科技手段有效地帮助 BH 实现了差异化，并使其一直保持行业领先的地位。

BH 把劳动力视为竞争优势，并且十分注重招募和保留最优秀的员工。到 2014 年，公司已经连续 14 次被《财富》杂志评为“100 家最受员工欢迎的公司”之一。当时 BH 在全球已经有 20 000 多名员工，为美国、加拿大和欧洲 700 多家世界顶级雇主（包括企业、医院、大学和政府机构）提供幼儿保育服务。BH 的商业伙伴愿意选择 BH 建立战略联盟，因为它们知道自己可以充分信任 BH 的员工。

资料来源：Roger Brown（2001），“How We Built a Strong Company in a Weak Industry,” *Harvard Business Review*，pp. 51－57；www. brighthorizons. com，accessed February 3，2015.

顾客导向型服务市场策略

在进入壁垒低、竞争激烈的行业中，Bright Horizons公司设法找到一个合适的定位并且采取差异化战略。他们将员工，而不是父母个人联系起来，强调服务质量，并将资格合格鉴定作为卖点。在服务行业，随着竞争的加剧，以对顾客有意义的方式实现产品的差异化日益重要，在成熟的服务行业，如银行、保险、医疗和教育行业中更是如此。企业要想成长，只能依靠抢占本地竞争者的市场份额或向其他市场扩张。然而，询问一群来自不同服务公司的管理者如何能在竞争中取胜，大多数人很可能会简单地回答："凭借服务。"进一步追问，他们可能会加上几句诸如"我们的服务物有所值""服务质量好""人员竞争力强"或者"提供便利"等解释。这些回答对于一个试图提出有意义的价值主张并建立一种行之有效的商务模式，以使服务产品能够在市场竞争中盈利的营销专家是没有多大用处的。

是什么让顾客或者机构购买者选择并忠诚于某个服务供应商而不是其他提供者？"服务"的内涵很广，从服务传递的速度到顾客与服务人员之间沟通的质量，从避免失误到提供顾客需要的"额外服务"来补充核心服务。同样，"便利"可能指在方便的地点提供服务，在方便的时间提供服务，也可能是使用的方便性。如果不了解顾客对哪些产品特性感兴趣，管理者就很难制定正确的竞争战略。在竞争激烈的市场环境中，存在顾客感觉不到相互竞争的产品之间实际的差异，往往基于价格来作出选择的风险。

因此，管理者需要系统地考虑所提供服务的所有方面，并且强调顾客在其目标细分市场中感受到的产品竞争优势的价值。而系统地做上述事情，通常情况下会对顾客、竞争者、企业内部进行分析，总体被称为3C。这种分析方法可以帮助企业确定其服务定位策略的关键因素，即市场细分、目标市场和市场定位（营销专业术语为STP）。基本步骤涉及识别合适的市场定位（见图3-1）。理想定位对企业的服务市场策略具有深远的影响，包括其服务营销7P的发展（将在本书的第2篇、第3篇讨论）、企业顾客关系战略（将在本书的第4篇讨论）和企业服务质量与生产率战略（将在本书的第5篇讨论）。

顾客、竞争者、企业内部分析（3C）

1. 顾客分析

3C分析法的第一步通常是顾客分析，它包括对所有市场特征的研究，紧接着就是对顾客需求、相关顾客特征和行为进行深入研究。

市场分析（market analysis）试图在整个市场和潜在细分市场内部构建一种吸引力。其特别之处在于，它考虑了整体市场的规模与发展、潜在边际利润、需求水平和趋势等影响市场的因素。对这种类型的服务所提供的利益的需求是增加还是减少？某些特定的细分市场是否比其他市场发展更快？比如，如果我们看旅游业，或许这种细分市场发展会比较快：对旅游感兴趣的有钱的退休人士想要个性化定制的旅行线路和私人导游，对旅行的税负不太介意。因此应该考虑到细分市场可选择的

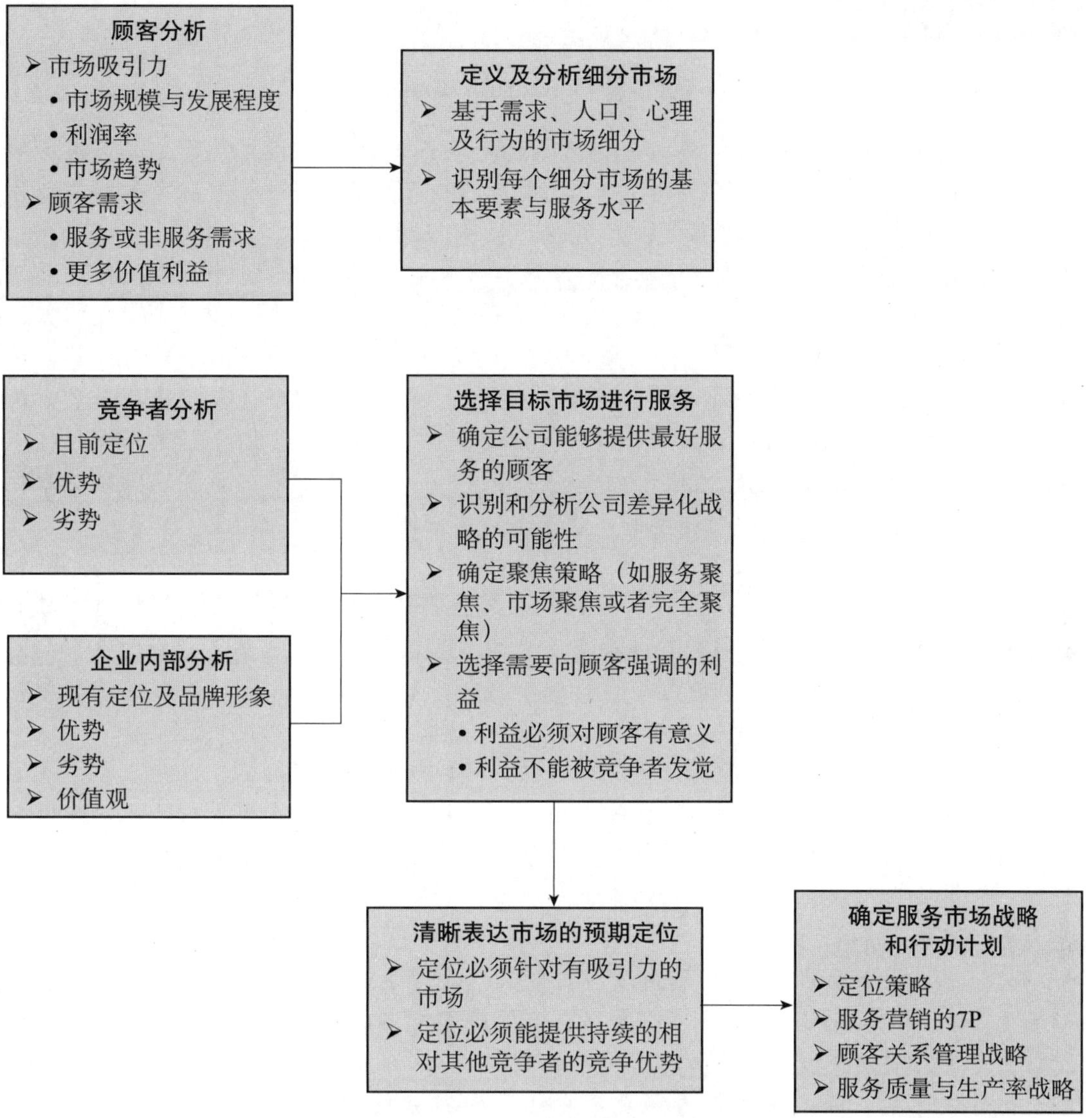

图 3－1　制定服务市场定位策略

方法，也应该评估市场的规模，同时对不同的潜在市场进行细分。

顾客需求分析（customer needs analysis）涉及回答一些问题。从人口和心理角度来看谁是那个市场的顾客？他们有什么需求？有什么疑问？不同细分群的潜在顾客会因为具有不同的需求而要求不同的服务产品和服务水平吗？这些细分群认为哪些服务价值最大？如果我们用旅游业举例，那么有钱的退休人士更注重舒适和安全，并且与年轻的家庭相比，他们对价格的敏感度更低。

有些研究表明，某些细分市场“服务不足”，意思是现有的供应商不能很好地满足这些市场的需求。这样的市场其规模之大常出乎我们的意料。例如，许多新兴市场经济国家中的大量消费群体收入很低，他们难以引起那些习惯于关注富人需求的服务企业的兴趣。但这些低收入群体集合起来代表着一个庞大的市场。服务展望 3－1 描述了一家具有创新方式的企业识别出了这种服务不足的市场，并且有效地将自己定位为向墨西哥低收入家庭提供基础金融服务的企业。

服务展望3-1

平民银行 Banco Azteca

Banco Azteca 成立于2002年，是墨西哥近十年开办的第一家新银行。这家银行的目标市场是收入相当于每月250～1 300美元的1 600万户墨西哥普通家庭，他们的工作大多为出租车司机、工人和教师等。尽管这个细分市场的综合收入高达1 200亿美元，但大多数银行对这些顾客群体都不感兴趣，嫌弃穷人账户赚不到钱。毫不奇怪，这些家庭平均每12户中只有一家拥有储蓄账户。

Banco Azteca 是理查多·萨里纳斯·皮利戈（Ricardo Salinas Pliego）的创意，他是一个集零售、媒体和通信业务为一体的商业帝国的掌门人，旗下还包括墨西哥最大的日用品零售集团 Grupo Elektra。银行的分行网点设在900多家 Elektra 的商场里，统一装饰成墨西哥国旗的绿、白、红三种颜色，旨在营造一种宾至如归的氛围。张贴的海报上也醒目地宣传着 Azteca 的广告用语，意思是“友好的银行，热情待客”。

Azteca 之所以同 Elektra 联盟，意在利用这家零售巨头在客户金融业务方面的50年不凡业绩，因为事实上大约70%的商品都是赊账销售的。Elektra 在信用销售方面具有良好的业绩，其偿还率高达97%，并拥有庞大的顾客信用记录数据库。正因为这样，高级管理层认为将那些分布于商场内部的 Elektra 信用部门转变为 Azteca 支行并延伸服务项目是完全可行的。

新银行在信息技术方面投入巨资，其中包括高科技的指纹识别器。这样，顾客就不必出示证件或者存折。银行还出动了一支由3 000多名贷款代理人组成的队伍，骑摩托车为顾客提供上门服务。银行还提供个人贷款以及吸纳定期存款，并且正在推出二手车贷款、针对低收入者的按揭贷款以及借记卡服务。贷款通常可以用顾客以前购买的物品作为抵押担保。

2003年，Grupo Elektra 得到财政部的授权，收购了一家私营保险公司并将其重新命名为 Seguros Azteca。这家保险公司以非常低廉的价格，向长期以来一直被墨西哥保险行业忽视的细分市场群体提供最基本的保险产品，保险单通过 Banco Azteca 的支行网络进行分销。第二年，银行扩大了业务范围，为希望创立或扩展小企业的个人提供融资。

然而最近，Banco Azteca 因为向穷人收取高利率牟取暴利，使用高强度员工配额和奖励制度来让员工说服顾客贷款，并且将最长可能期限定为104周而饱受诟病。银行一直在压榨它的顾客吗？或者这只是为了实行高额微型贷款利率而在墨西哥进行的商业实践？对此进行了线上调查了解这件事情的最新进展。

到2015年，Banco Azteca 已经成为墨西哥规模最大的银行，它拥有680万储户和900万信用账户，并且它的业务已经扩展到巴西、巴拿马、危地马拉、洪都拉斯和秘鲁等拉丁美洲国家。

资料来源：Geri Smith (January 13, 2003), “Buy a Toaster, Open a Banking Account,” *Business Week*, p. 54; Keith Epstein and Geri Smith (December 12, 2007), “The Ugly Side of Microlending: How Big Mexican Banks Profit as Many Poor Borrowers Get Trapped in a Maze of Debt,” *Business Week*; http://en.wikipedia.org/wiki/Banco_Azteca and, accessed February 3, 2015.

2. 竞争者分析

识别和分析竞争者可以帮助营销策略制定者认识到竞争者的优势和劣势。把**竞争者分析**（competitor analysis）与公司分析的结论结合起来，能够发现实现差异化经营、获得竞争优势的机会，从而帮助企业确定应该向哪些细分市场提供哪些利益。

3. 公司分析

公司分析（company analysis）的目标是使公司依据现有的品牌定位和形象明确自身的优势，并且明确它的资源（资金、人力、专有技术和有形资产）。内部分析也可以明确企业的限制或约束条件以及企业是如何在商业活动中形成价值观的。根据这些分析得出的结论，组织应该能够选择有限数量的目标细分市场，愿意并且有能力为这些细分市场提供新的或者现有的服务。

市场细分、目标市场和市场定位（STP）

将顾客、竞争者分析与企业内部分析结合起来，服务企业可以制定出有效的定位策略。这里，识别合适的市场定位并且制定策略的基本步骤如下：

- **市场细分**——将顾客分为不同的细分群。细分市场是由一组具有共同特征、需求、购买行为或者消费方式的购买者构成的。有效的市场细分应当将购买者分为不同的细分群，从而使每个细分群中的顾客在相关特征上的相似点尽可能多。一旦有相似需求的顾客被归入一组，我们就可以使用人口、地理、心理与行为等变量去描述他们。同一细分群顾客需求上的相似点尽可能多，而不同细分群的顾客在这些特征上的不同点尽可能多。
- **目标市场**——一旦企业的顾客被分为不同的细分群，企业应该评估不同细分群的吸引力，并且决定哪个（些）细分群最有可能对企业的服务感兴趣，然后专注于如何为他们提供更好的服务。
- **市场定位**——企业（或者其服务）以独特之处占据着消费者的内心。企业为它的服务创造一个独特的定位之前，必须将它的服务与竞争者进行差别化。因此差别化是创造独特服务定位的第一步。

表 3－1 在左栏显示了服务定位策略的核心要素，在右栏显示了与此相关的概念。我们将在本章余下的部分对每一个概念进行讨论。

表 3－1　服务定位策略的要素与核心概念

定位策略要素	核心概念
市场细分	● 服务市场细分 ● 服务属性与市场细分相关的服务水平 —重要性属性与决定性属性 —建立服务水平
目标市场	● 目标服务市场的四种聚焦策略 —完全聚焦 —市场聚焦 —服务聚焦 —非聚焦
市场定位	● 竞争市场环境中的服务定位 ● 采用定位图来规划竞争战略 ● 制定一个有效的定位策略

服务市场细分

市场细分是市场营销中最重要的概念之一。服务企业为不同类型的顾客提供服务的能力千差万别。因此，每个企业都应该采取市场细分策略，识别那些企业能为其提供最佳服务的顾客群体或细分市场，而不是试图在整个市场上同那些优秀的竞争对手展开角逐。

细分一个市场的方式有很多种，市场营销专家通常将不同的方法加以结合来细分市场。传统上，采用最多的方式是**人口统计细分**（demographic segmentation，如基于年龄、性别和收入）。然而，当在同一人口细分中的两个人出现完全不同的购买行为（如并非所有 20 多岁的中产阶级男性的感受和行为都是一样的）时，这种细分便毫无意义。因此，**心理细分**（psychographic segmentation）越来越流行，因为它反映了人们的生活方式、态度与人生目标。心理细分有助于强化品牌形象，并且在顾客与品牌间建立情感上的交流，但是可能不适用于行为与销售方面。**行为细分**（behavioral segmentation）解决了这个缺点，因为它关注的是可以观察到的行为，如将人分为非消费者、轻度消费者与重度消费者。**基于需求的细分**（needs-based segmentation）关注的是在服务中顾客真正需要的是什么，并且图形类似于第 2 章讨论的多属性决策模型（如基于时间与质量敏感度的细分与基于价格敏感度的细分）。另外，营销人员应该认识到人们有着不同的需求，并且他们的决策标准也不同，这取决于：

- 使用服务的目的。
- 决策者。
- 使用的时间（天/周/季度）。
- 单个人使用服务产品还是一群人一起使用。如果是后者，还取决于群体成员的构成。

试着考虑以下情形——你选择吃午饭的餐厅时可能使用的标准：（1）与朋友或家人一起度假；（2）同一名潜在客户共进午餐；（3）与同事一起去吃快餐。如果给你一些合理的选择，在不同的情形下你是不太可能选择同一类型的餐厅的，更不要说同一家餐厅。如果有可能，你让随行的其他人作出决定，他也很有可能作出不同的选择。因此，明确购买服务的环境和情形与所分析的细分市场十分重要。

企业若想有效地细分市场，首先应该充分了解顾客需求。有效的大数据与云端的市场分析能够使市场营销人员收集到更精准、更详细的个体消费者数据，并且能够进行非常精细的细分分析。[1]之后，市场营销人员可以在分析结果中引入人口、心理、行为和消费形式等变量，进一步定义和描述市场中的关键细分。[2]

Contiki Holiday 在使用基于需求的细分的基础上，参考其他细分类型进行微调。结果发现，一些独身者不愿意加入有家庭参与的旅行。他们更倾向于参加能遇到有相同偏好的人群的旅行（基于需求的细分）。Contiki 服务于这个特殊的群体。事实上，它是 18～35 岁人群（人口细分）旅行市场的领导者。一些旅游团针对爱好玩乐的年轻人。Contiki 进一步细分市场来迎合不同的生活方式和预算（心理细分)。例如，想去欧洲旅行的可以选择深度游（适合性格比较开朗并且想要日夜行程多的旅行的人)、露营游（适合更关心预算的人）或者探索游（有更多的景点，住宿与目的地的选择更多)。

重要性属性与决定性属性

市场细分中选择合适的需求和与其相应的服务属性十分重要。消费者通常根据自己感知的不同服务产品之间的差异进行选择。例如，许多乘客乘坐飞机时都把“安全”作为首要考虑的因素。他们可能会避免乘坐不知名航空公司的班机，或避开那些安全声誉不好的航线。但是，在排除这些顾虑之后，在主要航线上旅行的乘客仍然可能在几家被认为是同样安全的航空公司中进行选择。因此，这时安全通常不是影响顾客选择的属性。

决定性属性（determinant attributes）即那些真正决定购买者在几种竞争性产品中作出选择的因素。这些因素通常并不是购买者认为最重要的属性，但它们能让顾客看到竞争性产品选择之间的重要差异。例如，起飞和降落的时间是否方便，是否有里程积分和给予忠实顾客相关优惠，飞机上饮食服务的质量如何，预订机票是否便利，这些因素是商务旅行者选择航空公司的决定性因素。另一方面，对于那些精打细算的度假旅行者来说，价格可能是最重要的。

在第 2 章，我们看到尽管重要性属性相同，消费者还是可能运用不同的决策规则作出不同的决策。例如，在表 2 - 1 中，最重要的属性是干洗的质量。然而，如果顾客使用联结式决策规则，决定性属性可能是第三重要的变量——价格。因此，识别决定性属性在有效定位中必不可少，可以使公司的服务在目标顾客脑海中更加突出。

基于服务水平的市场细分

制定定位策略不但要识别市场细分需要的属性，而且必须对每种属性提供何种水平的服务作出决策。[3] 有些服务属性容易量化，而其他的只能定性研究。例如，价格就是一个容易量化的属性。运输服务的准时性可以按照时间表上规定分钟之内到达的火车、汽车或航班的百分比来衡量。上述这些属性都是容易理解和衡量的。但是，有些特性，比如员工服务质量或者宾馆奢华程度等则是定性的，它取决于个人的主观判断。为了更好地设计服务及衡量服务水平，企业应该结合实际情况考察每个属性并建立明确的标准。例如，如果顾客反映舒适度对他们很重要，那么这对于酒店与航空公司来说，除了房间和座位大小，还意味着什么呢？对酒店而言，舒适度是涉及周围环境，例如室温和安静程度，还是指床铺这样看得见的具体因素呢？或者更明显的，是指具体因素如床（例如威斯汀酒店和度假村使用天梦之床来实现其顶级床体验）。在酒店管理实践中，管理者既要考虑周围环境，也要涉及具体的因素。

企业可以根据顾客为了寻求更低的价格而放弃部分服务水平来对顾客进行细分。价格敏感度低的顾客愿意为在他们所看重的每一种服务属性上获得较高水平的服务而支付相对较高的价格。相反，价格敏感度高的顾客则寻求在许多关键属性上提供相对较低水平的廉价服务（见服务展望 3 - 2)。

服务展望 3-2

胶囊酒店

胶囊酒店由与大橱柜大小相仿的小房间组成，有些房间的成本仅为每晚 20 美元，这些酒店的主要好处是方便实惠。20 世纪 80 年代，胶囊酒店兴起于国土面积狭小的日本，直到最近才出现在世界的其他地方。现在，许多国家都推出了胶囊连锁酒店，如纽约的 Pod 酒店、伦敦的约特酒店（Yotel Hotel）、阿姆斯特丹的 Citizen M 酒店。

与日本早期的胶囊酒店不同，这些新的连锁酒店都改进了它们的服务产品。例如，约特酒店提供不同种类的称为“小木屋”的房间，“小木屋”的理念来自日本的胶囊酒店和英国航空公司的高级客舱。例如，豪华房间内，通过按钮可以将双人床转换为沙发，有可以容纳手提行李的桌子、豪华浴室和可以伸展的书桌。酒店还提供免费上网、平板电视、优质咖啡与 24 小时客房服务。伦敦希思罗机场的豪华房间的价格为前 4 小时 55 英镑，此后每小时 8 英镑，标准间的费用每天只需 89 英镑，这是伦敦酒店常见的房间价格。

约特酒店和丘比克（Qbic）酒店都有积极的增长计划，我们也希望未来胶囊酒店可以成为旅行者的主流选择。

资料来源：www. yotel. com；http：//www. thepodhotel. com/；http：//en. wikipedia. org/wiki/Capsule_hotel，accessed February 3，2015；*The Economist*，“Capsule Hotel：Thinking Small，”November 17，2007.

市场细分可以帮助企业识别那些潜在服务属性和核心细分市场关联度不同的服务水平。一旦了解了某个市场的细分结构，企业可以进一步确定将哪些细分市场作为目标市场。

目标服务市场

服务企业为不同类型的顾客提供服务的能力各不相同。因此，获得竞争优势往往需要企业更加聚焦，这就是我们下面要讨论的问题。企业需要将精力集中于它能提供最佳服务的那些顾客——它的**目标细分市场**（target segment），而非在整个市场全面竞争。事实上，几乎所有成功的服务企业都将此概念作为战略核心。

通过聚焦实现竞争优势

一个企业想要吸引市场中所有的潜在购买者通常是不现实的，因为顾客在需求、购买行为以及消费模式方面存在很大差异，而且顾客的数量太多且相当分散。服务企业为不同类型的顾客提供服务的能力各不相同。因此，企业需要将精力集中于它能提供最佳服务的那些顾客，而非在整个市场全面竞争。

在营销术语里，**“聚焦”**（focus）指的是为一个特定的细分市场提供相对较窄的产品组合。几乎所有成功的服务企业都将此概念作为战略核心。它们识别服务运营中的重要战略要素，并把资源集中在这些要素上。企业聚焦策略可以从两个维度加以描述：市场聚焦和服务聚焦。[4]**市场聚焦**（market focus）指的是企业所服务的市场的多寡，而**服务聚焦**（service focus）指的是企业提供多少种服务。这两个维度确定了四种基本聚焦战略（见图 3－2）。

服务市场的数量 \ 服务产品的宽度	宽	窄
少	市场聚焦策略	完全聚焦策略（服务与市场同时聚焦）
多	非聚焦策略（向所有的人提供统一的服务）	服务聚焦策略

图 3－2　服务的基本聚焦策略

资料来源：Achieving Focus in Service Organizations，Johnson，R. *The Service Industries Journal*（January）：10-12. January 1，1995.

● **完全聚焦战略**。一个完全聚焦型企业只为一个狭窄的特定的细分市场提供有限范围内的服务（也许只有一种核心产品）。例如，私人飞机包机服务聚焦于高净值人士和企业。在清晰明确的市场中培养专业技术能使企业免受潜在竞争者的威胁，还能让企业收取高额的价格。Shouldice 医院是一个典型的采用完全聚焦战略的企业（见服务展望 3－3）。医院只针对身体健康但患有疝气病的患者（主要是 40～60 岁的男性患者）提供简单的疝气治疗手术。因为采用聚焦战略，医生的手术技艺精湛、服务质量上乘。

采用完全聚焦战略意味着风险与机会并存。缝隙市场可能规模太小，导致销售额过低而无法保证企业财务收入，并且企业比较脆弱，可能被替代性产品或技术取代。

● **市场聚焦战略**。采用市场聚焦战略的企业专注于为一个窄小的细分市场提供广泛的服务。服务展望 3－3 描述了一个典型的采用市场聚焦战略的例子——提供 B2B 服务的能多洁集团。这家集团已经从增长的设备维修外包服务趋势中获利，它能够为客户开展大范围的服务。

采用市场聚焦战略听起来可能很吸引人，因为它提供了向一个购买者销售多种服务的潜能。但采用市场聚焦战略之前，管理者需要确定企业是否具备运营能力来提供各种不同的服务。

● **服务聚焦战略**。服务聚焦型企业则面向一个较广阔的市场提供种类很少的服务。Lasik 眼科医院和星巴克咖啡采用服务聚焦战略，为广泛的顾客提供标准化服务产品。然而，随着新的细分市场的增加，企业就需要掌握为这些细分市场提供服务的知识和技能。进一步说，采用此战略往往需要付出更多的销售努力和更多的营销沟通投入，尤其是在 B2B 市场。

● **非聚焦战略**。最后，许多服务供应商由于试图为广阔的市场提供大范围的服务而陷入了无聚焦状态。采用非聚焦战略的企业存在“十八般武艺，样样精通，样样稀松”的风险。通常，虽然公共服务和政府机构不得不这样做，但总体而言这并非明智的做法。一些百货商店采用非聚焦战略，结果它们必须与更为集中化的竞争者竞争（例如，高档百货商店和专卖店）。

无论是市场细分还是服务，企业往往会采用一些聚焦战略。企业应当如何在三种聚焦战略中进行选择呢？这个决定与市场细分和目标市场相关。例如，市场聚焦战略往往适用于以下几种情况：(a) 顾客重视一站式购物的便利性；(b) 企业有能力提供比竞争者更优质的多层次服务；(c) 出售多层次服务具有明显的协同效应(出现在 B2B 服务中的许多实例中，如服务展望 3-3 中的能多洁集团)，这就使企业能够降低价格或者提供更好的服务。

如果企业有能力和资源提供杰出或者划算的特定服务，就最适合采用服务聚焦战略。企业或许会进一步运用其优势拓展海外市场（与此同时进行更多的顾客细分)。

最后，如果一个特定的细分市场有特殊的需求并且要求设计特别的服务环境、服务过程和与一线服务人员的互动，就应采用完全聚焦战略。完全聚焦战略由于其聚焦点和经验，可以使公司提供高质量、低价格的服务。Shouldice 医院就是一个很好的例子。整个医院是为疝气患者所设计的，这些患者没有其他病症而且不需要卧病在床。患者可以以低价获得最优质的医院治疗和高超的手术质量。这就使 Shouldice 医院成为仅患有疝气的患者的最优选择。然而，这家医院不能治疗其他病症的患者。

当企业进行分散运营时（每个星巴克咖啡店都像一个小型工厂)，聚焦战略的选择就尤为重要，并且任何额外服务都会增加服务过程的复杂性和运营成本。同样，即使一家企业想向不同的细分市场出售同样的服务，它也会发现每个细分市场都需要为了迎合不同的需求和要求进行服务设施和过程的改变。它们需要理解顾客购买习惯和购买偏好。在 B2B 环境中，许多企业都有过令人沮丧的经历：当企业试图向同一个客户交叉销售其他服务时，却发现购买新服务的决定是由客户企业中不同的人员或部门作出的。[5]

聚焦与卓越在本质上是一样的。根据弗朗西斯·弗莱（Frances Frei）与安妮·莫里斯（Anne Morriss）的理论，服务企业有很多感觉任何事都必须做到最好的英雄人物。然而，这么做往往会导致平庸。他们认为卓越需要作出牺牲（从另一个角度看聚焦)，并且服务企业需要在重要领域做到优秀。例如，梅奥（Mayo）诊所决定专注于减少顾客例行检查、医生检查和 24 小时之内收到诊断结果的时间。这对于着急想知道自己身体出现什么问题的患者尤为重要。然而，专注于速度意味着患者不能选择特定的治疗方法。决定企业不需要涉及（即顾客不看重）的领域是很重要的，这些知识会使企业有更多的资源专长于服务它们的目标顾客。[6]

服务展望 3-3

能多洁集团跨越多种服务的品牌定位

2015 年收入 23 亿英镑的能多洁集团是世界最大的商业支持服务提供商之一。能多洁集团在全世界 50 多个国家拥有 27 000 名员工，Rentokil 和 Initial 品牌已经成为创新、资深专家、服务质量稳定的代名词。作为一个以生产灭鼠药和杀虫剂起家的英国企业，能多洁集团经历了彻底的变革。当企业认识到，为顾客提供灭虫服务能够比将产品卖给顾客让其自己消灭害虫更赚钱时，能多洁便把业务转向提供控制和消灭害虫的服务。

通过良性的成长和并购，能多洁集团已经开发出多种产品系列，包括：测试及安全服务、防护服务、包裹递送、室内植物景观美化（包括销售和租赁热带植物）、专业保洁服务、害虫控制、制服租赁和清洁、医疗垃圾的回收和处理、人员服务、盥洗室处理服务（提供和维修各种卫浴配件、自动设施和一次性消耗品）。企业认为其核心能力是“依靠一支精心甄选出的受到良好培训和激励的员工队伍，在前人经验的基础上为顾客提供高品质的服务”。

企业的一个重要策略是为现有顾客提供附加服务。Initial 集成服务公司（Initial Integrated Services）为客户提供超越传统的“捆绑式”（把与同一个供应商的几份独立的配套服务合同结合起来）概念的全面集成服务；当客户购买某一类解决方案时，可以享受一系列服务，其服务特色是“一张发票、一个账户管理、一个帮助平台（一种统一的客户服务管理软件平台）、一份合同和一个热情高涨的服务团队”。

前任执行总裁克莱夫·汤姆森（Clive Thomson）先生说，我们的目标是建立一个良性循环圈。我们在业界以同一品牌提供优质服务、开展商业活动，所以对能多洁集团某一服务满意的顾客可能成为对其他服务也满意的潜在顾客。我们决定进军热带植物室内景观美化（提供和维护）服务领域时，很多人感到有些奇怪，其实我们的想法是将我们的品牌直接展示在决策者（客户）面前，顾客能够看见我们的服务人员在门前修剪植物。这与害虫控制是完全不同的，顾客看不见我们进行害虫控制，只有当我们失败时顾客才能意识到我们的存在……这个品牌代表着诚实、可靠、稳定、完整和技术领先。

公司在研发方面的投入确保了其在许多服务领域的持续增长。例如，公司建立了雷达智能灭鼠装置。这种雷达灭鼠装置将老鼠引诱到可密闭的空间，然后喷射二氧化碳将其人道地杀死。使用公司独有的“害虫跟踪”技术，当捕捉到老鼠时，这种装置向顾客和最近的办事处发送电子邮件，公司的技术人员收到文本信息，判断出在顾客建筑内有活老鼠，并且进行精确定位。“害虫跟踪”装置可以全天候连续运转，并且每隔 10 分钟自动检测每台独立的雷达装置。技术人员掌握实时信息，就能够及时清理被杀死的老鼠，还能更好地控制以后的害虫出没情况。

能多洁集团的成功在于，它拥有根据企业核心品牌价值对每一项商业服务进行定位的能力，包括提出顾客服务的超高标准和对最先进服务及产品的应用。它通过独特的制服、车辆的色彩搭配设计、企业标识等有形展示强化了品牌形象。

资料来源：Clive Thompson，“Rentokil Initial：Building a Strong Corporate Brand for Growth and Diversity,” in F. Gilmore（ed.），*Brand Warriors*（London：HarperCollinsBusiness，1997），123－124；http：//www.rentokil-initial.com/，accessed February 3，2015.

定位服务准则

定位战略是创造、传递和保持区别于竞争者的独特差异，这些独特差异是企业欲与之建立长期关系的顾客群体所能感知和重视的。成功的定位需要管理者深谙目标顾客的偏好、价值观念、竞争者提供的服务产品特征。市场营销4P组合中的价格和产品通常与定位战略相联系。但是对于服务而言，定位经常涉及服务营销组合的其他方面，包括服务流程（例如，便利性、易用性）、分销系统、服务时间表、地点、服务环境、服务员工。企业在许多方面可以实施差异化竞争战略。乔治·戴（George Day）认为：

> 企业获得竞争优势的途径多种多样，因而不能一概而论，也很难加以描述……更重要的是，企业必须在竞争中脱颖而出。企业要想获得成功，必须界定目标顾客最重视的服务属性，并且促使自己成为这些属性的最佳提供者。[7]

杰克·特劳特（Jack Trout）将定位的本质概括为以下四个原则[8]：

1. 公司必须在目标顾客的心目中创建一个定位；
2. 定位必须是单一的，要为顾客提供简单而连贯的信息；
3. 定位必须使公司区别于其他竞争者；
4. 公司不能面面俱到地为所有顾客提供所有服务——它必须有针对性。

这些原则适用于任何一类为争夺顾客而竞争的组织。理解定位原则是建立有效的竞争优势的关键。它迫使服务管理者对公司现有的产品进行分析，并对以下六个问题作出回答，从而提供有价值的启示。

1. 我们公司当前在现有顾客和潜在顾客的心目中是什么印象？
2. 我们现在为哪些顾客提供服务？我们将来的目标顾客是谁？
3. 我们当前每一种服务产品的价值主张是什么？每一种产品针对的细分市场是什么？
4. 在每一种情况下，我们的服务如何区别于竞争者？
5. 在不同目标细分市场中，顾客在多大程度上认为我们的服务产品满足了他们的需要？
6. 为了巩固公司在目标细分市场中的地位，我们需要对服务作出怎样的改进？

建立行之有效的定位策略的挑战之一就是避免在那些容易被复制的差异特性上过度投资。正如凯文·凯勒（Kevin Keller）、布莱恩·斯滕索尔（Brian Sternthal）和艾里斯·特里伯特（Alice Tybout）等研究者指出的："定位要能排斥竞争者，而非吸引竞争者。"[9]我们在本章开篇的例子中讲过，Bright Horizons连锁日托中心的创始人罗杰·布朗和琳达·梅森在建立自己的服务理念和商业模式之前，对行业进行了长时间认真的考察。[10]当发现营利性儿童保育公司大多采取低成本的战略，把托儿所当作销售实体商品的企业进行经营时，布朗夫妇选择了一种竞争者难以模仿的方式。

过去，一些大公司在寻求审计服务时通常会把目光投向全球知名的四大会计师事务所。但是现在这种情形则有些不同了，大批客户正逐渐转向"二级"会计师事务所，以期得到更好的服务或更低的成本，或两者兼而有之。[11]致同会计师事务所（Grant Thornton，行业中第五大会计师事务所）就将自己成功地定位为一家"能为商业伙伴提供便利服务"和"对会计行业充满激情"的公司。均富的广告大肆宣传了J. D. Powers评估机构授予的"会计行业年收入高达120亿美元的优秀企业"的奖项。

采用定位图来规划竞争战略

定位图是一种强大的工具，它可以使竞争性定位形象化，可以描绘出不同时刻的发展变化，也可以勾画出潜在竞争者的反应场景。制作定位图（有时被称为一种感性的制图工作）是把顾客对相互之间形成替代关系的产品的认知通过图形表达出来的一种有效方法。一般情况下，一张图只能显示两种属性（当然也可以用三维模型来描述三种属性）。当需要使用三个以上的属性来描述产品在某个既定市场上的表现时，为了达到通过视觉表述的目的，就需要画出一系列独立的图表。

有关某个产品（或某个组织在任何一个属性方面）的定位信息，或者可以从市场数据中推断出来，或者来自有代表性的消费者的评价，或者同时来自这两个方面。如果消费者对服务特征的认知与管理层所定义的“现实”截然不同，就可能需要通过沟通工作来改变这些认知。我们将在第7章中讨论这些内容。

酒店业应用定位图的例子

酒店业是一个高度竞争的行业，特别是在客房供给大于需求的季节。到大城市旅游的游客可能会发现，对于任何星级的酒店而言，他们要找一个适宜的地方入住都会有多种选择。实体设施的奢华舒适度将是一个选择的标准；其他标准包括实体空间、舒适程度，会议室、餐厅、商务中心、游泳池的实用性与常客的忠诚计划。

让我们来看一个例子，它讲述了现实世界中，一家成功的四星级酒店——皇宫酒店（Palace）的管理层是如何通过绘制定位图，更好地认识到在贝尔维尔这个大城市中，酒店在目前的市场定位中所面临的潜在威胁。

皇宫酒店坐落于加拿大贝尔维尔市繁华的金融区的边缘地带，是一家历史悠久、环境优雅的酒店。几年前，它进行了大规模的翻修和现代化的改建。皇宫酒店的竞争对手包括8家四星级酒店和被认为是这个城市历史最悠久的一家酒店——大酒店（Grand，五星级）。近年来，皇宫酒店的盈利状况良好，并以高于平均水平的客房出租率而自豪。一年中的许多月份，它的客房在非周末的时候都销售一空，说明这家酒店对商务旅行者具有很强的吸引力，而商务旅行者对酒店而言是很好的顾客群，因为他们比度假客人或者会议客人更愿意支付较高的客房价格。但是，酒店的总经理和员工们却看到了即将出现的问题：近来，这座城市又有4家新的酒店获得审批得以建立；同时，大酒店正在开始一项大规模的翻修和扩建工程，其中包括建造一幢新的侧翼楼。这样，皇宫酒店就可能面临顾客觉得其经营管理落后的风险。

为了更好地认识到竞争威胁的本质，酒店的管理层和一名咨询顾问一起制作了一张定位图。该定位图显示了在新的竞争来临前后，皇宫酒店在商务旅行市场上的定位。研究内容包括四个因素：客房价格、实体设施的豪华程度、人员服务的水平和酒店的区域位置。

1. 数据资料

在这种情况下，管理者并没有对顾客进行新的研究，而是根据以下几种资料来推测顾客的认知：

● 公开的信息。

● 以往调研的数据。

● 经常与顾客打交道的旅行社和经验丰富的酒店员工所做的报告。

获得竞争对手的信息并不困难，因为它们的区域位置是众所周知的。获得信息的途径有：

● 参观和评价实体设施。

● 销售人员一直密切关注竞争者的定价策略和折扣信息。

● 一种评价酒店服务水平的简易的替代方法是，计算该酒店每个员工所服务的客房的数量，这很容易通过已公布的客房数量和提供给该市政府的雇用数据计算出来。

● 从皇宫酒店所做的旅行社调查中得到的数据，为评价每个竞争对手的员工服务质量提供了补充说明。

2. 酒店标准与衡量

为每个属性制定标准，然后对酒店在各个属性上打分，这样就可以画出定位图了。

● 衡量价格因素比较简单，因为每家酒店对商务旅行者收取的标准间的平均价格是已经量化的信息。

● 酒店每个员工所服务的客房的数量（客房率）可以作为评判服务质量的基础，该比率越低说明服务的质量越高；然后还要根据主要竞争者的服务质量信息来对这个比率进行修正。

● 实体设施的豪华程度则是一个比较主观的因素。管理层需要先确定一家其所有成员均认为是最豪华的酒店（大酒店）和一家大家认为是最简朴的四星级酒店（机场大厦），其他四星级酒店则以这两家酒店为基准来确定其豪华程度。

● 区域位置则根据该酒店与地处金融区中心的股票交易大楼的距离来衡量，因为以往的研究表明，皇宫酒店的大多数商务旅客前往的目的地都在这个区域内。也就是说，根据各个酒店与股票交易大楼的距离来对区域位置进行评级，由10家酒店所组成的竞争者组合全部落在一个半径为4英里的扇形区域内，从交易大楼穿过该市的主要零售商业区（会议中心也坐落在那里）并延伸到近郊和附近的机场。

两张定位图均描述了目前的竞争情况：第一张（图3-3）显示了10家酒店在价格和服务质量方面的水平；第二张（图3-4）表明了酒店的区域位置和实体设施的豪华程度。

3. 结论

有些结论是创新性的，另一些结论却提供了有价值的发现：

● 快速浏览一下图3-3就可以发现，价格和服务水平两个属性之间具有显著的关联性：具有较高服务质量的酒店价格一般也较高。图中从左上角到右下角的阴影带显示了这种关联性，这并不奇怪（把斜线向下延伸到三星级及以下的酒店也可以看到这样一种关系）。

● 进一步分析可以发现，在高等级的市场类型中似乎有3家酒店。阴影带最顶端有一家四星级酒店——丽晶酒店，它紧挨着大酒店；中间是与皇宫酒店一组的5家酒店；最末端是其他3家酒店。从这张图中有一个惊人的发现，即皇宫酒店所收

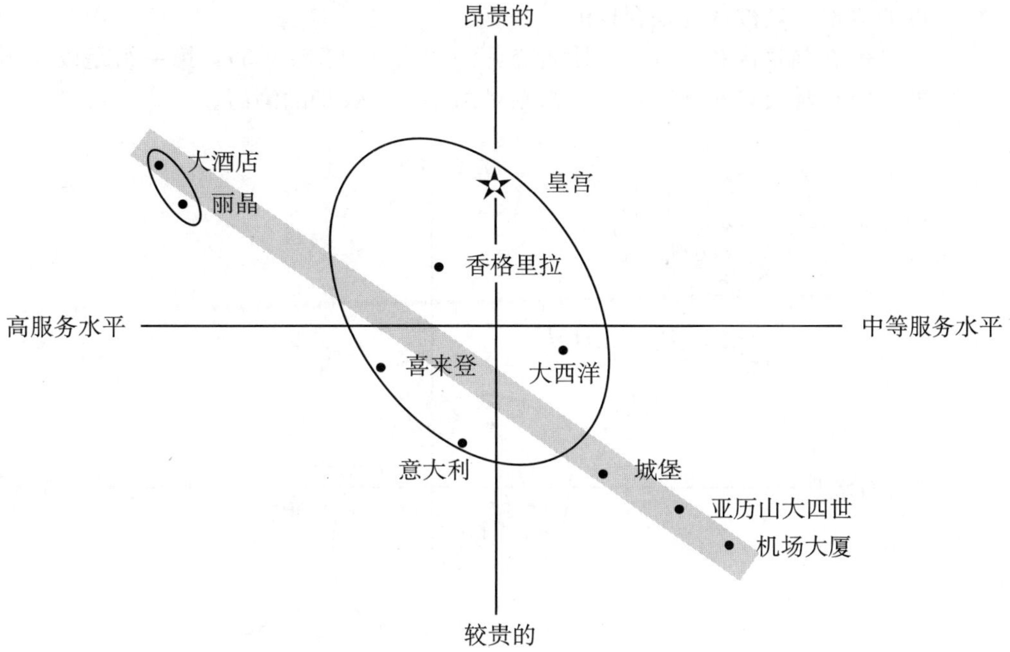

图 3-3　贝尔维尔主要商务酒店的定位图：服务水平和价格水平

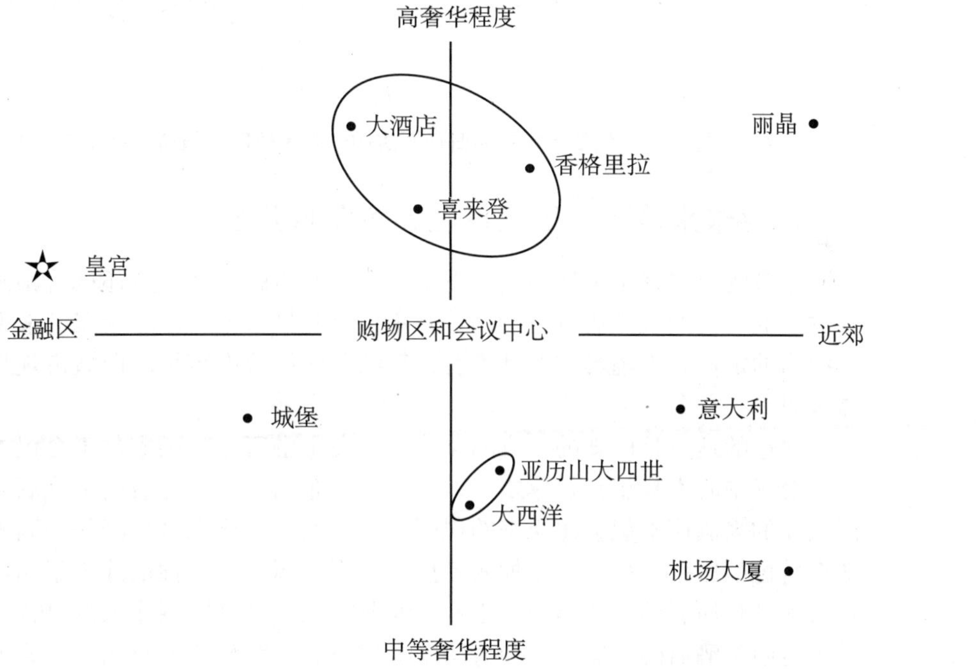

图 3-4　贝尔维尔主要商务酒店的定位图：地点和豪华程度

取的费用看起来大大高于（或者相对高于）它的服务水平。但是，这种情况被认为是合理的，因为它的入住率一直很高，客人们显然很愿意支付目前的价格。

● 图 3-4 表明了皇宫酒店与其竞争者在区域位置和豪华程度方面的定位状况。我们并不认为这两个变量之间有任何联系，从图上看来也确实如此。在这里，一个重要的发现是，皇宫酒店在图上处于一个相对空白的区域，它是金融区内唯一的酒店——这个事实也许可以解释为什么它能够收取高于它的服务水平或者实体豪华程度的价格并且被认为是合理的。

● 在购物区和会议中心附近有两组酒店（见图3－5）：第一组是以大酒店为首的3家相对豪华的酒店，第二组则是两家中等豪华的酒店。

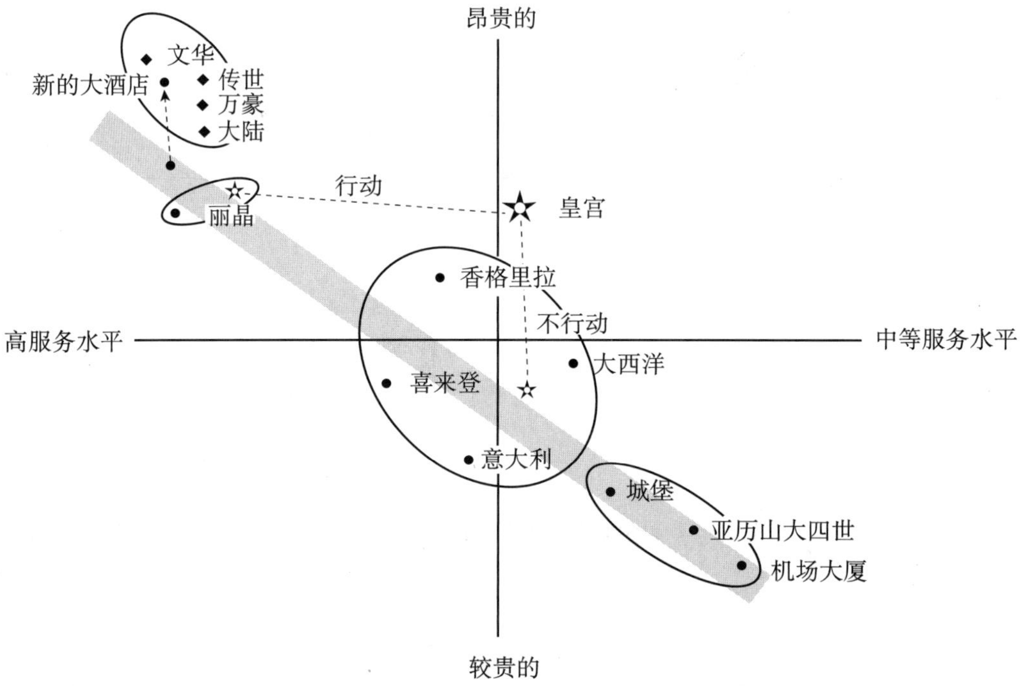

图3－5 贝尔维尔主要商务酒店的未来定位图：服务水平和价格水平

描绘未来情景以确定可能的竞争性反应

未来的情况将是怎样的？接下来，皇宫酒店的管理人员还试着预测4家在建的新酒店的定位和大酒店有可能的重新定位（见图3－6）。对专家们来说，预测4家新酒店的定位并不困难，尤其是有关新酒店的细节内容早已向城市规划局和商业媒体披露。

建造的地点是已知的：有两家将坐落在金融区，另两家位于会议中心附近。当然，会议中心本身正在扩建之中。大酒店发布的新闻已经表明了该酒店管理层的意图：新的大酒店不但会比原来的规模更大，而且会比原来更豪华，同时还将提供新的有特色的服务。另外，新加入者里有3家隶属于国际性的连锁集团，因此可以通过考察各自所属的连锁集团最近在其他城市开张的酒店来推断这几家酒店的战略。其中有两家酒店的所有者已经表明了欲建成五星级酒店的意图，尽管这可能需要几年的时间才能实现。

价格也很容易预测。新的酒店运用一个公式来制定房间的价格（一般指在旺季的工作日夜晚向个人房客收取的价格）。这个价格与每间客房的平均建设成本相关联，它们之间的比率是1∶1 000，即每个房间每个晚上要分摊建设成本的1‰。这样对于一个拥有200间客房、建设成本为8 000万美元（包括土地成本）的酒店而言，每个房间的平均成本为40万美元，那么每个房间每晚的价格就需定在400美元的水平上。根据这个公式，皇宫酒店的管理者总结出这4家新酒店将不得不制定

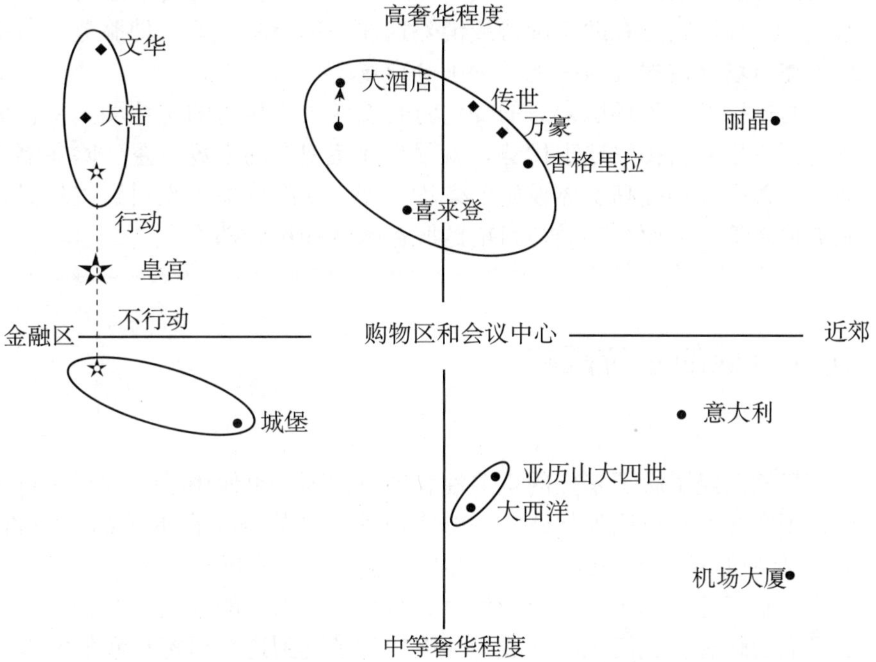

图 3-6　贝尔维尔主要商务酒店的未来定位图：区域位置和豪华程度

一个远远高于大酒店或丽晶酒店的价格，结果无异于在现有的价格水平上建起了一个营销人员所说的价格保护伞（price umbrella），从而给竞争者提供了提高价格的选择机会。为了使这样的高价格看起来比较合理，这些新的酒店将不得不给顾客提供很高的服务质量和豪华的设施。与此同时，新的大酒店将需要提高它的价格来回收由于改造、新建和改善服务所带来的成本（见图 3-5）。

假设皇宫酒店和其他酒店均没有任何改变，那么新的竞争者将对皇宫酒店构成严重的威胁：

- 它将丧失原本独一无二的地理优势，成为未来金融区附近的 3 家酒店之一（见图 3-6）。
- 销售人员认为，皇宫酒店目前的商务客人将被大陆酒店和文华酒店吸引，并且愿意为它们所提供的附加利益支付更高的价格。

而另两家新进入者则对位于购物区和会议中心的香格里拉酒店、喜来登酒店和新的大酒店这一组酒店构成更严重的威胁。与此同时，新的大酒店和 4 家新的酒店将在市场的顶端形成一个高价格/高服务质量（和高豪华程度）组，而把丽晶酒店留在一个可能是与众不同的（因此也是有抵御能力的）属于自己的空间。

定位图有助于管理者将战略形象化

皇宫酒店的例子说明了将竞争态势形象化后所得到的启示。战略制定者面临的挑战之一是，使所有的执行者在开始讨论战略变化之前，都对公司目前所处的态势有清楚的认识。尚·金（Chan Kim）和勒尼·莫博涅（Renee Mauborgne）认为，公司战略和产品定位的图示要比定量的数据和枯燥的大段文字表述容易掌握得多，图表能够激发起他们所认为的“视觉唤醒”，使管理层认识到竞争性威胁和机会的特征，还能够突出表明顾客（或可能成为顾客的人）与管理层对组织的认识之间的差距。此外，它还有助于确认或消除这样一种信念，即一种服务（或提供服务的组织）在市场上占据着独一无二的细分市场。[12]

通过思考竞争环境未来的变化将会怎样改变目前的定位图，皇宫酒店的管理层意识到一旦酒店丧失地理优势，就很难保持现在的市场位置。除非酒店积极采取行动来改善服务和提高实体设施的豪华程度，提高价格来支付这些提升，否则它很可能被迫降价，从而很难维持目前的服务水平和设施档次。

建立有效的定位战略

我们已经了解了聚焦的重要性和定位准则，也使用了定位图使竞争性定位形象化，现在我们来讨论如何建立一个有效的定位战略。在本章的开头图3-1显示出了STP战略将3C（顾客、竞争者和企业内部）分析和服务市场战略与行动计划相联系。基于这些分析，定位能使服务组织回答以下的问题：我们的产品是什么？谁是我们的顾客？我们想要它成为什么？为了达到这个目标，我们需要采取什么样的行动？

例如，LinkedIn致力于专业网络领域，并且将其定位区别于诸如脸书（Facebook）这类的社交网络。LinkedIn专注于建立用户工作经验的简介，而不是一个集合假期和派对快照的大仓库。它还消除了游戏和无用的系统升级，以区别它的社交网络旧友。另外，LinkedIn界面设计更简洁，类似于在线个人简历。它更专注于专业技术，因为它的基础用户与其年收入生成模型紧密相连，这个模型可以使招聘人员通过该渠道收取费用，并且广告商可以更有针对性地将广告投放在难以接触到其他渠道的高级专业目标顾客上。[13]这项战略获得了明显成效。截至2015年，LinkedIn已经在全世界200多个国家和地区拥有超过3亿名会员，远远超过了它的竞争对手法国的Viadeo和德国的XING，它们分别拥有7 000万名、1 000万名用户。

制定有效的市场定位需要四个基本因素[14]，我们用LinkedIn的例子来说明：

- 目标受众——企业想销售产品及服务的特殊群体（例如拥有专业知识的首要目标顾客、员工与广告商之类的次要目标顾客）。
- 参考标准——企业的竞争领域（如社交网络领域）。
- 差异点——企业能提供的优于竞争者的最引人注目的优势（如专业人员和招聘人员帮助你发展事业、培养商业头脑、提升行业知识与个人能力）。
- 信任理由——企业能提供保证的利益（如许多情况下我们的网络覆盖面比竞争者大很多）。

制定定位策略可以在不同的层次上进行，这完全取决于所涉及的组织特征。对于提供多渠道、多产品的服务公司，它可以为整个组织创建定位，也可以为一个特定的服务商店或该商店所提供的一项具体的服务确立定位。尤其重要的是，由于某项服务的形象可能会发展成为其他服务的形象，因此，同一个渠道提供的不同服务的定位必须具有某种统一性。例如，如果某家医院在产科方面拥有极高的声誉，这可能会提高人们对其妇科、儿科、外科等方面服务的认知。反之，如果它们的定位是彼此冲突的，那么这三个科室的服务都会受到恶劣的影响。

3C 和 STP 策略分析的结果就是对定位的描述，它能够清晰地表述该组织在市场上规划的定位。之后，企业就可以制定下一步的行动计划，包括服务营销 7P 组合策略、客户关系管理与忠诚度、服务质量与生产率策略。本书余下的章节将会讲述如何去做。

结　论

大多数服务企业都面临日益激烈的竞争。营销者需要想办法为自己的产品创建有意义的价值主张，从而与竞争者相比拥有一个独特的、持久的定位。服务的本质为竞争的差异化提供了一系列可能性，除了价格和实体产品特征，还应包括服务传递的地点、进度和速度，服务人员的能力，以及生产过程中顾客的参与程度。

几乎所有成功的服务企业都在寻求聚焦战略。它们识别服务运营中的重要战略要素，并把资源集中在这些要素上。它们确定能够比其他服务企业提供更好服务的目标细分市场，并在目标客户看重的特殊属性上提供和促销更优质的服务。

本章小结

1. 制定有效的定位策略与 3C（顾客、竞争者、企业内部）分析紧密相连。

● 市场分析注重的是市场吸引力（例如市场规模与发展、市场发展趋势）和顾客需求（例如需求服务水平、接触水平、传递通道、消费时间与价格敏感度）。

● 竞争者分析考察的是竞争者的现有定位、优势与劣势来发现企业的机会。

● 公司分析专注于企业的品牌定位与形象、企业的优势与劣势（如企业的资源与限制条件）、在工作中形成的价值观。

2. 制定顾客导向型的服务市场策略的关键因素是市场细分、目标市场与市场定位，通常称为 STP。

3. 市场细分将市场分为不同的群体。同一细分市场中的顾客有着相同的与服务相关的需求。市场细分通常首先要基于顾客需求，之后需要专注于顾客真正需要的是什么、什么主导了他们的购买决定。人口因素、心理因素与消费行为因素可以进一步作为变量来定义和描述关键市场细分。

4. 了解细分顾客可以选择的重要性属性和决定性属性之间的差别是至关重要的。

● 重要性属性。这些属性对消费者来说是重要的，但对购买决策并不重要（例如，安全是重要的，但对于航空公司来说，几乎所有的乘客都默认其航班是同样安全的）。在这种情况下，类似这样的属性不是影响顾客选择的一个属性。

● 决定性属性。这些属性往往并非购买者认为最重要的属性，但它们能让顾客看到可供选择的竞争性产品之间的重要差异（例如，航班起飞和降落的时间是否方便，飞机上服务的质量如何）。顾客的决定性属性对于市场细分至关重要。

5. 明确重要性属性和决定性属性之后，管理者需要决定企业在每种属性上需要提供怎样的服务水平。服务水平通常被用来根据顾客在价格和服务水平之间的取舍来对顾客进行市场细分。

6. 下一步，企业需要将精力集中于它能提供最佳服务的那些顾客——它的目标细分市场。企业必须具有目标顾客认可的竞争优势。为了获得竞争优势，企业必须采取聚焦战略。为获得竞争优势，企业可以采取的三种聚焦战略如下：

- 完全聚焦战略：企业只为一个狭窄而特定的细分市场提供有限范围内的服务（也许只有一种核心产品）（例如，Shouldice 医院）。
- 市场聚焦战略：企业专注于为一个狭窄的细分市场提供范围较广的服务（例如，Rentokil）。
- 服务聚焦战略：企业面向一个较广阔的市场提供种类很少的服务（例如，Lasik 眼科医院、星巴克咖啡店或者 LinkedIn）。
- 还有第四种，非聚焦战略。选择非聚焦战略对企业来说是很不明智的，因为这意味着企业试图为广阔的市场提供过大范围的服务而丧失竞争力（例如，一些百货商店）。

7. 一旦明确了决定性属性和目标顾客的相关服务水平，我们就能决定如何在市场中最好地定位。定位是为组织或其产品在市场上建立并维持独特的地位。定位的本质是：

- 公司必须在目标顾客的心目中创建一个定位；
- 定位必须是单一的，要为顾客提供简单而连贯的信息；
- 定位必须使公司区别于其他竞争者；
- 公司不能面面俱到地为所有顾客提供所有服务——它必须有针对性。

8. 定位图是一种能够帮助企业制定定位战略的非常重要的工具。它可以提供一种形象化的方式，来显示消费者对不同服务在决定性因素上的表现是如何认知的。它们可以帮助企业明确可以在哪里进行重新定位，也可以对竞争者的行为进行预测。

9. 以上分析的结果就是对定位的描述，它能够清晰地表述该组织在市场上规划的定位。之后，企业就可以制定下一步的行动计划，包括服务营销 7P 组合策略、客户关系管理与忠诚度策略、服务质量与生产率策略。

复习题

1. 建立顾客导向型服务市场战略的要素是什么？
2. 在市场细分中，最常用的市场细分基础有哪些？请举例说明每种细分基础。
3. 在消费者选择决策的过程中，重要性属性与决定性属性的区别是什么？
4. 决定性属性的服务水平是如何影响服务定位的？
5. 为什么服务企业应集中其业务？请描述基本的聚焦策略，并举例说明。
6. 设定有效的定位战略时要考虑的六个问题是什么？
7. 定位图是如何帮助管理者更好地理解和响应竞争动态的？
8. 描述定位策略的含义，并说明市场分析、顾客分析、企业内部分析和竞争者分析是如何影响定位策略的。

应用练习

1. 选择一家你熟悉的公司，看一下公司是用什么变量来进行市场细分的。利用实例来支持你的结论。
2. 举两个利用服务分层次方法进行产品差异化的公司（不包括航空、酒店和租车行业）。请解释一个公司怎样利用服务特性和服务水平来实现与其他公司的定位差异。
3. 试举出能够说明本章中讨论的利用四种聚焦战略的例子。
4. 由于旅客开始直接在航空公司网站

订票，旅行社生意正在一点点被侵蚀。请帮助旅行社寻找可能的集中化选择策略，以拓展新的产品线，弥补由于航空在线售票给旅行社造成的损失。

5. 想象你雇用了一个咨询人员对皇宫酒店提出管理建议。考虑定位图（图 3－6）中罗列的酒店可以选择的四种特性。你认为，酒店应该采取什么措施？对你的建议作出解释。

6. 选择一个你熟悉的行业（如手机服务、信用卡和在线音乐商店），构建同行业不同服务提供者的竞争定位图。采用你认为具有决定性的特性。同时，寻找市场空白，提出潜在的“蓝海”战略构想。

第 2 篇　4P 理论在服务营销中的应用

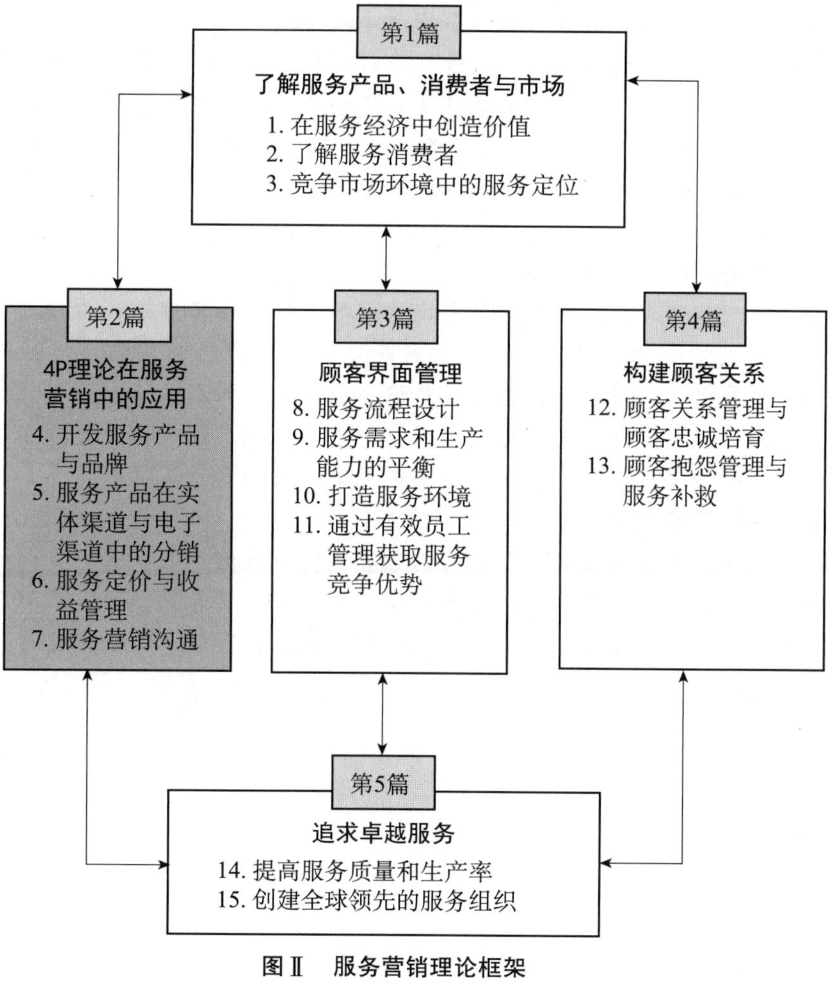

图Ⅱ　服务营销理论框架

第2篇回顾传统的4P营销组合。同时，也将服务特性加入其中，界定服务营销情境下的4P与有形产品营销4P的区别。具体章节包括：

第4章　开发服务产品与品牌

第4章讨论重要的服务概念，包括核心要素和附加要素。附加产品对核心产品会起到支撑和强化的作用。本章同时也涉及品牌、服务产品分层，以及服务企业是如何建立品牌价值的。

第5章　服务产品在实体渠道与电子渠道中的分销

第5章研究的主要是服务产品传递过程中时间和地点这两个要素。制造商通常会需要有形分销渠道来传递产品，但有些服务并不一定如此，它们可以借助电子渠道来传递整个（或至少部分）服务要素。对于顾客在现场而且是实时传递的服务来说，时间和地点的便利性无疑是衡量服务传递有效性最重要的影响因素。本章同时讨论了中间商、特许经营权、国际物流和市场准入。

第6章　服务定价与收益管理

第6章从企业和顾客角度阐释了服务定价问题。从企业角度看，价格是唯一能为企业带来收益的营销组合要素，因此，企业要在既定生产能力和时间内，实施有效的收益管理，以使其收益最大化。对于顾客而言，价格意味着想获取利益所必须付出的成本。但营销人员需要注意的是，价格只是顾客必须付出的货币成本，还有非货币成本。本章同时讨论了服务定价中的伦理与公平问题，以及如何制定有效的定价策略。

第7章　服务营销沟通

第7章研究的是怎样通过促销和教育与顾客进行有效沟通。顾客也是服务生产者，也会对其他顾客的服务经历产生影响，顾客教育是服务营销的自然属性，良好的顾客教育可以使顾客顺利接受服务。本章还讨论了服务营销的沟通漏斗，服务营销传播组合，在线上、手机与社交网络中的沟通。

第4章 开发服务产品与品牌

你们中的每个人都有可能树立或破坏品牌在顾客心中的形象。

——美国运通公司一位经理对其员工的讲话

学习目标

通过本章的学习，您将能够：

1. 了解服务产品由哪些要素构成；
2. 熟悉服务之花；
3. 了解与核心产品相关的支撑性附加服务；
4. 了解与核心产品相关的增强性附加服务；
5. 理解企业品牌与服务产品；
6. 了解服务企业如何采用不同的品牌战略；
7. 理解品牌如何对服务产品进行分级；
8. 讨论企业如何建立品牌价值；
9. 理解提供品牌服务的要求；
10. 列举从简单的风格变换到主要的创新等新服务产品的种类；
11. 描述企业如何在新服务开发中取得成功。

开篇案例[1]

毫无疑问，星巴克在咖啡行业具有全球主导的地位。星巴克把它灰姑娘般的成功故事归因于三个方面：(1) 星巴克坚信它所提供的咖啡是全世界品质最高的；(2) 它的顾客服务目标是顾客每次走进大门后都能够享受到令人愉悦的体验；(3) 咖啡店的氛围迎合高层次消费，或者想消磨时光的人。

然而，你知道星巴克进行了许多与咖啡毫不相关的零售与服务创新吗？它是世界上咖啡产业中第一批在零售店提供无线宽带的企业。之后，星巴克与苹果 iTunes 商店合作，可以使顾客浏览咖啡店中播放的歌曲、购买并且无线下载到顾客的 iPhone 与 iPad 中。从那时起，星巴克不断推出创新服务供顾客在享受咖啡过程中享用。星巴克成立了星巴克数字网络，它主要提供独特的电影预告与大量优质的媒体内容，安卓与苹果应用允许顾客支付的内容，支付卡余额查询与充值，查询星级及兑换奖励，在咖啡师那里留下电子记录，寻找并使用提供的个性化服务，查看语音菜单与营养成分等。最近，星巴克与 Spotify 合作，这就可以让咖啡师和顾客选

择咖啡店播放的音乐。根据星巴克CEO霍华德·舒尔茨（Howard Schultz）所言："将Spotify一流的流媒体平台与我们一流的咖啡店和数字生态系统联系起来，将会彻底改变成千上万的顾客探索音乐的方式。"

星巴克是一家在服务创新方面相当成功的企业。然而，竞争仍然激烈，星巴克必须继续不断创新才能保持它的优势。

创造服务产品

近年来，越来越多的服务企业开始讨论它们的"产品"（产品一词原来仅适用于制造业）。在现在的商业环境中，制造业产品和服务业产品之间的区别是什么？什么是产品？**产品**（product）是能够区别于其他产品而且有明确定义的统一的产品组合。服务企业也能效仿制造企业提供不同"型号"的产品，用类似的方法实施产品差异化策略。例如，快餐店会有展示其产品的实实在在的菜单，如果你是个吃汉堡包的行家，就能轻易地将汉堡王的招牌巨无霸汉堡包与奶酪汉堡包，以及麦当劳的巨无霸汉堡包区别开来。

无形服务产品的供应商也会提供产品"菜单"，说明围绕核心产品精心设计的服务要素，并且可能捆绑推出一些特定的增值性附加服务。例如，信用卡公司推出具有不同收益和费用的信用卡；保险公司提供不同种类的保险单；大学提供不同的学位项目，每个学位项目都包括不同的必修与选修课程。产品开发的目的是设计容易与其他产品区分开的产品。

所有服务企业都要面临选择，选择其所提供产品的种类，并且如何将产品提供给顾客。为了更好地理解服务的性质，我们需要将核心产品和那些起支撑作用并增强对顾客有利作用的附加要素区分开来。设计服务产品是一项复杂的工作，它要理解如何将核心服务与附加服务结合、排列、提供，进而创造能够满足不同目标细分市场需求的价值主张。

服务产品的构成

我们说的服务"产品"是什么？服务表现是只能体验而无法拥有的。即使顾客取得了对某些实体要素的使用权——例如一顿饭菜（能被及时消费）、一个通过外科手术植入的人工心脏或汽车更换零件，顾客所支付费用中的很大一部分是用来换取服务要素所带来的增值的，包括劳动输出和专用设备的使用。一件服务产品包含能够为顾客创造价值的所有服务表现的要素，包括有形的和无形的。

如何进行服务理念的设计呢？有经验的服务营销人员能够认识到以全局的观点来看待他们希望顾客体验到的服务整体表现的必要性。服务产品的价值体现必须包括并整合以下三大要素：核心产品、附加服务和传递流程。

核心产品（core product）。核心产品是顾客真正要购买的东西。当在酒店住一晚时，核心服务是住所的提供和安全的保障。当邮寄包裹时，核心服务是能保障包裹准时、完好无损地寄到正确的地点。简言之，核心产品是顾客寻求的能够解决主要问题的要素。核心产品是提供顾客希望的用户体验（如能够恢复活力的SPA或者令人兴奋的过山车体验），或者问题解决（如管理咨询应当对顾客要采取的行动给出专业建议，或者维修服务要将损坏的或出现故障的机器修复）。

一些核心产品是高度无形的。比如，信用卡产品与旅游保险产品，以及它们在特色、收益和价格上的创新设计（值得注意的是许多费用，尤其是在国外使用时的费用隐藏在交易费用中）。同样高度无形的是共同基金行业的革命性产品交易所交易基金（ETF）。ETF 本质上是一种低成本共同基金，它通常追踪指数（如道琼斯或者日经指数），并且在证券交易所交易以便投资者按照喜好买入或卖出。这些基金通常便宜、节税，并且允许小额投资者购买多元化的投资组合。ETF 产品涉及主要产品创新的发展过程，更像是一场令人激动的旅行。[2]

附加服务（supplementary services）。核心产品的面市往往伴随着一系列其他与服务相关的活动，归结起来就叫做附加服务。这些服务能增强核心产品，促进产品功效，增加价值。[3]随着产业成熟度的提高和竞争的加剧，核心产品会趋于商品化，所以企业获取竞争优势需要更加强调附加服务。附加服务在竞争服务中对区别和定位核心产品扮演着重要角色。

传递流程（delivery processes）。设计服务理念的第三个要素是用来传递核心产品和每一种附加服务的流程。向顾客提供服务的设计必须解决以下问题：

- 不同的服务要素如何传递给消费者？
- 在这些流程中顾客角色的本质是什么？
- 传递过程需要持续多久？
- 所提供服务的预计层次和风格是什么样的？

图 4-1 形象地描述了一家豪华酒店所提供的住宿服务，可以体现核心产品、

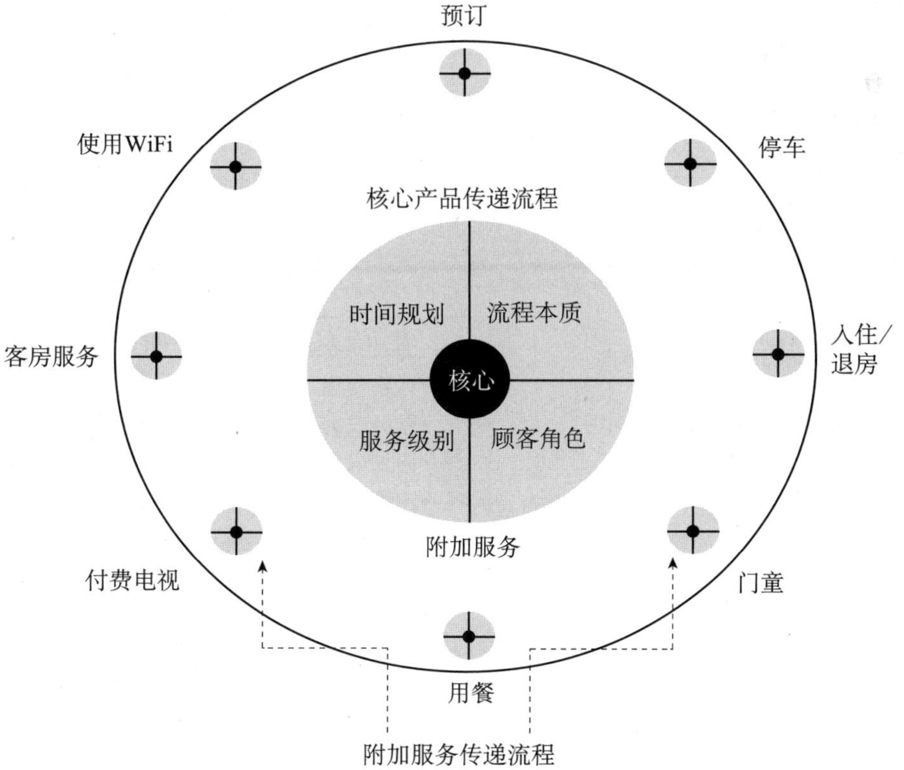

图 4-1　描述酒店所提供的住宿服务

附加服务和传递流程三个要素的整合。其核心产品——房间的租金——由服务水平、协调安排（在下一位顾客付款之前可以使用房间的时间）、流程的特点（在这个案例中指人员流动），以及顾客的角色（顾客需要自己做什么和酒店将会为他们做什么，例如铺床、提供浴室的毛巾和打扫房间）构成。

围绕核心产品的是各种附加服务，包括订餐和房内服务要素。传递流程必须将每个服务要素具体化。而且，酒店越贵，每个要素所需的服务水平越高。例如，对VIP客户，酒店会安排接机，还可以在去酒店的路上付账。等客人到达酒店，会有专人把他们带到房间，并提供全方位服务。我们将在第8章讨论服务过程的具体细节，在本章我们更多地聚焦于核心和附加服务、品牌和新产品开发。本章的结构综述如图4-2所示。

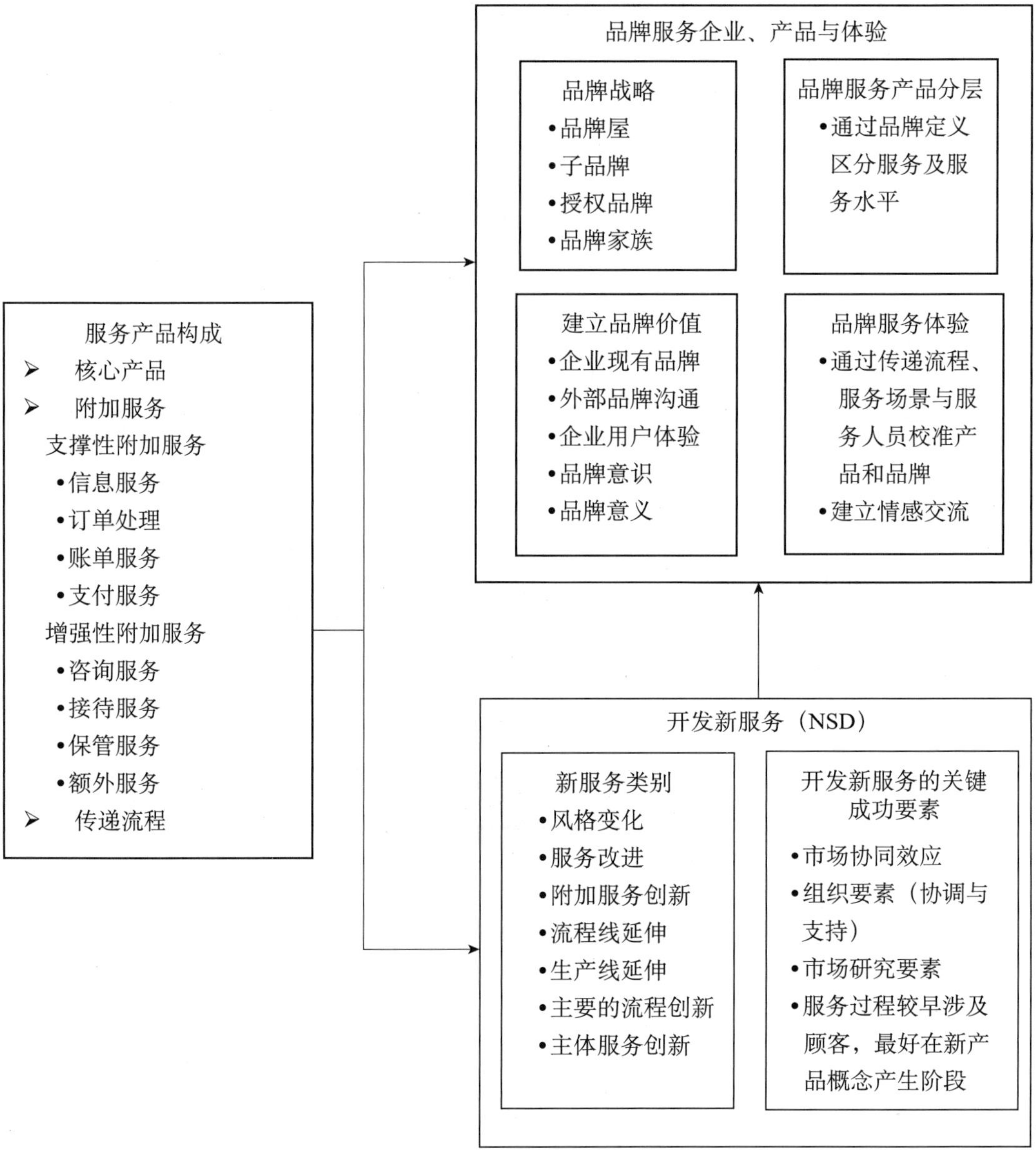

图4-2 第4章综述

服务之花[4]

服务之花包括核心产品以及一系列附加服务。我们可以罗列出数十种不同的附加服务，但是它们几乎都可以被归入以下 8 种分类之一（见图 4－3），它们被分为支撑性服务或增强型服务：（1）**支撑性附加服务**（facilitating supplementary services），在服务传递（例如预约服务）或者使用核心产品（例如信息服务）时提供帮助；（2）**增强性附加服务**（enhancing supplementary services），能为顾客带来额外的价值或吸引力（见图 4－1），例如，咨询服务和接待服务在医疗保健中十分重要。

支撑性服务	增强性服务
•信息服务 •订单处理 •账单服务 •支付服务	•咨询服务 •接待服务 •保管服务 •额外服务

图 4－3　为核心产品提供价值的支撑性服务与增强性服务

在图 4－4 中，这 8 个分类以围绕花心的 8 片花瓣的形式展示给大家，因此我们称之为“服务之花”。我们按照顺时针的方向，以“信息服务”为起点，将它们以顾客通常会接触的次序进行排列。在设计良好和管理优良的服务产品中，“服务之花”的花瓣和花心呈现鲜活健康的状态。相反，设计糟糕、管理混乱的服务就好

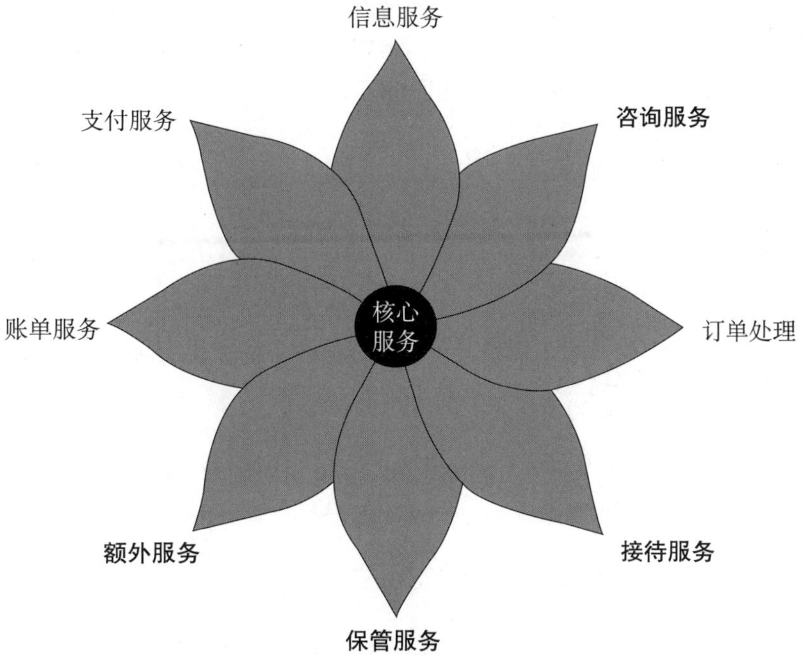

图 4－4　服务之花：附加服务环绕的核心产品

说明：图中黑体字为增强性服务要素。

比缺失了花瓣而枯萎失色的花朵。这时，即使核心服务是完美的，服务之花的整体印象也是令人失望的。回想一下你作为顾客的亲身经历（或者代表某个组织进行采购的经历），当你对某次购买感到不满的时候，是由于其核心服务的缺陷还是其某项（或多项）附加服务存在问题呢？

支撑性附加服务

1. 信息服务

为了充分享有产品或者服务的价值，顾客需要相关的信息。包括：

- 服务地点说明；
- 服务安排/服务时间；
- 价格；
- 销售/服务的条件；
- 如何最大化享用某项服务；
- 如何避免出现问题方面的建议；
- 预约确认；
- 发票和收据；
- 变更通知；
- 账目明细。

新顾客对信息的需求尤其迫切。企业应当确保提供的信息及时、准确，因为不准确的信息会激怒顾客或给顾客带来不便。

为顾客提供信息的传统方式包括公司网站、手机应用、一线员工告知、指示牌、纸质通知单、说明书等。其他传递信息的方式还包括录像带、软件驱动说明、触摸屏展示以及官方网站等。很多物流公司向顾客提供即时追踪其包裹的服务——每件包裹都标有唯一的识别编码。例如，亚马逊公司为顾客提供用来追踪包裹的识别码，顾客能够知道包裹的送达时间。

2. 订单处理

一旦顾客准备购买，一个关键的附加服务要素就开始发挥作用——订单处理。订单处理包括：

- 订单：
  —当场完成订单；
  —邮件/电话/电子邮件/网站订单。
- 预订或登记入住：
  —座位/餐桌/房间；
  —车辆或设备租用；
  —专业人员预约。
- 申请：
  —俱乐部或特定项目的成员；
  —签约服务（如水电服务）；
  —需要满足前提要求的服务（如金融信贷、大学入学）。

订单可以通过人工、电话、电子邮件以及网络等多种方式实现。处理订单时应提供礼貌、快捷、准确的服务，这样顾客才不会浪费时间和付出不必要的脑力或体力。

服务预订（包括预约和登记入住）是一种特别的订单方式，授予顾客使用某种服务的权利，如预订飞机上的座位、餐厅桌位、酒店客房、与资深专家咨询的时间，或者进入有指定座位的剧院和体育馆等场所。

不论是对顾客还是对服务提供商，运用技术手段可以使订单处理的流程更为简便高效。例如，航空公司现在采用依托电话和网络的无纸订购系统，顾客预订时会获得一个确认号码，到达机场后只需出示身份证件（或手机应用显示的机票），就能拿到登机牌对号入座。银行、保险公司和公共服务机构通常要求其服务对象完成申请流程，目的在于收集有关信息并剔除那些不满足基本注册要求的申请者（例如信用记录太差或有严重的健康问题）。大学也要求即将入学的学生完成申请。

3. 账单服务

几乎所有服务行业都会涉及账单服务（除了免费服务）。不准确、字迹不清或不完整的账单都会让原本满意的顾客深感失望。在顾客对服务不满的情况下，这样的失误还会加深顾客的失望程度。提供账单也要及时，这样才能敦促顾客及时支付。订单服务包括：

- 定期的账户明细表；
- 个人交易发票；
- 口头账单；
- 网上或自助机打账单。

也许最简单的方式就是自助账单，即顾客自己计算服务费用，然后用信用卡或支票支付。在这种情况下，尽管卖方仍需要核实账单以确保其准确性，但提供账单服务与付款已经合二为一。

顾客通常期待收到清晰明了的账单，上面清楚地罗列出消费记录和费用总额。而那些不加解释的晦涩符号，好比古埃及墓碑上的象形文字（只有具备会计和数据处理技能的高级“祭司”才能理解），肯定无法在顾客的心中建立起良好的服务提供商形象。同样，劣质的印刷和无法辨认的手写字也是如此（想象一下你的手机服务或者医院账单）。网络或者电子邮件与激光打印机由于具备改变和突出字体和字形的功能，不仅能使顾客更方便地阅读账单，而且能够以更有用的方式组织账单信息。营销研究也能通过了解顾客在这个过程中的需求以及他们希望信息如何被组织和呈现来提供帮助。

繁忙的顾客不喜欢在酒店、餐厅或租车场所等候服务人员开列账单。很多酒店与汽车租赁公司现在都发明了快速结账的方法，即提前记录顾客信用卡详细信息，而后通过信件向顾客索取费用。然而，账单的准确性是最关键的：顾客选择使用快速结账的方式以节省时间，但他们更不希望将来还要在更正账单错误和获得返款上浪费时间。一些汽车租赁公司还采取了另一种快速结账的方法。在顾客还车的时候，一位代理人接待顾客并检查行驶的里程数（英里或公里）和油表读数，然后当场用无线终端打印账单。很多酒店在顾客离开的当天清晨将费用清单放在房间门口，而其他一些酒店则选择让顾客在退房前通过客房内的电视监控器来查询账单。

4. 支付服务

在大多数情况下，账单都是需要顾客直接付款的（这个过程可能要花很长时间）。当然，银行账单和其他一些直接的借方支付服务除外，因为这些费用会直接从顾客的账户中扣除。

顾客可以选择多种付款方式，但是所有的顾客都希望付款过程既安心又便利。付款方式包括：

- 自助服务：
  —插入银行卡或投入现金、代币；
  —电子转账；
  —邮寄支票；
  —网上输入信用卡号；
  —网上支付系统如贝宝、谷歌钱包或比特币。
- 直接或间接交费：
  —现金处理和找零；
  —支票处理；
  —信用卡/收费单/借记卡处理；
  —票据兑换。
- 金融机构自动账务处理：
  —自动系统（如入口的检票机）；
  —通过直接借记进行自动账务处理（如银行贷款，后付费手机用户订阅计划）。

自助付款系统需要顾客往付款机中投入硬币、纸币、代币或银行卡。但是，设备故障将使整个系统瘫痪。因此，这种自动付款系统的日常维护和快速抢修非常关键。许多服务的付款方式仍然停留在现金或支票交易，其他付款方式包括优惠购物券、代金币、预付券和其他类似于贝宝的电子支付手段，它在网络购物日益流行的趋势下提供了一种既便利又安全的付款方式。

增强性附加服务

1. 咨询服务

接下来，我们讨论增强性附加服务，首先以咨询服务为例。同纯粹回答顾客提问（或是将顾客所需要的信息印在纸上）的信息服务不同，咨询服务要求通过与顾客的深入交谈为其提供量身定制的解决方案。最简单的形式是服务人员回答顾客的问题："你有什么建议?"例如，理发时你可能会向理发师询问关于发型与护发产品的建议。有效的咨询服务要求服务人员在提供合适的解决方案之前，很好地了解顾客的当前状况。咨询服务的几种类型如下：

- 定制化的建议；
- 一对一的专业咨询；
- 产品使用的引导/培训；
- 管理或技术类咨询。

专业咨询服务比一般的咨询服务要求更细致、更体贴，因为它要求服务人员能更好地帮助顾客了解他们自己的状况，让顾客决定"自己的"解决方案。这种专业咨询方式对某些服务来讲是很有价值的附加服务，如医疗服务中面临的一大挑战就在于帮助顾客用长远的眼光看待他们的健康问题并说服他们采取更健康的生活方式，通常会进行生活方式的调整。举例来讲，诸如"体重监护者"这样的节食减肥中心通过专业咨询方式帮助顾客改变饮食习惯，这样才能保证在初步的节食减肥奏效后保持减肥效果。

更加专业的咨询服务是向企业客户提供管理或技术类咨询，包括昂贵工业设备与服务的“销售解决方案”。销售人员对顾客的状况进行研究并向顾客提供有针对性的建议，比如对企业而言什么样的设备和应用系统能够带来最佳绩效。有些咨询服务是免费提供的，因为关键在于产品的销售。但在其他情况下，服务是分类计价的，顾客需要付费（例如，手术之前的诊断检查、一个新系统推出时的灵敏性测试）。另外，咨询建议也可以通过宣传册、团体培训项目和公共展示等手段来实现。

2. 接待服务

接待服务的理想状况是，无论接待新顾客还是迎接老顾客，都能为他们营造一种愉快的氛围。管理有素的服务企业总是努力（至少在某些细微的方面）确保员工以迎接宾客的方式对待顾客。对待顾客殷勤有礼，关注顾客的需要，面对面的交流和电话沟通都非常重要。接待服务包括：

- 问候顾客。
- 食物与饮料。
- 厕所与洗手间。
- 等候设施与待客设施：
  —休闲室、等待区、座位；
  —预防天气不好的措施；
  —杂志、娱乐、报纸服务。
- 顾客的交通问题。

接待服务在面对面的接触中体现得最充分。在某些情况下，接待服务是以接送顾客到某一服务场所作为起始和终结的。如果顾客在享用服务前必须在户外等候，那么体贴的服务供应商就会提供使顾客免于遭受恶劣天气影响的保护措施；如果需要顾客在室内等候，就应该提供顾客休息区，包括座位及消磨时光的娱乐设施（电视、报纸、杂志）。聘用一些热情友好和细致体贴的服务人员能有效地帮助企业营造出一种好客的氛围。在遍布全球的服装零售店 Abercrombie & Fitch，服务人员被要求向进店和离店的顾客都热情地说“你好”和“谢谢”，即使顾客什么都没买。

一个公司所提供接待服务的质量对顾客满意度有重要影响，特别是在由人员来负责服务的过程中，因为顾客在核心服务完成之前无法轻易地离开服务场所。私人医院可以通过提高包括餐饮在内的病房服务水平来吸引患者，使其服务质量堪与高级酒店媲美。有些航空公司为了有别于竞争对手，为乘客提供更好的餐饮和更优秀的航空服务。新加坡航空公司因在这两方面的优秀表现享誉业内。[5]

尽管飞行前与飞行中的接待服务都很重要，但航空客运服务只有在顾客到达最终目的地时才会结束。当航空旅客已经习惯登机时的候机室服务时，英国航空公司又引进了新的服务理念——位于伦敦的希思罗和盖特威克两个机场的到达时休息室服务，以便向从美洲、亚洲、非洲、澳大利亚长途熬夜飞来的乘客提供凌晨的休息场所。它向头等舱和公务舱的旅客或者英航公务俱乐部金卡会员（选择英航的常飞旅客）提供特别休息室，乘客可以在那里洗澡、更衣、享受 spa、吃早餐、打电话、查看电子邮件后，精神饱满地继续前往最终目的地。这种创举为英航提供了一大竞争优势，英航也大力宣传这一服务优势。其他航空公司也不得不效仿这一服务，但能达到英航提供的服务标准的寥寥无几。

3. 保管服务

当顾客光临某服务场所时，他们常常希望能够妥善保管好自己的财物。事实上，顾客根本不会去一些没有提供特定保管服务（如安全便捷的停车服务）的服务场所。服务现场的保管服务包括：

- 儿童托管、宠物看管；
- 提供停车场所、代客泊车；
- 衣帽间服务；
- 行李看管；
- 储藏服务；
- 保险箱；
- 安保人员。

负责的企业还会密切关注为前来的顾客提供财产保管与人身安全服务。美国的富国银行（Wells Fargo Bank）向顾客邮寄账单时，还派发小册子介绍安全使用ATM的小窍门，向顾客宣传如何保护好他们的ATM银行卡及如何避免盗窃与人身伤害。同时，银行还确保在照明良好和引人注目的地点放置ATM，并且安装了监控。银行采用了类似的方式保护顾客网上服务的隐私与安全。可以浏览 http：//www. wellsfargo. com，并且搜索“网上安全”这一关键词。

其他保管服务还包括顾客购买或租用的实体产品的一些维护服务，例如包装、领取和运输、组合、安装、清洗和检测等。这些服务可能免费，也可能会收取额外的费用。

4. 额外服务

额外服务指的是常规服务传递以外的附加服务。精明的企业能预料意外情况的发生，并事先建立应急预案。这样的话，当顾客提出需要特别帮助的时候，员工就不会因没有准备而显得无助和慌乱。设计良好的服务流程能让员工更及时、高效地作出反应。额外服务大致分为以下几类：

- **特殊要求**。顾客可能会需要区别于常规服务流程的服务。这些进一步的要求通常与个人需求有关，比如照顾儿童、饮食要求、医疗需求、宗教信仰、身体残疾相关的需求等。这些特殊需求在旅游和餐饮接待行业中较为普遍。
- **解决问题**。有时常规的服务传递（或产品本身）会因为事故、延迟、设备故障或使用困难等原因而无法顺畅地进行，这时就产生了解决问题的需求。
- **处理顾客抱怨/建议/表扬**。这一行为需要设计良好的流程。企业应该提供便捷的渠道让顾客表达不满、提出改进建议，或给予表扬，同时还应迅速地对顾客意见作出反馈（详见第13章）。
- **赔偿**。在遭遇严重的产品与服务问题后，很多顾客都希望得到赔偿，包括保质期内的维修、司法调解、退款、免费服务或其他形式的退款。

管理者需要不断关注顾客的额外服务需求。如果这种额外需求过多，就说明原先的标准化流程需要改进。例如，如果一家餐厅不断收到顾客请求，要求增设菜单上没有的素食，就应该考虑在菜单上至少添加一道素食菜式。一般来讲，灵活处理顾客的额外服务需求不失为一种好的做法，因为它反映了对顾客需求的快速回应。另一方面也要注意，过多的额外服务反而会降低服务的安全保障性，可能会给其他顾客带来不良影响，同时也会使员工负担过重。

管理启示

组成“服务之花”的八类附加服务为增强核心产品提供了多种选择。大部分附加服务都是（或应该是）针对顾客需求的反应。正如我们先前提到的，有些是帮助顾客更有效地使用核心服务的支撑性服务，如信息服务与预订服务；另一些是增强核心服务或降低非财务成本的额外服务（如提供用餐、杂志、娱乐活动等用来帮助顾客打发时间的接待服务）。一些要素，尤其是账单服务与付款，实际上是由服务供应商主动提供的，即使顾客并没有积极要求希望得到这些服务，这些要素仍然是整体服务体验中的一部分。任何处理不当的服务环节都能带来负面影响。“服务之花”中的“信息服务”与“咨询服务”两片花瓣显示了本书重点强调的顾客沟通中教育与改进的重要性（详见第 7 章有关服务营销沟通方面的内容）。

并非所有核心产品都被“服务之花”的八个花瓣紧紧包围着。在第 2 章中介绍的四类流程处理方式（人体、所有物、精神与信息）都对服务程序、顾客接触服务人员与设施的程度、顾客对附加服务的需求有不同的影响。产品的性质决定了必须提供哪类附加服务以及哪种服务能够增加价值并让服务提供商更好地改进业务。就像大家预想的一样，人体处理服务在附加服务尤其是接待服务中要求是最高的，因为这类服务涉及与顾客的近距离（而且通常是延伸的）接触。而且，高频率的接触会比低频率的接触与顾客产生更多的互动。当顾客未前往服务场所时，接待服务的要求仅限于信件与通信联络中的简单礼节性问题。物品处理服务有时对保管要素要求很高，但在提供信息处理服务时对这方面可能没有任何要求，因为顾客与供应商完全是远程交易。但是提供处理敏感信息的服务例外（如医疗服务与金融服务提供商），因为这些企业必须确保顾客的无形金融资产以及私人信息在电话或网络交易中得到完全的保护。[6]

一个公司的市场定位战略决定着公司业务中应该包含何种附加服务。一项提高顾客对质量感知的战略比一项低成本竞争战略需要更多的附加服务（以及服务要素的更高水平表现）。而且，围绕核心服务产品渐进地提供不同级别的附加服务是产品差异化策略的基础，正如航空公司提供不同级别的航空服务一样。

一项对从事 B2B 服务公司的研究表明，大多数公司只是将附加服务简单地层层叠加在核心服务产品周围，并不了解顾客真正的需求。[7] 在调查中，管理者表示，他们不知道哪些服务应当和核心服务一起作为标准的服务组合提供给顾客，而哪些服务可以作为可选项向顾客收取额外费用。缺乏这些了解，要想建立有效的定价策略就非常棘手。虽然对核心和附加服务如何定价没有定论，但管理者应当不断地评估自身和竞争对手的定价策略，以确保企业定价不但能与市场惯例相符，而且兼顾顾客需求。我们将在第 6 章中详细讨论这些定价方面的问题。

总而言之，这里讨论的“服务之花”及其八个花瓣为不断探寻新的途径来增强核心产品和设计新型服务的企业提供了一种可供参考的清单。无论企业决定提供怎样的附加服务，都应对“服务之花”中的各种服务要素给予重视和关注，从而达到既定的服务标准。只有这样，“服务之花”才会保持新鲜诱人的外表。

品牌服务企业、产品与体验

品牌在服务中扮演重要的角色，正如伦纳德·贝里（Leonard Berry）所说：

> 强大的品牌可以使顾客更形象地理解无形产品。它们可以减少顾客对复杂服务中货币、社会或安全风险的感知，而这些在顾客购买行为之前是很难评估的。当企业声明不能触摸布料、不能试穿、不能仔细检查西瓜或苹果、不能试用手机时，强大的品牌就是替代品。[8]

几乎所有的服务企业都可以在公司层面和产品层面品牌化。在经营良好的企业中，企业品牌不仅容易辨识，而且对顾客有特殊的意义，能够代表一种特定的经营模式。为个别产品定义不同的品牌名称可以使企业与目标市场进行特定服务概念的特殊体验和利益的交流。简言之，它能够帮助企业在顾客脑海中建立服务的记忆图像，也可以阐明企业价值主张的本质。

服务品牌化可以实现产品差异化。一个例子是悦榕度假酒店（Banyan Tree Hotels & Resorts），它为不同的目标顾客精心打造了各种不同的产品，例如“天堂蜜月”“欢乐温泉”“亲密时光”。[9]后者主要是为庆祝结婚纪念日的夫妇而特别设计的，当发现他们的别墅装饰着彩灯，燃烧着香薰，房间里洒满了花瓣，床上铺着绸缎床单，有冰镇香槟或葡萄酒，以及一个装饰着鲜花、蜡烛和浴油的私人室外泳池时，这对他们来说将是一种意外的惊喜，另外还有各种芳香按摩油来进一步营造亲密时光的氛围。将以上这一系列产品进行组合和品牌化，悦榕度假酒店就能够通过其网络、分销商和预订中心推广产品，并在自己的酒店中进行培训。如果没有明确指定这个产品是什么意思并给它一个名字，市场营销、销售和传递就不会那么有效果。接下来让我们学习可供选择的服务品牌战略。

服务品牌战略

绝大部分服务企业都会提供一条产品线，而非单一的产品。因此，企业必须在以下四大战略中进行选择：“品牌屋”（如用单一品牌覆盖所有产品与服务）、“品牌家族”（如为每项产品建立单独的品牌）、“子品牌”以及“授权品牌”（这两种方式都是将以上两种做法相结合）。[10]这些选择方案如图4－5中的光谱所示，在接下来的内容中将逐一阐述。

1. 品牌屋

品牌屋（branded house）用来形容英国维珍集团这类公司用单一品牌覆盖不同领域的多种产品。[11]维珍集团的核心商业领域为旅游、娱乐、生活，但是它也提供金融服务、医疗保健服务、媒体服务与无线通信服务。这种品牌战略的不足之处在于品牌过度扩张，影响力会逐渐减弱。

2. 子品牌

接下来在光谱上的是**子品牌**（sub-brands），这种情况下企业的母品牌提供了主要参照依据，但同时每个产品都有其独特品牌（如新加坡航空的Raffles代表了公

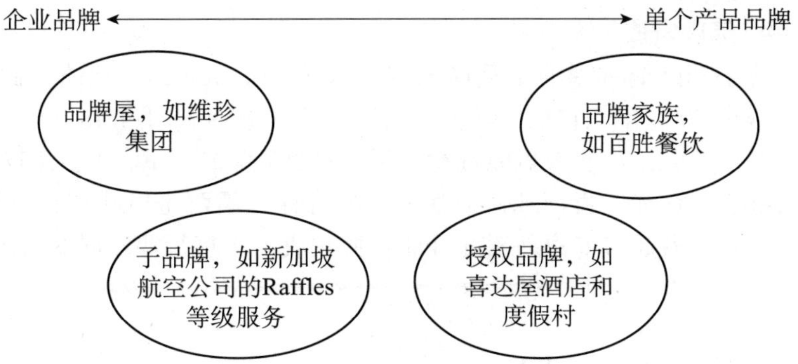

图4-5　品牌战略光谱

资料来源：Adapted from James Devlin, "Brand Architecture in Services: The Examples of Retail Financial Services," *Journal of Marketing Management*, No. 19, 2003, 1046.

司的商务舱服务，而Suits是指在A380上除高级服务外的其他服务）。

联邦快递公司（FedEx）就成功地运用了子品牌战略。当公司决定重塑已经购买的地面运送服务品牌时，选择了FedEx Ground这一品牌名称，并更换了公司标准标识中的颜色（用紫色和绿色代替紫色和橙色）。目的是将空中运输中可靠、准时的积极形象延伸到低成本、小包装的地面服务中。著名的空中服务此后也改名FedEx Express。"联邦家族"中的其他子品牌还包括FedEx Home Delivery（对美国住宅的递送服务）、FedEx Freight（区域型低于卡车载重量的重型货物运输服务）、FedEx Custom Critical（不停歇的门对门急件运输服务）、FedEx Trade Networks（报关、国际货运和贸易便利化服务）、FedEx Supply Chain Services（促进商品流动的全面解决方案服务），以及FedEx Office（办公室和印刷服务、技术服务、航运产品以及设在城市和郊区零售商店的包装服务）。[12]

3. 授权品牌

对于授权品牌而言，产品的品牌占主导地位，但是授权企业的品牌也要加以标识，很多酒店集团都采用这一方式。诸多酒店连锁企业都提供了一系列的子品牌或授权品牌。例如，洲际酒店集团（Intercontinental Hotel Group）是世界著名企业，同时它的产品品牌也处于统治地位。这些品牌包括：洲际酒店及度假村（Intercontinental Hotels & Resorts）、皇冠酒店及度假村（Crowne Plaza Hotels & Resorts）、英迪格酒店（Hotel Indigo）、假日酒店（Holiday Inn）、假日酒店俱乐部（Holiday Inn Club Vacations）、假日酒店度假村（Holiday Inn Resort）、假日快线酒店（Holiday Inn Express）、Staybridge Suits、Candlewood Suits、Even Hotel和Hualuxe，与它的忠诚计划——优悦会（IHG Rewards Club）。[13]

多品牌战略要想成功，每个品牌必须确保其独特的价值定位，服务于不同细分市场的顾客。由于住宿服务随着服务等级而变化（价格也由此不同），客房布置与附属设施也不相同。有些品牌针对长期停留的顾客，而另一些酒店品牌则专门针对度假游客。在某些情况下，顾客群体细分是按照具体情况而确定的：同一个顾客在不同的情境下会有不同的需求（并且愿意为满足需求付款），比如与家人一起旅游，或是公务出差。品牌延伸战略是为了鼓励顾客继续在品牌家族内消费。忠诚计划通常是用来鼓励这些公务出差时在某一子品牌上积分，其他子品牌便通过休闲旅游来积分的顾客。

4. 品牌家族

位于光谱最右端的是**品牌家族**（house of brands）战略，此类例子有百胜餐饮。截至2015年，它在130多个国家和地区中拥有超过43 000家餐厅，年收入超过130亿美元。许多人可能都没有听说过百胜餐饮品牌，但人们对其餐厅的品牌却非常熟悉，例如，肯德基、必胜客、塔可钟（墨西哥风味连锁餐厅）。百胜餐饮系统平均每天有超过6家新餐厅开业，使它成了零售行业发展的领军企业。

品牌服务产品分层

在许多服务行业，品牌不仅用于核心服务，也用于明确区分不同的服务等级。这种现象称为**服务分层**（service tiering），在酒店、航空、汽车租赁及计算机硬件和软件支持等行业表现得尤为明显。表4-1显示了每个行业中重要的分层案例，其他例子包括健康保险、有线电视和信用卡等。

表4-1 服务分层的案例

行业	层次	在分层中关键的服务要素和实体要素
酒店	钻石级（从5级到1级）	建筑；园林绿化；房间大小、家具和装饰；餐饮设施和菜单；客房服务时间；服务和体育设施；员工服务水平；员工的能力和态度
航空	分层（洲际）：头等舱、商务舱、豪华经济舱、经济舱[a]	座位间的距离，座位宽度，能否平躺；餐饮和行李服务；员工比率；登机速度；起飞前和到达时的休息室；行李检查速度
汽车租赁	车辆等级[b]	车辆尺寸（从微型车到大型车）、豪华程度，以及特殊的车辆类型（迷你车、运动型多功能车、两用车）
硬件和软件支持	支持等级	服务的时间；响应速度；部件更换的速度；技术人员服务还是自助服务；其他服务的有效性

a. 只有一些航空公司会提供四类洲际服务，国内航空公司通常只提供一两种。
b. 安飞士和赫兹提供基于尺寸和豪华程度的七种服务，加上其他几种特种车。

在航空业，运输工具决定着某一级别的服务表现应包含与之对应的服务级别。不断创新的航空公司，如英国航空公司和维珍大西洋航空公司都在尝试不断增加新的服务功能，尤其是在商务舱，这将有助于创建竞争优势，同时能帮助它们以全票价出售更多的座位。在其他行业，分层往往反映出公司把服务元素捆绑成为一些服务组合的战略，而不是提供广泛的单独定价的多种菜单选项。接下来让我们看几个例子。

1. 安飞士租车公司

安飞士专注于两类顾客——普通消费者与企业用户。对于普通消费者，安飞士基于不同汽车等级（如微型汽车、小型汽车、中型汽车、标准型汽车、全尺寸轿车、专用轿车、优质轿车、豪华轿车、标准精英SUV、中型SUV、全尺寸SUV、优质SUV、敞篷车、小型货车、客车）与服务进行分级。例如，如果顾客不想自己驾车，他们可以选择安飞士代驾。司机不仅驾驶汽车，还是移动管理员。企业用户有四种项目供选择，以迎合不同种类的企业用户（中小企业、娱乐与生产企业、会议与团体服务企业、政府与军事机构）。[14]

2. 英国航空公司的子品牌战略

在航空业成功的子品牌战略方面，我们可以看看英国航空的综合案例。英国航空提供不同的航空旅行产品：头等舱（高级服务）、欧洲俱乐部（公务舱）、世界俱乐部（公务舱）、世界俱乐部伦敦（往返于伦敦和纽约肯尼迪机场的飞机公务舱）、高级世界旅游者（高级经济舱）、世界旅游者（经济舱）、欧洲旅游者（欧洲范围内航班经济舱）、英国本岛穿梭机（经济舱）。每一个英国航空的子品牌都代表一个特定的服务理念以及一系列明确的产品特征，描述飞行前、飞行中以及到达后的各项服务要素。为了在产品、定价、营销沟通方面集中精力，每项服务的管理与开发职责都交给了相互独立的管理团队。通过内部培训与外部交流，员工与乘客都能了解每项服务的特征。除了国内服务，绝大多数英航的飞机都能通过不同的组合来提供各类服务。例如，公司的洲际波音 777-300s 飞机都具备提供头等舱、世界俱乐部、高级世界旅游者与世界旅游者服务的能力。

在任何航线上，所有特定航班的旅客都接受同样的核心产品服务，例如，从美国洛杉矶到英国伦敦的 10 小时飞行服务，但绝大多数附加服务要素在本质与外延上差异极大，无论在地面还是在空中的服务皆是如此。例如，世界俱乐部的旅客不仅受益于更好的有形服务要素，如能打开成床铺的舒适座椅、高档食物，以及登机前享用的机场休息室，还能得到员工提供的更个性化的服务，享受更快捷的伦敦地面检票与签证服务（只针对某些特定的航班），以及领取行李服务（优先领取）等。头等舱的顾客能得到更多、更好的服务。[15]

3. 升阳微电子的硬件与软件支持服务

关于高科技 B2B 产品线如何建立不同的品牌分层，我们可以研究升阳（Sun）微电子的案例。该公司提供了全面的硬件与软件支持项目，并创建了“太阳光谱支持”这一品牌。[16]公司提供 4 个等级的服务，分别代表白金到青铜 4 个子品牌。公司的目标是让顾客按照组织的需要（以及支付意向）灵活地选择合适的服务等级，从企业服务级（白金服务规划）昂贵的、关键性服务到相对便宜的自助维护支持（青铜服务规划）：

- 白金级：提供全天候所有的现场服务支持，2 小时内解决；
- 黄金级：提供周一至周五早上 8 点到晚上 8 点的关键任务的现场服务，全天候电话服务，4 小时内解决；
- 白银级：提供周一至周五早上 8 点到晚上 5 点基本的现场服务，周一到周五早上 8 点到晚上 8 点的电话服务，4 小时内解决；
- 青铜级：提供早上 8 点到晚上 5 点的自助电话服务。

建立品牌价值

为了建立一个强大的品牌，我们应该先理解品牌价值由什么构成。品牌价值是品牌带来的价值溢价。它是顾客愿意购买的服务，而不是顾客愿意购买类似的非品牌的服务。图4-6显示了6个关键组成部分：

1. **企业现有品牌**——主要通过广告、服务设施、人员。
2. **外部品牌沟通**——口碑与公众评价。这是企业无法控制的部分。
3. **企业顾客体验**——顾客在光顾企业时经历的体验。
4. **品牌意识**——当提供一个提示时，顾客可以认出或回想起该品牌。
5. **品牌意义**——当某个品牌被提起时，顾客脑海中产生的想法。
6. **品牌价值**——某个品牌优于竞争者的市场竞争优势。

从图4-6可以看出，企业市场营销和外部沟通可以帮助建立品牌意识。然而，顾客真实体验或者"关键时刻"对建立品牌价值起到更大的作用。企业应该专注于顾客、提供更好的顾客体验，并且与顾客进行更好的情感交流。

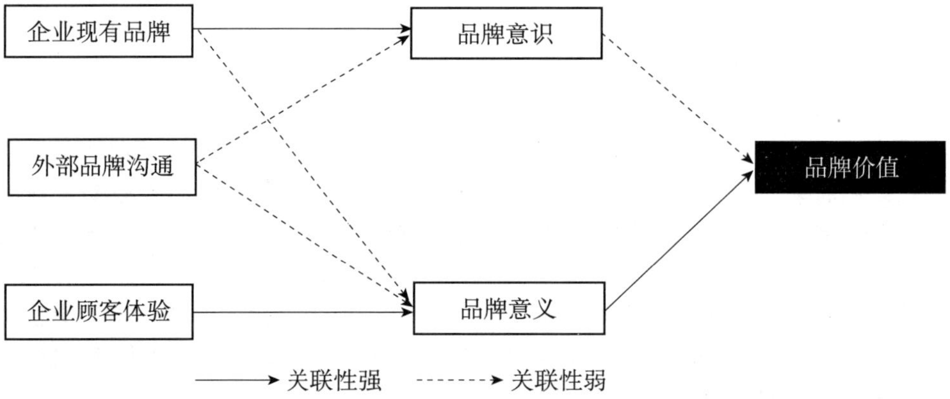

图4-6 服务品牌模型

资料来源：Adapted from Leonard L. Berry, "Cultivating Service Brand Equity," *Journal of the Academy of Marketing Science*, Vol. 28, No. 1, pp. 128-137.

提供品牌体验

在全球范围内，许多金融类服务企业都在不断创新自身的品牌，以使自己所提供的服务区别于其他品牌。它们的目标是将一系列的服务要素和流程转化为一种稳定的、可识别的服务体验，对那些可定义和预见的服务产品进行定价。遗憾的是，除了品牌名称外，在很多情况下不同的品牌并没有多少显著的区别，例如不同银行之间的品牌服务难以区别，对服务价值的描述也可能并不清晰。唐·舒尔茨（Don Shultz）强调："品牌承诺或价值主张不是体现在一个标签、一个图标、一种色彩或一个图形要素上，尽管这些都可能对品牌建设发挥作用。重要的是，品牌承诺或价值主张应该是该品牌的心脏与灵魂……"[17]

服务营销者的一个重要角色就是要成为"品牌冠军"，熟悉顾客体验的每个方面并负责引导与影响顾客。我们可以将品牌服务体验与之前的"服务之花"比喻相联系，品牌服务体验强调每片花瓣要保证鲜艳的颜色和良好的质地。遗憾的是，很多服务体验都是偶然性的，给人的印象就像把来自不同植物的花瓣强行撮合成一朵花（我们将在第 7 章中继续讨论营销沟通品牌战略方面的内容）。

除了设计优质的服务产品并赋予它们品牌名称之外，我们还能提供哪些顾客体验?[18]应通过传递过程、服务场景、人员使服务产品和品牌与品牌主张一致。首先，我们应该建立优质的服务过程（详见第 8 章）。下一步，在服务场景中可以有效地建立顾客情感体验（我们将在第 10 章学习）。服务环境设计最难的部分是建立人际关系（即建立顾客与企业员工之间的信任）。[19]为了建立信任，我们需要培训员工，使他们能够提供创造顾客忠诚的品牌体验（详见第 11 章）。

开发新服务

竞争的激烈性与顾客的期望在所有的服务行业都与日俱增。因此，服务企业要想获得成功，不仅要很好地向顾客提供现有的服务，还要不断开发新的服务。[20]

新服务类别分级

对于服务供应商来讲，可以采用多种不同的方法进行创新。下面列举了 7 种服务创新，涵盖了从简单的风格变化到主体服务创新等各个层次。

1. **风格变化**。这是一种最简单的创新方式，通常不会涉及流程或服务表现的变化。然而，风格变化的影响通常是非常明显的，能激发顾客兴趣，甚至能调动员工积极性。例如，重新设计零售店面、网站或为员工配备新的工作服。

2. **服务改进**。这是最普遍的一种创新方式，主要是对现有产品进行轻微调整，包括对于核心产品或者现有附加服务的改进。通常情况下，这是一件小事，但是顾客可以体会到。例如，位于斯德哥尔摩的利德玛酒店（Lydmar Hotel）装有许多小按钮，顾客可以从车库摇滚、疯克、节奏布鲁斯音乐中选择自己喜欢的音乐。这是一个简单的改进，但是由于它既独特又令人惊奇，可以增加顾客体验。[21]

3. **附加服务创新**。这指的是为现有核心产品增加新的支撑性或增强性的服务要素，或大幅革新现有的附加服务。低技术含量的创新较为简单，例如零售店增加一个停车场，或开始接受信用卡支付方式。

4. **流程线延伸**。它通常代表了一种新的服务传递过程。这种延伸的目的是增加便利性，为现有顾客提供一种不同的服务体验，同时也可以吸引那些对原有服务不感兴趣的新顾客。通常情况下，服务供应商会在现有的高接触度分销渠道的基础上，添加低接触度分销渠道，如提供自助服务来对人工服务进行补充，或者建立网上服务或手机应用端服务。

5. **产品线延伸**。这是企业对现有产品线的拓展。第一个在市场上提供某种新产品的企业可能被视为革新者；其他企业不过是跟随者，通常只能采取防御策略。这些新服务是为了满足现有顾客更广泛的需求或吸引具有不同需求的新顾客，抑或两者兼备。例如，一家餐厅进行产品线延伸，为爱狗人士的宠物狗也提供了一份菜单，这样主人和他们的狗可以在同一家餐厅用餐。

6. **主要的流程创新**。主要是指使用新的服务流程，通过能提供额外收益的新模式来提供现有的核心服务。例如，网上课程利用网络和精密仪器与尖端技术为学生提供了更优质的教育。塞巴斯蒂安·特龙（Sebastian Thrun）是斯坦福大学的终身教授，在2012年成立了以营利为目的的Udacity教育机构。同时，同样来自斯坦福大学的吴恩达（Andrew Ng）与达芙妮·科勒（Daphne Koller）创办了Coursera，一个营利性质的运用了大规模开放在线课程（MOOCS）的竞争者，在新型教育环境中竞争。

过去主要的创新是使在线课程更加有效和成功，而今这些课程充分利用了网络、视频、课程简要评估、模拟与论坛的交互性。学生可以随时收看任何一部分课程直到彻底熟知。根据可汗学院的创始人、前对冲基金分析师萨尔曼·可汗（Salman Khan）所言："如果人们需要开会，那么他们不需要演讲；如果不想让他们之间互相影响，录像或者备忘录中就会有所需的信息。"[22]塞巴斯蒂安·特龙预言在50年之后，世界上将只剩下10所大学。如果没有相当大的规模，在线教育会对大学教育产生冲击。对于学生来说，教育模式将会被改变。[23]

7. **主体服务创新**。这类创新是针对之前尚未确定的市场而创造的新的核心产品，通常包括新的服务特征和崭新的服务流程。亚马逊进行多样化创新，推出了按需计算，并且成为云计算服务的领导者。其他例子有维珍银河公司与XCOR宇航公司想推出亚轨道太空旅行服务。太空飞行行业领导企业太空冒险公司在2001年让第一批游客乘坐俄罗斯联盟号宇宙飞船飞往国际空间站。现在，他们推出了不同的太空体验，包括月球探险、轨道太空飞行、亚轨道太空飞行和太空漫步项目。这些探险价格都比较高，例如亚轨道太空飞行起价10万美元，月球探险每人1亿美元。[24]

企业进行主体服务创新相对来说比较少，更普遍的是运用新技术以崭新的方式向顾客提供现有的服务，增强或者创造新的附加服务，并且通过对服务流程的重新设计提高现有的服务表现。在服务展望4-1中，由于科技技术发展过快，我们仍然可以看到企业进行主体服务创新。

服务展望4-1

科技促使主体服务创新

数字化创业正遍及多类服务，渗透到我们经济生活的各个角落。它们正在重塑整个产业，并且根据硅谷的风险资本家马克·安德森（Marc Andreessen）所言："软件正在吞噬整个世界。"想想最近成功的优步出租车、私家车和拼车服务（www.uber.com），允许人们在假期出租房屋或者短期居住的爱彼迎平台（www.airbnb.com）。疯狂的数字化推动了全球化进程，使绝大多数大城市（从伦敦到柏林，从新加坡到上海）都具有了大规模的创业生态系统。其中有成千上万的创业学校（即推动器），还有无数共同工作的空间，这些空间布满了20多岁、30多岁的苦工，弯着腰对着电脑辛苦工作。这些生态系统高度关联，使他们成为一个全球性群体。他们从一个城市走向另一个城市，少部分人会花一个学期的时间待在"海上疯人院"，一艘有着推动器的环游世界的船，同时它的乘客正在研究他们的商业模式并且编写代码。伦敦的风险资本家西蒙·莱文（Simon Levene）曾说："世界任何一个地方的任何一个编写代码的人都可以成为企业家。"

现在的企业家激增是因为他们拥有在可见的未来可以生存下去的雄厚基础。数字化服务的基本构件，或者用来自哈佛商学院的乔希·勒纳（Josh Lerner）的说法“创业生产所需的技术”正在变得普遍、廉价、无处不在，以至于企业家可以轻而易举地将它们结合、建立并重新组合。这些基本构件包括：可以从网上免费下载的编码片段，简单易学的程序框架（如 Ruby on Rails），寻找开发者服务（如 eLance，oDesk），代码共享（UserTesting. com），应用程序接口（APIs），以及其他可以用作投入的服务，比如语音电话（Twilio）、地图（谷歌）与支付方式（贝宝）。也许最重要的就是平台服务，这些平台服务可以主导创业服务（例如亚马逊云计算），可以将它们分类（如苹果应用、三星应用和谷歌应用），并且进行营销（脸书、推特（Twitter）和 LinkedIn）。

多亏网络的存在，甚至有关如何开始创业的信息都能简单搜索到。国际标准正在因为创业而出现，这些标准从投资条款清单到商业计划样样俱全。

在现实社会中，创新永远不会停止。从处理器到摄像头再到传感器，这些硬件越来越优质，越来越小，越来越便宜！机器人、无人机、可佩戴式电脑和传感器、自动驾驶汽车、虚拟现实、语音识别、生物测定、人工智能与物联网等都为服务创新带来更多的机会，而这些服务创新会提高顾客体验、服务质量与生产率。

例如，日本长崎市的 Henn-na 酒店是由机器人管理的。它的目标是有 90%的酒店服务都由机器人提供，包括行李服务、房间打扫、前台以及其他能够减少成本并且保证舒适度的服务。其他服务过程也经过了重新设计，包括通过脸部识别进入酒店、房间和使用其他设施，这能高效地代替低效率的房卡系统。

资料来源：*The Economist*，“A Cambrian Moment，” January 18，2014，p. 4；*The Economist*，“The Third Great Wave，” October 4，2014，p. 3；*Mail Online*，“Japan Opens Hotel Run by Robots that Will Welcome Guests，Carry Bage and Even Clean Your Room，” http：//www. dailymail. co. uk/sciencetech/article-2946103/FAULTY-towers-Japan-opens-hotel-multi-lingual-ROBOTS-welcome-guests-carry-bags-clean-room. html，accessed February 17，2015.

在开发新服务方面取得成功

开发新种类的消费品的高失败率是众所周知的：每年开发的 3 万种新产品中，90%以上会以失败告终。[25]服务产品开发也不能幸免，和制造产品开发一样都面临高失败率。例如，主要运输公司之一的达美航空公司（Delta Airlines）试图设计一种独立的低成本运输，来对抗捷蓝航空公司（Jet Blue）与西南航空公司（Southwest Airlines）的打折线路，然而都以失败告终。在银行业，许多银行都试图向现有顾客销售保险产品，以期增加与他们的利益关系，但是很多产品扩张最终都失败了。

失败的理由多种多样，包括：无法满足某种显而易见的顾客需求，无法得到足够的收入来支付运营成本，以及运营表现欠佳等。在一项对餐饮行业的研究中发现，第一年的失败率在 26%左右，在接下来的 3 年内将上升至 60%。[26]那么，我们应该如何在开发新产品方面取得成功呢？许多研究结果发现，三个要素对于产品的成功有最重要的影响，按照重要程度排序分别是[27]：

1. **市场协同效应**。新产品与公司现有的形象、专业技术、资源完美吻合，在满足已知顾客需求方面比同类竞争产品有显著的优势，同时该公司十分了解顾客的购买决策行为。此外，在产品开发过程中及此后能够得到公司与其分支机构的强有力的支持。

2. **组织要素**。组织内部存在很好的跨部门合作和协调能力，开发人员完全了解他们的职责，并且清楚新产品开发对于公司的重要性。在推向市场之前，员工必须了解新产品、它的基本过程以及直接竞争者的具体细节。

3. **市场研究要素**。在开发的早期阶段已经完成了设计科学的详细的市场研究，对于需要获取的信息有清晰的理解，在进行实地调研前对产品理念进行了精确定义。

这项研究表明一个高度结构化的开发流程将提高复杂的服务创新的成功率。然而，值得关注的是，强调新产品开发过程的程式化有其自身的限制。瑞典的研究者波·爱德华森（Bo Edwardsson）、拉尔斯·哈格隆德（Lars Haglund）和简·马特森（Jan Mattson）分析了电信业、运输业和金融服务领域的新产品开发活动，其结论如下：

> 诸如新产品开发这样复杂的流程是无法一步到位的。创造和革新不能仅仅依靠规划与控制。在新产品开发过程中可能会出现临时情况、混乱与内部的竞争……我们相信，有必要采取特殊的处理方式来平衡创造性和正规的规划与控制两方面的需求，这样才能在新产品开发方面取得成功。[28]

他们随后在瑞典又进行了一项研究，就顾客在服务创新中的作用得出了重要结论。研究者发现，在新产品概念形成阶段，产品设计理念的特征差异很大，这种差异源于产品概念是由专业的服务开发人员设计还是由使用者自己创造的。使用者的观点被认为更具有原创性，同时对于顾客而言也具有更高的感知价值。但总体而言，这些观点也更加难以转化为商业化的服务产品。[29]类似于创新伙伴的出现可以在节约创新成本方面提供额外的机会，帮助企业在开发新服务方面取得突破。[30]我们将在第 8 章和第 14 章中更详细地讨论顾客反馈在提升服务质量与开发新服务中的作用。

结　论

服务产品是由能够为顾客创造价值的所有服务表现组成的，包括附带各种各样附加服务要素的核心产品以及这些要素的传递流程。在相对成熟的行业中，核心服务趋于商品化，对竞争优势的寻求常常使企业聚焦于创造性的附加服务或者在原有服务基础上不断改进。另外一个非常重要的不同点就是产品传递的方式，也就是服务传递流程，这并不是服务传递的结果，而是在结果实现的过程中将不同服务提供商相区别的方式。

设计服务产品是一项复杂的任务，需要了解核心产品和附加服务如何结合在一起，按照什么顺序进行，如何进行传递，以及品牌化，最终创造一种能够满足目标群体的价值体现。为了达到这一目的，我们讨论了“服务之花”、品牌战略以及开发新服务，这些都是产品开发的重要工具。

本章小结

1. 服务产品包含三个要素：

● 核心产品，传递顾客寻求的核心收益与解决方案；

● 附加服务，用来支持和增强核心服务；

● 传递流程，决定核心产品和附加服务要素如何传递给顾客。

2. “服务之花”由两部分组成：

● 核心产品为企业带来主要利益并且为顾客提供解决方案；

● 附加服务用来支持和增强核心服务价值。

核心产品现在基本被商品化了，因此在附加服务差别化和核心产品定位中扮演着重要角色。

3. “服务之花”理念将附加服务分为支撑性附加服务与增强性附加服务两类。

● 支撑性附加服务包括信息服务、订单处理、账单服务与支付服务，它们用来作为企业提供的服务，或者直接运用在核心产品中的服务。

4. 增强性附加服务能为顾客增加价值，包括咨询服务、接待服务、保管服务和额外服务。

5. 品牌在公司层面或产品层面使用：

● 企业品牌不仅容易辨识，而且对顾客有特殊的意义，能够代表一种特定的经营模式。

● 品牌个性化服务可以实现产品差异化。绝大部分服务企业都会提供一条产品线，每个产品都结合了不同的服务要素和各自的绩效水平。品牌个性化服务用来增加所提供服务的确定性，同时增加企业价值主张。

6. 公司可以采取一系列的品牌战略，包括：

● 品牌屋：采用一种品牌来覆盖不相关的多种服务（如英国维珍集团）；

● 子品牌：用一个主品牌（常常是公司名称）和一系列服务品牌（如 FedEx Ground 服务）；

● 授权品牌：产品品牌占主导，但仍然包含公司品牌（如喜达屋酒店和度假村）；

● 品牌家族：没有公司品牌，个体的服务商在独立的品牌名称下运作（如百胜集团下属的肯德基）。

7. 在许多服务行业，品牌不仅用于核心服务，也用于明确区分不同的服务等级。这种现象称为服务分层，在酒店、航空、汽车租赁和信用卡等行业表现得尤为明显。

8. 品牌不仅仅用于区分品牌名称和营销沟通：

● 服务企业的现有品牌（主要通过广告、服务设施、人员）在建立品牌意识方面比品牌价值更有效。

● 顾客品牌服务体验（即关键时刻）更能促进品牌价值的建立。为了建立强大的品牌，企业应该将品牌定位与服务流程、服务场景、人员相协调。

9. 品牌服务体验可以将一系列服务要素和过程转变为一致、可识别的服务体验。它通过与服务流程、场景和人员使服务产品和品牌与品牌主张一致。

10. 公司需要通过提出并开发一些新的服务来维持竞争优势。新服务开发的 7 个层次分别为：

● 风格变化：非常明显，能够带来新鲜感（如重新粉刷零售商店，为汽车推出新的色彩方案），但不会涉及流程或服务表现的变化。

● 服务改进：主要是对现有产品的表现进行轻微调整。

● 附加服务创新：提出或者增加一些新的支撑性或增强性的服务要素。

● 流程线延伸：传递现有服务产品的新方式，例如，增加自助服务。

● 产品线延伸：增加一些新的服务，能够多样化地传递同样的核心产品，但是可以满足不同顾客的需求。

● 主要的流程创新：使用新的流程来传递现有产品，如为传统的课堂授课增加网上课程。

● 主体服务创新：这类创新是针对之前尚未确定的市场而创造的新的核心产品。企业进行主体服务创新相对来说比较少，更普遍的是运用新技术以崭新的方式向顾客提供现有的服务，增强或者创造新的附加服务，并且通过对服务流程的重新设计提高现有服务表现。

然而，数字化创业，高速发展的硬件设备（从处理器到摄像头到传感器），诸如机器人、自动驾驶汽车、虚拟现实、语音识别、生物测定、人工智能与物联网等新技术，都为服务创新带来更多的机会，而这些服务创新会提高顾客体验、服务质量与生产率。

11. 促使新服务开发取得成功的关键因素描述如下：

● 市场协同效应：新产品与公司现有的形象、专业技术、资源完美吻合，在满足已知顾客需求方面比同类竞争产品有显著的优势，同时该公司十分了解顾客的购买决策行为。此外，在产品开发过程中及此后能够得到公司与其分支机构的强有力的支持。

● 组织要素：组织内部存在很好的跨部门合作和协调能力，员工意识到新产品对于企业的重要性，了解新产品及其基本过程以及直接竞争者的具体细节。

● 市场研究要素：在开发的早期阶段已经完成了设计科学的详细的市场研究，对需要获取的信息有清晰的理解，在进行实地调研之前对产品理念进行了精确定义。

复习题

1. 请解释核心服务和附加服务的含义。

2. 请解释“服务之花”的概念，并对每一片花瓣作出说明。这一概念对服务营销人员的启示是什么？

3. 简单说明服务支撑性要素和增强性要素的区别，并根据你最近的消费经历，举出几个例子。

4. 怎样在服务营销中应用品牌战略？在服务行业中，公司品牌（母品牌）与子品牌的关系是怎样的，如万豪酒店与其下属的子品牌，诸如假日酒店（inn）和连锁酒店（hotel chains）？

5. 服务企业如何建立品牌价值？

6. 使用品牌对服务产品分层有什么意义？

7. 服务企业创造新产品的策略有哪些？

8. 为什么一些新的服务总是逃脱不了失败的命运？一项新服务的成功开发取决于哪些因素？

应用练习

1. 选择一种你熟悉的服务，界定核心和附加服务。然后选择一种与之有竞争关系的服务，对两种服务从核心服务和附加服务两个角度进行分析，找到差异。

2. 找两个金融业的品牌推广的例子（例如，特定类型的零售银行账户或保险单)，界定它们的特性。这些品牌对于顾客的意义是什么?

3. 选择一家你认为非常成功、品牌价值很高的服务企业，做若干次访谈，找出影响构建高品牌价值的因素。

4. 找一家你熟悉的企业，阐述对其现有产品或市场，怎样进行产品线延伸才能创造更好的机会。这些延伸可能会对现有服务产生怎样的影响?

5. 寻找两个服务开发失败的案例，分析其失败原因。

6. 选择一个你认为优秀的服务品牌，解释你认为优秀的原因，同时分析其劣势。你对所选择的企业必须十分熟悉。

第5章 服务产品在实体渠道与电子渠道中的分销

全球思维，本土行动。

——约翰·奈斯比特

畅销书《大趋势》的作者

我们不要试图创造越来越多App……顾客并不需要那些。我们想要创造一个对于各种设备都兼容的服务平台。

——西蒙·波默罗伊

新西兰西太平洋银行首席数字官

学习目标

通过本章的学习，您将能够：

1. 列举服务分销战略的四个基础问题：服务分销的内容、方式、地点，以及时间；
2. 描述三种相互联结的分销流，以及各自的分销内容；
3. 熟知如何通过三种选择对服务进行分销，了解核心服务和附加服务的重要区别；
4. 了解通过电子渠道进行服务分销的问题，讨论促进虚拟服务分销的影响因素；
5. 了解顾客渠道偏好的决定因素；
6. 理解渠道整合的重要性；
7. 描述实体分销渠道的地点决策，熟知地点分销的战略和策略的决定因素；
8. 描述实体分销渠道的时间决策，以及延长营运时间的决定因素；
9. 理解分销服务的过程中，中间商的角色、使用中间商获得的利益和花费的成本；
10. 知晓特许经营是将服务传递给终端顾客的一种常见方式；
11. 理解在巨大的国内市场分销服务所要面临的挑战；
12. 熟知服务企业国际化的动力因素；
13. 识别将服务进行国际化分销面临的特殊挑战；
14. 理解服务国际贸易的主要障碍；

15. 解释国际市场进入战略的决定因素。

开篇案例

全球化：瞬间还是永恒

有些服务如燎原之火，传播速度之快令人难以置信。例如，关颖珊（Michelle Phan）的 YouTube 频道在不到 2 年的时间就已经成为全世界最受欢迎的 YouTube 频道之一。如今，关颖珊的 YouTube 频道已经拥有 10 亿的观看量，她也成了世界名人。[1]与之类似，诸如爱彼迎、优步、TripAdvisor，以及 Coursera 等不同的商业模式也在几年之内迅速占据全球市场。

另外一些服务则需要很长时间才能完成在全球范围内的分销。想想星巴克、FedEx 或 DHL 这种全球性连锁经营企业花了多久才在世界各个角落站稳脚跟。这些对比鲜明的例子说明了服务行业的多样性，以及将服务区分为信息服务、人体服务和所有物服务的重要性。信息服务的分销非常迅速，但是人体服务和所有物服务的分销则需要在每个目标市场建立服务设施，企业还需要与当地劳工打交道，执行食品卫生法律法规等，这会耗费公司大量的资金和管理时间成本！只需想想星巴克将服务扩展到全球范围需要作出的决策就可以知道这类服务进入全球市场必须面对的挑战。

服务背景下的分销

内容、方式、地点和时间，对这四个问题的回答就形成了服务分销战略的基础。这四个问题的回答决定了顾客的服务经历，体现了“服务之花”不同构成要素是如何通过实体渠道和电子渠道进行分销的。我们将这些问题总结至图 5－1 所示的服务分销流模型中。“what”决定了分销渠道中流动的内容（例如，信息、谈判沟通，以及核心服务与其他附加服务）。服务分销战略需要涵盖每一种服务流，还需要对其他三个问题进行回答：分销的方式、地点和时间。服务分销流模型就是本章内容的组织框架，本章的后续内容将会对模型中的各个要素进行详细阐释。

分销什么

一提到分销，很多人都可能会想到通过有形渠道将货物运送到分销商与零售商，并通过它们卖给终端用户。但是对于服务来说，并没有可以转移的实物。服务体验、服务绩效以及解决方案都不能通过实体形式进行运输和储存。同时，信息的传输越来越多地通过电子渠道来完成。那么，服务背景下的分销是如何进行的呢？

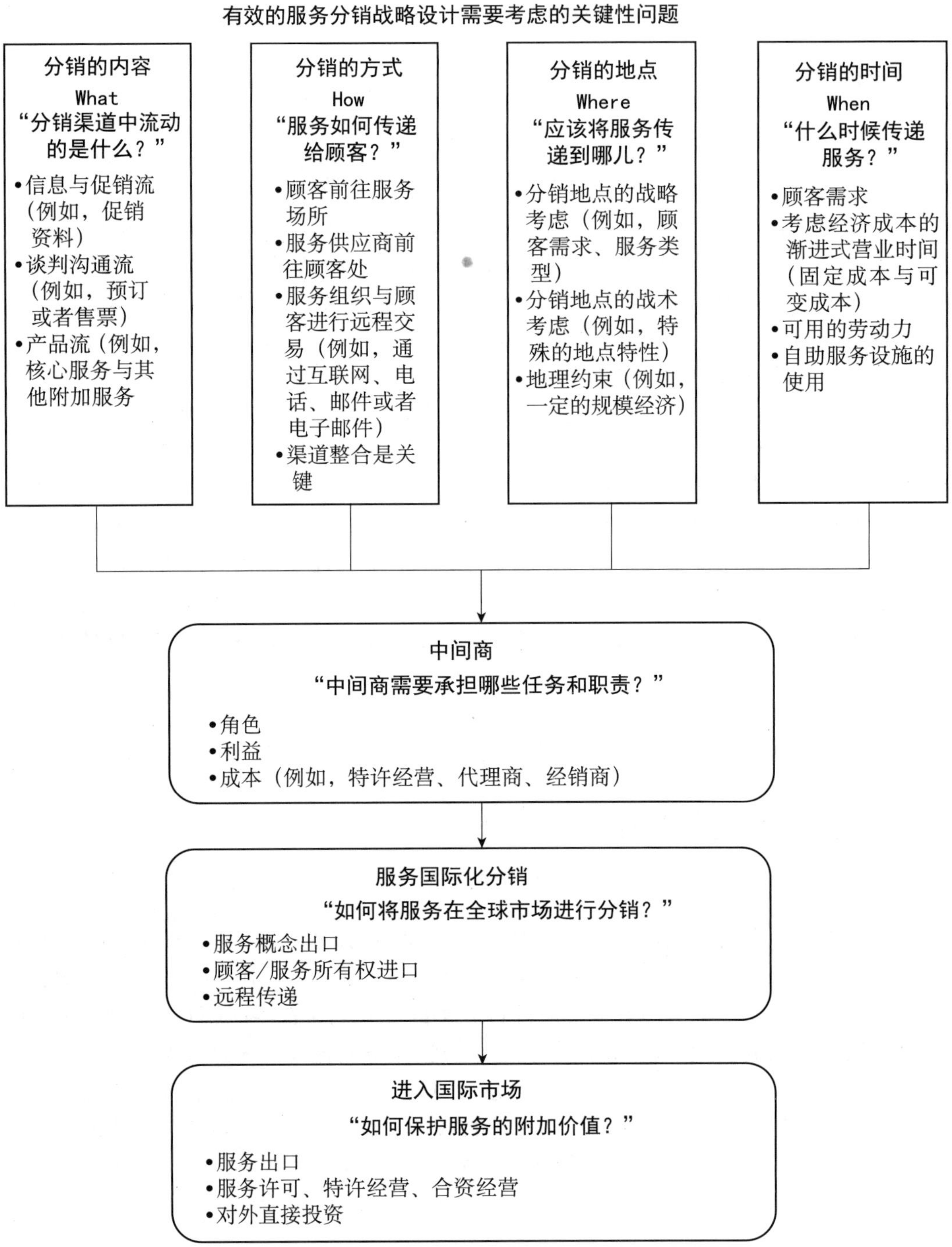

图 5-1　服务分销流模型

在典型的销售周期中，服务的分销包括三个相互关联的服务流：

● **信息流与促销流**。服务信息和促销材料的传递与服务息息相关，其目的是引起顾客购买该项服务的兴趣。

● **谈判沟通流**（negotiation flow）。通过谈判与沟通，服务各方达成有关服务特征、内容、承诺条款等方面的协议，由此完成服务购买合同。其目的是出售某项服务的“使用权”（例如，出售某项预订服务或者服务票据）。

● **产品流**。很多服务需要有实体设施才能提供，特别是那些涉及人体服务和所有物服务的服务过程。在这种情况下，服务分销战略要求建立当地服务网点。对于信息服务如网上银行、远程教育而言，产品流可以通过电子渠道进行分享，使用一个或多个中心站点来完成。

服务的分销流视角与“服务之花”中的核心服务和附加服务相关联。将核心服务与附加服务进行区分是非常重要的，因为很多核心服务都需要一个实体地点才能进行，而这严重限制了分销。例如，你只能在地中海俱乐部享受其特色的假日服务。同样，你也只能在曼哈顿的某个剧院观看百老汇的现场演出（除非进行巡回演出）。然而，很多附加服务可以用较低的成本进行大范围的分销。即信息流与信息和咨询服务花瓣相关；沟通流与订单处理、账单和支付服务花瓣相关。在我们所举的例子中，地中海俱乐部的潜在用户可以从旅行社获得信息与咨询，然后通过面对面、网络、电话、邮件等任何一种途径进行预订。同样，你也可以通过票务机构购买剧院的入场券，而无须驱车前往其所在地购买。

如何对服务进行分销

如何进行服务分销？一个重要的问题是，公司的服务性质与其市场定位战略是否需要顾客与服务人员、设备和场所发生直接的接触。（正如我们在第1章中所述，这是人体服务所无法避免的，但是其他类型的服务则有其他选择）。如果有必要发生直接接触，那么顾客是否必须亲自到服务组织的场所，还是服务组织将服务人员与服务设备派送到顾客那里提供服务？换言之，顾客与服务供应商之间的传递是否可以通过电子手段或实体分销渠道这样的交易模式完成？（表5-1中的第一栏列举了三种不同的选择。）对于上面三种选择，公司是保持使用单一的服务网点来服务顾客，还是应该在不同的地点通过不同的网点向顾客提供服务呢？

表5-1　　服务提供的6种选择

顾客与服务组织间的互动本质	服务网点的可行性	
	单一地点	多个地点
顾客前往服务场所	剧院 汽车服务公司	咖啡连锁店 汽车租赁连锁店
服务供应商前往顾客处	房屋粉刷 汽车清洗	邮件递送 汽车俱乐部道路服务
顾客与服务组织进行远程服务交易（邮件或者电子交流）	信用卡公司 地方电视台	广播网络 电话公司

顾客亲临服务场所

如果顾客必须亲自到服务场所接受服务，有形场所需要考虑的重要因素包括：成本（例如，租金）、顾客聚集区域，以及服务网点在地理位置上对于顾客的便利性。可以使用更细致的统计分析，如零售引力模型来协助企业作出决策，例如在潜在顾客的住宅与工作场所附近开设超市或类似的大型商店等。

服务供应商走向顾客

对于某些类型的服务，供应商会前往顾客处提供服务。英国和爱尔兰最大的食品服务组织金巴斯集团在50个国家的8 500多个地方为超过50万名员工提供餐饮服务。企业必须到顾客处提供服务，因为不同地域顾客的需求都是本土化的。那么，什么时候服务提供者需要走向顾客呢?

● 当服务的对象无法移动时，前往顾客处提供服务就是不可避免的。例如，需要修剪的树木，需要进行维修的已经安装好的机器，或者需要杀虫服务的房屋等。

● 可能存在一个可以盈利的市场空白，因为有些顾客愿意支付额外的费用获得上门服务的便利性。想想达美乐比萨的送餐服务，以及星巴克在2015年才开始为办公楼提供的送餐服务。星巴克的送餐服务开始于曼哈顿和西雅图，在帝国大厦工作的员工成为第一批可以在办公桌前享受自己最爱的浓缩星冰乐咖啡的星巴克顾客。

另一个例子是，一位年轻的女兽医通过到顾客家中提供宠物医疗服务获得了成功。她发现，顾客之所以愿意支付额外服务费用，不仅是因为节约时间，而且与需要在挤满宠物和它们焦虑的主人的宠物店中排队等候相比，宠物在家接受服务也不会那么紧张。

● 在偏远的地方，例如阿拉斯加和加拿大的西北边界地区，服务提供商通常飞往顾客处提供服务，因为顾客很难前往服务提供者处。在澳大利亚，皇家飞行医生医疗服务是非常有名的，医生能飞往偏远地区的农场、牧场提供医疗服务。

● 总体而言，服务提供商更愿意前往企业顾客的所在地，而不是个人用户的居住地提供服务，这说明大量的上门服务是商业服务（B2B）。

目前快速增长的一种服务是，为特定的场合或者向需要在高峰期提高生产能力的顾客提供设备与人力的租用服务。服务展望5-1描述了亚力克（Aggreko）提供的B2B商业服务，这是一家国际性公司，在全球提供发电与冷却设备的租赁服务。

服务展望5-1

电力与温度控制租赁服务

谈到电力供应，你可能认为它是来自远方的电站，而空调与暖气服务则是固定安装的。那么，你将如何应对以下挑战呢?

● 在巴西的2014年国际足联世界杯比赛中，组织者需要临时的电力供应，用来支撑面向全世界超过30亿名观众的在12个主办城市的64场比赛转播。

● 一场热带飓风袭击了澳大利亚西部的矿业小镇潘那沃尼加，飓风所到之处摧毁了一切，包括电力线。因此，必须尽快恢复电力供应，以便重建小镇的基础设施。

● 在阿姆斯特丹，世界室内帆船锦标赛的组织者需要为27台安装在室内巨型水池边上的涡轮风机提供电力，以使它们能持续提供20～30英里/小时（32～48千米/小时）的风速。

● 一艘美国海军潜艇在遥远的挪威港口停靠时，需要获得岸上的电力来源。

● 由于连续几年缺乏季风降雨，斯里兰卡各水电站的水位降到警戒线以下，正面临严峻的电力供应不足问题。

● 在一场飓风袭击后，位于佛罗里达州的酒店遭受了水灾，需要尽快把水抽干。

● 在俄克拉何马州，一家大型发电厂紧急需要应急设备，以便更换在前一天的龙卷风中受损的一座冷却塔。

● 加勒比海岛国博奈尔的主要电厂被大火摧毁后，该国大面积停电，因此需要一个临时电站来稳定电力供应。

这些都是一家叫亚力克（Aggreko）的公司曾经面临的挑战。该公司的自我定位是“临时电力租用解决方案方面的世界领导者”。亚力克为全世界的顾客提供服务，产生了24亿美元的收入。该公司租用了一支由移动发电设备、无油空气压缩机，以及从冷水机与工业制冷到大型加热机与除湿机的温度控制设备组成的“舰队”。

亚力克的顾客主要是大型公司和政府部门，尽管企业的业务主要来自可预测的顾客需求，例如在计划的工厂维护期间或者007系列电影拍摄期间提供备用电源，但是公司同样也时刻准备着解决由于紧急事故或者自然灾害产生的问题。

公司大部分租赁设备都是装在隔音箱中，以便运往世界各地向顾客提供他们需要的一定类型与电量的电力输出或温度控制服务。咨询、安装与技术支持则持续为公司的核心服务增值。公司的核心是解决顾客的问题，而不仅仅是出租设备。有些顾客在事前很清楚自己的需求，而有些顾客则需要得到建议，以便为他们独特的问题找到新颖和价格合理的解决方案，还有一些顾客则因为突发的灾难而需要迅速恢复电力供应。在最后一种情况下，速度至关重要，因为电力缺失可能带来巨大的经济损失，有时亚力克的迅速反应甚至能挽救生命。

亚力克将它的设备运输到顾客所在地提供服务。在潘那沃尼加飓风之后，亚力克的西澳大利亚团队立即行动，迅速运送出30台发电机，功率从60～750千瓦不等，还有电缆、油罐以及其他设备。发电机是通过4辆“公路列车”运输完成的。每辆“公路列车”都是由一个巨型车头来牵引3节40英尺（13米）长的拖车。技术人员与其他设备都是由两架“大力神”运输机送到。亚力克的技术人员在当地停留6周，在城镇再建期间提供全天候的现场服务。

资料来源：Aggreko's “International Magazine,” 1997，www. aggreko. com and http：//en. wikipedia. org/wiki/Aggreko，accessed February 21，2015.

远距离完成服务传递

移动通信、网络技术以及成熟的物流系统促进了许多新型的服务传递方式。当顾客远程与一家服务公司打交道的时候，顾客可能永远不会看到服务设备，也不会面对面地与服务人员交流，这些顾客与服务人员之间的互动有可能是通过顾客中心、信件、电子邮件、聊天室，或者推特进行的。如果有些有形产品、文件或者其他有形的物品（例如，信用卡或者会员卡）需要传递给顾客，那么就需要物流服务为企业提供综合的、可靠的、合理的解决方案。远距离进行服务交易的例子有：

● 小件设备的修理服务有时需要顾客将产品邮寄到维修点，设备得到修理后重新寄回给顾客（顾客可以选择支付额外的费用进行快递）。很多服务供应商通过综合性物流公司，例如 FedEx，TNT 或者 UPS，为顾客提供各种解决方案。这些解决方案包括从飞机零部件的保管与运输（B2B），到从顾客住处收取损坏的移动电话，随后又将修好的电话送回顾客手中（B2C 取件送件服务，也称为“逆向物流”）。

● 任何信息型产品都可以通过互联网迅速地从任何地点传递到任何智能设备、电话、平板电脑以及通过高速网络连接的移动应用程序上。

我们在看“服务之花”的 8 个花瓣时，可以看到至少 5 种附加服务都是与信息相关的（见图 5-2）。信息、咨询、订单、账单与支付服务（如通过信用卡）都可以通过网络进行传递。即使那些涉及实体性核心产品的服务行业，如零售业和维修业，也开始将自己很多的附加服务转由互联网提供，关闭实体店，依靠快速的商业物流技术与顾客实现远距离接触。

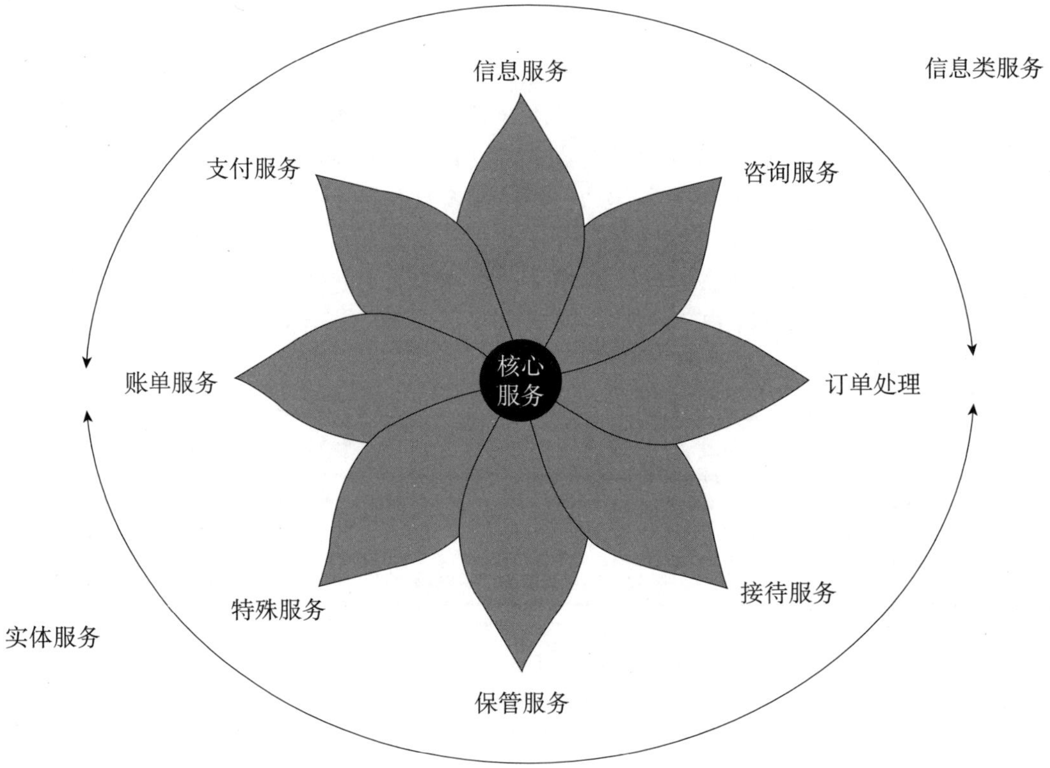

图 5-2 “服务之花”的信息流与实体服务流

通过网络与 App 传递服务越来越专业，用户界面也越来越友好。这些技术经常模仿消息灵通的销售助理，将顾客引导至他们感兴趣的产品上。有时甚至还会为顾客提供即时回复邮件或者与客服人员进行对话的机会。搜索引擎是许多网站提供的又一种有效的服务，从列出可以买到的某个作者的著作到搜寻特定日期某两个城市之间的往返航班时刻表。可以吸引顾客使用网络服务的重要影响因素有：

● 便利性；

● 易搜寻性（获取信息、搜寻需要的产品或服务）；

- 选择的广泛性；
- 可能更低的价格；
- 快速传递、一周 7 天每天 24 小时的全天候服务，这一点对忙碌的人特别有吸引力。

信息、咨询、订单服务的传递（例如，预订与售票服务）在一些全球性服务行业中已经达到了高度成熟、复杂的水平（想想酒店、航空以及汽车租赁服务），需要一系列精心设计的组合渠道为目标顾客群体提供服务。例如，喜达屋国际酒店与度假村集团旗下有 1 200 家酒店，包括瑞吉、W、威斯汀、艾美以及喜来登。该集团在世界范围内有超过 30 个环球销售办公室来管理全球协议伙伴的顾客关系，向商务旅行组织者、批发商、会议组织、促销商和主要的旅行组织提供一站式的解决方案。[2]该集团在世界范围内成立顾客服务中心，覆盖所有时区，满足主要的语种需求。除了基本的顾客服务，这还有助于向顾客提供一站式服务，包括全球性的酒店预订、登记、喜达屋顾客忠诚计划以及其他顾客服务内容。顾客只需要拨打一个统一的免费电话，就能预订任何一家喜达屋酒店。或者，你还可以选择通过电子渠道 www.starwoodhotels.com，以及酒店的 App “SPG” 预订客房，成为喜达屋优先顾客。

顾客对渠道具有不同偏好

对于服务组织而言，使用不同的渠道来传递同样的服务不仅意味着不同的成本，而且对顾客服务体验的性质具有显著的影响。虽然自助服务的电子渠道比较节约成本，但并不是所有的顾客都喜欢用这种方式。这意味着要使顾客从原有渠道转换到电子渠道，需要在不同的细分市场上有不同的策略。[3]同时我们还需要认识到，有一部分顾客并不会自愿地从他们熟悉的高接触度的服务传递环境中转换到电子服务渠道。最近的研究对顾客怎样在人际渠道、非人际渠道和自助服务渠道中进行选择作出了探讨，并识别出以下四个关键因素[4]：

- 对于复杂与高感知风险的服务，人们倾向于依靠人际渠道。例如，顾客很愿意通过远程渠道完成信用卡的申请，但是在获取购房贷款时则更喜欢进行面对面的服务交易。
- 对某项服务与/或者传递渠道具有更多信任、更多了解的顾客会倾向于使用非人际、自助服务渠道。
- 追求服务功能性价值的顾客更看中服务的便利性，也就意味着他们会更倾向使用非人际、自助服务渠道；而具有社交动机的顾客则更喜欢使用人际渠道。
- 对于大多数顾客来说，便利性是选择服务渠道时的重要驱动因素。服务的便利性并不是说省钱，而是意味着节省顾客的时间和精力。顾客对于便利性的追求不仅仅限于对于核心服务的购买，而且同样延伸到时间、地点的便利性。顾客同样也希望能获得便利的附加服务，特别是对于信息、预订和故障排除服务来说。

渠道整合是关键

无论是单独使用还是与传统渠道结合使用，电子渠道在传递信息服务方面可以成为传统渠道的补充或者替代。但是，渠道整合才是成功实施多渠道策略的关键要素。[5]消费者在使用传统渠道的同时，也越来越多地使用自助服务设备（例如，自动取款机、银行服务分支机构以及呼叫中心），所以对于服务组织来说，为顾客跨渠道传递流畅、一致的消费使用体验是极其重要的。新的服务传递渠道已经为顾客创造了不一致的消费使用体验。

最后，服务供应商在针对不同渠道制定不同价格的时候，需要特别注意。因为越来越多的顾客开始利用各种渠道和市场间的差价为自己谋利，这一方法被称为“套利”。[6]例如，顾客可以向提供全面服务的高价的证券服务商征求建议（也许会下小额订单），而后通过低价的折扣券商完成大宗业务。服务供应商应建立有效的价格策略，以便传递价值并通过合适的渠道获取价值。

服务传递的地点

除非服务可以进行远程传递，否则就需要进行有形的服务传递地点决策。[7]有形的服务传递渠道需要大笔的投资和长期的合同。由于有形服务网点需要长期租赁和较高投资，具有一定的固定性，所以企业很难再转移，或者改变渠道形式。即使沉没成本可以冲销，企业转移到其他地方也会引起忠诚顾客和员工流失等问题，而且服务地点的新址和旧址之间的距离越大，企业的损失也就越大。

服务管理者如何决定服务传递的地点呢？可以通过两步进行决策。第一，确定可以帮助企业选择目标地点大致类型的战略要素。第二，通过选址策略在相似的服务地点中进行选择，并且要与整体服务选址战略相符。

服务传递地点选择的战略要素

服务地点的选择是整体服务战略的一个构成部分；服务地点必须在长期内与服务的营销战略、目标市场战略相符。在制定服务传递地点的战略时，要从理解顾客需求和期望、竞争活动，以及服务运营的特点和本质开始。正如前文所述，一些附加服务的传递战略与核心服务的传递是不同的。例如，作为顾客，你可能愿意在特定地点和特定时间参加一项体育或娱乐活动。但是，你在订位的时候就会需要更多的灵活性与便利性，希望订票服务时间可以延长，并且能够通过电话、网络订票，用信用卡进行支付，订票以后可以通过邮寄或者电子渠道拿到票。

同样，对于顾客进场消费的服务来说，企业应该让顾客很容易就能到达服务地点，特别是那些竞争激烈的服务行业。[8]例如，银行、快餐店。但是，顾客也可能会愿意从家、工作地点长途跋涉去感受某些特别的服务体验。

总之，企业要在服务地点的便利性与便利性需要的成本之间进行权衡。企业也可以根据服务获得的偏好与价格敏感度对市场进行细分。总会有愿意为服务获得的便利性支付额外价格的顾客群（虽然这只能应用于某些服务情景，例如，顾客选择比萨外卖服务，在家边看电视边享用比萨），以及为了可以支付较低的服务价格，愿意花费时间远途跋涉的顾客群。

服务传递地点选择的策略要素

在进行服务地点选择的第二步时需要考虑的关键因素包括：

- 人口规模与特点（例如，评估可能去服务网点接受服务的目标顾客群的密度和数量）。
- 行人、车辆交通流量以及特点（例如，对路过服务网点、可能到服务网点接受服务的目标顾客群体进行评估）。
- 顾客接受服务的便利性（例如，公共交通、停车场的情况）。
- 区域内的竞争者。
- 附近企业和商店的性质。
- 可用的劳动力。
- 服务网点地址的可获得性、租赁成本、合同条款（例如，租约的长短、法律制约），以及其他规定（例如，时区以及营业时间）。

统计分析模型可以帮助企业对超市以及类似大型商场的选址作出决策，选址决策与附近居民和工作场所中未来的顾客紧密相关。地理信息系统（Geographic Information System，GIS）结合了地图与关键地理位置数据的作用，包括人口统计数据、消费数据，以及当前、可能竞争者的位置列表。地图软件的使用、租用费用从 100 美元到数千美元不等。可以登录几个服务供应商的网站浏览一下，例如，Autodesk（http：//usa. autodesk. com）或者尼尔森数据报告（www. claritas. com/sitereports/default. jsp）。这些分析工具可以帮助企业根据最重要的因素进行服务选址，挖掘这些服务地点的销售潜力。例如，星巴克使用 GIS 软件作为选址的部分工具。星巴克的全球市场规划经理帕特里克·奥哈根（Patrick O'Hagan）说：

> 我的工作团队为地产合作伙伴提供分析、决策支持、商业信息、地理空间情报等服务……我们需要分析工具提供决策支持，回答以下关键问题：这个商圈的发展如何？这个区域的整体零售发展趋势如何？竞争者位于何处？有哪些竞争者？业务来源在哪里？最大的交通流量在哪个区域？人们住在哪些区域？他们在哪些区域工作？他们采用哪些交通方式去上班？[9]

服务选址的限制因素

尽管对于顾客来说服务的便利性非常重要，但是规模经济和服务运营需求对服务的选址具有限制作用。

- 大型综合医院都会在固定的一个地点提供各种不同的医疗服务，因此需要大型的服务设施和设备。需要复杂的住院治疗的病患必须前往医疗服务场所，而不能在家中接受治疗。但是，医院可以派救护车，甚至是直升机接病人就诊。与全科医生相比，专科医生觉得将诊所选址在离医院近的地方会更加方便，这样可以在治疗患者时节省时间。
- 机场通常都会位于相对旅客的家、办公室或者目的地不太便利的地方。由于噪声与环境方面的原因，新机场或现有机场的扩建的选址是一项非常困难的工作。美国马萨诸塞州的州长有一次被问道：在什么地方能建第二个为波士顿服务的机场？他思考了一会儿后回答："内布拉斯加州！"机场能让旅客更加方便到达的一种方法就是建设高铁系统，如旧金山的捷运（Bay Area Rapid Transit，BART）服务、伦敦的希思罗机场快线。

创新性的服务选址战略

创新性的服务分销战略是新型服务模型的核心。我们接下来着重介绍微型商店及其选址战略，以及多功能服务场所的选址。这些服务选址战略的共同之处在于，服务的可进入性是这些服务价值主张的关键要素。

1. 微型商店

在多个地点提供服务的企业中，一种创新性做法就是建立众多的小型服务网点，实现最大服务区域覆盖。

- 自动服务亭是典型的例子。可以将ATM安装在商店、医院、学校、机场和办公楼等处，实现银行的许多功能。另一个例子是，可以购买邮票、提供支付功能的自动邮票售卖机。
- 另一种做法是服务运营前台与后台的分离。塔可钟的K-Minus战略的创新性在于建立没有厨房的餐厅。食物的准备工作是在一个中心供应点完成的，食物从这里送到各个餐厅（餐厅就可以将价格昂贵的店面更充分地提供给顾客就餐使用）以及其他服务接触点（例如活动快餐车），在卖出前会在这些地方重新加热。
- 目前有越来越多的提供某种服务的企业向提供互补服务的其他企业购买服务空间。你也许已经注意到了位于超市内的小型银行，或者是像唐恩都乐（Dunkin's Donuts）和赛百味这一类的食品连锁店与汉堡王这一类的快餐店共享营业空间。

2. 多功能服务场所的选址

对于顾客服务而言，最佳的选址是靠近顾客居住或工作的场所。现代建筑通常具有多功能的作用，不仅有办公或生产空间，而且具备各种服务功能，例如，银行（或至少有一台ATM）、餐厅、美发沙龙、商店，还可能有健身俱乐部。一些公司甚至设立儿童日间看护中心，为工作繁忙的家长提供生活便利。

全新的商业模式建立在协同定位战略的基础上。例如，美国最大的连锁药店沃尔格林越来越多地将药店设在购物中心，以更低的成本提供更加便利的医疗服务。沃尔格林的药店看上去像一个医务室，但是其运营方式却完全不同。患者可以在来之前上网查看等候时间，在单间里接受护士的检查，还可以在自助服务机通过触摸屏打印药方、进行支付。驻店药师将大部分时间用于回答患者的问题，而药房的文案工作可以在其他地方进行。有些医生、游说者认为这些药店提供的医疗服务可能会不合格。然而，并没有证据证明上述论断。兰德公司的一项研究发现，零售药店在常见医疗诊断方面价格更加低廉，但是诊断质量并没有明显下降。[10]

企业现在越来越愿意在交通线路上、汽车上、铁路与航站楼等处设立零售点以及其他服务点。大多数大型石油公司在服务站点设立了连锁零售店完善它们的服务，为顾客提供一站式消费的便利，让顾客能同时购买燃油、车辆耗材、食品，以及一些基本日用产品。在主要高速公路上的服务站除了提供各种车辆保养维修服务，还会提供洗衣中心、卫生间、ATM、网络、餐厅和便宜的住宿服务。机场航站楼原本是用来提供航空运输服务的基础设施，现在已经变成了热闹的购物中心。

何时提供服务

过去，工业国家绝大多数零售与专业服务都遵循行业惯例，每周的工作时间在 40～50 小时之间。在很大程度上，这个标准反映了社会规范（甚至是法律要求或者工会协议），即人们的适当工作时长、企业销售的适宜时间。纵观历史，在大多数基督教文化背景下，并不鼓励周日营业，而且法律经常禁止这一做法，反映了基于宗教的长期习俗。但是，这却给工作的人们带来了不便，他们要购买东西的话，就必须利用中午吃饭的时间或者周六放假的时间。现在，这种情况已经发生了变化。在世界范围内，很多需要迅速响应的服务运营标准已经是 24/7 服务——全天候服务。

服务营业时间的关键决定因素包括顾客的需要，以及营业时间内服务设施的固定成本与延长营业时间产生的可变成本（包括劳动力和能源成本）和销量增加与潜在利益（例如，将高峰时期的服务需求转化到延长的营业时间段内）带来的预期贡献之间的权衡。对于推动延长服务时间的各类因素的深入分析，参见服务展望 5－2。

服务展望 5－2

促使营业时间延长的因素

至少有 5 个因素促使企业延长营业时间，提供全天候服务。这一潮流源于美国和加拿大，并逐步扩散到其他许多国家。

● 来自顾客的压力。不断增加的双收入家庭和领取周薪的单身人士需要在工作以外的时间购物，享用其他服务。有些顾客喜欢享受服务的便利性，希望可以在每周、每天的任何时间进行服务交易。一旦一个区域的一家商店或企业延长营业时间满足这个市场群体的需求，竞争者通常就会效仿。连锁商店通常都是这一做法的领导者。

● 法律的变化。不论何种宗教信仰，传统的宗教观点是，要有一天（在基督教文化主导的社会中是周日）是法定的个人、全国的休息日，对于这种观点的支持在不断下降。当然，在多种文化的社会中，关于哪一天应当被定为特殊日还存在争议——对于虔诚的犹太教徒来讲，周六是安息日；对于穆斯林而言，周五是圣日；而不可知论与无神论者则对此可能毫不关心。近几年，西方国家的此类立法在逐步消亡。

● 提高资产利用率的经济动力。服务设施通常都占用了大量的资本，但延长服务时间所增加的成本通常是比较有限的，如果这样做能降低服务拥挤程度并增加收入，就非常具有经济吸引力。比如超市，虽然温度控制与一些照明设备必须整夜开着，并且安保人员的薪酬也必须按照 24/7 模式支付，但是服务场所的服务设备经常性地开开关关会产生更大的成本。因此，尽管 24 小时营业所服务的顾客可能不多，但是从运营与营销两个角度考虑还是有竞争优势的。

● 愿意在“非社交”时间工作的劳动力。生活模式的改变和兼职的需求创造了新的劳动力来源，即那些愿意在晚上与深夜工作的人，包括在课余时间找兼职的学生、需要第二份工作的职员、希望逃避看护子女的家长，以及其他更喜欢在晚上工作而在白天休息、睡觉的人。

- 自助服务设备的使用。自助服务设备越来越可靠、好用。现在很多设备不仅接受硬币与纸钞，而且能接受银行卡和手机支付。从经济角度看，对于不支持工作人员的服务场所来讲，安装自动化的自助服务设备成为可行的替代方案。除非机器需要经常维护或者极易损坏，否则从限时服务转向全天候服务的成本是微乎其微的。事实上，让机器持续运转要比让它开开关关容易得多。

然而，一些企业还是没有采取全天候服务运营模式。亚特兰大 Chick-fil-A 公司是一家非常成功的连锁餐厅，该餐厅声称“在周日歇业是我们价值主张的一部分”，认为让管理者和员工周日休息是其员工流失率较低的一大原因。

中间商的作用

讨论完服务分销的内容（what），以及如何进行分销（how）之后，我们下面探讨为顾客传递不同服务（例如，信息、谈判，以及核心服务与附加服务）过程中涉及的“人员”（who）。服务组织是独自承担所有服务的传递任务，还是应该让中间商来承担部分服务构成的传递任务呢？实际上，许多服务组织已经发现将部分分销任务进行外包是非常划算的。通常情况下，这些服务代理更加关注附加服务。例如，虽然越来越多的电话呼叫中心和互联网可以提供服务，但是游轮公司与度假酒店仍然依赖旅行社处理它们与顾客之间的大部分互动，例如发布信息、接受预订、接收付款及售票。

可替代服务分销渠道的利益成本分析

服务供应商应怎样与一个或者多个中间商建立合作关系，进而向顾客提供完整的服务包呢？在图 5－3 中，我们再次使用“服务之花”的概念来介绍一个例子，在这个案例中，核心服务和一些附加服务要素，如信息、咨询与异常情况处理等服务都由源服务供应商提供，而其他与顾客体验相关的附加服务要素则授权给另一个中间商提供。在其他例子中，一些专业的外包企业会作为中间商提供一些特定的服务要素。源服务供应商面临的挑战是如何在整个过程中扮演监督者的角色，保证中间商提供的服务符合整体的服务理念，打造一致的品牌服务体验。

服务提供商除了将一些工作外包给中间商，还经常会创造一些新的业务。想想旅游行业使用的各种销售和预订渠道（见图 5－4）。每一种渠道都会产生不同的收益以及各种成本。成本最低的分销渠道就是服务企业的自建网站（一般情况下，每完成一次交易所增加的成本不到 1 美元），其次是企业的呼叫中心预订系统（每完成一次交易增加的成本是 5～25 美元，需要注意的是每次交易需要多次电话沟通才

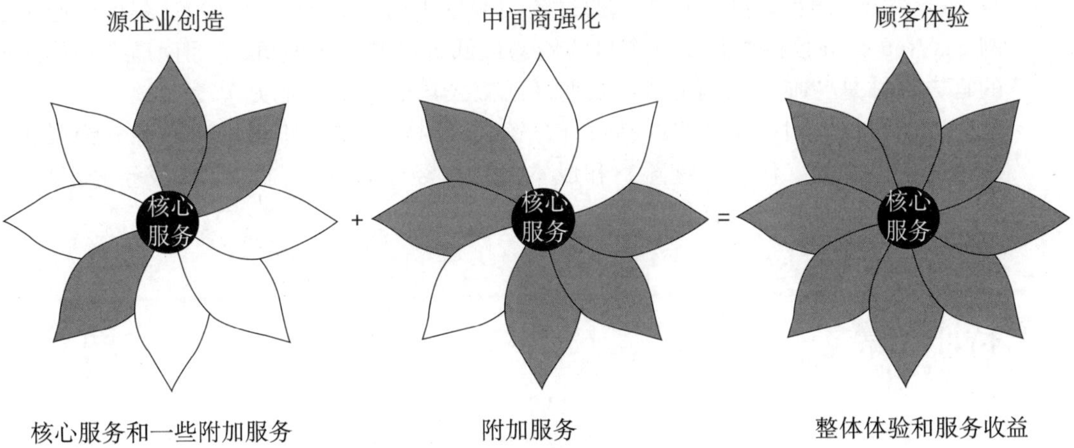

图 5-3　服务分销的职责分割

能完成)。零售旅行社通常会索取 10%的佣金，旅游运营商通常会增加 20%～30%的交易价格。成本最高的分销渠道是一些网络分销商，例如 Expedia 和 Priceline，这些网络中间商一般会提价 30%。因此，许多具有品牌资产的服务企业会把顾客和销售服务转移到低成本的服务渠道，以便绕开、消除中间商，这一过程也称为非中介化。想象一下，如果企业直接将服务传递给顾客就可以节约 30% 的成本所获得的利润。

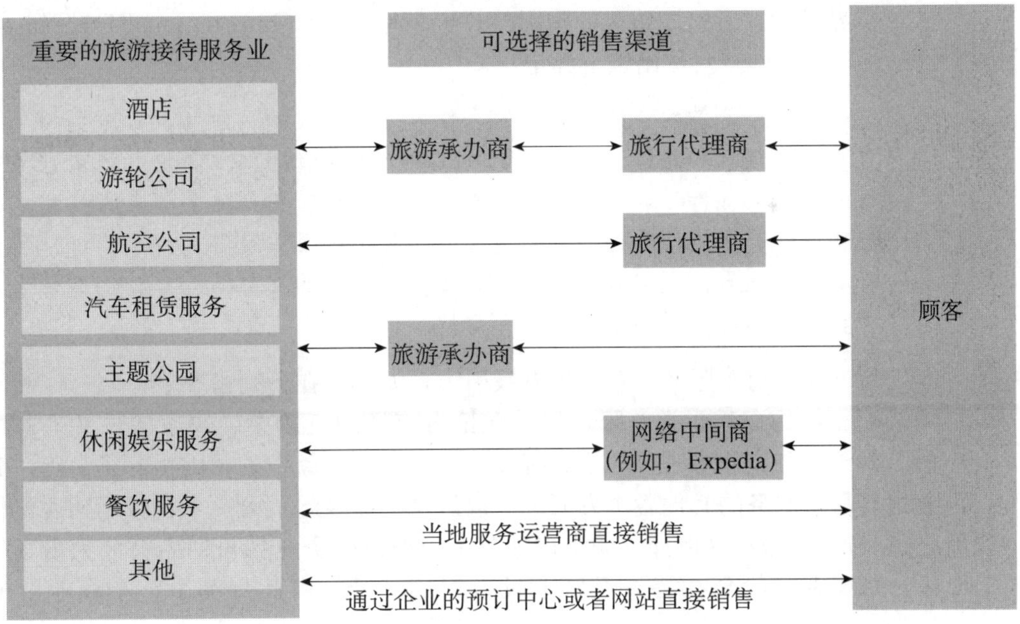

图 5-4　旅游接待服务业不同的销售渠道

瑞士酒店度假村就是将服务交易转向直接渠道的一个案例，企业全面开启了增加网上预订的活动，特别是针对重要的商务旅客细分群体。在活动进行的 7 个月中，网站（www.swisshotel.com）的收入提高了两倍多。除了强化的快速预订功能（只需要进行几步点击、友好的导航界面，以及网络促销激励），“保证最优价格”也是这次渠道转换的关键动力因素。[11]

主要的廉价航空企业也开始靠直接销售渠道使分销成本最小化。例如，易捷航空（easyJet）声称，几乎可以让通过公司网站进行预订的顾客100%获得"通过官网easyJet.com预订去往140个目的地的最低价格的廉价航班"。西南航空声明企业的官方网站是"唯一在网上能查找西南航空公司的票价的地方"。[12]

以上讨论说明，服务组织在设计分销战略时，需要仔细考虑每一种分销渠道的角色、价值增值（例如，利益）和成本。特许经营是最常见的一种服务分销战略，我们将在下面对其进行详细的讨论。

特许经营

即便是核心产品的传递也可以外包给中间商来完成。特许经营已经成为一种普遍的服务理念传播渠道拓展策略，包括所有的7P（参见第1章），覆盖多个服务地点，而无须为企业服务网点的迅速扩张投入高额资本。特许经营者招募那些愿意投入时间、精力、资本的企业家经营发展成熟的服务理念。作为回报，特许经营者为特许加盟者提供培训机会，例如，如何处理运营、营销业务，怎样销售主要的产品，以及对全国范围或区域内的宣传给予支持。当地的营销活动一般由特许加盟者支付费用，但加盟者必须坚持使用特许经营者规定的方式和媒体。[13]

世界最大、历史最悠久的国际特许经营联合会（International Franchise Association）对特许经营作出以下界定：

> 特许经营是两个依法独立的合作方之间达成的一种协议，分别授予合作双方不同的权利和义务：(a) 授予一方的个体或者团体（特许加盟者）具有使用另一方企业（特许经营者）商标或者商标名称营销产品、服务的权利；(b) 授予特许加盟者使用特许经营者运营方法营销产品、服务的权利；(c) 特许加盟者必须承担为以上权利向特许经营者支付费用的义务；(d) 特许经营者有义务为特许加盟者提供一定的权利和支持。[14]

特许经营对于服务企业特别有吸引力，尤其是在下列情况下：

● 企业的资源非常有限，但是在抢占市场的竞争中，快速增长又是非常必要的。对于服务企业来说，几乎没有什么是可以受到保护的，因为除了品牌，其他企业很容易对服务的其他各个方面进行模仿复制。因此，第一个在目标顾客群体中占据某类产品/服务（例如，咖啡连锁）主导地位的企业在长期内会成为市场的领导者。加盟者一般会在特许经营上投入大笔资金，由此带动了整个商业链的快速增长。

● 连锁加盟经理的长期承诺非常关键。加盟者要有足够的动力保证高顾客满意度，建立顾客忠诚，进行高质量的服务运营。[15]

● 当地的知识经验非常重要。加盟者一般来自当地，因此在处理与地方当局（例如，基础设施的建设改造过程）、劳动力市场、媒体和顾客方面的事务时是非常有效的。

美国是特许经营的全球领先者，自20世纪30年代以来，这种运营模式在美国首先应用于快餐连锁、旅馆，稍后应用于顾客和B2B服务业。如今已经拓展到300

多种不同的产品类别。新的服务概念随时都在产生，并且在世界上的大多数国家进行商业化运作。增长最快的是与健身保健、出版、安全，以及消费者服务的相关服务概念。美国的特许经营几乎占据了商业零售服务额的50%。每12个商业企业中就有一个是连锁经营模式。在美国大约有90万家特许经营企业，提供了超过1 800个就业机会，创造了超过2.1万亿美元的经济价值。[16]作为消费者，你光顾的连锁服务数量可能超出了你的想象（见表5-2）。

表5-2　　2015年美国前10名特许经营企业及其启动费用

排名	特许经营商	类型	启动费用（千美元）
1	希尔顿酒店	酒店	4 000～14 000
2	Anytime 健身中心	健身	79～371
3	赛百味	快餐	117～263
4	Jack in the Box	快餐	1 000～2 000
5	Supercuts	美发	114～234
6	Jimmy John's Gourmet Sandwiches	餐厅	331～520
7	Servpro	清理和灾后重建	139～187
8	Denny's Inc.	餐厅	1 000～3 000
9	必胜客	餐厅	297～2 000
10	7-11	便利店	37～2 000

资料来源：Adapted from：http：//www.entrepreneur.com/franchise500/index.html，accessed February 18，2015.

从特许经营加盟者角度来看，一项针对餐饮行业的纵向研究证明：通常情况下，购买特许经营权比单独建立一家餐厅可以获得更大的利益。[17]然而，一个新建的特许经营体系在最初的几年会有很高的失败率，在最初的4年里会有1/3的系统崩溃，而在12年后只有不到1/4的特许经营者能够成功存活下来。[18]对于特许经营者来讲，成功的要素包括：

● 具备以识别度较高的品牌壮大企业规模的能力。

● 为特许加盟者提供较少的服务支持，但是保证合约的长期性。

● 每个服务网点的开销较低。

● 为加盟者提供精确的、符合现实情况的信息，告知加盟者预期的运营特点，以及以后会获得哪些支持。

● 与加盟者建立合作关系，而不是控制关系。[19]

由于增长对于达到有效的经营规模来说非常重要，因此，不少特许经营企业都采取“主导特许经营”的战略，授予主导特许加盟商在一定的地理范围内招聘、培训、加盟支持的权利。主导加盟商通常是已经有成功管理特许经营店经验的人。他们具有在一定的地理区域范围内招聘、培训，以及支持其他加盟者的责任。

虽然特许经营有许多成功的案例，但是也有一些缺陷：

● 会丧失对部分服务传递系统的控制，从而缺乏对顾客实际服务体验的控制。

● 很难保证一个中间商会采取与特许经营企业完全一致的服务流程，而这正是有效质量控制的关键所在。特许经营企业总试图全面控制服务表现的各个方面，它们的做法是通过合同规定加盟者必须严格遵守详细的服务标准、流程、配方以及店内实物展示。特许经营企业不仅控制产品的各项标准，而且控制服务场所的外观、服务人员的表现，以及其他要素，如服务时间表等。

- 还有一个一直存在的问题就是：随着特许经营加盟方的经验日渐丰富，他们会开始不愿向特许经营企业支付各种费用，并且坚信如果没有特许协议的种种限制，他们能够更好地运营企业，双方之间的这些争执最后往往会引发法律争端。

其他中间商

按照角色、结构、法律地位、与服务企业之间的关系，服务中间商可以以多种形式存在。特许经营是最常见的分销战略之一，但是还有其他多种分销中间商可供选择。一种分销方式是许可其他服务供应商代表源服务供应商传递核心产品。汽车货运公司通常会使用独立的服务代理商，而不使用分布在不同城市的企业自有的服务分支机构。企业也可以选择与使用自己运输车辆的个体运输商签订合同。[20]

其他服务分销协议也可以进行契约化，例如金融服务业中使用的分销协议。那些希望进入投资服务领域的银行通常为投资公司服务，负责分销投资公司开发的对冲基金类产品，因为投资公司自身不具备广泛的服务分销渠道。很多银行也销售保险公司背书的保险产品。它们根据销售情况收取佣金，但是并不处理理赔事宜。

在大型国内市场上进行服务分销所面临的挑战

在有限的地理范围内进行服务产品营销，与在加拿大、澳大利亚或美国这样覆盖大范围地理面积的联邦制国家进行服务产品营销之间存在很重要的区别。在覆盖区域广泛的国家，由于空间广袤，距离与时区差异，实体性的服务传递会成为很多服务业面临的巨大挑战。由于移民比例的增加与土著居民的存在，多元文化也是需要考虑的问题。在加拿大全国范围内运营、营销的公司必须运用两种官方语言工作——英语与法语（魁北克全省通用法语，法语是那里的唯一官方语言；新布伦瑞克省的部分地区使用两种官方语言，法语是其中之一；在安大略省的东北部也使用法语作为官方语言）。最后，在每一个国家，各州或省在法律和税务上存在各种差异，各州、各省与联邦政府法规之间也存在差异。然而，与美国这样的世界超级经济体相比，企业在澳大利亚、加拿大面临的挑战和遇到的困难却是小巫见大巫。

在美国旅游的外国游客通常都会被美国经济的规模震惊，感叹美国的民族多样性，为美国的气候和地理风貌多样性而惊讶，美国商业活动的规模、范围也给人留下了深刻的印象。我们看一下相关的统计数据。在国家的层面上，美国本土48个州的市场覆盖人口达近3亿人，跨美洲大陆的距离为2 500英里（4 000公里）。如果算上夏威夷、阿拉斯加，这个市场覆盖的地域更为广阔：跨越6个时区，令人难以想象的各种地貌，从寒带到热带的各种气候。从物流的角度看，如果美国没有超乎完美、无比发达的通信、交通和分销的基础网络，那么为所有50个州的顾客提供服务就与向整个欧洲、北非以及中东的顾客提供服务一样复杂。

美国并不像典型的国家那样具有高度的同一性。作为联邦制国家，它有多种不同的政府行为模式。除了遵守联邦法律和缴纳联邦税，在全国范围内提供服务的企业还需要遵守各个州和城市的法律，要应对各州不同的税收政策。但是，美国公司在进行海外扩张时可能就会发现，在国内多个州的经历对企业来说是一种优势。美国很多州的城市与特别行政区（如地区交通管理机构）都有征税权，因此导致美国境内存在几千种不同的销售税率。

随着美国人口流动性和多样性的提高，对于在美国国内活动的服务营销人员来讲，市场细分问题开始变得越来越复杂，因为移民人口日益增长（也包括游客），他们说着各种不同的语言。美国的经济统计数据显示，美国存在家庭收入与个人财富（或贫困）的巨大差距，这一差距超过了世界上几乎其他所有国家。企业用户同样也存在很大的差异，尽管相关的要素可能有所不同。

面对规模巨大、千差万别的国内市场，大部分美国服务企业通过瞄准特定的细分市场来简化它们的营销和管理工作（参见第 3 章）。有些企业根据地理区域进行市场细分。有些企业则按照人口、生活方式、需求，或者产业类型以及企业规模锁定目标市场。想在全国范围内开展业务的小型企业总是寻找市场上特有的小型商机，随着互联网的广泛使用，这一任务变得日渐简单。然而，全国性的服务企业仍然面临巨大的挑战，因为它们在广泛的地理区域内为多种细分市场提供服务。它们必须对以下两种情况进行平衡：一方面是按照 7P 的原则对所有的服务要素进行标准化管理；另一方面是针对不同的细分市场和当地市场条件作出适当的调整——这些决策在涉及高接触度服务时格外具有挑战性，因为顾客总是亲自到服务场所进行服务消费。

在全球市场上进行服务分销

很多服务企业在国际市场进行服务分销，包括美国有线新闻网、英国路透社、谷歌、美国证券交易所、星巴克、赫兹、花旗银行和麦肯锡。那么促使这些公司走向国际化甚至全球化的驱动因素有哪些？服务企业什么时候计划进军国际市场，又该如何进入新市场呢？[21]

驱动企业采取跨国战略的要素

多种因素或者行业驱动力影响着全球化的趋势，也影响着跨国整合战略的制定。[22]具体到服务业，这些驱动因素包括：市场驱动、竞争驱动、技术驱动、成本驱动以及政府驱动。这些因素的相对重要性随着服务种类的不同而变化。

1. 市场驱动

激发建立跨国战略的市场因素包括：各国顾客的共同需求，世界各地的顾客需要服务供应商在全球提供一致、稳定的服务，以及有效的物理供应链或者以电子网络形式出现的国际渠道。

随着大型的企业客户走向全球化，它们试图对全球各地的供应商进行标准化和简化，以使其能够提供各种各样的 B2B 商业服务。例如，它们可能会减少全球范围内的审计服务数量，而更加偏好使用四大会计师事务所（普华永道、德勤、安永和毕马威）提供的服务，因为“四大”一直使用统一的审计方法（前提是审计规则在各国通行）。其他的例子还包括：全球化的企业银行服务、保险服务和管理咨询服务。同样，全球性运输业和供应链管理能力的发展，特别是像DHL，FedEx，UPS这样的企业，鼓励众多企业将它们的运输任务外包给独立的企业完成。在每个例子中，我们都能发现其标准统一、使用便利、信息明确一致，以及责任明确等优点。同样，对于国际商务旅行者和旅客来说，他们能享受到可预见的、具有国际化标准的服务，从而感到舒适。例如，航空与酒店服务。

2. 竞争驱动

来自不同国家的竞争者、国家之间的互相依赖，以及竞争者自身的跨国策略是重要的竞争驱动力，这些因素在很多服务行业中发挥着重要作用。企业可能会认为不得不跟随其竞争对手进入新兴市场，这样才能保全企业在新市场中的市场份额。同样，如果一个行业的主要企业进入了新的海外市场，那么就一定会出现其竞争对手争夺领地的混战局面。

3. 技术驱动

技术驱动因素主要是指信息技术的进步方面，例如移动通信、计算机及软件不断增强的性能；设备的小型化，以及声音、影像和文字的数字化，乃至所有的一切都可以通过计算机语言进行存储、编辑和传输。信息服务在新市场开发上扮演着重要的角色，宽带通信日益增长的能力让我们能高速传输大量的数据。

4. 成本驱动

从成本的角度出发，有时“大”就是“美”。除了由于某些国家的便利物流与低成本给企业带来的采购效率，企业还可以从国际和全球运作中获得规模经济优势。更低的通信和运输成本以及改良的服务表现一同推动企业进入国际市场。这些驱动因素会根据不同行业需要的固定成本、成本节约的潜力的不同而产生不同的效果。由前期设备和设施的成本而产生的进入障碍可以通过各种方法解决，例如，设备租赁（如很多航空企业的做法），寻找投资者所在的场地（如酒店），而后获得管理合同，或者对当地的企业授予特许经营权。然而，成本驱动对于主要以人为主的服务业可能并不适用。当服务企业的大部分要素在不同的地点能够复制的时候，规模经济的效果会变得更加不明显，经验曲线也会相对平缓。

5. 政府驱动

政府政策可以鼓励也可以阻碍企业的跨国战略。驱动因素包括：优惠的贸易政策、兼容的技术标准以及共同的市场规范。例如，欧洲委员会建立的覆盖整个欧盟的统一市场，这一行动是不同行业制定泛欧洲服务战略的促进因素。

此外，世界贸易组织（WTO）及其对国际化的服务的重视推动了世界各国政府为国际化服务战略的实施提供利好的政策法规环境。全球化的驱动因素可以在澳大利亚航空进军中国香港的案例中得到体现（参见服务展望5-3）。

很多国际化的驱动因素和跨国战略的运用也促进了国内市场的全面运作。市场、成本、技术和竞争因素促使产生了全国性服务产业和特许连锁经营，这些因素同时也是推动同一个企业进行跨国运作的重要驱动因素。

服务展望 5-3

飞往中国香港的航班：全球化快照

一架红白相间的波音 777-300ER 飞机，机体上是澳大利亚航空公司的袋鼠标志，开始盘旋下降。它的下方是中国香港的大型海港，停泊着各种商业船只。飞机马上就要完成它从澳大利亚开始的 10 小时的航程了。它在落地后滑过绘有各种各样五彩缤纷图案的尾翼，尾翼上的图案代表着几个大洲的十多个国家的各家航空公司——这仅仅是为这个都市提供服务的所有航空公司的一个剪影。

乘客中不仅有返回香港的当地居民，还有商务旅客和观光客。在通过移民局与海关检查后，大部分旅行者会首先前往要入住的酒店，其中很多酒店都属于全球连锁企业(其中一些酒店的总部位于香港)。一些旅客会去取车，那是他们提前从赫兹或其他在机场设有分支机构的著名汽车租赁公司预订的车辆。其他旅客会搭乘快速列车前往香港地区的中心。自助旅行的游客希望马上能够品尝香港著名的粤菜名点。而带孩子的家长则会根据孩子的要求，带他们去和国内一样的快餐连锁店用餐。大多数经济条件富足的旅行者则计划前去购物，他们不仅去有特色的中国珠宝与古董店，还会去在全世界各个大都市都可以找到的国际著名高档商场。

是什么将商业旅行者带到了这个中国的特别行政区（SAR）呢？很多人是来洽谈产品供货合同的，产品范围涉及从服装、玩具到电脑元器件；而有些人则是来香港营销自己企业的产品和服务。一些生意跟航运业或者建筑业相关，还有一些涉及各种服务业，包括电信、娱乐和国际法律服务。一家大型的澳大利亚旅游公司的管理者来香港洽谈昆士兰著名黄金海岸的度假协议。一位驻布鲁塞尔的加拿大籍某四大会计师事务所合伙人正在进行紧张、辛苦的环球旅行，他的目的是说服一家全球性的大企业将其所有地区办事处的审计业务都交由他的事务所完成。一家美国公司的管理者与她的英国同事都在为一家大型电信企业工作，他们的共同目标是说服一家跨国公司将其全球范围内的通信活动都交给他们的公司管理。而更多的旅客要么服务于国际银行与金融公司，要么来到香港这个世界上重要的、充满活力的金融中心，为他们的企业寻找融资机会。

在波音飞机的货舱中不仅有乘客的行李和包裹，还有要运到香港和其他中国城市的货物。空运的货物包括邮件、澳大利亚葡萄酒、为一艘在香港运营的澳大利亚高速游艇订购的一些重要部件、为将要举办的贸易促进会准备的关于澳大利亚旅游业的各种小册子与展示材料，以及其他高价值货品。在机场等待飞机入港的是澳大利亚航空公司当地的员工、行李处理员、保洁人员、技工及其他技术人员、海关和移民局官员，当然还有前来接机的各种人员。其中有澳大利亚人，但更多的是本地的中国人，他们中的很多人从未出过远门。但在生活中，他们使用银行、快餐店、零售店、国际保险公司——这些保险公司在国际上享有盛名，通过全球广告活动来提升它们的品牌优势——这同样也是顾客居住在其他国家，如澳大利亚、英国、加拿大、新加坡和美国的亲戚们所熟悉的。欢迎来到全球的服务营销世界！

服务流程的本质如何影响国际化分销

是不是有些服务的国际化要比其他服务容易呢？服务企业有哪些途径和方法走

向国际市场呢？部分由于服务本质的原因，服务国际化分销战略具有不同的要求。表5－3总结了三大类服务的五种驱动因素及其重要变化：人体服务、所有物服务以及信息服务。

表5－3　全球化驱动因素对于不同类别服务的影响

全球化驱动因素	人员服务	所有物服务	信息服务
竞争驱动	生产与消费的同时性限制了服务企业在海外运营时的前台竞争优势，但是管理系统方面的优势可以成为全球化的基础。	技术的领导角色创造了驱动力，推动了拥有先进技术的竞争者走向全球化（如新加坡航空公司向其他航空公司提供技术性服务）。	竞争者通过垄断或者竞争优势实现的市场控制极度脆弱（如BBC、好莱坞和CNN），除非政府对其进行限制。
市场驱动	由于经济与文化差异，人们对于服务的需求、支付的能力也有所不同。文化和教育可能对自助服务意愿产生影响。	针对企业所有物服务的变化较少，但是经济发展水平会对个人所有物服务的需求产生影响。	许多服务需求在很大程度上取决于经济与受教育程度。文化方面的因素会影响对娱乐服务的需求。
技术驱动	运用IT技术传递附加服务取决于对技术的掌握和熟悉情况，包括电子通信与智能终端。	对技术性服务传递系统的需求取决于所有物的种类，以及与劳动力替代成本之间的权衡。	企业通过远程终端提供核心服务的能力取决于计算机化投资、电信基础建设质量，以及教育水平。
成本驱动	随时变动的劳动力成本会影响劳动力密集型服务的定价（可以在劳动力成本较高的地区采用自助服务）。	在运输成本不太高的情况下，随时变动的劳动力成本会促使企业更倾向于在劳动力成本低的地区提供服务。还可以考虑用机器设备代替劳动力。	主要的成本要素可能会出现集中化趋势，而次要成本要素可能会出现本地化趋势。
政府驱动	社会政策（如医疗政策）差异较大，可能会影响劳动力成本、妇女在前台工作中的角色，以及具体的工作时间。	税法、环境法规、技术标准可能降低/增加企业成本，进而抑制/促进某些服务全球化行为。	教育、审查制度、通信的公有制度，以及基础设施标准会影响服务的供需，扭曲服务价格。

1. 人体服务

人体服务需要和顾客有直接接触。服务供应商需要具备一定的服务地区覆盖率，同时提供需要的人员、建筑、设备、车辆等，以便为目标顾客提供便利的服务。对于人体服务来说，有两种选择：

- **出口服务理念**。企业通过自建或者与当地的供应商合作在另一个国家建立服务工厂。这样做的目的是发展新的顾客群，或者跟随现有的企业、个人用户到新的地点继续为其提供服务（或者两者兼备）。这一方法被连锁餐厅[23]、酒店、汽车租赁公司以及减肥诊所等服务企业广泛使用。服务企业必须在当地有实体的服务场所，这是对在竞争中取胜至关重要的因素。对于企业客户而言，需要提供本地机构的行业包括银行、专业服务以及商业物流服务等。如果顾客本身具有高度的流动性，例如商务旅客、游客，那么同样的顾客可能会在不同的地点接受同一家企业提供的服务，并对它们进行比较。

● **引进顾客**。企业邀请其他国家的顾客到具有独特吸引力和竞争力的公司母国。人们不远万里从海外前往北美的度假胜地滑雪，例如英属哥伦比亚的 Whistler-Blackholm，或者美国科罗拉多州的韦尔。如果顾客能够负担费用，他们还会前往著名的美国医院和诊所接受特殊的医疗服务，例如，马萨诸塞州总医院（Massachusetts General Hospital），或者是位于明尼苏达州罗彻斯特市的梅奥诊所。目前的趋势是，医疗服务领域出现了双向流动的趋势，越来越多的顾客从北美洲、澳大利亚和大洋洲前往亚洲，在一些专门建设的现代化医院接受受过西方培训的医疗专家提供的专业医疗服务，包括从髋关节置换到外科整形手术等。即使算上旅行与住宿费用，患者所需支付的总成本也远远低于他们在国内需要支付的数目。此外，他们还能够在风景迷人的地方，在与度假村相当的条件下享受治疗与休养的愉快体验。

2. 所有物服务

所有物服务在很多情况下也会受到地理因素的限制。所有物服务包括针对顾客个人所有物的服务，如修理、维护、空运、清洗与仓储服务。此类别中的大多数服务都需要有稳定的当地服务场所，不管是顾客把东西放在服务点，还是服务人员前往顾客所在地进行服务。有些情况下，专业服务人员还需要飞往另一个国家提供服务。但是，小件的可运输物品可以被运送到远方的服务中心进行维修、清理和维护。一些特定类型的服务流程则可以通过电子诊断或者“远程修理”来完成。

3. 信息服务

信息服务包括两大类：**精神服务**（mental-processing service）（服务针对顾客的精神和心理，例如新闻、娱乐节目）和**信息处理服务**（information-processing services）（服务针对顾客的无形财产，如银行与保险）。从全球战略发展的角度看，信息服务可能是最令人关注的服务，因为这类服务可以依靠数据的转换、运用来创造价值。信息服务可以通过以下三种形式中的一种进行国际分销：

● **向当地的服务场所出口服务**。在当地的服务场所为顾客提供服务。例如，好莱坞制作的电影可以在全世界的电影院中播放，或者某国设计的大学课程可以通过合格的教师在其他地方传授。

● **引进顾客**。顾客可以到国外访问某个专业化的服务场所，特别是在该项服务具备人体服务特征的情况下。例如，大量的外国学生在美国、加拿大的大学中学习。

● **通过远程通信技术出口信息并使其本地化**。顾客可以自己将信息从原产国企业网站上下载，而不是将服务存储在物理媒介上，例如 CD 或者 DVD，并将它们从原产地运出。

理论上讲，这些信息服务都不需要与顾客发生面对面的接触，因为它们都可以通过电子形式、邮寄形式提供给顾客。银行、保险都是可以从其他国家提供服务的例子。如果银行的顾客要在另一个国家提取现金，只需在当地找到与国际网络如威士（VISA）相连接的ATM取款即可。然而，在实际操作中，服务组织可能需要通过当地的机构与顾客个人建立联系，进行当地市场调查（例如，咨询或者审计工作），甚至要达到法律规定的各种要求。

除了金融、保险、新闻和娱乐服务，教育服务正在成为下一个通过多种渠道组合进行全球化服务分销的领域。很多大学都建立了国际校园以及远程教育计划，由当地教师、流动教师教授进修课程。在国家层面，美国的凤凰城大学、英国的开放大学都是电子远程教育项目的国际领先者。例如，Netflix的CEO里德·哈斯廷（Reed Hastings）声称，Netflix的目标是："进军除朝鲜以外的所有国家。根据美国的法律，我们还不能在朝鲜提供服务。"[24]

服务国际贸易壁垒

服务国际化营销一直是国际贸易中增长最快的部分。[25]跨国战略包括总体策略的制定，以及企业在开展业务的各个国家中的执行计划。市场准入障碍一度成为企业在海外市场商业运作面临的严峻问题，但是这一难题开始慢慢消逝。近几年通过的各种自由贸易协定促进了企业跨国运营的增长。重要的发展包括连接加拿大、墨西哥和美国的北美自由贸易区（NAFTA），拉丁美洲经济区，例如南方共同市场（Mercosur）、安第斯条约组织（Pacto Andino），以及现在已经有28个成员国的欧盟（EU）（参见服务展望5-4）。

服务展望5-4

欧盟：迈向无边界贸易

泛欧市场上服务营销人员面临的战略决策挑战是那些在美国全境运营的公司已经面临的挑战的升级版。尽管从地理区域上看，欧洲比美国更为紧凑，但是欧盟拥有28个成员国，人口比美国更多（5亿人对3.2亿人），政治和文化也更具多样性，在偏好与生活习惯上的差异也更加显著，再加上欧盟有24种不同的官方语言和多种地区方言，从加泰罗尼亚语到威尔士语不等。随着新的国家不断加入，欧盟这一"单一市场"会更加庞大。几个东欧国家加入了欧盟，例如，罗马尼亚和保加利亚，以及有可能与土耳其建立正式的联系（土耳其跨越欧亚两个大陆），这将进一步增加欧盟的文化多元性，使欧盟市场进一步靠近俄罗斯和中亚国家。

在欧盟内部，欧洲委员会在统一标准与管理方面取得了巨大的进步，创造了公平的竞争环境，并防止个别成员国保护本国的服务与制造行业，其成果显著，许多服务企业现在遍布欧洲和海外市场。

另一个促进泛欧市场的重要的经济措施就是货币同盟。1999年1月，欧洲11个国家的货币汇率与一种新的货币——欧元——挂钩，2002年，欧元完全取代了所有欧洲货币。现在，从芬兰到葡萄牙，服务都是按照欧元计价的。

然而，尽管欧盟内部服务领域的自由贸易趋势日渐增强，但是在"大欧洲"，即从冰岛到乌拉尔山以西的俄罗斯，仍然有很多欧洲国家将继续停留在欧盟以外。其中一些国家，如瑞士和挪威（两国都拒绝加入欧盟），倾向于与欧盟建立更为紧密的贸易关系。

将来是否会出现一个完全的政治联盟——“欧洲合众国”，目前还是一个颇有争议的话题。但是，从服务营销的观点来看，无论规模还是自由流动的程度，欧盟无疑是在向美国模式靠近。详情请见 http：//europa.eu，http：//en.wikipedia.org/wiki/European_Union。

然而，对于某些服务来说，在国际市场上成功运营仍然比较困难。尽管世界贸易组织与它的前身关税与贸易总协定（GATT）作出了大量努力，仍然有很多困难需要克服。航空市场的准入就是一个令人头痛的问题。很多国家都需要双方（两国间的）协定才能建立新的航线。如果一个国家愿意向一家新的运营商提供市场准入，而另一个国家拒绝，那么该准入就会搁浅。各种政府限制往往是对特定主要机场容量的限制，这会导致拒绝向国外航空公司提供新的或者额外的着陆权。乘客与航空运输都会受到这种限制的影响。金融服务、医疗服务以及通信服务市场也是典型的高度限制市场，因此企业就很难进入这些行业的国际市场。

一些常规市场中的企业在国际市场中也会面临管控，例如，出租车市场中的优步，以及试图提供全球住宿预订服务并将预订服务与各地服务设施/小微企业进行连接的爱彼迎。这些行业中的现有企业过去一直习惯使用管控保护，并且通过游说市场中的监管者对新进入企业进行回击。非常讽刺的是，这些企业经常会使用顾客保护、服务标准抵制新进入的企业（例如，乘客安全、保密性，以及租车服务中的保险）。但是最终，当顾客对这些企业用脚投票，并且对监管施加压力的时候，行业中现有企业就会提高自身的服务水平、降低价格，当地政府也会制定新的监管政策，以适应新的商业运营模式。

如何进入国际市场

企业进入国际市场的最佳战略选择取决于：（1）企业如何保护自己的知识产权（IP），以及控制关键的价值创造资源；（2）企业与顾客之间互动程度的高低（见图 5－5）。

在某些情况下，企业的知识产权和价值创造核心资源可以通过版权或者其他法律手段获得有效的保护，如果企业只需要与顾客进行低接触度的互动（例如，通过网络、电话就能进行传递的服务），那么企业就可以采取简单的服务出口战略。在这种情况下，企业失去业务，生意被当地的竞争者、分销商，或者其他当地合作者抢走的风险比较小。例如，数据库服务（例如，汤姆森路透社科学与社会科学引文索引网提供的相关服务），网络新闻（例如，CNN、Financial Times 提供的新闻服务），网络广告（例如，谷歌、脸书在全球提供的广告服务），以及音乐、电影、电子书、软件的下载服务。如果以上这些企业在全球市场上进行当地的本土化运营，它们通常会组织在世界各国的当地企业进行销售和营销活动（例如，谷歌、脸书以及 LinkedIn 在许多国家都拥有自己的销售团队提供企业的广告服务），而不是企业亲自进行服务传递。[26]

一些服务业，例如快餐连锁企业、全球酒店连锁企业、快递服务企业允许其他企业掌握它们的知识产权和价值创造核心资源。这需要有强有力的品牌、全球顾客

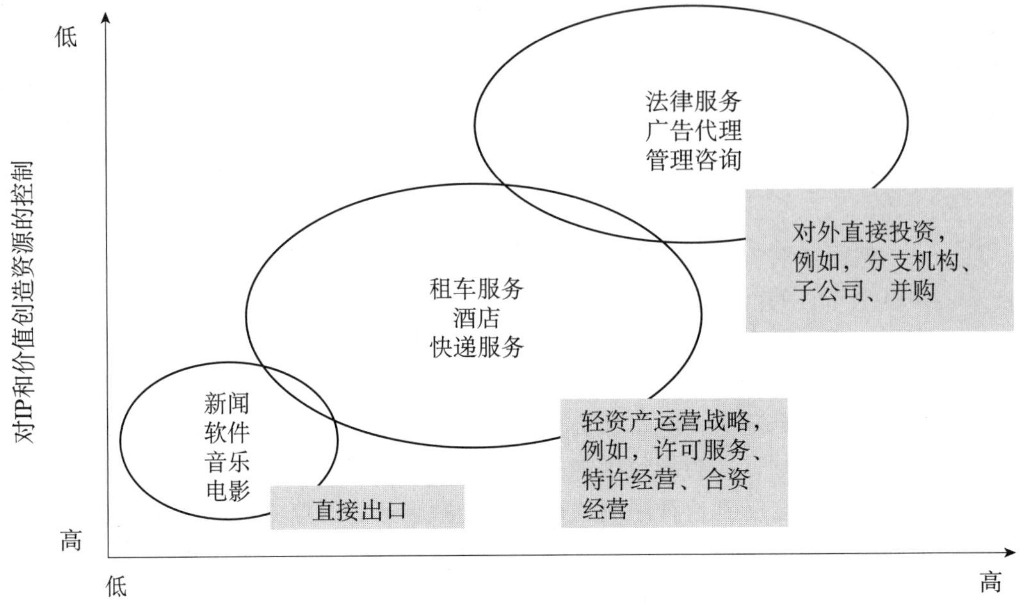

图 5－5　如何进入国际市场

群基础，以及全球资源、能力和网络。如果没有以上这些资源和条件，那么企业就不可能，至少会很难为顾客传递符合顾客期望的服务。对于这些企业来说，顾客接触经常处于适当的水平。这类企业可以通过许可、特许经营，或者合资企业的形式进行全球战略扩张，而且这样做，企业也不会丧失对资源的控制权。例如，星巴克、Hard Rock 咖啡连锁，这些品牌可以增加服务的价值，没有这些品牌作支撑，咖啡店就不会对顾客具有同等的吸引力。一些大型的全球连锁酒店，例如，喜达屋、希尔顿都通过顾客忠诚计划和环球销售办公室与数百万顾客建立持续的顾客关系。这些本土的销售办事处会加强企业本土化的控制和资产运作。没有巨大的全球顾客流量支撑，这些企业的战略是无法取得成功的。

再举一个例子，国际化的快递服务企业拥有全球性的资源、能力和广泛的网络，而与之不同的是，本土的快递企业并不具备以上这些资源和能力，因此就不能从世界各地获得入境的货物来源，同样也不能在全球范围内运输出境货物。因此，国际化的快递企业完全可以指定当地本土快递企业进行代理服务，不用担心代理企业有一天会成为自己的竞争者。

还有一些服务业，其价值增值主要来源于服务提供者的知识和技能，在这些服务业中，需要有高度的顾客接触才能传递服务价值。这些服务通常是知识型服务、专业型服务。这些服务包括广告活动创意设计，以及管理咨询项目服务。在这些服务中，服务价值是由企业员工通过他们自身具备的知识，以及他们与客户之间建立的关系创造出来的。对于这些服务来说，则很难对价值创造需要的资源进行控制。例如，如果企业是通过许可经营或者合资形式进行运营的话，那么企业就要面临一定的风险，即经过多年合作，一旦将服务技能传授给合作企业，那么合作企业就完全有能力在没有源企业支持的情况下传递服务。如果发生了这种情况，合作企业就会越来越抵抗向企业支付许可费用、分享利润。它们会与源企业再次对合作条款进行谈判，有时甚至会威胁源企业进行独立运营，切断与源企业之间的合作。因此，对于这类服务企业来说，对当地的资源进行严密的控制是非常有必要的。包括保持当地本土员工的工资与源企业一致，在签订合同时要特别注意对企业的知识产权和顾客群进行保护。进入新市场最有效的方式就是通过建立企业分支机构、子公司，或者通过并购进行对外直接投资。[27]

结　论

服务分销的对象（What）、方式（How）、地点（Where）、时间（When），对这四个问题的回答构成了服务分销战略的基础。顾客的服务体验取决于“服务之花”不同的要素是如何通过某个实体或电子渠道进行传递的。除了需要考虑服务分销的对象和传递方式，服务营销战略还需要特别考虑服务传递的地点和时间问题，要像重视传统有形渠道那样重视服务传递的速度、时间计划，以及电子服务渠道。互联网和手机的飞速发展让服务企业感到兴奋，因为服务中的许多要素在本质上是信息化的。此外，在全球化背景下，本章还关注了特许经营和国际服务分销战略的设计和执行问题。

本章小结

1. 内容、方式、地点、时间，对这四个问题的回答构成了服务分销战略的基础。

2. 什么是分销？服务分销流模型可以根据“服务之花”的概念理解，包括：

- 信息流与促销流（包括信息、咨询“花瓣”）。
- 谈判沟通流（包括服务订单、账单和支付“花瓣”）。
- 产品流（包括核心产品，以及“服务之花”中剩余的其他“花瓣”）。

服务分销战略包含以上所有三种服务流。

3. 怎样进行服务分销？服务可以通过三种主要模式进行分销：

- 顾客前往服务地点（例如像核磁共振扫描那样的人体服务）。
- 服务提供商前往顾客处（例如高净值私人银行服务）。
- 远距离的服务交易（例如用 Skype 网络电话或者通过网络购买旅行保险）。

一些核心服务需要实体店（例如，人体服务），这样会严重限制其服务分销。但是，信息类核心服务和很多附加服务可以实现远距离分销。

4. 移动通信、互联网技术、服务应用程序，以及完善的物流解决方案激发了远程服务传递方式的创新。

- 所有信息化的附加服务（例如，信息处理、咨询、账单服务，以及支付服务）与信息化的核心服务产品，以及许多所有权服务可以进行远程传递。
- 网络服务分销增长的主要动力包括：（1）便利性；（2）易搜寻性；（3）更广泛的选择；（4）可能具有更加低廉的价格；（5）24/7的全天候快捷服务。

5. 顾客偏好对渠道选择的推动：

- 当顾客对产品相关知识比较具有信心，对技术比较在行时，他们会更偏好选择远程服务渠道，因为远程渠道具有很大的便利性。

● 然而，当交易风险和社会动机比较高的时候，顾客更倾向于选择人际服务渠道。

6. 顾客通过不同的服务渠道消费同一个服务组织的服务（例如，银行的顾客会使用银行几乎所有的服务渠道，从手机银行应用程序、银行官方网站到银行的 ATM 和分支机构）。因此，企业要想传递统一、一致的服务体验，服务渠道整合是关键。

7. 服务传递的地点对于需要实体服务网点的服务来说是非常重要的决策：

● 第一，服务传递地点的选择是整体服务战略的一部分；服务传递地点选择策略必须与企业的营销战略和目标顾客的期望、需求相一致。

● 第二，在选择服务分销的地点时需要使用战术性选址策略要素，包括：人口规模与特点、交通状况、地点的便利性、区域内相关竞争者、附近商业的特性、劳动力的可获得性、租金成本、合同条款以及相关规章制度。地理信息系统可以帮助企业进行服务选址。

● 服务选址的限制因素，例如，规模经济需求（例如，较高的固定成本，比如某些特殊的医疗设备）和服务运营要求（例如，机场、配送中心），会限制企业对服务的选址。

● 创新型服务选址战略是新服务模型的核心。近年来的趋势包括：微型商店，与互补型服务提供者共享零售空间，以及在多功能服务场所里进行服务选址（例如，将诊所设立在购物中心内）。

8. 何时传递服务？

● 决定服务传递渠道营业时间的关键要素包括：顾客的需求，营业时间的经济效应（服务设施的固定成本，延长营业时间增加的可变成本和增加的收入，或者是由于将服务高峰需求转移到延长营业时段内的预期收益）。

● 现在有增加运营时间的趋势，企业最终的目标是实现 24/7 的全天候服务，这通常可以通过使用自助服务技术实现。

● 对于信息化的核心服务和附加服务来说，企业可以提供 24/7 的全天候服务。近些年的技术发展连接了顾客关系管理系统（CRM）、移动电话、移动应用程序、网站，以及智能卡，可以让企业提供越来越便利、精细的电子服务。

9. 服务企业经常会使用中间商分销一些附加服务（例如，游轮公司仍然会通过旅游公司提供信息服务、预订服务、收款，而且经常会捆绑销售互补服务，例如航空旅行服务）。

● 服务组织发现将某些任务进行外包是非常划算的，同时中间商也会增加与顾客的接触机会、增加销售收入。

● 然而，不同分销渠道之间存在着巨大的成本差异，在旅游服务业中，拥有自己官方网站的企业通过中间商（如 Travelocity）提供服务只需要一小部分的交易成本。企业需要认真进行成本-收益分析，这就导致拥有强大品牌的企业会将交易引到企业自己的渠道，而缺乏品牌识别度的品牌则更加依赖中间商。

● 总之，任何情况下，服务企业面临的挑战都是要确保整体服务的一致、服务体验符合顾客的预期。

10. 特许经营经常用来进行核心服务的分销，其优势和劣势如下：

● 特许经营增长速度快，特许经营加盟者有足够的动力采取顾客导向，实施高质量、低成本的服务运营。

● 特许经营的劣势在于会失去对服务传递系统和顾客服务体验的控制。因此，特许经营者经常要对整个服务运营过程中的各个方面进行严格的质量控制。

11. 大型的国内市场（例如，美国、加拿大或者澳大利亚）并不像国家刻板印象中的那样具有一致的市场特点。仔细的市场细分、聚焦某些特定的细分市场、标准化与适应化服务战略的均衡会增加企业开发大型国内市场、进行市场渗透的机会。

12. 服务企业国际化的五个重要的驱动

因素：

● 市场驱动（例如，顾客希望可以在全球市场上享受企业的服务）。

● 竞争驱动（例如，竞争对手实现全球化，进而给国内企业带来压力）。

● 技术驱动（例如，互联网技术促进企业全球化发展，使企业可以获得套利成本）。

● 成本驱动（例如，规模经济促使企业增加市场份额）。

● 政府驱动（例如，加入 WTO 的国家必须让许多服务行业参与国际市场竞争）。

13. 服务的本质如何影响服务的国际化分销？人体服务、所有权服务和信息服务分别具有不同的要求：

● 人体服务需要与顾客有直接的接触。其国际化有以下几种选择：(1) 出口服务理念；(2) 引进顾客。

● 大多数所有权服务需要一个稳定的当地服务网点。但是，在某些情况下，服务设备和服务人员可以被传送到顾客所在地，或者是将顾客的所有物转移到服务提供商所在地。

● 信息服务是最灵活的，因为它不需要与顾客进行面对面的接触，或者与服务设施、物体进行直接的接触。信息服务可以通过以下几种方式进行分销：(1) 将服务出口到当地的服务工厂；(2) 引进顾客；(3) 通过电信技术出口服务，如果有需要，还要将服务进行本土化转换。

14. 对于许多服务行业来说，市场管制仍然是其面临的主要挑战，因为有些服务市场是被高度管制的，例如，航空服务、医疗服务、金融服务。然而，成熟市场中的新型商业模式，例如，出租车市场中的优步和住宿市场中的爱彼迎也同样在世界各国面临严峻的市场管制带来的挑战。

15. 服务企业进入国际市场采取的战略取决于以下因素：

● 企业对知识产权以及价值创造来源的控制程度。

● 企业打造服务体验时，需要与顾客之间互动的程度。

● 如果价值来源于知识产权，那么服务企业可以将服务进行简单的直接出口，例如：电子书、音乐，以及软件服务。

● 如果企业对知识产权的控制、与顾客之间的互动处于适当的水平，那么服务企业可以使用特许经营、连锁加盟，或者合资战略。

● 如果企业需要与顾客进行大量的互动，而对知识产权的控制较低，那么企业就应该通过设立企业分支机构、子公司，或者通过并购进行对外直接投资。

复习题

1. 阐述你对“服务分销”的理解，并说明应该如何对服务体验等无形的对象进行分销。

2. 为什么对核心服务、附加服务既要分别进行考虑，又要整合起来进行考虑？

3. 服务分销有哪些不同的选择？在每一种选择下，企业需要考虑哪些因素？

4. 哪些因素决定了服务分销时间和分销地点的选择？

5. 零售商在通过以下方式建立电子分销渠道时会面对哪些风险和机遇：(a) 与现有的实体店并行；(b) 用网络渠道和电话中心替代实体店？请举例说明。

6. 为什么服务营销人员需要关心移动通信的发展？

7. 在服务中使用中间商会让企业的营销和管理过程面对哪些挑战？

8. 为什么特许经营是传播服务分销理念的有效途径？特许经营有哪些劣势？如何减轻这些负面影响？

9. 准备实施跨国战略的服务营销人员可以从现有的美国实践中学到什么？

10. 促进服务全球化的关键因素有哪些?

11. 服务特征对服务全球化有什么影响?

12. 服务企业需要对哪些因素进行理解，才能对服务国际化战略进行选择，并且保持对企业知识产权和价值创造来源的控制?

应用练习

1. 一个企业家正在考虑建立一种新的服务业务（你可以选择任何一种服务业务）。你会给他提供什么分销战略建议？写出服务分销的内容、方式、地点、时间。

2. 思考一下你最常使用或者唯一通过网络购买使用的三种服务。相对于其他渠道（比如电话、邮件、实体分销点）而言，互联网传递的服务具有怎样的价值主张?

3. 以下服务业：(a) 减肥诊所；(b) 杀虫公司；(c) 提供本科课程的大学，你分别会为企业提供哪些全球化的建议?

4. 按照人体服务、所有物服务和信息服务的划分，选择三个不同的服务行业，并评价五种全球化驱动因素，以及这五种因素对这三个不同服务行业的影响。

5. 任选一个国家，收集美国和该国家最近的国际贸易数据。主要的服务输出、输入种类是什么？对于某些特定服务种类的国际贸易，你认为其发展的促进因素有哪些？这两个国家之间存在哪些差异?

6. 以下服务企业应该采取哪种战略进入全球市场？为什么？(1) 建筑设计公司；(2) 线上经纪人；(3) 卫星电视频道。

第6章 服务定价与收益管理

何为愤世嫉俗者？就是只知道每一事物的价格却不知道其价值的人。

——奥斯卡·王尔德

爱尔兰作家、诗人（1854—1900）

任何市场中都有两种傻子：一种要价太低，另一种要价太高。

——俄罗斯民谚

学习目标

通过本章的学习，您将能够：

1. 认识到有效定价对服务企业获得财务成功的重要性；
2. 列出定价“三脚架”代表的定价策略基本内容；
3. 界定财务成本的不同类型并且解释成本基准定价的局限性；
4. 理解净价值的概念以及总价值是如何通过价值基准定价和减少货币与非货币成本而增加的；
5. 描述竞争基准定价和服务市场中价格竞争程度较低时的情形；
6. 定义收益管理并描述其作用方式；
7. 理解价格栅栏在有效收益管理中的角色；
8. 熟悉与服务定价有关的顾客关注的道德问题；
9. 理解如何在收益管理规则中体现公平；
10. 了解设计一个有效的定价方案要回答的6个问题。

开篇案例

动态定价

服务企业经常会面临服务能力和收益最大化问题，其中的一条途径就是动态定价。[1]但什么是动态定价？如果你坐飞机时和你的邻座聊天，发现同样的舱位，你们两个人的票价不同，你就会立刻知道什么叫动态定价。

动态定价是在不同时间、不同地点，根据不同需求情况，对不同顾客定价不同的一种价格策略。这种策略在航空业应用最为广泛，但在其他行业也正快速受到青睐。例如，2010年，美国历史上最火爆的乐队“老鹰乐队”在加利福尼亚州萨克拉门托演出时，不同座位，价格悬殊。最高票价250美元，而最低票价只有32美元。他们与现场国家娱乐公司（Live Nation Entertainment Inc.）合作来为演出设计动态价格。在充分了解顾客需求的情况下，整个价格体系根据粉丝价格承受能力和不浪费服务资源（座位）的两个原则，分成了10个档次。

《狮子王》（Lion King）也是利用动态定价，成为百老汇历史上最赚钱的演出剧目。类似的案例还有旧金山巨人棒球队，利用动态定价方法的第一年多卖了25 000张门票，使收入增加50万美元。棒球大联盟和国家棒球协会希望能将动态定价推广到整个棒球行业。

另外，像ScoreBig票务公司也希望将动态定价引入到公司经营之中。据公司估计，每年有25%～35%的体育赛事门票和40%～50%的音乐会门票无法卖出去。它利用基于顾客需求的动态定价方法，试图将门票全部卖光。从上述案例我们可以看到，动态定价方法已经得到了广泛的应用。

有效的定价是企业获得财务成功的关键

能给组织带来营业收入的职能活动只有营销，记住这一点很重要。其他所有管理活动都只产生成本。**商业模式**（business model）是这样一种运营机制，它通过合理的定价，把销售转化为收入，让成本得到回收，并为企业所有者创造价值。正如琼·玛格丽塔（Joan Magretta）所说：

> 一个好的商业模式要能回答彼得·德鲁克（Peter Drucker）提的老问题：顾客是谁？顾客价值是什么？它同样也能回答每个管理者都必须回答的基本问题：我们怎样才能在这个行业中赚到钱？在解释我们如何才能以合理的成本把价值传递给顾客时，潜在经济逻辑是什么？[2]

创造一种可行的服务需要构建一种商业模式，它能够通过合理定价和收益管理策略来收回生产和传递服务产品过程中产生的成本，并且创造一定的利润。

然而，服务定价是非常复杂的。想想零售银行或者移动电话服务商的那些令人困惑的收费项目，或者试着去理解提供全方位服务的航空公司不断变化的收费结构。服务组织甚至变换各种方式来表达“收费”一词。大学里称为“学费”，专业公司叫“收费”，银行收“利息”和“服务费”，经纪人收取“佣金”，一些高速公路征收“通行费”，公用事业单位收取“管理费”，保险公司则叫做“保费”——这样的例子不胜枚举。顾客经常觉得服务定价机制很难理解（如保险产品和医院账单），而且还有风险（如果你分别在不同的三天预订国际航班，价格就会不一样），有些收费在你看来甚至可能是缺乏职业道德的（很多银行和信用卡顾客抱怨道，他们被收取了一系列费用，这些费用在他们看来是不公平的）。回顾一下你自己的购买行为：最近一次你决定为度假旅行预订各种服务时感觉如何，还有在租车或者开设新的银行账户时感觉又如何？在本章，你将学习如何有效地定价和以价值为导向的收益管理战略，以便兑现价值承诺并实现价值交换（即顾客决定购买你的服务）。本章结构如图6-1所示。

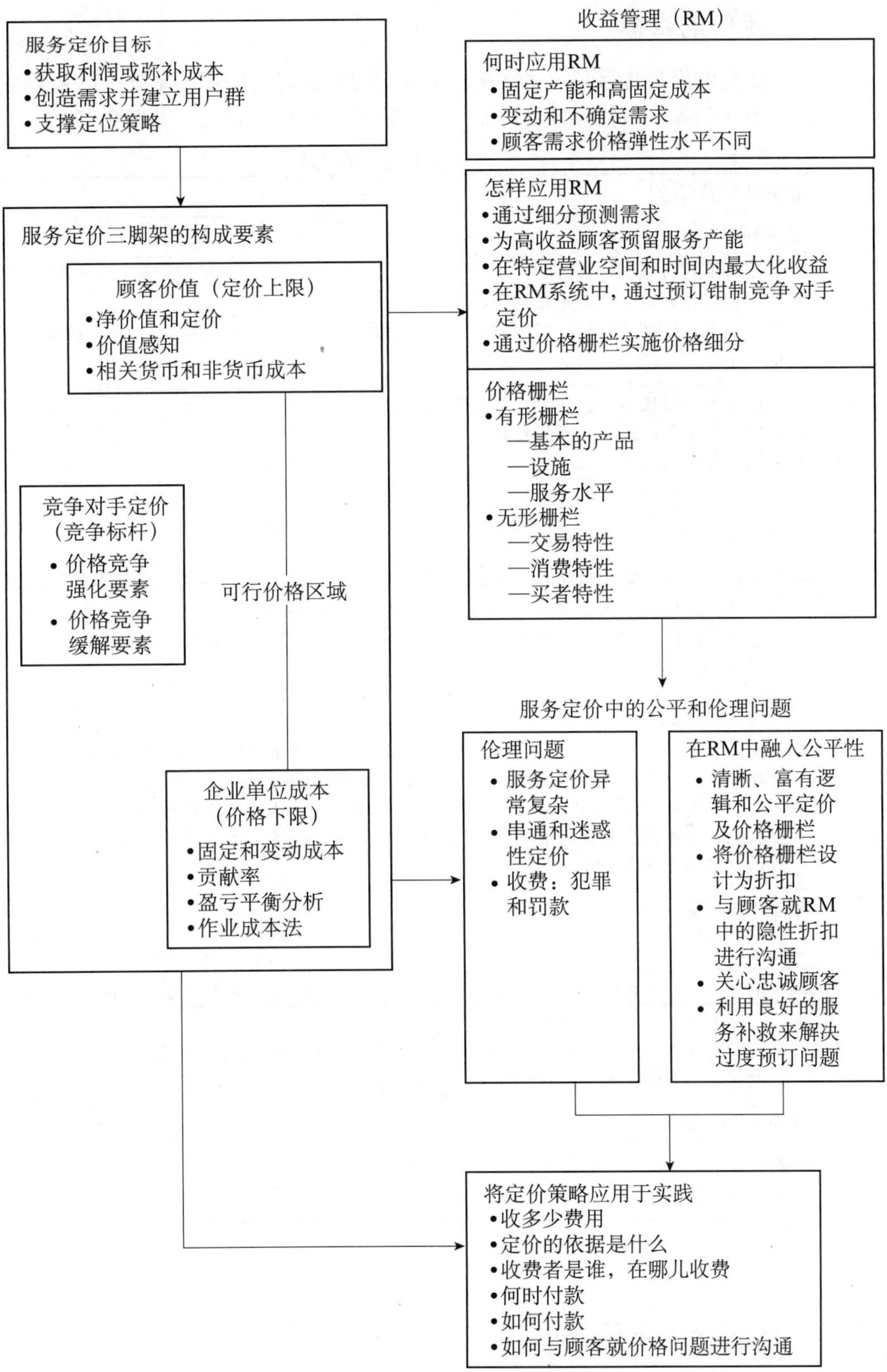

图 6-1　服务定价理论框架

定价的目标

任何定价策略都必须建立在对企业定价目标清晰理解的基础上。最普遍的定价目标不仅与收益和利润有关，还与建立需求和用户群有关（见表6-1）。

表6-1 服务定价的目标

收益和利润目标
追求利润
• 实现长期收益或利润最大化。 • 实现特定目标水平，但不是追求利润最大化。 • 通过改变价格和细分目标从固定产能中获得最大收益，可以运用收益管理系统实现。
收回成本
• 收回全部分摊成本，包括公司的日常支出。 • 收回特定服务的成本，不包括日常支出。 • 收回边际销售成本。
与顾客光顾和用户群相关的目标
创造需求
• 最大化需求（产能无限制时），假设最小收益水平已经实现（例如，很多非营利组织会聚焦鼓励顾客使用而不是企业收益，但前提是必须能够弥补服务成本）。 • 充分实现产能利用率，尤其是较高的产能利用率能为所有顾客增值时（例如，“满座”就会给剧院和篮球比赛带来更多的欢乐气氛）。
构建用户群
• 鼓励试用和使用服务。这对于高基础设施成本的新服务尤其重要，而且对试用后就会持续使用的会员制服务也很重要（例如，定制手机服务和购买人寿保险）。 • 提高市场份额和/或扩大用户群，尤其是存在成本竞争优势的规模经济时更加有必要（如开发和固定成本很高的情况下）；或者形成网络效应以使更多的用户提升现有服务用户的感知价值（如脸书或者 LinkedIn）。
战略相关目标
支撑定位策略
• 帮助和支撑企业总的定位及差异化策略（例如，作为市场价格领导者，或者是高端品牌定位，会采取溢价定价策略）。 • 利用“物有所值”进行定位，企业承诺最好的可能价格和最好的可能服务。也就是说，在其他地方，你不可能用更低的价格买到同等质量的产品。
支撑竞争战略
• 阻止竞争对手扩大服务产能。 • 阻止潜在竞争对手进入市场。

三足而立的定价策略

一旦我们理解了定价目标，接下来就是聚焦于定价策略。定价策略的基础可以形容为一个“三脚架”，这个“三脚架”的“三条腿”分别是供应商的成本、竞争者的价格以及顾客获得的价值（见图6-2）。在许多服务行业中，过去常常从财务和会计的角度出发来考虑如何定价，因此，成本加成定价法很常见。然而，今天大部分服务企业对价值基准定价和竞争定价有了深刻的理解。在这个定价“三脚架”中，企业通常设定一个收回成本的价格作为最低价格或价格底线，顾客感知的价值为最高价格或价格上限。

图6-2 定价“三脚架”

服务竞争在很大程度上决定了价格设置的区间。根据定价“三脚架”分析的结果，组织定价目标决定了实际价格应该设置的范围。下面我们将详细分析这个“三脚架”的三个支撑，首先分析供应商的成本。

基于成本定价

服务行业的定价方法相比制造业明显复杂得多。因为不存在服务的所有权问题，相对于确定有形产品生产和分销相关的劳动力、原材料、机器使用时间、仓储和运输成本而言，确定顾客服务流程或者无形的实时服务的财务成本要难得多。此外，劳动力和设备是创造效益的必要投入，相对于制造企业来说，很多服务组织的固定成本所占的比例要比变动成本高得多。服务行业的高固定成本包括昂贵的物理设备（如医院和大学），或者运输工具（例如，航空公司和卡车货运公司），或者网络系统（例如，铁路或者通信和天然气管道公司）。例如，高基础设施成本决定了顾客数量和变动成本对火车服务成本影响很小。

确定提供服务的成本。即使你已经完成营销课的学习，回顾服务成本确定方法也能让你受益。如利用固定成本、半变动成本和变动成本，以及贡献的概念和盈亏平衡分析法等都可以帮助你进行定价决策（参见营销评论6-1）。这些传统的成本核算的方法对于存在显著的变动成本和半变动成本的服务企业（如专业服务公司）来说很有效。

营销评论 6－1

理解成本、顾客贡献和盈亏平衡分析

固定成本（fixed costs）是即使不提供服务，企业也会持续发生的经济成本（至少在短期内是这样）。这些成本大体上包括租金、折旧、公用事业费、税收、保险、管理者和长期员工的薪酬、抵押品以及利息。

变动成本（variable costs）指的是为一个新增顾客提供服务产生的经济成本，例如达成一笔新的银行交易或者在航班中增售一个席位。在许多服务行业中，此类成本通常都很低。比如，在飞机上多运送一位顾客的劳动力和燃料成本微乎其微，在剧院中为一名新观众提供座位的成本几乎为零。规模更大的变动成本都与诸如提供食品和饮料或者进行维修时安装新的部件有关，因为它们通常不仅包括劳动力成本，还提供了昂贵的实体产品。企业营销服务的价格仅仅超过变动成本并不意味着这个企业现在是盈利的，因为仍然有固定成本和半固定成本需要收回。

半变动成本（semi-variable costs）是固定成本和变动成本之间的那部分。它表示随着业务量的增减而一步步地增加或减少的费用。这样的例子包括增加一个额外的航班满足特定航线增加的需求，或者餐馆在周末繁忙的时候雇一个临时工。

顾客贡献（contribution）是指销售额外一单位的服务所获得的收入与变动成本之间的差额。在实现利润前，它需要先弥补固定和半变动成本。

确定和分配经济成本对有些服务企业来说可能是很有挑战性的工作，因为确定和分配各种服务设施的固定成本很难。例如医院，某些固定成本与急救部的运营有关。而且，医院的运营也存在固定成本。那应该分摊多少固定成本到急救部呢？管理者也许会用以下几种途径之一来计算急救部分摊的日常支出。这些方法包括：(1) 占全院地理空间的百分比；(2) 占工资额或者工作时间的百分比；(3) 占与病人接触总时间的百分比。每一种方法都将得到一个完全不同的固定成本分摊结果。一种方法也许会算出急救部是盈利的，而另一种方法又可能使它看起来是亏损运营的。

盈亏平衡分析（breakeven analysis）可以使企业知道盈利时的销量是多少。该点就叫盈亏平衡点。必要的分析涉及将总的固定成本和半变动成本按照每个单位上得到的顾客贡献进行分摊。例如，一个100间客房的酒店需要在一年内收回200万美元的固定和半变动成本，每个房间每晚平均贡献100美元，因此整个酒店就需要销售该酒店一年客房总量即36 500间夜中的20 000间夜。如果每晚价格减少20美元（或者变动成本增加20美元），那么顾客贡献就会减少到80美元，而且整个酒店的盈亏平衡点就会上升至25 000间夜。

作业成本法。[3]对于那些具有较高固定成本、复杂产品线和共享基础设施的服务企业来说，例如银行业，可以采用更复杂的**作业成本法**（active-based costing，ABC）。对于此类企业来说，作业成本法是一种比较精确的成本分摊方法。

作业成本法将某项活动所必需的资源关联起来。一系列活动组合在一起，构成了服务生产和传递的流程。在确定服务间接成本时，企业会检查每项活动所需要的资源，然后根据服务活动的数量和类型进行资源配置。因此，资源的费用（或间接成本）与所生产的服务种类和复杂程度紧密关联，而不仅仅是单纯的数量。

如果实施得好，企业在对不同服务、活动和过程的成本估算方面处于非常有利的位置，特别是在不同地点、特定顾客服务等各个方面，成本的预算都将更为精确。它会成为一种管理工具，帮助企业对不同服务、渠道、细分市场，甚至单个顾客的盈利性作出精确预测。

成本分析的定价启示。为获得利润，企业往往会把价格定得足够高，以收回生产和销售服务的全部成本，并提高有效的额度以在实现预期销售规模的情况下达到理想的利润目标。

在有较高固定成本和边际变动成本的行业中，管理者会因为感觉有足够灵活的定价空间而试图通过低价销售来促进销量。有些企业甚至不惜**亏本销售**（loss leaders）来吸引更多的顾客。它们希望这些顾客将来还会来这里购买给企业带来盈利的服务。然而，除非所有相关的成本已收回，否则年底很可能不会有任何利润。很多服务企业就是因为忽视了这一点而破产。因此，那些想要以低价格竞争的企业就要对自己的成本结构和盈亏平衡点的销量有很好的把握。

基于价值定价

定价“三脚架”的另一个支撑就是顾客价值。没有顾客愿意支付高于他们感知价值的价格。因此，营销人员要想合理定价，就要先了解顾客是怎样感知服务价值的。[4]

理解净价值。当顾客购买一项服务时，他们会权衡这项服务相对于可能发生的感知成本来说的感知收益。顾客对价值的定义可能是非常个性化和特殊的。瓦拉瑞尔·泽丝曼尔提出了四种广义的价值表示：

1. 价值是低价格；
2. 价值是我想从产品中获得的东西；
3. 价值是我从所支付的价格中得到的服务质量；
4. 价值是我付出后得到的回报。[5]

在本书中，我们侧重于使用第 4 种并且使用**“净价值”**（net value）一词，即用服务的所有感知价值的总和（总价值）减去所有感知成本的总和。经济学家使用**“顾客盈余”**（consumer surplus）这个术语来定义顾客为了获得特定产品的预期收益（或效用）而支付的价格与他们实际愿意支付的价格之间的差额。如果一项服务的感知成本比感知价值要高，那么这项服务就有负的净价值，顾客也就不会购买这项服务。你可以想象顾客心中的天平，就像以古老的方式称物体的重量一样，天平的一个托盘里放的是产品的收益，另一个托盘里是获得这些收益所需支付的成本（见图 6－3）。当顾客评估竞争性的服务时，他们基本上是比较两者的净价值的大小（在第 2 章中，我们讨论了通过计分系统将净价值量化的方法）。与我们在第 4 章中讨论的一样，市场营销人员可以通过提高核心产品的效益和优化附加服务来提高服务的价值。

管理价值感知。[6]价值是主观的，况且也不是所有的顾客都有评估自己所接受服务的质量和价值的专业技能。对信任型服务来说尤其如此（第 2 章所讨论的），因为顾客即使是消费之后也无法评估服务的质量。[7]服务营销人员，比如战略咨询人员，要通过各种途径，告诉顾客他们所花费的时间，做了哪些研究工作，专业技

图 6-3 净价值等于收益减去成本

术和细节问题，才能完成一个咨询项目。后台设施以及那些后台员工的付出，顾客是看不到的，他们并不清楚自己花这么多钱到底“值”还是“不值”。因此，企业必须对感知价值进行管理。设想一位房主请一名电路维修工来检修电路故障。当电工带着一个工具箱来了后，他就消失在电路板所在的橱柜里，找到出问题的地方，并且替换有问题的开关。转眼间所有的部件都正常工作啦！仅仅花了 20 分钟。几天后，房主很惊讶地收到一张 150 美元的账单，而且大部分是劳动力的要价。顾客经常感觉自己被剥削了，这一点也不奇怪。我们可以看一看图 6-4 中勃朗黛小姐对水管工的反应。

图 6-4 勃朗黛购买管道工服务的价值

为了做好价值感知管理，有效的沟通甚至个人解释是必需的，这样能帮助顾客理解他们所得到的价值。顾客通常无法感知到的是企业要收回的固定成本：办公室、电话、保险、车辆、工具、燃料以及办公室的后勤人员。同样，一次上门服务的变动成本也比看起来的要高很多。在房间里花上 20 分钟，来回 15 分钟的路程，再加上从车上卸下和再装上所需工具和部件各 5 分钟的时间，因此，这次服务所花费的时间是实际工作时间的 3 倍，也就是 60 分钟。而且，企业还要在此之上加成来获利。

减少相关货币和非货币成本

如果我们要考虑顾客净价值，就必须理解顾客的感知成本。从顾客的角度来看，供应商的要价仅仅是购买和使用服务所发生的成本的一部分，顾客还会产生其他费用，包括货币和非货币成本。

相关的货币成本。顾客在搜索、购买和享用服务时往往要产生大量的货币成本，这些成本甚至要高于付给供应商的价格。例如，一对有小孩的夫妇在剧院度过一晚的成本通常远远高于两张票的价格，因为这些成本包括雇用临时保姆的费用，路上行车、停车、食物和饮料等的花销。

非货币成本。非货币成本反映了与顾客寻找、购买和使用某项服务相关的时间、精力与不便等因素。像许多顾客那样，你可能会把它们统称为“精力”或“麻烦”。当顾客介入产品生产（在人工服务和自助服务中尤为重要）并且必须前往服务点时，非货币成本似乎更高。那些需要大量体验和顾客信任特征的服务同样也会产生心理成本，例如焦虑。非货币成本主要有四类：时间、体力、心理和感官性成本。

- **时间成本**（time costs）是服务传递成本的一部分。现在，由于顾客时间有限，他们不愿意在无法令他们愉悦、无价值的活动上浪费自己宝贵的时间。例如，去政府机构办事排长队，等等。顾客会像用金钱衡量成本一样，来衡量自己花费的时间成本。例如，他们会对时间进行预算，怎样花费时间，怎样投资，是不是存在浪费，以及如何节约时间，等等。花费在一项活动上的时间有机会成本，因为它们可以通过其他方式花在更有利的活动上。互联网的使用者经常为他们在网上搜索信息花费太长时间而感到沮丧。很多人讨厌去政府办公室办理签证、驾照或许可证，不是因为要花钱，而是因为很浪费时间。[8]
- **体力成本**（physical costs）（例如体力付出、疲倦和不适）在顾客获得服务时可能会产生，尤其当顾客必须前往服务网点接受服务时。如果必须等待和痛苦地排长队，就应当有相应的方法来安慰顾客，包括心理治疗、安慰和沟通等。
- **心理成本**（psychological costs），例如心理付出（如填写开放式表格，回答一大堆细节性问题），感知风险和焦虑（这是最好的治疗方案吗？他是合适的医生吗？或者这是最好的抵押贷款方案吗？见图6-5），认知失调（这份健康保险有必要吗？有必要成为健身俱乐部会员吗?），感觉不合适和害怕（我能顺利读完MBA吗?），等等。在购买或使用某项特定服务时，这些情况有时会发生。
- **感官性成本**（sensory costs）指的是任何五官的不愉快感受。在服务环境中，这些成本可能包括忍受噪声、难闻的气味、气流、过冷或过热、不适的座位和令人不悦的视觉环境等。

如图6-6所示，服务使用者在服务消费模式（见第2章）三个阶段中的任何一个阶段都会产生成本。因此，企业必须考虑到：（1）搜寻成本；（2）购买和享用服务成本；（3）售后成本。当你决定申请读大学时，你会在选择读哪所大学上花多少金钱、时间和精力？你会花多少时间和精力来选择一个电话服务供应商或者银行，或者安排一次旅行？

一家企业可以通过非货币成本和相应的货币成本最小化来构建竞争优势，进而

“作为过去30年抵押贷款的一个替代方案，
我们还提供只还息贷款、大额尾付贷款、
反向抵押贷款、倒按揭贷款、组合贷款、
循环抵押贷款以及短期抵押贷款。”

图 6-5 增加服务选项会创造价值还是给顾客带来困惑

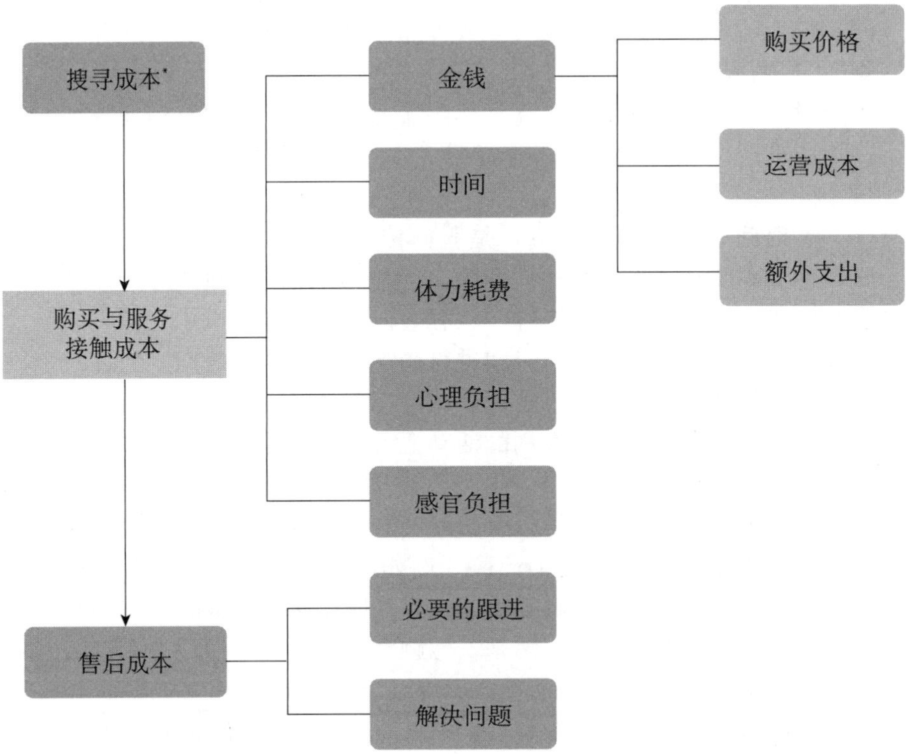

图 6-6 服务总成本

* 包括所有五种成本类型。

提升消费者价值。具体的路径包括：

● 与运营专家合作减少完成服务购买、交付和消费所需的时间，简化交易过程。

● 在服务的各阶段，通过消除或者重新设计不愉快或者不方便的步骤，进行顾客教育使其了解服务内容，培训员工使之更友善、更能帮助顾客，尽可能降低不必要的服务心理成本。

● 在顾客搜寻和服务传递过程中，消除或使顾客不必要的体力付出最小化。例如，改进标识系统；在网页或设施上设置“指示图”，帮助顾客更快地找到他们需要的服务，避免他们无所适从及由此而产生的挫折感。

● 通过创造更有吸引力的可视环境、减少噪声、安装更舒适的设施、消除异味等措施来减少不愉快的服务感官性成本。

● 建议顾客采取各种方式减少相关的货币成本，包括给合作供应商的折扣（例如停车），或者以前需要现场服务改为通过邮件或网络来提供各种服务。

感知净价值的大小也许会随着顾客的不同而有很大的不同；对同一顾客而言，也会随着情况的不同而有所不同。大部分服务至少可细分为两个市场——一个是花时间省钱的细分市场，另一个是花钱节约时间的细分市场。因此，很多服务市场根据顾客对节约时间的敏感度和对价格的敏感度，将顾客细分为时间敏感型和价格敏感型。[9] 如表 6－2 所示，一个顾客从三个可选的诊所中选择一个进行常规胸部 X 光检查。这项服务在三个诊所除了价格不同以外，时间和精力成本也不同。依据顾客的优先考虑顺序，非货币成本也许和服务提供者的要价一样重要，甚至更重要。

表 6－2　服务中的货币与非货币成本

如果你需要做胸透，你会选择哪家诊所？
（假设三家诊所医疗水平一样）

诊所 A	诊所 B	诊所 C
价格：85 美元	价格：145 美元	价格：225 美元
车程：1 小时	车程：15 分钟	车程：紧邻你的办公室或学校
下次预约需间隔三周	下次预约需间隔一周	当天即可再次预约
看病时间：周一至周五	看病时间：周一至周五	看病时间：周一至周六
上午 9 点至下午 5 点	上午 8 点至晚上 10 点	上午 8 点至晚上 10 点
预计等待时间：2 小时	预计等待时间：30～45 分钟	预约后，预计等待时间：15 分钟之内

竞争基准定价

定价“三脚架”的最后一条“腿”就是竞争。那些提供相对无差异服务的企业需要密切监控竞争者的要价，并且依据它们的价格来给自己的服务定价。[10] 当顾客发现相互竞争的服务提供商之间差别很小或根本没有差别时，他们就会选择价格最便宜的。因此，单位服务成本最低的企业有着令人羡慕的市场优势，并且通常被称为**价格领导者**（price leader）。一个企业扮演价格领导者角色，其他企业则跟随这家企业行事。同一区域内距离较近的加油站之间的相互竞争中就存在这一现象，当一个加油站提价或降价时，其他几家也会跟风行事。

价格竞争的激化。价格竞争的激化往往发生在以下几种情况下：（1）竞争者越来越多；（2）替代品越来越多；（3）竞争者和替代品供应商分布越来越广泛；（4）行业产能过剩越来越大。

价格竞争抑制性因素。尽管有些服务行业的竞争非常激烈（例如航空和网上银行），但并非所有的都是这样，尤其是出现以下一种或者多种抑制价格竞争的情形时：

● **使用竞争替代品的非货币成本很高**。在顾客选择供应商时，如果节省时间和精力具有和价格一样或更大的重要性时，价格竞争的激烈程度就会降低。竞争对手拥有它们自己的一整套货币和非货币成本体系。在此情况下，真正的价格因素可能会退居到第二重要的位置。

- **人际关系的影响**。由于服务是非常个性化和用户定制化的，比如美容美发或家庭护理，与服务提供者本人的关系对于顾客来说就是很重要的，顾客也就不会轻易地转向其他竞争性服务提供者。很多国际银行选择将业务聚焦于高价值顾客以与他们建立起长期的个人关系。
- **转换成本很高**。当改变服务提供者要花费很多时间、金钱和精力时，顾客就会在接受竞争性服务产品时显得更为犹豫。[11]以移动电话为例，服务供应商经常要求顾客签订一年或两年的合约，如果提前终止的话要交一定的罚金。同样，被保险者在一定时间内毁约的话，人寿保险公司也会收取管理费或业务取消费。
- **对特定的服务时间和地点的要求缩小了选择范围**。当顾客想在特定的时间或地点（也许两者要同时满足）享用服务时，他们会发现可供选择的服务少了很多。[12]

总是跟随竞争者的价格来定价的企业容易面临定价过低的风险。企业要防范掉入这样的陷阱：与竞争者以“一美元对一美元”（dollar for dollar）的方式来调价。一个更好的策略是考虑对顾客来说每一个竞争性供应商的总成本，包括所有的货币和非货币成本，加上潜在转换成本，并与之提供的服务相比较。管理者同样也应评估配送、时间和地点等因素的影响，而且在作出适当的回应之前还要评估竞争者实际可用的产能。

收益管理：何为收益管理以及如何运作

现在很多服务企业都关注那些能够在任何给定的时间，从企业当前的产能出发，实现收益（或顾客贡献）最大化的战略。[13]在价值创造中，收益管理很重要，因为它能保证企业更好地利用它的设备和生产力，为更具支付能力的细分市场服务。在不同的限制条件下管理好供需需要很复杂的方法。

航空、酒店和汽车租赁公司已经很擅长在一个季度、一星期或一天的不同时间，根据顾客对价格的敏感度和不同细分市场的需求来调整服务产品的价格。医院、餐馆、高尔夫球场、请求式IT服务（on-demand IT services）、数据处理中心、音乐会组织者，甚至一些非营利组织也越来越多地实施收益管理。[14]收益管理运用于具有以下特征的服务行业相当有效：

- 固定成本很高，产能相对固定，是典型的能力约束型服务业，具有很强时效性的“库存”；
- 需求可变和不确定；
- 顾客价格敏感度不同。

为高收益客户储备产能

在实践中，收益管理（也称为产出管理）涉及根据不同细分市场的预期需求水平来定价。在价格敏感度最低的细分市场最先分配产能，并要求支付最高的价格；

其他细分市场的定价逐步降低。因为高支付能力的客户经常在接近实际消费时才订购服务，因此企业需要掌握一定的方法来为他们储备产能，而不是仅仅按照先到先得的方式来提供服务。例如，商务旅客经常会仓促预订航班座位、酒店房间和租赁车辆，但度假者也许会提前几个月就制定了旅行计划，会议组织者往往会在大型活动开始前几年就预订了酒店客房。

图6－7解释了酒店行业服务生产能力分配问题，在该行业，顾客行为模式不同，有的可能提前一天预订，但总体来说有较强的季节性。通过全球性顾客预订数据库，企业可以根据细分市场进行资源配置。它会告诉管理人员在何时停止接受特定价格的预订，尽管可能还有不少剩余的房间。那些商务旅客对公司的回报率非常高，是企业必须满足的目标市场顾客，然后才是临时顾客和周末度假者。航空公司的票价浮动幅度非常大，因为机票一般要提前很久预订，它们有足够的时间使机票收益率维持在最好的水平，不浪费服务资源。

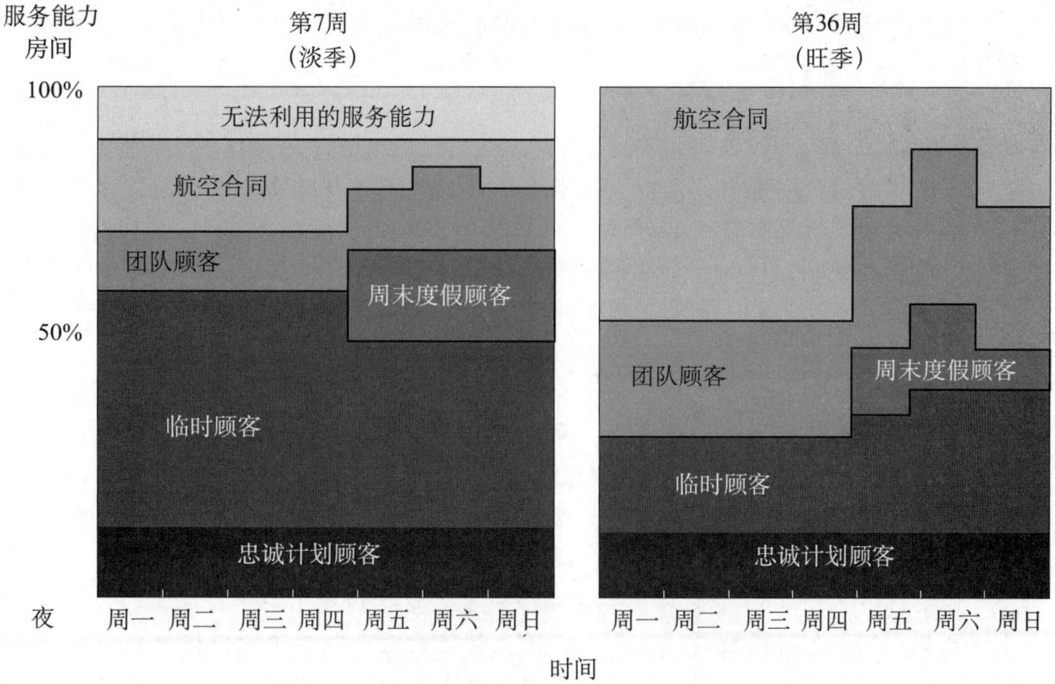

图6－7 酒店根据细分市场进行服务资源配置

对于很多服务能力有限的企业来讲，都可以画出类似的图形。服务能力度量的单位不同，有时可能是在绩效一定的情况下的座位数、座位里程或者间夜；也可能是机器工作时间、员工工作时间、专业服务人员的工作时间、设备里程或者是储存量，总而言之都是稀缺资源。

设计良好的收益管理系统可以相对准确地预测不同价格水平上不同时点顾客的数量，然后根据这一预测来配置服务资源（称作**价格木桶**（price bucket））。一些服务更为复杂的公司会运用更复杂的数学模型，雇用专职的收益管理经理来对资源配置作出决策。这些信息也可以用来预测服务资源过剩情况，以通过一些促销或激励活动来更好地提高资源使用率。这么做的目标就是使服务企业每天的服务收益最大化。

仍然以航空业为例。这些模型将过去顾客旅行的海量历史数据整合起来，提前一年对航班的需求情况进行预测。在特定的时间段内，收益管理经理在大多数情况下负责乘客数量较多的特定航线，监控机票预订变动情况（如起飞前特定时间机票销售情况），并将现实情况与预测进行比较，然后对服务能力储存情况进行调整。例如，如果高价值顾客预订比预测情况好，剩余的服务资源就调配到该细分市场，减少低价值顾客服务资源配置。目的非常简单，就是使航班收益最大化。服务展望 6-1 表明了收益管理理论在美国最大的航空公司——美国航空公司中的应用。

服务展望 6-1

AA333 航班按座位定价

收益管理部门采用复杂的收益管理软件，利用计算能力强大的电脑来预测、追踪和管理每一天的每趟航班。让我们看一下从芝加哥飞往亚利桑那州太阳城的一个普通航班，即 AA333 航班是如何进行收益管理的。该航班下午 4 点 50 分起飞，飞行距离为 2 317 公里。

根据收益管理专家的“木桶”观点，经济舱的 124 个座位分成不同的收费区域。经济舱不同座位的机票价格差距很大，往返票价从 298 美元的旅游机票（有许多附加条件，如退票收费等）到可任意退票和改签的 1 065 美元的机票，一小块类似于头等舱区域的机票价格高达 1 530 美元。麦卡尼解释了计算机程序如何对 7 个不同经济舱区域进行计算，进而给出不同的价格。

在每个航班起飞前几个星期，公司收益管理系统会不断地调整每个“木桶”中的座位数，将已售票添加进来，分析历史乘客数量，将可能中转的乘客考虑进来。如果提前预订量很小，他们会把更多的座位放到低价票“木桶”之中。如果商务乘客购买的高价票超过了预期，他们会相应减少折扣票数量，将这些机票存起来，一直等到商务乘客可能购买的最后一刻。

124 个座位中的 69 个座位已经在 4 个星期之前就销售出去了。因此，公司收益管理系统开始限制低价票的数量。一周后，停止销售最低三个层次的价格的机票，即不再有低于 300 美元的机票。如果一个芝加哥顾客寻求低价票，航班会自动显示“票已售罄”。

起飞前一天，124 个座位，实际售出机票 130 张，但美国航空售票系统显示的是还有三张全价票，因为根据收益管理系统计算，将有 10 位顾客取消飞行计划，不会登机，或者是转乘其他航班。起飞时，飞机座位全部坐满，没有一个座位（服务资源）被浪费。

AA333 次航班飞行已经结束，但所有预订情况和所有经历都会在系统中自动存储起来，用来帮助企业进行未来的预测、分析。

资料来源：Scott McCartney，“Ticket Shock：Business Fares Increase Even as Leisure Travel Keeps Getting Cheaper,” *The Wall Street Journal*，November 3，1997，pp. A1，A10. http：//www.aa.com，accessed March 02，2015. Note that flight details and prices are illustrative only.

怎样度量企业收益管理的有效性

很多服务能力有限的服务组织都使用服务能力利用百分比作为收益管理成功与否的标志。例如，航空业会大谈“满载率”，酒店则讲“入住率”，而医院使用的指标是“门诊量”。同样，专业公司会监控合作伙伴和顾客的“计费时间”比率。但这些数据实际上对于我们判断一家公司的盈利能力帮助并不大，因为有些比率可以通过加大折扣轻易地实现。

因此，收益管理成功与否，应当主要看在时间和空间给定的条件下，每单位服务能力是否实现了收益最大化（RevPAST）。例如，航空公司应当寻求每一座位单位里程的收益最大化（RevPASK），而酒店要看其平均每间可卖房间的收入（Revenue Per Available Room，RevPar），演艺公司则要努力使每个座位卖到更高的价钱。这些指标表明了价格、平均收费和服务能力利用之间的相互作用关系，而且这些关系在服务企业内部可以按时间和相应的服务标准进行追踪（如对连锁酒店的追踪）。收益管理成功意味着单位服务资源效能的提升。

竞争者的定价如何影响收益管理

由于收益管理系统监控预订节奏，所以要间接地受到竞争者定价的影响。如果一家航空公司的定价太低，其预订量将会很大，而且便宜的座位很快就会爆满。但是从总体上说，这并不是一件好事，因为这样便意味着后期预订的顾客即使能支付高额费用也无法获得座位，从而转向竞争对手的服务。如果最初的价格太高，企业会在前期的预订市场中份额过小（这部分顾客还是能产生合理收益的），而且不得不在“最后一分钟”大打折扣以大幅提高销量来弥补固定成本。这类销售中的一部分其实是可以通过逆向拍卖形式来实现的，如使用像 Priceline. com 这样的网络中介。

价格弹性

要使收益管理有效运行，就需要两个甚至更多的细分市场，以便能给一项服务带来不同的价格并产生**价格弹性**（price elastic）。弹性的概念用来描述需求对价格变化的敏感度，计算公式如下：

$$价格弹性=\frac{顾客需求的百分比变化}{价格的百分比变化}$$

如果两者的比值是 1，我们就称之为常弹性，即价格变化的百分比与需求变化的百分比是一致的；如果比值大于 1，称为弹性丰富，反之，则称为弹性缺乏。图 6－8 阐释了这种情况。对于两个不同细分市场来说，一个细分市场需求价格弹性丰富，价格的微小变化可以带来需求的很大变化，而另一个细分市场则价格弹性缺乏，因为价格变动对需求变动的影响很小。

设计价格栅栏

价格定制化（price customization）是收益管理固有的一个概念——针对同一产品对不同顾客的要价并不相同。正如赫尔曼・西蒙（Hermann Simon）和罗伯特・多兰（Robert Dolan）所说：

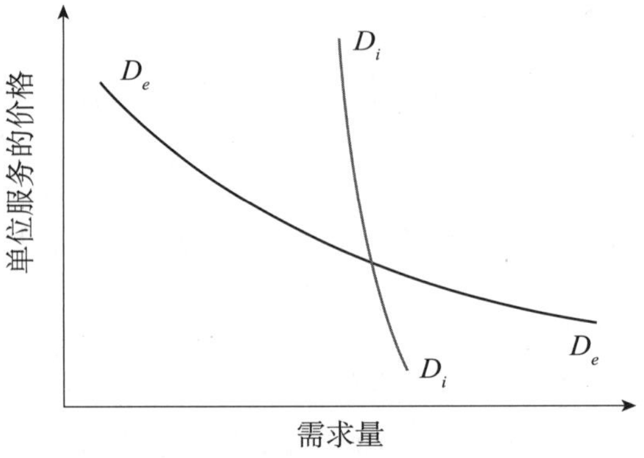

D_e：需求是富有弹性的。价格很小的变化导致需求很大的变化。

D_i：需求是缺乏弹性的。价格很大的变化引起的需求变化很小。

图6－8　价格弹性

> 价格定制化的基本含义很简单：让人们按照他们赋予产品的价值来支付价格。显然，你不能挂出标牌说："请按照你认为物有所值的价格支付"，或者"如果你认为它值80美元的话，就付80美元，如果你认为它只值40美元，那就只付40美元"。你必须找到一种方法能够按照顾客的价值来细分市场。在某种意义上，你必须在高价值顾客和低价值顾客之间设置一个"栅栏"，这样"高价值顾客"就不能从低价格中获利。[15]

怎样避免出现顾客既想要低价格又想得到高价值的情况？设置合理的价格栅栏就能做到，它允许顾客根据服务的特征和支付意愿来进行自我划分，并且帮助企业将较低的价格仅仅提供给那些愿意接受一定的购买和消费体验限制的顾客。

价格栅栏可以是有形的，也可以是无形的。有形的栅栏指的是与不同价格有关的具体的产品差异，比如剧院的座位安排、酒店房间的大小和装修情况，或者产品组合（头等舱优于经济舱）。相反，无形的栅栏指的是消费、交易或者顾客特征。实际上它们都是同样的基本服务（比如一个人买打折票或是买全价票坐经济舱享受的服务是一样的）。这样的例子包括要提前一段时间预订，或者不能取消或变更预订（否则要交取消和变更的罚金），或者要待一周以上。在表6－3中举了几个普遍的设置价格栅栏的例子。

表6－3　关键的价格栅栏类别

价格栅栏	例子
有形（与产品相关）的栅栏	
基本产品	● 航班级别（商务舱/经济舱） ● 租车的大小 ● 酒店房间的大小和装修 ● 剧院或体育馆的座位安排
便利设施	● 酒店的免费早餐、机场接机等 ● 高尔夫球场的免费高尔夫球车 ● 代客泊车

续前表

价格栅栏	例子
服务水平	• 优先等候名单，不需要排队或排队时间很短的独立登记柜台 • 改善的服务和饮料选择 • 服务专线 • 私人管家 • 专用账户管理团队
其他有形特征	• 桌子位置定价（例如，高层餐馆中能俯瞰美景的座位），座位定价（机舱内部靠窗或过道的座位） • 额外空间的位置（如飞机经济舱第一排或紧急出口处座位）
无形的栅栏	
交易特征	
—预订或订购时间	• 提前购买的折扣
—预订或订购地点	• 乘客预订同一航线，在不同的国家价格不同（例如，航空中心的价格会较高，因为转机等更为方便） • 顾客网上预订比电话预订便宜
—使用的灵活性	• 取消或者变更预订的罚金（依全票价格的损失而定） • 不可退还的预订费
消费特征	
—时间或使用期限	• 餐馆 6 点以前的早客特惠餐 • 酒店预订必须含周六晚上 • 至少待 5 晚
—消费地点	• 票价以出发地点而定，尤其是国际航班 • 票价依位置调整（城市之间，市中心还是城市边缘）
购买者特征	
—消费频率	• 企业的忠诚客户（白金会员）享受优先定价、折扣或者忠诚福利 • 季节性价格
—团体成员资格	• 儿童、学生、老人的折扣 • 与某些团体的联盟（如校友） • 参与企业忠诚计划的顾客 • 团体购买价格
—顾客团体的大小	• 基于团体大小的团体折扣
—地理位置	• 当地顾客要价比外地旅游者低 • 某些国家的顾客的要价更高

总结一下，在充分了解顾客需求、偏好和支付意愿的情况下，收益管理可以有效地对产品，包括核心产品、有形产品（有形栅栏）和无形产品（无形栅栏）进行定价，实现收益最大化。另外，对顾客需求曲线的深刻理解是非常重要的，这将有助于库存服务资源在不同产品和价格区域之间的配置。图 6－9 说明的是航空业的例子，而服务展望 6－2 则是对一个高级收益管理人员的访谈。

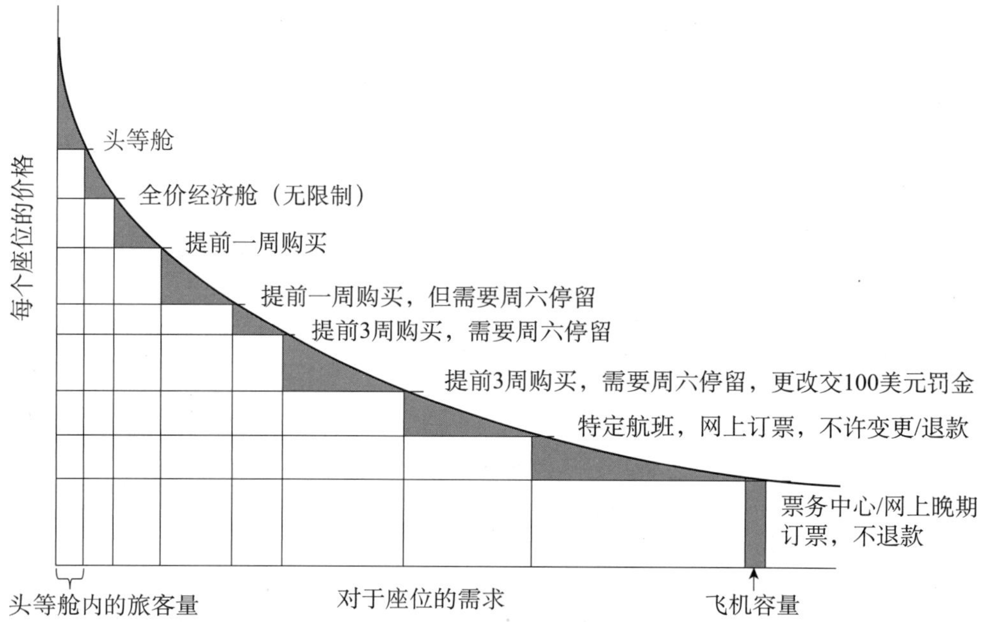

深色阴影部分表示顾客剩余（分割定价的目标就是减少顾客剩余）。

图6-9 将价格“木桶”与需求曲线相关联

服务展望6-2

对话收益管理和分析副总裁

问题：作为收益管理者，您的角色是什么？

回答：当我开始任职时，主要的工作是预测、库存管理、定价、市场细分、地理分布以及分配。网络显著地改变了这些格局，几家全球巨头，像Expedia和Travelocity，都是在“9·11”之后出现的，当旅游预订率急剧下降时，行业意识到了利用网络的力量来帮助其出售滞销的库存。但是，航空公司和酒店想要控制它们自己的库存，并通过定价来减少成本以及对中间商的依赖。因此它们更多地侧重于通过自己的品牌网站这类直接的渠道来带动预订，建立网络品牌和实施客户关系管理项目。我的角色同样也延伸到包括餐馆、高尔夫球场、美容等这些次级收入来源的收益管理方面。

问题：你认为航空公司的收益管理和酒店的收益管理有什么不同之处？

回答：基本来说，预测和优化定价以及库存控制的手段、方法都是一样的。然而，还是存在一些很重要的区别。航空公司有更大的能力通过使用定价策略来增加国内市场的旅游需求。相反，酒店的定价操作能够在当地改变一定的市场份额，但是，对总体市场来说却不一定得力。尽管顾客认为很多定价行为——比如预先购买限制和折扣——对于航空业来讲是合理的，但是在酒店行业未必如此。

组织结构同样也会不同，航空公司采取中央收益管理来管理所有航班，收益管理人员与前台的预订及销售团队并没有交流。因此，更加精确和统计化的定价及库存控制管理才是其核心。在酒店业，收益管理是分散到各个酒店的，需要每天都与预订和销售团队互动。人的因素是酒店成功实施收益管理的关键所在，不仅需要顾客接受定价和库存决策，还需要内部的各个部门，如预订、销售甚至前台的配合。

问题：您认为成为一位成功的收益管理者需要哪些技能？

回答：强大的统计和分析技能是必需的，但是要真正成功，收益管理者同样要有强大的人际交往和影响能力，这样他们的决策才能让其他部门更乐于接受。传统的顾客细分是根据他们的交易特征，比如预订提前期、预订渠道和促销渠道，这些是不够的。顾客的行为特征（比如旅游的动机、产品追求、消费模式和自主程度）和情绪特征（比如自我形象、炫耀性顾客还是不情愿的旅行者，一时冲动还是计划好的）都应该包括在收益管理的考虑范围内。

问题：收益管理行为是如何被顾客感知的？

回答：实施的艺术不是让顾客觉得你的定价和库存控制行为是不公平的，而是由于需要扩大公司价格上限与下限之间的空间。明智而有意义的价格范围应能允许顾客实现自我划分，这样他们就感觉保有选择的权利。

问题：每天该工作的内容是什么？

回答：市场需求有很大变化，而且你需要监控竞争对手的价格，因为它们会随着各种变化而每日出现波动。当然，迅速的分析和决策也是工作的必要前提。收益管理者必须能够自如地应对各种经过计算的风险，并且从众多收益管理和定价工具中选择最适合当前情形的一种工具。

资料来源：We thank Jeannette Ho，who was Vice President Revenue Management and Distribution at Fairmont Raffles Hotels International when this interview was conducted on June 25，2013. Jeannette was responsible for spearheading and implementing the revenue management initiatives for the Group. Her team drove the company's global distribution strategy，oversaw its E-commerce channels and Central Reservations System，and developed its performance intelligence capabilities. Prior to her current role，Jeannette has been working in revenue management，distribution，and CRM with various international companies such as Singapore Airlines，Banyan Tree，and Starwood Hotels & Resorts.

服务定价中的伦理与公平问题

你有时是不是感觉很难理解某项服务的成本到底是多少？你会认为很多服务价格是不公平的吗？如果是这样，你和大多数人的感觉就是一致的。[16]事实是，服务消费者事前根本无法判断自己所接受的服务是否物有所值。很多顾客会给自己设定一个隐性的假设，即价格越高，服务质量越好。例如专业服务，一个收费很高的律师通常被认为比那些收费低的律师更会打官司。虽然价格可以作为服务质量的指示器，但很难说多付钱就一定能得到更多的价值。

服务定价很复杂

服务的定价往往很复杂而且难以理解。供应商之间的比价甚至需要借助复杂的表格或数学公式。顾客有时认为这种复杂性是服务供应商故意所为，它们不希望顾客判断出谁提供了最佳服务从而减少价格竞争。实际上，复杂性反而使企业进行非道德的活动变得更容易了（也许更具诱惑性），通常被顾客用于比价的报价也许只是它们向顾客收取的费用中的一部分。

例如，移动运营商开发一系列让人眼花缭乱的服务方案来满足不同的需求和不同细分市场的呼叫模式。这些方案可以是全国性的、地区性的，或者仅仅在一定范围内本土化的。月收费根据你提前选择的分钟数来定，通常都包括对忙时和闲时的分开计费。超时的分钟数和在其他供应商处的漫游分钟数话费要高一些。一些方案是本地接听免费或闲时主叫免费。一些供应商按秒计费，每6秒为计费单位，或者每分钟计一次费，以致每个月电话的收费都不一样。流量计划（包括一些特性，如允许本月未用完的流量结转到下个月）、新手机购置补贴、漫游费、家庭和组合套餐（可以将手机、其他移动设备以及固定电话和互联网捆绑在一起）使定价系统更加复杂。面对如此复杂的定价系统，很多顾客会无所适从，不知道该如何选择，不同套餐到底哪个更便宜、更适合自己。

另外，很多服务提供者现在的服务收费清单令人头痛。电话收费单当然包括税收（如销售税），但在很多收费单上，顾客通常会认为那些附加收费是税收，直接进了电话公司“腰包”。例如，顾客搞不懂物业费，搞不懂对固定电话和移动电话合并收取的单票费用，也搞不懂运营商所谓的成本覆盖费不过是各种运营支出的分摊而已。在一篇名为“移动地狱”的评论中，消费者联盟主席吉姆·盖斯特（Jim Guest）说：

> 自《消费者报告》开始对手机和固定电话呼叫进行评级的十年来，我们还从来没有找到一种简便的方法来计算实际成本。从读者反馈给我们的情况看，他们同样也没有找到。每一个运营商都瞄准不同的评级、附加费和呼叫领域。破译一个公司的方案本就已经相当困难，要比较不同运营商的方案就更不可能了。[17]

幽默作家斯科特·亚当斯（Scott Adams）（卡通人物呆伯特（Dilbert）的创作者）在将定价前景冠名为“迷惑学”时，使用了全是服务业的例子来说明。注意到那些公司——比如电信企业、银行、保险公司和其他金融服务提供商——提供几乎相同的服务，亚当斯说：

> 你可能认为这会引起价格战，使价格跌到接近成本的水平（这是我在经济学课上没打盹的时候学到的），但这实际上并没发生。结果是企业形成了很有效的迷惑学，以致顾客根本无法找到最低价格。企业也已经学会把生活的复杂性当作一种经济工具。[18]

在亚当斯看来，有效的政府管制发挥的一个作用就是，遏制某些服务行业陷入迷惑的趋势（见图6-10）。

费用高启

并非所有的商业模式都是为了从销售中获得收入。但现在的趋势是企业都会强制收取一些与服务使用无关的费用。在美国，汽车租赁企业在打广告时推出低廉的

"这是一个伟大的医疗保健计划……
值得卖掉房子来支付这笔费用。"

图 6-10　企业选择迷惑顾客而不是价格竞争

出租价格，但是当顾客真的来租赁时就告知他们要强制收取如撞车保险和个人安全保险费。也因为这样，它们已经臭名昭著了。同样，员工有时也搞不清一些"纸质合约"的条目：只要你行驶的里程数超过一个临界值就要收取高额的里程费用。汽车租赁的这种"隐藏额外收费"的现象在佛罗里达州的旅游胜地很严重，以致一些人说笑道："车是免费的，但钥匙是额外收费的！"[19]

业内的另一趋势是提高对顾客的罚款与惩罚额度。银行在这方面受到广泛批评，因为它们将对顾客的罚款当作增加收入的手段，而不是仅仅将它们作为教育顾客并让他们及时付款的措施。纽约大学的学生克里斯·基利（Chris Keeley）用借记卡买了 230 美元的圣诞节礼物。当他收到银行通知告知他的活期账户已经透支时，他度假的情绪一下子受到了影响。尽管银行批准了他的每一项交易，但是银行额外向他每次消费收取了 31 美元的费用，总共才 230 美元的消费就收取了 217 美元的费用。克里斯·基利声称，他从来没有要求过对账户进行所谓的透支保护，并且希望银行拒绝他的这些交易，然后他就可以只用信用卡消费了。他愤怒地说："我真是忍不住要想，它们就是想让我一直消费，然后它们就可以收取这些所谓的费用了。"[20]收费作为利润的一部分，其重要性在迅速上升——因为对于一些银行而言，它们已经超过了通过按揭贷款、信用卡和其他所有贷款服务获得的利润总和。

消费者财务保护局（Consumer Financial Protection Bureau，CFPB）一直在关注顾客透支保护问题，通过研究发现，大部分信用卡如果交易额少于 24 美元，就需要在 3 天内支付所谓的透支费用。[21]从贷款角度看，如果一个顾客从银行借了 24 美元，3 天不还，透支费用就会达到 34 美元，这种贷款的年利率实际上已经达到了 17 000%！CFPB 局长理查德·科德雷（Richard Cordray）说："那些信用卡客户如果选择使用透支消费模式，会将自己置于危险境地……尽管最近政府和行业规定都在发生变化，但透支费用问题对于那些账户收支不平衡、无法及时还款的消费者来说依然是沉重的负担。消费者在使用信用卡时，千万不能掉以轻心。"

一些银行并不收取透支保护费用。位于美国新泽西州樱桃山的商业银行公司（Commerce Bancorp Inc.），其小额银行业务部经理丹尼斯·迪福里奥（Dennis DiFlorio）说："这是很令人震惊的事情。这并不是给顾客提供便利，而仅仅是银行从顾客那里挣钱的一种手段而已。”一些银行现在提供能够从储蓄账户、其他账户甚至顾客的信用卡账户中自动透支的服务，而且不收取费用。[22]

要设计在顾客看来很公平的费用甚至罚款是可能的。服务展望 6－3 描述了影响顾客对于服务费用和处罚公正性认知的各项因素。[23]

服务展望 6－3

罪与罚：顾客对罚款和处罚是怎么回应和处理的

各种类型的“罚款”只是很多定价方案中不可缺少的一部分，从 DVD 租赁的滞纳金到酒店预订的取消和信用卡的延期支付。顾客对罚款的反应有可能会非常消极，甚至可能转向其他供应商并在顾客群中产生很差的口碑。杨·金（Young Kim）和艾米·史密斯（Amy Smith）使用关键事件技术法进行了一项网上调查。在调查中，201 个回应者被问及最近的一次罚款事件，描述当时的情形，然后完成一系列设计好的基于响应者的感受和对事件所作回应的问题。他们的调查结果显示，如果企业能够遵循以下三条方针，那么它们就能够非常有效地减少可能产生的顾客负面评价。

1. 使罚款与所犯过失相关联

调查显示，当顾客认为罚款超出所犯过失的比例时，他们对罚款的消极反应会迅速增加。如果他们在完全没有准备的情况下被企业处罚，而且并不了解这一费用，那么他们的消极情绪会更加强烈。这些研究显示企业可以通过探索在特定的“顾客圈”（customer laps）什么范围的量是合理或者公平的，来显著地减少顾客的消极反应。要收取的罚款/费用应在发生处罚行为之前就与顾客沟通好（例如，在银行业务中制定一个详细的费用方案，通过前台工作人员在顾客开户前对其进行解释；或者购买银行服务时，向顾客解释与各种“违规行为”相关的可能罚款和费用，比如超出指定额度的透支、空头支票和延期付款等情况）。

2. 考虑随意性因素和定制化罚款

调查显示，如果顾客认为罚款的原因不受他们控制（“我及时寄出了支票——一定是邮政投递系统出现了延迟”），而非受他们控制的因素，实际上的确是他们的错（如“我忘了寄支票”）而被罚款，他们对于公平的感知更低，消极反应更多。要增加他们的公平感，企业也许就要确定那些不受顾客控制的、可以免除和减少费用的一般罚款情况。

此外，研究发现，那些一直都遵守所有规定，并且在过去从未被罚款的顾客，如果被罚款的话，他们的反应会相当地消极。一个回应者说：“我一直都是按时付款的，过去从来没有延期付过款——它们应该考虑到这一事实并且免除我此次的费用。”服务企业应该在处理罚款时考虑顾客的罚款历史，并且根据过去的行为区别对待——也许初犯的情形可以免罚款，同时告知他如果再犯的话就要罚款了，这样就能提高公平感知。

3. 注重公平和管理罚款情形中的顾客情绪

顾客的反应主要受他们的公平感知影响。顾客更倾向于把罚款看成是过分的，而且如果他们发现罚款超过了造成损失的部分或者由于罚款事件引起的额外工作，反应就会更消极。一个顾客解释说：“我认为这种专门的罚款（信用卡的延期支付）是多余的，你已经支付了很高的利率；罚款应该与支付相一致。可是这些罚款却超过了支付的金额!”考虑到顾客的公平感知可能意味着，比如，超出保存 DVD 的时间的滞纳金不应该超过期间损失的租金收入。

服务企业同样可以通过合理的解释说明，使得罚款看起来更公平。理想的情况是，罚款应该考虑到其他顾客或群体的福利（例如，“我们为你保留房间，就得让其他顾客等待”），而不是作为企业创造巨额利益的一种手段。最后，一线员工应该接受训练，学会如何安抚那些对罚款很生气和痛恨的顾客的情绪（参看第 13 章）。

资料来源：Young “Sally” K. Kim and Amy K. Smith (2005), “Crime and Punishment: Examining Customers' Responses to Service Organizations' Penalties,” *Journal of Service Research*, Vol. 8, No. 2, pp. 162 - 180.

在收益管理设计中体现公平

定价方案和收费以及收益管理都可能被看成是非常不公平的，必须小心翼翼地管理顾客感知。一个良好的收益管理策略并不意味着盲目追求短期收益最大化。以下方法可以帮助我们调和收益管理实践和顾客的公平感知、满意度、信任与信誉之间的矛盾。[24]

- **设定清晰、合理和公正的价格计划和栅栏**。企业应该提前主动详细地说明费用和收费（例如放弃预订或者取消费用），从而避免让顾客感到惊讶。一种相关的方法是形成一个简单的费用结构，这样顾客就更容易理解特定情况下所产生的各种费用情况。要使价格栅栏的设置让顾客觉得是公平的，就必须保证顾客能轻松地理解（即公司的价格栅栏是透明的和诚实的）这些设置内部的逻辑。
- **使用高公开价和价格栅栏框架作为折扣**。即使从经济上顾客并没有吃亏，将价格栅栏定义为顾客所得（即折扣）也比将其定义为顾客损失（即超额收费）更为公正。例如，一个顾客每周六都光顾一个发廊，如果她发现周末都要额外收费的话，她会觉得这个发廊是一个牟取暴利的黑店。但是，如果这个发廊把周末高峰期的价格设为公开价，然后平日理发打个九五折，她会觉得这种定价很合理也更易接受。而且，设定一个很高的公开价还能帮助企业提高顾客的参考价格和质量感知，以及顾客在工作日前来理发的额外获益感觉。
- **传达收益管理带给顾客的利益**。营销沟通应该把收益管理定位为一种双赢的行为。提供不同的价格和价值平衡允许顾客在更大的范围内实现自我群体划分和享受服务，也能帮助每一个顾客找到最能满足他的价格和收益（价值）平衡。例如，对剧院里最好的位置收取更高的价格，证实了一些观众愿意且能够为更好的座位支付更高的价格，从而也能够以较低价格出售其他座位。感知的公平会受到顾客认为正常的事情的影响。因此，当顾客对特定的收益管理实践越来越熟悉时，不公平的感觉就会越来越少。[25]
- **使用捆绑方案、产品设计或目标市场变化来“隐藏”折扣**。把服务打包能有效地掩盖价格折扣。在一家旅游公司的服务中包括航空飞行与地面交通的价格时，顾客往往只看到总价，并不知道各个组成部分的价格。这种捆绑使得顾客无法在服务包和各个组成部分之间进行比价，因此也就避免了顾客可能产生的不公平感，降低了顾客的参考价格。[26]

可以通过服务产品设计来“隐藏”折扣。对于餐饮业来说，不同菜肴可能有不同的价格，但一旦某些菜肴降价，便很难再将价格提上来，企业可以将这些菜肴设计成不同的产品。例如，餐馆可以提供小份的低成本套餐，使得顾客即使在高峰期，也能花最少的钱吃到饭。顾客会认为自己得到了实惠。在需求高峰期，企业并不涨价，但菜的分量会减少，顾客会有较好的感知。这些策略使得餐饮行业能够根据需求情况，及时调整自己的营销策略。[27]

最后，不要过度宣传企业的低价，这会降低企业参考价格和顾客的质量感知，一些低价服务或商品可以只针对参与忠诚计划的顾客，将它们作为这些顾客的特殊利益，使这些顾客感到自己被给予了特殊的待遇，企业可以不用降价便促进更多需求的产生。

- **照顾好忠诚顾客**。企业应构建自己的战略留住有价值的顾客，即使这意味着在特定的服务交易中没有办法获得可行的最大收益。毕竟，当顾客感觉到被乱要价时，双方也不可能建立信任感。设计收益管理系统应当引入老顾客的“忠诚度乘数”，以便预订系统可以在高峰期给予他们“特殊对待”，即使他们此时没有支付高额的服务费用。
- **采取服务补救措施来弥补超额预订给顾客带来的损失**。很多服务企业通过超额预订来弥补可能由于取消预订和根本不来所产生的损失。这样，利润会增加，同时也增加了无法按照预订向顾客提供服务的可能性。航空公司对顾客“爽约”或者酒店对顾客“失约”，可能导致顾客忠诚度的下降，从而影响企业的信誉。[28]因此，设计良好的服务补救流程对公司来讲尤为重要。例如：

1. 让顾客在保留预订和接受补偿两者之间进行选择（例如，很多航空公司在登机处给那些自愿分流的顾客以现金补偿，让他们搭乘晚一点的航班）。

2. 事前通知，让顾客能够另作安排（例如，转移那些先买票的顾客，给他们重新安排起飞前的另一个航班，通常包含现金补偿）。

3. 如果可能的话，提供使顾客愉悦的替代服务（例如，把他安排到下一航班的商务舱或头等舱，通常与1和2综合使用）。

一家威斯汀海岸度假酒店发现，它可以通过给第二天离开的顾客提供最后一晚在机场附近或者位于市区的豪华酒店的免费住宿来有效腾出房间。顾客对免费房间、升级服务和在市区待一晚的服务的反应都很好。对酒店来说，这一做法虽然需要承担顾客在另一个酒店待一晚上的花费，但带来的是能够向另一位可能居住多晚的新顾客提供服务的更高回报。

执行服务定价策略

管理者必须认识到，服务定价是一项系统工程。定价问题并不是简单地我应该收多少钱，企业还需作出很多其他决策以对顾客价值感知和行为产生积极影响。表6－4总结了服务的市场营销者在准备制定与执行一项完备的价格策略时所需要自问的问题。让我们按顺序看看这些问题。

表 6-4　定价必须考虑的问题

1.	此项服务的收费应当是多少？ ● 服务企业需要收回的各项成本有哪些？企业销售此项服务是否要实现某一特定的利润目标或者投资者的投资回报目标？ ● 顾客对于各种价格的敏感程度如何？ ● 竞争者的价格如何？ ● 在基本的价格上我们应该提供何种折扣？ ● 是否存在广为顾客接受的心理定价基点（如 4.95 美元而不是 5 美元）？ ● 是否需要采用拍卖或动态定价？
2.	定价的基础是什么？ ● 特定的任务。 ● 进入特定服务设施。 ● 时间单位（小时、星期、月、年）。 ● 根据服务交易的价值按比例收取佣金。 ● 消耗的有形资源。 ● 覆盖的地理范围、提供服务的重量或体积。 ● 顾客得到的服务结果或成本节约。 ● 是否应当对服务的每个组成要素进行单独收费？ ● 是否应当对捆绑的服务制定单一的价格？ ● 不同细分市场定价是否应当不同？ ● 免费增值定价战略有意义吗？
3.	应当由谁来收费？ ● 由提供服务的组织（现场或远程）。 ● 专业的中介机构（例如旅游和机票代理、银行和零售商等）以传统方式收费。 ● 如何向该中介机构提供此项工作的报酬——单一费用或按比例支付佣金？
4.	应当在何时收费？ ● 服务前或服务后。 ● 一次付款还是分期付款。
5.	应当如何收费？ ● 现金（精确收费或者其他方法）。 ● 代币（在哪里可以买到）。 ● 储蓄卡。 ● 支票（如何兑现）。 ● 电子转账。 ● 付款卡（借记卡或贷记卡）。 ● 服务提供商的信用账户。 ● 购物券。 ● 第三方支付（如保险公司或政府机构）。
6.	应该如何向目标市场传达服务价格？ ● 通过何种沟通媒介（广告、招牌、电子显示、销售人员、客户服务人员）？ ● 什么信息内容？（应当在价格上给予多少重视？） ● 能在价格陈述和沟通中运用心理方法吗？

收取多少费用

制定价格策略时的实际态度对企业的财务状况影响极大。先前讨论的定价“三脚架”模型向我们提供了一个有用的出发点。首先，所有相关的经济成本要素必须通过相应的销售收入和最低价格来加以弥补；其次，从服务供应商和顾客的双重角度来评估服务需求的弹性，因为这有助于在任何给定的市场板块确定价格上限；最后，企业分析各个服务供应商之间的价格竞争的激烈程度以确定最终价格。

必须为价格设定一个具体的数字。这需要考虑几点，包括设定具体价格的优点和缺点，设定不含税率、服务费用以及其他费用的价格所涉及的道德风险。

近年来，拍卖定价和动态定价应用越来越广泛，正如我们前面所说的，这两种定价方法是根据需求和顾客感知价值进行定价的方法，服务展望 6－4 列举了互联网环境下的动态定价的例子。

服务展望 6－4

互联网环境下的动态定价

动态定价亦称定制定价或个性化定价，是一种很古老的差别定价方法。利用这种方法可以在提高利润的同时为顾客提供价值，因此，在服务业得到了较为广泛的应用。在互联网环境下，动态定价策略应用更为简单。根据不同顾客的购买历史、偏好、价格敏感度等，可以轻松地实现对不同顾客采用不同的价格这种策略，而且顾客并不会感到不悦。

鉴于伦理和法规等方面的顾虑，网上零售商非常不愿意承认它们在采用差别化的动态定价策略。对于网上巨无霸亚马逊公司，如果顾客知道公司的同一张电影 DVD 对不同顾客的售价不一样，他们一定会感到愤怒。宾夕法尼亚大学安南堡公共政策研究中心通过对在线顾客的研究发现，87%的顾客认为无法接受差别定价。

反向拍卖

网上旅行公司，如 Priceline. com 和 Hotwire. com，采取的都是顾客驱动定价策略，即反向拍卖。每家公司都像一个中介公司，站在众多服务提供者和潜在顾客之间，等待上方的报价，然后替顾客找到几个报价较优的服务提供者。购买者通过比较，找到最能满足他们需求的公司。例如，如果一个顾客想买机票，同时要住酒店，搜索结果会是一长串符合条件的公司，顾客可以从中选择一个。所有的航空公司和酒店的品牌都罗列在那里，机票价格和酒店价格也一清二楚。

不同的服务有不同的商业模式，尽管有些服务是免费提供的，但大多数服务要从供应商那里收取佣金，企业无法将这些费用转嫁给顾客。但也有一些企业会向顾客收取一定的固定费用。

传统拍卖

还有一些网上零售商，如 eBay 和 Online Auction，采取的依然是传统的在线拍卖模式，竞标者相互竞争，进行投标，然后企业决定究竟采用谁的服务。顾客和工业产品的营销人员利用这种方法来销售过时、存货过多的产品，收藏品，珍稀品或者是二手商品。在 1995 年 eBay 首次推出后，这种方式取得了巨大的成功。

购物蠕虫和高级搜索引擎帮助顾客从动态定价中受益

为了防止自己被动态定价利用，消费者现在有了自己的防御工具。其中包括购物蠕虫和高级搜索引擎，能够通过动态比较，找到最低价格。购物蠕虫和高级搜索引擎具有极高的智能性，它们会从无数的供应商那里自动采集价格和产品信息。顾客只需访问一个购物蠕虫网站，如 Dealtime. com，搜索他们想要的产品或服务，就可以满足自己的期望。在旅游行业，Kayak 是领先的搜索引擎。这些购物蠕虫网站可以即时搜索到所有相关的服务商，对可行性、特性和价格等进行比较，然后把结果呈现给顾客。不同的购物蠕虫网站会链接到不同的商家。还有一家所谓购物蠕虫网站中的网站，即 MegaShopBot. com，它在最优的购物蠕虫网站中进行搜索。

动态定价的作用毋庸置疑。随着科技进步，它将被应用于更多的服务领域。

资料来源：Laura Sydell，"New Pricing Plan Soon to Be at Play For Online Music，"27 July 2009，http://www.npr.org/templates/story/story.php?storyId＝111046679&ft＝1&f＝1006，accessed March 2，2015；Jean-Michel Sahut（2009），"The Impact of Internet on Pricing Strategies in the Tourism Industry，" *Journal of Internet Banking and Finance*，Vol. 14，No. 1，pp. 1－8；Promotional Pricing：Dynamic Pricing（2015）. From Setting Price：Part 2 Tutorial. KnowThis. com. http：//www. knowthis. com/setting-part-2/promotional-pricing-dynamic-pricing，accessed March 2，2015；Thad Rueter（2014），"The Price is Right—Then it's Not，" https：//www. internetretailer. com/2014/08/04price-rightthen-its-not-2?p＝1，accessed March 2，2015；Max Starkov and Tara Dyer（2013），"Meta Search Marketing：The New Revenue Frontier in Hospitality，" http：//blog. hebsdigital. com/meta-search-marketing-the-new-revenue-frontier-in-hospitality，accessed March 12，2015.

定价的具体基础

要将单位服务作为特定的定价单元并不总是易事。这里可能有多种方案可供选择。例如，价格是否应当建立在完成一项承诺的基础上——如维修一件设备或者清洗一件外套？价格是否应当建立在获得一项服务表现的许可基础上——如一个教育项目、一场音乐会或者一项体育赛事？价格是否应当以时间为基础——例如，使用律师服务一小时的收费是多少？又或者，价格是否应当与服务提供相关联的货币价值相联系，就如同保险公司决定其保费那样，反映保险覆盖的数量，或者像房地产代理那样，在销售出去的房屋的价格中按照一定的比例收取佣金？

一些服务的价格是与实体资源的消耗相联系的，例如，食品、饮料、水或者天然气。运输公司一直是按照运输的距离收费，而快递公司一向结合距离和货物重量或者体积来决定收费价格。这样的定价策略能够保证企业收费的一致性，并且反映企业每英里（或千米）的平均成本。有些服务，进入和使用是分别收费的。最近的研究建议，会员费是吸引和留住顾客的重要手段，而使用费用则更多地与顾客实际使用情况相关联。[29]享乐性服务如游乐园门票最好采用通票，以免顾客进去游玩却时时刻刻被提醒自己在付费。这就是所谓的"出租车计价器效应"，顾客不愿意耳边时刻响起"钱"的声音，这会减少他们消费的乐趣。[30]

在 B2B 市场上，创新性业务模式的收费通常建立在服务结果而不单纯是服务之上。例如，劳斯莱斯的"小时动力"（Power-by-the-Hour）所收取的费用并不是维修费和材料费等，而是这些活动的结果，即飞行时间。[31]一些供应链服务提供商，如DHL，先收取基本价格，再根据成本情况收取额外的费用。这样做可以节约成本，对客户和供应商都有利。

捆绑定价（price bundling）。对服务营销人员来说，决定对所有组成要素按套餐收费（也就是绑定）还是每个要素分别定价是一个重要问题。如果顾客希望避免多次小额支付，那么绑定收费就比较好。相反，如果顾客不愿为他们不会使用的服务支付费用，按单项服务定价就更受欢迎。捆绑定价为公司提供了来自每一位顾客的固定的和有保证的收益，并且为顾客提供了预先了解账单数额大小的机会。没有捆绑的定价向顾客提供了灵活性，让顾客能够选择所需并按需支付。[32]例如，现在很多美国航空公司在它们的国内航班上收取食物、饮料和行李托运费。然而，如果这些顾客发现他们在添加了许多"额外的"服务后实际消费的各项费用远远超过公司一开始在广告中用来吸引他们的价格的话，他们可能会非常气愤。[33]

折扣（discounting）。针对某个市场群体采取的选择性价格折扣可以为企业创造重要的机会，使它们能够吸引新的顾客，并且充分利用企业原本不会使用的服务能力。但是，除非企业能够使用有效的价格栅栏并实现对各个特定的市场群体的明确定位，否则公司的折扣战略就需要三思而后行。这是因为它将会降低企业的平均价格和顾客贡献，并且吸引来的顾客的忠诚度也完全取决于公司在今后的交易中是否能够再次提供最低的价格。基于数量的折扣优惠有时被用来提高大型公司的顾客忠诚度，因为不这样做的话，后者很有可能将它们的购买行为分摊到几家不同的供应商。

免费增值（freemium）。免费增值是免费（free）和溢价（premium）的合成词。在过去的几十年，免费增值定价方法在网络和移动服务方面得到了广泛的应用。免费增值定价的基本方法是：顾客基本服务免费（由广告收入弥补），进一步服务则需付费。如果你使用过这些服务，例如，云服务提供商Dropbox、社交网络LinkedIn，或者音乐服务提供商Spotify，你就可以发现，它们的基本商业模式都是基本服务免费+高级服务收费。由于科技和宽带的边际成本逐年下降，免费增值定价模式越来越受到企业的青睐。[34]

谁负责收费

就像我们在第4章中讨论过的，辅助性服务包括信息、订单、记账与支付。当企业的价格信息能很容易地得到并且提供预订时，顾客会比较满意。他们同时也期待良好的记账和便利的支付流程。有的时候公司会将这些任务分包给中介机构，如旅行社，它们为顾客预订旅店和交通票务，并为此向顾客收取费用；而订票机构则出售剧院、音乐厅和体育场馆内的各种座位。

尽管源供应商要向中介机构支付一定的佣金，但这些中介机构能向顾客提供地点、时间和支付方式等方面的更大便利。使用中介机构同样可以为企业节省行政管理费用。然而，当前越来越多的公司开始使用网站并将其作为顾客自助服务的直接渠道，从而绕开了传统的中介机构，进而避免了向后者支付佣金。

何时收费

两种基本的选择方案是：要求顾客预先支付（如入场费、飞机票或者邮票等），或者在服务结束后向顾客记账收费，例如餐馆的账单与维修服务的收费。偶尔也会有这样的情况，即一家服务供应商可能要求顾客在服务提供之前先支付一笔费用，稍后才向顾客收取全部费用（见图 6－11）。这种做法在昂贵的维修与维护服务行业中非常流行，尤其是公司——通常是小规模的企业并且运作资本有限——需要预先购买各种材料才能提供服务的情况下。

图 6－11　企业在顾客延期还款方面缺乏灵活性

资料来源：1999 Randy Glasbergen. www. glasbergen. com.

要求顾客预先支付意味着，买方必须在受益前就支付服务费用。但是，预先支付可能对服务供应商和顾客同样有好处，因为有些时候要对经常使用的服务重复支付的话实属不便，例如邮政服务或者公共交通。为了节省时间和精力，顾客更愿意购买一版邮票或者一张交通月票。艺术演出的组织单位如果面临紧迫的财务压力，也会提供打折的订购票，以便它们能够在演出季开始以前就实现现金流入。

最后，支付的时间也可能决定使用服务的模式。从对位于美国科罗拉多州的一家健康俱乐部的顾客支付与使用情况的分析，约翰·古威尔（John Gourville）和迪里普·索曼（Dilip Soman）发现，该俱乐部会员的消费模式与他们的支付计划密切相关。当顾客是按年度付款的时候，他们使用俱乐部的频率在付款之后的几个月里是最高的，之后便逐渐按月下降直到下一年度的支付为止；而按月度付款的时候，俱乐部的成员会更稳定和持久地使用俱乐部服务，并且更愿意更新会员身份，也许这是因为每月一次的支付方式能鼓励顾客使用自己花钱购买的服务。[35]

古威尔和索曼得出的结论是，企业可以更加有策略地运用付款的时间来管理企业服务能力的利用。例如，如果一家高尔夫俱乐部希望在它最繁忙的季节降低顾客需求，那么它就可以在离旺季还有很长时间的时候就要求顾客支付会员费用（如 1 月，而不是 5 月或 6 月），这样会员对于支付的不快在夏天的旺季开始前就已经消退，从而也就实现了避免会员们为了要"物有所值"而进行的消费。而在旺季降低顾客需求也意味着，俱乐部能够为自己吸引更多的新会员。

反过来，付款时间也能够促进消费。波士顿红袜棒球队（Boston Red Sox，美国著名的职业棒球队）赛季门票经纪人在比赛开始前 5 个月就取得了门票的所有权。为保证有人来看，而且粉丝在整个赛季都予以支持，红袜队要对门票的销售在 4 个季节之间作出科学安排。球队需要有观众，还需要粉丝支持，但粉丝需要的是更低的价格和更合理地安排时间看球。

如何收费

付款形式有很多种。现金付款可能是最简单的方法，但是随之产生了安全问题，并且在需要找零时尤为不便（如在机器上操作的时候）。信用卡和借记卡可以在全世界范围内使用。其他支付方式还包括购物券、代金券等。社会服务代理机构有时会向老年人或低收入人群发放代金券。两者的共同点是效果与打折类似，避免了对不同价格商品的推广与说明，但需要收银员检查这些代金券是否有效。

服务营销人员必须记住，支付形式的便利性和速度可能会影响到顾客对整体服务质量的印象。预支付系统得到了更广泛的应用，该系统建立在顾客信用卡内所植入的芯片或磁条之上。由于射频识别技术（radio-frequency identification，RFID）在信用卡和借记卡中的广泛应用，卡片能够在完全无实体接触销售终端的情况下被读取信息，从而完成支付。星巴克推出了手机 App 支付系统，与其“我的星巴克奖励计划”整合使用，通过该系统，顾客可以得到折扣和免费服务。不久，柜台支付系统也将采取更节约顾客时间的订餐方式。苹果用户已经可以通过自己的支付系统进行现场支付，只需简单地利用指纹 ID，便可轻松完成交易。采用这些技术的供应商认为，通过这些技术，交易速度比传统的现金、信用卡和借记卡要快一倍以上。

有趣的是，最近的一项研究显示，支付机制甚至对于顾客的总体消费也有影响，特别是在顾客的随意性消费方面，例如在咖啡馆中的开支。[36] 支付机制的实体性和支付速度的下降会导致顾客更少的消费行为。现金是最有形的支付方式（即顾客会在消费的时候更当心，而且消费更少），排在之后的分别是信用卡、预付卡，以及更为复杂、更为无形，也更为缓慢的支付机制，如通过顾客的移动电话付款并只在电话账单上列出清单的支付方式。

如何与目标市场沟通价格

在以上事项都得到妥善处理之后，服务企业的最后任务是怎样才能最有效地向它们的目标市场群体传递企业的定价政策。对于一些服务产品，人们需要在购买前就预先了解它们的价格。他们同样也需要知道在何时、何地、以何种方式可以支付产品费用。这些信息必须以容易理解和准确的形式传递给顾客，以免顾客被误导进而怀疑公司的道德标准。管理人员需要决定是否需要在广告中向顾客传递价格信息。在广告中，可以将自己产品、服务的价格与竞争性产品进行比较。销售人员和顾客服务代表应当对顾客在定价、支付方式和信誉等方面的问题给予即时和准确的回复。销售现场有效的价格标识会极大减少销售人员回答顾客问题的时间。

怎样与顾客就价格问题进行沟通是非常重要的，也决定了顾客购买行为模式。例如，在餐馆里，菜单设计会从心理层面向顾客传递相应的定价信息（参见服务展望 6－5）。

服务展望 6－5

餐馆菜单定价的心理学效应

不知道你想过没有，你为什么点了某些菜，而忽略了另外一些？现在可以告诉你，这可能与这些菜是通过什么方式在菜单上呈现的有关。菜单心理学是一个新的研究领域。菜单设计者和管理咨询人员会以最有效的方式来设计菜单，包括菜品的排列和价格信息，希望顾客每餐能花更多的钱。怎样才能使顾客点利润更高的菜，进而花更多的钱？

● 在标示每道菜的价格时，尽量不要使用美元符号，这会导致顾客少花钱；不标美元符号，顾客支出更多。

● 尾数定价方法更有效，这会使得用餐者认为物有所值。对于低档菜品的标价，这种方法尤其有效，在高端客户市场，这种方法也可以应用。

● 标示价格的最好位置是每道菜品的最后，不要突出价格。

● 至于菜品的顺序，将最贵的菜品“置顶”，这样其他菜就会显得非常便宜。

● 相类似，最赚钱的菜品要放到菜单的右上角，那是顾客视线第一眼所停留的地方。

● 菜品名称详尽也会提高顾客点菜的频率。因此，菜单要尽量详尽，越盈利的菜品越要详细。

● 给菜品起什么名字？带有母亲、祖母或其他亲戚名字的菜品更受顾客青睐（如梅姨炖牛肉）。

下次到餐馆点菜，你可以看一下，那家餐馆是怎么做的，菜单是否对你的点菜行为产生了影响。

资料来源：Sarah Kershaw，“In Search of a Formula to Entice Mind，Stomach and Wallet，” *The New York Times*，December 23，2009.

结　论

最后，当价格是以逐项列出的形式提供给顾客时，市场营销人员应当确保它是准确和容易理解的。医院的账单可以长达数页，包括数十个乃至数百个项目，它们受到的批评大多与数字错误有关。酒店账单尽管包含的项目较少，但是也经常受到容易出错的指责。一项调查的估算显示，在美国，商务旅行者每年超额支付他们的酒店客房费用可能高达5亿美元，其中11.6%的账单都存在错误，平均每份账单的超额支付金额为11.36美元。[37]

本章小结

1. 有效定价对服务企业获得财务成功极为重要。定价目标包括：（1）获取利润，弥补成本；（2）激发需求，建立用户群；（3）支撑企业定位策略。一旦一个企业设定了定价目标，就要确定它的定价策略。

2. 定价“三脚架”的三个支撑是定价策略的基础：

● 企业必须收回的成本，这是企业定价的下限。

● 顾客对服务的价值感知设定了最高价或者上限。

● 竞争服务的定价决定了企业定价的位置，即在最低价和最高价之间可以定价的范围。

3. 定价“三脚架”的第一个支撑是企业成本。

● 昂贵的服务通常是很复杂的。服务往往固定成本很高，产能利用率可变，以及有大量共享的基础设备，这些都使得单位成本很难确定。

● 如果服务在可变和/或半变动成本中所占比例很大，那么成本核算的方法就会很容易实现（例如用贡献和盈亏平衡分析法）。

● 然而，对于共享基础设施的复杂服务，作业成本法（ABC）通常更合适。

4. 定价“三脚架”的第二个支撑是为顾客提供的价值。

● 净价值是一项服务所有感知价值（总价值）减去所有感知成本的差。只有当净价值为正的时候，顾客才会购买。净价值可以通过增加价值和减少成本来提高。

● 既然价值是被感知的和主观的，就能通过沟通和教育来帮助顾客理解他们所获得的价值。

● 除了顾客为服务支付的价格外，成本还包括在研究、购买和服务接触和售后阶段的相关货币成本（如服务场所的税费）和非货币成本（如时间、生理、心理和感官性成本）。企业可以通过减少相关的货币成本和非货币成本来提高净价值。

5. 定价“三脚架”的第三个支撑是竞争。

● 在同质化的服务市场中，价格竞争可能会很激烈。因此，企业需要密切关注竞争者的定价，并且据以定价。

● 价格竞争程度的决定因素包括：(1) 竞争者数量；(2) 替代品数量；(3) 竞争者分布密度和替代品分布；(4) 行业产能过剩情况。

● 如果出现下述情况，价格竞争会趋于弱化：(1) 使用竞争对手的产品成本巨大；(2) 买卖双方之间关系很重要；(3) 转换成本巨大，包括时间成本和位置成本。

6. 收益管理（RM）通过高支付水平的细分顾客的更大的产能利用率和预订量给企业增加收益。具体来说，收益管理（RM）：

● 使用有形和无形的价格栅栏设计产品，并根据具体的预订价格划分的不同的细分市场给顾客定价。

● 根据不同的需求水平和顾客细分来定价。

● 在具有以下特征的服务行业有效：(1) 固定成本很高和具有很强时效性的“库存”；(2) 可以根据不同的价格弹性划分顾客细分市场；(3) 需求可变和不确定。

7. 设计优良的价格栅栏需要针对每一目标细分顾客对“产品”进行科学的定义，这样，那些对服务提供者来说有高价值的顾客就不能使用低价格“木桶”的服务。价格栅栏可以是有形和无形的：

● 有形的栅栏指的是与不同价格有关的具体的产品差异（比如剧院的座位安排、酒店房间的大小，或者服务水平）。

● 无形的栅栏指的是消费特征（如顾客必须待一周以上）、交易特征（如对提前两周预订的取消和更改的罚款）或者顾客特征（如学生票和团体票优惠）。尽管要价不同，在所有栅栏情形中的服务体验却都是相同的。

8. 顾客经常在理解服务定价方面有困难（例如收益管理实践和它们的很多分栏和收费方案）。服务企业要注意，不要把定价复杂化，也要注意一些顾客认为不道德和不公平的隐藏费用。

9. 以下方式可以帮助顾客提高他们的公平感知：

● 设定清晰、合理和公平的价格计划和栅栏。

● 使用高公开价和价格栅栏框架作为折扣。

● 传达收益管理带给顾客的利益。

● 使用捆绑方案、产品设计或目标市场变化来“隐藏”折扣。

● 照顾好忠诚顾客。

● 采取服务补救措施来弥补超额预订给顾客带来的损失。

10. 执行服务定价策略，服务营销者需要考虑6个问题来制定周密的定价策略。这些问题是：

● 此项服务的收费应当是多少？

● 定价的基础是什么？

- 应当由谁来收费？
- 应当在何时收费？
- 应当如何收费？
- 应当如何向目标市场传递价格信息？

复习题

1. 为什么服务的定价比有形产品定价更困难？

2. 服务定价的定价“三脚架”方法如何有效运用于一项特定的服务，以找到合适的定价？

3. 服务企业应当如何计算单位服务成本？预期和实际生产能力对单位成本和利润有什么影响？

4. 在商业模式中，非货币成本的作用是什么？它们是怎样与顾客价值感知产生关联的？

5. 在服务竞争中，“一分钱一分货”的定价理念为什么行不通？

6. 收益管理是什么？它是如何运作的？何种服务运营能从良好的收益管理系统中获益最多？为什么？

7. 试举例说明有形和无形价格栅栏的区别。

8. 在设计服务定价方案和收益管理策略时，为什么要把道德问题和公平感知作为重要的考虑因素？潜在顾客对感知的不公平的服务定价方案或政策会有何反应？

9. 我们怎样对不同的细分顾客收取不同的价格而不让他们感到被欺骗？我们怎样在看似公平的情况下，根据时机、场合、环境的不同对同一顾客收取不同的价格？

10. 管理者必须了解的有效定价的 6 个关键决策问题是什么？

应用练习

1. 选择一个服务企业，找出它的定价策略与方法，并说出这些策略和方法与本章介绍的相似或不同之处。

2. 从顾客角度看，下列服务中顾客价值是什么：(a) 美发沙龙；(b) 商务和税收方面的法律服务；(c) 夜总会。

3. 检查一下你最近从服务企业收到的账单，比如电话、汽车维修、有线电视和信用卡。按下列标准对它们逐一评价：(a) 设计合理清晰；(b) 支付条款易于理解；(c) 没有模棱两可的术语和定义；(d) 内容繁简适中；(e) 没有意料之外（隐性）的收费；(f) 表述准确；(g) 提供了解决问题或纠纷的客户服务渠道。

4. 收益管理如何运用于以下行业：(a) 专业服务企业（如咨询公司）；(b) 餐馆；(c) 高尔夫球场？可以设置什么样的价格栅栏？为什么？

5. 收集三家最主要的移动电话服务商的价目表，找出所有的定价维度（比如，通话时间、订购费用、免费通话时间、每秒/每 6 秒/每分钟的费用、累计通话时间等），以及每个维度的价格水平（也就是市场上所有服务商提供的范围）。分析特定用户群的使用模式（如主要用来打私人电话的年轻经理或者全日制学生），并根据这些特征找到成本最低的服务商。然后，制定你的目标客户最喜欢的定价标准（即运用联合分析）。最后，建议三家中最小的那家如何重新设计价目表以吸引你的目标客户。

6. 研究两个由于定位创新和/或收益管理策略而成功的商业模式，确定两个因定价策略失误而失败的商业模式。说明你从自己的分析中学到了什么。

7. 任选一种服务，运用营销人员合理定价需要回答的 6 个问题，制定一个综合价目表。

第7章 服务营销沟通

生命只有一代之久，而美名永存于世。

——日本格言

教育是需要花费成本的，而无知同样会花费成本。

——克劳斯·莫瑟
英国统计学家

在是否做社交媒体这件事上，我们别无他选；真正的问题是，我们如何才能做好。

——埃里克·奎尔曼
社交媒体经济学学者

学习目标

通过本章的学习，您将能够：

1. 知晓5W整合服务营销沟通模型，即谁（Who），做什么（What），如何做（How），在哪里（Where），什么时间（When）；
2. 熟悉服务营销沟通的三种广义受众（“Who”）；
3. 理解服务营销沟通目标中常见的战略和策略（“What”）；
4. 熟悉服务营销沟通“漏斗”，以及“漏斗”中的关键目标；
5. 知晓服务营销沟通的几个特定的重要角色；
6. 理解服务营销沟通组合面临的挑战，以及如何应对这些挑战（“How”）；
7. 熟知服务背景下的营销沟通组合（“Where”）；
8. 知晓传统营销渠道中的沟通组合要素；
9. 理解互联网、移动电话、应用程序、二维码，以及其他电子媒介在服务营销沟通组合中的作用；
10. 知晓服务传递渠道中有效的营销沟通组合要素；
11. 理解源于企业外部的沟通组合要素；
12. 理解进行营销沟通的时机（“When”），如何为服务营销沟通计划制定预算，如何评价服务营销沟通的效果；
13. 重视营销沟通中的伦理道德问题与消费者隐私；
14. 理解营销沟通中企业形象设计的作用；
15. 理解整合营销沟通对传递强有力的品牌形象的重要作用。

开篇案例

奥斯卡正在享受生活

爱尔兰的基尔罗南城堡酒店（Kilronan Castle Hotel）的员工发现了一只亚麻布料的橙黄色的猴子毛绒玩具，这肯定是客人遗落在酒店的。酒店员工并没有把这只小猴子放到失物招领处，而是发起了社交媒体活动让奥斯卡与他的主人团聚，奥斯卡是员工给玩具小猴起的名字，这个活动的过程中乐趣多多。

员工们把奥斯卡的高品质生活拍照并上传脸书。脸书上的留言是奥斯卡正在寻找他的主人，虽然他走丢了，但是他正在豪华的城堡酒店享受生活。照片里的奥斯卡在享用下午茶，做美容保养，还享用了厨师长特意为他准备的自助餐。奥斯卡好像并不介意自己走失的时间再长一些。

请在线关注奥斯卡最后能否和主人团聚。

虽然酒店的员工的确是希望通过社交媒体找到失主，但毋庸置疑的是，基尔罗南城堡酒店发起了效果显著的社交媒体推广。传播速度快、具有创造性、充满乐趣是使社交媒体活动病毒式传播的几个重要因素。

资料来源：Kilronan Castle Facebook Page，https：//www. facebook. com/media/set/?set=a. 913675381980829. 1073741840. 125951937419848&type=3.

整合服务营销沟通

在开篇案例中，由于反应快速、富有创造性的酒店员工的行为，“奥斯卡”活动在脸书上取得了成功，吸引了许多粉丝。社交媒体已经成为许多服务组织的组成部分。[1]但是，类似的社交媒体活动应该整合为整体服务营销沟通计划的一部分。本章着重讨论如何为服务制定、设计有效的营销沟通战略。通过营销沟通，营销者可以阐释、推广企业提出的价值主张。

营销沟通是人们最容易看到、听到的营销活动——有些人认为是最具侵入性的一种营销活动，但是如果营销沟通没有与其他营销组合进行有效联结、得到合理运用的话，那么营销沟通发挥的作用就会非常有限。有句格言：“扼杀一种产品最快的方法就是狂打广告。”但是，如果潜在顾客根本不知道企业的存在，企业可以为他们提供什么，产品可以为他们提供的价值主张，以及如何最佳使用产品的话，那么一项完美的营销计划也可能会毫无效果。如果企业没有对企业形象进行有效的前瞻性管理，那么顾客就更容易受到竞争者和竞争产品的引诱，而多种形式的营销沟通组合则是企业成功的基本要素。

目前对服务营销沟通范围的理解还十分混乱，因为许多人还将其界定得过于狭窄。我们应该从更宽泛的角度理解营销沟通，而不仅仅是媒体广告、公共关系、社交媒体以及专业的销售人员。服务企业还可以采用其他许多方法与现有的和潜在的顾客进行沟通。服务传递设施的地点和氛围、企业形象设计特色（如颜色与图形设计的协调一致）、员工的外表和行为、企业网站的设计，都会对企业在顾客心中的印象产生影响，都可能会强化企业传达的沟通信息，也可能会与企业的沟通信息相悖。

近年来，互联网、移动应用为企业提供了新的接触潜在顾客的机会，这种方法可以让企业最大限度、更有针对性地接触到目标顾客，这在以前根本就是不可思议的事情。所有媒体都必须能够有效地吸引新顾客，同时要通过向顾客教授如何顺利完成服务过程的知识使现有顾客确认自己的选择。因此，我们最好将服务营销7P的沟通要素界定为**促销与教育**（promotion and education）。

我们应该如何开展有效的服务营销沟通计划？首先，我们要深入理解服务产品以及潜在的购买者。我们有必要理解目标市场及其使用媒体，消费者对服务产品的意识和态度，消费者在购买之前、消费过程中、消费完成后对产品特性评价的难易程度。营销沟通决策包括决定传递信息的内容、结构和形式，信息呈现的方式，以及可以接触到目标受众的最合适的媒体。综合以上内容，我们绘制出图7－1中的整合服务营销沟通模型，这个模型也是本章的内容框架。本章的内容从5W模型开始，5W模型为我们提供了营销沟通计划清单：

- 谁是我们的目标受众？（Who）
- 我们需要向目标受众传递什么信息？要达到什么样的目标？（What）
- 我们应该如何传递信息？（How）
- 我们应该在何处传递信息？（Where）
- 什么时候传递信息？（When）

我们首先考虑界定目标受众（“who”）与设定沟通目标问题（“what”），这是营销沟通中关键的战略决策。随后，我们将学习用来执行沟通战略的服务沟通策略，包括服务营销人员可以利用的沟通渠道（“where”），如何克服服务特有的沟通挑战（“how”），营销活动执行的时间安排（“when”）。模型中的其他内容会在后续内容中相继介绍，包括计划执行的预算，衡量、评价营销沟通活动绩效的方法，伦理道德和顾客隐私，以及企业形象设计。在本章的最后，我们将讨论如何通过整合营销沟通（integrated marketing communications，IMC）对所有不同渠道的营销沟通计划进行整合。

界定目标受众

对于任何服务沟通组合战略来说，企业的潜在顾客、现有使用者以及员工代表了企业的广义营销沟通目标受众。

- **潜在顾客**——由于服务的营销人员事先并不了解潜在顾客，所以通常会使用传统的营销沟通组合，包括媒体广告、网络广告、公共关系以及直邮营销和电话营销的采购清单。
- **现有使用者**——与潜在顾客相比，企业可以对现有的服务使用者采用更多高性价比的沟通渠道，包括一线服务人员使用的交叉销售和向上销售策略，终端促

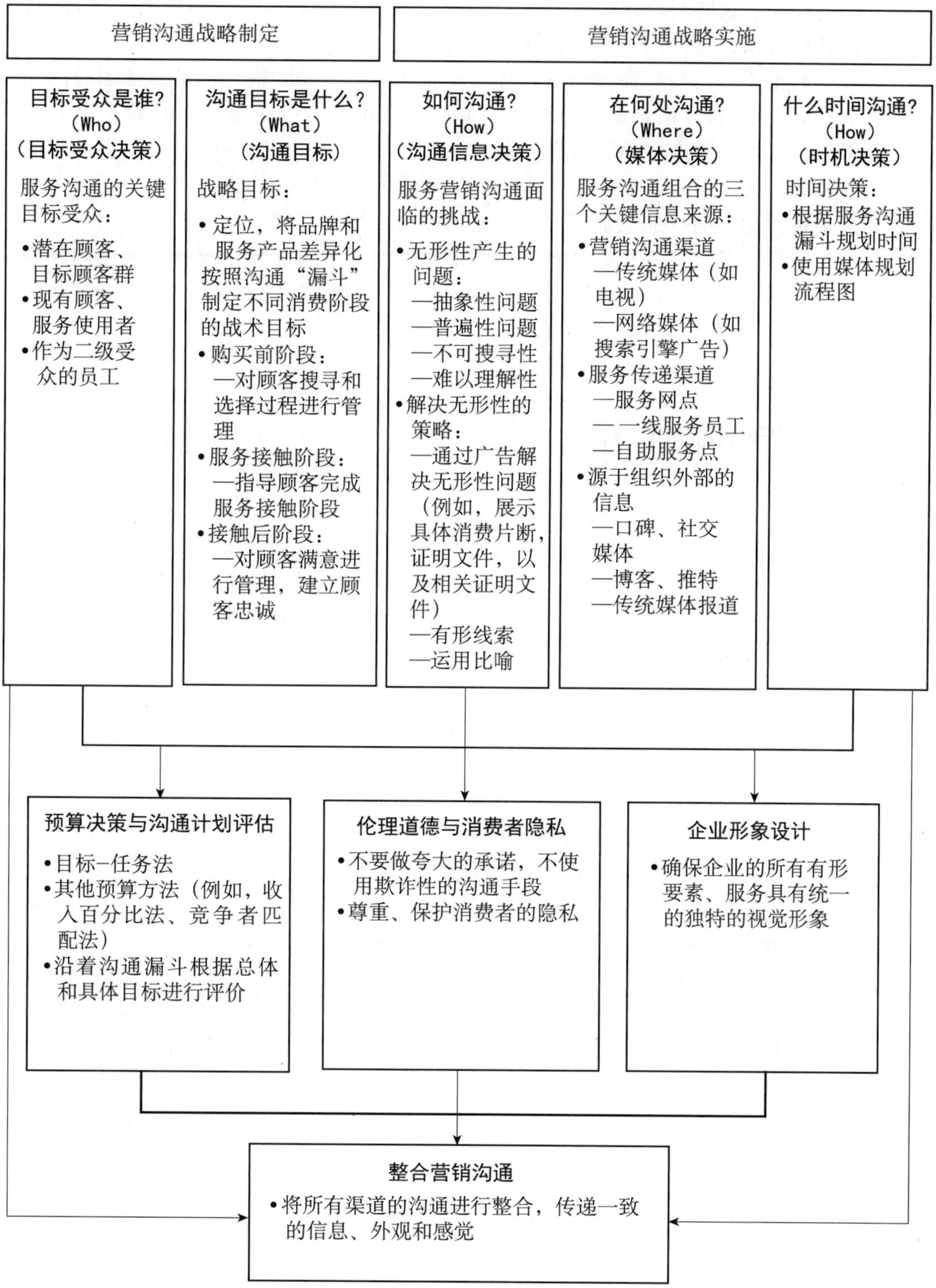

图 7-1　整合服务营销沟通模型

销，在服务接触过程中传递给顾客的信息，以及基于定位的应用程序。如果企业与顾客之间建立了会员关系，而且建立了包含顾客资料和联系方式的数据库，那么企业就可以将高度定制化的信息通过应用程序、邮件、短信、直邮或者电话的方式传递给顾客。这些沟通渠道可以对一般沟通渠道的传播效果起到补充、增强的作用，或者也可以完全取代一般的沟通渠道。

- **员工**——员工通过公共媒体获知企业营销活动的信息，是营销沟通活动的二级受众。[2]为顾客精心设计的营销沟通活动也可以激励企业员工，特别是那些一线服务员工。如果广告内容含有企业对顾客的承诺，那么广告就有助于员工塑造自己的服务行为。但是，如果员工认为营销沟通活动中宣传的服务水准是不现实的甚至是不可能达到的，那么员工就会产生消极的情绪和心理。

专门针对员工的沟通计划属于内部营销活动的一部分，要通过企业内部的专属沟通渠道进行传递，因此顾客是接触不到的。我们将在第 11 章中探讨企业的内部沟通问题。

制定营销沟通目标

在明确目标受众以后，我们需要制定针对目标受众所要达到的沟通目标。总体来看，营销沟通的目标包括：告知、教育、劝说、提示、行为塑造以及建立关系。当然，这些目标过于宏观，缺乏可操作性。营销沟通的目标在于回答这一问题：我们需要传递什么内容，以及需要达到哪些目的？目标可以是战略层面的，也可以是战术层面的，但经常是两个层面的融合。

服务营销沟通的战略目标

战略目标包括建立服务品牌，对品牌进行定位，并且使之与竞争者区别开来。也就是说，企业通过营销沟通来说服目标顾客群，使顾客认为，与其他竞争企业相比，本企业的服务产品是满足顾客需要的最佳解决方案。营销沟通不仅可以用来吸引新的用户，与他们建立关系，还可以用来维系现有顾客。总之，营销沟通要让潜在的和现有的顾客相信，企业可以为他们提供更好的服务。

为了向顾客证明其高质量、可靠的小件快递服务，联邦快递在广告中展示了企业获得的荣誉，联邦快递被 J. D. Power 评为顾客满意度最高的空运、海陆运输以及国际快递服务企业，J. D. Power 因其对不同行业的顾客满意度调查而广为人知。[3]根据竞争者提供的服务，对服务进行重新定位也是常见的服务营销沟通战略目标。

服务营销沟通的战术目标

战术目标与服务消费三阶段（第 2 章讨论的服务购买前阶段、服务接触阶段、服务接触后阶段）中的打造和管理顾客感知、信念、态度与行为相关。我们在图 7－2 中说明了如何根据服务消费的三阶段（图 7－2 中的左栏），以及相关的关键消费者行为概念和理论制定战术目标（图 7－2 中的右栏）。

服务消费三阶段模型	与服务营销沟通漏斗相关联的常见沟通目标	关键的消费者行为概念和理论
服务购买前阶段 **需求唤起** •信息搜寻 •明确需求 •寻求解决方案 •识别可选择的服务产品与服务供应商 **评价可选择的替代方案** •浏览供应商信息（例如，广告、宣传册、网站） •浏览第三方信息（例如，公共评论、评价、网络评论、博客、公共机构的投诉、企业满意度评价、企业荣誉） •与服务人员沟通、讨论 •征求第三方、其他顾客的意见 •做出服务购买决策、服务预订	•让顾客沿着销售漏斗中的关键步骤移动 •建立消费者对服务或者品牌的意识和兴趣 —鼓励顾客浏览企业网站或者社交媒体 —订阅企业的网络实时新闻、服务更新通知，或者YouTube频道 •建立对服务/品牌的喜爱、偏好和信念 —与竞争者进行正面的对比 —让潜在顾客相信企业在关键的服务属性上具有更好的表现 •鼓励潜在顾客进行购买 —通过提供充分的信息和服务保障降低感知风险 —通过促销激励顾客试用 •打造令人难忘的品牌和服务形象 •服务需求与生产能力相匹配	**服务购买前阶段** •需求唤醒 •诱发集合 •考虑集 **多要素选择模型** •搜寻性、经验性与信任性属性 •感知风险 •顾客期望 •购买决策
服务接触阶段 •向选定的服务供应商提出服务请求，或者进行自助服务 •服务接触	**服务接触管理** •让顾客在实际使用之前提前熟悉服务过程（例如，需要做哪些准备，有哪些期望） •在服务过程中对顾客进行引导 •在服务接触中管理顾客行为与感知（例如，培训角色，排队脚本，注入感知控制感） •管理质量感知 •交叉销售和向上销售	**服务接触阶段** •关键时刻 •服务接触 •服务生产系统 •服务剧场 •角色与脚本理论 •感知控制理论
服务接触后阶段 •服务绩效的评价 •顾客未来的意愿 •顾客未来的行为	**顾客参与** •管理顾客满意 •管理服务质量感知 •建立顾客忠诚 •鼓励口碑传播（线上、线下） •鼓励推荐行为 •建立品牌社区	**服务接触后阶段** •感知与期望一致/不一致 •不满意、满意、愉悦 •服务质量 •口碑与推荐 •网络评论 •重复购买 •顾客忠诚

图7-2 与服务营销沟通漏斗相关联的常见沟通目标

你可能对一些讨论购买前阶段的模型已经非常熟悉，我们通常称之为销售漏斗（或者从顾客角度，可以称之为购买漏斗），还有一些描述消费者从没有注意到产品一直到实际购买产品各个阶段的模型。AIDA 可能是最早的模型，代表意识（Awareness）、兴趣（Interest）、欲望（Desire）以及行动（Action），这个模型大约是一个世纪之前建立的，认为劝说顾客进行购买可以随着时间的推移发生，并且解释了顾客是如何从认知反应（意识）到情感反应（兴趣和欲望），再到行为反应（行动）的。[4]与许多基础模型一样，AIDA 模型经过了时间的检验，并且沿用至今。目前，**层次效用模型**（hierarchy of effects models）可能是应用最为广泛的模型，该模型将 AIDA 模型进行了拓展：层次效用模型开始于认知阶段（包括意识和知识），随后是情感阶段（消费者喜爱、偏好、信念），最终到达购买的行为阶段。[5]营销沟通会沿着各个阶段及其相关步骤起到不同的作用，借以指引顾客逐步作出购买决策。

服务营销沟通漏斗在购买前阶段与 AIDA 模型、层次效用模型是一致的，并且在两个模型的基础上进行了拓展，将许多服务特定的相关目标整合到购买前阶段。此外，由于 AIDA 模型和层次效用模型都没有涉及服务接触、服务接触后阶段，所以我们增加了与服务接触过程相关的服务沟通目标（涵盖了全范围的需要管理的顾客行为，从服务排队行为到服务绩效感知），同时也增加了与服务接触后阶段相关的沟通目标（例如，许多服务的本质是会员制或者契约性服务，因此沟通活动还可以塑造许多服务接触后阶段的顾客行为）。

服务营销沟通漏斗从顶部的广泛目标受众开始（例如，企业目标市场中所有的潜在顾客），向下缩窄到对服务进行实际购买消费的顾客群，最终到顾客忠诚计划。企业一般不会对所有的顾客都给予同等程度的关注——企业的关注焦点趋于具有高购买量的“白金”顾客，或者优质顾客（参见第 12 章）。我们可以看到，营销沟通的作用不仅仅局限于购买前阶段，而是在整个服务消费过程中的三个阶段都起到了相应的特定作用。

图 7-2 中的关键之处在于，可以将沟通目标高度具体化，并且解决任何服务消费者行为方面的问题。我们回到第 2 章，考虑一下如何使用营销沟通在任何服务消费阶段中按照企业期望的方向塑造消费者行为。例如，如何在购买前阶段通过营销沟通激发消费者需要，将企业的服务纳入顾客的诱发集和考虑集，降低顾客的感知风险，影响、塑造顾客在多要素模型中的处理过程（例如，改变对服务要素绩效的感知、要素权重、采取对企业服务有利的决策规则）？在服务接触阶段，如何通过营销沟通形成顾客对服务绩效的感知，帮助顾客有效完成服务接触过程，形成服务质量感知，向顾客传授服务角色和服务脚本，并且将感知控制感注入服务接触过程？最后，如何在服务接触后阶段通过营销沟通形成顾客满意和服务质量评价，鼓励顾客的口碑传播、推荐行为、重购行为，培育顾客忠诚？

对由服务营销沟通漏斗衍生出的所有可能目标进行讨论超出了本章的范围。但是，我们可以在本章接下来的部分内容中强调几个重要的沟通目标。

通过有形线索传递服务质量

即使顾客明白服务产品和服务过程是什么样的，他们也很难区分不同的服务供应商提供的服务。企业可以使用具体的有形线索传递服务绩效，突出服务设施和设备的质量，强调员工的任职资格、从业经验、服务承诺，以及专业化等特点。有些服务要素的表现相对更容易，也更适合通过营销沟通传递给顾客。航空公司和医院就不会对服务的安全性进行广告，因为即使是向顾客告知服务过程中有可能出现失误（但实际概率很小），也会让顾客感到紧张。公司对这些顾客关心的问题可以采取间接沟通方式，向顾客传递企业高素质的工作人员、服务设施和设备，以及完善的服务过程。

1. 通过沟通内容增加服务价值

信息和咨询是增加产品价值的重要方法。潜在顾客需要获取信息和建议了解服务究竟是什么样的；什么时候在哪里可以获得服务；要花费多少钱，以及服务的特点、功效和服务利益。（参见第4章“服务之花”对信息是如何增加价值的讨论。）

2. 协助顾客参与服务生产

当顾客积极参与服务生产时，需要相应的培训来帮助他们在服务过程中表现得更好——就像员工一样。提高服务生产率经常涉及在服务传递过程中进行创新。然而，如果顾客抵触以科技为基础的新服务系统，或者不想使用自助服务，那么就不会达到预期的收益。

营销人员经常使用销售促进作为诱因鼓励顾客作出必要的行为改变。例如，打折或者幸运抽奖可以鼓励顾客试用或转向使用自助服务。如果有必要的话，训练有素的服务员工可以为顾客提供一对一的指导，帮助顾客适应新的服务流程。

广告专家建议，培训顾客的方法之一就是向顾客展示动态的服务传递过程。电视和视频资料是非常有效的手段，因为它们能以视觉形式呈现不间断的服务过程，将观看者融入其中。一些牙医会在手术前向患者展示手术流程的视频，这样患者就会知道手术的过程和步骤。多伦多的 Shouldice 医院擅长疝修补治疗。医院会向潜在病患提供疝修补的网络模拟视频，并且在医院的网站上说明医院的治疗经验（参见 www. shouldice. com）。这些培训技术可以帮助患者为手术做好精神准备，并且向患者说明他们在服务传递过程中需要扮演的角色、所起的作用，以确保顺利完成手术过程并且术后迅速恢复。

3. 传递、强调服务员工和服务后台运营的作用

卓越的服务质量、一线服务员工、后台支持运营可以作为区分不同服务的重要因素。在高接触度服务中，一线员工是服务传递的核心，他们可以让服务过程更加有形化，在有些情况下，还可以让服务更加个性化。在广告中出现工作中的员工，可以帮助潜在顾客理解服务接触的特点和性质，同时也向潜在顾客暗示了他们可以期望获得个性化的服务。

广告、宣传册、网站以及 YouTube 上的视频也可以向顾客展示服务“后台”进行的工作，向顾客保证企业可以提供很好的服务传递过程。强调通常与顾客没有直接接触的员工的专业性和保证性可以增强顾客对服务组织能力和服务质量保证的信心。例如，星巴克公开传播一些资料和视频，向顾客展示咖啡豆的种植、收获、生产过程——强调星巴克选用的是最好、最新鲜的咖啡豆。[6]

企业的广告信息可以形成顾客的期望，所以广告人员在对服务人员进行描述时必须真实合理。企业也要告知员工最新投放的广告活动内容，以及宣传册中承诺的服务态度和服务行为，以便员工清楚顾客对他们的服务期望。

4. 刺激、改变服务需求以与服务能力相匹配

非高峰时期的低服务需求对于具有高固定成本的服务行业来说是一个非常严重

的问题，例如酒店。其中一种促销方法是为顾客提供额外的价值——例如房间升级或者免费早餐——在没有降价的情况下刺激顾客的需求。当顾客需求量增加时，就可以减小促销幅度，或者取消促销（参见第6章中的服务收益管理和第9章中的服务需求管理）。

广告和销售促进也可以用于改变高峰时期和低需求时期的服务使用，以便在特定的时间将服务需求与服务能力相匹配。

设计有效的沟通信息

我们已经讨论了服务沟通的目标，现在探讨一些服务企业在设计沟通信息时面临的挑战。对于有形产品和服务来说，沟通信息必须在众多繁杂的信息中脱颖而出，因为沟通信息只有被目标群体注意到才能起到预期的作用。营销人员必须决定需要表达什么（例如，信息的内容）以及如何表达（例如，信息的结构和形式）。[7]虽然任何一本关于营销沟通的书籍都能解决以上两个问题，但是传统的营销沟通组合战略源于制造业有形产品的营销需要。然而，服务的许多区别于有形产品的特点会显著影响沟通信息的设计，以及服务营销沟通组合计划。服务的无形性尤为如此，下面我们就针对这一问题进行探讨。

服务无形性产生的问题

服务是一种绩效表现，而不是一种物体，因此，很难将服务的利益传达给顾客，特别是在没有有形的服务活动传递给顾客和服务所有者的情况下。[8]服务的无形性为促销服务属性利益的营销人员带来四个问题：抽象性、普遍性、不可搜寻性和难以理解性。[9]每个问题都对服务营销沟通具有一定的影响。[10]

- **抽象性问题**。对于诸如财务安全或投资相关问题、专家建议或者安全运输等抽象的服务概念，服务过程中并没有与之一一匹配的有形物体，因此，这就对营销人员将服务与这些抽象概念建立起联系提出了挑战。
- **普遍性问题**指的是一些包含一系列物体、人员、事件的服务项目——例如，飞机上的座位、航班的服务人员以及航班服务。这些普遍的服务项目都有其他与之类似的有形服务，所以不存在抽象性问题。但是，这些项目太普遍，不够独特，因此虽然大多数服务消费者都清楚服务的具体情况，但是对于营销人员来说，很难寻求区别于并且优于其他竞争性服务的独特之处并传递给顾客。
- **不可搜寻性**是指服务的无形性使顾客在购买服务之前不能对服务进行搜索、检查。对于一些有形的服务属性，例如健身俱乐部的外观和健身设备，顾客是可以事先检查的，但是与健身教练合作产生的健身体验，顾客只有在亲身参与感受之后才能作出判断。如第2章所述，相比搜寻性属性，服务具有更多的经验性和信任性属性。经验性属性需要顾客亲自体验才能了解、作出判断。高信任性属性的服务，例如外科医生的专业服务，就只能依靠顾客对服务的信赖。
- **难以理解性**。许多服务非常复杂，并且是多维度的，或者非常新颖，以至于消费者——特别是那些新的潜在消费者——很难理解服务可以给他们带来的体验和利益。

克服服务无形性产生的问题

应该如何传递服务信息呢？服务的无形性产生了在广告中必须克服的问题。表7-1列出了一些具体的沟通策略，营销人员可以采取以下针对性的营销沟通策略帮助克服服务无形性产生的四个问题。

表7-1　　克服服务无形性问题的广告策略

无形性产生的问题	广告策略	具体描述
抽象性	服务消费片段	捕捉、陈列典型的顾客可以从服务中获得的利益，例如，对提供帮助的员工报以满意的微笑。
普遍性		
• 客观声明	服务系统证明	展示关于服务传递系统的文档记录和数据。例如，UPS的网站声称，企业有227架飞机投入运营。
	服务绩效证明	展示、列举以往的服务绩效数据。例如，准时投递的包裹数量。
• 主观声明	服务表现片段	展示实际的服务传递片段，视频是最佳的展示手段。
不可搜寻性	消费证明	从已经体验过服务的顾客那里获得服务试用。
	企业声誉证明	如果服务的信任属性显著，可以展示服务提供者的奖状或资格证书。
难以理解性	服务过程片段	用生动的纪录片按部就班地展示服务过程中的步骤。
	历史案例片段	展示企业为顾客提供服务的真实历史案例，以及企业是如何解决顾客问题的。
	服务消费片段	清晰地描述顾客的服务体验。

除了可以使用表7-1列出的策略，有形线索和比喻也是企业可以克服服务无形性问题的两种方法。有形线索和比喻都可以帮助企业将无形的服务属性和利益清晰地传递给潜在顾客。

有形线索的应用。广告中通常会采用的策略包括有形线索的适时运用，特别是对那些缺乏有形要素的低接触度服务。在广告中包含可以吸引观众的注意，给观众留下清晰、深刻印象的生动信息对于克服服务无形性问题也是非常有帮助的，特别是对那些复杂的、高度无形化的服务。[11]例如，许多商学院通过成功的校友形象使学校的教育服务利益得以有形化，借此向潜在的学生传递，学校的教育可以为他们的职业发展、加薪提供什么样的利益。

服务展望7-1介绍了视觉广告和对比广告是如何影响消费者对享乐型服务（为消费者提供快乐、享受的服务）和功能型服务（以实际功能为消费目的的服务）的服务感知的。

使用比喻。一些企业借助有形化的比喻传递服务利益，并且强调与竞争性服务产品的区别之处。保险公司经常使用这种方法来营销企业高度无形化的保险服务产品。好事达保险公司（Allstate）的广告用“你得力的助手”，保德信集团（Prudential）用“直布罗陀岩山”象征公司的实力。“美林牛”（Merrill Lynch bull）象征着财富管理者的经营理念，这就向企业客户暗示了利好市场，也对客户作出了财务绩效承诺。

服务展望 7-1

服务的视觉广告和对比广告策略

专家经常会建议企业借助视觉刺激传递生动的图像、文字以及数字来克服服务无形性产生的问题，更好地向消费者传播服务的价值主张。四位学者进行了一项实验室研究，用来检验视觉广告和文字广告对享乐型服务和功能型服务的效果。

他们向160名参加实验的学生每人展示一则印刷广告，然后测试学生们对广告的反应。在这项实验中，春游服务广告被用作享乐型服务广告，为学生提供特定服务的银行广告被用作功能型服务广告。在视觉广告条件下，酒店的图片、海边年轻人的图片穿插于享乐型服务的文字说明中；在银行服务的广告中，呈现了银行的建筑外观和ATM。在只包含文字说明的广告条件下，两种服务的广告就只通过文字说明，并且根据三个重要的服务属性对服务进行间接对比，进而强调企业提供的高服务绩效。随后，研究比较了只含文字说明的广告与包含图片的广告（视觉广告）的效果。

研究结果显示，对于两种服务来说，视觉广告的信息说明效果都强于文字广告。接触到视觉广告的实验被试对服务质量的感知更高，并且更有可能会消费、使用服务。文字说明广告对享乐型服务具有一定的效果，但是对功能型服务无效（具体原因需要在以后的研究中详细解释）。这项研究具有两个重要的管理意义。

1. 使用图片增强价值主张的有形性。无论营销的是享乐型服务还是功能型服务，都要使用图片和照片传递服务提供的潜在利益。例如，希尔顿酒店集团开始使用图片对酒店提供的“厨师签名专供套餐”（Chef's Signature Catering Collection）进行营销，而不是传统地向打算在酒店举办晚宴的客户寄送文字版菜单。希尔顿的一名管理人员发现，“人们是在用眼睛吃饭，当顾客看到与食物相关的、可以识别的东西时，就会产生对餐饮服务的信任感和舒适感”。

2. 广告中的对比信息有助于读者形成对服务的印象，享乐型服务尤其如此。研究结果表明，享乐型服务可以通过在广告中增加对比信息增强广告效果。例如，美国六旗主题公园（Six Flags Great America）在广告中强调相比其他只有120英尺高的过山车，主题公园内的京达卡（Déjàvu）过山车有196英尺高，其速度高达每小时65英里，而其他过山车只有每小时50～60英里的速度。这样就会更容易使读者形成一个印象，即京达卡是世界上最高、最快的过山车。如果只是简单地陈列出过山车的高度和速度，广告就不会具有这么强烈的效果——因为读者需要对比信息所提供的比较标杆。

资料来源：Donna J. Hill，Jeff Blodgett，Robert Baer，and Kirk Wakefield（2004），“An Investigation of Visualization and Documentation Strategies in Service Advertising，” *Journal of Service Research*，Vol. 7，No. 2，pp. 155－166.

在必要的时候，广告中的比喻还应该强调企业在实际中是如何向顾客提供服务利益的。[12]科尔尼（AT Kearney）咨询公司强调公司不仅可以为企业的高层管理提供咨询建议，还会为企业的所有管理层面提供解决方案。它在广告中用办公室里“空头陷阱”（bear trap）的比喻吸引客户的注意，强调公司为企业客户提供全方位的咨询这一区别于其他咨询公司服务的特别之处，避免了其他咨询公司只提供高层管理咨询服务遗留的问题。

服务营销沟通组合

在理解目标受众、制定沟通目标以后，我们现在需要选择一组高性价比的营销沟通组合。大多数服务营销人员都要采用多种营销沟通形式，这些不同的沟通形式统一被称作**服务营销沟通组合**（service marketing communication mix）。不同的沟通要素在可传递的信息以及不同的细分市场上各具独特的作用，沟通组合需要在给定的预算下达到最佳的沟通效果。[13]

图 7－3 总结了服务企业可以使用的营销沟通渠道，这些沟通媒介可以按照多种方式进行分类。例如，提供服务的服务员工同时也是服务传递网点的一部分，也是一种人际沟通媒介。我们一般根据服务组织的整体沟通媒介策略将每种沟通组合要素归类到最为适合的媒介中。

当然，还有其他一些对这些沟通渠道进行分类的方法，经常将它们划分为非人际沟通渠道（例如，广告）和人际沟通渠道（例如，直复营销、人际沟通），或者划分为传统沟通媒介（例如，电视、印刷品以及户外广告）和网络媒介（例如，网络广告、社交媒体、移动通信）。每种沟通渠道都有各自的优势和劣势，可以根据不同的沟通目标使用不同的沟通媒介。例如，非人际沟通媒介在引发关注和服务定位方面是非常有效的，人际沟通在解释复杂的服务信息、降低感知风险和劝说购买方面则是高度有效的方法。服务场景中的沟通（例如，服务标识、海报）可以用来管理服务接触中的消费者行为，例如，排队等候、遵循服务脚本、新服务的试用（例如，交叉销售）。直复营销在服务接触后阶段的使用具有很高的性价比，例如，鼓励顾客进行回购，把服务推荐给他们的亲友。

不同来源的沟通渠道

如图 7－4 所示，图 7－3 中的服务营销沟通组合可以分为三个主要沟通信息来源：（1）营销沟通渠道，包括传统媒介和网络沟通渠道；（2）服务传递渠道；（3）来源于组织外部的沟通信息。[14]下面来看一下三种信息来源的几个主要营销渠道，我们分别对传统媒介和网络媒介进行探讨，因为它们有着截然不同的特点和应用。

传统营销渠道信息

如图 7－3 所示，服务营销人员可以选择使用多种沟通工具。我们在此只简单介绍其中主要的沟通工具。

1. 广告

有多种付费的**广告**（advertising）可供企业选择，包括广播（电视和收音机）、

图 7-3　服务营销沟通组合

*表示组织外部的沟通渠道。

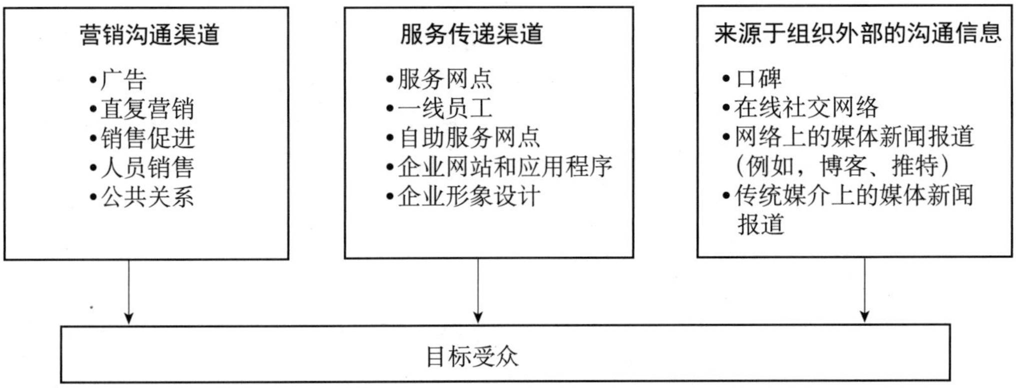

图 7-4　目标受众接收的三种主要信息源

平面纸媒（杂志和报纸）、电影院以及多种户外媒体（海报、广告牌、电子留言板以及公共汽车、自行车的外部广告）。有些媒体比其他媒体更加聚焦于特定的地理区域，或者是有特殊兴趣的观众。通过大众媒体传播的广告信息通常需要邮件、电话销售、电子邮件等直复营销工具作为补充。

作为消费者营销中占主导地位的沟通方式，广告经常是服务营销人员与顾客之间的第一个接触点，可以树立品牌在消费者中的知名度，具有告知、劝说和提醒的作用。广告在提供服务真实信息、向顾客传达产品特点和产品性能方面具有极其重要的作用。例如，对 11 543 条电视广告和 30 940 条报纸广告的研究表明，相比有形产品的广告，服务产品的广告更倾向于包括服务价格、质量保障、服务绩效证明以及服务可获得性方面（地点、时间，以及如何获得服务产品）的信息。[15]

广告人员面临的挑战之一就是如何让人们注意到广告信息。一般来说，人们已经厌倦了所有形式的广告。美国扬科洛维奇调研公司（Chekhovian Partner）最近的一项研究表明，消费者对广告日益严重的干扰作用的抵制已经创历史新高，65%的人感觉被广告信息“狂轰滥炸”，59%的人感觉广告跟他们没有什么关系。[16]电视和广播中充斥着商业信息，而报纸和杂志中的广告内容比新闻和专题报道还要多。英国克兰菲尔德管理学院（Cranfield School of Management）的罗伯特·肖（Robert Shaw）举办了一次论坛，在这次论坛中，许多大型企业都致力于对广告带来的“营销收入”进行管理。据肖所言，论坛讨论的结果是，广告的效果“并不是非常好”，只有不到一半的广告为企业带来了正的投资回报。[17]

企业如何才能引人注目、脱颖而出呢？使用篇幅更长、响彻云霄、大尺寸的广告显然不是答案。营销人员都在努力让自己的广告更具有创造力，从而使广告传递的信息更加有效。例如，如果顾客对服务的卷入度较低，企业就应该聚焦于广告的情感诉求以及服务的体验。[18]有些广告通过使用引人注目的设计或者别具一格的形式，在众多广告中脱颖而出。其他企业，例如康卡斯特（Comcast，美国最大的有线系统公司）通过幽默的方式来吸引观众的注意，在广告中向观众显示竞争性服务商的有线速度非常慢，通过这种对比来突出企业提供的高速互联网服务。还有些企业将广告嵌入视频游戏或者多个玩家参与的网络角色扮演游戏中，当游戏连接网络时，就会呈现出动态广告。[19]此外，手机应用程序也成为与潜在顾客和现有顾客沟通的越来越重要的渠道。

2. 直复营销

这类沟通渠道包括信件、电子邮件和短信息等方式。这些渠道会将定制的信息传递至高度细分的目标市场。如果企业拥有关于顾客和潜在顾客详细资料的数据库，那么**直复营销**（direct marketing）策略就很有可能成功。

企业可以通过某些商业服务将企业收集的顾客信息和第三方提供的线上线下信息来源结合起来。益博睿（Experian），全球商业服务的领先提供商之一，在公司的网站上声称：“我们可以为你描绘出饱满丰富的顾客行为图片，帮助你预测、管理顾客的行为。通过整合外部和内部信息源、使用有效的顾客管理工具，可以让你为个体顾客量身打造营销策略……拥有 6 000 个顾客行为变量的技术支持……使用顾客的生活方式、人口统计变量、交易记录、信贷额度和用户分类信息。”[20]

垃圾邮件过滤器、数字录像技术（TiVo）、弹出窗口阻止程序等按需点播技术的进步使顾客能够决定自己愿意接收的信息以及信息来源。因为 30 秒钟的间断会打扰观众收看最喜欢的电视节目，电话销售会打扰顾客的用餐，所以顾客越来越多地使用以上技术来保护自己的时间不被侵占，如此一来就降低了大众媒体的广告效果。因此，也就产生了**许可营销**（permission marketing），这种营销方式鼓励顾客主动“举手”，同意了解企业和产品的相关信息，以收到有用的营销信息或者其他有价值的东西。许可营销使顾客能够自己选择进入目标市场，并且没有打扰到潜在顾客而惹恼顾客。

在许可营销模式中，其营销目标就是劝说消费者贡献自己的注意力。通过把某种信息只传递给对此表示出兴趣的个体，许可营销可以使服务企业与顾客之间建立起更加紧密的关系。尤其是邮件和信息，可以与网站、手机应用程序整合为一对一的许可营销媒体。例如，企业可以邀请顾客在企业网站上注册，或者下载手机应用程序，向企业说明自己想获得哪些信息。[21]

这些信息就是企业与顾客之间多层次互动沟通过程的开始，顾客可以通过这些渠道索取自己感兴趣的信息。此外，如果顾客对新的服务产品或某条信息特别感兴趣的话，他们就可以通过点击嵌入在信息里的链接了解更加详细的信息与视频资料。最终，顾客就会订阅额外的服务，与其他顾客进行交流，将服务推荐给朋友，在脸书和LinkedIn上点赞。

由于顾客许可的沟通方式取得的良好效果，连同不断下降的沟通成本、不断改善的顾客关系管理（CRM）系统，与大数据、社交媒体和沟通技术等因素一起增强了许可营销的效果，许多服务企业都加强了对许可营销策略的应用。想要了解企业是如何实施卓越的许可营销策略的，请登录Amazon. com或者Hallmark. com，并在网站上进行注册，或者下载手机应用程序。

3. 销售促进

可以将**销售促进**（sales promotion）看做隶属于激励、诱因的一种沟通方式。销售促进通常会依时间、价格或者顾客群体而定——有时会由以上三个因素共同决定。销售促进的典型目标就是让顾客尽快作出购买决策，使顾客产生稍后使用某种服务的动机，增加一次购买的数量，或者加大购买的频率。[22]服务企业可以采取多种销售促进形式，例如样品试用、优惠券和其他折扣、礼品赠送，以及有奖竞赛。通过运用这些促销方式，可以增加需求疲软时期的销售额，缩短新服务产品的介绍期，加快顾客对新服务产品的接受速度，并且与没有任何促销激励的情况相比，顾客的行动会更加迅速。[23]企业在使用销售促进时需要多加小心，因为有研究表明，企业通过促销活动获得的顾客的重复购买率更低，生命周期价值也更低。[24]

SAS国际酒店在多年以前曾为老年顾客设计了一项有趣的促销活动，如果酒店有空余房间的话，65岁以上的老年人则可以获得与他们年龄相当的价格折扣（例如，75岁的老年人可以节约75%的正常价格费用）。这项促销活动进展得很顺利，直到有一天，一位瑞典的顾客在SAS连锁酒店之一的维也纳酒店（Vienna）登记入住时，声称自己的年龄是102岁，并且要求酒店返还他2%的住宿费。老人的这个要求获得了酒店的批准，这个聪明的百岁老人与酒店经理进行了一场网球比赛——并且赢得了比赛（然而比赛结果并没有披露）。类似这样的事件是企业理想的公关素材，在这次事件中，设计巧妙的促销活动滋生了一个为人津津乐道的幽默故事，使这家连锁酒店在人们心中留下了良好的印象。

4. 人员销售

人员销售（personal selling）是指在与顾客的人际接触过程中，努力教育顾客，使顾客产生对特定品牌或产品的偏好。许多企业，特别是那些B2B服务企业，都会拥有自己专属的销售团队，或者雇用代理机构和经销商代表企业进行人员销售。对于非经常性购买服务，例如，资产管理、保险和丧葬服务，企业代表则充当了咨询者的角色，帮助买方作出购买选择。提供相对比较复杂的服务的企业和专业服务企业需要为顾客提供持续的建议、教育和咨询服务。

但是，对新的潜在顾客进行面对面销售的成本太高，成本较低的一个选择就是**电话营销**（telemarketing），即通过电话与B2C服务的潜在顾客和现有顾客进行联系。从顾客角度来看，顾客越来越厌烦电话营销的打扰，因为电话总是在晚间或者周末顾客在家的时间打入。美国现在有许多人都加入了“谢绝来电计划”，大大减少了与潜在顾客的电话联系。[25]

5. 公共关系

公共关系（public relations，PR）包括企业通过新闻发布、举办会议、举办特别活动、发起由第三方举办的具有新闻价值的活动来引起公众对企业的正面关注。公共关系策略的一个基本要素就是筹备、发布含有企业、产品和员工的专题报道（包括照片或者视频资料）。

其他广泛应用的公共关系技巧包括识别奖励计划，来自社会名人的证明，社区参与活动，筹款募捐活动，通过特殊事件和无偿公益活动获得公众对组织的支持。这些公共关系工具可以帮助服务组织树立企业的信誉和威望，与员工、顾客和社区建立紧密的关系，传递成功的企业形象。

企业还可以通过举办体育赛事和其他高端体育活动增加企业的曝光率，例如，奥运会和世界杯足球赛，赛场上的横幅、标语和其他一些可视的陈列可以持续展示企业名称和企业标识。此外，一些特殊事件还可以为企业提供展示其专业性的机会。联邦快递就通过将两只大熊猫安全地从中国成都运往美国华盛顿国家公园这一特殊事件获得了良好的宣传效应。在这次事件中，熊猫被放入一种特别设计的集装箱，并且装入重新命名的“联邦快递熊猫1号”飞机。除了事件的新闻发布，联邦快递还将这次特别运输活动的相关信息公布在企业网站的专题网页中。

通过互联网传递信息

使用互联网、社交媒体和手机应用程序[26]的网络和手机广告可以对传统的营销沟通渠道进行有益的补充，有时甚至可以用合理的成本替代传统沟通渠道。然而，就像营销沟通组合中任何沟通要素一样，网络和手机广告也应该是完整的、设计巧妙的沟通战略组合的一部分。[27]

1. 企业网站

营销人员利用企业自己的网站进行各种沟通工作，包括：

- 激发消费者的意识和兴趣；
- 提供信息和咨询服务；
- 通过电子邮件和聊天室与顾客进行双向沟通；
- 鼓励顾客对产品进行试用；

- 顾客可以通过网站下订单；
- 测试广告或促销活动的效果。

创新型公司总是不断地寻求增加企业网站吸引力和有用性的方法和途径。恰当的沟通内容依服务种类的不同而不同。B2B企业网站可以为访问者提供进入信息技术文库的通道（例如，甲骨文（Oracle）和SAP都在各自的网站上提供顾客关系管理方案的大量信息）。相对而言，MBA项目的网站上则可能会含有关于教授、学校设施、学生感言、校友信息、学校的地理位置，甚至是毕业典礼的引人注目的照片和视频资料。

营销人员也必须重视网站的其他一些属性，例如，下载速度就会影响网站的“黏性”（例如，访问者是否愿意在网站上花费时间，以后是否还会再次登录网站）。具有黏性的网站应该具有以下特征：

- **高质量的内容**。相关、有用的内容才是王道。网站应包含访问者寻求的信息内容。
- **易用性**。易用性是指网站具备良好的导航，没有过于复杂、过大的网站架构，有明确的标志。顾客不会在设计合理的网站上迷失。
- **下载速度快**。访问者都不愿意等候，如果从网站下载网页需要等太久的话，访问者一般就会放弃。好的网站下载速度快，而糟糕的网站速度很慢。这就要求网站上的内容必须“精”。
- **经常更新**。设计良好的网站内容新鲜、不断更新。网站上应包含近期发布的信息，以便访问者及时找到相关信息。[28]

令人过目不忘的网址有助于网站吸引访问者。企业最理想的网址就是以企业名称命名的网址（例如，www.citibank.com 或者 www.aol.com），尽管有时企业不得不另作他选，因为这种简单的网址已经被其他行业拥有相似企业名称的另一家企业注册了。一定要注意的是，企业要把网址明显标注在名片、信笺、邮件模板、宣传册、广告、促销材料，甚至是交通工具上。

2. 网络广告

网络广告有两个主要选择，即旗帜广告和搜索引擎广告。

- **旗帜广告**（banner advertising）。许多企业都会将自己的标题广告和按钮放置在雅虎（Yahoo）或CNN等门户网站、社交媒体（例如，脸书和LinkedIn）、手机应用程序、网络游戏，以及内容网站上，并为此支付广告费用。企业的目的是将那些网站的浏览量吸引到自己的网站上。在许多实例中，企业的网站上都会含有来自其他非竞争服务但与企业相关的营销人员发布的广告信息。例如，雅虎的股票报价页面就含有各个金融服务商的系列广告。如果标题旗帜广告（在整个或部分网页上水平移动的横向广告条）、摩天大楼广告（在网页的一端垂直移动的广告条）或者广告按钮只是简单地获得了大量的曝光率（吸引“眼球”），那么广告不一定会导致品牌意识、品牌偏好或者销量的增加。即使访问者点击广告进入了企业网站，也不一定会导致购买行为的发生。因此，现在的广告合约更加强调广告费用与访问者相关营销行为之间的联系，例如，访问者向企业提供一些个人信息，或者产生了购买行为。只要访问者通过投放广告的网站点击进入了主网站的页面，那么网络广告投放企业就会增加广告的支付费用，这就等同于只为已经阅读过垃圾邮件的家庭支付邮递费用。[29]
- **搜索引擎广告**（search engine advertising）。搜索引擎是一种逆向的网络宣传形式。与广告人员将广告信息（主动）传递给顾客的方式不同，搜索引擎是让广告人员通过消费者搜索的关键字确切地知道消费者想要的东西，进而广告人员可以有针对性地对这些消费者制定相关的营销沟通组合。搜索引擎广告是目前最普遍的网络广告工具[30]，谷歌是搜索引擎广告方面成功的领先企业（见服务展望7-2），Blink和雅虎等企业的市场份额也在增加。

服务展望7-2

谷歌——网络营销的权威

拉里·佩奇（Larry Page）和谢尔盖·布林（Sergey Brin）这两个早年就着迷于数学、计算机和编程的年轻人于1998年创立了谷歌，当时他们还是斯坦福大学的博士研究生。7年以后，随着谷歌的成功上市，他们一跃成为百万富翁，谷歌也成为世界上最具价值的企业之一。

谷歌具有宏伟的企业愿景："汇集世界信息，使信息随处可得、随处可用"。谷歌搜索引擎的实用性和易用性使企业获得了巨大的成功，而且几乎是依靠满意顾客的口口相传。本来没有企业名称会变成动词，但是google作为动词在英语中使用得十分普遍。

谷歌的广受欢迎使其成了一个新的具有针对性的广告媒体，广告客户可以通过谷歌提供的两种方式将信息传递给顾客——赞助链接和内容广告。

赞助链接出现在谷歌搜索结果的顶部，被认为是"商业链接"。谷歌根据"点击次数"对赞助链接收取费用，使用密封递价拍卖方式（也称荷兰式拍卖）（例如，广告客户在不知道其他客户出价的情况下对同一个搜索词语提交出价）。这就是说，价格取决于广告客户想与之建立起联系的搜索词语的流行程度。例如，使用率较高的词语"MBA"就比不太普遍的词语"MSc in Business"的标价要高。广告客户可以使用谷歌网络账户管理中心的报告轻松跟踪广告的效果。

谷歌借助关键字广告服务（Google AdWords service）的多种方式使企业的内容广告高度定向化。广告可以紧随谷歌的搜索结果之后呈现（例如，广告以旗帜广告的形式呈现），这种方法可以使企业在顾客看见相关话题甚至是某类产品的第一时间与潜在顾客连接起来。在这种广告方式下，企业购买的是与某个特定搜索词语相联系的机会。要想探索谷歌的这种广告商业模式，只需在谷歌上搜索一些词语，然后观察一下屏幕上除了搜索结果还出现了哪些信息即可。

关键字广告还允许广告客户在与谷歌相关的内容网站上投放广告，而不仅仅是在Google.com。这就是说广告并不是在搜寻时出现的，而是在用户浏览某个网站时简单地呈现出来。这种形式的广告称为"投放针对性广告"（placement targeted ads）。广告客户可以规定广告投放的个体主页或者网站内容（例如，关于旅行或者网球）。投放针对性广告使广告客户可以精选自己的目标客户，目标客户的群体可能会非常庞大（例如，美国甚至全世界的网球迷），也可能会小而集中（例如，波士顿地区喜欢在高档餐厅用餐的顾客）。谷歌将这些广告放置在合作网站的相关内容旁边。例如，如果你在谷歌合作网站上阅读了一篇文章，你就会在文章的底部发现广告区域。这些广告是由谷歌实时将其有针对性地附加在内容之后的。这些广告的内容可能与Google.com搜索时出现的广告相同，但其传播方式是不同的，而且可以出现在谷歌合作网络中任何规模的出版商网站上。

谷歌的关键字广告服务由次级服务广告联盟（AdSense）进行补充，这种广告形式代表了谷歌的另一种广告服务模式。希望通过在自己的网站上投放广告赚钱的网站所有者会使用广告联盟。作为允许谷歌在其内容网页上投放广告的回报，网站所用者可以获得一定份额的广告收入。广告联盟的一个重要作用就是为许多中小型网络出版商和博客网站创造了广告收入来源，使其可以经营下去。虽然《纽约时报》和CNN等大型媒体公司也会使用谷歌的广告联盟，但是与典型的利基网站或博客网站相比，广告联盟的收入只占其网络广告收入的一小部分而已。

作为广告的传递媒介，谷歌具备高度的针对性、情景化，并且以广告业绩为导向的媒体能力深受广告客户青睐，谷歌的收入和利润也因此快速增长。难怪谷歌的成功会使其他广告媒体感到恐慌。

资料来源：http：//www. google. com. sg/intl/en/about/ and http：//en. wikipedia. org/wiki/AdWords，accessed on March 21，2015.

网络广告的一个关键优势就是可以为企业提供清晰的、可衡量的广告投资回报，尤其是与其他广告形式相比。特别是按绩效收费的网络广告（例如，按点击率收费），广告成本与被广告吸引而浏览企业网站的顾客或顾客报价之间的联系是可以追踪的。[31]然而，众所周知，传统媒体广告的成功与否和投资回报是难以评价的。广告客户可以有多种选择：

- 付费购买排名靠前的搜索结果。由于用户都希望排名可以与搜索使用的关键词有最佳匹配，所以谷歌的政策是隐藏排名列表中的竞价排名，而将它们作为“赞助链接”。广告的定价和投放可以参照浏览次数（例如，访客数量），或者点击次数。
- 由于赞助链接的目的是在顾客作出购买决策之前将顾客与企业连接起来，所以一些企业会购买与竞争企业紧密相关的关键词，这样就可以挖到顾客，并且可以搭上其他企业创造市场的免费车。[32]
- 根据关键词的搜索量支付广告的投放。
- 通过点击链接发起简短的文本，将链接置于搜索结果旁边。
- 根据网络广告的实际效果支付费用。广告客户按照事先约定好的沟通活动效果支付广告费用，例如，网站注册数量、企业手册下载数量，甚至可以是销售量。
- 定期对企业网站进行搜索引擎优化（search engine optimization，SEO）。SEO可以从根本上提高企业网站的排名（例如，非赞助性排名）。这应该是比较容易的做法，因为企业无须广告费用就能够引起潜在顾客的注意。但需要注意的是，只有在网站设计精良、包含顾客感兴趣的相关信息时，SEO才会有效。[33]

3. 非人际沟通向人际沟通的转化

营销沟通专家将沟通方式划分为非人际沟通——在非人际沟通方式中，信息只是单向产生并流向大群的目标顾客和潜在顾客，而不是个体顾客——与人际沟通，例如人员销售、电话营销和口碑传播。然而，技术使人际沟通与非人际沟通之间产生了一个灰色地带。想想你接收到的电子邮件信息，邮件中会含有个人问候，以及针对你的现状或过去使用某种产品的经历提出的参考信息。与之类似，互动软件也可以发起双向的对话。例如，一些企业已经开始进行网络代理商的实验——这是一种屏幕模拟仿真技术，可以运动、说话，甚至可以变换表情。

随着智能电话的普及和社交网络平台的应用，企业拥有前所未有的与顾客沟通的机会，还可以促进顾客之间关于企业话题的沟通。在对顾客资料进行分析的基础上，可以进行精准定位，为每个顾客提供定制的服务和信息。这些信息可以补充，甚至有些情况下可以代替传统的营销沟通。[34]服务展望 7-3 介绍了几种重要的新媒体及其意义。

服务展望 7-3

新媒体及其对市场营销沟通的意义

科技的发展催生了许多新的沟通渠道，为企业提供了重要的市场定位机会。其中重要的渠道有手机广告、手机应用程序、移动广告、Web 2.0 技术、社交媒体和社交网络，以及播客。

手机广告

手机广告（mobile advertising）[35]通过手机和其他无线移动设备传递，是快速增长的广告传播形式之一，2017 年预计超过 628 亿美元。手机广告十分复杂，可以包括网络、视频、文字、游戏、音乐及其他更多的形式。例如，可以通过短信、移动游戏和视频的形式进行。借助手机广告和全球定位系统，如果顾客光顾过购物中心的某个商店，那么他就会在步入购物中心时收到该店的优惠券或打折的广告信息。最常见的手机广告形式还是手机展示广告（mobile displaying advertising，MDA），是在手机网页和手机应用上以旗帜广告的形式呈现的。对于顾客来说，这意味着什么呢？顾客可能会感到非常便利，可以收到自己关心的广告，或者这种做法意味着侵犯了顾客的个人隐私。

二维码，普遍被称为 QR（quick response，快速响应）码出现在许多广告中，可以让感兴趣的顾客用自己的智能手机对其进行扫描，然后连接到商店内的促销、优惠券，或者参与现实世界中的寻宝活动。对于企业来说，二维码打通了线上和线下的营销沟通渠道，可以帮助企业把潜在顾客从其他媒体筛选到企业的网络营销渠道，让他们获取更加丰富的企业信息。

手机应用程序

手机应用程序（mobile apps）已经成为日益受欢迎的沟通工具，可以帮助顾客进行服务导航、延伸服务接触、获得最佳的服务体验，同时，企业也能达到目标，例如交叉销售、向上销售、需求管理以及排队服务。例如，几家主要的游轮企业如迪士尼、挪威游轮、皇家加勒比都有自己的应用程序，可以帮助顾客在游轮上进行自助导航，探索娱乐项目、spa 服务，以及停靠港。[36]

Web 2.0、社交媒体和社交网络

Web 2.0 技术[37]催生了用户创造内容，并且可以让用户进行点对点的通信。Web 2.0 是一个广泛的概念，包括脸书（社交网络的鼻祖），Google＋，LinkedIn，YouTube，Vine，推特，Instagram，Snapchat，Pinterest，Wikipedia，Flick，以及其他社交网络。在 Web 2.0 技术环境下，内容由不同的用户创造、更新，并且在多个用户中共享。社交网络是增长最快的网络媒体。

服务企业对社交媒体的使用出于多种目的，包括洞悉市场，定位潜在顾客，给企业造势，塑造顾客行为。企业在社交媒体投放广告，倾听用户在社交媒体讨论的话题，并且有选择地参与用户之间的对话。由于社交媒体的重要作用，营销人员需要对社交媒体进行透彻的理解，将其整合到企业的营销沟通组合中。

播客

播客（podcasting）源于“iPod”和“broadcasting”两个词语的组合，是指通过发布/订阅模式在网络上传播音频或视频的一组技术。播客为广播、电视节目提供了传播渠道。顾客在订阅后，就会自动收到新一期节目。

播客有许多形式，包括传递视频剪接的视频播客，可以下载到手机上的移动播客，可以将音频、视频连接到博客的播客。对于企业来说，在营销沟通计划中包括播客是十分有益的，因为一旦听众订阅了某个节目，就意味着听众对这个话题是感兴趣的。因此，播客可以接触到窄焦点的广大听众、受众群体，这更像是“窄播”（casting），而不是“广播”（broadcasting）。而广告信息越具有针对性，广告的投入回报率就会越高。

4. 将网络媒介和传统媒体进行整合

我们以廉价航空公司的多种沟通渠道整合为背景，看一下整合网络媒体的复杂性。几家最大的廉价航空公司：美国（Southwest Airlines，美国西南航空公司）、欧洲（Dairyman，瑞安航空公司）以及亚洲（Air Asia，亚洲航空公司）都有各自不同的战略，但是它们的共同目的都在于让乘客直接在公司的网站上订票。西南航空在营销沟通组合中融合了大量的电视广告；瑞安航空关注搜索引擎优化，为网络上的企业营销活动购买战略关键词；而亚洲航空在各个社交媒体上非常活跃，包括在推特和脸书上定期更新，推出促销活动，收集顾客的反馈信息。虽然各个航空公司营销沟通的关注点有所不同，但是大多采用了图 7－5 所示的沟通渠道，将网络上的用户量引流到企业网站，并最终促使用户购买机票。

通过服务传递渠道传递信息

与大多数产品营销者不同，服务企业一般会对销售网点和传递渠道进行管控，这就为服务企业提供了有力的、高性价比的沟通机会。尤其是服务企业可以通过服务销售网点、一线员工、自助服务传递网点和定位应用程序传递沟通信息。

1. 服务销售网点

计划性信息和非计划性信息都是通过服务传递媒介传递给顾客的。非人际信息可以以旗帜广告、海报、标识牌、宣传手册、电视和音频的形式传递给顾客。就像我们将在第 10 章讨论的“服务环境设计”，服务销售网点环境的设计——我们称之为**服务场景**（servicescape）——向顾客传递重要信息。室内建筑师和公司设计顾问可以帮助企业设计服务场景，将企业外部和内部的可视化元素协调起来，以向顾客传递、强化企业的定位，使顾客按照企业期望的方式形成服务体验。

2. 一线员工

一线服务员工可以通过面对面、电话或者电子邮件为顾客服务。一线员工的沟

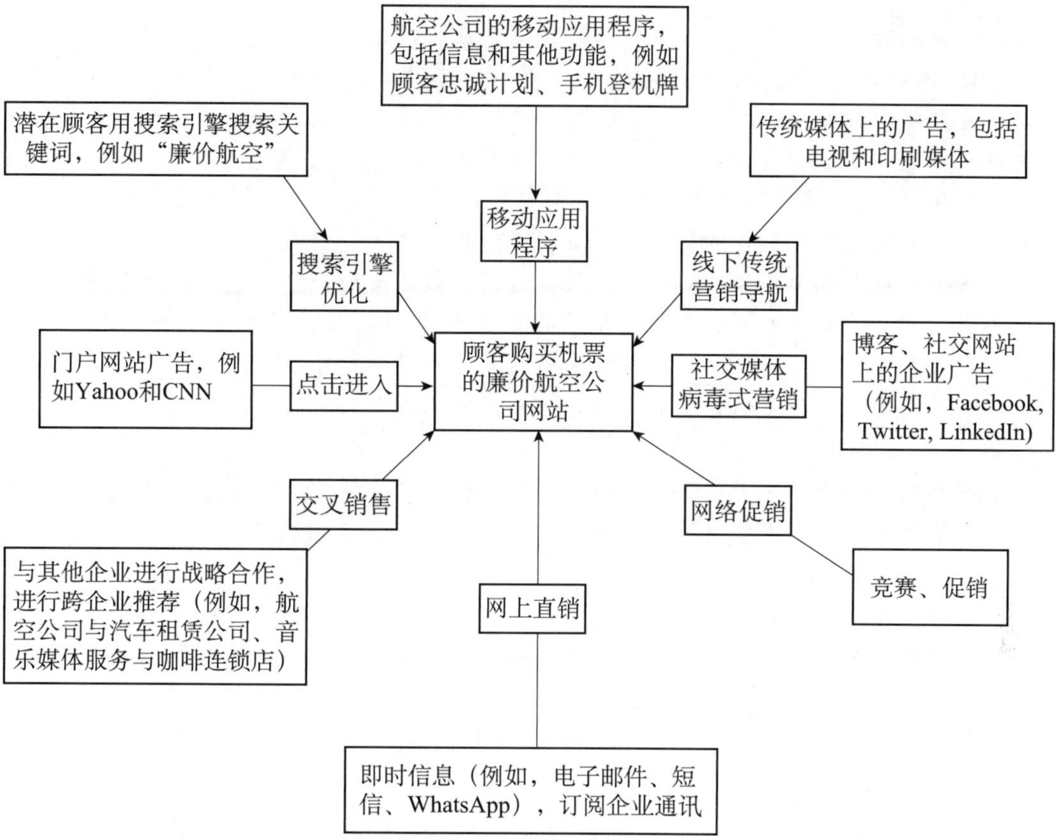

图 7－5　廉价航空公司将多种网络营销沟通渠道进行整合，促进企业网站的机票销售

通方式可以采取核心服务形式，以及多种附加服务形式，包括提供信息、提出建议[38]、预订、收款以及解决问题等。特别是对于企业的新顾客来说，经常需要依靠服务人员的帮助学习如何有效地使用服务、解决问题。

一线员工具有非常重要的作用。正如第 4 章所讨论的，品牌资产的打造大部分是要通过顾客与服务企业之间个人经历和体验完成的，而并不是通过大量的传播工具，后者更适用于引起潜在顾客的注意和兴趣。此外，许多服务企业都会鼓励服务员工对顾客交叉销售其他服务产品，或者是向上销售更高价值的服务产品。谢家华（Tony Hsieh）在如何通过顾客服务中心打造品牌方面具有非常有趣的观点，参见服务展望 7－4。

服务展望 7－4

通过呼叫中心建立品牌资产

你有没有努力拨打过谷歌、eBay 或者亚马逊——美捷步（Zappos）品牌的拥有者的热线服务电话？多数情况下，要通过点击多个链接才能获得电话信息，当然如果你能找得到！而美捷步则相反，它把顾客服务热线放在了网站上每个页面的顶部。

谢家华，成功赚取数十亿美元收入的电子商务零售商美捷步的创始 CEO，感到很滑稽，因为每当他参加营销会议时，都会听到企业在谈论顾客每天都会被成千上万条广告信息以及各种社交媒体轰炸。他认为："虽然听起来不是很潮，也没什么技术含量，但电话是最佳的品牌塑造途径之一。你可以通过电话获取顾客对企业5～10分钟全身心的关注，如果和顾客的电话互动良好，那么顾客在很长时间内都会记得这段经历。"他进一步解释道："许多人可能会觉得非常奇怪，因为一家互联网企业怎么会如此重视与顾客的电话互动，而且企业的销售只有5%来自电话销售。但是，我们发现，顾客通常至少会给企业致电一次，如果对顾客的致电进行正确的处理，我们就有机会赋予顾客情绪感染力，并且给顾客留下长久的记忆。我们每天都会收到成千上万个电话和电子邮件，我们将每个电话、每封电子邮件都视为塑造美捷步品牌的机会……我们的逻辑是，大部分广告费用都应该投入到顾客服务中，这样我们的顾客就可以通过口碑为我们作营销和宣传。"

与此相反的是，许多服务企业将呼叫中心视为企业成本并尽量使成本最小化，它们关注每次电话处理的平均时间，以及一天可以处理多少个顾客电话。这让客户服务人员急于让顾客尽快挂掉电话，在美捷步看来，这种做法并不是在传递良好的服务。至今为止，美捷步接到的最长耗时的一个顾客电话用了6小时，几乎向顾客介绍了成千上万双鞋子。美捷步的客户服务人员不使用服务脚本，也不会对顾客进行交叉销售，对顾客电话的处理是对营销和品牌建设的投资，而不是企业的一项开销。谢家华认为，呼叫中心是"一个对于大多数企业来说尚未有效开发的市场机会，不仅是因为它可以引发口碑营销，还因为它可以提高顾客终身价值。"

资料来源：Tony Hsieh (2010)，"How I Did It：Zappos's CEO on Going to Extremes for Customers，" *Harvard Business Review*，Vol. 88，No. 7/8，pp. 41－45；Tony Hsieh，Delivering Happiness：A Path to Profits，Passion，and Purpose（New York：Grand Central Publishing，2010）.

3. 自助服务传递网点

ATM、自动售货机、网站和服务应用程序都是自助服务传递网点。自助服务的促销需要有清晰的标志、按部就班的设备操作说明（也许要通过表格或者动画视频）和设计友好的用户界面。自助服务传递网点经常可以有效应用于企业与现有顾客、潜在顾客之间的沟通，进行交叉销售以及新服务产品的促销。同样，定位应用程序可以指导顾客体验复杂的服务场景，例如，游轮、机场、医院以及大型购物中心，也可以对顾客进行销售、发出提醒和通知。

源于组织外部的信息

关于企业和产品的最强有力的信息来源于组织外部，并且不受营销人员的控制，这些信息源包括口碑（包括线下的人际口碑和社交媒体上的网络口碑）、第三方网站上的网络评论、博客、推特和媒体报道。

1. 口碑

其他顾客的推荐一般被认为比企业发起的促销活动更加可信，并且强烈影响人们使用（或不使用）服务的决策。实际上，顾客购买服务时的感知风险越大，就会越积极主动寻求、依赖**口碑**（word-of-mouth，WOM）作出自己的购买决策。[39] 缺乏服务相关知识的顾客要比专家型顾客更加依赖口碑信息。[40]甚至就在服务的接触过程当中也会产生口碑，当顾客们相互谈论服务产品的某些性能时，这些信息就会影响到顾客的行为和对服务的满意度[41]，而且是企业收入增长的重要预测指标。[42]现在已经有方法可以让企业测量口碑传播，以及口碑对企业销售、品牌市场份额、某项促销活动和企业整体产生的作用。[43]

研究表明，口碑传播的范围和内容与顾客满意度相关。持有强烈观点的顾客比持有温和观点的顾客更容易向更多的顾客讲述自己的体验和经历，非常不满意的顾客要比高度满意的顾客向更多的人讲述自己的负面体验。[44]有意思的是，如果起初对服务不满意的顾客对企业的服务补救方式非常满意的话，那么顾客最终还是会传播企业的正面口碑（参见第 13 章）。[45]

对于服务企业来说，正面口碑是非常重要的，因为服务产品一般都具有较高的经验属性和信任属性，因此潜在顾客会有较高的感知风险。实际上，许多成功的服务企业，例如星巴克和梅奥诊所，几乎都是靠着满意顾客的口碑建立起强势品牌的。正如畅销书作家、UP Your Service! College 的创始人罗恩·考夫曼（Ron Kaufman）所说，“只有愉悦的顾客才是唯一可信任的广告”。[46]由于口碑可以充当有力的、高度可信的销售代理角色，因此一些营销人员使用了多种策略激发企业现有顾客产生正面、具有说服力的评论。[47]这些策略包括：

● 创造刺激的故事、宣传推广活动和竞赛，促使人们谈论企业的优质服务。维珍航空公司（Virgin Atlantic Airways）的理查德·布兰森（Richard Branson）就多次制造全球性的新闻，让人们都谈论他的航空公司。其中的一个例子就是，为了宣传维珍航空公司，布兰森身穿詹姆斯·邦德式的燕尾服从 407 英尺高的拉斯韦加斯酒店垂直降落。越来越多的企业在社交媒体上进行富有创造力的宣传推广活动，这些活动在几天之内就可以在全球范围引起关注。

● 进行鼓励顾客劝说其他人和自己一起使用服务的促销活动（例如，“和两个朋友一同前来，一个人免费用餐”，或者是“订购三种以上的移动电话服务计划，每月账单打六五折”）。

● 开展推荐奖励计划，例如，向给企业介绍新顾客的现有顾客提供免费服务、代金券，甚至是现金奖励。这种方法非常有效、有利可图，所以现在非常普遍——在浏览器中键入“朋友推荐计划”，就可以获得成千上万的结果。[48]类似的推荐计划在线下（例如，俱乐部、信用卡公司，甚至是潜水学校）和线上都可以应用。

推荐奖励计划对于关系亲近的亲友来说效果非常好，因为他们相信你之所以推荐服务产品，是为了朋友的利益考虑和出于对家人的关心，而不是为了企业的奖励。但是，当企业将奖励推荐计划用于现有顾客的熟人和同事的情况时要特别小心，因为顾客会担心推荐对象如何看待他们的这种行为以及产生的印象。[49]设想一下，如果让一位金融学教授获得企业的奖励，将贴现经纪人推荐给他的学生或者同事的话，那么这位教授很可能不会进行推荐，因为他不想让学生和同事认为他是为了获得企业的奖励才这么做的！有创意的推荐奖励计划应该对其进行改进，这样被推荐者可以获得奖励，而不是推荐者获得奖励。在我们所举的例子中，金融学教授的学生可以获得奖励，而不是金融学教授获得企业的奖励。这样教授就会因为向学生推荐了优秀服务企业，从而帮助了学生而给人留下良好的印象。在有些情况下，对于顾客来说，给人留下有见识、博学的良好印象更加重要，而获得企业的推荐奖励则会起到相反的效果。

● 让顾客参考其他购买者和知识丰富人员的意见，例如，“我们为ABC公司提供的服务效果非常好，如果您愿意的话，可以向该公司的管理信息系统部经理卡布拉尔（Cabral）先生了解一下，他当时负责监管项目的执行。”

● 分发、宣传能够激发产生口碑的企业证明文件。企业的广告和宣传手册有时就以满意顾客的评论作为主要内容。

● 给顾客提供网络评论的机会，并且给予顾客支持和经常性的反馈。网络评论的引用非常普遍，正面的评论帖子会对企业有所帮助，而负面的评论则会损害企业的品牌资产和销售。例如，一项针对伦敦市区的研究表明，虽然所有的酒店都会受到网络评论的影响，但是奢华酒店尤其会受到评论效价的影响（评论数量的影响并不是很大，也就是说，几条高度正面或者负面的评论就会对奢华酒店产生影响，挑剔的潜在顾客似乎会对网络评论进行仔细的阅读和分析），而对于低端酒店来说，网络评论的数量对其影响更大（在诸多的网络评论产生影响之前，酒店需要有大量的正面、负面的评论；潜在顾客会对大量的评论进行浏览，最终确定酒店是否在自己可接受的服务质量区域之内，对此他们会比较相信评论的数量）。[50]

● 任何情况下，企业的沟通战略都是鼓励满意的顾客发表正面的评论，而不满意的顾客直接向公司抱怨并且获得服务补救（参见第13章），而不是在网络上发泄他们的不满情绪。[51]一家小型发型设计工作室通过在出口处粘贴标语达到以上目的，“如果您喜欢我们的服务，请告诉您的朋友；如果不满意，请告诉我们”。

● 支持品牌社区的建设，这可以用相对较低的成本完成。[52]例如，谷歌和LinkedIn的品牌社区建设（见图7-6）。

除了口碑，还有“鼠碑”（word-of-mouse），或者病毒式营销（viral marketing）。互联网加快了人际影响的传播，进而产生了企业不容忽视的病毒式营销现象。[53]病毒式营销最早的成功案例之一就是Hotmail的免费邮箱服务，这项服务只用了很少的广告预算就在18个月的时间内使用户从0增长到1 200万，这大部分要归功于每个用户发出的邮件中都包含Hotmail网址的宣传信息。[54]实际上，利用顾客和潜在顾客之间的社会网络影响顾客态度和行为的病毒式营销已经成为一个独立的产业。eBay及其他网络拍卖公司依靠对买卖双方进行等级评价建立起顾客对网站上出售商品的信任，进而促进了陌生人之间的交易，如果没有这些用户评价，陌生人之间可能就不太愿意在网站上进行交易。

除了传统的电子邮件，还可以通过第三方网站上的服务评论、聊天室、社交媒体以及网络社区传播口碑，信息可能在几天之内就会传递至全球！企业正在有效利用这些传播渠道。Swipely是一家购物信息分享网站，可以让用户在刷信用卡、借记卡购物时很方便地把购买记录上传分享，朋友们就可以立即看到这些购物和交易信息，并且展开讨论。[55]这种方式可以让用户及时更新、告诉朋友们他的购物经历。不断涌现的新型社交网络给网络生态系统注入了新的元素，让消费者可以分享各自的经历和体验。

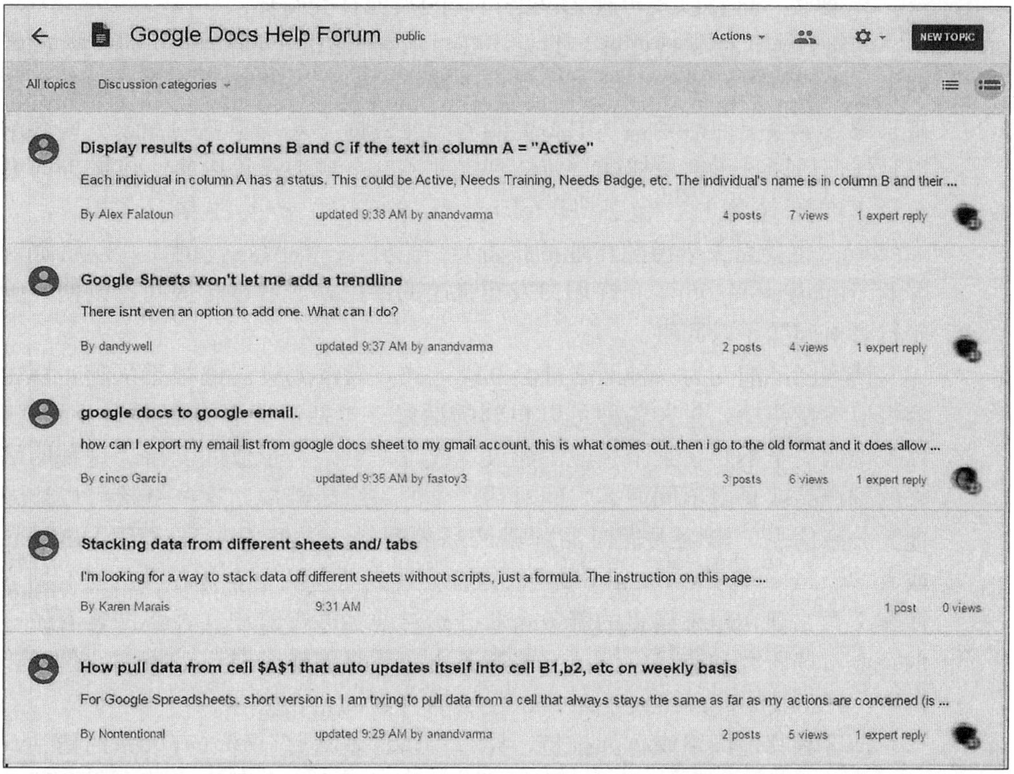

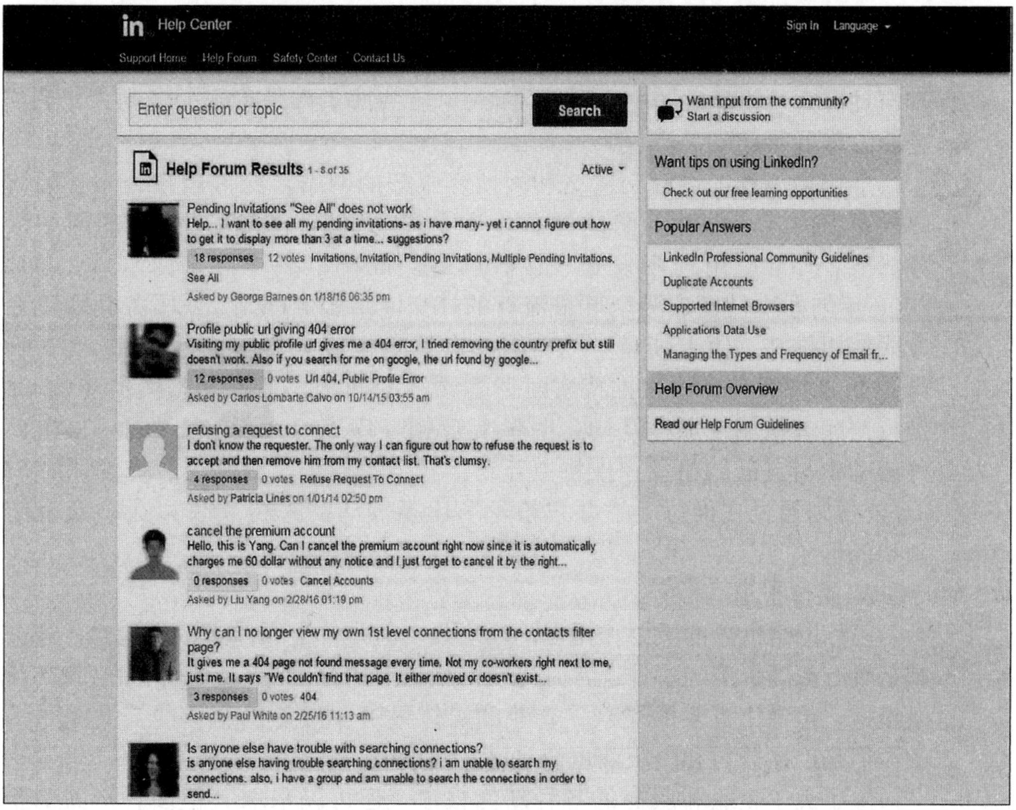

图 7-6　谷歌和 LinkedIn 的网络品牌社区

2. 博客、推特以及可视为网络口碑的其他社交媒体

网络日志，通常指博客，无处不在。博客可以是网络杂志、日记，或者是新闻列表，人们可以在博客上发布任何自己喜欢的东西。博客的作者，也就是博主，通常只聚焦于很窄的话题，其中不少博主已经自称为某一领域的专家。博客的内容可以是任何话题，囊括从棒球、色情到空手道、金融工程等内容。旅游导向型网站的数量正在迅速增长，包括 Hotelchatter. com（主要关注精品酒店），CruiseDiva. com（主要是关于游轮产业的报告），等等。一些网站，例如，以旅游为主要内容的 tripadvisor. com，允许用户发布自己的评论，或者进行提问，以便经验丰富的旅行者对问题予以回答。

博客已经演变为一种网络社会互动方式，营销人员对此很感兴趣：博客中的内容可以大量传播，包含各种可以想到的话题，包括消费者在服务企业的服务体验，以及他们关于不要去某个企业的建议，或者是对某个企业的支持。这种网络沟通带来的副产品就是由不同博客之间对话产生的一组超链接，这些链接可以让顾客与其他人分享信息，影响人们对品牌或产品的看法——搜索一下“Citibank and blog”或者“Charles Schwab and blog”，你就会看到与这两个企业相关的所有博客列表或博客文章。现在越来越多的服务企业开始对博客进行监控，并将博客看做一种即时的企业市场研究和市场反馈。有些服务企业甚至创建了自己的博客，例如，可以在 http：//googleblog. blogspot. com 上查看谷歌的企业博客。

博客和其他网络媒体如推特一样，可以看做网上口碑（有大量的博主，他们的关注者并不是很多，更接近于传统的口碑传播形式）和网络媒体（有些博主拥有大量的粉丝，与大众媒体更相似）之间的一种沟通渠道。营销人员可以将口碑视为标准推荐计划和口碑创造中的构成部分，但是必须要像对待出版社和传统媒体那样处理与拥有大量粉丝的博主之间的关系。[56]这些博主都是重要的业内人士，应该获得企业的尊重和重视。

推特是一种提供社交网络和微博客服务的网站，允许用户公布、阅读其他用户的更新内容，内容不能超过 140 个字符，用户可以通过推特的网站、短信服务，或者外部应用程序发布、接收内容。推特由杰克·多西（Jack Dorsey）于 2006 年创办，已经成为全球最流行的社交网络服务网站。[57]服务企业正在以各种方式使用推特。康卡斯特——美国的有线电视服务供应商已经注册了@comcastcares 的推特账号，通过推特实时回答顾客的问题。鞋类网站美捷步的 CEO 通过推特与顾客像朋友那样互动；明星艾什顿·库奇（Ashton Kutcher）在举办的各种活动中与自己的粉丝在推特上互动；专门服务于航空公司品牌设计的 Simpliflying 公司则通过在推特上举办“粉丝”比赛等活动来树立公司在小众市场中思想领袖的形象。

3. 媒体报道

虽然网络世界的重要作用在不断增强，但是传统媒体上的报道也不容忽视，尤其是具有新闻价值的事件通常是先在网络世界进行讨论，但是稍后会被传统媒体摘录报道，传递给更多的受众。企业的媒体报道一般是由企业的公共关系活动引发的，但是广播公司和出版商也会自己发起报道。

除了关于企业和服务的各种新闻报道，还可以采取其他多种形式的报道。例如，负责消费者事务报道的记者经常会对比竞争企业提供的服务，报道各个企业的优点和缺点，为消费者提供“最佳购买选择”。更专业的《美国消费者报告》（*Consumer Reports*），消费者联盟主办的月刊，会定期对全国的服务企业进行评价，包括金融服务业和通信服务业，并且对不同服务供应商的优点和缺点进行评论，确定那些经常让消费者感到困惑的服务费用标准和服务定价。

此外，调查记者还对企业进行深度的调查研究，特别是当记者认为企业将顾客置于风险之中，欺骗顾客，使用欺骗性广告，破坏环境，或者是剥削发展中国家贫困员工的时候。一些专栏作家就致力于帮助那些投诉没有被解决的顾客。

服务营销沟通的时机决策

香槟、珠宝和圣诞布丁等产品在圣诞节到来之前的3个月会进行大力推广，这些产品的销售额几乎一半都源于这个时期。相反，由于服务企业的生产能力有限，因此不会在高峰期进行促销和推广。所以，服务营销沟通要与服务企业营销渠道中不同的顾客感知和顾客行为相匹配。不同的服务营销沟通渠道被用来将顾客从需求唤醒、形成偏好，一直转移到服务购买后阶段。

服务营销沟通的时间一般通过媒体计划流程图（看上去像一张大的电子表格）进行管理，媒体计划流程图可以提供关于何时何地进行媒介沟通的鸟瞰。一些软件可以协助人们完成这项枯燥的工作，通过对一些数字的计算得出最优的沟通媒介组合和媒体计划，例如，可以计算出目标受众数量，以及每接触1 000个目标顾客花费的成本等关键数字。一些专业的服务企业如Telmar（http：//www.telmar.com）可以帮助企业制定媒介沟通计划。

预算决策与沟通计划评估

只要服务营销沟通计划能够增加销售和利润，那么大多数服务企业会给沟通计划分配更多的预算。[58]但是，最佳的沟通计划成本很难预测，制定预算也是最艰难的决策之一。现实中，服务企业通过多种方法制定营销沟通预算，包括销售或利润百分比法、竞争者匹配法，以及参照前一年的预算再进行适当的增加或削减，这取决于前一年的沟通计划和企业的未来计划。

最合理的方法是目标-任务法，也就是预算编制法（budget buildup method）。这种方法有三个步骤：（1）根据服务营销沟通漏斗界定沟通目标；（2）明确实现这些目标需要完成的任务；（3）估计整个计划的成本。当然，还要综合考虑企业的财务状况和预期的投资回报。如果成本过高，或者预期回报过低的话，预算就要做相应的削减。最关键的问题是，很难预先确定为完成目标所需的营销沟通的强度和力度。

最后，还可以单独使用实证研究方法，或者将之与目标-任务法相结合。实证研究方法会对不同的沟通计划预算进行一系列的试验和现场实验，最后决定沟通计划的最优成本。当然，这种实验在网络上可以更快、更简单地实施，在专业的活动计划管理中定期使用。

一旦营销沟通计划的预算花出去，企业如何评价沟通计划是否成功呢？对于某些沟通目标来说，沟通计划的效果很容易评价。例如，如果营销沟通的目标是改变消费者的行为（例如，减少高峰期的服务使用，告诉顾客如何保证密码安全，让顾客不再使用纸质账单，改而使用电子账单，并且向顾客向上销售更高级别的服务），那么沟通计划的效果就可以直接进行测量。直复营销沟通计划的效果也很好评估，例如，电子邮件营销活动，或者通过点击、电子报订阅、追随者、网上注册、潜在顾客开发流程以及网络销售等网络营销可以直接与营销沟通目标进行匹配。

同样，广告和研究服务机构已经非常擅长测量广义目标的完成情况（例如，需求唤醒、认知，以及偏好）。然而，营销沟通对销售和利润的作用却很难测量。其中一个主要的原因就是，虽然营销沟通活动会影响销售，但它只是影响销售的因素之一，其他因素包括服务特性与服务质量、价格、竞争者的行为和活动。在准备沟通计划和制定预算时，你必须将这些因素牢记在心。

营销沟通中的道德与消费者隐私

我们之前一直关注如何接触、劝说、管理顾客和潜在顾客的行为。然而，企业还需要考虑与营销沟通相关的道德与隐私问题，特别是一些沟通工具很容易被误用（甚至是滥用），比如广告、销售和促销。顾客经常会觉得很难评价服务产品，这使得顾客更加依赖营销沟通来搜寻信息和建议。营销沟通的信息经常包括对顾客获得利益和服务传递质量的承诺。如果企业作出了承诺以后又违背了承诺，那么顾客就会感到非常失望。

一些不切实际的承诺是因为企业内部的运营与营销人员之间缺乏关于顾客对服务绩效水平合理期望的沟通。另一方面，缺乏职业道德的广告人员和销售人员为了保证销量，会故意作出夸大的承诺。最终，欺骗性的承诺会误导人们认为他们会比实际情况更有可能获得奖励和回报。但幸运的是，许多消费者监督团体都在密切关注这些欺骗性的营销活动。这些监督团体包括消费者保护组织、特定行业的贸易协会，以及设法曝光欺诈、失实之处的记者。

另一种道德问题是关于激进的营销人员对顾客私人生活的打扰。不断增加的电话营销、直接邮递、电子邮件和短信打扰了那些根本就不想收到销售信息的顾客。如果你正在家里享用晚餐，却被一个陌生人打来的电话打扰，并且他还想尽一切办法让你对毫无兴趣的服务产品产生兴趣，你会感觉如何呢？即便你对服务产品感兴趣，你也可能会像许多人一样，感觉自己的隐私受到了侵犯（参见服务展望7-5）。参照前面关于直复营销的内容中许可营销的概念，这是吸引消费者注意力的方法之一。

服务展望 7-5

消费者对网络隐私问题感到忧虑

科技的进步使互联网威胁到了消费者的隐私。企业不仅采集注册、购物或使用邮箱的顾客信息，还会采集在网上浏览、参加社交网络，或者写博客的用户的信息！人们越来越担忧网络信息数据库和自己的隐私问题。因此，用户采用了多种方法保护自己，包括：

- 提供个人虚假信息（例如，伪装自己的身份）。
- 使用诸如微软的 InPrivate 浏览器、反垃圾邮件过滤器、邮件粉碎、cookie 克星等技术隐藏自己的计算机的 IP 地址。
- 拒绝提供个人信息，避免使用需要公布个人信息的网站。

消费者的这些行为会让 CRM 系统中的信息不够精确、完备，因此也就降低了顾客关系营销的效果，以及关系营销在提供更加定制化、个性化和便利服务方面的作用。企业可以采取以下步骤减少消费者对个人隐私问题的担心：

- 顾客的公平感知是问题的关键所在——营销人员需要小心使用收集到的顾客信息，并且留心顾客是否对企业对信息的处理方式和结果感到公平。特别重要的是，营销人员应该持续向顾客提供增加的价值，例如，定制化、便利和改良的服务产品和优惠活动，以增加顾客对于信息交换的公平感知。
- 企业应该让顾客感知到企业询问的信息是与顾客进行的交易有关的，特别是涉及高度敏感的信息时。因此，企业应该向顾客清楚地传达需要这些信息的原因，以及企业获得这些信息会给顾客带来怎样的利益。
- 企业应该制定完善的隐私保护政策，而且顾客可以在企业的网站上找到这些政策，政策的描述语言应该简单易懂，其覆盖的范围应该广泛有效。最好的情况是，可以让顾客控制自己信息的使用。
- 公平的信息处理实践应该融入所有服务员工的工作实践当中，以防出现员工滥用顾客信息的情况。
- 企业应该设立信息保护的高道德标准。企业应该获得电子信任组织（TRUSTe）或者商誉促进局（Better Business Bureau）等第三方机构的认证，在企业网站上展示清晰的隐私保护认证。

资料来源：M. Lwin，J. Wirtz，and J. D. Williams（2007），"Consumer Online Privacy Concerns and Responses：A Power-Responsibility Equilibrium Perspective，" *Journal of the Academy of Marketing Science*，Vol. 35，No. 2，pp. 572 - 585；Jochen Wirtz and May O. Lwin（2009），"Regulatory Focus Theory，Trust，and Privacy Concern，" *Journal of Service Research*，Vol. 12，No. 2，pp. 199 - 207；Catherine E. Tucker（2014），"Social Networks，Personalized Advertising，and Privacy Controls，" *Journal of Marketing Research*，Vol. 51，October，pp. 546 - 562.

为了解决这个日益严重的恶劣问题，政府机构和行业协会都开始实施保护消费者的措施。在美国，联邦贸易委员会的"谢绝来电计划"让顾客可以将自己的家用电话和手机号码从电话营销的名单上删除 5 年的时间。如果顾客还是会继续收到来自商业电话销售人员的非法来电的话，顾客就可以填写投诉申请，随后电话营销企业就可能会受到重罚。[59]类似地，直复营销协会也会帮助消费者把自己的名字从邮递、电话销售和电子邮件的名单中删除。[60]

企业形象设计的作用

到目前为止，我们主要集中探讨了营销的沟通媒介和沟通内容问题，但是还没有过多地涉及企业形象的设计问题。企业形象设计是保障企业风格和各种沟通渠道传递的信息一致的关键要素。对处于竞争市场的企业来说，企业形象设计尤为重要，因为企业必须在高度竞争的市场中脱颖而出，在任何地方都能被消费者迅速识别出来。你有没有注意到，有些公司之所以会在你的脑海里脱颖而出，是因为公司运用的颜色、广泛应用的企业标识、企业员工穿着的制服，以及企业的有形设施？

许多服务企业都会通过对所有的有形要素采用统一、独特的视觉效果来提升企业的识别度和企业想要树立的品牌形象。企业形象设计战略通常由外部的咨询公司来制定，包括以下内容：办公用品和宣传资料，零售标牌，员工制服，以及车辆、设备和建筑内部的配色方案。这样做的目的是通过战略性使用企业有形证据为企业提供一个在品牌服务体验中可以将所有企业运作联结起来的统一的、可识别的品牌主题。企业可以选择下列一种方式或者联合使用几种方式进行形象设计：

- 高度竞争的快递行业中的企业常常会将企业的名称作为企业形象设计的核心要素。美国联邦快递公司将企业的商标由“Federal Express”改成了更加时尚的“FedEx”，这是一个独特、崭新的企业商标。
- 许多企业都会使用商标符号，而不只是一个企业名称，作为企业的主要商标标识。壳牌石油公司（Shell）将双关语运用于企业的英文名称，将一只黄色的扇形贝壳置于红色的背景当中，这个标识使人们马上就能识别出企业的车辆和服务站。据说，麦当劳的“金拱门”（Golden Arches）标识是世界上识别度最高的企业标识，而且在企业与顾客的所有服务接触点上都能看见这个标识，包括麦当劳的餐厅、员工的工作制服和食物的包装上，以及企业所有的宣传资料中。
- 一些企业在创造有形的、可辨识的企业标识，并将其与企业名称进行有效联结方面做得非常成功。动物主题的装饰是服务业中普遍运用的商标符号。例如，美国邮政总局（US Postal Service）与墨西哥航空公司（AeroMexico）的鹰形象，荷兰商业银行（ING Bank）和加拿大皇家银行（Royal Bank of Canada）的狮子形象，T. Rowe Price 投资公司的公羊形象，以及中国香港港龙航空公司（Dragonair）的中国龙形象。
- 将色彩运用到企业形象设计中（见表 7-2）。看看汽油零售企业，就可以看到英国石油公司（BP）明亮的绿色和黄色的服务站，德士古石油公司（Texaco）的红、黑、白相间的标识，以及太阳石油公司（Sunoco）的蓝色、栗色、黄色的服务站标识。

表 7－2　企业形象设计策略

企业形象设计案例			
企业名称作为核心元素	企业商标符号	有形的可识别符号	企业形象设计中使用独特的颜色
联邦快递	麦当劳的“金拱门”	荷兰商业银行的狮子	DHL 的标识使用黄色（潘通色卡 116）和红色（潘通色卡 200）
DHL	壳牌石油公司的黄色扇形贝壳	中国香港港龙航空的中国龙	英国石油公司明亮的绿色和黄色的服务站

市场营销沟通组合的整合

你是否在企业的网站上看到过新发布的、令人兴奋的促销信息，但当你去商店购买的时候，前台服务人员却说并不知道这个促销活动，不能将商品卖给你？这是怎么回事呢？在许多服务企业中，不同的营销沟通计划分别是由不同的企业部门负责的，例如，营销部门负责广告宣传，公关部门负责公共关系活动的策划执行，各个专业的职能部门分别负责企业网站的维护、直复营销和促销活动、客服系统的运行，以及人力资源的培训。上述服务失败是企业中这些部门没能有效协调的结果。

随着有越来越多的沟通渠道向顾客和潜在顾客传递信息，对于企业来说，采取整合营销沟通（IMC）策略就越来越重要了。整合营销沟通将企业的所有沟通方式联结、配合起来，强化品牌形象的传递。这就是说，企业各种不同的媒介要传递同样的信息，给顾客带来同样的视觉效果和感觉，不同媒介和沟通方法传递的沟通信息都只是服务企业整体信息和服务产品的一部分。企业可以通过将整合营销沟通的管理权交给一个部门（例如市场部），或者单独任命营销沟通管理人员来全权负责企业的所有营销沟通。

结　论

服务营销7P中的服务促销和顾客教育需要企业给予与有形商品沟通策略不同的重视。服务营销人员面临的沟通任务包括：重视难以评价的服务的有形线索，明确服务绩效的本质和次序，强调顾客接触员工的表现，向顾客传授如何才能有效参与服务的传递过程。你从本章内容中可以获得的要点就是，有效的营销人员是可以通过最划算的方法利用各种沟通媒介的出色的教育家，不仅宣传企业的价值主张，而且向顾客和潜在顾客传授选择、使用企业服务的必要知识。

本章小结

1. 服务营销人员需要设计有效的服务沟通策略。服务营销人员可以使用整合服务营销沟通模型作为指导框架，这个框架是围绕5W模型组织的。5W模型是指：

● 谁是我们的目标受众？是潜在顾客、现有使用者还是员工？（Who）

● 我们需要向目标受众传递什么内容，要达到什么样的目标？这些目标是否与服务购买前阶段、服务接触阶段或服务接触后阶段的消费者行为相关？（What）

● 应该如何传递信息？如何才能克服服务无形性带来的挑战？（How）

● 应该在何处传递信息？应该使用哪些媒介组合？（Where）

● 要在什么时候传递信息？（When）

2. 服务营销沟通有三种广义受众（Who），分别是：（1）潜在顾客，可以和有形产品营销沟通一样，通过传统的沟通媒介进行接触；（2）现有使用者，这类受众可以通过性价比较高的沟通渠道进行接触，例如，企业的服务传递渠道（例如，服务员工、服务分支网点、账单以及自助服务渠道）；（3）员工，作为二级受众，可以受到恰当沟通信息的激励。

3. 服务营销沟通的目标（What）是告知、传授、劝说、提醒、塑造行为，并且与消费者建立关系。沟通目标可以是战略性的，也可以是战术性的，通常是两者的结合。

● 战略目标包括打造品牌资产，形成与竞争者相抗衡的品牌定位，或者是重新定位。

4. 战术目标可以根据服务营销沟通漏斗进行规划，服务营销沟通漏斗使用服务三阶段中的消费者行为作为指导框架细化潜在的沟通目标。服务营销沟通漏斗的关键之处在于，说明沟通目标是高度细化的，可以涉及服务消费的各个方面：（1）服务购买前阶段（例如，强调企业擅长的服务要素，减少感知风险）；（2）服务接触阶段（例如，引导顾客顺利通过服务流程，鼓励恰当的排队行为，管理服务绩效感知）；（3）服务接触后阶段（打造顾客满意，鼓励推荐行为和顾客忠诚）。

5. 服务营销沟通的几个重要作用如下：

● 通过有形线索的促销，对服务质量进行沟通。

● 通过沟通的内容增加服务的价值（例如，正如在服务之花模型中讨论的，通过沟通提供信息和咨询服务）。

● 协助顾客参与服务生产过程。

● 增强服务员工的作用。

● 刺激或减少服务需求，以便与生产能力相匹配。

6. 服务如何（How）才能得到最佳沟通，特别是服务的无形性为服务营销沟通带来了很多挑战，这些挑战包括：

● 抽象性——服务过程中没有与之一一匹配的有形物体。

● 普遍性——一些服务项目只是一系列人员、物体或者事件的一部分，并不涉及具体的服务绩效。

● 不可搜寻性——顾客在购买服务之前不能对服务进行搜索、检查。

● 难以理解性——难以对服务进行理解和解释。

以下几种方法可以克服服务无形性给服务沟通带来的问题：

● 抽象性——通过服务消费片段展示典型的顾客服务经历过程。

● 普遍性——使用客观声明：通过服务系统证明展示服务传递系统实例和对传递系统的满意度；通过服务绩效证明展示、列举以往的服务绩效数据。例如，准时投递的包裹数量。使用主观声明：可以使用服务表现片段，在片段中展现服务员工正在传递真实的服务。

● 不可搜寻性——使用消费证明，从已经体验过服务的顾客那里获得服务证明；对于信任属性显著的服务来说，使用企业声誉证明，展示服务提供者的获奖荣誉或者资格证书。

● 难以理解性——使用服务过程片段，展示服务过程中到底会发生什么；使用历史案例片段，展示企业为顾客提供的服务，以及企业是如何解决顾客问题的；或者服务消费片段，展现顾客真实的服务体验。

此外，还有两种方法可以帮助企业克服服务无形性产生的问题：

● 强调服务的有形线索，例如服务员工、服务设施、证书和奖状，或者是企业的顾客。

● 运用比喻传递价值主张。例如，保德信集团用“直布罗陀岩山”象征公司的实力。

7. 为了接触目标受众，达到营销沟通的目标，可以使用多种沟通渠道（Where），包括：

● 传统的营销渠道（例如，广告、直复营销、网络广告）、移动应用程序和社交媒体（例如，Web 2.0 和各种社交媒体）。

● 服务传递渠道（例如，服务销售网点、一线服务员工、移动应用程序以及自助服务网点）。

● 组织外部信息（例如，口碑、社交媒体以及博客和传统媒体的报道）。

8. 传统的营销沟通渠道包括广告、公共关系、直复营销（包括许可营销）、销售促进、人员销售。这些营销沟通要素通常会帮助企业建立独特的市场定位，接触企业的潜在顾客。

9. 网络沟通渠道包括企业网站和网络广告（例如，旗帜广告和搜索引擎广告，以及互联网优化广告）。

● 网络技术的发展驱动了营销沟通的创新，例如许可营销可以通过使用网络和移动广告、移动应用程序、Web 2.0、社交媒体和博客进行高度精准的、具有针对性的营销沟通。

10. 服务企业一般会对服务传递渠道和销售环境进行控制，这为服务企业提供了可以接触当前顾客的高性价比方式（例如通过服务员工、服务销售网点以及自助服务网点）。

11. 一些关于企业和服务产品的有力度的信息来自组织外部，并且不会受到营销人员的控制，包括口碑、博客、推特和其他社交媒体，以及传统媒介的报道。

● 人们认为其他顾客的推荐会比企业发起的沟通信息更加可信，潜在顾客会更加倾向于搜寻这些信息，特别是高风险的购买行为。

● 企业可以通过使用一些方法激发顾客进行口碑传播，这些方法包括令人兴奋的促销活动、推荐奖励计划，现在它们正在不断地转向网络环境。

12. 与有形产品的营销沟通活动经常会在销售旺季（例如，圣诞节）之前不同，服务企业一般不能满足高峰时期过量的服务需求。因此，服务营销沟通更加倾向于根据服务营销沟通漏斗中的目标和时机进行传播（When）。营销沟通的预算决策和绩效管理要根据沟通目标进行（在使用目标-任务法的情况下）。

13. 企业在设计沟通战略的时候，需要牢记道德和个人隐私问题，包括作出的承诺、对顾客私人生活的侵犯（例如电话营销或者电子邮件传递），保护顾客和潜在顾客的隐私和个人信息。

14. 除了媒体沟通内容，企业的形象设计是塑造顾客心目中统一的企业形象的关键要素。良好的企业形象设计会为企业的有形元素打造统一、独特的视觉外观，这包括所有的沟通组合元素，如办公用品、零售标识、制服、交通工具、服务设备和建筑的内部装潢。

15. 由于企业使用太多的沟通渠道向顾客和潜在顾客传递信息，因此，采取整合营销沟通观念对于企业来说非常重要。

复习题

1. 整合服务营销沟通模型中的5W是什么？

2. 服务营销沟通的三种广义受众都是谁？

3. 服务营销沟通的目标在哪些方面有别于有形产品的营销沟通组合？描述服务场景中四个常见的顾客教育和服务促销的目标，并为四个目标分别举例。

4. 你从服务营销沟通漏斗模型中学到了什么？

5. 服务营销沟通面临哪些挑战？如何才能克服？

6. 为什么服务企业的营销沟通组合会多于有形产品企业的营销沟通组合？

7. 人员销售、广告和公共关系在吸引光顾服务销售网点的新顾客和保留现有顾客这两种情况下分别会起什么作用？

8. 网络营销有哪些不同的形式？对于在线经纪人和洛杉矶新开的夜总会，你认为最有效的网络营销策略是什么？

9. 为什么在服务企业营销沟通策略中许可营销会受到如此重视？

10. 为什么口碑对于服务营销来说非常重要？在行业中质量领先的服务企业如何激发、管理口碑传播呢？

11. 如何通过企业形象设计使企业区别于其他企业？

12. 有哪些实施整合营销沟通的方法？

应用练习

1. 下列情况下，你将使用营销沟通组合中的哪些要素：

- 一家在郊区购物中心刚建立的美发店。
- 一家面临新的竞争对手、顾客流失的餐馆。
- 一家位于大城市、没有分公司的大型财务公司，主要服务企业客户，想快速扩大客户规模。

2. 寻找一个广告（或其他沟通形式），其目标是管理顾客行为，包括：(a) 选择；(b) 服务接触；(c) 接触后阶段。解释这些广告或其他沟通形式是以何种方式实现其目标的，有效性如何。

3. 律师和会计师事务所在很多国家都做广告宣传自己的服务。寻找一个新的广告，思考如下问题：这些服务企业是怎样应对服务无形性的？它们怎样才能做得更好？

它们是怎样对待消费者质量和风险感知的？在这些方面，它们还有哪些改进余地？

4. 试讨论服务提供者在沟通战略中所涉及的搜寻、体验和信任服务属性。假设沟通的目标是吸引新的消费者。

5. 试结合你现在就读的大学和攻读的学位项目，就已知的微博和其他在线口碑等，你从中可以学习到什么？这些信息对你所在大学未来的申请者会产生怎样的影响？假定你是一所学校或学位项目的专家，你从网络上找到的关于该大学和项目的信息准确度如何？

6. 寻找服务企业试图吸引不同细分市场顾客所做的广告。解释这种现象产生的原因，并指出其可能的不良后果。

7. 对下列情况中至少三种进行讨论，评估服务组织近期公关的努力效果：（1）推出新的服务产品；（2）开放新的服务设施；（3）对现有服务进行扩张；（4）宣布即将举行重大活动；（5）对出现的不利局面做出应对。对每一种情况选择一家不同的公司进行研究。

第 3 篇　顾客界面管理

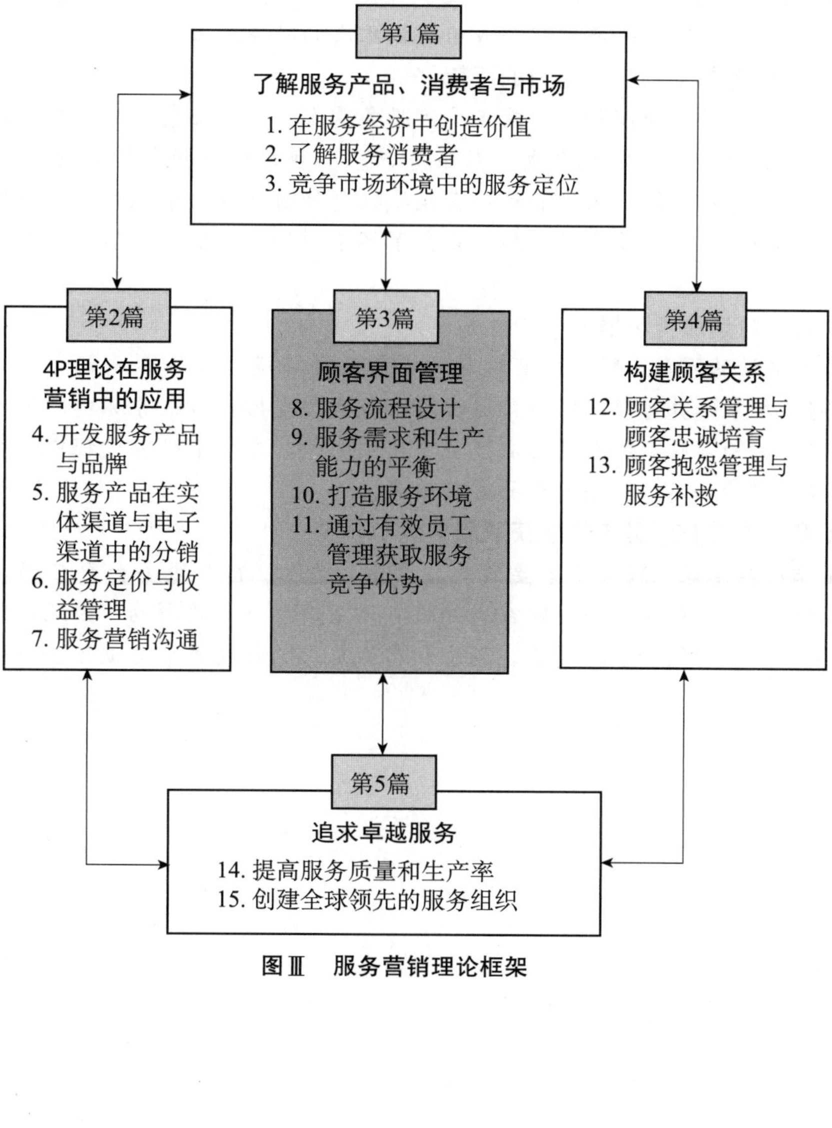

图Ⅲ　服务营销理论框架

第 3 篇将聚焦于服务组织和顾客之间的界面管理，涵盖了服务营销 7P 中的另外 3P（过程（process）、有形环境（physical environment）和人员（people））。本篇共包括以下 4 章。

第 8 章　服务流程设计

第 8 章研究有效服务传递过程的设计，界定服务如何运营，并阐释企业价值诉求与服务传递系统之间的关系。顾客通常会积极参与服务的生产，特别是当顾客能与企业共同创造价值时。在此情况下，服务过程会成为他们难忘的服务经历。

第 9 章　服务需求和生产能力的平衡

第 9 章与服务过程管理相关，重点关注服务需求波动以及怎样使企业服务生产能力与顾客服务需求时间和水平实现平衡。对服务需求和供给的有效管理，会使服务过程更平稳，并减少顾客等待时间。需求管理的营销战略包括通过预约系统和正式的排队系统来达到降低需求波动性、存储需求的目的。充分了解不同细分市场顾客动机对于有效的需求管理也非常重要。

第 10 章　打造服务环境

第 10 章关注的问题是服务的有形环境，即服务环境。服务环境需要精心设计以给顾客留下良好的印象，并对整个服务传递过程形成有力支持。对服务环境的管理不能掉以轻心，因为它会对顾客服务印象的形成产生重要的影响，在整个服务过程中，引导其服务行为，并为服务质量和定位提供有形的支撑要素。

第 11 章　通过有效员工管理获取服务竞争优势

第 11 章引入了很多服务中重要的构成要素——人。很多服务会存在顾客与一线员工之间的直接互动。这些互动会对顾客感知服务质量产生重要的影响，因此，服务企业应当尽最大可能录用、培训和激励员工。满意和忠诚员工的表现通常是服务企业重要的竞争优势来源。

第8章 服务流程设计

说得好不如做得好。

——本杰明·富兰克林

美国的开国元勋之一（1706—1790）

在服务接触中只有一件事是真正重要的，即顾客感知到了什么。

——理查德·蔡斯和西拉姆·达苏

南加州大学教授

顾客界面的有效管理是企业竞争优势的新来源。要想赢得竞争，企业必须有高素质的一线管理人员和不可或缺的设备。

——杰弗里·雷波特和伯纳德·贾沃斯

分别为哈佛商学院教授，Marketspace有限责任公司创始人兼董事长和克莱蒙特研究所教授

学习目标

通过本章的学习，您将能够：

1. 了解服务体验和服务流程的区别；
2. 识别服务流程图与服务蓝图之间的差异；
3. 采用必需的要素为服务流程设计服务蓝图；
4. 明确如何利用防差错措施来减少服务流程中的失误；
5. 理解如何为顾客服务流程设置服务标准和服务目标；
6. 认识服务流程设计中顾客接受度和情绪的重要性；
7. 解释服务再造过程的必要性；
8. 理解服务再造是如何帮助提高服务质量和服务生产率的；
9. 理解服务流程顾客参与水平；
10. 熟悉顾客作为“合作生产者”的概念并理解其深层内涵；
11. 理解和管理能够使顾客接受新自助服务技术的因素；
12. 掌握有效管理顾客对服务流程所需行为改变的抵触的方法。

开篇案例

小型医院实践中的顾客服务再造

家庭医学实践（Family Medicine Faculty Practice，FMFP）进展并不顺利。它

的病人经常需要等待很久；缺少有效和方便的预约时间；候诊室拥挤不堪，诊断前经常发生长时间延误。

施瓦兹医生（医师）和布莱恩（见习医师）决定改变这种现状，并与科尔曼团队合作再造服务过程。四天中，科尔曼团队密切关注诊所雇员，肩并肩再造服务过程。这是一个令人惊讶的改变，再造在周一早上开始，到了周五早上FMFP完全以一种新方式运行。

服务再造模型

FMFP共有12名雇员，其中9名后勤人员、3名内科医生。诊所中每名医生配备3名后勤人员，低于国家平均水平4.8名。再造过程的核心是将后勤人员重组为3个病人护理小组。每个护理小组包括一名临床医生、一名助手和一名充当一站式商店角色的接待员。病人护理小组负责他们病人的一切事宜，包括挂号、付款、填表、确认下次预约、检查保险以及其他事宜。

这三个病人护理小组分享三个具备以下职能的“候补员工”：一名医药记录员、一名电话接待员和一名未分配到任何小组的流动员工。医药记录员24小时记录诊所时段和填报实验结果，确保没有工作遗留给急救人员。如果一个病人打电话到FMFP预约，电话将由电话接待员处理。流动员工负责管理从候诊室到检查室的流动病人，尽可能确保高效、迅速、流畅。流动员工与病人护理小组的助手协商，精确估计等待时间。基本上，流动员工可以解决诊所内所有流动性的问题以确保90%的病人等待时间少于45分钟。

再造之后，电话接待员接电话并且分诊给对应的病人护理小组。未来，他们将尝试在病人护理小组和病人之间搭建更加直接的联系。电话接待员配备了无线电话，这样他们可以及时接听。病人护理小组的接待员接待完病人之后立即归位，以应对突发事件。

在预约手册中，如果接待员解决不了病人的问题，病人可以直接通过随身电话与病人护理小组的助手沟通以获取准确的回答，避免延误病情。

新工具和新机制有利于拓展FMFP的可用资源。例如，在检查室可以迅速记录成年人的体重，这使得无须在体征站停留。实际上，所有在检查室的工作都反映出了设计的原则：“围绕病人开展工作，而不是病人围绕我们工作。”

随着病人护理小组的成员在一起工作积累经验，他们在照顾病人时也更加熟练和牢靠。纸张的堆积问题在再造后也得到缓解。

FMFP的员工比以前更加努力，但他们为这样的结果激动，并且在新的服务过程中得到开心的病人的称赞。

什么是服务流程

对顾客而言，服务是体验。对组织而言，服务是设计和管理创造美好顾客体验的过程，也是构建服务体系的过程。这些过程描述了服务运营系统运行的方法和顺序，并且规定了它们如何连接在一起为顾客创造价值。在高接触度服务中，顾客是服务运营的全部，服务流程就是他们的体验。拙劣的流程设计可能会惹怒顾客，因为这些服务流程传递的通常是缓慢、令人沮丧、质量低劣的服务。同样，这些服务流程使得一线服务员工难以很好地完成工作，导致生产率降低、服务失误的风险增加。在本章中，我们讨论如何设计和提升服务流程，以实现先前允诺的价值提升。

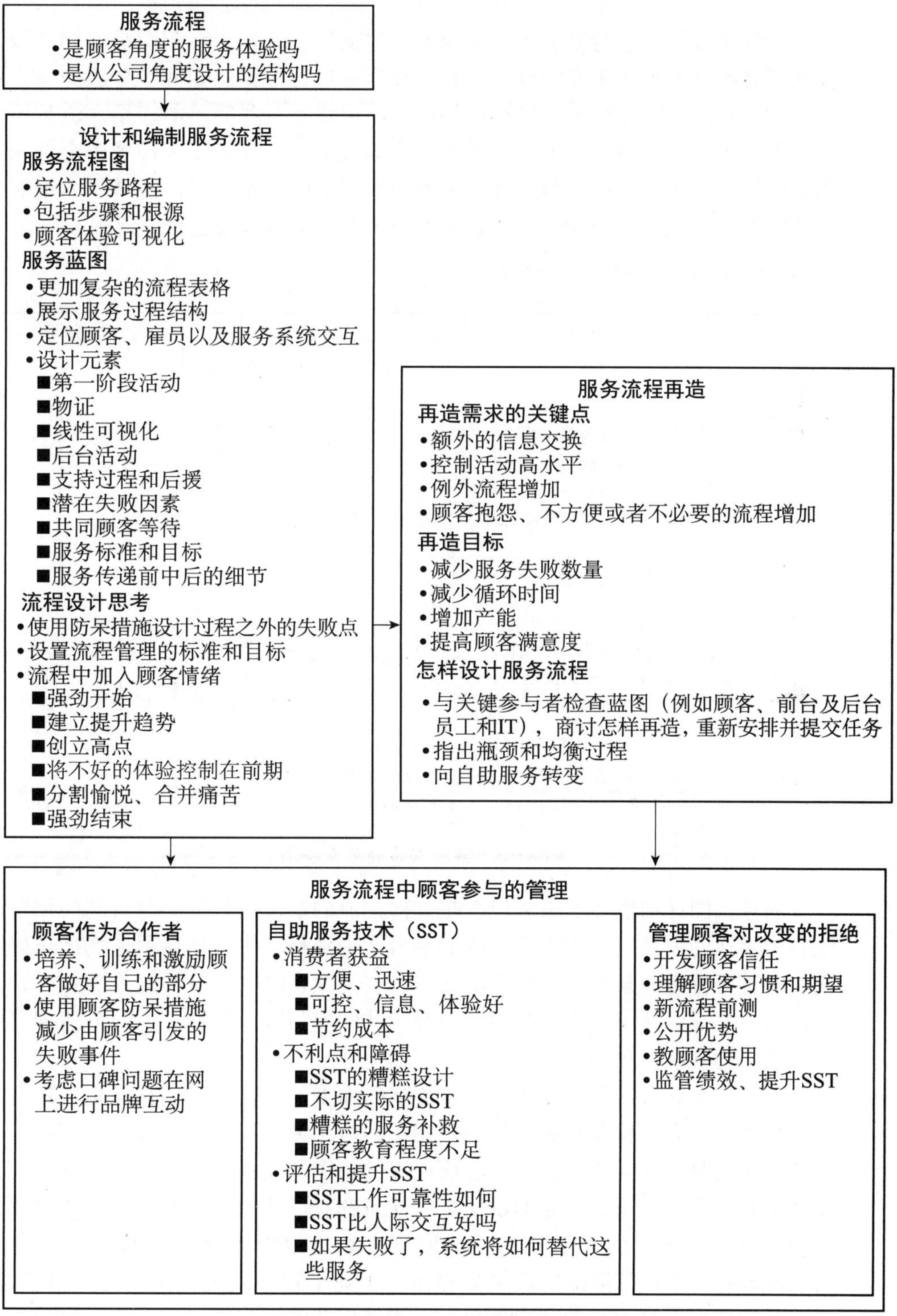

图 8-1　本章概要——设计和管理服务流程

设计和编制服务流程

设计或分析流程的第一步是编制或描述流程。流程图和蓝图是编制和设计已经存在或者新开发服务流程的重要工具。在服务过程中我们如何区分服务流程图和服务蓝图呢？流程图描绘了已经存在的过程，通常是一些简单的表格。流程图主要是一种展示服务传递中各个步骤内涵和顺序的技术，它提供了一种理解全部顾客服务体验的简单方法。通过绘制顾客与服务组织接触的顺序，我们能够深入地洞察现有服务的本质。图 8－2 和图 8－3 展示了两个包含基本服务过程的流程图。

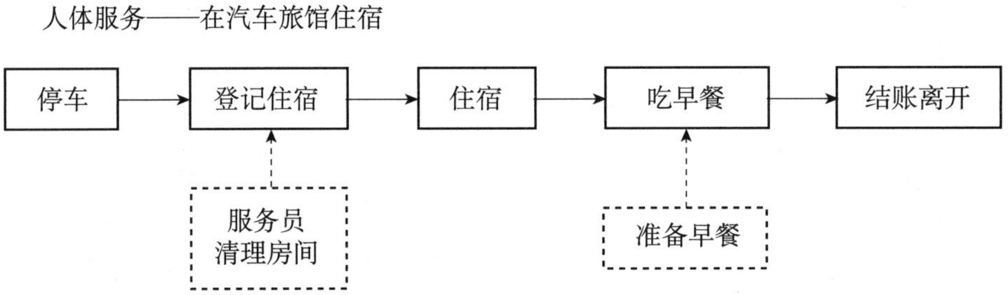

图 8－2　汽车旅馆简单流程图

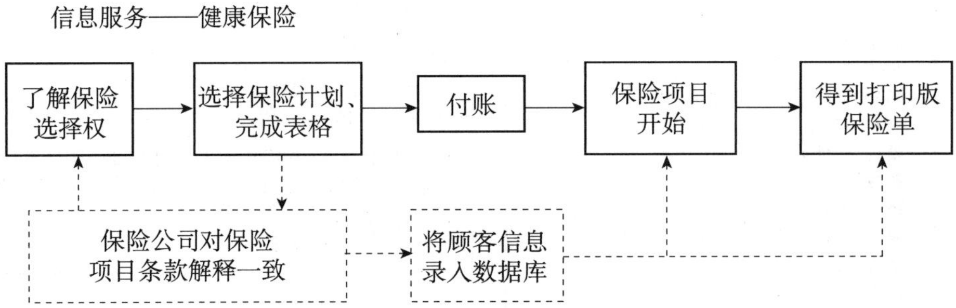

图 8－3　健康保险简单流程图

服务蓝图详细说明了服务流程是如何构成的，包括顾客能够看到的细节和服务流程中潜在的失误点。创造服务绝非易事，特别是那些必须在服务场所正好在顾客光临时进行传递的服务。设计出的服务既要使顾客满意，又要运作高效，营销人员和运营专家需要共同工作，在不同的部门共同参与服务设计时，服务蓝图能够提供一种共同的观察视角和语言。

也许你会好奇，服务蓝图这一术语从何而来，为什么我们在这里使用它。设计一座新建筑或者一艘新轮船的建筑学制图通常称为蓝图，之所以称为蓝图，是因为传统上将其复印在特殊的纸上，上面所有的制图和注释都是蓝色的。这些蓝图显示了产品看上去的样子和详尽的说明。与建筑的有形建筑图和设备的零件图不同，服务流程是一个宏大的无形结构。这使得它们难以形象化。正如林恩·肖斯塔克（Lynn Shostack）所指出的，例如物流、工业工程、决策理论、计算机系统分析，这些过程实质上是相同的，它们每一个都使用蓝图技术去描述流程、顺序、关系和从属过程。

服务蓝图定位顾客、员工以及服务系统交互。重要的是，它展示顾客从服务之初到服务结束享受好处的整个过程，这将包括很多步骤以及不同部门的员工。例如，在前面汽车旅馆的例子中，可能包含销售代理、安装团队、安排日程的电话中心员工和支付结算的后台部门，都为一系列活动承担相应责任。[1]蓝图展示至关重要的顾客的活动，不同部门的员工和顾客之间的互动（称为互动线），服务员工的前台活动，还有后台行动和系统的支持。通过展示员工角色、操作流程、支援、信息技术和客户交互，蓝图可以帮助公司实现营销、运营及人力资源的管理。同时，它有助于开发更好的服务流程，包括定义服务任务和角色来实现员工和顾客之间的交互（像第 2 章中讨论的那样）；改变失误点和超出顾客等待的流程；最后，为服务传递团队设置服务标准和目标。

绘制服务蓝图

你将如何开始绘制一张服务蓝图呢？第一步，你需要识别创造和传递所讨论服务过程中所有的关键活动，然后详细说明这些活动之间是如何衔接的。最初，最好将这些活动相对集中，以便定义这幅“大图”。之后你可以对既定的活动进行提炼，将其推敲得更加细致。例如在航空服务中，乘客登机的活动包括一系列行为，能够分解为“等待座位号、通过安检、走下通道、进入机舱、让空乘人员检查登机牌、找到座位、放置随身行李、坐下”。

接下来，需要增加更多细节。典型的服务蓝图具有以下设计特征，可以帮助理解服务蓝图是如何设计的[2]：

● **前台活动**总体定位顾客体验、需求的输入及输出以及产出。

● **前台活动物证**是顾客可以看见并用于评估服务的东西。

● **可视线**是蓝图区别顾客体验的“前台”与员工活动、支持过程的“后台”（而“后台”是顾客看不见的）的关键特征，两者之间是所谓的“可视线”（line of visibility）。当一个公司明确地理解可视线时，它将可以更好地管理前台彰显给顾客的有形证据和其他证据以及质量信号。有些公司有时太注重后台活动，以至于完全忽略了顾客对前台的感知。例如，会计师事务所通常将所有精力集中于审计程序和标准，但是缺乏清晰的召开客户会议的标准或者员工回复电话的标准。

● **后台活动**应当承接前台步调。

● **支持过程和供给**——支持过程包含大量信息。蓝图中每一环节的必需信息通常都是由系统提供的。例如，如果没有前台顾客清晰的指纹信息，诸如银行、网上预订甚至是从你所在大学的图书馆中借一本书都不能实现，并且整个服务流程将会瘫痪。对很多服务来说前台业务和后台业务都需要有效。例如，餐厅需要新鲜的鱼和酒的供应；汽车租赁公司需要轮胎、全球定位系统和儿童座椅。供给对于开发高质量核心服务至关重要。

● **潜在失误点**——服务蓝图也能够帮助管理者识别出过程中潜在的失误点，这些失误点存在极大的犯错误风险，并且可能会降低服务质量。当管理者留意到这些失误点时，他们将能够更好地采取防范措施（例如使用防呆措施，本章最后讨论的部分），设计备选方案（例如服务再造，在第 13 章讨论），以避免错误不可弥补（例如，坏天气导致航班延误）。

- **确定顾客等待时间**——管理者也能够从服务蓝图中查明服务流程中顾客通常需要等待的阶段，以及顾客需要额外等待的节点。或者是流程之外的设计，或者不经常发生，公司可以通过实施战略降低顾客不愉快的等待（见第 9 章）。
- **服务标准和目标**应当在每一个环节中体现顾客需求。它们包括完成任务的特定时间和顾客的等待间隔时间。有了服务蓝图技术，营销专家和运营专家能够设计每一个活动的实施标准。最终的服务蓝图应当包含前台服务的关键标准，包括完成任务的时间、顾客在不同任务之间需要的最长等待时间。标准可以用于为传递服务的团队设置目标，以确保整个流程都是以顾客期望为依据的。

餐厅体验的服务蓝图：三幕表演

我们考察了两个顾客在一个高档餐厅——Chez Jean 的用餐体验，以说明高接触度人体服务的服务蓝图，这家高档餐厅在核心食品服务之外增加了多种多样的附加服务（见图 8－4）。全服务餐厅的一个行规是食品消费成本在餐费中占 20%～30%。其余费用被视为顾客在愉快环境中“租用”桌子和椅子、厨师的服务和烹饪设备、服务人员的服侍所愿意支付的费用。

大多数服务流程可以划分为以下三部分：

1. **流程前阶段**初步措施出现，例如预订、停车、就座以及看菜单。
2. **流程中阶段**主要的服务完成，例如在餐厅里享用食物和美酒。
3. **流程后阶段**对于事件完整度来说是必需的，例如查看账单和付账。

顾客在这些阶段会有不同的目标和敏感点，因此划分出不同的阶段是重要的。例如，对餐厅的研究发现流程前阶段的延误比阶段中和阶段后更易使人们烦躁。[3] 同时，流程前和流程后阶段并不是服务的核心，顾客希望在这些阶段实现便捷和高效（例如，预订方式便捷，快速查看账单并支付结算，尽快离开餐厅），而流程中阶段就需要体现整个服务的过程。

在图 8－4 中，我们使用第 2 章中提出的剧场理论展现三个阶段，描述该服务过程的脚本和体验。

图 8－4 是服务蓝图中的关键组成元素，从上到下分别为：

1. 为每一项前台活动设置标准（在图中只标注一些例子）。
2. 主要的顾客行为（使用图片进行解释）。
3. 前台活动的有形证据或者其他证据（列举出所有步骤）。
4. 互动线。
5. 一线员工的前台活动。
6. 可视线。
7. 一线员工的后台活动。
8. 其他服务员工的支持过程。
9. 信息技术的支持过程。

从左向右阅读，服务蓝图规定了活动的时间顺序。在第 2 章中，我们将服务比喻成剧场演出。为了强调服务传递中各个演员的参与情况，我们追踪了一些服务组织实际采用的举措并使用图片来解释两个顾客参与的14个主要步骤，这些步骤从预订开始，到吃晚饭后从餐厅离开。许多高接触度服务是间断的交易，这与连续服务相反，例如与公共事业服务或保险服务相反，“餐厅戏剧”可以分为三“幕”，它们描述了提供核心产品之前的活动、传递核心产品的活动（在这个例子中核心产品是菜品）、服务提供者随后的活动。

这部“戏剧”，或者是服务场景，既包括餐厅外部，又包括餐厅内部。前台活动发生在一个非常可视化的环境中；餐厅通常是非常戏剧化的，它们使用有形证据（例如装修、风格、制服、灯光、桌子的摆放）和背景音乐努力营造符合市场定位的主题环境。

第一幕：序曲和场景介绍

在这场特殊的戏剧中，第一幕以顾客通过电话进行预订开始。这一行为发生在到达餐厅的几小时甚至几天之前。在戏剧术语中，电话预订可以比喻成广播剧，接电话的员工的声音、反应速度以及谈话的方式都会给顾客留下印象。当顾客到达餐厅时，店员为他们停车，他们将衣物放在衣帽间，他们在酒吧享受饮品的同时等待座位。直到店员将他们引导到桌旁落座时，这一活动结束。

这五个步骤构成了这两个顾客最初的餐厅体验，每一个步骤都伴随着与员工的互动，这种互动或者是通过电话或者是面对面的。到顾客进入包间到达桌旁时，他们已经接受了许多附加服务，已经与很多人接触过，这些人包括五个或者是更多的一线员工，也包括餐厅的其他顾客。

可以对每一个服务行为制定标准，但是这必须建立在透彻理解顾客期望的基础上（我们在第2章中曾讨论过期望是如何形成的）。在可视线之下，服务蓝图识别出关键活动，以确保每一个前台步骤按照符合顾客期望或者超出顾客期望的方式实施。这些活动包括记录预订，放置顾客衣物，传递和准备食物，维护设备和工具，为每个任务培训和分配员工，使用信息技术获得、输入、存储、传输相关数据。

第二幕：传递核心产品

当第二幕的幕布拉开时，我们的顾客即将体验核心服务，这也是他们此行的目的。为了简单起见，我们将用餐分为四个场景。实际上，浏览菜单和点餐是两个独立的行为；同时，用餐服务也是一道菜接一道菜上桌。如果你真的运营一家餐厅，你需要非常详细地识别涉及的每一个步骤。假设一切进展顺利，两位客人将享用一顿非常好的晚餐，他们在愉快的氛围中得到了精致的服务，也许一瓶酒将这种气氛推到了极致。但是如果餐厅没能在第二幕中满足他们的期望（以及其他顾客的期望），那将会有大麻烦。这一阶段存在许多潜在的失误点。菜单的信息是否完整？菜单信息展示是否清晰？在菜单上标明的所有菜式今晚是否都能提供？是否能以一种友好的方式进行解释和提供建议？当回答顾客关于菜单特定术语问题或者顾客对酒水不确定时，服务员是否能谦虚有礼？

当顾客决定了他们想要的菜式后，他们向服务员点餐，服务员必须向厨房、吧台、记账台传递详细的信息。信息传递错误是许多组织服务失误的通常原因。糟糕的笔迹或者含糊不清的口头要求会导致错误的准备或者错误的服务传递。

在第二幕接下来的场景中，我们的顾客不仅会评估菜品和酒的质量（这是最为重要的因素），而且会评价提供服务的速度（也不能太快，因为这样可能会暗示冷冻食物用微波炉解冻了）和提供服务的方式。一个服务技术上正确的行为仍然可能

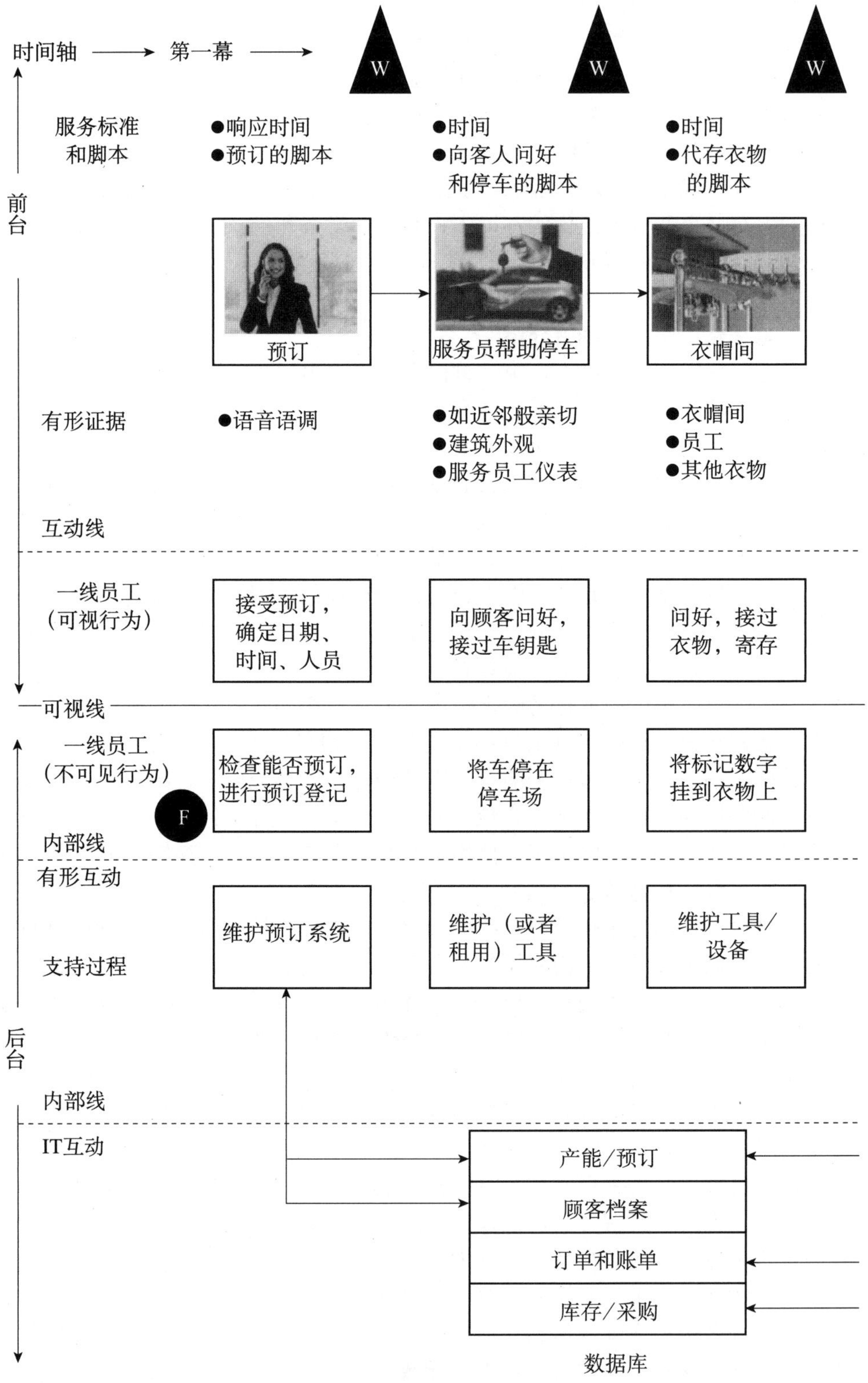

图8-4 餐厅服务全过程体验的服务蓝图

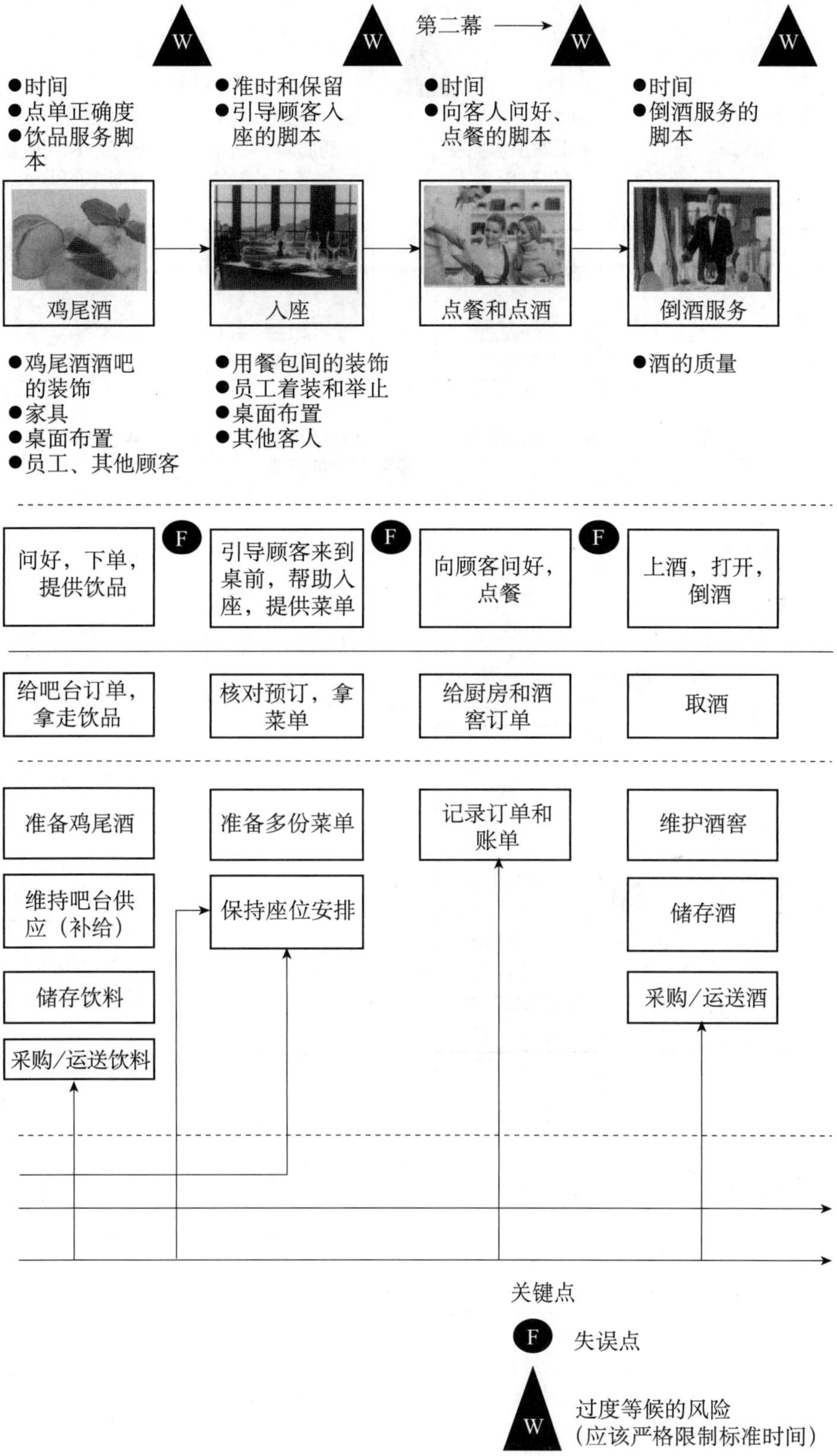

图 8－4　餐厅服务全过程体验的服务蓝图（续）

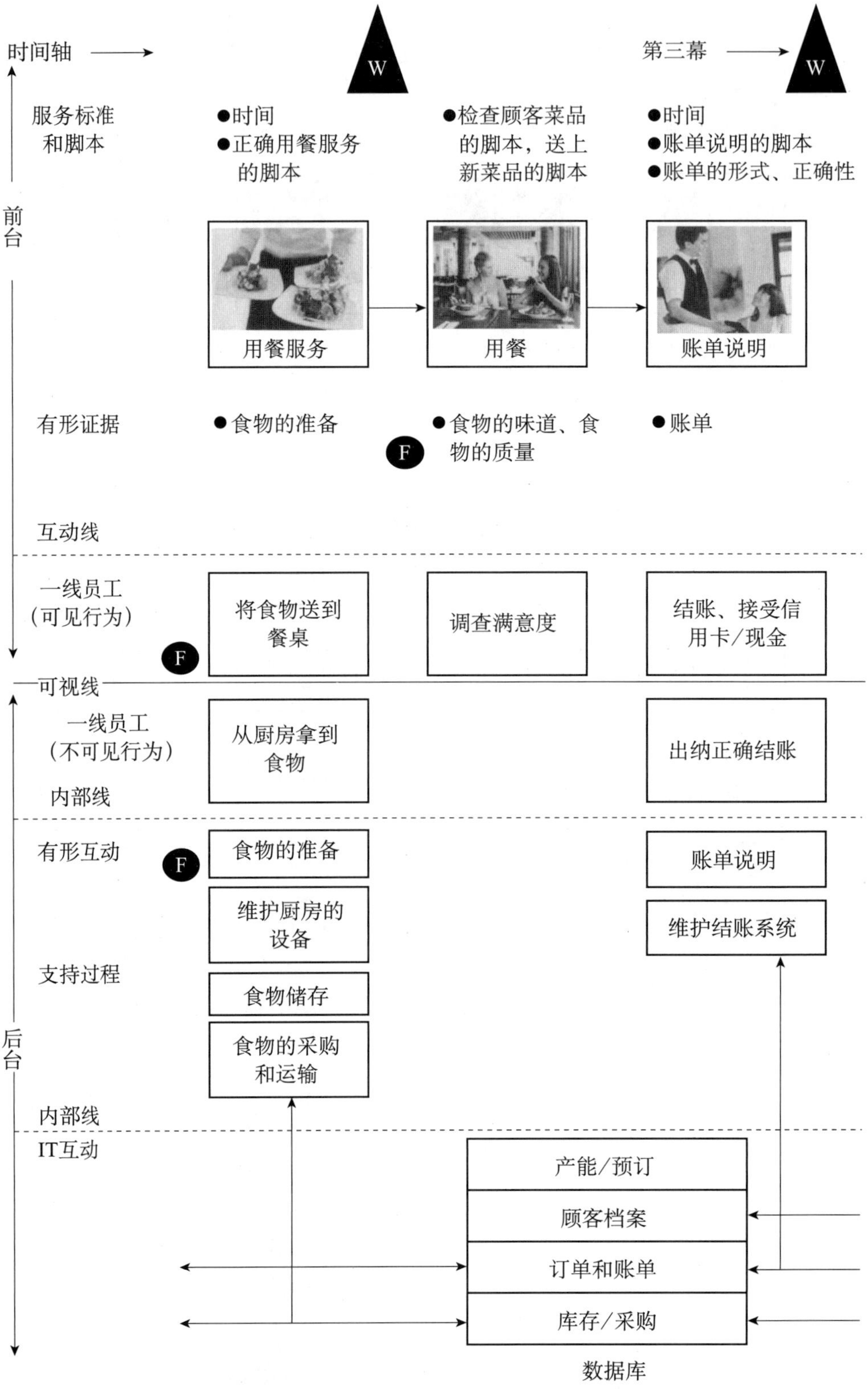

图8-4　餐厅服务全过程体验的服务蓝图（续）

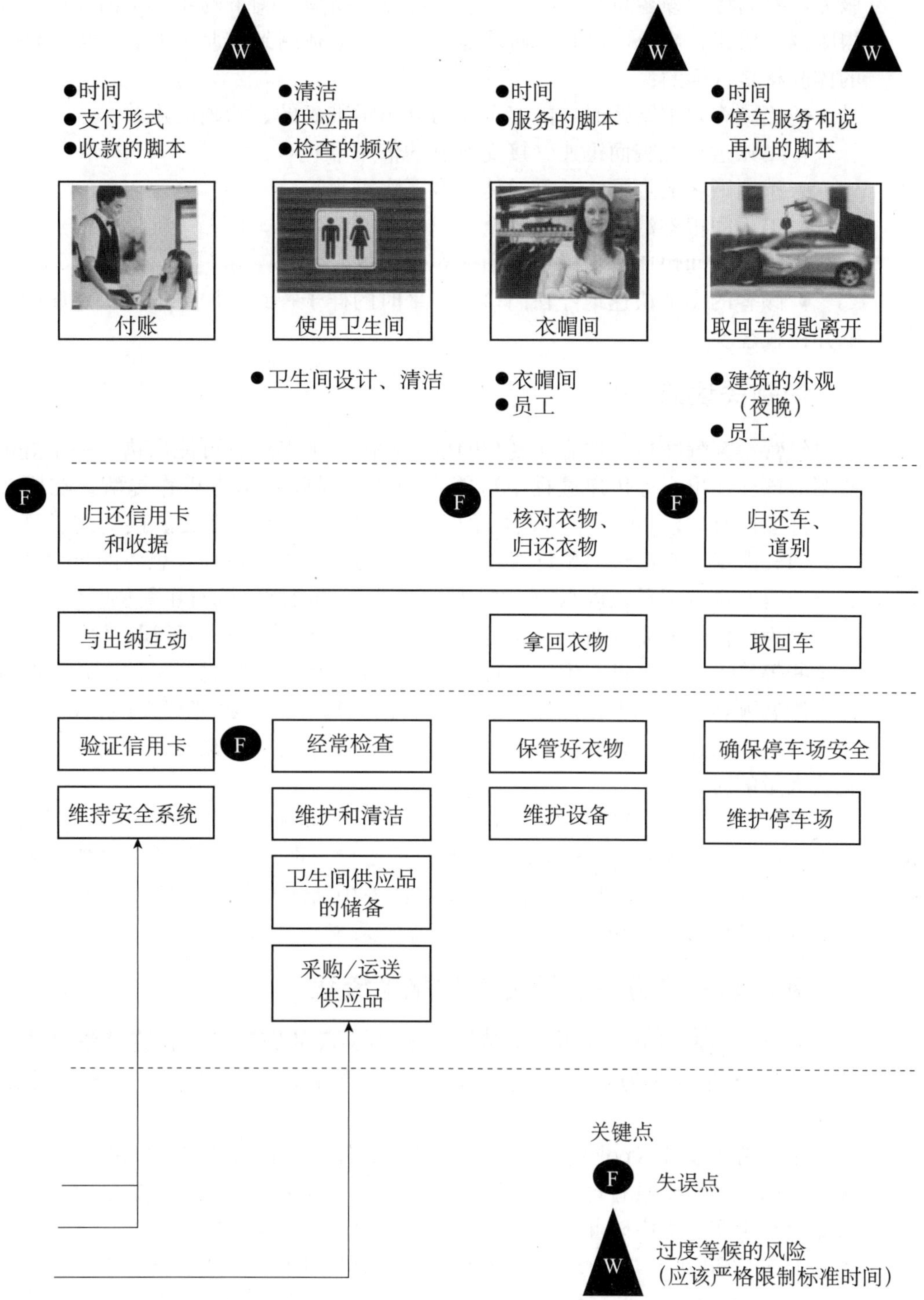

图 8－4　餐厅服务全过程体验的服务蓝图（续）

因为服务员的失误而前功尽弃，这种服务员失误可能是漠不关心、冷酷、大献殷勤或者行为表现得过于随意。

第三幕：戏剧落幕

顾客用餐结束了，但是戏剧的前台和后台仍然要做许多事情。已经提供了核心服务，我们将让顾客高兴地离开。第三幕应该简短。剩下的每一个活动应该完成得很顺畅、快速、愉快，没有任何差池。我们能够猜测到在北美的餐厅中，许多顾客的体验将是这样的：

- 当顾客要求结账时，能够迅速为其出示准确的、清晰的账单。
- 结账过程礼貌而迅速（接受所有的信用卡）。
- 感谢顾客的惠顾，并且邀请顾客下次再来。
- 卫生间很整洁，供应品齐全。
- 从衣帽间快速、正确地取回顾客自己的衣物。
- 顾客的车被快速地停在门口，与来时的样子一致；服务员再次感谢顾客的光顾并祝顾客晚安。

识别失误点

经营一家餐厅是一件非常复杂的事情，因为很多地方可能出错。一个好的服务蓝图应该标注出服务传递过程中可能出现特定风险的地方以作提醒。在服务蓝图中，许多标有“F”的点是从顾客角度考虑、容易导致顾客无法接受或者享用核心产品的失误点。它们包括预订（顾客能够打通电话吗？在顾客想要的日期和时间段有空位吗？预订记录正确吗？）和入座（在承诺的时间实际有用餐位吗？）。

因为提供服务需要时间，这也可能造成特定活动之间的延误，需要顾客等待。对这些等待，通常会进行识别并且在服务蓝图使用“W”进行标注。过长时间的等待会激怒顾客。实际上，过程中前台和后台的每一个步骤都有失误和延误的可能。事实上，失误通常导致延误，这主要表现为订单可能从未被传递或者在改正错误上花费大量的时间。

戴维·马斯特（David Maister）使用短语“opportunity to screw up”（振作的机会）的首字母缩写OTSU强调思考的重要性，即思考在提供特定类型服务时所有可能出现的错误。[4]只有通过识别特定任务中所有可能的OTSU，服务管理者才能清晰地设计避免这些问题的整体服务提供系统。

利用防差错方法设计完美的服务流程

一旦已经识别出失误点，对服务流程中失误的原因进行认真分析是非常必要的。这种分析通常为特定活动的防差错提供了机会，以减少甚至消除出错的风险。[5]

施行**防呆设计**（poka-yokes）或者是“故障自动预防装置”（fail-safe），是制造领域常用的全面质量管理（Total Quality Management，TQM）方法之一，这种方法能够在生产过程中防止错误发生。防呆设计源于日本单词poka（疏忽的错误）和yokeru（阻止）。理查德·蔡斯（Richard Chase）和道格拉斯·斯图尔特（Douglas Steward）将这种概念引入服务过程中。[6]服务防呆设计确保服务员工正确地工作，正如所要求的一样，员工以正确的顺序和正确的速度工作。例如，外科医生的服务，他们的外科手术工具盘上有为每一个工具设计的锯齿状缺口。在手术中，所有的外科手术工具都应该在盘子里，如果医生在缝合之前没有从患者身上拿出所有的手术工具，就可以一目了然地发现。

一些服务企业使用防呆技术来支持顾客与员工互动的特定步骤或者标准。银行为了确保其柜员与顾客有目光交流，要求柜员在交易开始时将顾客眼睛的颜色记录在表格上。为了培养员工整理仪表的习惯，一些企业将镜子挂在员工区出口处，一线服务员工在接待顾客之前能够自动检查他们的仪表。在一个餐厅中，服务员会在那些点了咖啡的顾客面前放圆形的杯垫，在其他顾客面前放方形的杯垫。

设计防呆举措既是艺术又是科学。许多程序看似微不足道，但却是这种方法的关键优势。有效使用防呆措施的重要三步为系统收集关于最常见的失误点的信息、识别失误点的根本原因以及制定防范失误的策略。我们将在后面的服务展望 8－3 中通过避免顾客错误的相关内容进行阐述。

制定服务标准和目标

结合顾客和一线员工，蓝图有助于公司厘清每一个节点顾客视角下的服务流程。通过正式调研和工作体验，服务管理者能够了解服务流程中每一个步骤的顾客体验。正如第 2 章所介绍的，顾客期望存在一个变化的范围——容忍区域——从渴望得到的服务到可接受服务水平的临界点。

那些需要管理层注意的方面（例如对顾客非常重要的特性、非常难以管理的特性）应该是制定标准的基础。服务管理者为每一个步骤设计的标准应该高于顾客期望，甚至给顾客一个惊喜。这些标准包括时间参数、确保能正确实施的脚本、规定恰当的风格和行为举止。我们的餐厅蓝图彰显了每一个节点的关键标准。正如通常所说，“没有测量就没有管理”，标准必须能够客观测量。服务实施必须对照标准进行监督，并且必须确定目标。重要的是，舒适和无形（但是重要）的服务必须能够测量。通常会使用服务流程指标以实现这种必要性，或者说近似估计这种重要特质。

例如，在银行零售业务中，“加快处理贷款申请的时间”将提高“响应性”特性。服务标准是依据顾客期望建立的，关于如何满足有效成本的政策决定调节着它们之间的关系。在一些例子中，服务标准偏离了顾客需求，那么就需要管理顾客期望（例如，申请审批时间可以在说明书和申请表格中公布）。

最后，实施目标定义了特定过程和/或团队的绩效目标（例如，80%的申请在 24 小时内审批完成），员工能够从图 8－5 所显示的指标、标准和目标之间的关系掌握它们。

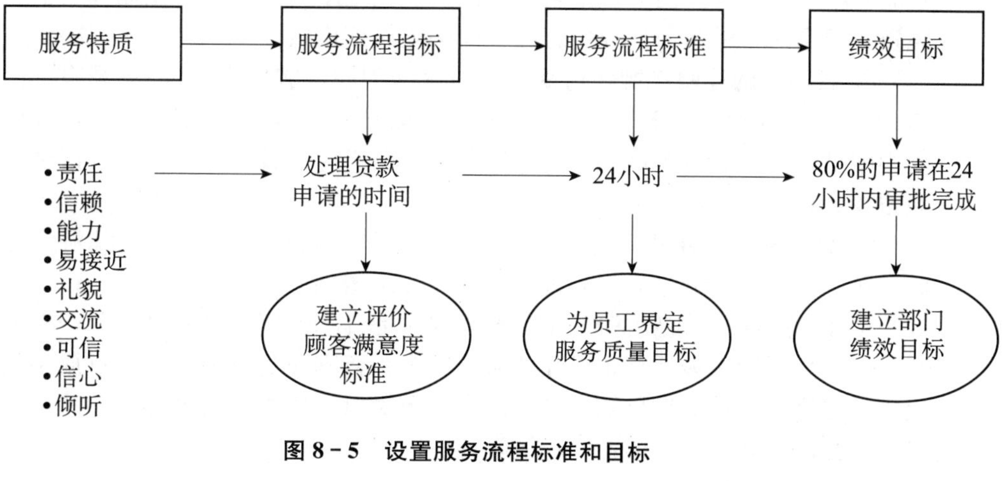

图 8－5　设置服务流程标准和目标

区分标准和绩效目标是非常重要的，因为它们随后会用以评估员工、分支机构和团队绩效。所以，制定标准和目标具有非常高的政策性。通过区分标准和目标，企业能够切实地在实施标准中反映出顾客期望（即保证在标准中有顾客所期望的），而这又是团队实实在在能够提供的。

实际上，管理层能够支持企业制定正确的标准（即依据顾客需要和期望），并且帮助磋商能够反映实际情况的绩效目标（即没有可能持续达到标准）。区分标准和目标是非常重要的，这基于以下三个原因：第一，正确（即顾客驱动）的标准能够被组织接受和遵从；第二，当实施得很好时，过程实施者和部门或分支机构的管理者能够逐步提高绩效目标，使其超过顾客期望；第三，通过提高管理层和员工的工作自由度，更易实施和支持服务标准。[7]

服务流程再造中顾客的观念和情绪

正如作家和咨询师杰森·巴格（Jason Barger）所说，“人们会忘记你说的话，人们会忘记你做的事，但人们绝对不会忘记你给他们的感觉”。因此，服务流程设计中应当增加情感因素。[8]

斯里拉姆·达苏（Sriram Dasu）和理查德·蔡斯在深入研究情感智能流程的基础上强调线性服务原则[9]：

1. **强劲开始**。理想状态下，服务企业应该努力在每一个步骤都提供高水平服务。但是在现实中，许多服务实施是不能在所有步骤都保持提供高水平服务的。所以，在开始和结束部分提供高水平服务是非常重要的。服务戏剧的开始场景尤为重要，因为顾客的第一印象会影响他们对后续服务的质量判断。顾客的服务体验感知是逐渐累积的。如果在服务开始时有一两处存在失误，顾客可能会简单地离开。即使顾客留下来，他们也很可能无法十分正确地看待其他服务。与此相反，如果在服务第一步就做得非常好，顾客的容忍区域可能会扩大，以至于他们对后续服务出现的一些小失误能够忽略不计。

2. **建立提升趋势**。人们大多喜欢具有上升趋势的事物。因此，服务员工在开始时服务不佳，但是之后服务很好——这种情况比开始时服务还好，但是结束时服务很糟糕更好。[10]

3. **创立高点**。如果你想提升服务认可度，你最好有一步做得非常好且其他几步略有不足。顾客倾向于铭记高点！例如，奥兰多的海洋世界在提升吸引力上花费巨资，但是对于鲸鱼秀这种标志性事件必须做到极致。

4. **将不好的体验控制在前期**。坏消息（例如，航班晚点）、不舒服（例如，体格检查）、不愉快的任务（例如，完成注册表格），以及无限期的等待，都应当在体验中安排在前，而不是最后。这样，顾客可以避免消极和痛苦，并且这种消极的体验很少会留在顾客记忆中。

5. **分割愉悦，合并痛苦**。如果一件事持续的时间足够长，可以划分为不同步骤，服务流程应当通过分割愉悦和合并痛苦来增加愉快感。

6. **强劲结束**。绩效标准在服务流程中是不允许下降的。同时，终点应该强劲——试想摇滚乐最后总是以强烈敲击结束，喜剧演员将最好笑的点放到最后，烟火表演以绚烂多彩的颜色结束。在高点结束对每一项服务来说都至关重要，即使只是一句鼓励和热情的话语：“享受美好的一天！”

7. **情感印记**。为了实现顾客体验的良好管理，公司可以定位服务流程中每一阶段的顾客情绪。流程图描绘了顾客的感觉，我们称为情感印记。例如，准妈妈第一次看到超声图像中的宝宝时会感到幸福和兴奋。另一方面，如果胎儿不正常，她们会焦虑。因此，医院可以提前预知普通顾客的情绪并且训练员工作出应对，如包含欢呼和鼓掌的祝贺态度。另一方面，面对服务流程中的负面情绪，员工应当表示同情、耐心倾听并且轻声细语。[11]

最后，我们的餐厅案例是经过慎重选择以说明高接触度人体服务的。但是，许多所有物服务（例如修理或维护）和信息服务（例如保险或会计）是很少与顾客接触的，因为其许多活动发生在后台。在这些情况下，前台发生的失误就好像占了顾客与企业的服务接触环节中更大的比例，而且因为很少有后续建立良好形象的机会，因此看上去前台的失误更严重。

服务流程再造

随着时间推移，服务流程将会过时，技术、顾客需要、附加的服务特征、新的提供物等方面的变化，可能使得现有服务流程不能流畅运转。波士顿贝斯以色列医院（现在的贝斯以色列-达克尼斯医疗中心）的前总裁米歇尔·瑞金（Mitchell T. Rabkin）用“制度生锈了”来形象地刻画这一问题，并且声明“制度就像钢梁，它们慢慢会生锈。曾经光滑的、闪亮的、好的钢梁慢慢地就生锈了”。[12] 他认为，发生这种情况有两个主要的原因。第一个涉及外部环境的变化，外部环境变化使现在的惯例变得陈旧，需要再造基础的过程，甚至是创造崭新的过程，以保证组织保持适用性和响应性。在卫生保健领域，这种变化能够反映出竞争、法律、技术、医疗保险政策和变化的顾客需求的新形式。

制度生锈的第二个原因发生在内部。通常，制度生锈反映了内部过程自然而然地落后，慢慢地官僚化或假装演进，形成非正式标准（见服务展望 8 - 1）。存在很多表明服务流程运转不畅、需要进行再造的特征。它们包括：

- 顾客信息需求的改变和不同部门间信息冗余。
- 对价值增加活动进行高比例的检查或者控制。
- 增加额外的过程。
- 顾客对不方便和不必要程序的抱怨增加。

服务展望 8 - 1

消除医院中非正式标准

米歇尔·瑞金担任波士顿贝斯以色列医院[13]总裁 30 年，他的一个与众不同的特点是他的政策在医院所有的领域内成为惯例。他经常以低调的方式进行“微服私访”。在医院里，白天或者晚上的任何时候看到瑞金先生进行随访是司空见惯的事情，没有一个人会因为突然看见他而大惊小怪。他天生的好奇心给了他超越常人的洞察力，他能够发现有效的服务程序是如何工作的，洞察使事情走向错误的细微方式。当以下的故事揭开面纱时，他发现了消息随着时间流逝会自然而然地扭曲。

一天，我在急救室与一个实习医生聊天，他正在诊治一个哮喘病人。他通过静脉点滴的方式给药。我看了药物的配方就问他："为什么使用这种特殊的混合药物?"他回答："哦，这是医院的规定。"但是我肯定，医院没有这样的规定，所以我决定进行调查。

为什么会这样呢？事情的发展过程是这样的：几个月前，实习医生B正在观察住院医生A治疗一个病人，A对B说："这就是我在治疗哮喘时使用的。"第二个月，B对新来的住院医生C说："这是A医生治疗哮喘使用的。"接下来的数月，C对实习医生D说："这是我们在治疗哮喘时使用的。"最后，在另一个月里，实习医生D告诉住院医生E："使用这种药物是医院的规定。"

如此这般，作为医生间谈话的结果，善意的但是非正式的标准就这样出现了。这是一个特殊的问题，只凭口口相传，而不是每件事都去翻阅制度和规定，过度相信自己的智慧和判断，这是很危险的做法。我们必须对此高度重视，要非常清楚正在做什么以及为什么做这些事情，做这些事情有没有规定和制度依据，等等。

资料来源：https：//commons. wikimedia. org/wiki/File:Beth_Israel_Deaconess_Medical_Center_East_Campus. jpg＃filelinks.

服务流程再造：提高质量的同时提高生产率

负责服务流程再造项目的管理者应该寻找机会，同时取得生产率和服务质量的突破。[14]服务展望8-2展示了新加坡国家图书馆是如何做到以上两点的。

服务展望 8-2

新加坡国家图书馆的流程再造

在当今的数字时代，图书馆的使用率大大降低了。新加坡国家图书馆（The National Library Board of Singapore，NLB）异常努力，试图改变人们固有的印象——图书馆就是服务人员态度糟糕、摆满了一排排装满陈旧书籍的书架的地方。新加坡国家图书馆通过灵活使用最先进的技术改变图书馆服务[15]、拓展服务，走虚拟化道路，鼓励人们使用图书馆、提倡终身学习，所有这些举措神奇地提高了服务生产率。这种改变的核心工作是对其服务流程进行彻底改造。

新加坡国家图书馆使用先进技术进行流程再造的一个例子是它的基于射频识别（RFID）的电子化图书馆管理系统（ELiMS）。事实上，新加坡国家图书馆是世界上第一家使用RFID的公立图书馆，这种电子系统能够自动识别条形码。它使用RFID标签或者收发器，后者包含多个由硅片和天线组成的智能标签。它们接收并对从REID发出的射频询问作出反应，这能够通过遥控进行信息的自动存储、恢复和分享。这与条形码需要手工扫描不同，RFID自动向电子阅读器传递条形码数据。这项技术已经在大规模非现金结算系统、滑雪营地通道管理、门禁安全管理中普遍应用。

新加坡国家图书馆在 1 000 多万本图书上安装了 RFID 标签，这使它成为全球最大的 RFID 标签使用者之一。使用 RFID 进行流程再造之后，读者不必再花费时间等候；随着读者走出图书馆，系统会自动完成图书的借阅工作，并且图书可以在任何一家安装这种系统的图书馆的任何还书处归还。从外观看，还书处像 ATM，读者将图书放到扫描器下面的盒子里，图书会被 RFID 扫描，显示器上会立即显示信息，确认图书已经归还。

新加坡国家图书馆更加超前，率先使用了“聪明的书架”。当从书架上拿出或者放入图书时，RFID 技术将会进行记录。如果将图书放错了位置，书架就会知道，并且向图书管理员报警。图书管理员使用一种手持设备就能够立刻将图书放回正确的位置。这一技术使得图书很容易被追踪，图书管理员和读者都不必为寻找图书浪费时间。

为了进一步提高便利性和借阅效率，新加坡国家图书馆已经由纸质书向电子书时代迈进，图书馆会员能够从图书馆网站上免费下载 800 多万本电子书和 600 多种电子杂志。另一项最新创新是图书馆流行书的分拣机器。

服务流程精确再造的结果是什么呢？新加坡国家图书馆成为世界级的图书馆，获得新加坡质量管理奖，为全球图书馆工作者所瞩目，并成为哈佛商学院和欧洲工商管理学院（INSEAD）等顶尖商学院的教学案例。

认真审视服务蓝图是发现问题并重新设计服务流程的重要一步。重新设计服务流程一般聚焦于实现下列四个关键目标。从理想的角度说，对于服务流程的重新设计应当同时实现以下四个目标：

- 减少服务失误；
- 减少顾客接受服务的时间；
- 提高服务生产率；
- 提高顾客满意度。

服务流程重新设计通常会牵涉到服务流程的重建、重新安排和对某些服务流程的替代。这些努力通常包括[16]：

- **与利益相关者一起检查服务蓝图**。通过对现有服务蓝图的仔细检查，管理者可以发现服务流程中存在的问题以及解决问题的方法。应当利用头脑风暴的方法，邀请服务流程中的每个利益相关者（包括顾客、一线员工、职能部门员工和 IT 小组）来检查服务蓝图，进而激发出改进服务流程的想法，包括服务流程中是否有遗漏的环节，有没有不必要的环节，以及如何改进。利益相关者有时会关注信息、设备和新的服务方法，这些都将有利于企业竞争优势的构建。

例如，安飞士公司（Avis）每年都对租车者最关注什么进行研究。这家公司将顾客租车过程分解为 100 多个步骤，包括预订、寻找取车柜台、取车、驾驶、退还以及付账，等等。由于安飞士公司能够急顾客之所急，因此可以快速找到提升顾客满意度，同时提升生产率的路径。顾客最关心的问题是如何快速租到车开走，企业就是根据顾客最关心的问题来重新设计服务流程并实现了上述目标。公司负责营销的副总裁斯科特·迪福（Scott Deaver）说：“我们正通过一点一点的改变来获取竞争优势。”很显然，安飞士公司践行了其口号“我们更努力”，这一口号已经沿用了整整40年。迪福说，这不仅仅是个口号，这是公司品牌的DNA。

● **消除服务流程中不创造价值的多余步骤**。通常情况下，只有将前台和后台服务活动有机地整合到一起，才能真正实现服务接触环节的盈利能力目标。服务流程重新设计的结果一般包括生产率和顾客满意度的同时提高。

例如，一个租车的顾客对填表、还车时的付账流程和等待可能很反感。服务流程的重新设计就是要消除这些并不能给顾客带来价值的步骤。现在，一些租车公司允许顾客在网上租车、到指定停车场提车，在这些停车场的大电子屏上显示着租车顾客的名字、所租汽车以及停放位置。在这个服务流程中，关键的问题是顾客进入车内离开停车场时与员工的互动。因为在这个环节，员工要查验顾客的驾驶证和签订的合同（包括顾客对车况的确认）。在还车时，只需将车随便停放到公司指定的一个停车场就可以了，但必须将车停进安全的停车位，租车费会从预先约定好的信用卡中扣除，账单寄到指定地点，顾客与服务人员不必再有任何接触。

● **妥善处理服务流程中的瓶颈问题**。任何服务流程都会存在瓶颈并导致顾客等待问题。[17]整个服务流程的有效能力取决于服务流程中的短板。理想中，有效的服务流程是所有的服务环节生产能力都一样，不会出现短板或者闲置（过剩）。妥善处理这一问题的目标是每个环节服务能力基本平衡，顾客能够在各个服务环节顺畅地接受服务，不必等待。

通过绘制服务蓝图，可以确定服务流程每个环节所需要的时间和能力，并对每个环节的现实能力进行观察。一种发现瓶颈的有效方法只需简单地观察顾客在哪个服务环节必须等待。一旦发现了瓶颈，管理者可以向该环节配置更多和更好的服务资源，或者重新设计服务流程和员工任务来提升服务能力（参见第9章中服务能力管理的其他方法）。

● **利用自助服务替代人工服务**。采用自助服务会大幅提升服务生产率，有时甚至会大幅提升服务质量。例如，数十年前，联邦快递的业务处理由原来的呼叫中心逐步转移到网络，进而减少了数万名员工。[18]企业也可以通过智能手机和电脑来实现业务的自助化。Fish & Co. 就是一个例子。Fish & Co. 是一家位于东南亚和中东地区、富有创新精神的连锁海鲜餐馆，在这家餐馆里，iPad取代了传统的菜单，这样顾客就可以自行点菜。顾客可以从企业设计的App了解所有菜品的各类信息，将订单直接发送到后厨。在后台，App与餐馆的点售系统直接相连，顾客轻点鼠标，就可以完成订餐。顾客可以通过一些社交网站，如脸书来分享他们的菜单及点评。这个App还具有向顾客推荐相关菜品和认可度较高的配菜的功能。[19]

尽管自助服务不是传统意义上的服务，但脚本将增加以服务顾客，顾客在与ATM和网络的交互过程中应该感觉舒服。例如，东京银行的UFJ使用机器人向顾客问好、回答基本问题并引导他们正确办理业务。Nao，一个高58厘米的机器人，可以分析顾客的面部表情和行为，回答客户服务的基本问题。银行发言人说：“我们可以通过增加这样的工具提升与顾客的交流。”这个机器人花费8 000美元，部分功能已经超出一线员工的能力，可以讲19种语言，为2020年东京奥运会做准备！[20]

顾客参与服务流程的水平

服务流程再造同时提升质量和生产率通常需要顾客参与服务。蓝图帮助明确顾客角色，并且确定他们和服务提供者之间的合同范畴。

顾客参与的水平

顾客参与指顾客在服务生产和/或传递过程完成的活动和投入的资源，包括精神、体力甚至情感投入。[21]顾客参与服务传递过程是必需的，这些服务包括人体服务和其他许多涉及顾客与服务提供者接触的服务。但是，这种参与的范围非常广泛，能够区分为三种主要的水平。[22]

低参与水平。在低水平参与中，员工和系统完成了所有工作。产品往往是标准化的。可能只有支付环节需要顾客投入。在这种低参与水平下，顾客进入服务场所，所有的要求就是顾客到场，例如去电影院看电影或者乘坐公交车。在所有物服务中，例如日常的保洁服务或者维修服务，顾客只需要进入服务场所和付账，而不会涉及其他服务流程。

适中的参与水平。在适中水平的参与中，顾客需要投入以帮助企业创造和传递服务，并且帮助企业提供一些定制。这些投入可能包括提供信息、个人体力，甚至是有形所有物。在理发时，顾客必须让理发师知道他们想要什么样的发型，并且在各个步骤予以配合。如果一个客户想让会计准备纳税申报单，她必须首先汇总信息和纸质文件，会计使用这些才能正确准备申报单，顾客还需要准备回答随后可能出现的各种问题。

高参与水平。在高水平参与中，顾客与服务提供者一起积极工作，合作生产服务。离开顾客的积极参与，服务就不能完成。事实上，如果顾客不能有效地胜任这一角色、实质性地参与到要求他们必须参与的服务中，将危及服务结果的质量。婚姻咨询和一些与健康相关的服务属于这一类型，特别是那些关于改善患者健康状况的服务，例如康复或减肥，顾客必须在专业的监督下参与服务。在 B2B 市场上，很多服务要求顾客和服务提供者密切合作，就像一个团队的不同成员一样，例如管理咨询服务和供应链服务。

顾客是合作生产者

顾客包含在服务流程中并且被认为是服务合作生产者。在顾客和服务提供者交互过程中，服务创造价值。这意味着顾客主动参与流程，他们的绩效影响质量和产出。因此，服务企业需要明确顾客可以有效地贡献哪些价值创新，同时需要教育和培训顾客以使他们具备完成自身任务的技巧和动机。[23]

减少由顾客造成的服务失误

除了教育顾客，防呆措施可以用来开发确保服务流程中顾客表现的系统。斯蒂芬·塔克斯（Stephen Tax）、马克·科尔盖特（Mark Colgate）和戴维·鲍恩

(David Bowen）发现顾客方面的原因占服务问题的1/3。[24]因此，企业应当建立防范方案来预防顾客失误（参见服务展望8-3）。

服务展望8-3

防范顾客失误三步法

不仅需要为员工设计防差错方法，也需要为顾客设计防范失误的方法，特别是在顾客在服务生产和传递过程中积极参与的情况下。顾客防错方法的重点是让顾客做好进行服务接触的准备（包括完成服务所必需的材料以及准时到达服务现场，等等），理解并明确自己在服务传递中的角色，选择正确的服务或者传递方式。

有效防范顾客失误的方法包括以下三步：

1. 系统收集关于最常见的失误的信息。

2. 识别失误的根本原因。员工所解释的可能不是真正的原因，注意到这一点非常重要。相反，要从顾客角度调查服务失误的原因。顾客失误在人的方面的原因包括顾客缺少所需技巧、不能准确理解自己的角色、准备不充分，等等。有些服务过程可能太复杂、不清晰。造成顾客失误的其他原因可能包括服务环境和自助服务技术设计缺陷（例如，机器和网站用户界面不友好）。

3. 制定防范失误的策略。以下五项策略结合起来使用会取得最好的效果。

a. 重新设计服务过程中顾客参与模式（如重新设计顾客角色和参与过程）。例如，只有当顾客关闭卫生间的门时，卫生间的灯才会亮。顾客在ATM上取完钱后，应当有语音提示，避免顾客遗忘银行卡。未来，顾客可能到ATM取钱，不再需要银行卡和密码，而是需要生物特征识别（如虹膜识别），这样就不会再出现顾客遗落银行卡的问题，从而极大方便顾客。

b. 使用技术。例如，医院可以使用自动系统向患者传递简短的文本信息，或者通过电子邮件通知患者，确认预约，提醒他们已经申请的预约，通知他们如果有需要如何修改预约。

c. 管理顾客行为。例如，在邀请函上为顾客打印好着装标准，向顾客发送预约牙医的提醒事项，或在顾客卡片上打印使用者指南（例如，告知顾客“在给服务代表打电话之前请准备好账户和密码”）。

d. 鼓励“顾客公民行为”（例如，顾客帮助其他顾客防范失误，如减肥服务）。

e. 改善环境。企业必须牢记，顾客需要界面友好的标记来了解周围的一切，如果找不到服务地点，他们会感受到挫折。

帮助顾客避免失误能够成为竞争优势的来源，特别是当企业采用了越来越多的自助服务技术时。

自助服务技术

顾客参与服务生产的最高形式就是使用服务企业提供的工具或系统自行完成特

定服务活动。顾客的时间和努力有效替代了服务员工的时间和努力。在基于电话和网络服务的例子中，顾客甚至提供了他们自己的终端（电话和电脑）。

顾客面对一系列自助服务技术（SST），这使得他们能够独立生产服务，而不需要服务员工的直接参与。[25]SST包括自助银行终端、超市结账口的自助扫描、自助加油泵、自动电话系统（例如电话银行）、酒店自助结账以及众多的基于网络的服务。

基于信息的服务非常适合使用SST，不仅包括获得信息、下订单、预订以及结账这些附加服务，也包括像银行、调查、娱乐、自学教育这些核心产品提供的服务。甚至咨询和销售过程这些以前必须面对面的服务，都已经借助电子推荐中介系统开始采用自助服务。[26]

许多企业构建了鼓励顾客通过网络和App自助服务的战略。它们希望借此促使顾客从费用昂贵的服务方式（例如面对面服务），利用经纪人、旅行代理或者语音电话等，转向自助服务。利用服务蓝图（见图8－6）能够帮助企业将自助服务流程设计可视化。

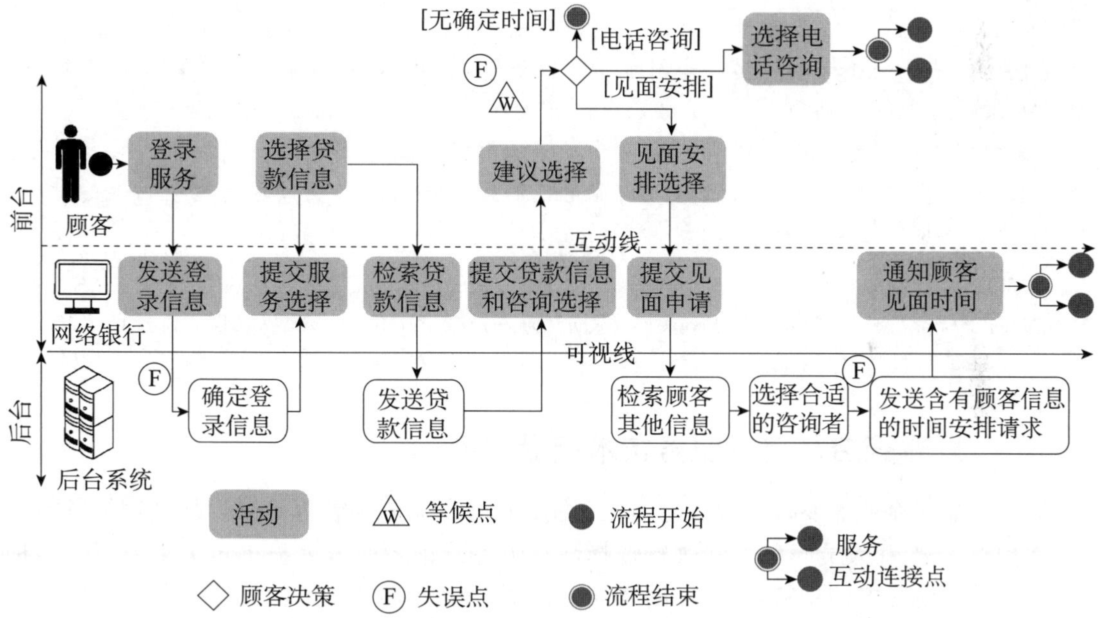

图8－6 网上银行自助服务蓝图

资料来源：Lia Patrício，Raymond P. Fisk，João Falcão e Cunha，and Larry Constantine（2011），"Multilevel Service Design：From Customer Value Constellation to Service Experience Blueprinting，"*Journal of Service Research*，Vol. 14，No. 2，pp. 180－200；Reprinted by Permission of SAGE Publications，Inc.

借助在线品牌社区和企业所构建的交流平台，顾客越来越多地通过同伴间的互相帮助来解决问题。研究发现，鼓励顾客自己说出他们所面临的问题，需要其他顾客的帮助来解决问题，能够节约企业在传统情境下支撑服务所需要的资源。提升顾客之间的互动是提高企业服务效率和效益的有效战略路径。[27]

然而，不是所有的顾客都能很好地利用SST。马修·缪特（Matthew Meuter）和他的同事认为："对于许多企业，挑战通常不是管理自助服务技术，而是使顾客试用自助服务技术。"[28]

服务展望 8-4

使电子推荐代理更有效

在网络上购买商品和服务时，顾客经常面对一大堆令人眼花缭乱的选择。电子零售商帮助顾客的方法是提供电子推荐代理，这是其服务的一个组成部分。推荐代理是低成本的“虚拟销售员”，它依据顾客偏好生成等级排列目录，帮助顾客在大量竞争性提供物中做出选择。但是，勒赞·阿克索伊（Lerzan Aksoy）在研究中发现，许多现有的推荐代理以不同的方式对提供物进行排列，这些排列方式不是秉承帮助顾客的宗旨。例如，第一，推荐代理对产品属性的加权与顾客不同；第二，推荐代理可能使用不同的决策策略，这些策略与顾客使用的简单决策规则不相符合。

研究模拟了从 32 款手机中进行选择的过程，在网站上描述了价格、重量、通话时间和待机时间等不同属性的情况。研究结果证明，当推荐代理的思考方式与顾客相同时，它才能帮助顾客，而不是依据属性加权或者决策策略。当推荐代理使用与顾客想法完全不同的方式工作时，顾客可能感觉不好，有时甚至比顾客简单随机排列提供物目录糟糕。在这项研究中，即使顾客倾向于遵照代理的推荐，那些感觉其决策策略和属性加权与自己想法完全不同的顾客，也可能减少再次访问网站，更少向朋友推荐，或者很少认为网站符合他们的期望。

总而言之，要想使电子推荐代理为顾客增加价值、提高销售量、促使再次交易，企业需要清楚地了解顾客的决策策略、顾客重视的提供物属性以及顾客对这些属性的加权（具体内容参见第 2 章和第 3 章）。

资料来源：Lerzan Aksoy，Paul N. Bloom，Nicholas H. Lurie，and Bruce Cooil（2006），“Should Recommendation Agents Think Like People?” *Journal of Service Research*，Vol. 8，May，pp. 297 - 315.

顾客获益及自我服务技术接受程度

鉴于企业需要投入大量时间、金钱去设计、实施和管理 SST，那么理解顾客如何在 SST 和人员服务之间进行选择，对服务营销者而言就显得至关重要了。多种态度影响顾客使用特定 SST 的意向，包括对相关服务技术的总体态度、对特定服务企业的态度、对企业员工的态度，更重要的是使用 SST 带来的总体利益、方便、成本和舒适。[29]也就是说，企业需要认识到对顾客而言 SST 所具有的优点和缺点。使用 SST 的主要优点包括[30]：

- 更便利，包括节约时间、服务快速、时间便利（例如，全天 24 小时都可以提供服务）、地点便利（例如，大量的 ATM）。当 SST 将顾客从困难的境地中解救出来时，他们能够从 SST 的使用中感受到乐趣，经常是因为 SST 不受时间和空间的限制。电脑、智能手机在很多情况下能比银行网点更好地解决顾客问题。如果你急需现金，直接从 ATM 取款，而不用到处找银行，你肯定会更开心。
- 更好地控制服务传递过程，获取更多的信息，进而为顾客提供更高水平的定制化感知服务。
- 更低的价格和费用。

要想设计良好的顾客界面，需要理解目标顾客期望从界面中获得什么。有时，一种设计良好的 SST 能够比人提供更好的服务。一个从自动售货机这种新模式中体会到购买便利性的顾客说："商店服务员可能出错或者让你不愉快，但是机器不会。我无疑会喜欢机器。"[31]许多 SST 能够使顾客得到更详细的信息，并且其服务比面对面服务或者电话服务更加快捷。在机场、汽车租赁柜台、酒店，有经验的旅行者依靠 SST 节约时间和体力。正如《华尔街时报》所总结的那样，"要想有一个愉快的旅程，最好别和人接触"。[32]简而言之，当机器运行正常，特别是当顾客不得不经常使用它们时更是如此。

顾客可以从 SST 中获得趣味、愉悦甚至高兴。例如，孩子们在超市的自动扫描机处会玩得不亦乐乎，或者在餐馆中用平板电脑点菜，都会给他们带来乐趣。

然而，也有一些例子表明一些顾客在使用 SST 时感到不舒服，会有一些恐惧，或者焦虑和压力。一些顾客将服务接触视为一种社会体验，他们更喜欢与人打交道。即使使用过 SST，也不是所有人都会继续使用。首次体验感觉满意至关重要，未来有效使用 SST 使顾客感到自信。一些零售银行业务，例如，使用"语音"帮助顾客将服务转移到 SST，这不仅帮助顾客解决技术焦虑，确保首次体验成功，而且建立了再次使用 SST 的自信。[33]

总之，当 SST 容易使用、比人工服务表现更好且更便宜时，顾客就会喜欢 SST。但要记住，并不是所有顾客都愿意使用 SST。

顾客接受自助服务技术的困难及障碍

当 SST 出现失误时，顾客就会讨厌 SST。如遇到机器故障、密码错误、网站无法登录或者快递查询号码无法识别时，顾客肯定会很生气。即使 SST 能够正常工作，但在设计时，不以顾客为中心，用起来非常困难和麻烦，顾客也会很沮丧。企业所面临的顾客抱怨的一般问题是：在网站上很难找到需要的内容、难以完成网上注册或者无法登录。

当使用者由于自身原因陷入困境时，他们也会很沮丧，这些错误可能是忘记密码、无法提供网站所需的信息，或者只是一次小小的错误点击。从逻辑上说，自助服务也意味着顾客可能会自己使自己不满意。但是，甚至是顾客自己的原因造成的失误，他们也仍然责备服务提供者，指责服务提供者没有提供更简单的、界面更友好的系统，下一次可能就转而使用传统的人工服务系统。[34]

SST 一个致命的问题是缺少有效的服务补救系统。在很多服务流程失误的案例中，往往没有简单的方法进行现场补救。通常情况下，顾客不得不使用电话或者亲自拜访公司去解决问题，而这可能正是顾客最不愿意做的事情。

总之，服务公司将 SST 设计得尽可能"简单易用"是一项挑战，企业要尽最大可能，减少顾客经常犯的错误，设计好防呆系统，甚至为顾客设计好服务补救系统，这样顾客可以通过自己的努力来解决服务中出现的问题。[35]

评估和提升 SST

比特纳（Mary Jo Bitner）认为管理者在应用 SST 时，应当认真思考以下问题[36]：

- **SST 可靠吗？** 企业必须确保 SST 能够如承诺的一样可靠；对顾客而言，用户界面设计应该是友好的。西南航空公司的网络订票服务对简洁性和可靠性设定了一套很高的标准。在所有的航空公司，它以最高的网上售票率而自豪。由此可见，如果 SST 设计得科学合理，顾客是愿意使用的。

- **SST 比人工服务选择更好吗**？如果它不能节约时间、操作便捷、节约成本或者提供其他便利，顾客将继续使用其所熟悉的人工服务。亚马逊网站的成功反映公司开创了新的购书模式，它保留了实体店的个性化特征，但比实体店更高效[37]，网络购书已经成为最受欢迎的借阅和买书的方式。电子书的迅速发展加速了这种趋势。
- **如果 SST 失误了，是否有现场服务补救系统**？能有一套在出现服务失误时及时补救的系统、构架和补救技术对企业至关重要。许多银行在每台 ATM 旁都设有一部电话，顾客有疑问或者遇到任何问题时可以全天随时致电客服中心。拥有自助结账通道的超市通常安排一个员工去监督这些通道，这样能更有效地协助顾客。在基于电话的服务系统中，设计良好的语音菜单应包括顾客可与客户服务代表通话的选项。

把一个网站设计得没有任何缺陷绝非易事，也会花很多钱，但正是通过这一投资，企业才能够培养忠诚的用户，树立良好的口碑。服务展望 8－5 描述了 TLContact 公司对 CarePages 服务的用户友好性的关注。

服务展望 8－5

CarePages 营造了出色的顾客体验

1998 年上半年，马克·戴（Mark Day）的姐姐莎伦（Sharon）的 5 岁的孩子因严重的心脏病在密歇根大学医疗中心接受手术时，马克正在千里之外的斯坦福大学攻读工程学的博士学位。马克对心脏病一无所知，觉得很无助，但又很希望能为这个孩子帮点忙。他开始在网上搜寻医疗信息，从此一发而不可收。在几周之内，他创建了一个简单的网站，只有家庭成员和朋友可以浏览。他将收集到的信息进行编辑并上传到网页上，并附有小马修（Matthew）的病情及治疗情况的公告。“这个网站很简单，”马克后来说，“即使我付钱让别人来做，也不过几百美元而已。”为了尽量减少电子邮件的发送，马克增加了一个公告栏，人们可以直接给莎伦和她的丈夫埃里克（Eric）留言。

出乎所有人意料的是，这个网站后来极受欢迎。通过口口相传，每天都有成百上千的访问者，有 200 多名访客给这个家庭留言。有的人坦言以前从未上过网，但还是设法找到了这个网站，追踪关注患儿马修的病情并在网站上留言。

两年后，经过三次手术的马修变成了一个快乐健康的孩子。他的父母埃里克和莎伦决定成立一家公司，名字就叫 TLContact. com，将马克对病人及其家庭的服务理念进行商业化运作。他们邀请马克担任公司的技术主管。为了确保质量并保留人力资源，马克决定亲自开发必需的软件系统，而不是将此任务转包给外面的商家。他雇用了一个技术娴熟的团队，其中有编程人员和图形设计人员。

马克意识到访问 TLC 病员网站——CarePages 的人各不相同，许多人承受着压力，甚至还有人是第一次上网。马克和他的团队将重点放在了网站的易用性方面。他评论道："要开发一个真正能方便用户使用的软件非常困难，需要大量的技术、精力和时间来开发出可用、实用并可以升级的软件——这就意味着可以对它连续、无误地进行扩展。"创建这个网站的初始版本的成本接近50万美元。

到2015年，CarePages已经是一个每月有上百万访问者的在线社区，这些人共同应对挑战、分享希望并为每个健康状况得到改善的家庭和病人而欢欣鼓舞。CarePages.com为所有患此类病的家庭和病人提供各类救助资源和帮助工具，让他们充满希望地生活。超过625家美国和加拿大医疗机构向相关病人提供由私人创建的CarePages服务。CarePages的使命非常简单：让病人不再孤独地面对病痛。详细内容请点击www.carepages.com查看。

资料来源：Christopher Lovelock，"CarePages.com (A)"，2007；www.carepages.com，accessed May 4，2015；www.carepages.com，accessed September 15，2015.

对顾客不愿接受SST的管理

提高顾客在服务过程中的参与水平，或者将服务流程完全转向使用SST的自助服务，都需要企业改变顾客行为。顾客非常反感被迫使用SST，改变顾客行为是一项艰巨的任务。[38]服务展望8-6找出了顾客不愿意接受SST时的应对策略，特别是服务出现突变式创新时。一旦已决定改变，营销沟通就要帮助顾客，使其为改变做好准备，要向顾客解释SST的原理，能够给顾客带来的利益，以及需要顾客做什么。

服务展望8-6

对不愿接受SST的顾客的管理

顾客不愿意放弃熟悉的服务流程，长期形成的行为规范会阻碍生产率的提高，甚至使提高服务质量的种种努力付诸东流。以下六个步骤能使顾客行为改变的道路更加顺畅：

- 赢得顾客信任。如果顾客对服务流程的变革不信任，引进与生产率相关的新服务提供方式会变得极其困难。因为这些新的服务提供方式首先由那些大企业发起，它们本身就缺少与顾客之间的个性化互动。顾客是否愿意接受新服务方式，在很大程度上取决于对企业的态度。
- 了解顾客的习惯和期望。顾客通常会养成使用特定服务的习惯，按一定顺序完成特定的步骤，也就是他们心中有自己的服务脚本和服务流程图。这种彻底打败惯例的创新很可能引起顾客抵制，除非向顾客详尽地解释期望发生的变化。
- 提前检测新程序和新设备。营销研究者可以使用概念、实验室测试和/或现场测试来确定顾客对新程序和新设备的可能反应。如果使用自助设备代替服务人员，创新设计的根本就是让所有类型和背景的顾客都能够发现自动设备的便捷使用，甚至说明的措辞都需要仔细考虑。含糊不清、复杂或者专横的说明可能妨碍那些阅读能力差的顾客使用自助设备。
- 宣传自助服务能够给顾客带来的利益。引入自助服务设备或程序需要顾客自己实施一部分工作。虽然这种增加的工作可能会带来一些利益，比如扩大了服务时间的范围、节约了时间成本、在某些例子中可以省钱，但这些利益并不是显而易见的，所以需要宣传。有效的策略可能包括使用大众媒体广告、网站海报和招牌、人员沟通等手段，告知顾客创新的情况，激发他们的兴趣，阐明顾客改变其行为使用新系统所能得到的特定利益。

● 教育顾客使用创新方法，鼓励他们积极试用。分派服务人员讲解新设备并回答问题，让顾客安心、对顾客进行教育帮助，这是让顾客接受新程序和新技术的关键方法。如果创新在不同地点顺序展开，那么让员工在多个地点进行轮流讲解，能够降低这种教育示范项目的成本。对基于网络的创新，重要的是提供电子邮件和聊天室通道甚至电话帮助。例如价格折扣、忠诚点累积或者幸运抽奖等促进性激励活动也有助于刺激其首次试用。一旦顾客试用了自助服务（特别是基于电子化的自助服务），发现了这样做很好，他们就会在未来更经常使用自助服务。

● 监督实施情况，寻求持续提升。质量和生产率提升是持续的过程，对SST而言更是如此。如果顾客使用新程序不愉快，他们将恢复到之前的行为，所以监督使用情况、交易失误的频次（和它们的失误点）和顾客抱怨就显得非常重要。服务管理者必须努力工作，持续提高SST、维持所需要素的正常运转，以使SST发挥其全部潜能，而不是失去效用甚至成为累赘。

结　论

在这一章中，我们强调了设计和管理服务流程的重要性，重点是创造服务产品并着重塑造顾客体验。服务蓝图是理解、记录、分析和改善服务流程的有力工具，我们对服务蓝图进行了深入的论述。服务蓝图能够帮助找到和减少服务中的失误点，并且能够对服务流程再造提供重要的启示。

服务流程设计的一个重要内容是，定义顾客在服务生产中扮演的角色。要确定顾客所需参与服务的水平，并且要激励顾客，教育顾客承担服务传递的责任，以确保提高顾客满意度和企业生产率。SST重要性的提升和增加使用的战略也有所讨论。

本章小结

1. 从顾客视角看，服务就是一种体验。而从组织视角，服务是为实现顾客需要的体验所设计和管理的流程。流程是服务最基本的构成部分。

2. 流程图是一种展现服务传递过程中不同步骤的本质和顺序的工具。它是形象地展示顾客全部服务经历的一种简单方法。服务蓝图是流程图更为详细的展示形式，它对顾客的服务流程进行详细描述，包括顾客可视部分和所有后台部门。服务蓝图有利于对顾客的服务流程进行详细的设计和再设计。

3. 服务蓝图主要包含以下几部分：

- 前台活动。前台活动包括全部的顾客经历、既定的投入和产出以及提供服务的顺序。
- 顾客可以看见和用于评估服务质量的有形证据。
- 可视线清晰地划分顾客可以看见的前台流程和顾客看不见的后台流程。
- 后台活动。要实施后台活动来支持特定的前台任务。
- 支持性流程和供应，支持性流程通常由信息系统提供，无论前台还是后台都需要相应的供应系统。
- 失误点是有风险的事情发生或者影响服务质量。失误点应当被设计于流程之外(例如，使用防呆措施)，公司应当具有后备计划，防止服务失误无法弥补。
- 流程中顾客等待区域和顾客过多时的额外等待区域。这应当置于流程之中，如果做不到，公司必须采取措施，平复顾客额外等待时的不愉悦情绪。
- 服务标准和目标。应该为每一项活动设定服务标准，以反映顾客的期望，包括设置特定的时间以完成每一项任务，并在每一项顾客活动之间留有可接受的等待时间。

4. 一个好的服务蓝图可以准确定位失误点。自动防差错方法也称为防呆措施，可以用于设计防止雇员和顾客的此类错误。防呆措施包括三步：

- 系统地收集有关最常见失误点的信息。
- 找到失误的根本原因。
- 制定防范所识别出的失误的策略。

5. 服务蓝图帮助设计顾客满意的服务标准。服务实施必须对照标准进行监督，并且必须确定目标。重要的是，舒适和无形(但是重要)的服务必须能够测量。通常使用服务流程指标可以实现这种必要性，或者说近似估计这种重要特质。标准一旦确定，就可以设立绩效目标。

6. 服务流程需要纳入情感因素。规划服务流程的重要原则包括：

- 强劲开始。服务戏剧的开始场景尤为重要，因为顾客的第一印象会影响他们对后续服务的质量判断。
- 建立提升趋势。所有的事情都是同质的，最好是起点略低，发展中升高一点，最后结束回落一点。
- 创立高点。顾客会记住那些最美妙的时刻！
- 将不好的体验控制在前期，避免消极的体验对顾客的整个服务接触产生影响。
- 分割愉悦，合并痛苦。服务过程应当尽量拉长顾客的愉悦期，将它们分布到服务流程的不同环节，将不好的服务经历尽量在一个节点上解决。
- 强劲结束。美好地结束服务对每一项服务接触来说都至关重要，即使只是一句鼓励和热情的话语，“享受美好的一天”。

不同服务阶段的情感印记可以帮助管理顾客情绪，记录服务流程中每一阶段的顾客情绪，以对顾客情绪进行有效管理。

7. 需要对顾客服务流程进行周期性的重新设计，以应对技术、顾客需求、服务提供物发生的改变。服务流程已经过时的特征包括：

- 顾客信息需求改变，而且所获取的信息没有价值。
- 需要不停地对价值增加活动进行检查或者控制。
- 流程中的例外情况增加。
- 顾客对不方便和不必要程序的抱怨增加。

8. 服务流程再造的目标包括：

- 减少服务失误。
- 减少顾客接受服务的时间。
- 提高生产率。
- 提高顾客满意度。

服务流程重新设计包括服务流程再造、重新安排或者服务流程替换。具体包括：

- 与主要利益相关者一起检查服务蓝

图——顾客、一线雇员、后备雇员和IT团队应用头脑风暴检查蓝图提升服务。

● 剔除不能增加附加价值的步骤。

● 减少服务瓶颈，均衡整个流程的服务能力。

● 采用自助服务。

9. 服务流程中，顾客参与水平可以划分为低、中、高三个等级。

10. 顾客经常作为合作生产者参与服务流程，因此被认为是服务合作生产者。顾客的表现影响服务结果的质量和生产率。所以，服务企业要对顾客进行教育和培训，以使其具有完成任务的能力和动机。

11. 顾客参与的基本形式是自助服务。许多人喜欢使用SST，这给他们带来了更多便利（例如更多服务地点、全天候营业、服务更快捷）、更多控制和信息、定制化服务，甚至享受。然而，拙劣的技术设计和不充分的SST使用指南可能导致顾客拒绝使用SST。

三个基本问题能够用来评估SST成功的可能性：

● SST可靠吗？

● 对顾客而言，SST比人工服务更好吗？

● 如果SST失误了，有现场补救系统吗？

12. 企业要在服务流程中提高顾客的参与水平，或者完全将服务流程转向自助服务，就要改变顾客行为。以下六个步骤能够指导这一流程并且减少顾客对上述变化的抵制：

● 赢得顾客信任。

● 了解顾客的习惯和期望。

● 提前检测新程序和新设备。

● 宣传SST能够给顾客带来的利益。

● 教育顾客使用创新方法，鼓励试用。

● 监督实施情况，寻求持续提升。

复习题

1. 服务蓝图怎样帮助我们从主要参与者（顾客、服务部门雇员和职能部门）的角度理解服务流程的呢？

2. 服务蓝图的典型设计要素有哪些？

3. 怎样在减少服务失误过程中应用防呆措施？

4. 为什么确立服务标准和目标是重要的？

5. 服务流程设计中怎样考虑顾客接受度和情绪？

6. 为什么服务流程再造是必要的？某流程需要再造的典型特征有哪些？

7. 服务流程再造的四大关键目标是什么？

8. 服务流程再造需要哪些努力？

9. 为什么在服务流程设计中赋予顾客合作者角色？

10. 请简单解释顾客对自助服务技术喜欢或厌恶的原因。

11. 怎样测试一项自助服务设施在未来服务中能否取得成功？企业应怎样提升顾客对自助服务设施的接受度？

应用练习

1. 请回顾图8－4中酒店的服务蓝图，并寻找前台业务中每一阶段的OTSU。思考潜在失败的可能性并给出解决方案。

2. 为一家你熟悉的企业绘制一张服务蓝图。完成后思考几个问题：第一，充分考虑可视线，哪些是顾客可以感知到的服务质量“指示器”？第二，在服务流程中，是不是所有的步骤都是必需的？第三，对整个服务流程哪些步骤是可以标准化的？第四，识别服务流程中可能的“问题点”，这些“问题点”能否从整个服务流程中剔除以及应当采取怎样的服务补救措施？第五，有哪些服务流程绩效评价的方法？

3. 试想一下患者在医生办公室做体检有可能出现的问题。为使体检顺利进行，患者是否应全身心参与？如果患者拒绝配合，对体检过程的影响是什么？医生事先应做哪些工作，以确保患者配合，从而使体检过程顺利进行？

4. 回顾科尔曼团队再造诊所流程的工具和模板（www.patientvisitredesign.com）。这些工具和模板怎样与本章内容对应？总体上你可以发现哪些额外的视角？

5. 观察那些自助结算的超市购物者，并将他们的行为与在收银台人工结算的顾客进行比较。你看到有哪些区别？在自助结算的顾客中，遇到问题的有多少？他们都是怎样解决问题的？

6. 考虑三种你接受自助服务的情形。对每一种情形，你为什么不采用人工服务，而是采用自助服务？

7. 银行可以采取哪些措施鼓励顾客更多地使用电话、邮寄、网络或 ATM 服务，而不是到柜台接受服务？

8. 找一家你认为特别人性化的网站和另一家相反的网站。如果顾客第一次登录这些网站，使顾客感觉良好的要素有哪些？感觉不好的因素有哪些？为两家网站提出改进建议。

第9章 服务需求和生产能力的平衡

平衡服务业的供给和需求并非易事，管理者干得好与坏，将会产生天壤之别。

——厄尔·萨瑟

哈佛大学商学院教授

他们同样为那些站着等待的人服务。

——约翰·弥尔顿

英国诗人（1608—1674）

学习目标

通过本章的学习，您将能够：

1. 理解固定产能企业可能面临的不同供需情况；
2. 描述解决需求波动问题的构成要素；
3. 理解服务环境下产能的含义；
4. 熟悉管理能力的基本方法；
5. 认识到不同细分市场的需求不同，预测细分市场需求的具体变化及其原因；
6. 熟悉需求管理的五种基本方法；
7. 理解如何运用4P营销组合使需求波动平稳；
8. 知道如何通过队伍等候和排队系统汇总需求；
9. 理解顾客如何感知等待，减轻顾客等待负担；
10. 知道如何通过预约系统汇总需求；
11. 熟悉利用剩余产能的战略方法，即使供需平衡的其他方法已经用尽。

开篇案例

夏季真的是滑雪胜地的淡季吗

一旦冰雪融化，就无雪可滑，滑雪胜地往往会暂停营业。直到来年冬天，缆车才会运行，餐馆重新开张，旅馆开始营业。然而，一些滑雪运营商意识到夏季的高山也可以娱乐，所以他们开始为徒步旅行者和郊游者提供食宿。有些运营商甚至修建了高山滑道，让轮式平底雪橇可以从山顶滑向山底，从而为滑雪缆车创造收益。

山地自行车热潮的到来为租赁设备和乘坐缆车创造了机会。佛蒙特州的凯灵顿度假胜地一直鼓励游客在夏季骑行去山顶观光，并在山顶的餐厅用餐。目前，山地自行车和相关设备如头盔的租赁业务也在盈利。

冬天，可以在山脚旁的旅馆租赁滑雪设备，如今，夏季也可以在这里选择山地车。一般来说，骑行者用特殊配备的缆车把他们的山地自行车运到山顶，然后再从标记好的道路骑行下山。曾经有位骑行者倒转了行程，他选择骑行上山，一些热情的徒步者也做了同样的决定，他们沿着道路爬到山顶，在餐厅补充能量之后，乘坐缆车下山。

在夏季，很多滑雪胜地为了吸引游客光顾酒店，正在开发各种各样的娱乐方式。以魁北克省坐落在美丽湖畔的翠湘山庄为例，这里的度假胜地除了游泳和其他水上运动以外，也为游客提供高尔夫球、网球、旱冰鞋和儿童专项运动等服务。这是一个如何为闲置服务产能进行服务开发和产生营销需求的经典案例。

服务需求波动对服务收益的影响

需求的波动性对很多产能受限的服务组织来说是一个巨大挑战。在开篇案例中，季节更替引起了需求的剧烈变化。由于服务行业不能在销售之前确定产能，所以这是一个问题。对于这样的企业来说，有效利用昂贵的生产能力是成功的秘诀之一。目标上，要尽可能利用人员、劳动力、设备和设施。通过与运营部门和人力资源部门管理者的合作，服务营销人员才能够制定对策，使服务产能和服务需求达到平衡，同时为顾客带来便利，为企业创造更多利润。

从需求过剩到产能过剩

生产能力固定的企业都有一个常见的问题。“要么是场盛宴，要么是饥荒，”管理者说，“在高峰期，我们为打发盼望中的顾客离开感到沮丧；在低谷时期，我们的设备闲置，员工闲散，无所事事，企业持续损失。”换句话说，需求和供给是不平衡的。

在任何给定的情况下，生产能力固定的服务企业可能面临以下某种情况（见图9-1）：

- **需求过剩**。需求水平超过最大生产能力，导致一些顾客无法享受服务而业务丢失。
- **需求超过最优生产能力**。没有顾客离开，但是现场拥挤，顾客可能感知服务质量降低，并且顾客可能不满意。
- **需求和供给在最优生产能力达到平衡**。员工和设备繁忙，但没有出现过度使用的情况，顾客也及时得到了良好服务。
- **供给过剩**。需求小于最优生产能力，生产资源没有得到充分利用，导致低生产率。资源低利用率也成为一个风险，因为顾客可能会发现服务体验令人沮丧或者顾客怀疑企业的服务能力。

有时，最优生产能力和最大生产能力是相等的。在剧院、体育馆的现场，满员

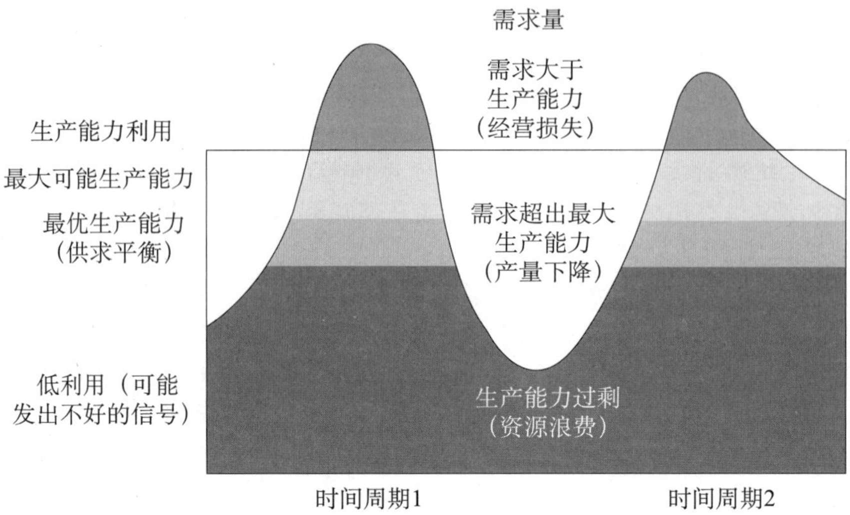

图9-1 需求相对生产能力的变化关系图

的场面非常宏大，因为这能刺激运动员或表演者的兴奋感，观众也能参与其中，所有人都有一个更加满意的体验过程。但对很多其他服务来说，如果设施没有全部被利用，你可能会觉得服务更好，例如，对餐馆来说，如果每张桌子都有客人占用，此时的服务质量通常比较差，因为此时服务员很匆忙，出错或拖延的可能性也比较大。如果你正在独自旅行，身处人满为患的航班机舱中，假设你旁边的座位是空的，你就会稍感舒适。当维修保养店日程安排很满时，若系统中没有浮动时间允许在完成特定工作中出现意外问题，延误就是不可避免的。

管理产能和需求的构成要素

解决需求波动的问题有两种方法：第一，调整产能水平以迎合需求的变动。这种方法需要理解产能的构成以及它在增量式基础上如何根据需求的变动增加或减少。第二，管理需求水平。这种方法在分析需求不同阶段的基础上，充分了解需求模式以及驱动因素，使公司可以运用营销战略来平衡需求的多样性。大多数服务企业会将两种方法结合起来使用。[1]

图9-2展示了四大构成要素，为平衡产能和需求提供了一种综合方法。本章的剩余部分讨论这四个构成要素。

服务生产能力的界定

当我们提及管理产能时，往往指生产能力。生产能力是指一个公司能够拥有的用来创造产品和服务的资源或资产。由于这些都是关键成本的组成部分，所以需要慎重经营。在服务的背景下，生产能力以以下几种形式出现。

1. 用来容纳顾客或产品的**设施**。前者用来传递人体服务或精神服务。例如，医疗诊所、酒店、民航飞机、大学教室。生产能力受限制最可能是由床、房间、座

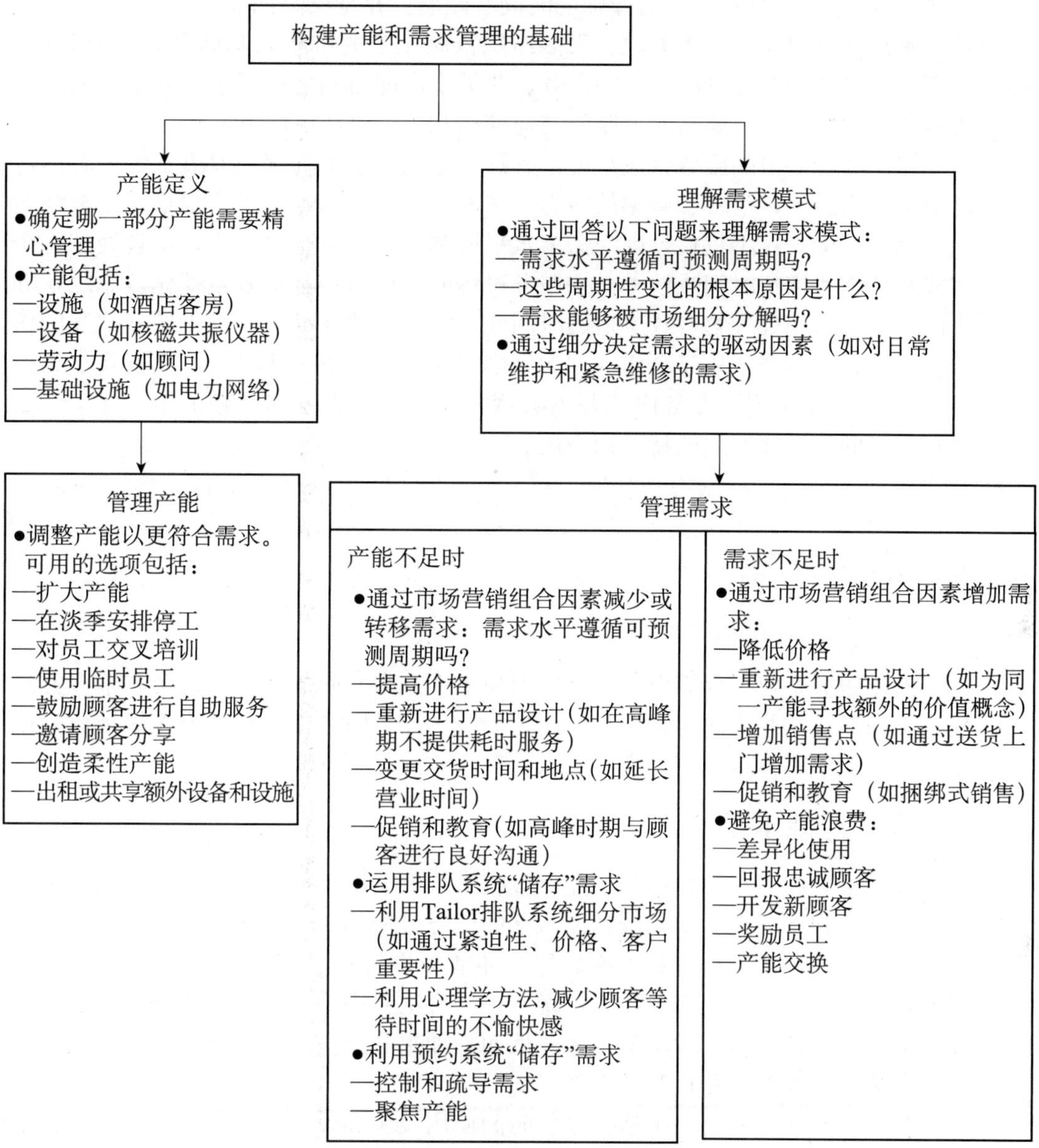

图 9－2　有效的产能和需求管理构成要素图

位等设施确定的。在某些情况下，出于健康或安全的考虑，当地法律会设置一些关于人数的上限法规。后者用来储存或加工产品，可能属于顾客，也可能用于出售给顾客。此类的例子包括：管道、仓库、停车场、铁路货车。

2. 用于处理人、财物、信息的**设备**包括很多种类，适用于各种特定情况——诊断设备、机场安检设备、收费通道、银行 ATM、呼叫中心的“座席”，在既定需求水平的条件下，这些设备如果数量不充足就会导致接受服务的队伍移动缓慢（甚至完全停止）。

3. **劳动力**是所有高接触度服务和很多低接触度服务的生产能力的关键因素。如果员工数量不充足，顾客就会处于等待状态或者服务是仓促的。专业服务尤其依赖于技术熟练的员工去创造高附加值、高信息量的产出。亚伯拉罕·林肯就很好地抓住了这一点，他说："一名律师的时间和经验就是他交易的砝码。"

基础设施产能同样很关键。很多组织依赖于公共或私人基础设施的充分供给，以便为自己的顾客提供高质量的服务。此类生产能力问题包括繁忙的空中航线导致飞行的空中管制、主要高速公路的交通拥堵和停电（或电压不足）。

对于产能受限的服务企业来说，其财务盈利在很大程度上取决于管理者尽可能有效地利用劳动、设备、设施的能力。然而，从实践角度来说，很难自始至终达到这一理想目标。这不仅仅是因为需求水平通常在随机发生着变化，而且处理每个顾客或每件事所需的时间或精力，在服务过程的任何时候都会发生变化。总之，处理人的时间远远比处理物件或事情的时间变化大，反映在准备程度不同（"我的信用卡丢了"）、好争辩或乐于合作（"如果你不能给我提供一张桌子，我就要求见你的上司"）等。更何况，服务内容并不必然相同。专业服务和维修工作一样，诊断和处理的时间因顾客问题的特点而不同。

服务能力管理

即便服务企业因为需求的波动而出现生产能力有限的情况，也会有很多方法解决这个问题，这些方法通过调整生产能力减少此类问题。生产能力能够被放大或缩小，通过调节整体生产能力满足需求。

变动产能水平

一些生产能力是有弹性的，能够吸收多余的需求。此时，实际的产能水平是保持不变的，很多人接受了相同产能水平的服务。例如，一节地铁车厢通常能提供40个座位，由于充足的栏杆和地面位置，还能允许另外60名乘客站立，然而，在高峰时期大约有200名乘客像沙丁鱼罐头一样容纳其中。类似地，服务人员的能力也能被放大，短期内能高效率地工作。然而，如果必须整天持续快速工作，他们将很快感到疲惫，服务质量也开始下降。

扩大生产能力的另一个途径是长时间使用设施和设备。例如，一些银行在工作日延长营业时间，即使周末也开门营业。大学可能在晚上、周末或暑假开设课程。

最后，应该减少服务过程中每个顾客（顾客的财物）接受服务的平均时间。有时，通过减少浮动时间可以达到这一目的。例如，一个餐馆可以引导顾客入座并很快呈上菜单，在顾客用餐后休息片刻立即递交账单。[2]有时，还可以通过降低服务级别达到这一目的，比如，在繁忙的时候提供简易菜单。

调整生产能力以满足需求

与前面提到的方法不同，这里涉及调整总体生产能力水平来满足需求的变动——众所周知的**追赶需求**（chase demand）策略。通过采取以下几种措施，管理者可根据需要来调整生产能力。[3]这些措施从最简单的开始，越往后实施起来越难。

- **需求低迷时设置停工时间**。为确保高峰期能够利用100%的运能，在服务需求预期比较低的时候，应该进行保养、维修、更新等工作。在此期间，给予员工休假时间。

● **交叉训练员工**。即使服务系统看起来处于满负荷运转，一些设备和与设备相关的员工也可能没有充分利用。如果员工被交叉训练成能够从事多种任务，他们就能够根据需求转移至服务的“瓶颈”点，从而增加整个系统的生产能力。例如，在超市，如果结账队伍太长的话，经理可能会让理货员至结账处进行收银工作。同样，在低峰时间，收银员被要求帮助理货。

● **使用临时工**。很多企业在最繁忙的时候增加员工。此类的例子包括：圣诞节期间的邮递工和与零售有关的工作、春季报税服务公司的临时雇员、假日和重大节日期间增加的旅馆服务人员等。

● **鼓励顾客自助服务**。如果员工的数量是有限的，顾客参与合作完成特定工作将会增加生产能力。达到这一目标的方法是增加自助服务设备，如机场的自助登机亭、超市的自助付款通道。

● **邀请顾客分享**。通常为独立顾客服务的设施可通过邀请顾客与他人分享来扩展生产能力。例如，对于繁忙的机场和火车站，出租车的供给有时不能满足需求，同方向的游客以较低的价格选择与其他游客共同乘坐一辆出租车。

● **创造柔性产能**。有时，问题不关乎整体的生产能力，而在于为不同细分市场的需求提供服务时的混合供应能力。一个解决途径是物理设施的柔性设计。[4]例如，餐馆的所有桌子可以都是两人桌，必要的时候，两张桌子可拼在一起形成四人桌，或者三张桌子拼在一起形成六人桌。在航空领域，某航班可能经济舱客满而商务舱空空如也。当波音在设计 777 客机的时候，既面临来自空中空车的严峻挑战，又遇到了来自未来顾客的被描述为“不真实的、超乎寻常的需求”。波音试图建造一种能在机舱的任何部位，一小时内就能重新组装出厨房和卫生间的飞机。波音用尽全力解决了这个挑战性的问题。777 航班能够在一小时内对舱内设施进行重新组装，不同等级舱位的数量也发生了变化。

● **租用或共享额外设施和设备**。为减少固定资产的投资，服务企业可在高峰期间租用额外的场所或机器。有补充需求模式的企业可寻求签订正式的共享协议。例如，当本校学生在休假和大一新生还未入住的假期高峰期，很多学校把学生宿舍出租给游客。

了解需求模式

现在，让我们看看供需平衡等式的另一边。为了有效管理某服务的需求，管理者需了解需求通常随市场细分的不同而不同。

需求的随机波动通常是由一些管理者无法控制的因素造成的。然而，分析表明，某一细分市场可预测的需求周期隐藏在一个更大范围的看起来更随机的模式下，这一事实证明了对需求进行细分的重要性。例如，一家工业电子设备维修店早已清楚了解，其相当一部分业务由常规的功能预防保养计划合同构成。维修店需在“上门业务”和紧急维修之间进行平衡。虽然看起来很难预测和控制此类业务的时间和数量，但进一步的分析发现，“上门业务”在一周中的某几天比较普遍，而紧急维修通常为暴风雨期间（具有季节性，通常提前一两天预报）蒙受损失之需。了解这种需求模式之后，维修店白天就几乎不安排预防保养之类的工作，而是安排那些需求期望较高的工作，尤其是更能赚钱的紧急维修。

为了解不同细分市场的需求模式，研究应从获得关于需求模式及潜在原因的一系列重要问卷的答案开始（见表9-1）。

表9-1　　需求模式及其潜在原因调查表

1. 需求水平遵循一个可预测的周期吗？如果是，需求周期的持续时间是： ● 一天（按小时变化） ● 一周（按星期变化） ● 一个月（按天或周变化） ● 一年（按月或季节或每年的公共假期变化） ● 其他
2. 这种周期性变化的潜在原因是什么？ ● 工作时间 ● 账单/税收的支付周期 ● 发工资或薪水的时间 ● 开学和放假 ● 四季更替 ● 公共假期或宗教节日 ● 自然界周期，如潮汐
3. 需求水平看起来是随机变化的吗？如果是，潜在原因可能是： ● 每天天气的变化 ● 随时可能出现的健康问题 ● 交通事故、火灾、犯罪活动 ● 自然灾害（地震、风暴、泥石流、火山喷发等）
4. 某种服务的需求随着时间的推移是否能按细分市场分解？这部分需求可表现为： ● 特定顾客的使用模式或特定用途的使用模式 ● 每一完整交易的净利润率的变化

影响服务需求的很多周期性因素短至一天长达一年，大多数时候，多个因素会同时出现。例如，公共交通的需求水平在一天当中不断发生变化（通勤时间需求最高），一周之中每天也会发生变化（周末很少有人乘坐公共交通工具去上班，但乘坐公共交通工具休闲出行的人增加），一年中的每个季节也会变化（夏季旅行者乘坐得更多）。某个夏季周一高峰期公共交通工具的需求水平与某个冬季周六高峰期的需求水平差异很大，因为同时出现了周和季两个周期性因素。

稳定需求的策略可能不会成功，除非该策略是基于一种认识，为什么某一特定细分市场的顾客当时会选择他们所接受的服务。例如，说服商旅人士在周六多留宿一晚是很困难的，因为几乎没有人会在周末谈生意，相反，酒店管理者在促进酒店设施周末用于会议或休闲旅游方面可能会做得更好。通过交通工具企图将顾客转移至非高峰期的方法将可能失败，因为此类顾客的旅行是由其工作时间决定的。反过来，应该把精力集中于老板，说服老板采取弹性工作时间或交错安排工作。

当要根据过去的经验分析需求模式时，记录好每笔交易有巨大帮助。由高科技软件支撑的排队系统能自动地追踪顾客每天、每时的消费，在必要的时候，它还有助于记录天气状况和其他一些特殊情况（罢工、意外、重大节日、价格变化、服务竞赛的开展等），这些都可能会对需求产生影响。

需求管理

一旦了解了不同细分市场的需求模式，我们就可以对需求进行管理。以下是五种管理需求的基本方法。

- 采取不作为的方法，放任需求达到某一水平。
- 在高峰期，减少需求。
- 在低谷期，增加需求。
- 通过排队系统汇总需求。
- 通过预约系统汇总需求。

第一种是采取不作为的方法，放任需求达到某一水平，该方法除了简单别无其他优点。最终，顾客从自身体验或口碑中认识到，他们预计什么时候排队等待服务，什么时候无须等待立即就能获得服务。问题是，顾客也试图找到一个更负责任的竞争者，除非行动起来，否则非高峰期的低效率将无法改进。其他四种方法是主动作为，因此是更为优越和有用的策略。

表 9－2 将这五种方法和需求过剩、供给过剩两种情形相联系。很多服务企业在需求周期的不同时点同时面临这两种情形，可以考虑采取干涉策略。接下来，我们将讨论市场营销组合因素如何使需求水平具体化，包含两部分内容，首先如何通过等候和排队系统汇总需求，接着是如何通过预约系统汇总需求。

表 9－2　　不同生产能力下需求管理策略的不同选择

需求管理方法	产能状况	
	产能不足（需求过剩）	产能过剩（需求不足）
不作为	● 对等候队伍不予管理（顾客可能会被激怒，以后不再光顾）	● 资源浪费（顾客对服务过程感到沮丧，例如剧院）
通过市场营销组合因素管理需求	在高峰期减少需求： ● 提价将增加利润 ● 改变产品要素（如在高峰期不提供耗时服务） ● 调整交货时间和地点（如延长营业时间） ● 通过沟通鼓励顾客在其他时间使用（该方法能否集中在收入较低、不令企业满意的细分市场） ● 注意：仍应刺激高利润的细分市场，这部分市场应享有优先产能权。对于低收益的细分市场，应减少和转移需求	在低谷期增加需求： ● 有选择地降低价格（避免已有业务自相竞争，确保考虑到所有相关成本） ● 改变产品要素（在淡季时，寻找可替代的价值主张服务） ● 沟通、产品多样性、配送（识别任何可能的额外成本并确保利润率和使用水平相平衡）

续前表

需求管理方法	产能状况	
	产能不足（需求过剩）	产能过剩（需求不足）
通过排队系统汇总需求	● 为服务过程提供合适的排队方案 ● 为优质顾客提供优先服务体系，将其余顾客转移至非高峰期 ● 在紧急情况和高价格情况下，开辟独立服务通道 ● 缩短顾客等待感知时间，创造舒适等待环境	● 不适用，但排队系统也收集了数量、交易类型、顾客服务的数据。同样适用于下面的预约系统
通过预约系统汇总需求	● 对价格稍不敏感的顾客，重点放在收益和预约能力上 ● 为重要顾客提供优先服务 ● 将其余顾客转移至非高峰期	● 声明产能充足，顾客可预约任意时刻

利用市场营销组合要素使需求模式具体化

在产能过剩或产能低效率期需求降低或转移时，市场营销组合要素在刺激需求方面扮演一定的角色。经常使用的首要因素就是价格，价格使供给和需求达到平衡，但改变产品、配送策略、沟通等也起着重要作用。虽然每个要素是分开讨论的，但有效的需求管理通常需要两个或多个要素的联合作用。

使用价格和非货币成本管理需求。平衡供给和需求最直接的方法之一就是利用价格，非货币成本也有同样的效果。较低价格和不用等待的诱惑激励至少一部分顾客改变他们的活动时间，不论是购物、旅行还是设备修理。非货币成本管理具有类似的作用。例如，如果顾客意识到在高峰期他们可能面临更多时间和精力成本，那些不喜欢在拥挤不堪的环境中花时间等待的人将会在不怎么繁忙的时间光顾。

由于服务的货币价格作为一种需求管理工具是有效的，管理者必须对产品需求曲线的形状和斜率有一定认识——也就是说，在特定的时间点上，服务需求的数量对单位产品价格的上涨或下跌如何作出反应。确定某服务的需求曲线是否在一段时间内变化剧烈尤为重要。例如，就在科德角的酒店度周末而言，同一个人愿意在夏季比在冬季（如果冬季能够结冰）花更多的钱吗？答案可能是“愿意”。如果这样，每个时期不同定价方案对满足产能是很有必要的。

更为复杂的问题接踵而来，不同时期每个细分市场的需求曲线一般是不同的（例如，通常商务人士比游客对价格更不敏感，就如第6章中所讨论到的服务定价）。

服务营销人员所面临的最困难的任务就是确定所有不同需求曲线的特征。历史数据（通常来自收益管理系统）、调查研究、反复试验、不同地点的类似条件分析或类似服务的类似条件分析，所有这些都是用来获得需求曲线特征的方法。很多服务企业清楚认识到不同的需求曲线是存在的，因此它们根据有形或无形的设计元素（或价格栅栏）为主要细分市场设计不同的产品，而每个产品的定价与相应细分市场的需求相匹配。从本质上说，不同细分市场收到不同的基本产品，通过额外服务增加核心服务的价值来迎合支付高价格的群体。例如，在计算机与印刷服务领域，高质量产品体现在更快运转和更专业服务上。在每种细分市场上，目的都是使来自不同细分市场的收益最大化。

然而，当企业的生产能力有限时，追逐利润的企业应确保在任何时候都有尽可能多的产能被最有利可图的顾客使用。例如，航班保留一定数量的座位为支付全程票价的商务人士使用，同时，为游客购买优惠机票设置严格的条件（通过无形的价格栅栏，如需预购或需周六留宿），从而阻止了商务人士享用廉价机票，而这是为吸引游客坐满飞机设计的。价格策略的这一特点被称为“收益管理”，这在第 6 章已讨论过。

改变产品要素。有时，只通过价格一个要素管理需求是无效的。本章开篇案例就是很好的例子——在无法滑雪的时候，没有一个滑雪者会在盛夏购买缆车票，即便价格很低。其他很多季节性的生意也盛行类似的想法，因此，教育机构在周末和暑假为成年人和老年人开课，休闲小船在夏季供应游览而在冬季成为私人使用的场所。这些企业已经意识到，在淡季任何价格折扣都不可能提升业务，需要一种新的针对不同细分市场的服务产品来刺激需求。

在一天的 24 小时之内，产品都有可能不断变化。餐馆就是很好的例子，在不同的时间段，菜单和服务水平发生着变化，灯光和装饰也不同，酒吧或开放或关闭，娱乐节目或表演或取消，目的就是满足同一顾客群体内的不同需求，或者将顾客进行细分，或者两者兼而有之，这要根据一天内的具体时间进行判断。

改变服务的时间和地点。对于时间和地点都持续固定的服务来说，除了寻求需求的调整，公司也可改变服务的时间和地点对市场需求作出回应。几个基本途径如下。

- **改变服务时间**。这一方法意味着根据一周中的每一天或季节等改变顾客偏好。影剧院经常在周末提供日场，因为周末人们一整天都有休闲时间；夏天，咖啡馆和餐馆持续营业，因为人们普遍更愿意享受漫长宜人的户外夜晚；而商店在圣诞节到来前或在学校放假期间延长营业时间。
- **在新的地点提供服务**。一种方法就是利用移动工具把服务带给顾客，而不是要顾客光临固定服务场所。移动图书馆、上门裁剪服务、送餐到家、配备主要医疗设备的帐篷等，都属此类。在需求低迷期，想扩展业务的清洁维修公司可提供便携产品的免费取送服务。

促销和教育。即使营销组合的其他要素保持不变，仅沟通也能使需求变得平稳。标识、广告、宣传及销售信息都能用于告知顾客高峰期时点，鼓励顾客在等待时间更短的非高峰期接受服务。[5]此类的例子包括：美国邮政管理局提倡“圣诞节，早邮递”；公共交通信息提示购物者或参观者避开通勤时间；维修公司的业务员将什么时候预防保养能快速完成的信息告知顾客。此外，管理者可要求服务人员（或中介机构如旅行社）鼓励顾客在非高峰期的任意时刻消费。

价格、产品特征、配送等因素的改变必须清楚地传达。如果一个公司想在营销组合要素的变化上获得一定的回应，当然必须充分告知顾客他们的选择。正如第 7 章所提到的，短期促销、价格和沟通或其他要素的组合策略会对顾客产生具有吸引力的激励，从而改变消费时间。

不是所有的需求都受欢迎。一些服务请求不当，组织难以应对其目标客户的合理需求。例如，许多紧急呼叫如 911 不意味着消防部门、警察或者救护车会被派出。这样的紧急呼救使有关组织很难对实际灾情作出回应。服务展望 9－1 展示了一项营销活动如何用来减少不良需求和释放能力。通过营销活动或者筛选程序抑制不受欢迎的需求，将不会消除任意需求中的随机波动。然而，这也许对组织将需求高峰水平保持在服务能力以内有帮助。

服务展望 9－1

抑制对非紧急电话的需求

你有没有想过很有可能是一个分配器在为紧急呼叫服务，比如 911？人们对什么是紧急事件的判断大相径庭。

想象一下你在纽约警察总局的一间大通讯房里。一位头发花白的警官正在耐心地接听电话，电话那端的女士因为自己的猫爬上了一棵树，她害怕猫会卡住而拨打了 911 电话。这位警官说："女士，您见过被困死在树上的猫吗？这些猫总会自己想办法爬下来的，对吧？"接完女士的电话之后，这位警官耸耸肩，对访问者说："经常接到这样的电话，我能怎么办？"

问题是，当人们紧急呼叫时只是为了抱怨隔壁的聚会太吵闹，请求对猫救援，或者请求关闭消防栓时，他们可能会耽误警察对诸如火灾、心脏病或者暴力犯罪等真正紧急危机作出反应。

一度这种情况在纽约变得很糟糕，以至于官员被迫开发营销活动来阻止公众拨打 911 电话作出不适当的紧急援助请求。在求助者看来，心爱的小猫被卡在树上，聒噪的聚会影响了需要睡觉的人休息，都是紧急情况。但这些都不是危及生命（或财产）的情况，并不足以动用一个城市的紧急服务。一项沟通运动使用各种媒体，呼吁民众不要随意拨打 911 电话，除非他们真的有紧急情况需要帮助。为帮助解决其他非紧急问题，要求他们打电话给当地派出所或其他机构。

通过排队系统汇总需求

正如在前面我们所看到的，有很多调整供给和需求达到平衡的途径，但当调整需求和供给的概率几乎为零而供需仍不平衡时，管理者又该做什么？不采取任何措施或请顾客离开都会引起顾客的不满。以顾客为中心的公司与其任由问题恶化到自由竞争的状态，不如开发确保有序、可预测、公平的战略。对需求超过供给的企业，管理者通常会采取措施以汇总需求。

可通过以下两种方式汇总需求：（1）按先到先服务的原则要求顾客排队等候，或为顾客提供更先进的排队系统（紧迫性、价格或客户的重要性被纳入系统考虑）；（2）提供顾客提前预约或预订位置的机会。本节我们将讨论等候队伍和排队系统，预约系统将在下节讨论。

等候是全世界普遍的现象

等候现象随处可见。当到达某设施前的顾客数量超过该设施的系统处理能力时，等候队伍——运筹学研究者称之为“排队”——就会出现。从真正意义上说，排队根本上是产能管理问题没有解决的表现。排队分析和排队模型是运筹学领域的久远分支，排队理论可追溯到 1917 年，当时丹麦的一个电话机工程师负责确定电话交换机应该多少数量，才能在合理范围内保留繁忙信号的数量。[6]

没有人喜欢排队等候。排队等候令人生厌、浪费时间，有时身体也会感到不舒服，尤其是在周围没有坐的地方或在户外排队时。然而，全世界的等候服务过程都是如此。几乎每一个企业都会遇到在其某个经营地点存在排队等候的问题。人们被迫在电话中等候，听到诸如“你的电话对我们非常重要”之类的答录信息；人们推着超市手推车在排队等候结账；用餐完后又排队等候买单；坐在车里排队等候机器洗车；排队等候过收费站。一些有形的队伍在地理上可能被分散。旅行者通过电话联系出租车，在不同的地方等待司机接送。

美国的一项调查显示，最令美国人感到恐惧的排队等候地点是医生办公室（占 27%）及办理摩托车登记和驾驶执照的政府部门（占 26%），其次是小卖部（18%）和机场（14%）。[7]最糟糕的情况是在零售商店结账处，收银员慢慢腾腾，有些人临时改变主意更换商品而这些商品已被收款机记录，有些人离开队伍取商品又返回。人们已开始失去耐心：1/3 的美国人认为，在队伍中等候 10 分钟或不到 10 分钟他们就会感到沮丧，虽然报告称女性比男性要更有耐心，因为女性更有可能与其他人闲谈以消磨时间。

毫无生气的物体也要等待处理过程。顾客的邮件在顾客服务专员的收件箱里等候处理，设备等待维修，支票在银行等待汇总。在每个例子中，顾客也可能在等待处理的结果——邮件的回复、设备重新工作和支票记入客户的账户。

管理等候队伍

减少顾客等待时间通常需要多角战略，就如迪士尼采取的措施所证明的一样（见服务展望 9－2）。简单地通过扩展空间或增加员工的方式来增加产能，通常不是减少等待时间的最优方案，因为顾客满意必须与企业的成本考虑相平衡。像迪士尼一样，管理者应该采取多项措施，包括：

1. 反思排队系统的设计（即队伍结构和虚拟等待）。
2. 调整不同细分市场的排队系统（如通过紧迫性、价格、客户重要性）。
3. 管理顾客行为和他们的等待感知（即利用心理学减少等待的不愉快）。
4. 安装预约系统（如使用预订、预约，或者约定分配需求）。
5. 重新设计服务过程以缩短每次交易的时间（如通过安装自助服务设备）。

本章接下来将讨论第 1 至 4 点，第 5 点请参看第 8 章。

服务展望 9-2

迪士尼将队列管理变成一门科学

你在迪士尼乐园排过队吗？当排队时有很多有趣的东西可以看时，我们往往不会意识到队伍有多长。你可能沿路一直在看视频，把玩互动技术或是点击触屏，又或者被其他消费者玩耍吸引，观看墙上的各种海报，在树荫下享受清凉。我们不会意识到等待了多久，当等待的时间被占用或很舒适时。迪士尼主题公园的队列管理是其娱乐理念的一个延伸。

在迪士尼乐园的“小飞象旋转世界”里，家长和孩子可以在一个类似马戏团帐篷的交互式房间里玩耍。这些孩子一边玩耍，一边等待蜂鸣器信号以便转移到外面去骑行游玩。这些在帐篷里玩耍的孩子不会感知到自己在排队等待，可他们确实是在等待！

迪士尼把队列管理提到了一个新高度。在迪士尼乐园，有一个迪士尼运营指挥中心，里面的技术人员正在监视着队列，以确保没有消费者因为队列太长而离开。对于这部分人来说，在主题公园里忍耐不是一种美德。在指挥中心里，操作人员用计算机程序、摄像机、公园的数字地图以及其他工具协助他们解决队列太长的问题。一旦出现了等待问题，他们会立即派员工去解决。解决此类问题的方法可能会有很多种。比如，他们会派一个迪士尼卡通人物接待等候中的消费者。或者，他们可以部署更多的能力。比如，如果排队乘船的人太多，为了减少排队时间，他们将部署更多的船只。迪士尼乐园被分成不同的板块。如果一个板块的客流量多于另一个板块，可以让他们适当转移，以便人群分布得更均匀。此外，他们还在等候区增加了视频游戏。

在指挥中心，他们设法将魔法王国的平均骑行圈数从九增加到十。迪士尼将继续尝试用不同的技术帮助他们管理消费者的等待时间。他们正在尝试使用智能手机和迪士尼应用程序，来见证如何协助管理列队。迪士尼所做的一切努力都是希望消费者不会因为等待而沮丧。

不同队伍形态

有很多种不同的队伍形态，对管理者来说选择最合适的形态并非易事。图 9-3 列出了几种你可能亲自经历过的队伍类型。

● **单队伍/多柜台**。顾客要经历几个服务过程，就像在咖啡馆。服务“瓶颈”可能在任何柜台出现，只要该柜台比前一柜台服务时间长。很多咖啡馆在结账处排着长队，因为收银员要计算你的花费，还要给你找零，这比上菜要花更多的时间。

● **并列队伍/多柜台**。这种情况下会提供多个服务窗口，顾客可以在多个队伍中选择一个队伍等候。银行和售票窗口通常都是这样的，快餐店在一天的繁忙时间通常开通几个窗口提供相同服务。多排系统的服务可以是单柜台，也可包含多个柜台。此种设计的缺点是队伍的行进速度可能不一样。你有过多少次这样的时候，你选择了看起来最短的队伍，当邻近的队伍行进速度比你的队伍快两倍的时候，你感到很沮丧，因为你所在队伍中的一些人的业务非常复杂？

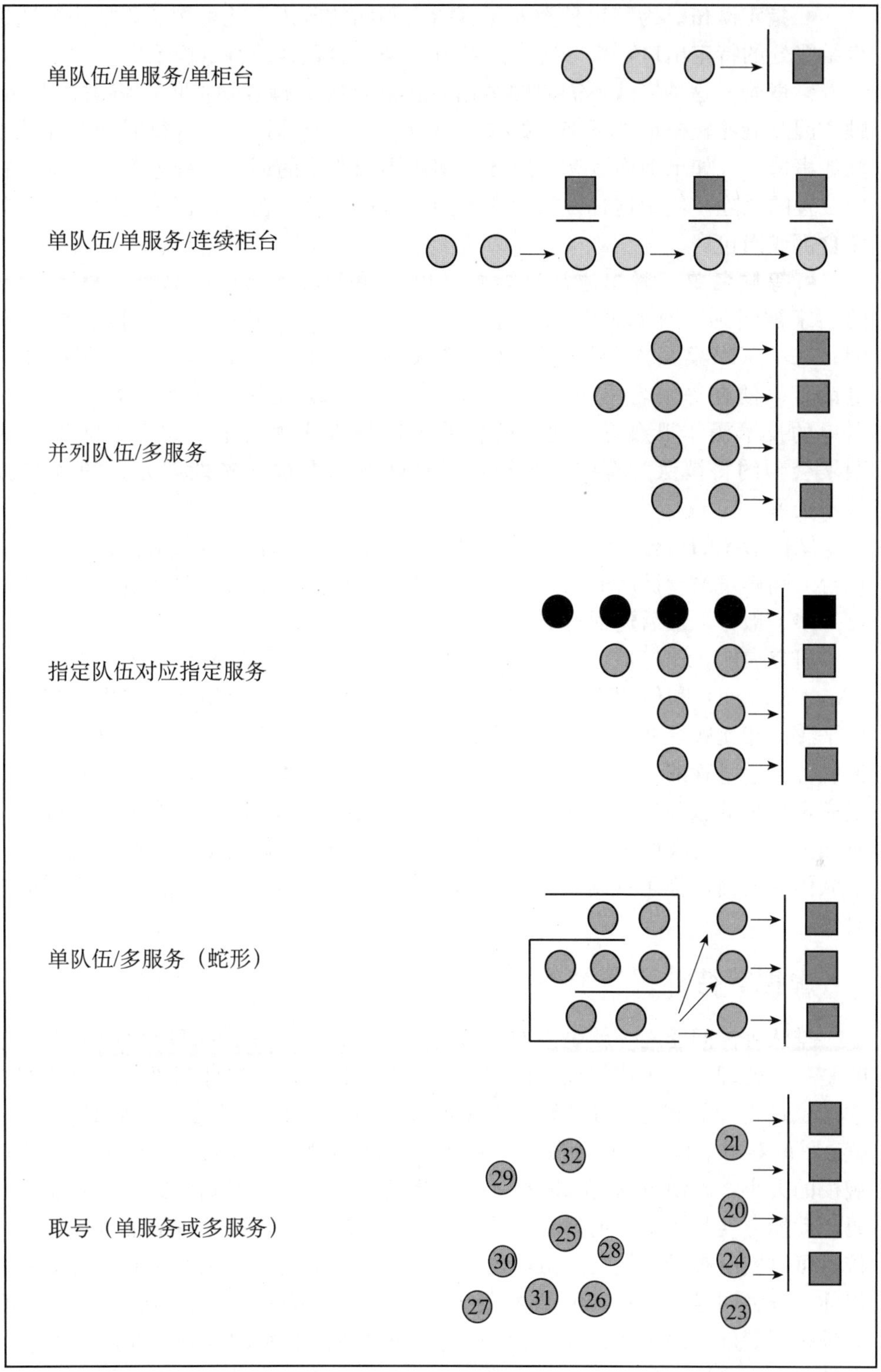

图 9-3　多种排队形态图

● **单队伍/多服务**。通常被认为是“蛇形”队伍。这种等待队形方式解决了多队伍多服务中队伍行进速度不同的问题，经常在邮局或机场检票口碰到这种情况。

● **指定队伍**。为特定种类的顾客指定不同的队伍。此类例子包括快速通道，超市结账处的特定出口，头等舱、商务舱、经济舱顾客的特定检票口。

● **取号**。这种方式不需要顾客站着排队，因为顾客知道他们将被按顺序叫号。顾客因此能够轻松地坐下来（如果有座位的话）或估摸一下等待时间并在此期间做其他事情——如果前面顾客的服务时间比预期要快的话，这样做有丢失他们在队伍中位置的风险。使用这种方式的有大型旅行社、政府机构、医院门诊、大型超市的熟食部或面包房。

● **等候名单**。餐馆通常有等候名单，顾客写下自己的名字，然后等待他们的名字被叫到。有四种常见的等候名单方式：（1）几人桌，人数和桌子大小匹配；（2）VIP桌，给予最惠顾客特殊权利；（3）电话订桌，允许在到达前先打电话，以便在等候名单中保留一个位置；（4）大型聚会预约。如果人们对等候名单的技术操作很熟悉，他们就会认为这种方式很公平。如果不熟悉的话，大型聚会预约将被认为有些不公平，VIP桌被不喜欢优先处理方式的顾客认为尤其不公平。[8]

队伍形态的混合应用也存在。例如，咖啡馆为一个顾客队伍在最后配两个结账柜台。同样，医疗诊所的病人在一个接待员处登记，依次顺序通过检查、诊断和治疗等多个地方，最后返回排成一队在接诊处交费。

研究表明，选择最合适的排队形式对顾客满意度非常重要。阿纳特·拉菲利（Anat Rafaeli）和他的团队发现，等候区域的组织方式会使顾客产生不公正感和不公平感。相比顾客在单队伍（蛇形）中接受多服务而言，顾客对并列队伍/多服务的服务传递过程的公平性感到更不安、更不满，即使两个队伍等待同样的时间，接受完全公平的服务过程。[9]由于等待中的顾客通常关注自己接受服务的过程，顾客感知公平的问题就产生了。在一个忙碌的餐馆中，比你后来的顾客被优先服务跳到了队伍的前面，你可能对此也会很愤怒，这看起来不公平，尤其当你非常饥饿的时候。

虚拟等待

排队等候问题之一就是浪费与顾客有关的时间。**虚拟排队**（virtual queue）战略是一种处理有形等待的创新性方法。作为代替，顾客在计算机上注册他们在队伍中的位置，计算机会估计顾客将在什么时间返回真实队伍跟前，认领他们的位置。[10]鱼寿司亭是一家连锁餐馆，它已实现自助触屏终端服务，让消费者选择聚会规模的大小，以便餐馆可以匹配大小相当的桌子。消费者到店后，只需输入手机号码，就能方便就餐了。消费者将收到确认预订的短信，这条短信里也包含了一个链接，可以实时查看他们的队伍前还有多少人。当他们有座位的时候，自动系统将会提前5分钟叫号。消费者可以通过按钮“1”确认预订，通过按钮“2”请求延迟15分钟返回餐厅，通过按钮“3”取消预订如果他们有别的计划。在周末晚上，往往会有很多人来这家餐馆就餐，然而这个系统可以协助保持客户的忠诚度，并在忙碌的日子里全速运转协调时间。服务展望9-3就描述了虚拟排队系统在两个不同领域——主题公园和呼叫中心的应用。

服务展望 9-3

在虚拟队伍中等候

迪士尼以向顾客提供其主题公园信息的成就而闻名，这些信息包括运送顾客到特别景点需要等多长时间，等待游玩需多长时间。然而，迪士尼发现最受欢迎景点的等候队伍还是很长，这意味着这里是顾客不满的主要来源，因此公司采取了创新措施。

虚拟排队系统首先在迪士尼进行测试，在最受欢迎的景点，顾客可以使用计算机注册他们在队伍中的位置，接着就可以自由用等待时间在公园其他地方游玩。调查表明，使用新系统的顾客花了更多的钱，游玩了更多景点，满意度明显更高。在进一步的改进之后，系统——现被命名为“快速通行”，被引入到迪士尼乐园五个最受欢迎的景点中，随后扩展到世界范围的迪士尼乐园，现在每年有超过 5 000 万名游客使用该系统。

“快速通行”系统使用简单，当游客到达安装该系统的景点时，他们有两个清晰的选择：就地购买快速通行证然后在指定的时间返回，或者排队等候。一些信息会告诉你在每种选择下需要等待多长时间。两种情况下的等待时间是可以自我调节的，因为如果两种情况下等待时间差异很大，就会使更多的顾客选择更短的等候队伍。实际上，虚拟等待要比有形队伍等待的时间长一点。如果要使用“快速通行”这种方式，游客可以将公园门票插入一个特殊的十字转门，然后游客就会收到一张标明返回时间的快速通行证。游客也拥有一定灵活性，因为除了打印的返回时间，系统还提供 60 分钟的窗口时间。

正如“快速通行”系统，呼叫中心也使用虚拟排队。有各种不同的专为呼叫中心设计的虚拟排队系统，“先到先出”排队系统非常普遍。呼叫者打入电话时，将听到一个信息提示他们电话被人工座席接入的可能等待时间。呼叫者可以等待，当轮到他时被人工座席接入；或选择收到回电。如果呼叫者选择了后者，他就必须输入他的手机号码并说出他的名字，然后挂断电话。此时，他在排队中的虚拟位置是保留的，当他接近虚拟队伍最前面时，系统会通知呼叫者再打电话，并让他处于人工座席接入的下一个位置。在这两种情形下，顾客抱怨的可能性都不大。第一种情况是他们自己选择等待，同时他们还可以做其他事情，因为他们已经知道大概的等待时间。第二种情况下顾客不需要长时间等待人工座席的接入。呼叫中心也从中受益，因为这样就几乎没有懊恼的顾客占用人工座席的宝贵时间来抱怨他们等了多长时间，呼叫中心也因此减少了顾客呼叫的流失和失败。

资料来源：Duncan Dickson，Robert C. Ford，and Bruce Laval（2005），“Managing Real and Virtual Waits in Hospitality and Service Organizations,” *Cornell Hotel and Restaurant Administration Quarterly*，Vol，46，February，pp. 52 - 68；“Virtual Queue,” Wikipedia，www. en. wikipedia. org/wiki/virtual _ queuing；A FASTPASS Guide for Disneyland and California Adventure，http：//dlrprepschool. com/a-fastpass-guide-for-disneyland-and-california-adventure，accessed March 25，2015.

虚拟排队的概念有许多潜在的应用。如果消费者愿意提供他们的手机号码或者在公司运营的范围内保持手机畅通，这项策略也同样适用于游轮、全包度假胜地以及酒店。

根据细分市场调整排队系统

虽然大多数排队系统的基本原则是“先到先服务”，但并非所有的排队系统都是按照该原则组织的。有时企业会利用市场细分来设计排队战略，即为不同的顾客群体设置不同的服务优先权。具体在多大程度上根据市场细分来设计排队系统，取决于以下要素：

- **服务需求的紧迫性**。很多医院急救中心会安排一个分类护士，问候到来的病人，决定谁需要优先接受医疗护理，谁没有生命危险，需要挂号，等待就诊。
- **服务持续时间**。银行、超市和其他一些零售服务领域经常为顾客设置时间更短、快捷的快速服务通道。
- **支付溢价**。航空公司经常将头等舱和经济舱的登机乘客分开，为头等舱等候队伍配备更多的服务人员，以减少他们的等待时间，因为他们为机票掏了更多的钱。在一些机场，头等舱乘客还能享用安检快速通道。
- **顾客的重要性**。在航空公司，常客会有优先登机权。持有白金卡的乘客在超额预订的情况下，座位必须保留，可能被安排在前排就座，即使他们乘坐经济舱，也可以通过快速通道登机。

顾客感知等待时间

人们不喜欢无所事事地浪费时间，比浪费金钱更不喜欢。因为接受服务过程中的拖延而不满，通常会激发顾客强烈的情绪甚至愤怒。[11]事实上，研究已经发现，如果消费者对等待不满，那么他们必须对服务更满意，才能具有与对等待没有不满的消费者一样的忠诚度。[12]

等待时间的心理学

研究发现，顾客感知的等待时间比实际所用时间要长。例如，对公共交通使用的调查表明，乘客等待公共汽车或火车的感知时间比实际乘坐交通工具的时间更长。[13]

有悟性的服务营销者承认，根据环境的不同，顾客在以不同的方式体验等待时间。为什么有些人愿意花一半的时间在游乐园等待，而抱怨只等了20分钟的出租车呢？对如何将心理学运用于等待，让等待变得不那么紧张和不那么令人讨厌，戴维·麦斯特（David Maister）和其他研究者有如下建议[14]：

- **不被占用的时间比被占用的时间感觉要长**。据著名哲学家威廉·詹姆斯（William James）观察，“关注时间本身的流逝导致了无聊”。当你坐着无所事事的时候，时间看起来过得就慢，服务组织的任务就是等待的时候给顾客一些事做，或分散他们的注意力。例如，宝马汽车车主能在宝马服务中心舒适地等待，在那里等待区域配备了具有设计感的沙发、等离子电视机、WiFi热点、杂志和现煮咖啡。很多顾客甚至自己携带娱乐工具，如智能手机和平板电脑。

很多餐馆通过邀请消费者去吧台喝一杯直到有空余座位这种方式来管理等待问

题（这种方法既赚了钱，也留住了顾客）。类似的方式，消费者在娱乐场所排队等待表演，最后发现自己好似在赌场的老虎机边上排队。

- **独自等待比群体等待感觉时间要长**。与一个或多个人一起等待是一种安慰。同朋友的交谈能消磨时间，但不是所有的人与陌生人交谈都会感到舒服。
- **身体不舒适的等待比舒适等待感觉时间要长**。“我的脚要了我的命！”当人们被迫站在队伍里等待很长时间时，这是最可能听到的话。不管人们是坐着还是站着，当温度过高或过低，风大或风小，或没有遮雨防雪的保护时，等待更像是一种折磨。
- **服务过程前或服务过程后的等待比服务过程中的等待感觉时间要长**。等待买票进入主题公园与在公园里等待乘坐云霄飞车，两者感觉是不一样的。
- **不公平的等待比公平的等待感觉时间要长**。关于公平与不公平的感知在不同的文化或国家间不同。比如，在美国、加拿大或英国，人们希望每个人都在队伍中等待他的机会，如果看到有人插队或优先服务但明显没有好的理由的话，人们可能就会被激怒。
- **不熟悉的等待比熟悉的等待时间要长**。某服务的常客知道他们在等什么，等待的时候也不会担心。相比较而言，新顾客或偶尔的顾客一般都会紧张，不仅想知道可能要等多长时间，而且对接下来会发生什么感到不知所措。
- **不确定的等待比已知的有限的等待时间要长**。虽然所有的等待都令人沮丧，但人们通常能在心理上把等待时间调整到一个已知的长度，而“未知”让人们紧张不安。想象一下等待一架延误的航班，没有人告诉你延误将持续多长时间，你不知道你有没有化妆的时间，能不能在航站楼到处溜达，是否应该在登机口等待以备航班随时起飞。
- **没有解释的等待比有解释的等待时间要长**。你是否遇到过地铁或电梯无缘无故停止，而没人告诉你为什么？除了等待时间的不确定，还会增加再发生什么事的担心。线路发生故障了吗？还要与陌生人挤在一起等几个小时吗？
- **焦虑使等待看起来更长久**。你还记得在约会地点等人的情形吗？心里在担心你的时间或地点是否正确？在不熟悉的地方等待，尤其是在户外和在夜晚，人们经常担心人身安全。
- **服务越珍贵或越重要，人们愿意等待的时间越长**。为了占据预计票很快就会售罄的重要演唱会或赛事的好座位，有人会在恶劣的条件下整晚排队等候。

通过预约系统汇总需求

作为等候队伍的替代或补充，也可利用预约系统汇总需求。谈及预约，如果你问别人首先想到什么服务，他们最可能告诉你航空公司、酒店、餐馆、汽车租赁及电影院，算上使用“预订”“约定”等同义词，他们还会加上理发、拜访专家如医生、房屋出租、修理从坏电冰箱到笔记本电脑的服务呼叫。预约服务有以下优点：

- 避免过度等待给顾客带来的不满。预约的一个目的就是保证顾客在需要的时候能够获得服务。预约顾客应该能够不用排队等待，因为他们在特定时间被保证过服务。

● 预约能使需求控制和调节更易控制。组织良好的预约系统能使公司将服务需求从顾客首选时间转移到比首选时间更早或比首选时间更迟的时间，从服务的某一等级转移到另一等级（服务升级或服务降级），甚至是从顾客首选地点转移到其他地点，从而为提高企业设施利用水平作出贡献。

● 预约系统使收益管理成为可能。预约系统为不同的顾客群体预售服务（参阅第6章），例如，普通的维修保养预约确保了管理部门有空余时间处理紧急维修品，因为紧急维修品是不可预测的，要价比较高，能为公司带来高利润。

● 预约系统的数据能帮助企业为后期运营和财务保障做准备。预约系统有很大不同，从简单的通过手写纸条预约医生办公室，到航空公司用于全球运营的中央计算机数据库。

设计预约系统并使系统对员工和客户都要快速和使用友好并非易事。现在，很多公司允许顾客在公司网站上用自助服务系统进行预约。不论是告诉预订员还是在网上自己预约，顾客都希望问题能得到快速答复，比如，能否在顾客喜欢的时间提供服务，价格多少。如果系统能够提供更多关于所预订服务的信息，顾客也会很感激。例如，酒店能否提供顾客指定的房间，或者至少能提供湖景房，而不是面朝停车场或附近电站的房间？目前一些公司对预约服务收取一定费用（参阅服务展望9-4）。

服务展望9-4

争取获得难以预订的座位！

“今日美食家”是一家专门帮助食客在纽约预订紧俏餐馆，如Carbone，Lafayette，The NoMad的在线公司。这些餐馆的服务对象一般是名人或政要，即使如此，要想在这些餐馆吃顿饭也要提前几个月预订。这家公司可以帮助你快速在你指定的日子预订好座位。目前，这家公司的服务区域主要包括纽约、费城、汉普斯敦这样餐馆位置不好预订的地区。个人支付1 000美元可以成为会员，每个月还需支付125美元的服务费用。

帕斯卡尔·里福（Pascal Riffaud）是这个创意背后的企业家，同时他也是国际私人礼宾服务公司的前总裁，国际私人礼宾公司是一家在美国注册、专门提供私人礼宾服务的最知名公司。他在担任该公司总裁期间，和那些紧俏的难以预订的餐馆建立了一张宽广的人际关系网，这使得他以后能够较为容易地获得这些难以预订的座位。

帕斯卡尔·里福的客户非常喜欢他提供的服务，其业务量不断增加。然而，成也萧何败也萧何，一开始餐馆老板们感觉很好，但后来开始抗议，觉得这类服务不仅扰乱了他们自己的预约系统，而且从他们的座位中赚取了利润。尽管这些服务取消了未售出的预订，但餐馆老板仍认为这些预订原本可以给真正需要的消费者。随着各类新兴服务的兴起，餐馆老板们必须重新审视预订问题。

资料来源：“Would You Pay $1,000 for a Dinner Reservation? Meet the Scalper Selling Table Spots at New York's Hottest Restaurants,” by Daily Mail Reporter，www.dailymail.co.uk/femail/article-2384867/Meet-Pascal-Riffaud-Today-s-Epicures-scalper-selling-table-spots-New-Yorks-hottest-restaurants.html#ixzz3VOplZiDb，https：//www.todaysepicure.com，http：//resy.com，all accessed March 25，2015.

当然，如果顾客没有到场或服务公司过量预订，问题就出现了。处理此类营运问题的市场营销策略包括预交保证金、过指定时间没付款即取消预约、补偿因过量预订给顾客造成的损失，这些在第 6 章中已讨论过。

预订策略应聚焦于收益

越来越多的服务企业开始重视“收益”，即每单元产能所带来的平均收入。收益分析迫使管理者必须认真思考，特定时间为某一细分市场提供服务，可能会产生机会成本，因为为另一个细分市场服务可能收益更高。很多服务组织产能有限，不同服务企业的销售经理可能面临不同的问题：

- 一个 200 人的旅游团以每晚 140 美元的价格提前预订了酒店的客房，但这些客房中的一部分如果晚点出售，可能会卖给一些没有预约的商务客人，每晚可收取 300 美元。此时，酒店应该接受旅游团的预订吗？
- 拥有 30 个运货车厢的铁路公司应该接受每车厢 1 400 美元发货的紧急请求，还是保持车厢几天空闲，以期获得价值两倍的发货量业务？
- 打印店应该按先到先服务的原则在保证时间内处理所有业务，还是应该对“加急”业务收高价，同时告诉其他客户不同收费标准，完成时间不同？

复杂问题的处理值得采用一些较复杂的手段，而不是遵循“多得不如现得”的法则。基于详细历史记录及当前市场情报支持的良好信息，对不同细分市场的产能分配起关键作用。接受或拒绝业务的决策应该基于获得更高价格的现实概率估计和需要维持已建立的（满意）客户关系的意识。我们在第 6 章中，为了给不同利润的业务分配产能和设置价格，讨论过更复杂的收益管理系统方法。

为闲置产能创造其他用途

即便对产能和需求进行专业化管理，很多服务公司也将会经历产能过剩。然而，不是所有未被出售的生产能力都不得不被浪费，因为创新型公司能创造出“替代需求”。很多公司采取战略性方法对预期过剩产能进行配置，提前分配预期过剩产能，从而与顾客、供应商、员工和中间商建立关系。[15] 闲置产能可能的用途包括：

- **利用产能使服务差异化**。当产能利用水平较低时，服务人员可利用一切可能使顾客惊叹。想建立顾客忠诚和开创市场份额的公司，应当把公司运营中的空闲时间集中于重要顾客，包括给予顾客额外关注、分配顾客喜欢的座位等。
- **回馈公司的最好顾客，建立顾客忠诚**。将特殊促销作为顾客忠诚计划的一部分，以确保已有利润不被竞争对手夺走。
- **顾客和渠道开发**。为预期顾客或服务终端顾客的中间商提供免费或高折扣的试验品。
- **奖励员工**。在一些特殊领域如餐馆、海滩度假、游轮，闲置产能可用来奖励员工及其家庭成员以建立员工忠诚。通过这种方法可以提升员工满意度，给员工一个从客户的角度体验服务的机会，从而促进员工工作绩效。

● **交换闲置产能**。服务企业通常可以与自己的供应商交换产能，从而节约成本、提高产能利用水平。应用最广的服务交易包括广告空间或时间、航班座位、酒店客房。

结　论

由于很多产能受限的服务企业固定成本巨大，即使最适度的产能利用改进也会产生根本性的影响。本章中，我们讨论了管理者如何管理生产能力和需求，如何改善顾客等待和排队的体验。在特定的地点和时间如何管理服务组织的产能和需求，必须密切联系我们在前面的章节学到的内容，包括产品单元和分层服务、提供服务的时间和地点、收益管理以及促销和教育。

本章小结

1. 在任何情况下，有限产能的公司可能面对的不同供求情况为：

- 需求过剩。
- 需求超过最优生产能力。
- 需求与供给平衡。
- 供给过剩。

当需求和供给不平衡时，公司在低谷期会有闲置的产能，但在高峰期不得不拒绝顾客。这一状况阻碍了生产资源的有效利用，减少了利润。因此，公司需通过调节产能和（或）需求尝试平衡供给和需求。

2. 有效的供给和需求管理构成要素包括：

- 定义生产能力。
- 使用产能管理工具。
- 理解需求模式。
- 使用需求管理工具。

3. 当我们提及管理能力时，暗指生产能力。服务领域中有很多不同的生产能力表现形式：

- 用来容纳顾客的物理设施。
- 加工产品的物理设施。
- 用于处理人、财物或信息的物理设备。
- 劳动力。
- 基础设施。

4. 产能的管理方式有多种，包括扩大产能和调整产能。

扩大产能意味着一些产能是有弹性的，通过拥挤（例如地铁）、增加运营时间、加速顾客服务过程，使更多的人接受同样产能的服务。

调整产能需要通过以下方法更紧密地匹配需求：

- 低谷期安排停工时间。
- 交叉训练员工。
- 利用临时工。
- 鼓励顾客自助服务。
- 邀请顾客分享产能。
- 创造柔性产能。
- 租用或共享额外设施和设备。

5. 为有效管理需求，公司需了解需求模式。不同的细分市场通常有不同的需求模式（例如，常规维修和紧急维修）。一旦公司理解了其细分市场的需求模式，就能利用营销策略将其再现。

6. 需求可用以下五种方式进行管理：

- 不作为，放任需求达到某一水平。
- 在高峰期减少需求。
- 在低谷期增加需求。
- 通过排队系统汇总需求。

● 通过预约系统汇总需求。

7. 可以利用以下几种市场营销组合因素平稳需求的波动：

● 利用价格和非货币成本管理需求。

● 改变产品要素在不同时间吸引不同客户群体。

● 改变服务传递的时间和地点（例如延长开放时间）。

● 促销和教育（例如“圣诞节，早邮递”）。

8. 排队等候和排队系统帮助公司在很短的时间内汇总需求。不同的列队类型有各自的优势和应用范围。排队系统包括单队伍/多柜台、并列队伍/多柜台、单队伍/多服务、指定队伍、取号、等候名单。

不是所有的排队系统都按“先到先服务”的原则组织，好的排队系统按照以下方式划分等候客户：

● 工作的紧急性（如医院的急救中心）；

● 服务交易的持续时间（如快速通道）；

● 对高价格的优质服务（如头等舱登机柜台）；

● 顾客的重要性（如频繁出差的人优先登记）。

9. 顾客不喜欢浪费他们的等待时间。公司应了解顾客的等待心理，采取有效措施使等待不那么令人沮丧。我们讨论了几个可能的措施，包括：

● 等待时让顾客忙碌或娱乐顾客；

● 告知顾客可能的等待时间；

● 向顾客解释等待的原因；

● 避免顾客感知等待不公平。

10. 有效的预约系统能汇总需求，提供几种便利：

● 有助于减少甚至避免顾客在队伍中的等待，从而避免过多等待给顾客带来的不满。

● 有助于公司管理需求，使需求平稳。

● 为支付高价的顾客预约稀缺产能，使收益管理集中于增加收益，而不仅仅是廉价出售产能。

11. 即使是专业化管理产能和需求后，大多数服务公司也将经历产能过剩时期。公司可以采取战略性方法使用过剩产能，包括：

● 利用产能使服务差异化。当产能利用水平较低时，服务人员可利用一切可能使顾客惊叹。

● 回馈公司最好的顾客，建立顾客忠诚（如将特殊促销作为顾客忠诚计划的一部分）。

● 顾客和渠道开发（如提供免费或高折扣的试验品）。

● 奖励员工（如在一些特殊领域如餐馆、海滩度假、游轮，闲置产能可用来奖励员工及其家庭成员以建立员工忠诚）。

● 交换闲置产能（如服务企业可以考虑为了广告空间、航班座位、酒店客房交换产能）。

复习题

1. 最优产能和最大产能的区别是什么？就以下两种情况举例：（1）最优产能和最大产能相同；（2）最优产能和最大产能不同。

2. 描述产能和需求管理的构成要素。

3. 在服务领域，生产能力是什么意思？

4. 为什么对服务企业来说，产能管理尤其重要？

5. 企业可采取哪些措施调节产能以与需求更匹配？

6. 企业如何辨别影响服务需求的因素？

7. 企业可采取哪些措施调节需求以与产能更匹配？

8. 如何使用市场营销组合因素再现需求模式？

9. 你认为当服务企业为大量顾客提供服务时，不同排队形式的优点和缺点是什么？每种排队形式适合什么类型的服务？

10. 服务企业如何使顾客更舒适地等待？

11. 有效预约系统的优点是什么？

12. 在所有的供求匹配战略失效后，服务企业如何运用剩余服务产能？

应用练习

1. 阐述在以下情况下，如何创造柔性产能：(a) 当地图书馆；(b) 办公室清理服务；(c) 高科技支持的帮助台；(d) 国际花卉特许权。

2. 举出一些具体的例子，说明在需求低迷的时期，你所在社区（或区域）的公司为了增加光顾量是如何显著改变其产品或市场营销组合的。

3. 选择一个服务组织，参照表9-1中的清单，确定其特定需求模式并回答：(a) 这个服务组织管理产能和需求的方法本质是什么？(b) 对上述产能和需求管理，你建议如何改变，为什么？

4. 回顾对于等待心理的10条建议，哪些是和以下情况最相关的：(a) 超市；(b) 黑暗雨夜的城市公交站；(c) 医生的办公室；(d) 将要售罄的足球门票购买队列。

5. 根据自己的经验举例子，一个预约系统运作很好，而另一个则很糟糕。区别和检验这两个系统成功和失败的原因。对如何提升（或者进一步提升，以好的预约系统为例）这两家公司的预约系统，你有什么建议？

第10章 打造服务环境

管理者需要非常清楚在企业服务环境与顾客的美妙体验之间如何实现完美的对接。

——杰恩-查尔斯·沙巴特和劳雷特·杜比
HEC商学院和蒙特利尔麦吉尔大学营销学教授

在判定一家餐厅是否经营成功时，如同菜单、食物和酒水一样，餐厅的设计也是不可或缺的要素。

——丹尼·迈耶
纽约市酒店以及联合广场酒店集团CEO

学习目标

通过本章的学习，您将能够：

1. 认识服务环境实现的四个核心目标；
2. 了解与服务环境相关的环境心理学理论基础；
3. 熟悉综合的服务场景模型；
4. 了解服务环境的三个主要维度；
5. 讨论关键的环境条件及对消费者的影响；
6. 确定空间布局和功能的角色；
7. 理解标志、符号和人工物品的作用；
8. 知晓服务员工和其他顾客如何成为服务场景的一部分；
9. 解释为什么设计一个有效的服务场景必须全面而且要从顾客的角度出发。

开篇案例

毕尔巴鄂市古根海姆博物馆[1]

当古根海姆博物馆在西班牙北部城市毕尔巴鄂市建成时，它奇美的造型、迷人的建筑风格立刻博得举世瞩目，被报界惊呼为“一个奇迹”，称它是“当代世界上最有意义、最美丽的博物馆”。该博物馆由世界著名的最具影响力的美国建筑师菲利普·约翰逊（Philip Johnson）设计，它将毕尔巴鄂这一城市推上了世界旅游目的地的重要位置。在此之前，很多人并不了解毕尔巴鄂这一工业城市，只知道它拥有一个造船厂及巨大的仓库，以及一条长年被周边工厂排放的废水充斥的河流。古根海姆博物馆的建成成为毕尔巴鄂整个城市更新计划中的重要一环。这个转变如今被人们形象地称为“毕尔巴鄂效应”，并且用来解释惊人的建筑艺术是如何帮助实现城市转型的。

古根海姆博物馆的设计中传递着一系列的信息。它呈船形，被周围的河流包围。博物馆在建材方面使用石灰岩、玻璃和钢，部分曲面还包覆钛金属。自然光线透过巨大的玻璃墙体使得馆内游客可饱览周围的山水风光。馆体外部，覆钛甲板设计成鱼的形状，与周围的内维隆河融为一体。同时，一只由新鲜的紫罗兰盆景布局而成的43英尺高小猎犬和一只巨大的蜘蛛雕塑“马曼”（20世纪著名的雕塑家路易丝的作品）在外迎接游客。

通过博物馆巨大的金属圆顶天井，游客能够看到其他19个与走道、玻璃电梯及楼梯相连的画廊，这些画廊的外观设计能够暗示游客他们将在馆内看到什么。长方形的画廊墙壁由石灰石覆盖，馆内收藏着经典的艺术作品。还有一些特殊结构的画廊，其内部不设圆柱，目的是可以展示大幅的艺术作品。这些画廊的服务场景经过精心的设计，其本身就是一件艺术品。

并不是所有的服务场景都称得上是艺术品，但是毕尔巴鄂古根海姆博物馆名副其实。每位游客在此都将获得绝妙的经历。

服务环境——服务营销的一个重要元素

服务环境在塑造顾客的服务体验和提升（或破坏）顾客满意方面起着重要的作用，这一点在高接触度服务及人体服务行业体现得更为突出。在这方面，迪士尼主题公园就是一个鲜活的例子，它的服务环境带给顾客高度的舒适感及满意度，并在顾客头脑中留下长期的印象。事实上，从医院到酒店、从餐馆到专业的服务机构，都日益认识到服务环境是服务营销的重要组成部分。

服务环境的设计是一门艺术，它需要投入大量的时间和精力，并且造价高昂。服务环境，也称为服务场景，涉及实体环境的风格和外观，以及顾客在接受服务的场所所触及的体验元素。[2]一旦设计并建造完成，服务环境不容易改变。图10-1提供了本章所要介绍的关键主题的概览。我们在服务场景模型所涉及的诸多内容中，重点关注服务环境的关键维度。

服务环境的目的是什么

让我们来分析一下，为什么许多服务机构会花那么大的力气去塑造服务环境。例如毕尔巴鄂古根海姆博物馆，它实现了所在城市的转型，并且成为大量游客向往的旅游场所。博物馆和其他许多服务机构一样，服务场景具有四个核心的目的：

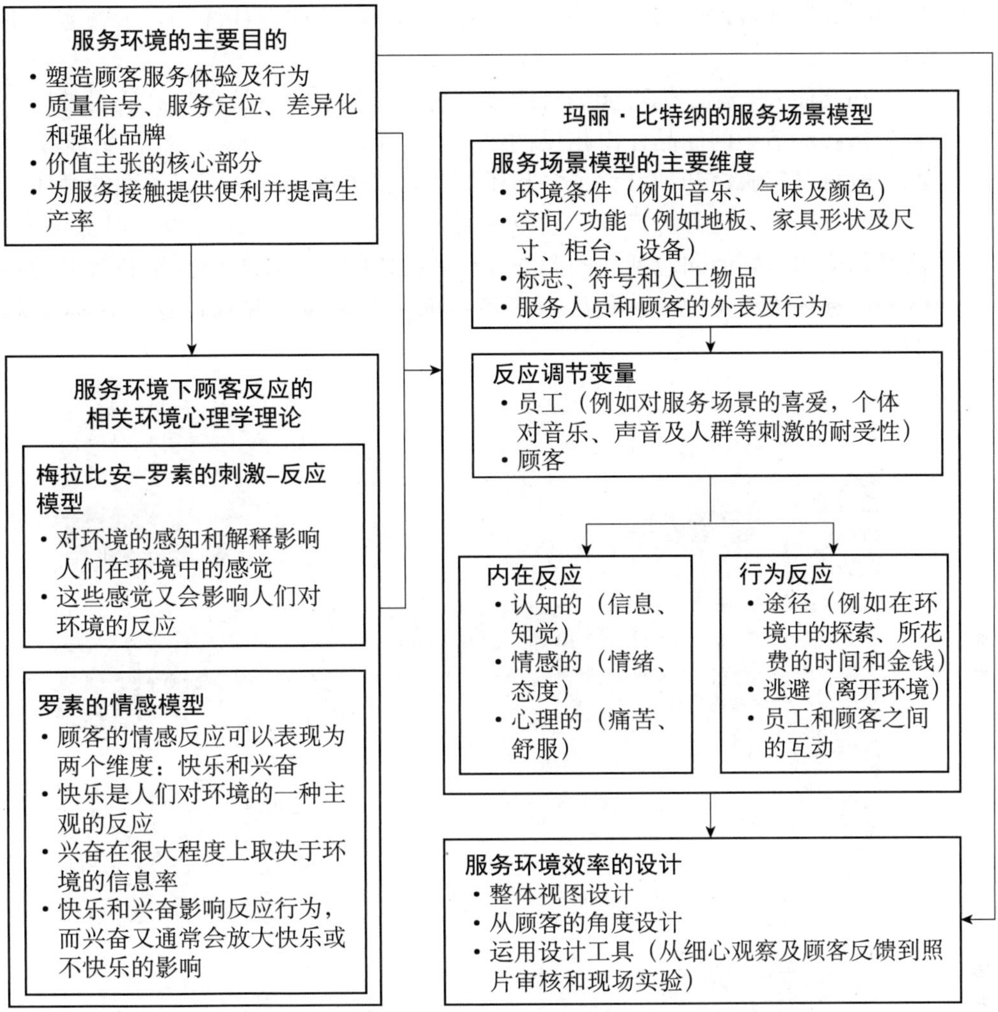

图 10－1　结构图

（1）塑造顾客的体验和行为；（2）传递公司形象、支持其服务定位及差异化战略；（3）作为价值主张的一部分；（4）为服务接触提供便利，并提高服务的质量和生产率。接下来，我们详细介绍服务环境的四个主要目的。

塑造顾客的体验和行为

对于提供高接触度服务的机构来说，服务环境的设计和与顾客接触的员工在创建企业形象和塑造顾客自然体验方面共同发挥着重要的作用。实体环境有助于“设计”顾客及员工的恰当反应，反过来又会有助于提高企业的忠诚度。[3]环境及其周围的气氛会严重影响消费者的购买行为，我们在本章随后的内容中将介绍服务环境设计如何使消费者感到放松或兴奋，帮助消费者在医院或机场等复杂环境中找到方向，塑造顾客的质量感知以及购买行为、满意度和重复购买等重要的方面。

质量信号、服务定位、差异化和强化品牌

服务通常是无形的，顾客不能很好地评估其质量。因此，顾客通常将服务环境作为评价服务质量的替代符号。[4]也许你已经看到了一些成功的专业公司，例如投

资银行或管理咨询公司，其接待处的装饰和家具往往设计优雅，给顾客留下深刻的印象。

和其他人一样，你可能会对摆放在高档货架上的商品产生高质量的印象，而对置于折扣环境中的商品作出相反的判断。[5] 如图 10－2 所示，它们分别是英国伦敦的发电机青年旅馆和加拿大维多利亚的费尔蒙酒店。两种不同类型的酒店迎合了两个明显不同的目标细分市场。发电机青年旅馆迎合了年轻人爱玩但低预算的特点，而费尔蒙酒店则面向包括高档商务旅行者在内的更加成熟、富裕和著名的顾客。这两种服务环境清楚地传达和巩固了各自的服务定位，并且设置了目标受众的服务期望。

图 10－2　比较两个酒店大堂

在树立服务企业形象方面，服务环境通常扮演着一个重要的角色。例如商业空间设计在星巴克品牌建立中的重要作用。同样，苹果店面时尚的外观设计也不例外。通过简约的室内设计、白色的照明、银钢和米色木材，苹果商店创建了一个明亮、开放和未来派的服务场景，这种服务场景赋予苹果商店畅快且随意的氛围。苹果旗舰店选址独特，例如在巴黎卢浮宫内。苹果的零售业务是其业务的重要组成部分，它在 16 个国家拥有 453 个零售商店；美国的 43 000 名员工中，有 30 000 名在苹果商店工作，并且其 2014 年的年平方英尺 4 551 美元的零售额居全美国所有零售商之首。[6]苹果商店这种传递持续、差异化且高质量的服务体验方式增强了苹果的品牌形象，并且符合高端和高品质的产品定位。

价值主张的核心部分

服务环境甚至能够成为企业价值主张的核心部分。许多游乐园有效地运用服务场景理念来提升服务。例如迪士尼或者乐高主题乐园洁净的环境，以及身着五颜六色服装的员工，使游客从入园开始以至整个游览过程都被欢乐和兴奋感包围。

度假酒店昭示了服务环境如何成为价值主张的核心部分。在“逍遥游”的度假环境基础上，地中海俱乐部旨在创造一种完全无忧无虑的气氛。一些新的度假目的地不仅比地中海俱乐部豪华得多，而且从主题公园中汲取了一些灵感，从内而外地创造充满幻想的环境。也许在拉斯韦加斯能够找到这种最极端的例子。面对来自其他地区众多赌场的竞争，拉斯韦加斯已重新定位，从一度令人讨厌的专供成年人赌博的场所转变为同样适合家庭度假的健康娱乐胜地。当然，赌博依然存在，但是许多大酒店最近进行了转型设计，建立（或重建）了具有视觉冲击力的娱乐中心，例如设有会爆发的火山、模拟海战的景点，还有惹人注目的巴黎、金字塔、威尼斯及运河复制品。

为服务接触提供便利并提高生产率

服务环境的设计通常能够为服务接触提供便利，并且提高生产率。例如，儿童保健中心的墙壁和地板上标有玩具的轮廓，目的是告诉儿童玩具玩过后应放在此处。在快餐店和学校食堂里，摊位或墙上会设置托盘回收标识，目的是提醒顾客用餐后将托盘送回此处。例如图 10－3 所示的班加罗尔快捷酒店，通过环境设计使昂贵的租用空间实现最大化利用。服务展望 10－1 说明了医院的设计如何能帮助病人康复以及使员工更有效地工作。

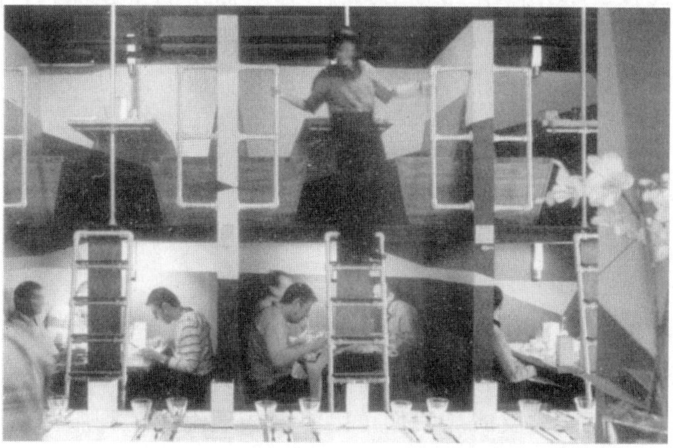

图 10－3　英国伦敦的班加罗尔快捷酒店

服务展望 10-1

医院的服务环境及其对病人及员工的影响

谢天谢地，我们多数人不需要整天待在医院里。[7]如果需要去住院，我们希望能在一个舒适的环境中治病。但是何为舒适的医院环境呢？

病人在就医时可能会产生一些反应，例如受到感染，与陌生人接触感到紧张，无事可做感到厌烦，不喜欢食物，无法好好休息等，所有这些情况都可能延误病人的康复。对于医务工作者来说，他们通常在易感染疾病的环境下工作，与麻烦的病人接触而感到紧张，或者有被各种各样医疗器械伤害的危险。研究表明，对医院服务环境关注得多一些，将降低风险并有助于病人康复，还可以提高员工的福利和工作效率。建议如下：

- 提供单人房间。这样可以减少交叉感染，避免打扰而提高休息和睡眠的质量，增强病人的私密性，为家庭护理提供方便，甚至可以促进医患之间的交流。
- 降低噪声水平。这样可以降低员工的紧张感，并且有助于病人睡眠。
- 为病人提供一些娱乐。包括扩大病人视野范围内的绿化，以加快病人康复。
- 改善光线，特别是自然光。明亮的环境会使医院内气氛轻松。自然光线的照射会加快病人康复，并且使员工更高效地工作，降低工作的失误率。
- 促进通风。通风和空气过滤可减少细菌的传播，并且改善医院内空气的质量。
- 开发用户容易掌握使用的“自动寻找路线系统”。医院建筑一般都很复杂，首次或不常到医院的人很容易在里面迷路，特别是急匆匆地去探望住院的亲人，迷路会使人很沮丧。
- 规划病房和护士台的合理布局，从而减少在医院内不必要的等待，避免浪费时间。这样，可以提高对病人照顾的服务质量，同时设计良好的布局也有助于促进员工的交流和活动。

精心设计的服务环境使顾客感觉良好，能够提高顾客满意度，并且允许企业影响他们的消费行为（例如，坚持服务脚本和促使冲动购物）。由于服务质量难以评价，所以顾客通常会用服务环境作为测评服务质量的重要标志，因此，服务环境在塑造顾客对企业的形象感知以及定位时起到了重要的作用，甚至是企业价值主张的核心部分。最后，设计良好的环境还会提高企业服务能力。

服务环境下顾客反应的相关理论

现在我们知道了为什么服务机构在设计服务环境方面下这么大的功夫。但是为什么服务环境会对人们及其行为产生这么重要的影响呢？环境心理学研究了人们对特定环境会产生怎样的反应。我们可以将这些理论应用到服务营销中，以更好地理解在不同的服务场景下，顾客会产生怎样的行为。

感觉是顾客对服务环境响应的关键驱动力

有两个重要的模型可以帮助我们更好地了解消费者对服务环境的响应。第一个模型是梅拉比安-罗素（Mehrabian-Russell）的刺激-反应模型，它认为感觉是我们对许多环境刺激反应的核心；第二个模型是罗素的情感模型，它主要研究我们如何更好地理解那些感觉，以及它们对反应行为的暗示。

梅拉比安-罗素的刺激-反应模型。图 10－4 显示了一个人们如何应对环境的简单而基本的模型。该模型认为，有意识和无意识的感知以及对环境的解释影响人们在环境中的感觉。[8] 反过来，人们的感觉也会影响人们对环境的反应。感觉是这个模型的中心，该模型假定感觉（而不是观念或想法）驱动行为。相似的环境能够引起截然不同的感受以及随之而来的反应。

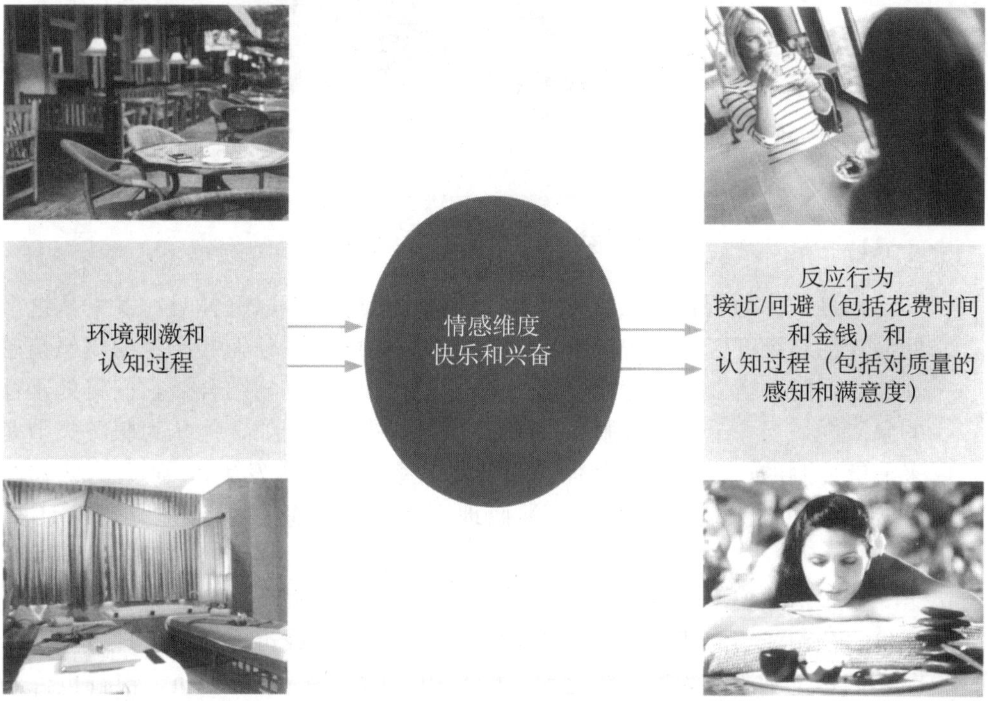

图 10－4　环境反应模型

例如，我们很不喜欢在拥挤的百货商店中购物，因为找我们想要买的东西非常费劲，所以会尽量避免这种令人生厌的环境。之所以避免到这种环境中购物，不是简单地因为有其他顾客存在，不是因为人太多，摩肩接踵，不是因为控制感缺失或者是购物过程过于缓慢。然而，如果不是兴奋地着急去参加节日庆典，我们一般会喜欢慢慢逛，享受体验的乐趣。在环境心理学中，典型的结果变量是“接近”或“回避”环境。当然，在服务营销中，我们可以添加公司需要管理的一系列结果变量，包括人们消费的金额，以及人们离去后对于所获得的服务体验的满意程度。

罗素的情感模型。鉴于情感或感觉是人们如何应对环境的中心，所以我们需要更好地理解感觉。罗素的情感模型（见图 10－5）广泛用于帮助理解服务环境中的感觉，并且提出在环境中情感反应可以表现为两个维度：快乐和兴奋。[9] 快乐是人们对环境的一种直接、主观的反应，它取决于个体对环境喜欢或厌恶的程度。兴奋是指个体感觉刺激的程度，其范围从深度睡眠（最低级别的内在活动）到血液中的肾上腺素达到最高水平（最高水平的内在活动）——例如蹦极等运动。快乐的主观性要比兴奋的主观性更强一些，兴奋在很大程度上取决于信息率或环境的负荷。例如，复杂的环境信息率高，充满刺激性，包括运动或变化，并有新颖的和令人惊讶的元素。而信息率低、放松的环境则具有相反的特征。

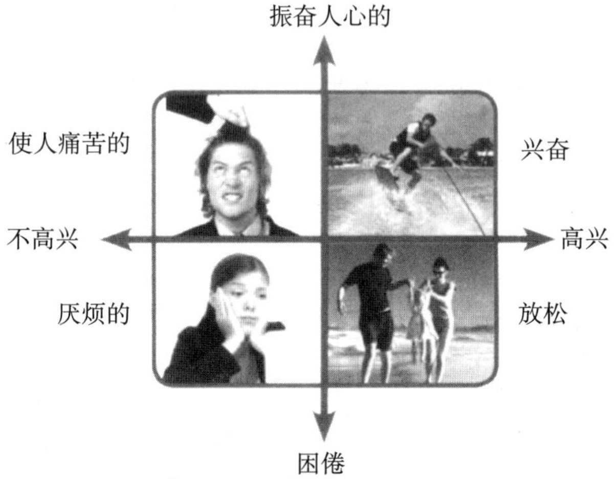

图 10-5　罗素的情感模型

但是，你的所有感觉和情感仅仅从两个维度就得以解释吗？罗素从这两个基本的潜在情感维度区分了情感的认知或思考。因此，服务失败产生的愤怒情感可以表现为高度的兴奋以及高度的不愉快，与认知归因过程相结合，它们将处于使人痛苦的象限内。当一个顾客将服务失败归因于公司时（例如，他认为服务失败是公司本来能够控制的，但是公司没有采取措施以避免其再次发生），强大的认知归因过程直接引起他的兴奋或不愉快。类似地，其他许多感情能够被分解为认知和情感成分。

罗素情感模型的优点是简单，因为它允许在服务环境中对顾客的感觉进行直接评价。公司能够为情感状态设定目标。例如，蹦极或过山车的管理者可能希望他的顾客们感觉刺激（假想在蹦之前，酝酿勇气时会有一点快乐），银行也许希望其顾客感觉自信，美容院也许希望其顾客感觉放松，等等。在本章的后面，我们将讨论如何设计服务环境使之按照顾客的希望来传递服务体验。

感知和认知过程。任何复杂程度的感知和认知过程都能引起情感，但是认知过程越复杂，对情感的潜在影响就越大。例如，在餐馆里，由于服务水平和食物质量的原因导致顾客很失望，这种失望的感觉就很难被一个简单的认知过程——例如下意识感知到的轻快的背景音乐弥补。但这并不是说这些简单的认知过程就不重要。事实上，大量的服务接触已成惯性行为。当我们从事一些惯性行为时，倾向于遵循服务行为脚本，例如乘公共汽车或地铁、去快餐店或银行等。很多时候，简单的认知过程决定人们在服务场景中的感觉，包括对空间、颜色、气味等有意识或无意识的感知。但是，应触发一些高水平的认知过程——例如利用服务环境中的惊奇事物——对惊奇的解释决定人们的感觉。[10]

情感的行为结果。一般来说，宜人的环境往往能吸引人，而令人不愉快的环境则会使人产生回避行为。兴奋是快乐行为效应的放大器。如果环境宜人，增加刺激会使人产生兴奋，进而导致更强的积极消费响应。相反，如果一个服务环境本质上是令人不快的，管理者应该避免提高刺激水平，因为这样将使消费者感觉不舒服，甚至会认为这是一个令人痛苦的环境。例如，圣诞节前周五的晚上，当购物者试图穿过拥挤的过道时，大声的、快节奏的音乐会给购物者增加紧张感。在这种情况下，管理者需要找到一些方法来减低环境的信息负载。

最后，消费者对一些服务有着强烈的情感预期。例如，餐馆里浪漫的烛光晚餐，水疗中心里的放松闲聊，或者在体育场的激动时光等。当顾客有强烈的情感预期时，将环境设计成迎合那些预期的式样是非常重要的。[11]

服务场景模型——一个整体框架

在环境心理学的基本模型基础之上，玛丽·比特纳（Marry Jo Bitner）开发了一个综合模型，她将这个模型命名为“服务场景”。[12]图 10-6 展示了服务场景模型的主要维度：（1）环境条件；（2）空间/功能；（3）符号、标志和人工物品。因为个体倾向于整体感知这些维度，所以使每个维度更好地适合全局成为有效设计的关键。

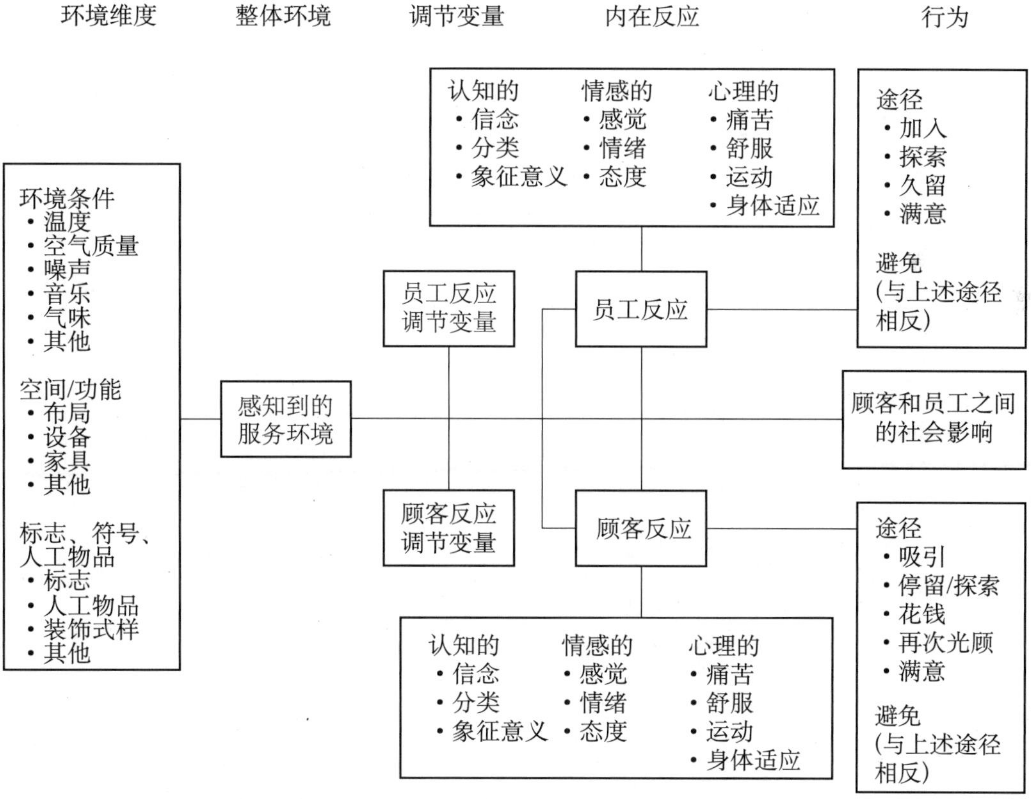

图 10-6 服务场景模型

资料来源：Reprinted with permission from *Journal of Marketing*，published by the American Marketing Association，Mary Jo Bitner，Servicescapes：The Impact of Physical Surroundings on Customers and Employees，56（April）.

比特纳模型表明存在顾客和员工反应的调节变量。这意味着根据顾客的身份及其喜好，相同的服务环境会对不同顾客产生不同的效果，即仁者见仁，智者见智。例如，说唱音乐在有些人眼中可能有十足的乐趣，对有些人则是纯粹的折磨。

比特纳模型的一个重要的贡献是包含员工对服务环境的反应。毕竟，员工在服务环境中的时间比顾客要长得多，至关重要的是设计师知道特定的环境如何提高了（至少没有降低）一线员工的生产力以及他们所提供的服务质量水平。[13]

内部顾客和员工的反应可分为认知反应（如质量观念和信仰）、情绪反应（如感情和情绪），以及心理反应（如疼痛和安慰）。这些内部反应导致一些外在的行为反应，例如回避一个拥挤的百货商店或因为喜欢某个轻松的购物环境而愿意在那里逗留，并且花更多的钱冲动购买。重要的是，要明白顾客和员工的行为反应必须被塑造成能够促进生产和购买高质量服务的状态。设想如果顾客和员工处于紧张不安，而不是轻松愉快的状态，服务交易将会是什么样的结果。

服务环境的维度

服务环境是复杂的，包含很多设计元素。例如，在表10-1中，你能够看到零售店中设计元素的概览。在本节中，我们把重点放在服务场景模型中服务环境的主要维度上：环境条件、空间和功能，以及标志、符号和人工物品。[14]

表10-1　零售店环境的设计元素

维度	设计元素	
外部设施	建筑风格 建筑高度 建筑面积 建筑色彩 外墙和外部标志 店面 华盖 草坪和花园	橱窗展示 入口 可见性 独特性 周围商店 周围区域 堵塞 车位和可达性
室内环境	地板和地毯 主色相 照明 气味 气味控制（例如，烟味） 音乐 设备 墙体构成 墙面质地（喷涂或墙纸） 天棚构成	温度 清洁 走道宽度 敷料设施 垂直交通空间 静区 商品布局和展示 物价水平和展示 收银机放置 技术及现代化

续前表

维度	设计元素	
商店布局	销售、商品、员工及顾客等平面空间的分配 商品放置 商品归类 工作站设置 设施放置 收银机放置	等候区 交通流量 等待队列 家具 静区 部门设置 部门内部设置
内部展示	购买点展示 海报、标志及卡片 图片及艺术品 墙面装饰 主题设定 总效果	货架和箱子 产品展示 价格展示 抛售箱 活动物体
社会维度	员工特点 员工制服 拥挤程度	顾客特点 私密性 自助服务

资料来源：Adapted from：Barry Berman and Joel R. Evans，*Retail Management—A Strategic Approach*，8th edition，Upper Saddle River，NJL Prentice Hall，2001，p. 604；L. W. Turley and Ronald E. Milliman (2000)，"Atmospheric Effects on Shopping Behavior：A Review of the Experimental Literature，" *Journal of Business Research*，Vol. 49，pp. 193 - 211.

环境条件的影响

环境条件是指那些充斥人们五官的环境特征。即使没有被有意识地注意到，它们也会影响人们的情绪、感知甚至态度和行为。这些环境特征由上百个设计元素和细节组成。为了创建理想的服务环境，这些元素和细节必须协调统一。[15]最终的结果是创造了一个被顾客感知和解释的环境。人们从个别和整体两个方面来感知环境条件，包括光线和颜色、尺寸和形状、声音（如噪声和音乐）、温度、气味或味道。这些条件的明智设计可以引起顾客渴望的行为反应。正如服务展望 10 - 2 中所描述的，思考把牙科诊所变成牙齿水疗这样的创新想法。

下面我们来讨论一些重要的环境维度，首先从音乐开始。

音乐。在服务环境中，虽然音乐的音量可能很低，但是它对人们的认知和行为却有着强有力的影响。音乐的节奏、音量、和声等这些不同的结构特点是被整体感知到的，其对内在及行为反应的影响因人而异（例如，对于同一首乐曲，年轻人的反应与老年人的反应就可能不同）。[16]大量的研究表明，快节奏、高音量的音乐会提高人们的兴奋度，导致顾客加快行动速度。[17]无论是自愿还是非自愿的，人们易于按照音乐的节奏来调整自己的步伐。这意味着，在晚间，餐馆可以通过播放快节奏的音乐加快餐桌的周转率，从而为更多的就餐者服务，或者通过播放舒缓、轻柔的音乐使就餐者在餐馆中停留更长的时间，从而增加其饮料部分的收入。例如，有一家酒店用实践证明，伴随着酒店内播放的舒缓、轻柔的音乐，酒水销量连续八周呈现持续增长的态势。顾客在轻柔音乐伴随的环境中进餐的时间要比在快节奏音乐的环境中长。因此，酒水的利润大大增加。[18]

服务展望 10-2

在牙科诊所减少恐惧感

看牙医是绝大多数人不期望的一项服务。绝大多数人认为它是令人不舒服的，尤其是不得不长时间坐在诊疗椅上时。很多人害怕看牙医所带来的必要的痛苦，而另一些人则冒着身体不健康的风险根本不去看牙医。现在，有很多实践者推崇水疗牙科，水疗牙科就是用果汁、颈部按摩、脚部按摩，甚至有香味的蜡烛和风铃声安抚病人，转移在他们嘴里微创治疗带来的痛苦。

“这不是一种手法”，蒂莫西·多特森（Timothy Dotson）说，他在芝加哥拥有顶尖的牙齿水疗所，在那里病人可以呼吸草莓味的一氧化二氮。他的病人似乎同意：“这是以人们想要治疗的方式去治疗，可以帮助大部分人克服恐惧。”“没有人喜欢看牙医，但是它让这个行为变得如此容易”，一位女士讲到她在等待治疗时，可以同时用一个加热的按摩垫来按摩背部。

热毛巾、按摩、香熏、咖啡、新鲜的蔓越橘面包和白葡萄酒反映了诊所为了迎合顾客的期望所作出的努力，尤其是顾客为了拥有完美笑容，对美白和矫正牙齿的需求不断增长时。这个方法可以吸引那些对看牙医有其他方面压力的病人。很多试过水疗服务的病人说他们没有被额外索取费用，并且他们的花费没有重复看医生和转院看医生的多。

在休斯敦，顶尖的牙齿水疗中心在最大的绿地上装饰了喷泉和现代艺术品。病人可以换上睡袍，呼吸八种不同香味的氧气，并且在装饰得像日本花园的房间中放松冥想。牙科区域则有羊皮椅、热香薰毛巾和著名的“泡泡喷射按摩”的服务，即使用空气和水去清洁牙齿。

虽然从洛杉矶到纽约的牙科诊所都在采用水疗技术，但是仍存在一些问题，这些技术过程作为牙科方面的改进还仅仅是个新时尚。一所牙科大学的校长说：“我不能看到这两种商业混合在一起。”

资料来源：Adapted from “Dentist Offer New Services to Cut the Fear Factor,” Chicago Tribune syndicated article，February 2003.

此外，商场中播放顾客熟悉的音乐，会缩短顾客的浏览时间，反之，如果播放的是顾客不熟悉的音乐，将会促使顾客停留时间延长。[19]在一些需要顾客等待的情况下，有效运用音乐的效应能够使顾客感知的等候时间缩短，并且提升顾客的满意度。轻快的音乐可以有效地降低医院手术室外等候者的紧张程度。甚至有证据表明，动听的音乐可以提升顾客对服务人员的看法。[20]

为餐厅、零售商店甚至呼叫中心提供最佳的音乐组合的产业逐渐兴起。例如，总部设在得克萨斯州的DMX为300多个企业客户创作标志性的混合音乐，这些混合音乐由200～800首正版授权的歌曲组成，通过网络传递给用户。这些音乐混音大约每月远程更新一次。[21]

音乐还可以用来阻止犯错误的顾客，这点你是否觉得惊奇？包括地铁、超市等公共场所在内的许多服务环境都会吸引一些不诚实的顾客。有些不良顾客（见第13章）的行为会给管理和其他顾客带来麻烦。在英国，播放古典音乐来驱赶这些不良顾客日渐成为一种流行的办法。对于破坏分子和游手好闲的人来说，听这种音乐显然是痛苦的。一家名为 Co-op 的英国连锁杂货店一直在尝试在门外演奏古典音乐来阻止青少年进入乱逛和恐吓顾客。Co-op 的史蒂夫·布劳顿（Steve Broughton）说，公司员工配备遥控器，“当情况发生变化而需要驱散人群时，他们会播放音乐”。[22]

伦敦地铁系统可能是最广泛使用古典音乐作为“威慑物”的典范。30 个车站通过播放莫扎特和海顿的乐曲来劝阻游荡破坏者。一位伦敦地铁发言人称，最有效的威慑物是由莫扎特谱写或者由帕瓦罗蒂演唱的曲子。按照莱斯特大学一位研究音乐与行为之间关系的心理学家的说法，陌生感是驱赶人们的一个关键因素。当弦乐和木管乐在目标受众身上不生效时，莫扎特会起作用。但是，对于有一定音乐素养的游荡破坏者来说，无调的弹奏可能效果更好。例如，莱斯特大学的学生在当地的酒吧播放所谓的“电脑游戏中的音乐”，起到了清场的作用。[23]

气味。气味是另一个重要的环境维度。顾客会有意或无意地感知到弥漫在环境中的气味。气味的出现会对情绪、情感以及评价反应，甚至购买倾向及购买行为产生强烈的影响。[24]当我们感觉到饥饿时，我们会被很远的面包房里散发出来的面包香味强烈地吸引。这个气味使我们意识到自己饿了，并且指引我们来寻找解决办法（例如走到面包店去买面包）。此外还有其他的例子，比如迪士尼魔术王国主大街上新鲜出炉的饼干气味为顾客提供一种温暖的感觉，或者维多利亚的秘密专卖店里花香的气味营造出女士内衣衣橱的氛围。

芝加哥嗅觉与味觉治疗与研究基金会嗅觉研究员艾伦·赫希（Alan R. Hirsh）博士相信，在未来几年内，我们将会体会应用气味来管理人们的行为的好处。[25]服务营销人员将会研究如何使顾客在餐馆中感觉饥饿；如何使牙科病人在候诊时感觉放松；如何使顾客在健身馆中更加努力地训练。气味具有引起特定的情感、生理和行为反应的独有特点，这一特点已在芳香疗法中被普遍接受。表 10-2 显示了各种芳香气味对人的普遍影响。研究表明，在服务场景设置中气味对顾客的感知、态度和行为都具有显著的影响。例如：

- 在充满令人愉快的人工香味的环境中，拉斯韦加斯赌场里玩老虎机的赌客会投入 45%的硬币，当这种气味加重时，消费上升了 53%。[26]
- 当人们在充满香味的房间里试穿时，愿意花更多的钱购买耐克运动鞋，平均每双多花 10.33 美元。即使香味微弱到人们无法检测到它存在的程度，也就是说香味是被无意识感知到的，也会产生同样的效果。[27]

表 10-2　芳香疗法——气味对人们的影响

香味	香味的种类	芳香疗法类别	传统应用	潜在的心理影响
桉树	樟脑类	调理、刺激	除臭、杀菌、舒缓剂	刺激和提神
薰衣草	草本类	平静、平衡、舒缓	肌肉松弛剂、舒缓剂、收敛剂	放松和镇定
柠檬	柑橘类	激励、振奋	杀菌、舒缓剂	感到轻松
黑胡椒	辛辣类	平衡、舒缓	肌肉松弛剂、催情剂	平复人们的情绪

资料来源：http://www.aromatherapy.com/, accessed April 25, 2015; Dana Butcher (1998), "Aromatherapy—Its Past & Future." *Drug and Cosmetic Industry*, Vol. 16, No. 3, pp. 22-24; Shirley Price and Len Price, *Aromatherapy for Health Professionals*, 4th ed.; Mattila, A. S., and Wirtz, J. (2001), "Congruency of Scent and Music as a Driver of In-Store Evaluations and Behavior," *Journal of Retailing*, Vol. 77, pp. 273-289.

服务企业已经意识到气味的作用并逐渐将它作为品牌体验的一部分。例如，威斯汀酒店大堂用白茶的香气，喜来登酒店大堂用的则是无花果、丁香和茉莉花的混合香味。在用气味装饰服务环境的趋势下，一些从事气味营销的专业服务公司应运而生。例如，能多洁公司（Rentokil Initial）的初始公司阿巴斯（Ambius），为零售店、酒店、医疗保健、金融服务以及其他服务行业提供“感官品牌”“环境气味”“气味补救”等与气味相关的服务。公司可以将服务环境气味设计工作外包给阿巴斯公司，阿巴斯公司提供从咨询到设计的一站式服务。[28]情绪媒体公司作为音乐、气味和商业机构标识的领先供应商，其客户可以从存有1 500种气味的图书馆中选择他们的理想环境气味！[29]

尽管已经有大量的证据表明气味能够对消费者的购物体验和消费行为产生巨大的影响，但是仍然要多加注意。环境气味必须适合服务环境以及目标受众（与之前讨论的音乐非常相似）。此外，最近有研究者通过研究表明，在零售环境中，单一的环境气味能够促进消费者的购物，而多种气味的混合，例如罗勒、橘子、绿茶的混合，对消费的刺激效果则不如不使用气味。在该研究中，这两种气味的情况都会促使消费者购物愉快，但是单一气味这种情况有助于加快消费者购物决策（消费者花费很少的时间来决定购买哪种商品），而混合气味这种类型则达不到这种效果（消费者要像在没有气味的环境中一样，花费较多的时间进行购物决策）。研究者据此得出结论，即混合气味难以被消费者快速识别，需要他们作出较多的认知努力，结果就会给消费者的购买决策及认知带来负面影响。[30]

最后，正如我们随后要在本章中讨论的那样，服务环境必须被看做一个整体，因为任何事物都是相互依存的，也就意味着任何设计维度都不可能单独表现最优。服务展望10-3表明气味和音乐的激发元素是互动的，需要它们共同作用来引发希望顾客表现出的反应。

服务展望10-3

在服务环境中气味与音乐的匹配

特定类型的背景是否会增强顾客的反应取决于服务环境的气味。安娜·马蒂拉（Anna Mattila）和约亨·沃茨（Jochen Wirtz）做过一个现场实验，在一家礼品店里，他们安排了两种具有不同特点的令人愉快的音乐和气味。顾客的购物欲望和满意度受不同的音乐和气味环境影响。

实验使用的是音乐家伊丽莎白·迈尔斯（Elizabeth Miles）“优化你的大脑”系列的两张光盘。其中低刺激性音乐是放松的、慢节奏的，而高刺激性音乐是高能量、快节奏的。类似地，气味也被设计成具有高刺激性和低刺激性两种特点。因为薰衣草具有放松和镇定的属性，所以用作低刺激性气味。葡萄柚由于具有刺激的属性，所以用作消除疲劳、恢复精神、提高脑力、提高警觉性甚至能增强体力和能量的高刺激性气味。

实验的结果显示，音乐和环境气味的刺激特点越匹配，顾客的反应越好。下面的图10-7和图10-8明显地反映出这些效应。例如，用低刺激性气味（薰衣草）和慢节奏音乐配合来布置环境，会使顾客产生相比用低刺激性气味配合快节奏音乐更高的满意度和更多的购买冲动。当商店里弥漫葡萄柚气味（高刺激性气味）而不是薰衣草气味时，配合快节奏的音乐会产生积极的效应。这项研究表明，当环境刺激物相互配合形成和谐气氛时，顾客会产生积极的反应。

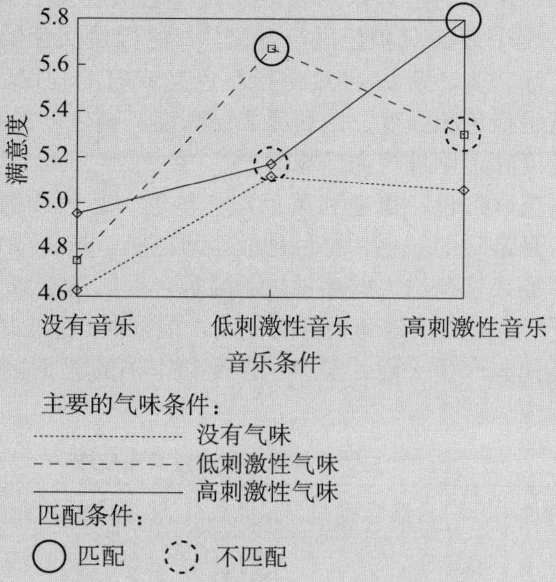

图 10－7　气味和音乐对满意度的影响

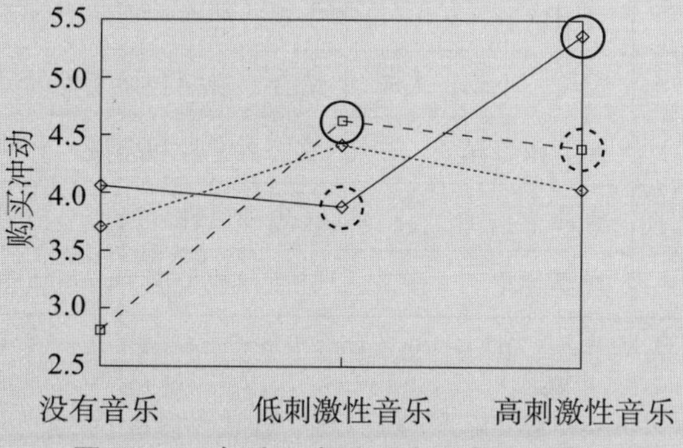

图 10－8　气味和音乐对购买冲动的影响

注意：两个图表的刻度都是1～7，7为极端积极的响应。实线表示匹配，即音乐和气味都是刺激或者放松，虚线表示不匹配，即其中一个是放松，另一个是刺激（即轻松的音乐和刺激的气味，或刺激的音乐和放松的气味）。

资料来源：Adapted from Anna S. Mattila and Jochen Wirtz（2001），"Congruency of Scent and Music as a Driver of In-Store Evaluations and Behavior," *Journal of Retailing*，Vol. 77，pp. 273－289.

上述研究发现是通过一定量的研究实验得出的，这些研究建议管理者细致地将气味与环境进行匹配，而且一般来说，简单的气味要比复杂的气味效果更好。在任何情况下，进行实践调研，监控销售、顾客购买行为及顾客认知，都将是服务场景中实现环境气味最优的一种绝佳方式。

颜色。除了音乐和气味，研究者发现颜色对人们的情绪也有重要的影响。[31]颜色具有“刺激、镇静、富有表现力、令人不安、易受影响、文化性、丰富、象征性等特点。它渗透到我们生活的方方面面，并给我们的日常生活赋予了美丽和戏剧性的色彩”。[32]

真正用于心理研究的是孟塞尔表色系统，它从**明度**（value）、**色相**（hue）和**色度**（chroma）三个方面对颜色进行定义。[33]色相是颜色的色素（即颜色的名字，如红、橙、黄、绿、蓝、紫）。明度是指颜色亮或暗的程度，从纯黑色延伸到纯白色的跨度。色度是指色相强度、饱和度或光亮度；高色度的颜色强度高，被视为丰富生动，而低色度颜色则被视为乏味的。

色相分为暖色（红色、橙色和黄色）和冷色（蓝色和绿色），其中橙色（红色和黄色的混合）是最暖的颜色，蓝色是最冷的色彩。这些颜色可以用来调整环境的温暖度。例如，如果紫色给人的感觉过于温暖，可以通过减少其中红色的数量使之冷却下来。[34]暖色能提高快乐和兴奋的程度，但同时也会加剧焦虑感；冷色能降低兴奋程度，也能使人产生平静、安静、喜爱和幸福的感觉。[35]表 10－3 总结了人们对颜色的普遍反应。

表 10－3　人们对颜色的普遍联系和反应

颜色	温暖程度	自然符号	由颜色产生的反应和联想
红色	暖	地球	高能量和激情，可以使人兴奋；激发情感和热情
橙色	最暖	落日	情感、表达和温暖
黄色	暖	太阳	乐观、纯净和理解力、调动情绪
绿色	冷	成长、小草、大树	培育、治疗和无条件的爱
蓝色	最冷	天空和海洋	放松、宁静和忠诚
靛蓝	冷	落日	冥想和灵性
紫色	冷	紫罗兰花	灵性，减少压力，可以创造一种内在的平静感觉

资料来源：Sara O. Marberry and Laurie Zagon，*The Power of Color—Creating Healthy Interior Spaces*（New York：John Wiley，1995），18；Sarah Lynch，*Bold Colors for Modern Rooms*：*Bright Ideas for People Who Love Color*（Gloucester，MA：Rockport Publishers，2001），pp. 24－29.

研究表明，尽管人们有不同的颜色偏好，但大多数人还是更容易被暖色环境吸引。暖色能鼓励人们作出快速购买决定，比较适合低参与决策或冲动购买的服务环境。当顾客需要时间来做高参与度的购买决策时，冷色环境更受青睐。[36]

位于佛罗里达梅尔斯堡的保健公园医疗中心（Health Park Medical Centre）使用配色方案来提升服务体验是一个很好的例子。它在大厅里运用全光谱的颜色与不同寻常的照明来实现梦一般的设置。大堂墙壁布置成由高强度的蓝、绿、紫、红、橙、黄的彩虹灯组成的颜色；这家医院的照明设计师克雷格·罗德（Graig Roeder）解释道：“这是一家医院。人们走进它会产生焦虑和病痛感。我努力为他们设计一个能提供光和能量的入口空间，使他们在进入病房之前获得一点鼓励。”[37]

最近，波音 787 梦想飞机和空中客车 A350 机型新的客舱高效地利用了灯光和色彩搭配。过去，客舱的灯只能开或关，而新的 LED 技术可以提供广泛的照明色板。设计家开始尝试用各种色调照亮客舱，同时开始询问“登机时炫目的粉紫色是否比温暖的琥珀色更能使乘客平静稳定”或者“灯光可以尽可能缓解时差反应吗”等问题。芬兰航空A350的客舱就设有与不同阶段的长途飞行相对应的20多种灯光设置，例如20分钟的“落日”特色灯光。同时，它也将色彩与目的地相对应，如飞往亚洲时灯光就是更温暖的琥珀色，而到达芬兰时则是较冷的靛蓝色。同样，英国维珍大西洋航空公司的787班机有少许的核心设置，包括登机是玫瑰香槟色，餐饮是粉紫色，晚餐是琥珀色，夜间睡眠是炫银色，还有清醒时的灯光颜色。维珍大西洋航空公司的设计经理曾这样说道：“我们一直想要在飞机上营造各种各样的氛围，而光是我们能够掌握的。你可以让乘客充满活力，也可以很快让乘客放松下来。”[38]

虽然我们对颜色的影响有了一定的认识，但是在特定的环境中运用时仍然要倍加谨慎。例如，以色列的一家运输公司将它的巴士设计成绿色，以示环保。但是，这个看似简单的行为却在公众中产生了出乎意料的负面效应。一些顾客感觉绿色阻碍了巴士服务功能的发挥（因为绿色巴士融入自然环境中而难以引人注目），还有一些顾客从审美的角度觉得绿色毫无吸引力和不适当，因为绿色代表了一些不良概念，诸如恐怖主义或对方运动队。[39]

空间和功能

除了环境条件，空间和功能是服务环境的另一个重要维度。通常服务环境必须满足顾客的特定目标和需求，空间和功能就显得尤为重要。

空间布局（spatial layout）是指平面布置图、家具的大小和形状、柜台和可能会用到的机器设备及其安排方式。**功能**（functionality）指的是这些项目在促进服务交易中的能力。这两个维度决定了服务设施为顾客提供便利的服务，并使顾客产生友好购买的行为。它们不仅影响服务的效率，而且会影响顾客的体验。例如，靠得过近的咖啡馆桌子、缺乏隐私的银行柜台、剧场里不舒服的座椅，以及停车位不足等情况均有可能使顾客产生消极印象，进而影响服务体验及购买行为，从而影响服务机构的经营绩效。

标志、符号和人工物品

服务环境中的许多事物作为显性或隐性的信号传递着公司的形象，进而引导顾客（例如指示某些服务柜台、部门或者是出口等）并传达服务信息（例如排队系统）。特别是首次光临的顾客会自动地从环境中获取指导他们完成整个服务流程的信息。[40]

标志属于显性的信号，可用作：（1）标签（例如部门名称或柜台的指示牌）；（2）方向指示（例如服务台、入口、出口、通往电梯或卫生间的指示等）；（3）传递服务的脚本（例如取号排队或者用餐后清理餐盘等）；（4）行为准则（例如演出时关机或调为静音模式，或吸烟/禁烟区域）。标志通常被用于传授或强化服务场景中的行为规则。新加坡通常被讥讽为一个“罚款”的城市（见图10-9），因为在许多服务环境中，尤其是在公共建筑和公共运输中，有着严格的强制规定。试着将这些标志与新加坡樟宜机场在蝴蝶公园入口处所做的更加具有创意且具有同等效用的标识相比较（见图10－10）。有些标志有趣易懂，但是有些标志需要大家在理解其含义之前进行一定的思考。

图10－9　新加坡是一个“罚款”的城市

图10－10　新加坡樟宜机场在蝴蝶公园运用有创意的标识指引游客的行为

下面的表10－4概括了精心设计的标志能够为顾客和服务机构带来的好处。

表 10-4　精心设计的标志能够为顾客和服务机构带来的潜在好处

对顾客的好处	对服务机构的好处
● 被告知，更新，指引方位，自由移动，引导，情感刺激 ● 与服务环境建立亲密关系 ● 易于参与到服务进程中 ● 在标志指引下可增强自信和安慰；在服务接触中提供高水平的知觉控制 ● 减少紧张、混淆、感觉迷失、走弯路及对信息的需求 ● 缩短达到目标的时间，尽可能地提高效率	● 指导、通知及管理顾客的流动和行为 ● 提高服务质量和顾客满意度 ● 减少一线员工提供的信息 ● 帮助一线员工减少工作中遇到的干扰 ● 吸引和激发好奇心，帮助增强企业的形象 ● 使企业在竞争中脱颖而出

资料来源：Adapted from：Angelo Bonfani（2013），"Towards an Approach to Signage Management Quality（SMQ），" *Journal of Service Marketing*，Vol. 27，No. 4，pp. 312-321.

服务场景设计师面临的挑战是在服务流程中运用符号、标志和人工物品清楚地指导顾客，并且用尽可能直观的方式传递服务脚本。通常，初次消费者居多或顾客稀少的服务环境中，或者服务环境中自动化程度较高，只有几位服务人员指导客户的消费过程时，这项工作显得很重要（例如银行的自助服务）。

当客户在服务环境中不能获得清楚的标志时会迷失方向，这样就会导致他们变得焦虑，同时产生不知如何行进及如何获得所需的服务的不确定性。客户很容易在混乱的环境中迷失，结果变得愤怒和失望。想一想上一次你在一个陌生的医院、购物中心或者机场赶时间，但是那里的通行标志和方向线索并不直观时的感受。在许多服务设施中，客户与服务场所的第一接触点可能是停放车辆的停车位。服务展望 10-4 强调，即使在非常平凡的环境中，也可以有效应用环境设计原则。

服务展望 10-4

停车设计指引

在许多服务设施中，停车场扮演着重要的角色。[41]在停车场及车库中有效地利用标志、符号以及人工物品能够给顾客引路，也代表着主办单位的良好形象。

● 友好警告：所有的警告标示都应该表达与顾客的利益相关。例如，"消防通道——为了所有人的安全，请您不要在消防通道上停车。"

● 安全照明：良好的照明可以覆盖所有的区域，方便顾客，而且可以提高安全性。公司应该考虑到这一点，并且配以信息提示："停车场已为您的安全专门提供了照明。"

● 帮助顾客回忆把车停在了哪里：在一个广阔的停车场里，忘记自己的车所停的具体位置，简直就是一个噩梦。许多停车场用彩色地板来帮助顾客记住停车的位置。波士顿洛根机场又进了两步——每一层都被分配了一个与马萨诸塞相关的主题，例如保罗·里维尔的夜奔（Paul Revere's Ride）、科德角半岛（Cape Cod）或波士顿马拉松（Boston Marathon）。在等候电梯时，顾客可以听到与所在楼层主题相关的音乐，例如在波士顿马拉松这一层上，播放的是一部关于奥林匹克运动员的奥斯卡获奖电影《火之战车》（Chariots of Fire）的主题曲。

● 产科停车场：按照法律规定，残疾人需要有专门的停车位，但是需要在车上挂上贴纸。一些周到的机构为孕妇设计了涂有蓝色或粉色鹳的专门停车位。这个方法体现出一种关怀以及对顾客需求的理解。

● 新涂油漆：路缘石、人行横道线及车位线经常发生碰撞、掉漆等情况，应定期涂刷。积极主动地经常涂刷能给人留下清洁以及积极的印象。

人也是服务环境的一部分

服务人员和顾客的外表及行为可以因服务环境创造的印象而得到加强或削弱。在法律义务和技能需求所施加的限制条件下，服务公司可能会寻求招募员工来填补特定角色，让员工穿着与服务环境相协调的制服，规范员工的言行等。[42]丹尼斯·尼克松（Dennis Nickson）和他的同事们称这些用外表直接为顾客传递服务的员工为“美的劳动者”。[43]迪士尼主题公园的工作人员被称为“演艺人员”。无论员工扮成白雪公主、七个小矮人之一还是公司的清扫工，这些演艺人员必须打扮成角色的样子。一旦穿上盛装，他们就要为顾客进行表演。

同样，营销传播不仅会吸引那些欣赏服务人员创造的环境的顾客，而且会被服务人员的外表和行为加强。在酒店和零售店中，新的顾客通常会考察现有顾客的数量决定是否在此消费。图 10－11 显示了两家餐厅的内部环境。想象一下你走进了这两家餐厅中的一家。它们各自的定位是怎样的？哪一种就餐体验是你期望的？你会用什么方法去作出你的判断？尤其是通过观察正在每一家餐厅就餐的顾客，你能作出什么样的推断？

图 10－11 利用服务场景的区别

整合所有服务环境要素

虽然个体通常感知的是环境的个别方面或各个特点，但决定顾客反应的是全部特点组成的总体布局。也就是说，顾客感知到的是服务环境的整体。

整体视图设计

黑色的、光滑的木地板是不是完美的地板，取决于所在的服务环境中的一切事物，包括类型、颜色方案、家具的材料、照明、宣传资料、整体的品牌感知和公司的定位等。服务环境必须被看做一个整体，因为任何事物都是相互依存的，也就意味着任何设计维度都不可能单独表现最优，需要它们共同作用来引发希望顾客表现出的反应。

环境的整体特点使得服务环境设计成为一门艺术，以致专业的设计师倾向于关注特定类型的服务场景。例如，一些著名的室内设计师仅从事世界各地的酒店大堂设计。类似地，一些设计专家仅专注于餐厅、酒吧、俱乐部、咖啡店和小酒馆，或零售点、卫生保健机构等。[44]

从顾客的角度设计

许多服务环境是着重于审美价值而进行设计的，但是设计者在设计服务环境时，经常忽视了最重要的因素，即这些服务环境是面向顾客的。微软公司“提升你的服务水平”培训项目的创始人罗恩·考夫曼在服务场所曾经历了两个明显存在设计缺陷的服务环境。

> 在约旦新开业的一家喜来登酒店，没有引导顾客从宴会厅到洗手间的明显的标志。这些标志其实是存在的，但是它们用柔和的黄金铭刻在黑色的大理石柱子上。过于明显的标志可能会与这里优雅的环境不协调，所以这些标志被设计得非常漂亮、别致，但顾客看不到。这是为谁设计的？又有什么用处呢？
>
> 在亚洲一个主要城市的新建机场的休息室里，天花板上悬挂着一组由彩色玻璃组成的门帘一样的东西。当我走进休息室时，我的行李从玻璃下面轻轻经过，全部玻璃开始震动并且有几个掉了下来。一位工作人员赶紧跑了过来，开始仔细地重新组装那个用来隔离空间的东西（谢天谢地，没有什么被打破了）。我表示道歉。“别担心，”她回答说，“这种情况经常发生。”机场休息室是一个客流量很大的区域。人们总是进进出出。罗恩·考夫曼继续问：“室内设计师的思路是什么呢？他们是为谁在设计呢？”
>
> 考夫曼说：“我经常对一些新建的但是明显对用户‘不友好’的设施感到惊讶。”他指出以下学习的关键点：“设计师很容易陷入设计‘酷’、‘优雅’或‘热情’的新事物，但是如果你不能自始至终在心里为顾客着想，你的投资最终将会失败。”[45]

阿兰·阿斯顿（Alain d’Astous）探索刺激消费者的环境因素。他的调查结果突出了以下几个问题：

1. 环境条件（根据刺激的严重程度排序）：

- 商店不干净；
- 商店或购物中心内太热；
- 商店内的音乐音量太大；
- 商店内空气不新鲜。

2. 环境设计变量：

- 试衣间里没有镜子；
- 找不到需要的物品；
- 商店里的指示不正确；
- 商店里的商品排列无序；
- 商店太小；
- 大型购物中心里指示不清，容易迷路。[46]

为了从顾客角度出发去设计服务场景，管理者必须了解他们的顾客是如何使用它的。公共交通系统是一项具有高度功能性和实用性的服务，通过对其进行深入研究，可以了解消费者主要以三种方式使用服务场景[47]，即：（1）识别环境中的资源，并尝试了解服务环境中的人力、物力资源，以及应该如何使用它们（例如，寻找公交站、时刻表、地图或公共汽车；接近员工或其他顾客）；（2）理解其意义，即解释、领会先前确定的资源的意义的过程（例如，努力理解地图和时刻表）；（3）利用资源实现其消费目标（例如，在地铁系统中找到一条线路）。以上这些发现的意义显而易见；服务场景旨在通过直观的（即易于感知）、有意义的（即易于理解）和易于使用的设计来支持顾客实现他们的消费目标。[48]

当然，对于享乐型服务，顾客使用服务环境是为了另外的目标；他们想要体验他们进入服务场景是为了什么（例如，为了获得乐趣、放松或社交）。现在，在服务展望10－5中用迪士尼的例子来比较考夫曼的经验和阿兰·阿斯顿的研究结果。你将得出什么结论呢？

服务展望 10－5

迪士尼魔法王国的设计

迪士尼无可争议地成为服务环境设计的冠军。它令人惊讶的细微和详细规划传统已经成为该公司的标志，这些特点在主题公园中随处可见。例如，设计成直角的大街，使它看起来比实际的长度要长。无数的设施和景点坐落在街道的两侧，这使得人们更加期待到达城堡的相对漫长的旅程。但是，从城堡后面对着入口的斜坡往下看，又使人感觉主大街比实际的长度要短，产生一种缓解疲劳和振奋的感觉。它鼓励漫步，最大限度地减少游客搭乘公车的数量，所以消除了交通拥堵的威胁。

蜿蜒曲折的人行道与多个景点交相辉映，游客途中可以参加活动及观看其他游客，始终保持愉快的心情；垃圾桶随处可见，目的是提醒游客乱扔垃圾是被禁止的；定期为设施喷漆，旨在传递高度维护和清洁的信号。

迪士尼的服务环境设计和保养有助于增强游客体验和创造游客的欢乐感及满意度，这一点不仅由其主题公园体现出来，还通过游轮和酒店加以体现。

资料来源：Lewis P. Carbone and Stephen H. Haeckel（1944），"Engineering Customer Experiences," *Marketing Management*，Vol. 3，No. 3 Winter，pp. 10－11；Kathy Merlock Jackson，*Walt Disney*，*A Bio-Bibliography*（Westport，CT：Greenwood Press，1993），36－39；Andrew Lainsbury，*Once Upon an American Dream*：*The Story of Euro Disneyland*（Lawrence，KS，Kan：University Press of Kansas，2000），64－72. See also：Disney Institute，*Be Our Guest*：*Perfecting the Art of Customer Service*（New York：Disney Enterprises，2011）.

作为管理者，你如何决定服务环境的哪个方面会刺激顾客，以及顾客喜欢什么？你可以使用的工具包括：

- 管理者、监督员、部门经理以及一线员工对顾客在服务环境中产生的行为及反应的细心观察。
- 使用包括建议箱及市场调研在内的广泛的研究工具收集一线员工和顾客的反馈和意见（如果市场调研中关注的是服务环境设计，则通常被称为环境调查）。
- 照片审核是一种请顾客将其服务体验用照片记录下来的方法，这些照片能够作为进一步调查顾客体验的基础。[49]
- 可以通过现场实验来控制环境中的某些维度，进而观察其影响。例如，你可以尝试将各种类型的音乐和气味进行组合，然后观察在此环境中顾客所花费的时间和金钱，并测量顾客的满意度。还可以在实验室中使用幻灯片或视频等其他方法来模拟现实的服务环境（如计算机模拟虚拟旅游），可以有效地用于无法用现场实验的方式考察的情况。例如配色方案替代、空间布局或家具风格转换等的测试。
- 服务蓝图或流程图（见第 8 章）可以扩展到包括环境中的实物证据。顾客的每一步服务传递过程可以通过设计元素和有形的线索记录下来。照片和视频可以使设计图表现得更为生动。

表 10－5 反映了顾客对不同的电影院产生的印象，对比了超过或未能满足顾客期望的不同环境因素。服务过程分为步骤、决定、职责和活动，旨在涵盖顾客整个服务接触过程。在顾客所关心的细节方面，服务公司能够看到、理解和体验得越多，它就越能意识到设计上的失误，并为顾客提供更加完善的服务。

表 10－5　电影院观察：顾客感知到的服务环境

	服务环境设计	
服务接触的步骤	超过期望	未达期望
停车位	靠近出口处的宽敞明亮空间，并且有专人看管	没有足够的车位，顾客不得不将车停在别的停车场
排队购票	显示屏、新片海报、娱乐新闻、放映时间和剩余票数的通告	排长队，很难看到电影的放映时间安排及剩余票数
检票入场	洁净的大堂伴有清晰的指示标志，还有电影的海报以增强顾客的服务体验	脏乱的大堂，到处都是垃圾，并且指示标志混乱
卫生间	干净、宽敞、灯火通明、位置充足、干燥的地面、漂亮的装饰、干净的镜子	脏乱破旧且气味难闻，没有纸巾、洗手液及厕纸，拥挤，布满灰尘的镜子
进入剧场并找到座位	洁净的剧场、设计完美且没有坏的座椅、便于找到座位的光线、宽大且舒适的座椅、附有杯托的座椅扶手、合适的温度	满是垃圾的地面、破损的座椅、昏暗的光线、混乱的出口标志
看电影	极好的音响系统和电影质量、素质很好的观众、舒适且难忘的娱乐体验	不合格的音响和放映设备、大声喧哗及吸烟的观众、不愉快的娱乐体验
离开剧场去停车场	友好的工作人员、出口处充足的照明及明显的标志	艰难的“旅行”，拥挤的出口，由于没有充足的光线而难以找到车辆

资料来源：Adapted from Albrecht, S. (1996), “See Things from the Customer's Point of View—How to Use the ‘Cycles of Service’ to Understand What the Customer Goes Through to Do Business with You,” *World's Executive Digest*, December, pp. 53－58.

结　论

服务环境在顾客形成对公司形象和地位的感知方面发挥了重要的作用。服务质量往往难以客观地评估，客户经常使用服务环境作为判断服务质量优劣的重要“信号”。公司在努力提高服务运营生产率的同时，应当关注服务环境问题，因为设计良好的服务环境会使顾客感觉良好，并且提高他们的满意度，对其未来的购买行为产生影响。

本章小结

1. 服务环境设计的目标主要包括：塑造顾客的体验和行为；在顾客形成对公司形象和地位的感知方面发挥重要的作用，顾客通常将服务环境作为重要的评价信号；可以作为价格主张的核心部分；使服务接触更加便利并提高生产率。

2. 环境心理学为研究服务环境对员工和顾客的影响提供了理论基础，其中有两个关键模型：

● 梅拉比安-罗素的刺激-反应模型，该模型认为有意识和无意识的感知以及对环境的解释影响人们在环境中的感觉，反过来，人们的感觉也会影响人们对环境的反应。

● 罗素的情感模型被广泛地用于帮助理解服务环境中的感觉，并且提出在环境中情感反应可以表现为两个维度：快乐和兴奋。它们共同决定顾客是否认同并愿意在服务环境中花费更多的时间和金钱。

3. 在上述理论基础上建立的服务场景模型，代表了解释顾客和员工对关键环境维度会产生怎样反应的整体框架。

4. 服务场景模型强调了服务环境的三个维度，即环境条件（包括音乐、气味和颜色），空间布局和功能，以及标志、符号和人工物品。

5. 环境条件是指那些与我们的五官相关的环境特点。尽管是被无意识地感知到的，它们仍然能够影响我们的内在感觉或行为反应。重要的环境维度包括：

● 音乐：音乐的节奏、音量、和声等这些不同的特点通过影响顾客的情感来塑造顾客的行为。人们倾向于根据音乐的节奏来调整步伐。

● 气味：环境气味能够影响情感，能够放松或刺激顾客。

● 颜色：颜色对影响顾客的感觉起着重要的作用。暖色相和冷色相对人们的影响是不同的。前者与兴奋的情感状态相关，而后者与平静和幸福感相关。

6. 有效的空间布局和功能对于增强服务操作和提高用户友好度起着重要的作用。空间布局是指平面布置图、家具的大小和形状以及柜台和可能会用到的机器设备及其安排方式；而功能则是指这些要素在促进服务交易中的能力。

7. 标志、符号和人工物品能够帮助顾客从环境中获得含义，并且指引整个服务进程。它们能够被用作标签（例如部门名称或柜台的指示牌）、方向指示（例如服务台、入口、出口、通往电梯或卫生间的指示等）、传递服务的脚本（例如取号排队或者用餐后清理餐盘等），也可以影响或约束顾客的行为（例如，演出时关机或调为静音模式，或吸烟/禁烟区域）。

8. 服务人员和顾客的外表及行为可以因服务环境创造的印象而得到加强或削弱。

公司在顾客心目中的地位也会因服务人员的外表和行为而加强。

9. 服务环境是被整体感知的。因此，任何设计维度都不可能单独表现最优。服务环境的设计是一门艺术，而不仅仅是一门学科。原因在于：

- 专业设计师倾向于关注特定类型的服务场景，例如，酒店大堂、餐厅、酒吧、俱乐部、咖啡店和小酒馆，或零售点、卫生保健机构等，而缺乏整合性观点。
- 除了审美考虑之外，最好的服务环境设计应从顾客角度出发，贯穿整个服务进程。
- 能够用于设计和促进服务场景的工具包括细心观察、从顾客和员工处得到的反馈、照片审核、现场实验和服务蓝图。

复习题

1. 服务环境实现的四个主要目标是什么？
2. 描述梅拉比安-罗素的刺激-反应模型和罗素的情感模型是如何解释顾客对服务环境的影响的。
3. 罗素的情感模型和服务场景模型的关系及联系是什么？
4. 为什么对于同一服务场景，不同的顾客和服务人员会产生截然不同的反应？
5. 解释环境条件的维度以及在服务环境中每个维度如何影响顾客的反应。
6. 标志、符号和人工物品的角色是什么？
7. 环境是被整体感知的事实的含义是什么？
8. 哪些工具可用于帮助我们理解顾客反应以及指导服务环境的设计和改进？

应用练习

1. 寻找三个不同服务行业（在该服务行业中服务环境是总体价值主张的重要组成部分）中的公司，详细分析和解释每一行业服务环境在服务传递过程中的价值。
2. 亲临一个服务环境，仔细地环顾四周，体验该环境，并尝试和感受各种设计元素给你的感受以及如何影响你在该环境中的行为。
3. 选择一种坏的和一种好的等候体验，对比这两种情况下周围事物、娱乐活动以周围等候群体给你的感觉。
4. 访问一个自助服务环境，分析设计维度如何引导你完成整个服务过程。你发现最有效及最无效的事物是什么？该环境应如何改进以使自助服务的客户感觉更方便？
5. 利用数码相机记录特定服务场景的环境考察，作为好的和差的设计的例证，并为如何改善服务环境提出具体建议。

第11章 通过有效员工管理获取服务竞争优势

我们是典型的以人为本的公司，你很难找到另一个像我们这样依赖员工行为的品牌了。

——霍华德·舒尔茨

星巴克CEO

以往“人力资源是最重要的财富”的说法是错误的。只有合适的人才是最重要的财富。

——吉姆·科林斯

咨询师、教师、畅销书《从优秀到卓越》的作者

顾客的满意源于企业能够比竞争者创造更高的价值……这些价值是由高满意度、高积极性、高忠诚度、高生产率的员工创造的。

——詹姆斯·赫斯克特、厄尔·萨瑟、伦纳德·施莱辛格

哈佛商学院现任教授和前任教授

学习目标

通过本章的学习，您将能够：

1. 解释服务业员工为什么对企业的成功至关重要；
2. 理解一线员工工作辛苦、挑战多、难度大的影响因素；
3. 描述服务企业人力资源失败、平庸和成功的三种循环；
4. 理解服务人才循环的关键要素，并了解如何合理配置服务企业的人力资源；
5. 了解如何针对服务业岗位吸引、甄选以及雇用合适的人才；
6. 解释服务业员工需要培训的关键领域；
7. 理解内部营销与沟通的作用；
8. 理解为什么授权在许多一线工作中如此重要；
9. 解释如何构建高绩效的服务团队；
10. 了解如何通过跨部门与跨功能的方式来整合团队；
11. 了解如何激励服务业员工，促使他们提供卓越且高效的服务；
12. 理解什么是服务导向的文化；
13. 了解服务氛围与服务文化的区别，并且阐述服务氛围的决定因素；

14. 解释在服务组织中卓有成效的领导者所具备的素质；
15. 理解不同的领导风格，以及行为榜样和关注一线员工的重要性。

开篇案例

科拉·格里菲思：出色的女服务员[1]

在美国威斯康星州阿普尔顿市有一家 Paper Valley 酒店。科拉·格里菲思（Cora Grifith）是这家酒店“果园”咖啡厅的一名女服务员。她经常得到新顾客的表扬，老顾客也都很喜欢她，同事们对她更是非常尊敬，总之，她在工作中表现得非常优秀。科拉热爱她的工作，她相信扮演好自己的角色是成功的关键，有九条成功法则可以遵循。

1. 像对待家人一样对待顾客。不要把新顾客看成是陌生人。科拉性格开朗、主动，看到她微笑、聊天，周围的人都会参与进来。科拉对待大人、小孩都很礼貌，坚持记住和称呼每个顾客的名字。“我希望大家感觉是在我家吃晚饭，”科拉说，“我希望他们感到自己是受欢迎的，这样他们才能舒适和放松。我不仅仅是为他们服务，更是关心他们。”

2. 倾听最重要。科拉已经掌握了一套抓住要点的倾听技巧，这让她在顾客点餐时几乎不需要用笔记录。“他们是否赶时间？”“他们是否在节食？”“在烹调方式上有没有特殊要求？”她经常认真地听，然后给顾客提供个性化的服务。

3. 预测顾客的需求。科拉总能及时地为顾客续杯、添加面包和黄油。一位老顾客喜欢在咖啡里加蜂蜜，每次不用他张口，科拉就会主动这样做。“我不想在顾客要求时才提供他想要的东西，”科拉说，“所以我总是去预测他们可能想要什么。”

4. 细节使你与众不同。科拉注意服务的每个细节，总是检查炊具是否整洁并妥当归置，餐巾是否叠好，盘子端上桌前是不是干净的……如果有小朋友在等餐，科拉会拿出蜡笔让他们画画玩。她说：“这些小事都可以让顾客开心。”

5. 聪明地工作。科拉总在环视各桌，看看哪些工作可以合在一块儿干。“永远不要一次只干一件事，”她说，“从厨房到餐厅的路上永远不要空着手，可以随手拿着咖啡或者冰茶。”给一个人杯里加水，就把其他人的都加一遍。清理一个人的餐碟，就把其他人的餐碟都清一遍。“你脑子里要有全局，要把各种活儿组织起来一起干。”

6. 不断学习。科拉总是不断努力提高现有的服务技能，同时学习新的服务技能。

7. 成功就在你身边。科拉对自己的工作很满意。她从服务顾客得到满足，并享受帮助别人的快乐。在餐馆里，她的乐观态度是一股积极的力量，大家都会受到她的感染。所以她很难被忽视。科拉说：“如果顾客来的时候情绪不好，那么我要力争在他离开前帮助他振作起来。”“保持快乐的生活”，科拉是这么定义成功的。

8. 人人为我，我为人人。科拉和很多同事一起工作超过8年时间了。他们相互扶持，即使在酒店举办会议300人同时来咖啡厅吃早餐时，也能顺利地应对。大家各司其职、同心协力，服务员互相照应，经理们帮着传菜，厨师们忙着配菜。“我们就像一个大家庭，”科拉说，“我们彼此了解、互相帮助。如果这一天非常忙碌，我会跑到厨房对大家说：'兄弟们，今天大家都非常卖力，我真为咱们感到骄傲。'"

9. 以你的工作为荣。科拉相信她的工作是重要的，必须努力做好。"我从不认为'我只是个服务员而已'……我是被上帝挑选来做这项工作的。我要尽全力做到最好。我总是告诉那些新来的同事：'要以你的工作为荣。'无论你从事什么工作，都不要妄自菲薄。要全身心地投入工作，为你所做的事感到骄傲。"

科拉·格里菲思的故事无疑是一个成功的例子。她对雇主忠诚，对顾客和同事甘于奉献。完美主义者总是不断寻求自我的提升，科拉就是这样的，她对于工作的那份热情以及毫不倦怠的精神影响了整个咖啡厅。她以成为一名服务员而骄傲，为"顾客的感动"而自豪。科拉说："我总是想做到最好。不过是公司真正让我认识到关心顾客的重要性，并给予我实践的自由。公司总是倾听我所关注的问题，并且予以跟进。如果我没有在果园咖啡厅工作，我可能会是一个好服务员，但不会像现在这样——成为一名出色的服务员。"

服务业员工至关重要

一家服务企业员工的才能，特别是身处直接面向顾客的职位，在决定市场成功和财务绩效上发挥着重要作用。一线员工是提供卓越服务、赢得竞争优势的关键因素。为了获取服务竞争优势进行有效的员工管理，这一做法带来的市场和财务结果愈发显著。这就是在7P营销理论中"人"的元素尤为重要的原因。

服务企业中要求最高的工作正是所谓的一线工作。与顾客直接打交道的员工跨越了组织内部和组织外部的界限。企业期望员工能够快速高效地执行操作性任务，礼貌地与顾客打交道，还能积极帮助顾客解决问题。

因此，当今绝大多数成功的服务企业都秉承一个信念：要对人力资源进行有效管理，包括招募、甄选、培训、激励以及保留员工等活动。这些企业深知，投资人力资源是可以带来经济效益的。它们通常还具有独特的企业文化：领导有方，高层管理者以身作则。良好的人力资源战略以及在各个层次管理人员具有强大的领导力，通常可以赢得持续的竞争优势。与其他公司资源相比，它们的竞争对手很难复制这种高绩效的人力资源。

那些能干并且高积极性的员工处于卓越服务和高生产力的核心地位。开篇案例所提到的科拉提供了极为有力的证明，那就是一线员工能够在提供卓越服务和高生产力的同时，仍然保持较高的工作满意度。科拉"九条成功法则"中的许多建议都是服务企业实施良好的人力资源战略带来的结果。学习完本章后，你将了解在服务企业中如何获得合适的人力资源，并了解如何获得高满意度、高积极性、高忠诚度、高生产率的服务员工。本章的组织框架如图11-1所示。

服务业员工是顾客忠诚和企业竞争优势的源泉

几乎所有人都能回忆起一段与服务业打交道的糟糕经历。当然，也会有些人能回忆起某些美好的服务体验。服务如戏，服务业员工在其中可能会扮演不同的角

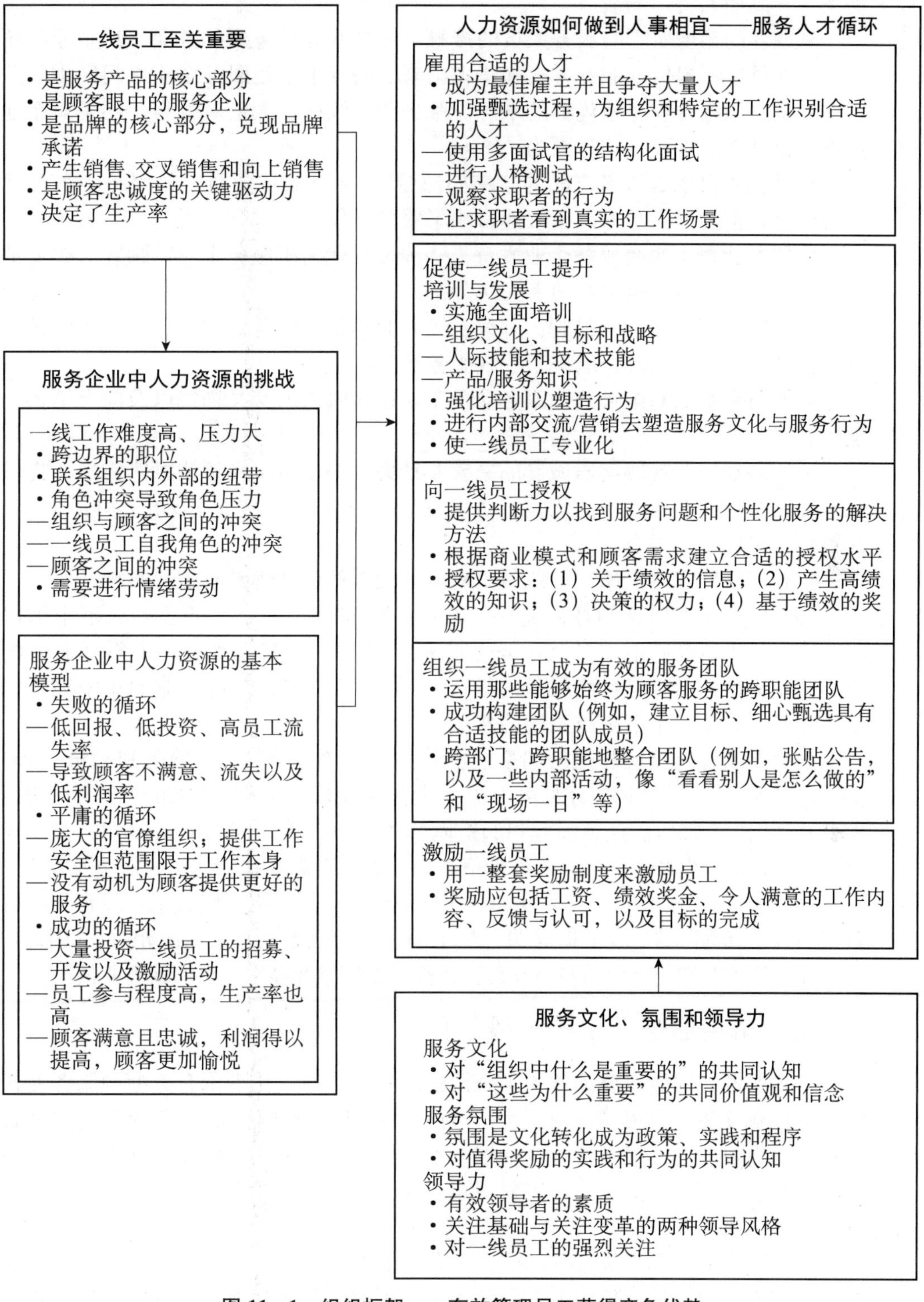

图 11-1　组织框架——有效管理员工获得竞争优势

色。有的可能是冷漠的、无能低下的“反面人物”；有的是能够猜透顾客需要、善解人意、有效解决问题、真心为顾客服务的“英雄”。你很可能有一套自己喜欢的故事，其中有“反面人物”也有“英雄”；如果你和大多数人一样，更多的则可能是关于“反面人物”的故事。

从顾客的角度看，与服务人员的接触可能是服务最重要的方面。从企业的角度看，一线员工所提供的服务方式和呈现出来的服务水平是服务企业之间区别的关键所在，也是服务企业竞争优势的来源。服务业一线员工无论对顾客，还是对企业的竞争定位都至关重要，这是因为：

- **他们本身就是服务产品的“核心部分”**。通常服务业员工是服务中最显而易见的部分，他们提供服务，极大地影响了服务质量。
- **服务业员工也是服务企业本身**。一线员工代表了服务企业。顾客对企业的感知是通过一线员工获得的，两者无法分割。
- **服务业员工是一种品牌**。一线员工及其提供的服务通常是一个品牌的核心部分。品牌承诺能否实现，取决于一线服务员工。[2]
- **服务业员工影响销售**。服务业员工对销售收入、交叉销售以及向上销售至关重要。
- **服务业员工是顾客忠诚度的关键驱动力**。一线员工在预测顾客需求、提供定制服务以及与顾客建立个性化关系中发挥着重要作用。[3]这些活动的实际绩效最终导致顾客忠诚度的提高。
- **他们决定了生产率**。一线员工对一线运营的生产率具有重要影响。

细心的员工如何预测客户需求，这一点已在科拉·格里菲思的故事中加以说明。这个故事以及其他许多个人努力带来成功的故事都说明了一个不言而喻的道理：高积极性的员工是优质服务的核心。[4]他们对创造、维持企业的竞争地位和竞争优势而言，是一个越来越关键的变量。

詹姆斯·赫斯克特和他的同事们已经在其前瞻性研究——**服务利润链**（service profit chain）中（具体内容详见第1章），将服务业员工对顾客忠诚的重要影响进行了整合并利用模型加以表述。服务利润链阐释了如下变量之间的关系：（1）员工满意度、员工保留和生产率；（2）服务价值；（3）顾客满意度和忠诚；（4）企业收入增长与利润。[5]与制造业不同，服务业的“车间工人”（主要指一线员工）经常与顾客接触，而且已有确凿的研究证据表明：员工满意度与顾客满意度高度相关。[6]因此，本章主要关注企业如何保留那些高满意度、高忠诚度以及高生产率的服务业员工。

低接触度服务业中的一线工作

许多服务管理的研究都是关于高接触度服务业的。几乎所有类型的服务业都有转向低接触度传递渠道的发展趋势，例如呼叫中心的接触是“声音”到“声音”，而不再是面对面的。很多传统业务根本不再需要一线员工。因此，许多通过电话或者邮箱与顾客接触的员工不再需要与顾客面对面。从这些发展趋势来看，一线员工真的还那么重要吗？

多数顾客通常不会拨打移动电话运营商的服务热线，也不会访问它们的服务中心，信用卡用户每年到信用卡发卡公司可能也就一两次。但毫无疑问，这些不多的接触仍然至关重要——它们是决定顾客对服务企业印象的关键时刻。而且，这些接触很可能与传统的交易内容无关，而是关乎服务问题和顾客的特殊需求。这些不多的接触决定了顾客的想法究竟是“你们的服务太棒了！当需要帮助时，我可以打电话给你，这是我在你们这里开户的重要原因”，还是“你们的服务糟透了！我不想和你们打交道，我会告诉其他人你们的服务有多差劲”。

即使上述技术已经相对产业化，一线员工所提供的各种形式的服务（面对面、“耳对耳”或者通过电子邮件、推特以及聊天的服务），对顾客而言都是清晰可见且非常重要的。因此，它是服务企业营销策略的关键组成部分。

一线工作充满困难和压力

服务利润链需要高绩效、高满意度的员工来实现优质服务和顾客忠诚（见第 1 章的详细讨论）。然而，这些面对顾客的员工在服务企业中从事着相当繁重的工作。你也许在一个或更多这样的岗位上工作过，这样的岗位在医疗保健、酒店管理、零售业以及旅游业当中尤为普遍。有一个流传很广的故事，一名在捷蓝航空公司从事了 28 年空乘服务的员工突然放弃了工作。据说他受不了一名难相处的乘客，这名乘客因行李有问题责骂了他。然后，这名员工通过飞机内部通话系统公开地斥责了乘客，声称他已经受够了，并打开紧急滑梯离开了飞机。[7]这是一个压力影响员工工作的例子。接下来，我们讨论导致这些工作如此繁重的主要原因（你可以结合自身经历加以理解，但需要注意短期的兼职工作与作为职业的全职工作可能存在差异）。

界限范围

组织行为学文献把服务业员工称作“跨界者”（boundary spanner）。他们将组织内部与外部联系起来，并在公司的内外界线上展开工作。由于他们所处的岗位，“跨界者”通常承担着冲突的角色，特别是接触顾客的员工面临运营和营销的双重目标。这些服务业工作的多重角色经常给员工带来角色冲突和角色压力。[8]下面我们逐一讨论。

冲突的来源

一线工作的角色压力主要来源于三个方面：组织与顾客之间的冲突、一线员工角色的自我冲突、顾客之间的冲突。

组织与顾客之间的冲突。顾客服务人员必须面对运营目标和营销目标。企业期望员工取悦顾客（这自然要花费时间），但又要快速有效地完成工作。[9]更有甚者，员工还被要求进行销售、交叉销售以及向上销售。例如，“现在为孩子教育开始存钱是个很好的时机”或者是“每晚只需要多花 25 美元，你就可以升级为总统套房”。

最后，一线员工有时还得为企业不合理的统一定价等价格策略“担责”，这些规定可能正是导致员工不满意的原因。例如，“我很抱歉本餐厅无法提供冰水，但是我们有更好的蒸馏水和矿泉水可供选择”。或者“对不起，本季度第三次退回支票是要收取服务费的”。这种冲突也被称为“两个老板的困境”（the two bosses dilemma），它导致服务业员工要在执行公司规定和满足顾客需求之间作出痛苦的选择。这个问题在那些不以顾客为导向的公司里尤为严重。

一线员工角色的自我冲突。服务业员工可能会在工作要求与人格、自我认知及信念之间遭遇冲突。例如，有些工作甚至要求员工对无礼的顾客保持微笑和友善（详见第 12 章）。马赫什（V. S. Mahesh）和阿南德·卡斯图里（Anand Kasturi）

在对全球很多服务业公司调查后指出，许多一线员工容易使用明显的消极词汇形容顾客——经常使用诸如“吹毛求疵”“不合理”“拒绝聆听”“总是自以为是”“想马上得到所有东西”“自大”等词语。[10]

提供优质服务要求服务人员具有独立、热情和友善的人格，那些高自尊的人就具备这些特质。然而，很多管理者认为一线员工的工作简单，不需要接受很多教育，从而使得一线员工的工资水平很低，而且看不到前途。如果一个企业不能将一线工作“职业化”，消除这些消极印象，那么这些工作与员工的自我感知就会不一致，继而导致员工角色的自我冲突。

顾客之间的冲突。顾客间的冲突并不多（例如，在非吸烟区吸烟、插队、在电影院打电话，或者是在餐厅制造噪声）。比较常见的是服务业员工被某位顾客叫去让违反规定的顾客守规矩。由于很难而且通常不可能满足双方的要求，这是一项压力巨大而且不愉快的任务。

简而言之，一线员工的角色是三重的，必须实现三个目标：第一，令顾客满意；第二，提高生产率；第三，给企业创造效益。综合起来，扮演这些角色通常会引发员工的角色冲突和角色压力。尽管员工可能经历上述冲突和压力，但老板仍然期望他们能够微笑并愉悦地对待客人。我们将这种情况称为情绪劳动，它本身就是压力的重要来源。

情绪劳动

情绪劳动（emotional labor）是由阿莉·霍克希尔德（Arlie Hochschild）在《被束缚的心》（The Managed Heart）一书中提出的。[11]当一线员工感觉内心的情绪和管理者要求他们展示给顾客的情绪存在不一致时，情绪劳动就会产生。管理方希望一线员工开心、友好、热情、真诚，甚至谦卑——因为情绪能够通过面部表情、姿势、语调和语言传递给顾客。更严重的是，积极情绪的真实呈现而不是表层的表演（例如假装的情绪）才能影响顾客的满意度。[12]尽管一些服务企业力求聘用具备上述特质的员工，但工作中难免存在让员工无法感觉到积极情绪的情形，此时他们不得不压抑自己真实的想法以满足顾客的期望。正如潘尼克斯·康斯坦提（Pannikkos Constanti）和保罗·吉布斯（Paul Gibbs）指出的：“情绪劳动的重点在于赢得管理层和顾客的好感，而一线员工需要做的只是服从，这是对员工的一种潜在盘剥。”[13]

接下来这个虚构的故事很好地阐述了情绪劳动的压力：一位乘客走近航空公司空乘人员说：“笑一下吧。”空乘人员回答说：“好的。我告诉你怎么做。你先笑，然后我笑。可以吗？”乘客笑着说：“好的。”空乘人员又说：“现在请保持 15 小时。”然后转身离开。[14]

企业需要注意员工持续的情绪压力，并采取措施减轻压力，这些措施包括培训员工如何应对情绪压力，以及如何应对来自顾客的压力。[15]例如，由于新加坡航空公司以优质的服务享有盛誉，它的顾客往往对其抱有很高的期望，由此导致顾客对这家公司非常挑剔。这给一线员工带来了相当大的压力。新加坡航空公司的商业培训经理解释说：

> 最近我们进行了一项外部调查，调查显示，越来越多“挑剔的顾客”选择乘坐新加坡航空公司的航班，所以我们的员工的确承受着相当大的压力。我们

有一个座右铭："如果新加坡航空不能为你做到，那么其他航空公司同样也做不到。"所以我们鼓励员工努力解决问题，竭尽所能为顾客服务。尽管员工们对此非常自豪，他们也确实维护了公司的声誉，但我们仍需要帮助他们应对因提供优质服务所产生的情绪混乱，同时让他们感觉到自己不是在被利用。我们的挑战在于帮助员工处理困难情形和以平和的心态面对顾客的批评。[16]

服务业已成"血汗工厂"吗

信息技术的快速发展允许服务企业在商业过程甚至是运营方面进行彻底的改进。有时，这些发展给现有员工的工作性质带来了痛苦的变化。在某些情况下，新技术和新方法的发展给工作环境的性质带来了翻天覆地的变化（见服务展望11-1）。而在另外一些情形下，面对面的接触被互联网或呼叫中心服务取代，企业已重新建构和部署工作，为招聘员工制定新的任职资格，并试图雇用具有不同胜任资格的员工。

服务展望 11-1

读秒计时——一线员工的绩效测量

零售商承受着削减成本的巨大压力，而劳动力成本则是它们最大的可控支出。毫无疑问，由国际知名咨询公司埃森哲设计的"操作型劳动力最优化"（Operations Workforce Optimization，OWO）模块促进了商业的快速发展。这家咨询和软件公司将原本用于制造业的"时间-动作"（time-motion）概念照搬到了服务业。它把服务业中诸如超市收银员这样的工作拆分成若干个可以计时的单元，并为完成每个单元和任务确定了标准时间，然后使用电脑软件帮助雇主监控员工的绩效。

一家大型零售企业的发言人对这套系统进行了解释：他们希望员工的绩效达到标准的100%，但只要员工的绩效不低于标准的95%，就不会启动正式的警告程序。如果一名员工低于标准绩效的95%的次数太多，他就可能会被调整到报酬更低的岗位甚至解雇。员工对这种管理方式的反应是消极的。对这家零售企业收银员的访谈显示，这套管理方式刺激了很多人加快速度，承受了更大的压力。2007 年 7 月，25 岁的汉宁（Hanning）得到了密歇根一家连锁超市收银员的工作，报酬为每小时 7.15 美元。她说，她被记录了三四次绩效低于标准 95%的情况，因而被告知如果再不提高绩效的话，她将不得不转到一个报酬更低的部门。她回想起当时别人告诉她："记住你就是在扫价签、收钱、装袋。"差不多一年后，她辞去了这份工作。

顾客的体验一样是负面的。22 岁的收银员冈特（Gunter）说，最近他告诉一位老顾客，由于自己的工作被计时，所以不能像往常那样边结账边聊天了。冈特说："我被告知要做的就是让人们过来结账然后快速走出去。"其他收银员也说，他们必须避免和顾客的眼神交流，并催促那些可能结账比较慢的顾客。一位顾客反映："每个人都承受着压力。大家不再那么友好。我认为年纪大些的顾客很难适应，因为你不能顾及他们的感受。大家在结账时要像冲刺一样，之后自然不想再来了。"

OWO 建议零售企业根据顾客服务及其他一些影响因素来调整结账的标准时间，但是调查显示，相当多的公司仍然把工作效率放在第一位。一家服装及鞋类连锁企业计算得出，结账环节每节省一秒，一年下来就能节约 15 000 美元的支出。根据一位在大型零售企业工作过的经理的建议，一家企业在收银台上直接安装了指纹签到机，这样收银员就可以在自己的工位上直接签到，节约了原本浪费在集中签到上的时间。OWO 声称它的方法可以节省5%～15%的劳动力成本。

资料来源：Vanessa O'Connell（2008），"Seconds Counts as Stores Trim Costs," *The Wall Street Journal*，November 17.

由于服务工作逐渐从高接触转向低接触，很多顾客通过电话或电子邮件与员工打交道，而不再是面对面地打交道。例如，目前全美国有超过 3%的劳动力作为客户服务代表受雇于呼叫中心。

最好的情况下，当设计得当时，客户服务代表的工作是值得做的，而且经常给那些有孩子的父母或学生提供时间灵活的工作和兼职工作（呼叫中心 50%的员工是单身母亲或学生）。实际上，与全职员工相比，兼职员工对客户服务代表的工作感到更满意，而且干得一样好。[17]最糟糕的情况下，这些员工在类似于过去的血汗工厂的电子环境下工作。甚至在管理规范的呼叫中心（通常被称为"客户服务中心"），工作仍然非常繁重：客户服务代表平均一分钟要处理两个电话（包括上厕所和休息的时间），而且处于严密的监控之下。由于接电话时容易生气，员工自身也会产生巨大的压力。

对呼叫中心的研究发现，受到内在激励的员工通常受到顾客压力的困扰更少。[18]正如我们将在本章讨论的，这一行业获得成功的关键包括：仔细筛选应聘者以确保他们已经知晓如何良好地在电话里呈现自己，并且具备进一步学习技能的潜力，认真培训他们，并提供精心设计的工作环境。

失败、平庸和成功的三种循环

在讨论了一线员工的重要性及其工作的难度之后，让我们进一步扩大视野——糟糕的、平庸的、卓越的企业是如何失败地、平庸地或成功地管理一线员工的。糟糕的工作环境经常转化成糟糕的服务，员工们会"以其人之道还治其人之身"，用经理对待他们的方式来对待顾客。高员工流失率的企业经常陷入通常所说的**"失败的循环"**（cycle of failure）。那些提供工作安全性但对个人主动性重视不足的企业可能陷入同样糟糕的**"平庸的循环"**（cycle of mediocrity）。然而，如果工作环境井然有序，企业人力资源管理就有可能进入良性循环，我们称之为**"成功的循环"**（cycle of success）。[19]

失败的循环

很多服务企业极端追求生产率。它们采用的一种方式是：简化工作程序并雇用尽可能廉价的工人，从事很少需要培训或不需要培训的重复性工作。在百货公司、快餐店和呼叫中心等消费服务行业有大量这样的例子（尽管也有一些值得注意的例外）。失败的循环抓住了这种战略的内涵，它包含两个相互作用的同心圆：一个是员工的失败循环，另一个是顾客的失败循环（见图 11－2）。

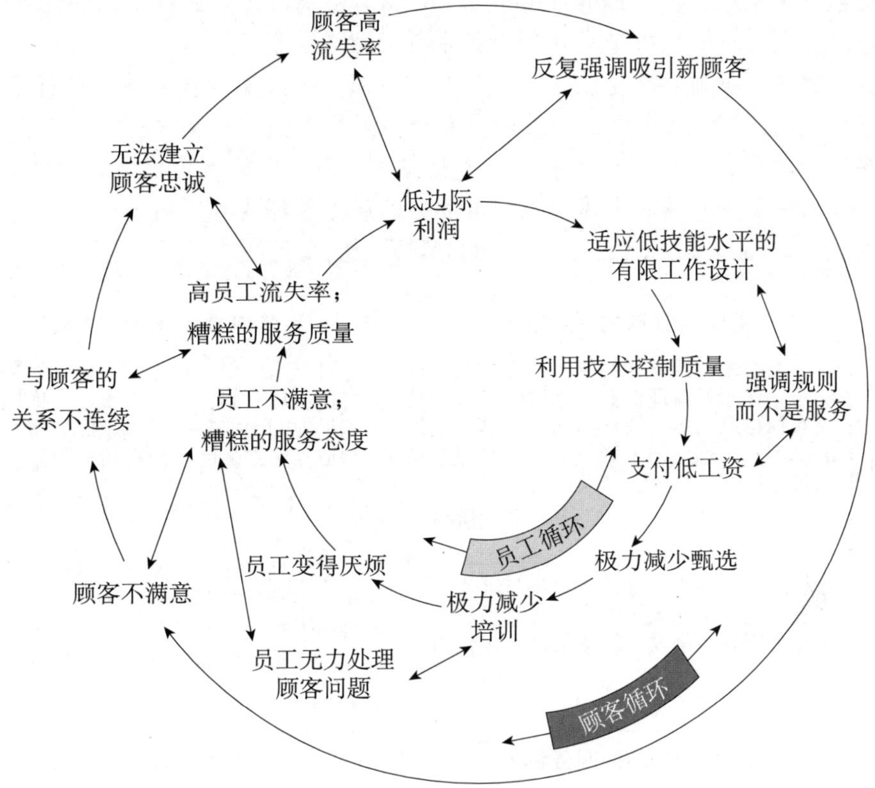

图 11－2　失败的循环

资料来源：© 1991 from MIT *Sloan Management Review*/Massachusetts Institute of Technology. All rights reserved. Distributed by Tribune Content Agency.

员工的失败循环始于企业对低技能水平的迁就，也与对规则而不是对服务的重视以及采用技术来控制质量有关。这些企业通常采用低工资策略，与之相伴随的是企业很少甄选员工或培训员工。结果是员工得不到授权，无法解决顾客问题，进而对工作产生厌倦，感到不满意，并逐渐形成消极的服务态度。对企业而言，后果就是糟糕的服务质量和较高的员工流失率。由于利润水平低下，随着雇用更多廉价劳动力在这种无所得益的氛围下工作，这个循环不断重复。在一些员工士气较低的服务企业，一线员工变得对顾客有敌意，甚至可能参与服务展望 11－2 所描述的“服务破坏”（service sabotage）活动。

服务展望 11－2

一线员工的服务破坏

下次你对某位服务员的服务不满意时（例如在一家餐馆吃饭），你需要冷静下来思考一下抱怨的后果。你可能不知不觉中成为服务员恶意服务破坏的受害者，例如把不干净的东西加到你的食物里。

实际上，一线员工进行服务破坏的发生率非常高。劳埃德·哈里斯（Lloyd Harris）

和伊曼纽尔·奥格邦纳（Emmanuel Ogbonna）发现，90%的雇主承认一线员工的恶意行为破坏了服务——服务破坏在其组织中每天都在发生。

劳埃德·哈里斯和伊曼纽尔·奥格邦纳按照两个维度对服务破坏进行了分类：隐蔽的-公开的和常规的-间歇的。隐蔽的行为通常对顾客隐瞒，而公开的行为是员工故意针对同事以及顾客。常规的行为深植于企业文化，而间歇的行为偶有发生而且不太普遍。图11-3列举了一些按照上述两个维度划分的服务破坏的真实例子。

服务破坏行为的公开性

隐蔽的 ←→ 公开的

服务破坏行为的常态化（常规的 ↕ 间歇的）

常规的/隐蔽的服务破坏	常规的/公开的服务破坏
许多人很粗鲁或难以伺候，不像你我这样礼貌。你不要搭理他们。你做的好多事情只有你自己知道（缺斤少两、假酒、过期的啤酒），这些加上微笑服务，都是甜蜜的报复！——餐厅服务员 控诉这些“垃圾”是再正常不过的事情。经理总是贪得无厌，顾客又总想不劳而获。报复他们是经常发生的事情，不足为奇。——前台操作员	你可以来一出老掉牙的表演。如果这个顾客很着急，你就马上慢下来，拖拖拉拉。如果他们想要聊天，你就假装听不见。你知道其实你的同事都在角落里狂笑！——前台操作员 这种把戏要用让他们有苦难言的方式，我的意思是，你不能做得太过分。但他们确实太愚蠢了，跟4岁小孩差不多，他们自己还不知道。只是戏弄他们一下已经不错了。看着他们那样真的很有趣！——餐厅服务员
间歇的/隐蔽的服务破坏	**间歇的/公开的服务破坏**
我并不是经常和他们（服务员）一起工作，但夜班时会。他们总是抱怨。所以为了整整他们，我会故意记错他们点的菜，磨磨蹭蹭，有时我会把一把扳手放在厨房，故意给洗碗机搞点小问题。这样他们会被搞得焦头烂额。——高级厨师 我不知道我为什么这样做。有时就是觉得今天很糟糕或者一周都很糟糕，我不知道为什么这样做，但确实会把别人的包踢下楼梯。这不是每天都发生，但一个月会有那么几次。——前台操作主管	这种把戏就是先整他们然后马上道歉。我看到过好多次了。比如，把烫手的盘子递给某人，把肉汁滴到袖子上，把饮料洒在后背上，把汤汁溅到腿上，最搞笑的是把假发蹭掉。你明白了吧。——老员工 听着，按照规定，我们应该欢迎所有客人，距离5米之内就得向他们微笑。好吧，虽然很傻，但我们决定拿这个家伙开刀。从服务员开始，我们都朝他走过去，向他微笑着打招呼。经理和所有人很快都心领神会。这个可怜的家伙每走两步就被欢迎一次！他不知道去的是什么鬼地方！太有趣了——这个家伙最后三个晚上都是在房间度过的，他再也不敢去餐厅了。——客房部主管

图11-3 服务破坏的例子

资料来源：Lloyd C. Harris and Emmanuel Ogbonna (2002), “Exploring Service Sabotage: The Antecedents, Types, and Consequences of Frontline, Deviant, Antiservice Behaviors,” *Journal of Service Research*, Vol. 4, No. 3, pp. 163-183; Ramana Kumar Madupalli and Amit Poddar (2014), “Problematic Customers and Customer Service Employee Retaliation,” *Journal of Service Marketing*, Vol. 28, No. 3, pp. 244-255.

顾客的失败循环始于组织对吸引新顾客的过分强调，这些顾客对员工绩效以及因不断更换员工缺乏连贯的服务感到不满意，他们难以建立起对企业的忠诚，并同员工一样迅速流失。这种情况需要企业不断地寻找新的顾客来维持销售额。考虑到我们目前所了解的忠诚客户可以带来巨额利润的现实，顾客因不满意而流失的情况尤其让人感到不安（见第 12 章）。

管理者将难以跳出失败的循环的借口和理由主要归结于员工：

- 现在真的找不到好员工。
- 如今的人就是不想工作。
- 找到好员工的花费很高，而且不能把这些费用转嫁给消费者。
- 当一线员工离职率很高时，培训他们是不值得的。
- 高离职率只是我们生意中不可避免的一部分。你应该学会如何接受它。[20]

很多管理者忽视了低工资/高离职率的人力资源战略所带来的长期财务效应。部分问题在于对所有相关成本的测量都是失败的。特别是企业容易遗漏三类关键的成本：(1) 不断招聘、雇用和培训的成本（管理者花费的时间成本和财务成本一样多）；(2) 经验不足的新员工较低的生产率带来的成本；(3) 不断吸引新消费者的成本，包括密集的广告和促销折扣。而且，容易忽视两类收益：(1) 未来几年持续的收益流，当不满意的顾客不再光顾时这种收益流就会消失；(2) 潜在顾客因负面口碑流失，导致潜在收入减少。最后，当工作出现空缺和离职员工带走公司知识（和他带走公司潜在顾客一样）时，还会产生一些难以量化的、导致服务中断的成本。

平庸的循环

平庸的循环是另外一种潜在的、有害的循环（见图 11－4）。你很可能在大型官僚组织中发现它的存在。它在国家垄断、工业卡特尔或是被管制的垄断组织中最为典型。这些组织由于承受的来自竞争者的市场压力很小，所以没有动力改善绩效，而且工会可能阻止管理层采取更具创新性的劳动力实践。

在这种环境下，提供服务的标准被规定为严格的规则，并以标准化服务、运营效率、杜绝员工欺骗和偏袒特定顾客为导向。工作职责往往被刻板定义，严格地以职责的等级和范围分类，并进一步因工会的工作规定而僵化。工资增长和职务晋升更多基于年资。工作中高绩效的判断标准是没有错误，而非高生产率或出色的服务。培训主要集中在规则学习和工作技能方面，而不是提升与顾客和同事之间的人际互动。由于灵活性和员工主动性对津贴的影响很小，工作实际上是枯燥无味和重复性的。然而，与失败的循环相比，很多职位提供了足够的报酬，通常还提供很好的福利和高水平的工作保障。因此，员工不愿意离开企业。这种低流动性是以牺牲一些市场技能为代价的，而这些技能为其他领域的组织所重视。

顾客发现这样的组织容易消极应对。面对官僚主义、缺乏灵活性以及员工不愿意尽力为顾客提供良好服务的情况，顾客容易感到非常不满。有时不满的顾客会对服务业员工表现出敌意。顾客没有动机与组织合作来获得更好的服务。当他们向已经不快乐的员工抱怨时，本来就糟糕的服务态度变得更差。接下来，员工可能通过一些机制来保护自己，例如，消极冷漠、例行公事，或是以无礼对抗无礼。

出现这种情况一点也不奇怪。也许你曾被服务员的糟糕服务和恶劣态度激怒

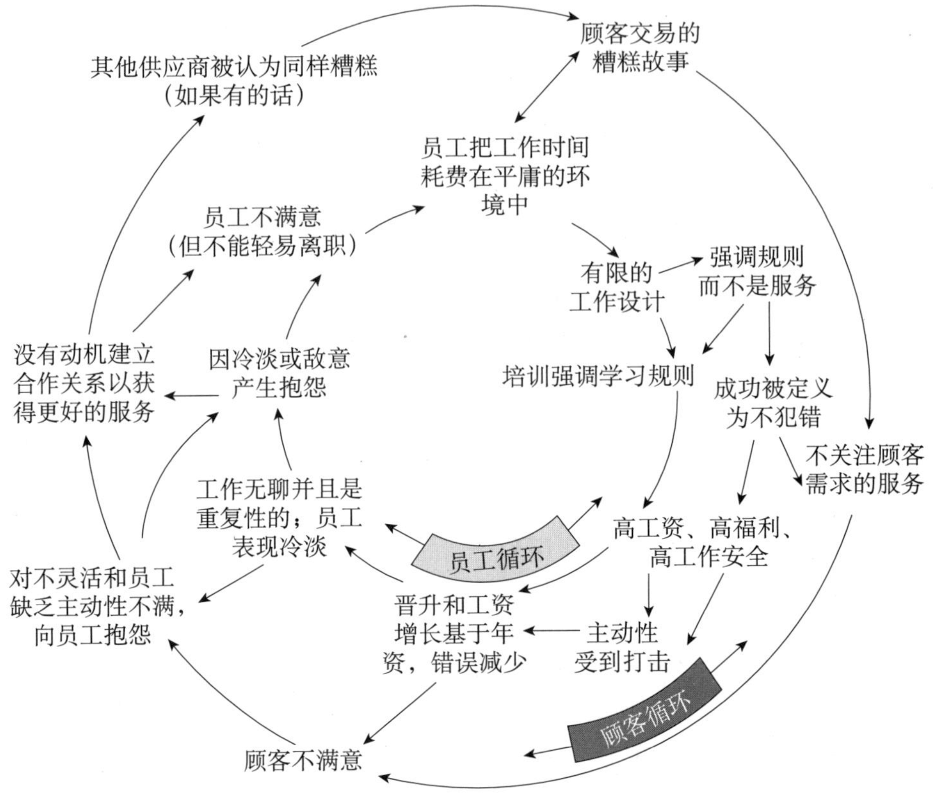

图 11-4 平庸的循环

资料来源：Christopher Lovelock, "Managing Services: The Human Factor," in W. J. Glynn and J. G. Barnes, eds., *Understanding Service Management* (Chichester, UK: John Wiley & Sons), 228.

过，从而也对服务员表现出敌意。然而，要么是因为这些企业拥有垄断地位，要么是因为其他服务提供者同样糟糕或者更差，顾客经常继续选择这些企业。这些做法的直接后果就是形成一种有害的平庸的循环，在这种循环当中，不满意的顾客不断地向郁闷的员工抱怨糟糕的服务和恶劣的态度（也向其他顾客抱怨），从而造成部分员工更严重的自我防御和漠不关心。

成功的循环

一些企业摒弃了失败的循环或平庸的循环的宿命论。取而代之，它们从更加长远的角度看待财务绩效，并且通过对员工的投资追求成功，从而建立成功的循环（见图 11-5）。

与失败或平庸一样，成功包括员工和顾客两个方面。企业利用优厚的薪酬来吸引高素质的员工。拓宽的工作设计伴随着培训和授权的实践，这些实践允许一线员工自主控制质量。由于采取有针对性的招聘、高强度的培训和优厚的工资，员工们在工作中更加开心，并愿意提供优质的、令顾客满意的服务。老顾客也体验到因低流动性带来的良好的连续性服务关系，因此更可能保持忠诚。由于边际利润递增，借助这种顾客保留策略，组织不需要在提高顾客忠诚度上花费大量的营销成本。这种策略与吸引新客户的策略相比，通常能够带来更高的利润。成功的循环的一个例子的就是女服务员科拉·格里菲思的故事（见本章开篇案例）。许多国家的公共服

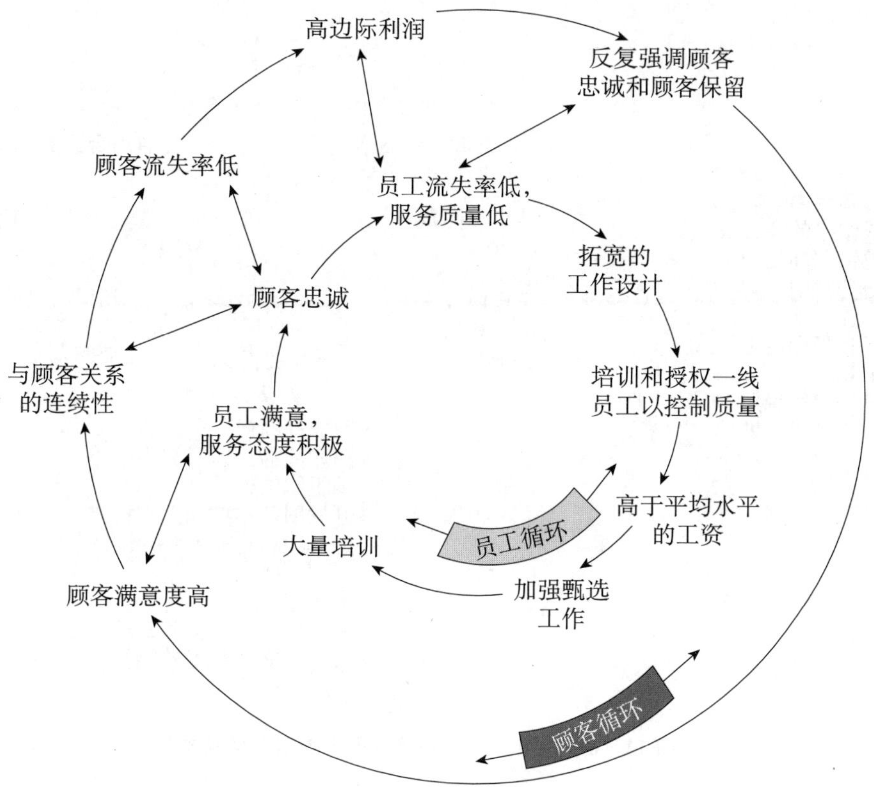

图 11－5　成功的循环

资料来源：©1991 from MIT *Sloan Management Review*/Massachusetts Institute of Technology. All rights reserved. Distributed by Tribune Content Agency.

务组织甚至也越来越致力于打造成功的循环，为其顾客提供低成本、高品质的服务。[21]

企业在成功的循环的环境下运转无疑是最理想的。然而，在其他两种循环下运转的企业如果能够提供某些满足消费者期望的因素，它们仍然可以生存。例如，在一个餐厅里，顾客可能对员工提供的服务不满意，但是仍然接受了不满意的服务，这是因为他们钟情餐厅的食物以及餐厅的地理位置，这些因素能够满足顾客的期望。然而，从长远的利益和成功来看，企业理想的做法应当是选择成功的循环。

人力资源管理——如何做到人事相宜

任何理智的管理者都想进入成功的循环。在本节，我们将讨论有助于服务企业实现这一目标的人力资源战略。具体而言，我们将讨论企业如何雇用、激励和保留现有员工，以及如何实现优质服务、提高生产率和销售额。图 11－6 呈现的优秀服务人才循环，是服务企业实施有效人力资源实践的指导性框架。接下来我们将在本节逐一讨论一些值得推荐的管理实践。

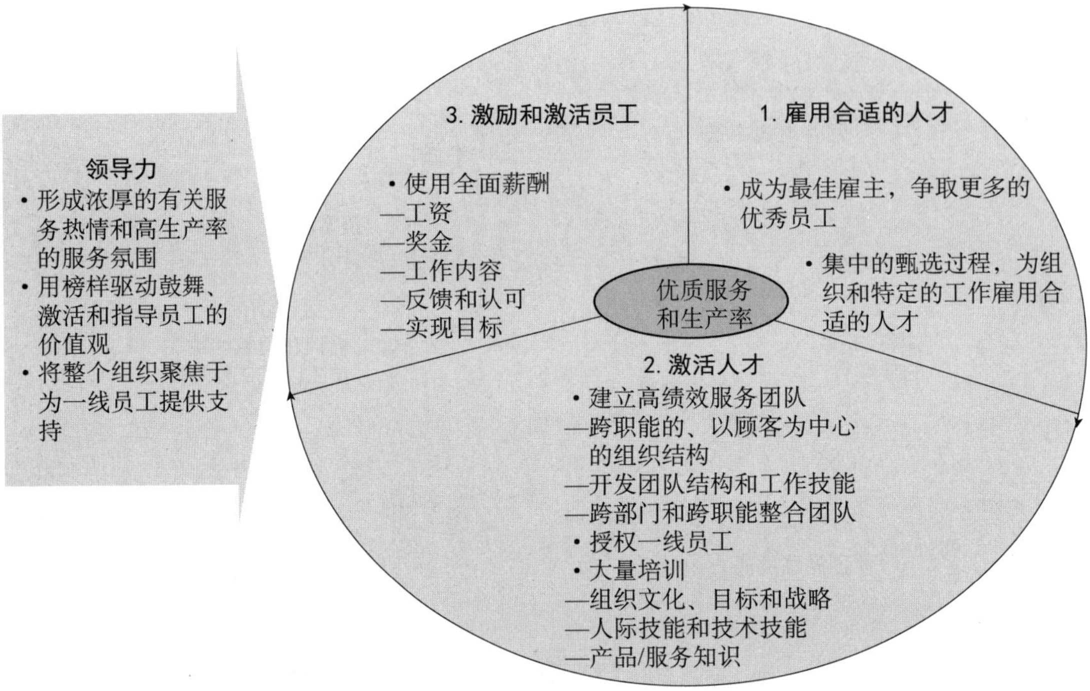

图 11-6　为服务企业获取合适人力资源的优秀服务人才循环

雇用合适的人才

那些认为“只要让员工满意就万事大吉”的想法是天真的。员工满意度应该被看做企业拥有高绩效员工的必要条件而不是充分条件。例如，最近的一项研究表明，员工努力是推动顾客满意度超越员工满意度的强大动力。[22]正如吉姆·科林斯所说：“以往‘人力资源是最重要的财富’的说法是错误的。只有合适的人才是最重要的财富。”我们还想加上一句：“……不合适的人通常是很难摆脱的不利因素。”人事相宜始于雇用合适的人才。雇用合适的人才需要企业参与劳动力市场竞争，让那些最优秀的员工选择自己，然后从中挑选最佳候选人以填补某一具体的职位空缺。

成为最佳雇主。想要挑选和雇用最好的人才，首先要让他们申请你所提供的工作，然后让他们接受你的工作并放弃其他工作机会（最优秀的人才往往会被若干个企业选中）。服务企业在劳动力市场也拥有自己的品牌，潜在的求职者愿意寻找那些提供好工作并且公司形象与自身的价值观、信念相一致的企业。[23]求职者通常容易获得现在和前任雇主的信息，也容易了解工资、福利、工作氛围甚至是面试等内容。[24]许多企业的内部信息也能够在网上找到。例如，2014 年 Glassdoor. com 拥有超过 500 000 条企业和职位的信息，方便潜在求职者深入了解某一特定企业的工作情况。[25]这意味着一家企业必须首先竞争人才市场份额，或者就像全球著名咨询公司麦肯锡所说的，这是一场“人才战争”。[26]

在劳动力市场的有效竞争意味着要拥有能吸引未来员工的价值观。这包括企业在所属社区拥有良好的形象，能够提供让员工引以为豪的优质产品和服务，是优秀的企业公民，并参与企业社会责任的相关活动[27]，所有这些内容合在一起能够让员工产生作为团队一员的自豪感。而且，薪酬不能低于平均水平——优秀的员工希望获得平均值以上的报酬。按照我们的经验，要吸引优秀人才加入，好的公司需要支付处于市场 60～80 百分位的薪水。然而，如果价值观的其他重要方面有足够吸引力，一家企业并不一定要支付最高的工资。简而言之，企业要理解目标员工的需要并且树立合适的价值观。服务展望 11－3 展现了最近几年谷歌公司是如何通过管理持续成为全球最佳雇主的。正如网飞公司（Netflix）描述其人才管理哲学中最基本的要素："虽然额外津贴会好于足球或是免费寿司，但你能为员工做的最好的事情就是只雇用优秀员工与之为伍。优秀的员工胜于其他一切事情。"也就是说，最佳雇主的声誉本身对未来雇员就具有强大吸引力。[28]

服务展望 11－3

最佳雇主的谷歌

2015 年谷歌当选《财富》杂志百佳企业之首，这已经是它第六次获此殊荣了。人们立刻想问：为什么谷歌会这样？什么促使谷歌成为最好的公司？它的企业文化如何？它的员工享有怎样的福利？它的员工是什么样的？

谷歌的员工被称为"谷歌人"。他们被公认为是喜欢找乐子又有趣的人。与此同时，当提到工作的时候，他们是成就导向的，并受此驱动。谷歌具有改革创新、不落窠臼、与众不同、轻松有趣的企业文化。与这样的文化一致，员工可以自由独立工作。谷歌的经验也表明，关心员工确实能够提高生产率和利润。谷歌人都愿意为公司工作更长时间。

那么，谷歌人享有怎样的福利呢？这可就多了，排在第一位的是免费的美食，不过这还只是冰山一角！谷歌公司总部地处加利福尼亚芒廷维尤，这个校园式的环境还提供许多免费的便利设施，包括有 WiFi 的班车、机动滑板车、洗车和换油等服务。如果谷歌员工想购买混合动力车，他们将获得一笔 5 000 美元的补贴。谷歌人拥有 5 位免费的现场医生、无限期的病假、免费的疫苗注射、健身房以及配备值班救生员的游泳池。为了让员工能有更多的家庭活动，谷歌还提供免费的现场洗衣服务，或者员工可以把衣服放到洗衣员那里。还包括托儿服务，新父母（包括爸爸、家庭伙伴、领养父母、代理父母）在照顾孩子时仍然可以获得全薪，时间长达 12 周。在休闲运动方面，谷歌人可以玩水中游戏，在墙体上攀岩，或者在沙滩上打排球等。因此，谷歌人能够更长时间工作，工作效率也更高。然而必须指出的是，谷歌公司的其他工作地点提供给员工的福利正在变少。

谷歌在瑞士的苏黎世拥有一个设计总部。这里的建筑有一部分是在这里工作的工程师参与设计的。这里的生活非常有趣。会议室被设计成瑞士小屋和冰屋的形状。员工可以使用消防杆从一层滑到另一层，并且通过滑梯快速抵达自助餐厅。除了会议室，还有其他一些区域，如游戏厅、英式乡村小屋的图书馆以及水族馆。当员工身负重压时，他们可以躺在充满泡泡的浴缸里看鱼。

"滑梯使员工能迅速抵达自助餐厅。"

由于公司的工作环境如此吸引人，谷歌可以在招募环节精心挑选求职者，只雇用那些最优秀、最聪明的员工。对于可能获得极大荣誉的工程师，这一点尤为重要。然而，虽有作为雇主的极好声誉，一些观察员还是质疑这样积极的环境能否伴随公司的发展以及劳动力的成熟而延续下去。

资料来源：http：//fortune. com/best-companies，accessed May 11，2015；www. google. com. sg/about/careers/lifeatgoogle/benefits，accessed May 11，2015；Jane Wakefield，“Google Your Way to a Wacky Office，” *BBC News Website*，March 13 2008；http：//news. bbc. co. uk/2/hi/7290322. stm，accessed May 11，2005.

挑选合适的人才。根本没有完美的员工。不同的岗位需要由不同技能、风格和个性的人来填补。不同的品牌需要不同的个性，员工与品牌的良好匹配使得员工很自然地去提供支持企业所认可的形象的服务，他们的行为被顾客感知为可信的。[29]企业应该明确设计招募和甄选的过程，以促进员工与品牌的良好匹配。[30]这包括招募广告明确展示出企业品牌的主要特点和招聘职位，促使潜在求职者与企业的匹配；设计甄选手段来传递品牌价值观，使得员工能够对匹配程度进行自我评估；确保招募者能够主动留意应聘者与品牌的匹配和潜在不匹配。

例如，迪士尼公司评估了应聘者（例如，你的世界是充满魔力、快乐和幸福的吗?）在前台和后台工作的潜在匹配度。前台员工被称为角色演员，他们被指定了最适合其形象、个性和技能的角色。

是什么让优秀的服务业员工如此特别呢？答案往往是一些不能通过学习获得的东西。这些特质是员工内在的，并且能够被员工带到任何企业。正如一项有关高绩效员工的研究所观察到的：

> 活力……是学不会的，它必须被雇用。个人魅力、细节导向、工作准则、整洁，都同样如此。它们中的一部分能够通过在职培训或激励强化……但总体来说，这样的特质都是在早期培养的。[31]

人力资源管理者也已经发现，虽然良好的举止、微笑以及眼神交流都可以学习，但是热情本身不行。唯一现实的解决办法就是保证组织的招聘标准有利于那些本身具有热情特质的求职者。吉姆·科林斯强调：“合适的人是那些展示出企业所希望行为的人，这些行为就像是他们性格和态度的自然延伸，不论企业的控制和激励系统如何。”[32]

合乎逻辑的结论是：服务企业应该对吸引和雇用合适的求职者给予更多关注。顶尖的公司逐渐使用员工分析法来提高自己吸引和保留最优秀员工的能力。员工分析法与顾客分析法相似。例如，它能够预测谁能成为绩效优秀者。它们也能够使用分析工具把合适的员工安排到合适的岗位上。[33]除了使用数据分析，让我们来看一些能够帮助特定企业和特定工作识别合适求职者的工具，更为重要的是，这些工具可以帮助企业拒绝那些不合适的候选人。

识别最佳候选人的工具

优秀的服务企业使用许多方法识别申请人名单中的最佳求职者。[34]这些方法包括：申请人面试、行为观察、人格测试，以及提供真实的工作场景。

使用多考官的结构化面试。为了提高雇用决策质量，成功的招聘人员喜欢根据工作要求使用结构化面试，并使用多名面试官。当了解其他面试官在评估同一个求职者时，面试官们会更加谨慎地作出自己的判断。使用两名或更多面试官的另一个好处在于，它减少了类我偏差的风险——我们都喜欢与自己相似的人。

观察行为。雇用决策应该基于于招聘人员所观察到的行为，而不仅仅是他们所听到的。正如约翰·伍登（John Wooden）所说："向我展示你能做什么，而不要告诉我你能做什么。经常的情况是，说得好未必干得好。"[35]使用行为模拟或评价中心测试就能够直接或间接地观察行为，这些方法利用标准化情境来观察申请人是否展现了企业顾客所期望的某些行为。而且，过去的行为是未来行为最好的参照：要雇用那些曾荣获优秀服务奖励、收到过表扬信以及从前雇主那里拿到推荐信的员工。

进行人格测试。人格测试能够帮助招聘人员识别与某一特定工作相关的特质。例如，愿意礼貌、细心、周到地对待顾客和同事，敏锐洞察顾客要求，以及能够准确愉快地与顾客沟通。最好雇用那些乐观、开心的人，因为当满意度更高的员工提供服务时，顾客们报告了更高的满意度。[36]研究也证明一些特定的信念，诸如努力工作以及相信自身能够管理环境，能够带来良好的员工绩效和服务质量。基于这些测试的雇用决策越来越精确，特别是在识别和拒绝不合适的求职者时。[37]

例如，丽思卡尔顿酒店集团对所有工作申请人都使用个性特征图解（personality profile）。酒店依据员工在服务情境中工作时的自然反应倾向，挑选所需人才。比如一个真诚的微笑、一次帮助别人的意愿以及乐于承担多个任务等内在特质，比申请人习得的技能更能说明问题。一位申请者分享了她通过人格测试成为新加坡丽思卡尔顿千禧酒店初级行李员的经验。她给出的最佳建议是："要说实话。他们都是专家，如果你撒谎，他们是会知道的。"她还补充道：

> 应聘那天，他们问我是否喜欢帮助他人，是不是一个有条理的人，以及是否非常喜欢笑。我回答说："是的。是的。是的。"但是，我必须用真实生活的例子来证实。有时会感觉有点冒昧。例如，为了回答第一个问题，我必须讲述一些曾经帮助他人的事情——例如她为什么需要帮助。这个测试促使我回忆起曾经做过的无关紧要的事情，像学习如何使用不同的语言打招呼，这些都有助于了解我的性格。[38]

除了大量基于面试的心理测试，还可以使用更为经济的基于互联网的测试工具。申请人在网络问卷中输入答案，未来的雇主则获得有关求职者匹配度的分析和雇用推荐信。开发和管理这样的测试本身已经成为重要的服务产业。提供这类评价产品的全球领先供应商——SHL 人才测量公司（CEB 的一部分），为超过 110 个国家使用 30 种语言的 20 000 多家企业提供服务。你可以查看它的网站以了解它所提供的测试。

让求职者看到真实的工作场景。在招聘过程中，服务企业应该让求职者了解工作的真实情况，从而给他们一个"小试牛刀"的机会，以作出自己是否适合这份工作的判断。[39]招聘人员可以观察候选人如何应对实际的工作情况。一旦候选人确定这份工作不适合自己，他们可以选择退出。同时，公司可以管理新员工对工作的预期。很多服务企业采取了这种方法。例如，法国面包咖啡连锁店 Au Bon Pain 让申请人在参加最终甄选面试前带薪工作两天。在这里，管理者可以观察候选人的实际行动，而且求职者可以评估自己是否喜欢这份工作及其工作环境。[40]在最终的招募与面试过程中，唐纳德·特朗普与NBC网络合作制作了电视真人秀节目《学徒》，获胜者可以获得加入特朗普公司以及管理由特朗普亲选的项目的机会。

服务期望11-4告诉我们美国西南航空公司如何综合使用面试和其他甄选工具，从申请人中识别出合适的、具有正确态度、个性与公司文化相适应的求职者。

服务展望11-4

西南航空公司的招聘

西南航空公司招聘那些具有正确态度、个性与企业文化相匹配的员工。幽默正是关键的一点。西南航空公司的传奇人物——前CEO兼现任主席赫伯·凯莱赫曾说过："我想要充满乐趣的旅行!""我们寻找一种态度。幽默的人不会把自己看得太重。我们会培训你做任何事情，但只有一件事情不会改变，那就是你的内在态度。"西南航空公司有一条不变的基本原则，那就是招聘具有正确精神的员工。西南航空寻找那些关注他人、性格外向，希望成为努力工作同时又其乐融融的大家庭的一员的人。

西南航空公司努力通过面试的方法不断发展这方面的经验。其中可能最有创意的就属对空乘人员的甄选了。在为期一天的公司参观开始时，求职者被分为不同的小组。面试官可以观察他们之间的互动（午饭时间是另一个类似的观察机会）。

接踵而至的是一系列个人面试。在一天的课程中，每一位求职者都有三次一对一的行为面试。根据特定工作种类中主管和员工的输入数据，面试官为每一个职位挑选8～10个维度的指标。对空乘人员而言，这些指标可能包括主动性、激情、灵活性、敏感性、真诚、顾客服务导向以及成为团队成员的内在倾向。甚至连幽默感都会被"测试"。求职者都会被问道："告诉我最近你在工作中如何使用幽默感。告诉我你如何使用幽默感克服困难。"

西南航空公司形容理想的面试就像是"谈话"，其目的在于让面试者感觉舒服。"那天的第一个面试者有些僵硬，第二个就放松多了，到第三个他们告诉了我更多东西。在这种情况下伪装真的很难。"这三位面试官没有讨论那天求职者的情况，但是为了减少偏见风险，随后对比分析了相关记录。

为了帮助挑选出有正确态度的人，西南航空公司邀请主管和同事（与求职者未来一起工作的人）来参与深入面试和甄选过程。通过这种方式，现有员工接受了招募进程，并认为自己有责任引导新员工，帮助他们在工作中获得成功（而不是想，"谁雇用的这个蠢货?"）。更为常见的情况是，公司邀请西南航空公司的常客参与最初的面试，并以此告诉求职者乘客的价值所在。

面试小组要求一组求职者准备5分钟的自我陈述，准备时间非常充裕。当陈述开始时，面试官并不仅仅观察演讲者。他们还观察观众中哪些求职者专注于自己的陈述，哪些求职者热情地鼓舞和支持未来的同事。无私的、支持团队成员的人能够吸引西南航空公司，而不是那些当别人演讲时只有兴趣润色自己陈述的人。

通过雇用具有正确态度的员工，该公司培养出所谓的"西南航空精神"——人们身上一种无形的品质，引导他们不论花费多长时间都去做他们想做的事情，不论何时需要去做都愿意付出额外的努力。西南航空公司本身就愿意为了员工付出额外的努力，并且从不解雇任何员工。为了节省成本，它甚至在2004年决定关闭三个城市的预约中心。

管理层深知，公司文化是获取竞争优势的关键。

资料来源：Kevin and Jackie Freiberg, *Nuts! Southwest Airlines' Crazy Recipe for Business and Personal Success* (New York: Broadway Books, 1997), 64-69; Christopher Lovelock, *Product Plus* (New York: McGraw-Hill, 1994), 323-326; Barney Gimbel (2005), "Southwest's New Flight Plan," *Fortune*, May 16, pp. 93-98.

主动培训服务业员工

如果企业雇用了合适的员工，对员工的培训和开发会产生巨大的收益。为员工设计出良好的职业生涯发展规划，会使员工感觉自己受到重视和关怀，作为回报，他们会努力工作，满足顾客需求，而这会导致顾客满意、忠诚，并最终为企业带来源源不断的利润。[41]卓越的公司都在员工培训，包括员工的语言沟通能力、销售和行为等方面表现不俗。例如，苹果公司零售店的员工在如何与顾客互动，如何以积极的而不是消极的措辞与顾客沟通，以及当顾客有情绪时如何应对等方面，都接受了大量的培训。员工的职责是帮助顾客解决问题，而不仅仅是销售产品。[42]正如本杰明·施耐德和戴维·鲍恩所说的那样："企业首先要吸引到多元化和有能力的员工并进行人才储备，然后利用有效的方法进行培训，使这些员工脱颖而出，这是任何企业在市场上获得成功的不二法门。"[43]

培训内容

服务员工要接受培训的内容很多，主要包括：

● **组织文化、目标和战略**。对于新员工而言，培训的最佳起点是员工对企业核心战略和核心文化的情感认同，如对组织卓越服务的认同，对服务快速响应的认同，对团队精神、相互尊重、正直和诚实品格的认同，等等。让管理者来培训，聚焦于在"是什么"、"为什么"和"怎么办"而不仅仅是特定工作层面。[44]例如，在迪士尼公司，新员工必须参加迪士尼大学在职培训。培训的开篇就是迪士尼公司的历史、经营理念、员工应执行的服务标准以及系统地了解整个迪士尼的运营情况。[45]

● **人际技能和技术技能**。**人际技能**（interpersonal skills）是服务行业中的通用技能，包括可见的沟通技能，例如眼神交流、仔细倾听、身体语言，甚至包括面部表情并读懂顾客的需求。**技术技能**（technical skills）包含所有与流程（例如，如何控制商业回报）、设备（例如，如何操作终端机或提款机）的相关知识，以及与顾客服务过程相关的规定和条例。在非常规的冲突和服务补救方面，还需要具备设计解决方案和解决问题的创造力。员工具备人际技能和技术技能是必要的，但如果仅具备一种技能则不足以获得最佳工作绩效。[46]

● **产品/服务知识**。博学的员工是服务品质的关键方面。他们必须能够有效解释产品的特性，并能够恰当展示产品的定位。例如，在苹果零售商店，所有产品都必须公开展示给顾客并让他们体验。公司员工能够回答任何有关产品特征、用法和其他诸如维修、服务包等方面的服务问题。在服务展望 11-5 中，Dial-A-Mattress 的詹妮弗·格拉萨诺（Jennifer Grassano）在呼叫中心教导部分员工学习如何通过描述让顾客在头脑中形成画面。

服务展望 11-5

呼叫中心的教练技术

教练技术是一种服务行业领导用来培训和开发员工的常用方法。Dial-A-Mattress 公司的詹妮弗·格拉萨诺每周有三天时间从事床品顾问（bedding consultant，BC）的工作，还有一天时间对其他床品顾问进行培训。她通常关注的是那些生产率和销售业绩下滑的顾问。

第一步，她要监听床品顾问与顾客的通话，通常要听一小时左右，并详细记录每个电话。尽管床品顾问知道这些电话或许在被监听，但不会事先告诉他们，因为这样就没有效果了。

格拉萨诺为床品顾问组织了一次教练会议，讨论他们的优点和不足。她深知这项工作的难度，顾问每次当班平均需要处理 60 个来电，与此同时还需要保持精力充沛、提供热情服务。格拉萨诺乐于为他们提供新的策略和精彩措辞。有一位床品顾问面对顾客“为什么某个床垫比另外一个贵”的问题，不知道怎样回答。对此，格拉萨诺建议要通过描述让顾客在头脑中形成画面：

> 当购买床品时，顾客需要我们的帮助。他们不明白某种弹簧系统与另一种有什么区别。这就像我想给自己的车买一个汽化器。但我甚至不知道汽化器是什么样子。我们必须使用形象的描述来帮助顾客作出正确的决定。要告诉顾客，床垫越贵，里面填充的丝绸和羊毛就越精细。不要只告诉顾客贵的床垫填充物的层数更多。

在第一次教练会议结束两个月后，格拉萨诺进行了一次跟踪检查。她比较了床品顾问在第一次教练会议前后的绩效，以此评估培训的有效性。

格拉萨诺当顾问的经历和业绩赋予了她作为教练的可信度。“如果我连床品顾问都做不好，我又如何能做好教练呢？我必须以身作则。如果我仅仅是一名全职培训师，我不可能做得这么好。”她乐于向大家分享她的知识，传授她的心得。

资料来源：Leonard L. Berry，*Discovering the Soul of Service—The Nine Drivers of Sustainable Business Success*（New York：The Free Press，1999），171-172. Dial-a-Mattress merged with two other companies and today is called：1800Mattress. com；see http：//en. wikipedia. org/wiki/1800Mattress. com，accessed May 11，2015.

强化培训以塑造行为。当然，培训必须带来实际的行为改变。如果员工不运用他们已经学到的东西，这些培训投资就被浪费了。学习不仅关乎增进员工的聪明才智，而且关乎改变他们的行为和提高决策质量。为了达到这一目的，企业需要进行实践和强化。主管能够通过定期跟踪学习目标在实践和强化活动中发挥重要作用，例如，通过开会分析近期投诉和表扬的情况来强化重要课程的学习效果。

另一个不断强化的例子就是丽思卡尔顿酒店的方法。丽思卡尔顿酒店将关键产品和服务要求转化为丽思卡尔顿的“黄金准则”，包括信条、座右铭、服务三部曲以及 12 条服务价值观（见服务展望 11-6）。丽思卡尔顿的服务价值观被分解为不同的层次。

服务展望 11－6

丽思卡尔顿酒店的黄金准则

黄金准则

黄金准则是我们丽思卡尔顿酒店的基石。它包含我们的经营价值观和哲学，具体包括：

信条

丽思卡尔顿酒店是将真诚关心和令顾客舒适作为最高使命的地方。

我们竭诚为顾客提供最优质的个性化服务与便利，我们的顾客总能享受到温馨、轻松但优美的氛围。

在丽思卡尔顿酒店，顾客将获得赏心悦目、舒适宜人的服务体验，甚至他们未表达出的愿望和需要都会得到满足。

座右铭

在丽思卡尔顿酒店，"我们是淑女和绅士，为淑女和绅士服务。"这一座右铭形象地说明了全体员工将要提供的服务。

服务三部曲

1. 热情和真诚地问候。称呼客人的名字。
2. 预测并满足每位客人的需要。
3. 道别。热情地告别，并称呼客人的名字。

服务价值观：我对自己是丽思卡尔顿的一员感到自豪

1. 我与丽思卡尔顿的顾客建立紧密的、终生的关系。
2. 我总是积极处理那些顾客表达出和未表达出的愿望和需求。
3. 我被授权为顾客创造独特的、难忘的和个性化的体验。
4. 我深知在达成关键成功因素、履行社区责任和实现丽思卡尔顿的秘诀中自己的角色。
5. 我不断寻求机会，创新和改善顾客在丽思卡尔顿酒店的体验。
6. 我立即解决顾客的问题。
7. 我创造了合作的工作环境和服务以满足每个顾客的需要。
8. 我有机会不断地学习和成长。
9. 我参与了能影响自己的工作计划。
10. 我对自己专业的形象、语言和行为感到自豪。
11. 我保护顾客的隐私和安全，以及同事和公司的保密信息和财产。
12. 我负责维持整洁，创造安全和无危险的环境。

第六颗钻石

秘诀

情感承诺

功能**员工承诺**

在丽思卡尔顿酒店，我们的员工是实现酒店对顾客的服务承诺的最重要的资源。

通过践行信任、诚实、尊重、正直和忠诚的原则，我们为每个人和整个公司的利益培养人才并充分利用人才。

丽思卡尔顿酒店的工作环境是：重视多样性，提升生活质量，满足个人愿望，以及加强丽思卡尔顿酒店的秘诀。

资料来源：http：//www.ritzcarlton.com/en/about/gold-standards，accessed March 2，2016.

第10，11和12条服务价值观代表了功能方面的价值观，例如安全、保障和干净。这是第一级的价值观。酒店把情感承诺作为第二级的价值观，它涵盖了第4～9条的内容。这6条价值观把员工的学习和专业成长、合作、服务、解决问题与服务补救、创新、持续改进联系起来。第三级的价值观需要超越功能需要和情感承诺，这与第1～3条价值观相关，被称为“丽思卡尔顿的秘诀”。这一级价值观的目的在于，为顾客创造独一无二的、难忘的亲身经历。丽思卡尔顿酒店相信，只有当员工满足了顾客说出的和内心的愿望和需求时，以及当他们努力建立酒店与顾客的长久关系时，上述经历才会产生。这三个等级的价值观被概括反映在丽思卡尔顿黄金准则所谓的“第六颗钻石”中，成为酒店管理业的新标杆。[47]

蒂姆·柯克帕特里克（Tim Kirkpatrick）是丽思卡尔顿波士顿公园酒店的培训与发展部经理。他说：“黄金准则是我们制服的一部分，就像名片一样。但是记住，如果你不将它付诸行动，那么它只是一纸空文。”[48]为了执行这些标准，每一次晨间简报都会包含讨论与黄金准则直接相关的内容。这些讨论的目的在于维持员工心目中丽思卡尔顿酒店的哲学观。

内部沟通塑造服务文化和行为

除了拥有强大的培训平台，企业还需要付出大量沟通的努力来塑造文化并将它传递给员工。服务业领导者采取多种手段构建自己的服务文化，这些手段涉及内部营销、培训、建立核心原则、处理公司大事以及举办庆典。与员工的内部沟通（通常称为内部营销）在维持和培育以具体服务价值观为基础的企业文化中发挥着重要作用。

精心计划的内部营销非常有必要，尤其是对那些分散经营甚至是全球经营的大型服务企业而言。甚至有时，员工远离母国总部去外地工作，他们仍然需要了解公司的新政策、服务特点的变化以及近期的质量创新情况。而且，在培养团队精神和实现企业不同分支的目标协同方面，沟通也是必要的。像花旗银行、加拿大航空公司、万豪酒店或星巴克这样的企业，考虑到海外分公司维持统一目标的挑战，来自不同的文化、说不同语言的员工必须共同努力，以提供相同水平的服务。

有效的内部沟通可以帮助企业确保提供高效和令人满意的服务，实现高效且和谐的工作关系，并建立起员工的信任、尊重和忠诚。企业通常使用的沟通媒介包括：内部通讯和杂志、录像、内部网络（专用网络和对外无法使用的电子邮箱）、电子邮件、面对面的简报，以及使用陈列、奖金和认可项目的宣传活动。

使一线员工专业化 培训和学习使一线员工更加专业，让他们摆脱“本职工作没有意义而且低下”的一般印象。训练有素的员工感觉良好，像专家一样做事。那些了解食物、烹饪、调酒、进餐礼仪以及如何与顾客有效沟通（甚至是抱怨别人）的员工通常感觉自己非常专业，自尊非常高，也容易受到顾客的尊敬。因此，培训对减少员工的自我角色压力以及激励一线员工极为有效。

向一线员工授权

在挑选到合适的候选人并对其进行良好培训后，下一步的工作就是对他们授权[49]，并且鼓励他们展现那些超越其职责的积极主动的顾客服务绩效。[50]事实上，所有发展迅猛的服务企业都有一些有关员工的“传奇故事”：要么是挽救了失败的服务，要么是为了让顾客满意付出额外努力，要么是为顾客避免了某些灾祸（参见服务展望 11－7）。想要使上述情况发生，企业需要授权给员工。诺德斯特龙公司（Nordstrom）对员工进行培训，相信他们能做正确的事情，并授权他们这样做。公司的员工手册只有一条规定：“在所有情况下都相信自己的判断。”

对员工而言，明确贴心服务与额外服务的界线和标准非常重要。这样员工就不需要为了提高部门满意度私下免单或者给顾客赠品，也不需要对有过错的顾客一味迁就（也可参见第 13 章）。[51]由于一线员工经常独立工作，并与顾客面对面，管理者很难严密监控他们的行为，因此员工能够自我引导是很重要的。[52]

在很多服务行业，企业为员工提供更大的自主性（以及培训他们如何使用判断力），使得员工能够立即为顾客提供优质服务，而不是花费时间获得主管的许可。授权的做法使得企业可以依靠一线员工找到解决服务问题的方法，并作出提供个性化服务的恰当决策。因此，学术研究成果将高授权与高顾客满意度联系起来就不足为奇了。[53]

服务展望 11－7

诺德斯特龙的授权

范门萨（Van Mensah）是诺德斯特龙公司的一名男装销售助理。他收到了一位老顾客的求助信。这位先生曾在他这儿购买了几件价值 2 000 美元的衬衫和领带，但错误地使用热水洗涤了衬衫。结果这些衬衫全部缩水了。所以这位顾客写信给他，咨询处理这件麻烦事的专业建议（这位先生没有抱怨，承认是自己的错）。

门萨立刻给这位顾客打了电话，并提供了免费的换货服务。他让顾客将其他衬衫邮寄回诺德斯特龙，邮费由诺德斯特龙支付。“我为这位顾客所做的事情不需要得到任何人的同意，”门萨说，“公司让我自己决定怎样做是最好的解决办法。”

米德尔马斯（Middlemas）是诺德斯特龙的一名老员工，他对新员工说：“你永远不会因为为顾客做得过多而受到批评；你只会因为做得太少而受到批评。如果你对某种情况不知所措，只要做有利于顾客的决策就对了。”诺德斯特龙的员工手册证实了这一点。员工手册这样写道：

欢迎加入诺德斯特龙！

我们对你的加入感到高兴。

我们的目标是提供优质的客户服务。

设定崇高的个人目标和职业目标。

我们坚信你有能力实现这些目标。

诺德斯特龙法则：

法则1：在所有情况下都相信自己的判断。
没有其他规定。
任何时间，如有任何问题，请放心地向部门经理、仓储经理或者分部总经理提出。

资料来源：Robert Spector and Patrick D. McCarthy，*The Nordstrom Way to Customer Service Excellence*：*The Handbook for Becoming the "Nordstrom" of Your Industry*，2nd ed.（New York：John Wiley & Sons，2012）.

授权总是恰当的吗

拥护者认为，尽管管理者设计了相对标准化的系统并希望员工严格按照规定执行任务，但使用授权的方法比流水线方法更容易产生积极的员工和满意的顾客。然而，戴维·鲍恩和爱德华·劳勒（Edward Lawler）认为，不同的情境可能需要不同的解决办法，他们提出，"授权的方法和流水线的方法各有所长……而且……每种方法适用于特定情境。选择管理方法的关键是充分满足员工和顾客双方的需要。"并不是所有员工都希望企业授权，很多员工并不追求工作中的个人成长，他们更愿意按照具体指令工作而不是运用自身的主动性。研究显示，当组织及其环境中存在下列因素时，授权是比较明智的选择：

- 企业的经营战略以竞争的差异化和提供个性化的定制服务为基础。
- 与顾客打交道是基于长期关系，而非基于短期交易。
- 企业使用的工艺性质复杂而且非常规。
- 服务失败通常是非常规的，不可能在系统外设计。一线员工不得不快速回应以挽救服务。
- 经营环境不可预测，充满变数。
- 管理者乐意让员工为了组织和顾客的利益而独立工作。
- 员工在工作环境中有强烈的成长和提高技能的需要，对与他人合作感兴趣，并具有良好的人际技能和团队工作技能。[54]

授权对一线员工的要求。用流水线方式管理员工是基于已有的组织设计和管理的控制模型。该模型清晰地定义了角色、自上而下的控制系统、金字塔式的层级结构，以及"管理者无所不知"的假设。相反，授权的方法是基于**参与**（involvement）（或者承诺）模型。该模型假设，如果员工受到良好的社会化、训练和教育，他们就能够作出正确决定，并为企业经营出谋划策。它还假设员工受到内在激励能够有效行事，而且进行自我控制和自我引导。

施耐德和鲍恩强调："授权不只是'释放一线员工'或'抛弃政策条款'。它需要系统地、由上至下地重新配置四个关键要素。"[55]这四个要素是：

- 有关组织绩效、团队绩效、个体绩效的**信息**（例如，经营结果和对竞争绩效的测量）。
- 帮助员工理解组织绩效、团队绩效、个体绩效和为此努力的**知识**（例如，解决问题的技巧）。
- 在较高的层面作出关于工作程序和组织方向的决策**能力**（例如，通过质量圈和自我管理团队)，在微观层面作出具体交易决策的能力（例如，有关为顾客提供个性化服务以及服务补救的决策)。

● 基于组织绩效、团队绩效、个人绩效的**奖励**，例如奖金、利润分享和优先认股权。

在控制模型中，这四个要素集中在组织的上层，而在参与模型中，这些要素向组织下层转移。例如在餐馆里，管理人员为服务员安排的工作时间通常都不太令人满意，更糟糕的是，生产效率最低的员工有时会被安排到生意最好的时间上班。为了解决这些问题，波士顿餐馆连锁店 Not Your Average Joe's 将这四个授权的要素推向一线员工。餐馆发展了一套监测和显示销售额与顾客满意度的绩效评定系统（根据小费评定或更直接的方法)，为每位服务员提供相关数据（提供信息和知识)。基于自己的排序，员工现在能够通过一个自助服务网上系统，选择自己喜爱的上班时间以及想去的餐馆部门（为他们提供决策权和奖励)。这个系统向高绩效员工授权，并奖励他们，培育了绩效文化，并为每个餐馆经理每周节省了 3～5 小时的工作时间，使得餐馆盈利更多。[56]

员工参与的水平。授权和流水线的方法位于一个"光谱"相对的两端，在这个"光谱"中，随着额外信息、知识、能力和奖励向一线转移，员工的参与水平逐渐提高。管理层需要决定符合商业模型和顾客需求的合理授权水平。授权能够在如下水平上发生：

● **建议参与**授权员工通过正式项目提供建议。虽然通常被认为是采用流水线方法的典型，但是麦当劳密切关注来自一线的声音。你或许并不知道，从"麦满分"（猪柳蛋汉堡包）到不留手印的打包方法在内的很多创新，都来自一线员工的发明。

● **工作参与**代表了工作内容的极大开放。工作被重新设计，以便员工能够使用更广泛的技能。在诸如航空公司和医院等复杂的服务组织中，员工个人不能提供一项服务的所有内容，经常需要借助团队来完成工作。为了应对与授权相伴的额外要求，员工需要接受培训，而且主管需要重新定位，他们需要从指挥一个群体的角色转变为采用支持方式推动团队绩效的角色。

● **高度参与**甚至赋予了底层员工对公司总体绩效的参与感。在这里，信息是公开的。员工发展出有关团队合作、问题解决和企业经营的技能，并参与所在部门的管理决策，他们还是组织学习和创新的来源。[57]一线员工还参与设计和执行新服务，获得基于绩效的奖励。[58]

西南航空公司是一家高度参与的公司，提倡企业全体人员共识，但也倡导灵活性。它相信自己的员工并赋予他们自由、自主和完成工作所需的权力。由于取消了不灵活的工作规定和刻板的工作描述，所以不论是谁的"法定"责任，员工都不相互推诿，而是协同努力，确保完成工作，使飞机准点起飞。这一做法赋予了员工灵活性，在需要时他们可以相互帮助。因此，他们秉承"不惜一切"完成任务的思想。西南航空公司的技师和飞行员可以自由地帮助舷梯操作员装载包裹。当某一航班晚点时，你经常可以看到飞行员帮助坐轮椅的乘客登机，或是协助操作人员移动登机通道，或是帮助乘务员打扫机舱。所有这些行为是他们根据当时的情况为实现乘客尽快登机的主动之举。而且，西南航空公司的员工按照常识而非规定工作，只要这符合乘客利益的最大化。

罗德·琼斯（Rod Jones）是一名助理飞行员，他记得有一次，一位机长已经驾驶飞机离开了登机口，却发现有一位老人上错了飞机。当时老人感到非常困惑和沮丧。按照公司规定，当乘客错误登机时，飞行员不得驾驶飞机返回登机口。但此时机长非常担心这位老人的状况，“所以，他随机应变。”琼斯说，“飞机返回了登机口，让老人下了飞机，然后重新出发，他向我们报告了这一非常规事件。尽管他违反了公司的规定，但他按照自己的判断，尽可能做到了最好。我们都说：‘干得好！’”[59]

构建高绩效服务团队

团队可以定义为“具有互补技能、忠于共同目的、设定绩效目标、彼此负责的一小群人”。[60]很多服务企业的性质要求员工在团队中工作，这种工作经常是跨职能的，以保证为顾客提供“无缝”服务。

传统上，很多企业是按职能结构组织的，例如，一个部门负责咨询和销售（如签订手机资费合同），另一个部门负责顾客服务（如增值服务的激活、资费计划的改变），第三个部门负责记账。这种结构使内部服务团队不把顾客当作自己的顾客，也意味着糟糕的跨职能团队合作、更慢的服务以及更多的职能错误。当顾客有服务问题时，他们容易左右为难。

实证研究已经证实，一线员工认为缺乏跨部门的支持是阻碍他们满足顾客需要的重要因素。[61]由于存在这些问题，很多行业中的服务组织需要建立具有权力和责任心的跨职能团队，从服务接触开始到结束为顾客提供服务。这样的团队也称为自我管理团队。[62]

服务业中团队的力量。团队、培训和授权同时并进。团队推动了团队成员之间的沟通和知识共享。[63]通过运作这样小的独立单元，服务团队比传统的按职能构建的顾客服务单元承担了更多的责任，而且需要较少的监控。而且，与主管相比，团队成员经常为自己设置更高的目标。在一个好的团队里，绩效压力非常大。[64]

一些学者甚至认为企业对雇用“个人明星”强调过多，对雇用那些具有良好团队能力和合作动机的员工则关注不足。斯坦福大学教授查尔斯·奥赖利（Charles O'Reilly）和杰弗里·普费弗（Jeffrey Pfeffer）强调，员工在团队中的工作表现与他们个人是否优秀同等重要，通过好的团队合作，他们能够超越明星员工。[65]

顾客研究有限公司（CRI）是一家领先的市场调查公司。该公司的团队成员如此概括自己的感受：

- “我喜欢待在团队里。你感觉到自己属于这儿。每一个人都知道事情的进展。”
- “我们有主动权。每个人承担责任并自告奋勇、相互帮助。”
- “如果有客户一小时内就要结果，我们会齐心协力解决难题。”
- “没有人动作迟缓，每个人都尽心尽力。”[66]

团队能力和激励对有效提供许多类型的服务至关重要，尤其是那些需要专家参与的服务。例如，医疗保健服务在很大程度上依赖于许多专家的有效合作。

打造成功的服务团队。团队良好运行并不是一件容易的事情。如果员工不为合作做好准备，而且团队结构设置不合理，公司就会承担团队成员心有余而力不足的风险。团队成员所需的技能不仅包括合作、倾听、指导和鼓励别人，还包括对如何取得一致、实话实说以及提出难题的理解。这些都需要培训。[67]管理层也需要建立引导团队迈向成功的结构，具体如下[68]：

● 明确团队将会达到什么。目标是可定义的，并可以在团队队员之间分享。

● 用心选择团队成员。所有达到目标的技能都必须能够在团队中找到。

● 监控团队和团队成员，并提供反馈。这使得个人和团队的目标与组织目标保持一致。

● 告知团队成员所取得的成就，并奖励他们的努力和绩效。

● 和其他团队、部门以及职能领域合作协调来达到公司的总体目标（详见下一部分）。

跨部门和跨职能整合团队

即使服务提供团队运作良好，我们也能够发现许多公司中来自不同部门和职能领域的员工彼此不睦。市场营销人员可能认为，自己的职能在于持久为公司的产品提供附加值、增强其对顾客的吸引力以及促进销售。然而，运营部经理认为，他们的工作在于提出额外因素，从而反映服务约束的现实（例如人员和设备）和控制成本的需要。人力资源部门想要控制员工总体数量和工资总支出，IT 部门则需要努力应对许多变化的需求，因为它经常需要控制服务过程中的关键信息。

服务管理的部分挑战是确保不同部门和职能领域的相互合作。可以减少冲突和消除部门之间障碍的方法包括：

（1）员工内部流动，使他们形成全局意识，进而能够从不同部门的视角看待问题。

（2）建立跨部门和跨职能的项目团队（例如，为了新服务开发或顾客服务流程再造）。

（3）建立跨部门/跨职能的服务团队。

（4）任命员工负责整合不同部门之间的具体目标、活动以及流程。例如，罗伯特·夸里克（Robert Kwortnik）和加里·汤普森（Gary Thompson）建议，建立一个部门负责“服务体验管理”，整合市场营销和运营职能。[69]

（5）进行内部营销和培训以及整合项目（参见西南航空公司的例子）。

（6）高层管理人员承诺，确保整合好所有部门的首要目标。

另一个具有强势企业文化的典范是西南航空公司，它持续使用新的创造性的方法来强化自己的文化。西南航空公司文化委员会成员都热衷于谈及在公司内部营造家一样感觉的传统。委员会代表了从空乘人员到高层管理者的所有人。正如一位参与者观察到的，“文化委员会不是由大人物，而是由那些具有赤子之心的人组成的。”委员会成员并不想获取权力，他们利用西南航空精神的力量，将员工与公司的文化基础很好地联系起来。该委员会在幕后工作，培养了西南航空公司员工对核心价值观的忠诚。下面就是西南航空公司强化企业文化的典型事例。

● **看看别人是怎样工作的**。这个项目帮助西南航空公司员工对他人的工作表示感谢。员工要在休假时参观不同的部门，至少花 6 小时在这些部门“参观”。这些员工往返旅程的机票费用由公司承担，通过参观和分享，不仅增进了相互了解，同事之间还收获了友谊，也起到了提升士气的作用。

● **在现场实际工作一天**。这项活动全年在公司实施。例如，巴里·塔克（Barri

Tucker）是执行办公室高级沟通代表，曾经3次在为期3天的旅行工作中担任空中服务员。塔克通过从新视角看待问题、直接倾听乘客意见获得了经验，充分认识到公司总部对一线员工的支持是多么重要。

- **伸出援手**。西南航空公司会派遣自告奋勇的员工到与联合航空公司直接竞争的城市中工作，以减轻这些城市中员工的压力。这种做法不仅可以为公司竞争造势，也在事实上提高了与联合航空公司竞争的能力，极大地鼓舞了士气。[70]

激励和动员员工

一旦某家企业雇用了合适的员工，并好好培训他们，授权给他们，将他们组织成有效的服务团队，如何保证他们能够提供优质服务呢？员工绩效是由能力和动机决定的。[71]有效的雇用、培训、授权和团队赋予企业能干的员工，奖励系统是激励他们的关键。企业应当向员工传递这样的信息：提供优质服务能使他们受到奖励。激励和奖励高绩效员工是留住他们的最有效的方法。如果晋升的员工确实是出色的服务提供者，而且被解雇的员工的确是不能提供顾客服务的人，员工自然会振作精神。

企业不能全面有效地使用现有奖励，是服务业失败的一种主要形式。很多企业认为只有金钱才是奖励，但实际上金钱并不能完全达到有效激励的目的。获得合理的报酬是保健因素，而不是激励因素。高额的报酬只能在短期里奏效，其作用很快就会消失。此外，基于绩效的奖金必须可以反复实施，从而保持激励的有效性。另外，更加持久的奖励还包括工作内容、认可和反馈，以及目标实现。

工作内容。当员工知道自己干得好时，就会受到激励和感到满足。他们感觉良好，而且乐于强化这种感觉。上述判断尤为正确，如果工作：

- 包含许多不同的活动；
- 会得到完整的和确定的成果；
- 能对他人的生活产生有意义的影响；
- 有一定的自主性和灵活性；
- 能向员工提供直接清晰的工作效果反馈（例如，感激的顾客和销售业绩）。

反馈和认可。员工是社会动物，他们从周围的人（顾客、同事和老板）的认可和反馈中获得对组织的认同感和归属感。如果员工因超越正式评价体系的优质服务而得到认可和感谢，他们会想要继续这样做。如果做得好，按月评选并奖励明星员工的做法会肯定他们的出色表现，并使他们受到极大的鼓舞。

积极的情绪是有感染力的。当员工在一个能对其他人产生积极影响的地方工作时，他们会感到高度的满意和激励。因此，让员工和最终用户进行联系，从顾客那里听取积极的反馈，是非常具有激励作用的。[72]积极的效果是可见的，即使一线员工只是看见顾客的照片或者只是读到顾客的一些十分精彩的故事。[73]

目标实现。目标凝聚力量。实现重要目标本身就是一种奖励。那些具体的、有难度的，但能够完成的、为员工所接受的目标是有力的激励因素。与没有目标或模糊的目标（如"竭尽所能"）或不可能完成的目标相比，它们能带来更高的绩效。[74]简而言之，有效沟通和共同接受的目标是有效的激励因素。

下面是设置有效目标需要注意的要点：

- 当员工认为目标重要时，实现目标本身就是一种奖励。

● 目标的完成情况可以作为给予奖励的基础，这些奖励包括金钱、反馈和认可。来自同事的反馈和认可比金钱奖励更加立竿见影，成本更低，也更有效，对提升员工的自尊还有额外的好处。

● 那些具体的和有难度的服务目标必须公开设定以被员工接受。尽管目标必须是具体的，但它们可以是一些无形的东西，例如对员工改善礼貌举止的评价。

● 如果能够满足员工的自尊需要，有关目标实现（反馈）和目标实现本身的进展报告必须是公开的（认可）。

● 将实现目标的方法具体化是最没有必要的。追求目标的同时提供进展反馈是正确的做法。只要目标是具体的、有难度的，但可以达到和被接受，追求目标将会带来目标的实现，即使缺少其他激励。

查尔斯·奥赖利和杰弗里·普费弗进行了深度访谈，研究了一些公司为什么能够在缺少诸如限制准入或专利技术等常规竞争优势来源时，在竞争激烈的行业里基业长青。他们推断这些企业并不是依靠赢得人才战（尽管这些企业在雇佣时特别注意人才是否合适），“而是通过充分利用已有人才并释放他们的积极性获得成功”。[75]

工会的作用

工会和优质服务似乎没有关系。在服务业和制造业，工会经常被用作企业不采用新技术的借口。管理者经常“无奈”地抱怨严格的工作限制，他们说“我们没办法绕过工会”。工会经常被媒体描绘成反面人物，特别是在高调的罢工给公众带来诸多不便的时候。很多管理者似乎对工会都很抵触。

与上述消极观点不同的是，世界上许多成功的服务企业都是高度工会化的，西南航空公司就是一个例子。工会并不会自动阻碍服务企业的高绩效和创新，除非双方长期存在不信任、紧张的关系和对抗的历史。

杰弗里·普费弗根据观察，略带讥讽地指出：“工会和集体谈判的对象是……那些导致明智的员工失去客观性的东西。”[76]他强烈要求采取实用主义的方法解决这个问题，强调“工会的作用更多取决于管理层的所作所为”。高工资、低流动率、清晰制定的抱怨程序，以及改善工作环境的情况通常都在这些员工高度工会化的企业中存在，并对管理良好的服务组织产生了积极影响。而且，想要员工接受新观念（在非工会化企业中环境同等有效），管理层咨询工会和与工会代表协商都很重要。对与工会合作的企业而言，挑战在于减少冲突，并创造服务氛围。[77]

服务业文化、氛围与领导力

到目前为止，我们已经讨论了帮助企业提供优质服务的关键战略。即将结束这一章时，我们来看看领导者在培育有效的服务文化方面的作用。首先，让我们来定义服务文化和服务氛围。

建立服务导向的文化

努力追求提供优质服务的公司需要强势的服务文化。[78]这种文化被管理层不断强化和发展，以与企业战略达到一致。[79]**组织文化**（organizational culture）是引导组织行动的基本假设和价值观，包括：

- 对“什么在组织中是重要的”达成共识或分享看法；
- 对“什么是正确的、什么是错误的”有共同的价值观；
- 对“什么起作用、什么不起作用”有共同的理解；
- 对这些信念“为什么很重要”有共同的信念和假设；
- 有共同的工作风格和与人相处的风格。

即使对于最有天赋的领导者，变革一个组织来发展和培育一种遵循五个维度的新文化也并不是一件简单的事情。假如面对的组织属于以根深蒂固的传统而自豪的行业，那么这件事情尤其困难，这种行业的组织通常包含不同领域内众多具有独立意识的专家运营的不同部门，这些专家对于行业内其他机构中同行的看法习以为常。这种情况经常出现在非营利性行业中，例如，学院或大学、大医院、大型博物馆。

伦纳德·贝里（Leonard Berry）倡导一种价值观驱动的领导力，这种领导力会激励和引导服务业员工，激发他们的服务热情，开发他们的创造力，培育他们的活力和组织承诺，并赋予他们充实的工作生活。[80]强势组织文化的一个重要特征在于，它认为传递优秀的顾客价值观和服务是十分重要的。贝里发现，优秀服务企业的核心价值观通常包括卓越、创新、快乐、团队合作、尊重、正直和社会利润（见服务展望11－8）。这些价值观是它们企业文化的一部分。**服务文化**（service culture）的定义是：

- 关于组织中“什么是重要的”的共识；
- 它们“为什么重要”的共同价值观和信念。

领导者有责任去营造一种以激励、动员和引导服务提供者为价值观的企业文化。

服务展望 11－8

美捷步的价值观陈述

美捷步是一家具有传奇色彩的美国零售商，它的领导者认为明确定义决定其服务文化、品牌和商业战略的核心价值观是非常重要的。美捷步依托的10条核心价值观是：

1. 通过服务让顾客感到惊叹；
2. 接受并且推动变革；
3. 制造乐趣和一点点的古怪；
4. 爱冒险，有创造力和开放的心态；
5. 追求成长，不断学习；
6. 用沟通构建开放和诚实的关系；
7. 培育积极的团队和家庭精神；

8. 少花钱多办事；

9. 激情和坚定；

10. 谦虚。

美捷步的创建者兼CEO谢家华（Tony Hsieh）在其《传递幸福：通向利润、激情和目标之路》一书中，详细说明了这10条价值观以及它们为什么重要。

资料来源：http：//www.zappos.com/d/about-zappos-culture，accessed May 12，2015；Tony Hsieh，*Delivering Happiness*：*A Path to Profits*，*Passion and Purpose*（New York，NY：Business Plus，2010）.

服务氛围

尽管文化更重要并且企业很关注价值观，但组织氛围是组织文化的一部分，能被感知到和看到。[81]在很大程度上，员工通过公司和领导行为来认识“什么是重要的”，而不在于他们说了多少。

他们可以通过与人力资源、运营、营销、IT等部门的政策、实践和流程打交道的日常经验来获得有关“什么是重要的”理解。这种文化通过员工的经历被转化为更具体的方面，反过来促进员工行为和顾客方面的结果。[82]简而言之，氛围代表了员工对实践、程序以及在特定场合哪些行为能够得到支持和奖励的共同认识。氛围必须和某些具体的东西关联，例如服务、支持、创新，或者安全——多种氛围往往在某一组织内共存。服务氛围的主要特征包括清晰的营销目标，以及对在传递良好的顾客价值或提供优质的服务方面做到最好的强力推动和支持。[83]

服务组织中高效领导者的素质

领导者有责任营造文化氛围和环境。为什么有些领导者比另外一些人更能够在氛围和环境方面带来令人渴望的变化？

很多人撰写了不少关于领导力的文章。领导力被描述为凭借自身力量的一种服务。沃尔玛零售连锁店创始人山姆·沃尔顿（Sam Walton）强调，经理实际上是“服务型领导者”。[84]以下是服务组织高效领导者应当具备的一些素质：

- 热爱业务。对业务感到兴奋将会鼓励员工将业务传授给其他人，并教会他们操作业务的艺术和秘密。
- 很多杰出的领导者受一系列核心价值观的驱动，他们将这些价值观传递到整个组织。[85]服务质量被视作成功的关键基石。
- 认识到员工在传递服务过程中起到的关键作用，服务型领导者需要信任为其工作的人，并特别注意与员工之间的交流。
- 高效领导者能够提出很多问题，并从团队中获得答案，而不是仅依靠自己主导决策过程。[86]
- 团队期待的榜样行为。
- 高效领导者具备以简单易懂的方式与他人交流的能力。他们了解自己的听众，并能够以所有人都能懂的语言沟通复杂的想法。[87]有效的沟通可能是领导者激发组织创造成功最重要的技能。

雷克什·卡玛（Rakesh Karma）告诫道，在遴选CEO的时候不能过度注重非凡的领导力，因为这会导致不切实际的期望。[88]他认为，魅力可能会引发不道德的行为，而不道德的领导者会引起下属的盲目服从。例如，由安然领导者激发的非法行为最终导致公司的破产。当然，杰出的领导者太关注内部有效性的风险也是极为危险的。一位享受高收入（通常是由期权获得的）、拥有体面的生活方式、暴露在公众视野中的CEO，可能会解雇一些基层的低收入员工。吉姆·柯林斯得出结论，领导者不必具有传奇色彩的性格。他认为，那些渴望带领公司成就大事的领导者需要具备谦逊的性格、远大的专业志向、当机立断的个性，以及将荣誉归于他人而将过失归结为自己的品格。[89]

最后，在层级制组织内，通常会假定领导者是完美的。然而，正如桑德拉·范德梅维（Sandra Vandermerwe）所指出的，有远见的服务企业更需灵活性。如今在服务企业内部更多强调利用团队，这意味着：

> 领导者无处不在，分布在整体团队中。尤其是在面向顾客和交互性工作中能够找到他们的身影，他们的决策带来与顾客之间更长远的关系。领导者是顾客与项目的领军者，他们通过热情、兴趣和专门技能鼓舞着团队成员。[90]

领导风格

服务氛围研究对比了两种领导风格：事务型的管理人员和制定企业战略、推动变革的变革型领导。[91]研究显示，对“基础”的持续管理和无穷细节的关注营造了强烈的服务氛围。领导者对服务质量做出承诺，建立高标准，识别并消除障碍，确保容易获得所需资源，从而营造强烈的服务氛围。相对于变革型领导而言，这种事务型的领导风格看上去更寻常一些。但是根据约翰·赫斯科特和他的同事的观点，两者都是需要的，这是对“寻常的重要性”的认可，能够提供一种强烈的服务视角以鼓舞和激励团队。[92]

成功的领导者所具备的特点之一便是他们能够为管理人员和员工树立其所期望的行为范式。通常这需要广为人知的“走动式管理”手段，这一方法通过汤姆·彼得斯（Thomas Peters）和罗伯特·沃特曼（Robert Waterman）合著的《追求卓越》（In Search of Excellence）一书得以普及。[93]当赫伯·凯莱赫担任西南航空公司CEO时，人们并不奇怪会在凌晨两点看到他出现在公司的维修车间，甚或偶然看见他在飞机上担任乘务员。走动式管理涉及对公司众多运营区域的定期巡查。这种方法提供了对后台和前台运营的洞察，与员工和顾客见面并对其观察的能力，并且提供了观察企业战略在一线如何实施的机会。

定期这样做可能会让企业得到这样一个认识，即企业战略需要改变。遇到CEO这样的巡查还能够促进服务人员的工作。这也提供了树立良好服务行为榜样的机会。服务展望11-9描述了一家医院的院长在任职早期认识到行为榜样的力量。

服务展望 11－9

医院院长亲历行为榜样的魅力

米歇尔·瑞金（Mitchell T. Rabkin）医学博士在波士顿贝斯以色列医院担任院长的30年间，因定期去医院的各个部门做非正式访问而闻名，他说："你从走动式管理中会学到很多东西，而且你的行踪大家都看到了。当我参观另一家医院并由其CEO陪同时，我观察那个CEO如何与他人互动，每一个瞬间的身体语言是什么，这对我很有启迪。不仅如此，这对树立行为榜样也非常重要。"为了强调这一点，瑞金博士喜欢讲下面这个故事。

人们因为看到你和其他人的行为而学会做事情。贝斯以色列医院有一个捡碎纸片的故事，现在看起来像假的，但是真的。

我们的董事之一，已故的麦克斯·费尔德伯格（Max Feldberg），也是扎耶尔集团（Zayre Corporation）的总裁，有一次让我陪他绕着医院散步，他问："为什么这间监护病房的地上有这么多碎纸片？"

我回答："那是因为人们不捡它。"

他说："你看，你是个科学家。我们来做一个实验。我们沿着楼梯往下走，每隔一张纸片就捡起一张。然后我们上楼，那儿有另外一间病房，同样的环境，差不多同样多的纸片，但我们什么都不捡。"

于是这位72岁的老人和我一起，在一个楼层上交替着捡纸片，而不捡另一个楼层的。当我们10分钟以后回来再看，第一个楼层剩下的纸片都被捡干净了，当然，这一举动也影响了第二个楼层的情况。麦克斯先生对我说："你看，并不是人们不捡它，而是因为你不捡它。如果你自视甚高，做不到弯腰去捡这张纸，别人为什么就应该去捡呢？"

资料来源：Christopher Lovelock，*Product Plus*：*How Product ＋ Service ＝ Competitive Advantage*（New York：McGraw-Hill，1994）.

酒店行业的实证研究发现了管理层的走动式管理之所以重要的原因。朱迪·麦克莱恩·帕克（Judi Mclean Park）和托尼·西蒙斯（Tony Simons）对76家假日酒店的6 500名员工进行研究，测量员工是否意识到酒店经理行为的一致性，测量的题目包括"我的经理按照承诺行事"以及"我的经理是按照所说的去做的"等。这些陈述与员工回答的一些问题相关，例如"我为我是这个酒店的一员而自豪"以及"我的同事不厌其烦地满足客人的特殊要求"，这些问题还与酒店的收入和利润相关。

研究结果令人震惊。结果显示了经理行为的一致性与员工的信任、承诺以及付出额外努力工作的意愿高度相关。而且，测量到的所有经理的行为是促进企业收益的唯一因素。事实上，酒店整体行为的一致性在5分量表上的得分仅仅提高0.18，酒店每年的收入就会增长2.5%，利润则会增加250 000美元。[94]

整个组织关注一线员工

在强势的服务文化中，整个组织关注一线员工，并深知他们是组织的生命线。组织了解现在以及未来的收益主要由服务接触的质量决定。在热情服务的企业里，高层管理者通过自身行为、沟通以及积极参与，揭示一线发生的事情对企业至关重要的道理。为了达到上述目的，他们经常与顾客进行交谈，与一线员工一起工作。马克·费里索拉（Mark Frissora）是赫兹租车（Hertz）的CEO，他表达了以下观点：

> 我经常听见人们说："作为一个CEO，你不能过分投入企业日常业务的运营。那属于微观管理。"我的回答是："我不得不'太投入'，因为我正在制定战略。如果不了解业务，那么我就是一个糟糕的管理者和失败的领导者。"领导者在实际工作上多花点时间是极为重要的。[95]

实际上很多高层管理者花大量时间在一线为顾客提供服务。例如，迪士尼乐园的管理层每年要花两周的时间从事一线员工的工作，例如清扫街道、卖冰淇淋或是从事服务员的工作，这样做可以充分了解和理解基层的真实情况。[96]服务业领导者不仅胸怀全局，而且关注服务细节，他们可以从竞争对手不以为然的细微差别中发现机会，并相信企业处理小事的方式决定了管理其他所有事情的基调。

美捷步关注所有一线的新员工，确保每一个被总部雇用的员工都能够经历与呼叫中心员工相同的培训内容（称为"顾客忠诚团队"）。无论雇用的是一名会计、律师，还是软件开发人员，不论其资历如何，他们都会参与相同的培训项目。培训会花费4周的时间，涉及公司的历史、顾客服务的重要性、公司的长期愿景以及公司文化的哲学。培训结束后，所有新员工都会在呼叫中心工作2周，负责接听顾客的电话。据CEO谢家华所说："这一做法得追溯到我们的信念，那就是顾客服务不应该只是一个部门的事情，而应该是整个公司的事情。"[97]

图11－7显示了一个倒金字塔，这个倒金字塔强调一线的重要性，并显示高层管理者和中层管理者的作用在于支持一线员工向顾客提供优质服务。

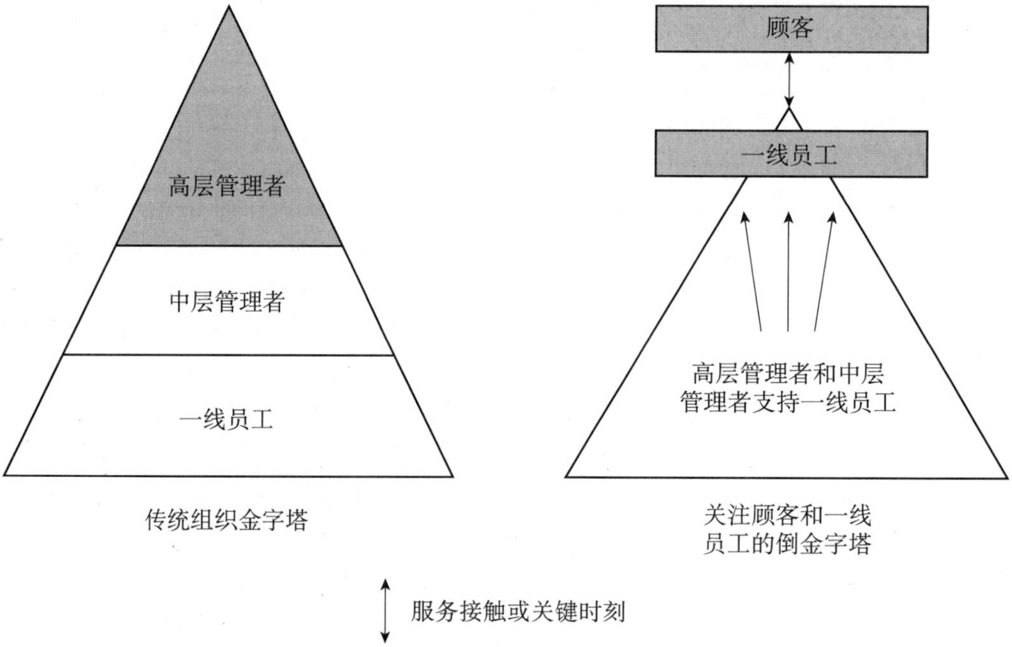

图11－7 组织倒金字塔

结　论

服务企业员工的素质——尤其是那些在面对顾客的岗位上工作的人，在决定市场成功和财务绩效上发挥了至关重要的作用。这是 7P 中人的因素为什么重要的原因。成功的服务企业奉行对人力资源的有效管理，紧密依靠营销和运营经理去平衡可能相互冲突的目标。它们认同投资人力资源的价值，并了解高员工流动率所带来的成本。长期来看，与支付低工资雇用那些忠诚度低和轻易离职的员工相比，给那些忠诚度高的员工提供高工资和高福利可能是更加有利可图的战略。

为获得服务优势而有效管理员工，这一做法可以带来可观的市场结果和财务结果。在所有层面上，好的人力资源战略与强大的管理领导力的结合都能给企业带来持续的竞争优势。然而，复制高绩效的人力资源比复制其他任何资源更加困难。

本章小结

1. 服务员工对于一家服务企业的成功至关重要，因为他们：

● 是服务产品的核心构成部分；

● 在顾客眼里就是企业；

● 是企业品牌的核心部分，顾客通过他们来认知企业的品牌；

● 对销售、交叉销售和向上销售收入至关重要；

● 是提升一线运营生产率的关键因素；

● 是顾客忠诚的源泉；

● 甚至在低接触度服务业，一线员工在少有的但重要的关键时刻的接触中给顾客留下印象。

2. 一线员工的工作既艰巨又有压力，因为他们在跨越组织边界的岗位上会面对各类冲突：

● 组织与顾客之间的冲突；

● 角色的自我冲突；

● 顾客之间的冲突；

● 情绪劳动和情绪压力的冲突。

3. 我们用三类循环来表述企业的成功与失败，三类循环都涉及一线员工和顾客。

● 第一类是失败的循环，这是一种低工资和高员工流失率的战略选择，通常会导致顾客较高程度的不满和背叛，并影响企业的收入和利润。

● 第二类平庸的循环在大型官僚机构中比较常见。这些组织的员工有很好的工作安全性，但缺乏自主性，员工缺乏为顾客提供良好服务的动力。

● 成功的服务企业按照成功的循环运行，员工对自己的工作感到满意，并且富有成效，结果是顾客感到满意而且忠诚。丰厚的利润为公司招聘、开发和激励合适的一线员工提供了资金保障。

4. 优秀服务人才循环是引导服务企业实施成功人力资源战略的框架，帮助企业迈向成功的循环。这种循环会给公司带来自我激励的员工，他们乐于提供优质服务、努力工作且卓有成效。实现上述循环的条件是：

● 雇用合适的员工。

● 向一线员工授权。

● 激励和激活员工。

● 拥有一支重视支持一线员工的领导团队。

5. 为了雇用合适的人才，企业需要为特定的服务工作吸引、挑选和录用合适的人才。最佳人力资源战略实践始于认识到许多行业的劳动力市场是高度竞争的。企业需要成为受欢迎的雇主，原因在于：

● 这样才能吸引劳动力市场中大量最有潜力的候选人。

● 仔细甄选，确保新雇员符合工作要求和组织文化。挑选最合适的候选人，甄别的方法包括：观察、人格测试、结构化面试以及真实工作的体验等。

6. 为授权一线员工，企业需要实施高强度的培训，内容包括：(1) 组织文化、目标和相应战略；(2) 人际技能和技术技能；(3) 产品/服务知识。

7. 使用内部沟通机制（也称作“内部营销”）来强化企业的服务文化，并将信息传递给每一位员工。综合使用有效的内部沟通途径（例如：邮件、杂志、录像、简报，以及通过展览、价格和认可项目的营销活动）。

8. 授权给一线员工，以便他们可以灵活处理顾客需求、非常规接触以及服务失败。授权和培训将会赋予员工权力、技能和自信，使他们努力主动为顾客提供优质服务。

● 授权需要根据商业模式和顾客需求选择合适的水平。它涉及从在高度标准化服务的生产线上的低水平授权，到在更为复杂和个性化的服务中决策者对一线员工的高水平授权。

● 授权需要系统地匹配四个特征：(1) 有关组织、团队、个人绩效的信息；(2) 促使员工理解组织绩效和为此努力的知识；(3) 做决策的能力；(4) 基于绩效的奖励。

9. 组织一线员工成为有效的服务提供团队（经常是跨职能的），从而使他们始终能为顾客提供良好的服务。

10. 对服务提供团队进行跨部门和跨职能的整合。为了成功，营销、运营、人力资源、IT部门需要紧密结合起来，并且精诚团结地工作。整合意味着这些不同职能部门的主要产品和目标不仅仅是可以兼容的，而且应该是相互促进的。

● 促进整合的方法包括：(1) 跨职能部门的内部流动；(2) 跨职能的项目团队；(3) 跨职能的服务团队；(4) 任命员工负责整合不同部门的目标、活动以及流程；(5) 培训、内部营销以及活动（例如：“看看别人是怎样工作的”，“在现场实际工作的一天”）；(6) 管理层承诺确保各部门首要目标的统一。

11. 最后，利用一整套的奖励制度激活和激励员工，包括工资、令人满意的工作内容、认可，以及对实现目标的反馈。

12. 服务文化表述的是能够指导企业行动的基本假设和价值观。服务文化的定义包括两点：

● 关于组织中“什么是重要的”的共识；

● 它们“为什么重要”的共同价值观和信念。

服务导向文化的重要特征就是一种对于提供一流价值观和优秀服务的强烈信念。它建构了员工对能够达到这些结果的组织目标的理解和支持。

模范的领导者能够认识到，关注顾客以及创造一种以鼓舞、激励和引导服务提供者为价值观的服务文化能够产生强大、一致的影响。

13. 服务氛围是除了服务文化之外表层的东西。氛围是将文化转化为更具体的方面。这些方面来自员工的经历，涉及人力资源、运营、营销和IT等部门的政策、实践和流程。氛围代表了员工对于组织希望奖励的实践和行为的共同认识。

14. 服务领导者应该具有以下素质：

● 热爱业务。

● 受一系列与优质服务和绩效相关的核心价值观的驱动，并将这些价值观传递到整个组织。服务质量被视作成功的关键基石。

● 充分信任为他们工作的员工，高度认可一线员工的重要性。

● 向团队成员提问和寻找答案的能力。

● 团队期待的榜样行为。

● 有效的沟通技能，鼓舞组织以创造成功。

15. 关注基础和细节的领导风格创造了强烈的服务氛围，它让领导者表明其对服务质量的承诺，建立高标准，识别并消除障碍，确保所需要资源容易获得。这种领导相比制定战略并推定变革的变革型领导而言是平凡的。这两种风格对于营造强烈的服务氛围都是需要的。

强势的服务文化关注一线员工。领导者在一线表现出来的行为至关重要。中高层管理人员的作用就在于支持一线员工向顾客提供优质服务。

复习题

1. 为什么服务业员工对企业如此重要？

2. 服务业的发展趋势是从高接触转向低接触。那么，低接触度服务中的员工依然重要吗？请解释原因。

3. 什么是情绪劳动？请解释它给一线员工造成压力的方式。举例说明。

4. 什么是阻碍企业打破失败的循环、迈向成功的循环的主要因素？组织陷入平庸的循环后应该如何前进？

5. 列举五种对雇用、甄选、培训和持续激励员工进行投资的方式，这些方式将提高如下组织的顾客满意度，例如：(a) 餐馆；(b) 航空公司；(c) 医院；(d) 咨询公司。

6. 描述服务人才循环的关键要素。

7. 要成为受欢迎的雇主，吸引劳动力市场上的优秀人才，服务企业可以做些什么？

8. 一家企业如何从众多的申请人当中挑选出最合适的人选？

9. 服务企业应该实施的培训主要有哪些类型？

10. 列举以下组织中服务团队获得成功的因素：(a) 航空公司；(b) 餐馆；(c) 客户服务中心。

11. 如何有效激励一线员工，以提供优质并卓有成效的服务？

12. 服务企业如何建设强调优质服务和生产率的优秀服务文化？

13. 解释组织文化、服务氛围和领导力之间的关系。

14. 为什么榜样作用对于服务业的领导者而言是可贵的素质？

应用练习

1. 一家航空公司投放广告招聘空乘人员，广告展示了一个小男孩坐在飞机座位上紧紧抓住一只泰迪熊的图片。标题写道："他妈妈告诉他不要和陌生人说话。那么，他的午餐怎么解决？"请描述以下应聘者的人格类型：(a) 被这则广告吸引而申请这份工作的人；(b) 看到这则广告放弃申请的人。

2. 考虑下列工作：急救中心护士、收账员、电脑修理技师、超市收银员、牙医、幼儿园老师、检察官、家庭餐馆的服务员、高级法国餐厅的服务员、股票经纪人和殡仪业人员。你估计他们在工作时会向顾客展示哪种情绪？什么原因使你作出这样的预测？

3. 使用服务人才循环这一工具来诊断你所熟知的服务企业成功与否。你对成功的企业和不成功的企业各有什么建议？

4. 回忆你所熟悉的两家组织，一家具有非常优秀的服务文化，另一家则具有非常糟糕的服务文化。请描述塑造这些组织文化的影响因素。你认为什么因素最重要？为什么？

5. 作为一名人力资源经理，你认为什么问题最有可能导致一家大型互联网服务供应商的顾客服务员工出现跨边界问题？请从中挑选四个问题，并指出如何调解服务和营销之间的冲突，从而创造令三个群体（企业、顾客、员工）都满意的结果。

6. 确认（1）航空公司；（2）餐馆；（3）顾客交流中心中服务团队能够成功的因素。

7. 描述一位领导者，他的领导技巧在服务组织的成功中发挥了重要作用，并阐明你认为他所具备的重要的个人特点。

第 4 篇　构建顾客关系

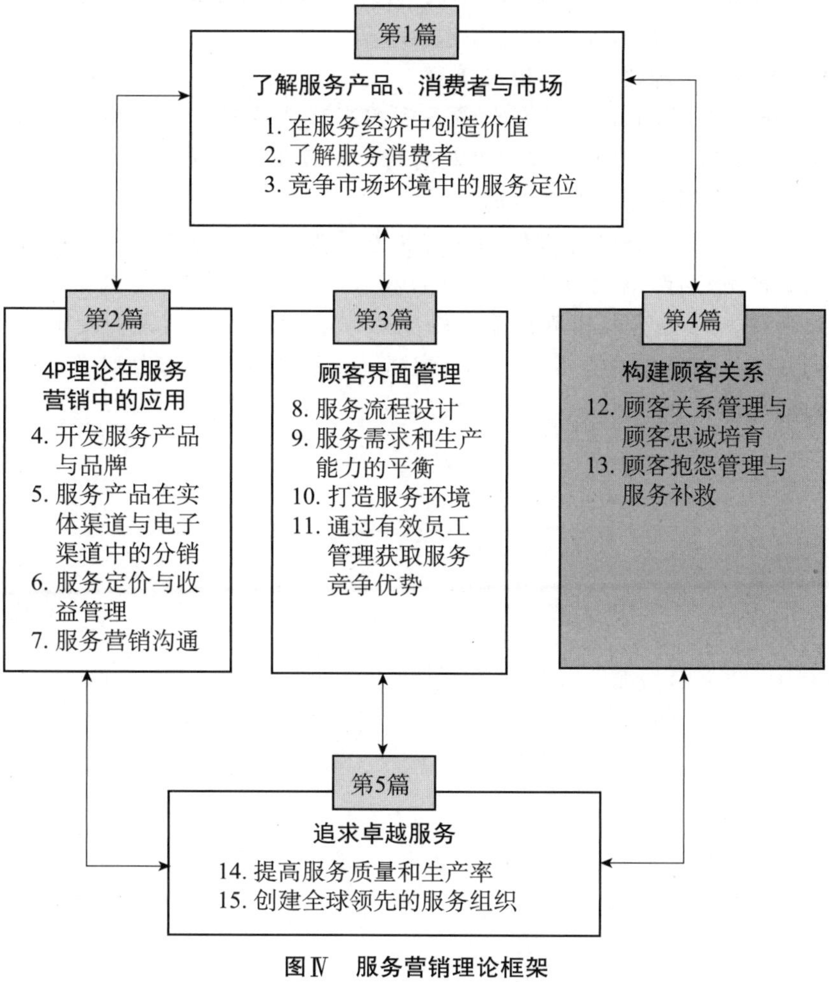

图Ⅳ　服务营销理论框架

第 4 篇研究的焦点是通过建立顾客忠诚、有效的顾客抱怨管理和服务补救，构建与顾客的长期关系，并获取长期收益。本篇共包括两章。

第 12 章　顾客关系管理与顾客忠诚培育

第 12 章讨论怎样通过正确的市场细分，利用忠诚之轮等工具，构建并强化与顾客的关系，从而实现长期盈利的目标。本章结尾将讨论顾客关系管理系统（CRM）。

第 13 章　顾客抱怨管理与服务补救

第 13 章详细研究了怎样进行有效的顾客抱怨管理，以实施专业化的服务补救。本章开篇回顾了消费者抱怨行为和有效服务补救的基本原则。从组织和营销工具两个角度，探讨了服务保证问题。从营销工具角度看，服务保证实际上代表的是一定的服务质量。最后，用一定的篇幅讨论了怎样与不良顾客打交道，以避免这些顾客钻服务补救系统的空子和滥用企业对顾客的信任。

第12章 顾客关系管理与顾客忠诚培育

顾客忠诚系统管理的第一步就是发现和留住正确的顾客。

——弗雷德里克·F. 莱希赫尔德

作家、战略家、美国贝恩公司研究员

战略第一，CRM 第二。

——斯蒂芬·S. 拉姆齐

埃森哲咨询公司前高级合伙人、IRi 公司执行副总裁

学习目标

通过本章的学习，您将能够：

1. 了解顾客忠诚对服务企业盈利的重要性；
2. 学会如何计算忠诚顾客的终身价值（LTV）；
3. 了解顾客对特定服务企业忠诚的原因；
4. 明确“忠诚之轮”的核心战略，并了解如何构建忠诚顾客数据库；
5. 明确服务企业选择适合企业的顾客的重要意义；
6. 利用顾客分级的方法管理顾客数据库，进而构建顾客忠诚；
7. 了解顾客满意与顾客忠诚之间的关系；
8. 知晓如何通过交叉销售和捆绑销售的方法来强化企业与顾客的关系；
9. 了解强化顾客忠诚给企业带来的财务和非财务绩效；
10. 了解社会、定制化和结构性约束对强化顾客忠诚的作用；
11. 明确影响顾客流失的因素以及怎样降低顾客流失率；
12. 明确忠诚计划和顾客关系管理（CRM）系统对忠诚战略实施的重要性；
13. 了解 CRM 系统在定制化服务传递和建立顾客忠诚方面的作用与意义。

开篇案例

凯撒娱乐集团的顾客关系管理

凯撒娱乐集团（前身为哈拉斯娱乐公司）拥有一系列知名品牌，例如凯撒（Caesars）、哈拉斯（Harrah's）、马鞍酒店（Horseshoe）以及伦敦卡西诺连锁俱乐部（the London Clubs family of casinos），等等。[1]在运用顾客忠诚计划方面，这家公司非常老到。哈拉斯是博彩业第一家实行顾客忠诚计划的公司，现在这一计划已覆盖整个凯撒

集团。在凯撒的顾客忠诚计划中，顾客被分为四类，即黄金、白金、钻石和七星级顾客（此类顾客全部为特邀）。该计划将企业所有资产和服务进行了整合。累积到一定分值后，顾客所在的赌桌、餐厅、酒店、礼品店以及所能观看的表演都会有所不同。积分可以兑换现金、商品、免费住宿、门票、度假或者是一些大型演出票。

凯撒娱乐集团的顾客忠诚计划本身并无特殊之处，但通过积分所获取的顾客信息，经过有效整理分析，企业可以将这些数据在不同的业务管理板块中分享，如博彩管理、酒店预订以及大型演艺活动。它拥有超过 1 000 万名顾客的详细资料，清晰地知道这些顾客的偏好以及消费行为。例如，顾客在不同博彩活动中的支出，他们对食品和饮品的偏好，他们喜欢哪些娱乐活动，喜欢住哪类酒店，等等，而且所有这些顾客数据都是实时的。

凯撒娱乐集团利用这些数据进行精准营销和现场顾客服务。例如，如果一位白金顾客在 278 号老虎角子机位呼叫服务，一位凯撒的经理助理会前去询问："琼斯先生，还是像以前一样玩?"然后他会仔细观察服务人员为这位顾客提供服务的时间。再如，如果一位赌客赢了大奖，凯撒会根据他的要求，给他的奖励进行个性化的庆祝。凯撒甚至清晰地知道，顾客某个晚上将会在什么时段下最大的注，什么时候结束下注，令人瞠目。为了防止赌客在下最大的注之前停止下注，凯撒甚至会给该赌客诸多折扣和优惠条件，以鼓励他继续赌下去。这无疑会刺激顾客不停地花钱，而且在他停止下注之前，总是觉得自己得到了公司额外的恩惠。同时，它还会通过表演和餐饮，尽量使不同时段的顾客大致均衡，以避免服务资源的浪费。

同样，当顾客给呼叫中心致电时，接线员会立即知道该顾客的详细信息，他们的偏好、花钱的习惯，然后根据这些信息做好交叉销售和深度消费等促销工作。凯撒的促销从来不针对所有顾客，正如凯撒董事会主席、总裁兼 CEO 加里·洛夫曼 (Gary Loveman) 所说，撒盐式的促销是企业利润的"噩梦"。凯撒的促销极其精准，会刺激各个细分市场的顾客的购买积极性。它还会利用财务指标对促销的有效性进行度量和控制，以对促销计划作出及时调整。

通过数据驱动的顾客关系管理，凯撒将企业与顾客的互动全部实现个性化，每个顾客的服务体验都是独一无二的。这种管理模式也使得公司的第一个品牌哈拉斯能够成功地推出诸如"全效奖励"这样很有效的促销策略，将全效奖励卡持有者的购买支出从没有实施 CRM 计划之前的 34%一举提高到了 50%。

顾客忠诚研究

对于很多服务企业来说，确定、争取和保留"正确的顾客"无疑是头等大事。第 3 章已经讨论了服务市场细分和定位问题。在本章中，我们将主要讨论在已选定的目标市场上，聚焦符合企业要求的忠诚顾客的重要性，以及怎样殚精竭虑，通过精心设计的关系营销战略，构建和维持顾客忠诚。关系营销的目标就是要构建有利于企业业务未来发展的顾客关系和忠诚。图 12－1 提供了本章的整体理论框架。

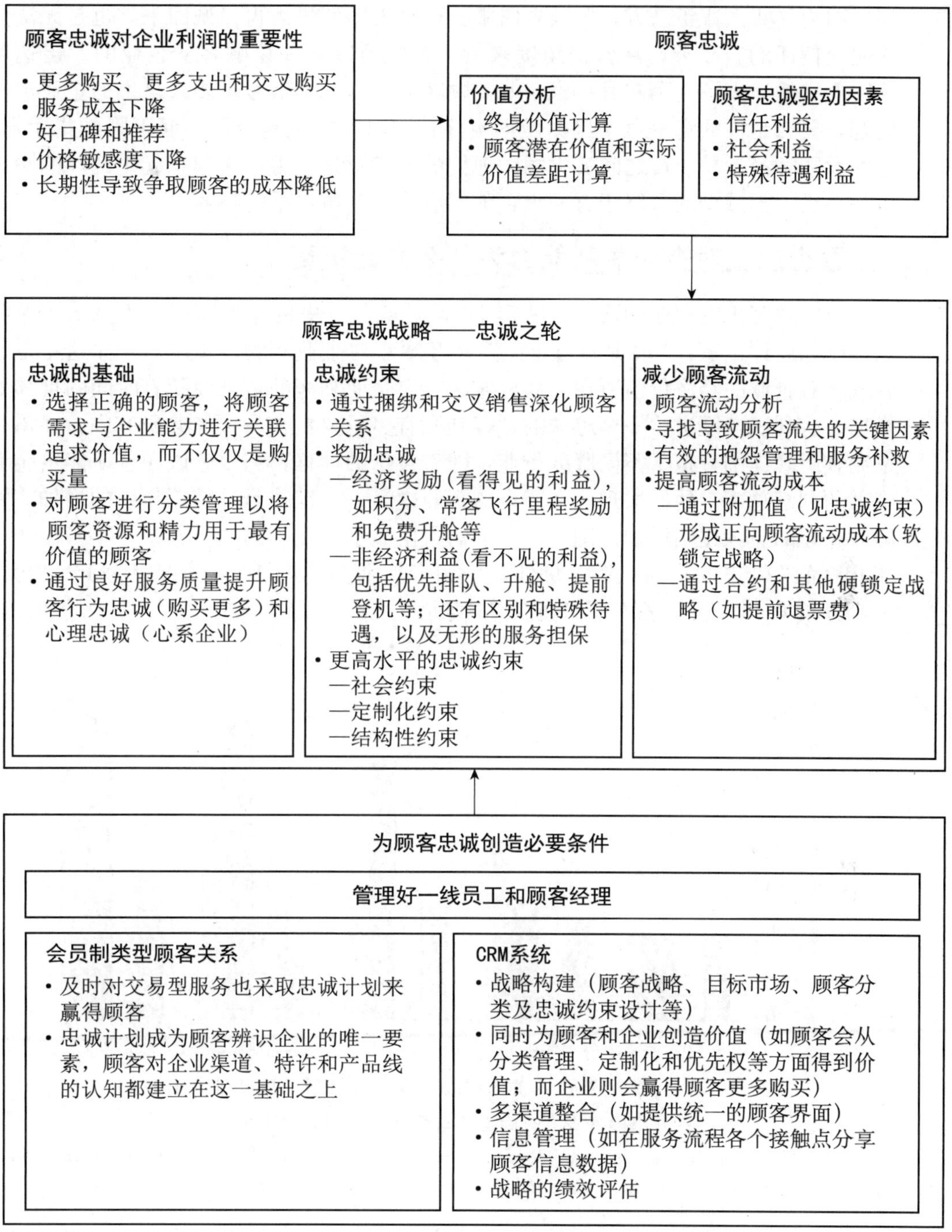

图 12－1　顾客关系管理和忠诚构建架构图

顾客忠诚并不是一个新词，在过去的营销理论中，它通常指个体对国家、事业或个体的热忱与无私的奉献。近年来，这个词在企业管理中得到了广泛的使用，其基本含义是一个顾客自觉自愿地在有其他选择的情况下，钟情于某企业或品牌，并热心地向朋友和同事推荐该企业或该企业所生产的产品。顾客忠诚并不仅仅指购买行为，还包括偏好、喜欢和未来购买意向。

在战争年代，背叛者（逃兵）是一个令人讨厌的词汇，它是不忠诚者的代名词，因为这些人背叛己方，向敌人屈服。这些人即使将来再投诚回来，也是无法让人完全信任的。今天，从营销角度来看，背叛意味着一位顾客从企业的“雷达屏幕”上突然消失了，奔向另一家企业。顾客流失是一个信号，要么是你的企业出了问题，要么是你的竞争对手比你做得更好，同时，它也是企业利润下降的指示器。那些大顾客绝不是一夜之间流失的，他们的不满意是一天一天累积起来的，购买量也是一天一天减少的，终于有一天，他们成为你竞争对手的顾客。

顾客忠诚对企业盈利能力为什么如此重要

研究顾客忠诚问题的著名学者、《忠诚效应》一书的作者弗雷德里克·莱希赫尔德曾如此评论道：“很少有企业关注顾客逐年对企业利润的贡献。”[2] 而这正是忠诚顾客对企业的经济价值所在，即忠诚顾客对企业利润的贡献会随着时间的推移而增加。从利润角度讲，一个忠诚的顾客到底有多重要？在一项经典研究中，弗雷德里克和萨瑟详细分析了不同服务行业，随着年份的推移，一个忠诚顾客所能给企业带来的利润总额。他们发现，在所有的行业中，一个铁律是：随着年份的增加，顾客对企业的贡献逐年增加。图 12－2 中的数据显示了在不同的行业第一年一位顾客能够给企业带来的平均利润，例如，信用卡行业为 30 美元，洗衣店为 144 美元，工业分销为 45 美元，汽车服务则为 25 美元。

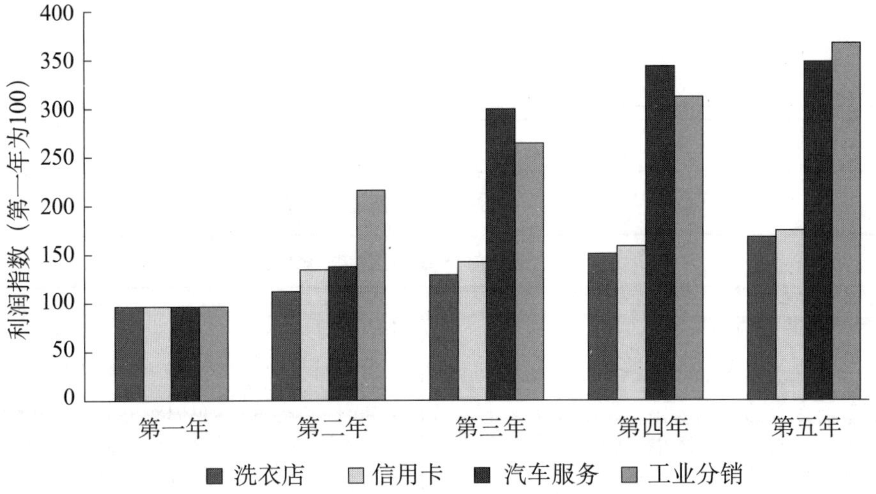

图 12－2 时间推移与顾客所能创造的利润

资料来源：Adapted from Frederick J. Reichheld and W. Earl Sasser Jr. (1990), “Zero Defections: Quality Comes to Services,” *Harvard Business Review*, Vol. 73, Sep-Oct, p. 108.

支撑顾客对企业利润的贡献逐年增长的因素有很多，这些因素共同作用，使得供应商能够获取持续性的利润。我们以 7 年作为一个计算周期，影响的主要因素包括[3]：

1. **顾客增加购买带来的利润（在信用卡或银行业的体现是：顾客的卡余额会越来越多）**。随着时间的推移，企业顾客数量会不断增加，因而购买量也会相应增加。对于单个顾客来说，这一因素同样会起作用，因为随着他们家庭结构的变化，挣的钱越来越多，他们的需求自然增加。

2. **顾客服务成本越来越低**。顾客购买经验越丰富，他们的服务需求就越清晰

(例如，不必再进行信息搜寻和寻求企业帮助，更多使用自助服务，等等)。在参与服务市场的过程中轻车熟路，对服务生产率的提升也会起到积极的作用。

3. **向其他顾客推荐带来的利润**。推荐和好口碑是能够给企业带来利润的免费广告，企业只有收益，没有成本付出。

4. **价格敏感度下降，企业可以通过溢价来获取更多利润**。新顾客的价值获取途径主要是促销打折，而老顾客对打折之类的问题并不感兴趣，其价格敏感度较低。[4]更重要的是，忠诚的顾客愿意在服务高峰期支付溢价，也更愿意为企业着想。

5. **争取顾客的成本被稀释**。企业在前期争取新顾客的费用必须在后续的年份中分摊，这笔费用可能相当可观，包括销售佣金、广告和促销费用、争取新顾客管理方面的成本以及"欢迎包"和注册礼物，等等。

图 12-3 表明，基于 19 类产品（包括有形产品和服务）的分析，一年内不同要素对利润的相对贡献。弗雷德里克认为，忠诚顾客给企业带来的经济利益有力地诠释了一家企业为什么比另一家企业更赚钱。与此相对应，弗雷德里克和萨瑟竭力推广一个新术语"零流失"①（zero defections），即如果所有顾客都能与企业保持长期的关系，企业就一定可以盈利。[5]

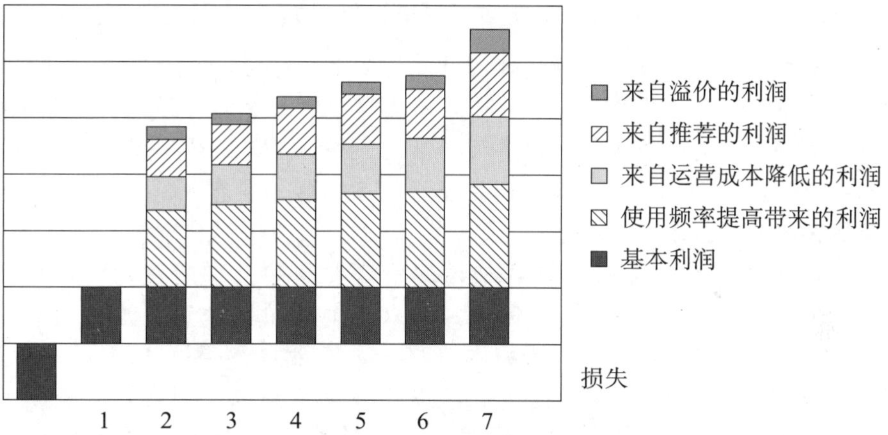

图 12-3　老顾客为什么更有价值

资料来源：Adapted from Frederick J. Reichheld and W. Earl Sasser Jr.（1990），"Zero Defections: Quality Comes to Services，" *Harvard Business Review*，Vol. 73，September-October，p. 108.

忠诚顾客价值度量

在不同的顾客寿命周期阶段，为不同细分市场顾客提供服务，面临的一个严峻挑战就是如何确定成本与收益的关系，特别是对未来预期收益的预测。至于如何计算顾客终身价值，请参见"顾客终身价值计算表"。[6]

近期研究成果也表明，在服务产品寿命周期的不同阶段，顾客对企业利润的贡献率可能存在巨大差异。在服务产品寿命周期的进入阶段，一个满意顾客的推荐和一个"流失"顾客的负面口碑，对企业利润的影响比在寿命周期其他阶段更大。在寿命周期的以后几个阶段，企业工作的重点会转向怎样提升现有顾客现金流的水

① 原意为零缺陷，用于制造业产品质量控制。——译者注

平，口碑和推荐的作用会相对下降。[7]

最后，忠诚顾客永远比一次性交易顾客更具盈利性的假说是成立的。[8]道理非常简单，从成本角度看，有些类型的服务并不需要高昂的新顾客获取成本。有时，好的零售店位置可能更重要，顾客只需几步路就可以到达，这无疑给顾客带来极大方便。有些行业没有新顾客获取成本，但对于像保险和其他类似会员制组织，企业在审核新顾客申请和开户时，都需要投入成本。

从收益角度看，老顾客购买金额未必会比新顾客多，而且老顾客对打折的期望值可能会更高。最后，利润并不总是随着时间的推移而增长，这个结论只适用于部分顾客。[9]在很多B2C大量营销市场上，如银行业、移动电话服务以及住宿业，顾客基本没有讨价还价的能力。但是，在B2B市场上，大客户通常具有更强的讨价还价能力，特别是需要续签合同时，这些大客户通常会要求对方与自己共同承担成本上升的压力。敦豪航空货运公司（DHL）发现，尽管大客户给它带来的业务量是相当可观的，但它们给企业带来的只是平均利润而已；相反，那些基本没有讨价还价能力的小客户却给企业带来了非常可观的利润。[10]

顾客终身价值计算表

从严格意义上讲，顾客终身价值的计算还缺乏科学性，因为在具体的计算过程中我们加入了太多的假设。你也许想试一下，看看这些假设变动对最终计算结果的影响。一般来说，每位顾客的收益比为他服务而产生的成本计算起来要容易一些，除非你根本就没有相关记录，或者顾客群过大，而企业所保存的则是单个顾客的数据。

新顾客收益与成本

如果顾客购买资料齐备，顾客初始的申请费和购买费用可以计入收益。但顾客服务成本却只能使用人均数据。例如，争取一个新顾客的营销成本可以通过先计算出特定时期争取新顾客的总营销成本（广告、促销、销售等），再除以当期顾客总数得到。如果获取顾客成本存在滞后，你就必须考虑这一问题，要将那些没有真正成为企业“顾客”的申请者在计算收益时排除掉，因为他们并没有给企业带来收益。如果每位新顾客获取成本与收益都存在滞后效应，需要精确计算出企业营销支出吸引了多少新顾客。同时，如果有必要进行信用审计的话，要将获得的收益在新顾客之间进行均分，在计算时要排除“准”顾客，因为他们可能并不在为企业创造收益的范畴之内。

年度收益与成本

如果年度销售收入、顾客手续费和服务费等都以个人账户为计算基础，顾客收益流（推荐给企业带来的收益除外）就可以较为容易地计算出来。首要问题是要根据顾客与企业关系存续的长短对顾客群进行细分。如果企业顾客数据足够精确，那么，年度成本便可以计算出来并分摊到每个顾客，或者是分摊到某个特定的细分市场顾客群。

推荐的价值

计算推荐的价值需要若干假设。我们需要通过调查确定：(1) 由于推荐而购买企业产品的新顾客的比例；(2) 由于企业营销宣传而光顾企业的新顾客比例。从这两点出发，由于其他顾客推荐而给企业带来的收益便可以大致计算出来。

净现值

最后一步是根据未来利润流来计算净现值（net present value，NPV），这需要年度的贴现率数据（反映未来的通货膨胀率）。同时，还需要计算顾客与企业关系持续时间。

通过计算，NPV 是预计的顾客在与企业关系存续的一生时间里，每年能够给企业带来的利润的贴现值。

获取顾客的成本与收益			第一年	第二年	第三年	第 n 年
初始收益		年度收益				
申请费用[a]	______	年度账户费用[a]	______	______	______	______
初始购买[a]	______	销售收入	______	______	______	______
		服务费[a]	______	______	______	______
		推荐价值[b]	______	______	______	______
总收入	______		______	______	______	______
初始成本	______	年度成本				
营销费用	______	账户管理	______	______	______	______
信用核查[a]	______	销售成本	______	______	______	______
账户设置[a]	______	注销（如坏账）	______	______	______	______
减：总成本	______		______	______	______	______
净利润(或亏损)	______		______	______	______	______

a. 如果能够获取相关数据。

b. 每个经过别人推荐来的顾客的预期利润（可以仅限第一年，也可以用预计的利润流的净现值来表示）；如果一个顾客在现有顾客中散布坏口碑导致顾客流失，这部分价值也许是负值。

潜在与现实顾客价值之间的差距

企业都是逐利的，顾客潜在盈利性无疑是企业营销策略制定最重要的影响因素。艾伦·格兰特（Alan Grant）和伦纳德·施莱辛格（Leonard Schlesinger）曾说："最大限度地挖掘每个顾客在寿命周期内的盈利性无疑是每个企业最重要的营销目标，即使保守估计，企业现在的盈利状况和有可能达到的盈利状况之间也存在巨大的差距。"[11] 他们建议对顾客潜在价值和现实价值之间的差距进行估算：

- 每个目标市场的顾客的现有购买行为是怎样的？如果他们能达到理想化购买行为，对企业销售收入和利润的影响有多大？所谓理想化购买行为，是指：（1）购买本企业所提供的所有服务；（2）在竞争对手和本企业之间，一定选择本企业的服务；（3）愿意支付全价。
- 顾客停留在企业的平均时间有多长？如果他们成为企业的终身顾客，会对企业收入和利润产生多大影响？

正如我们前面所说的，顾客对企业利润的贡献会随着时间的推移而增加。管理的任务就是设计和实施能够真正提升顾客忠诚的营销战略，实现顾客支出增加、深度销售以及交叉销售的目的。同时，要了解顾客为什么会流失，如何挽回流失顾客。对顾客数据库和顾客忠诚的管理，也称为**顾客资产管理**（customer asset management）。[12]

顾客为什么忠诚

拥有忠诚的顾客可以说是服务企业在市场上生存的底线。那么，顾客为什么忠诚？顾客并不是天生就忠诚于某个企业或品牌，我们必须给顾客一个理由，让他们和企业保持良好的关系，并从企业持续地购买产品。我们需要为顾客创造价值，这是前提，然后才能期望顾客成为忠诚顾客。

持续性关系可以通过提升顾客信任、为顾客创造社会价值以及为他们提供特殊待遇，达到为个体顾客创造价值的目的（参见服务展望12-1）。下面，我们将探讨怎样利用忠诚之轮方法，促使顾客成为企业忠诚顾客。

服务展望12-1

服务行业顾客对关系利益的认知

顾客对他们从企业获取的利益是如何认知的？一些学者对此问题进行了两项研究。第一项研究包括对21名顾客的深度访谈，这21名顾客接受过不同类型的服务。研究人员要求他们指出他们经常使用的服务提供商，然后确认和讨论作为常客，从企业得到了哪些利益。以下是部分顾客的观点：

- “我喜欢他（发型师），他特别有趣，能讲好多笑话，我们现在和朋友一样。”
- “我知道我得到了什么，当我去一家我熟悉的餐馆吃饭时，饭菜的味道肯定比随便找一家要好得多。”
- “我常去的那些餐馆价格非常实惠。我常常会在早晨去那家小烘焙坊，他们通常会免费给我一块松饼，然后告诉我‘今天又来了，你真是一个好顾客’。”
- “老顾客会得到比新顾客更好的服务，我只去那家4S店，因为我认识那儿的老板，个人关系不错。”
- “如果感觉不错，病人一般不会轻易更换牙医诊所，因为病人不想再从头适应一个新的牙医。”

对这些观点整理和评估后，研究人员设计了第二项研究，他们发放了299份问卷。问卷要求被访者说出他们认为关系最和谐、时间最长的特定服务提供商。然后让他们评估，在上面访谈所提到的21项利益中，由于他们与某家特定企业保持长期关系，他们得到这些利益的程度。最后，他们要对21项利益的重要性进行排序。通过因子分析，研究人员发现，顾客从与企业保持长期关系所获得的21项利益可以分为三类。最重要的一类利益是信任利益，其次是社会利益，最后是特殊待遇利益。

- **信任利益**。信任利益指随着关系时间的持续，顾客感知风险降低，认为企业提供的服务肯定不会有问题，对服务提供者充满信任。在购买时，因为非常清楚自己的期望，顾客不会焦虑，也通常会得到企业给自己提供的最高水平的服务。
- **社会利益**。社会利益是顾客和员工相互之间的认知，包括知道对方的名字，与员工建立起友谊，以及长期关系带来的其他社会利益。

- **特殊待遇利益**。特殊待遇利益包括其他顾客所无法得到的价格优惠、折扣、额外的服务，或者是当顾客在等待服务时享受到的优先接受服务，等等。

资料来源：Kevin P. Gwinner，Dwayne D. Gremler，and Mary Jo Bitner（1998），"Relational Benefits in Services Industries：The Customer's Perspective，" *Journal of the Academy of Marketing Science*，Vol. 26，No. 2，pp. 101－114.

忠诚之轮

建立顾客忠诚并非易事。现在，请你想想你所忠诚的所有的公司的名字。一个简单的事实是：即使对那些你非常喜欢的公司，你能记住名字的也寥寥无几，对那些你花了很多钱的公司，结果也是一样。这意味着，尽管公司很努力，花了很多钱，试图培养顾客的忠诚，但是很难建立起真正的顾客忠诚。我们利用图 12－4 来描述构建顾客忠诚的基本框架。

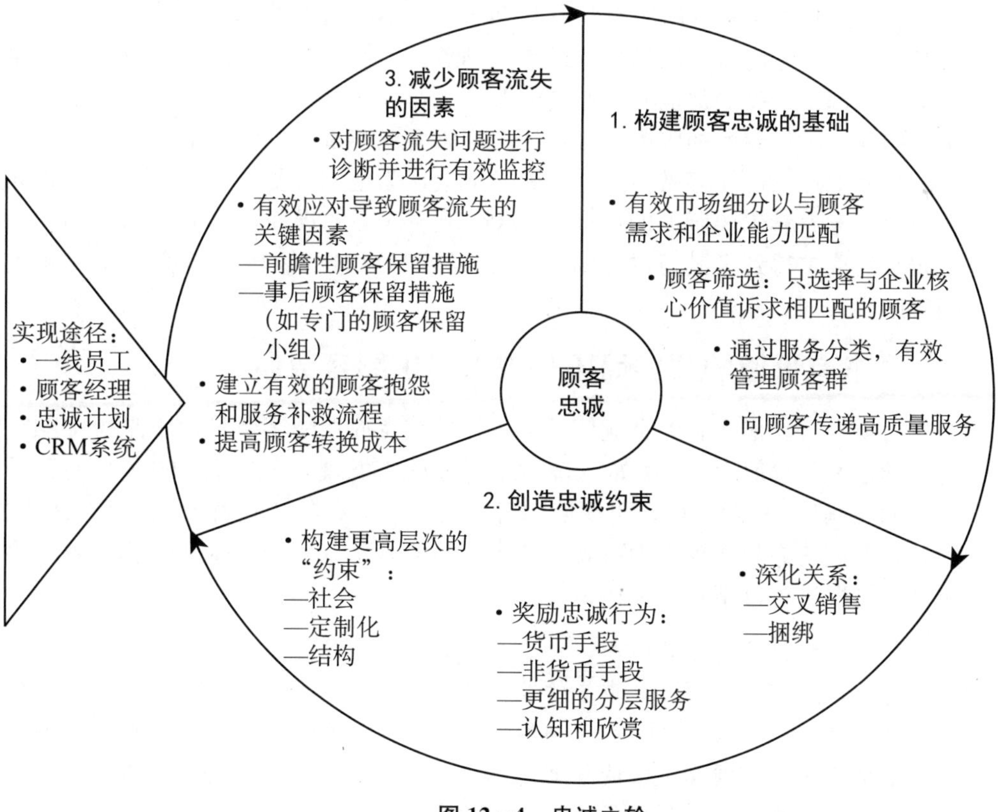

图 12－4　忠诚之轮

构建顾客忠诚的基础

构建长期顾客关系和顾客忠诚牵涉到很多因素。在第3章中，我们讨论了市场细分和定位问题。本节中，我们将重点研究在若干而不是单一细分市场上，怎样通过严谨的关系营销战略的制定来构建并维护顾客关系。

选择正确的顾客

顾客忠诚管理的逻辑起点是通过良好的市场细分，将顾客需要与企业能力有机地结合起来。“为谁提供服务”是企业必须定期考虑的问题。并不是所有的顾客都能够与企业的能力、技术和战略方向相互匹配。如果想建立有效的顾客关系，企业必须小心谨慎地选择适合自己的细分市场。管理者必须充分考虑，顾客需求与企业运营能力如速度、质量等，以及一些有形的要素包括服务设施的外观等，是否匹配。同时，还要努力从服务人员风格和技术能力等方面，满足目标市场顾客的要求。[13]

有些领导者对选择顾客极其慎重，因为这类服务企业的目标就是为顾客传递特殊的价值。获取正确的顾客意味着长期收益和不断增加的顾客推荐，这对企业无疑意义重大，因为这可以反过来促进员工满意，他们日常工作条件会改善，与他们打交道的也都是一些赞赏他们工作的顾客，工作会非常愉快。反过来，如果目标顾客选择错误，不仅会增加服务成本，还会损害企业声誉以及使员工失望。

如果上述工作能够做得出色，顾客就会认为他们接受了优质的服务。正如弗雷德里克·莱希赫尔德所说的那样：“这会出现双赢的局面，企业得到了利润，顾客以较小的成本得到了满意的服务。”[14]构建顾客忠诚的逻辑起点就是发现和找到正确的顾客。

寻求有价值的顾客而不是仅仅追求顾客数量

时至今日，很多服务企业依然将工作的重点放在顾客数量而不是每个顾客能够为企业创造的价值上。[15]例如，喜达屋度假酒店发现，其前2%的顾客创造了高达30%的利润！[16]一般来说，重度使用者的购买频率和购买量都比偶尔购买的顾客要大，他们创造的利润也更为可观。罗杰·哈罗威尔（Roger Hallowell）曾对银行业类似的情况进行过精彩的论述：

> 在银行业的顾客群中，总有一些顾客，在现有服务水平和价格下是无法满意的；还有一些顾客，现有的业务活动使得他们根本就不能给银行带来任何利润。对于一家银行来说，正确的做法是选择正确的顾客，使企业现有的业务和服务水平满足顾客需求的程度超越竞争对手。这类顾客的基本特征是：长期接受银行的服务，购买银行不同种类的产品或服务，乐于向朋友和认识的人推荐银行的服务。对于银行来说，这些顾客是企业利润不竭的源泉。[17]

具有讽刺意味的是，那些总是试图将所有顾客都揽入囊中的企业，长期发展速度反倒不如那些在顾客选择方面非常挑剔的企业，这令人深思。服务展望12-2讲述了共同基金行业领头羊——先锋集团如何通过价格和产品策略的制定，来吸引和保留适合企业商业模式的正确的顾客。

服务展望12-2

先锋集团拒绝“不适合”顾客

先锋集团（Vanguard Group）是共同基金行业增长最快的企业，2015年管理的资产数额达到了3万亿美元，其商业模式最大的特点就是严格遴选适合企业的顾客。[18]新顾客给企业创造的收益大致占企业全部收益的25%，这和它的市场占有率基本相同。但是，该集团的赎回率（在基金行业，代表顾客流失）确实非常低，这就使得企业净现金流高达55%（新销售额减赎回额），这也正是企业快速发展的秘诀。

先锋集团如此之低的赎回率是怎样实现的呢？秘密就是我们上面所说的：严格挑选顾客，审慎推出产品和制定价格，鼓励获取适合的顾客，而不是所有顾客。

先锋集团创始人约翰·博格（John Bogle）坚信，从长期看，优质的指数基金和较低的管理费用将为企业带来丰厚的利润。先锋集团顾客的管理费用很低，原因在于集团奉行所谓的“三无”政策：无冲销、无人员销售、“无”广告（与竞争对手相比，广告费非常少，几乎没有）。另外一个原因是，企业不鼓励吸引那些非长期指数基金持有者。

博格将先锋集团高顾客忠诚度的原因归结为选择顾客时的“挑剔”，从基金角度看，就是所谓的赎回率问题。对待老顾客，他觉得自己“如鹰一般敏锐地注视着他们”，详细地分析他们的特性，以确保获取顾客的战略始终在正确的轨道上。低赎回率意味着企业可以获取长期且忠诚度很高的顾客。稳定的忠诚顾客群无疑是先锋集团成本优势形成的最重要前提。博格尔在顾客筛选方面的仔细程度非常出名，他会认真地检查每位顾客是否与企业的要求相匹配。当一个组织投资者仅9个月就从指数基金赎回2 500万美元时，他立即意识到，企业让这个顾客“进门”是一个错误的决定。他解释说：“我们不想要短期投资者，他们会损害长期投资者的利益。”当他即将从主席职位上退休时，他重申：“我们必须督促短期投资者离开本企业，到其他地方寻找投资机会。”

这种顾客选择模式成为企业发展史上的传奇。例如，一家企业曾表示要在集团投资4 000万美元，但被先锋集团婉言谢绝了，因为它怀疑这家公司会在未来的几星期内抽走资金，进而增加现有顾客的交易成本。尽管这家潜在顾客向先锋集团的CEO进行了抱怨，但CEO不仅支持这个决定，还利用这个机会来教育团队为什么要进行顾客筛选，进而强化团队的顾客选择意识。

在企业实践中，先锋集团还对行业交易规则进行了一系列变革，向那些投机者说“不”。例如，集团不允许利用电话进行指数基金交易，赎回费用必须作为成本进入到基金中，对于新顾客来说，集团不提供任何形式的优惠，以免损害老顾客的利益，等等。这些产品和价格策略可能会使企业在短期内丧失一些试图投机的大客户，但对于长期投资者来说无疑具有巨大的吸引力。

最后，先锋集团的价格制定对老顾客来说也非常有利。顾客只需一次性预付相应的费用，所有相关的基金交易都可以免费，这无疑大大降低了忠诚顾客的交易费用。对于忠诚顾客，这是一种奖励，而对于短期投资者或投机者来说，这无疑意味着惩罚。集团另一种有名的针对忠诚顾客的价格策略被称为“将军股”，持有这种股份的老顾客交易费用低于普通股持有者。

资料来源：Adapted from Frederick F. Reichheld, *Loyalty Rules! How Today's Leaders Build Lasting Relationships* (Boston: MA, Harvard Business School Press, 2001), 24 - 29, 84 - 87, 144 - 145; www.vanguard.com, accessed March 12, 2012.

同时，关系型顾客并不十分关注服务的价格要素，而服务型顾客则相反，他们对价格非常敏感。对于关系营销来说，服务型顾客显然不是关系营销应当关注的顾客。这些顾客有明显的交易导向，寻求低价，也更容易转向其他企业。

对于服务企业来说，不同顾客的价值是不一样的。和投资一样，有些顾客可能短期盈利性比较好，而另外一些则可能在长期对企业贡献更大。同时，一些顾客的购买模式会长期不变，而另一些则可能会具有周期性，经济景气时大笔花钱，萧条时则节衣缩食。聪明的营销者会巧妙地利用顾客特性，最大限度地减少波动给他们带来的风险。[19]

在很多场合，戴维·梅斯特都说，营销的精髓是做最好的生意，而不是更多的生意。[20]例如，一家专业服务公司在选择顾客的时候一定要看这些顾客与企业能力之间的匹配度。仅销售量一个指标无法说明企业绩效是否优异，发展是否具有可持续性，也无法说明企业的盈利性怎样。在专业服务领域，如律师服务或咨询服务，其业务一定是分层的，而且要有不同类型的员工为不同类型的顾客服务。

最后，管理者一定要摒弃那种花钱多的顾客就是“正确的顾客”的观念。按照服务模型，“正确的顾客”来自这样一个群体：其他企业无法为他们提供更好的服务。有些服务企业的战略是非常有效的，专注于别的企业认为无价值并忽略的顾客。这种例子比比皆是。例如，租车公司 Rent-A-Car 所关注的是那些临时需要车的顾客，而不是传统意义上的旅行者，这样做的好处是显而易见的，它避开了与主要竞争对手的惨烈竞争；嘉信理财集团（Charles Schwab）采取的也是这种战略，它聚焦于股票购买的散户；佩奇公司（Paychex）亦是如此，只为中小企业提供薪酬设计和人力资源方面的服务。[21]

通过分层服务管理顾客群

营销人员应当采取正确的战略方法来建立、提升顾客关系，当然，在有些情况下也可能是终止。顾客保留的真正含义是维持与顾客长期和互利的关系，因此，不能将企业资源平均分配给所有的顾客，而是要通过分层服务来有效地管理顾客群。研究已经表明，将更多的资源配置到高端顾客群，将有利于提升顾客的盈利率和销售收入。[22]事实上，不同顾客群的服务期望值和需求是不一样的。瓦拉瑞尔·泽丝曼尔（Valarie Zeithaml）、罗兰德·拉斯特（Roland Rust）和凯瑟琳·莱蒙（Katharine Lemon）的研究结果表明，对于服务企业来讲，根据不同顾客的盈利能力和水平来有效地配置服务资源，是服务企业成功的关键所在。[23]

服务可以根据顾客盈利能力来进行分类（最典型的分类是航空服务中的头等舱、商务舱和经济舱分类，参见第 4 章），顾客也可以分级。顾客分级的理论依据是其盈利能力和期望值的差异（如对价格的敏感度、对舒适度和速度的要求，等等），有时也可能是依据人口统计特征指标进行。泽丝曼尔、拉斯特和莱蒙认为，企业基本上可以将顾客分为四层（见图 12-5）。

● 白金顾客（Platinum）。这部分顾客在企业顾客群中的比例很小，但他们的购买量很大，而且对企业利润的贡献率很高。该细分市场顾客最典型的特征是对价格变动不敏感，但有较高的服务水平期望，乐于投资，而且愿意尝试新的服务。

● 黄金顾客（Gold）。黄金顾客数量较多，但单个顾客的利润贡献率没有白金顾客高，需求价格弹性较为敏感，而且忠诚度并不太高。

● 铁顾客（Iron）。这是企业顾客群中数量最多的顾客，由于他们的存在，企业才能享受到规模经济的好处。如果没有这些顾客，企业的基本能力和设施可能会存在浪费的现象，他们的存在对白金和黄金顾客起着支撑性作用。但需要注意的是，铁顾客能为企业创造的利润十分有限，也正基于此，他们不能像黄金和白金顾客一样享受到特殊的待遇。

● 铅顾客（Lead）。这一层的顾客能给企业带来的收益微乎其微，但他们对企业的服务要求却与铁顾客相差无几，因此，对这一类顾客需要从目标顾客中予以剔除。

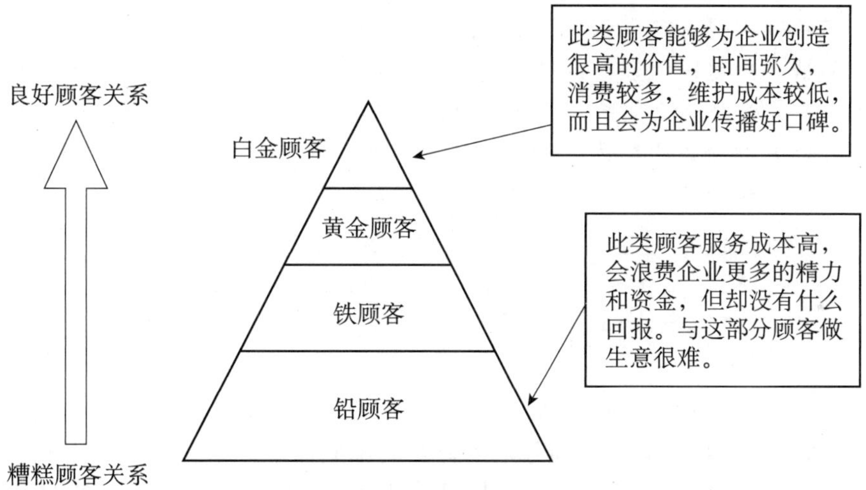

图 12-5　顾客金字塔

资料来源：Adapted from Valerie A. Zeithaml，Roland T. Rust，and Katherine N. Lemom（2001），"The Customer Pyramid：Creating and Serving Profitable Customers，" *California Management Review*，Vol. 43，No. 4，Summer，Figure 1，pp. 118-142.

不同行业、不同企业的顾客分级与分类都会存在相当大的差异。服务展望 12-3 对营销调查行业的顾客分类问题进行了说明。

服务展望 12-3

一家营销调查公司的顾客分类

顾客分类帮助一家美国最好的营销调查公司更好地了解自己的客户，并赢得了市场优势。该公司对白金顾客的定义为：不仅年度内营销调查业务需求量大，而且能够在时间、业务范围和项目的特性方面与调查公司高度一致，这无疑会使公司在咨询能力利用和项目规划方面更加从容、简单。获取这类顾客的成本只相当于整个项目经费的2%～5%（一般情况下，由于要不断地去投标，要写大量的项目建议书，获取顾客的成本要占到整个项目经费的25%左右)。白金顾客更乐意尝试新的服务，也更愿意购买企业推荐的服务。这些顾客对公司工作的满意度通常很高，而且愿意将公司的业务推荐给潜在的顾客。

黄金顾客与白金顾客在某些方面类似，但他们的价格敏感度比白金顾客要高，而且通常要把项目经费花到几家公司，而不是一家公司。这些顾客可能也是企业多年的老顾客，但问题是，尽管公司愿意把最优秀的咨询资源配置到这些顾客的项目之中，这些顾客也不会提前一年就和公司把明年的业务敲定，因为他们会在不同的公司之间观望。

铁顾客的项目经费支出处于中等水平。公司获取这些顾客的成本比较高，因为他们会要求很多家公司为他们所有的项目提供建议书，这是一笔不小的支出。这些顾客会选择出价最低的公司，这些营销调查公司根本就没有时间来展示自己的研究质量。

铅顾客最基本的要求就是价格便宜，都是一些临时应急的项目，调查公司基本上没有机会为顾客和自己创造价值，也没有机会施展拳脚。销售成本通常会很高，因为铅顾客会邀请多家公司一起出价。同时，这些企业平时很少做此类项目，根本没有什么经验，与调查公司之间的合作会磕磕绊绊，需要不停地开会协调，不停地改写项目建议书。维护与这些顾客之间的关系成本较高，因为他们不懂咨询问题，所以他们会要求调查公司不断修改项目的参数、范围、完成时间，并且希望所有这一切的成本全部由调查公司承担，对于企业来说，这些顾客基本是无利可图的。

资料来源：Adapted form Valarie A. Zeithaml，Roland T. Rust，and Katharine N. Lemom（2001），"The Customer Pyramid：Creating and Serving Profitable Customers，" *California Management Review*，Vol. 43，No. 4，Summer，pp. 127－128.

顾客分类通常基于顾客盈利性及其服务需求。企业不能向所有的顾客提供相同的服务，而是根据不同细分市场顾客的不同需求和价值，给顾客提供定制化服务。例如，对于白金顾客来讲，要提供其他细分市场顾客所享受不到的服务。白金顾客和黄金顾客的特性决定了企业必须努力使他们忠诚于企业，他们是竞争对手极度觊觎的对象。

对于所有的四类顾客来说，通过营销活动，我们都可以达到增加购买量、促进顾客购买更高端服务，或者是交叉销售的目的。但是，相同的营销活动对于不同的顾客来说可能效果会不同，因为这些顾客的需求、消费行为和支出模式都是不同的。对于企业来讲，必须认真呵护好并留住那些高价值顾客，有时可能需要采取忠诚计划。[24]

而对于处于顾客金字塔底层的铅顾客，企业的选择只有两个，要么驱动他们向铁顾客层次迁移，要么干脆终止与这些顾客的关系。企业可以利用组合策略来驱动顾客迁移，包括向上销售、交叉销售、服务收费，或者干脆涨价。例如，设置最低消费金额，巧妙地促使顾客要么增加本企业购买，要么到其他企业寻求服务。也可以通过降低服务成本的方法来达到这一目的，即通过成本来重塑顾客消费行为。例如，有些企业会通过低价的方式鼓励顾客在网上交易，以减少密集性分销高昂的人员费用问题。在移动通信行业，消费额较低的顾客通常会被鼓励选择预付费的套餐，企业无须向这些顾客寄送账单，也免去了收费的成本，还可以避免坏账风险。

放弃或者是终止与某些顾客之间的关系，有时也是一种无奈之举，因为这些顾客已经无法为企业创造价值。[25]在有些情况下，维护顾客的成本可能会高于顾客给企业创造的利润。还有些情况下，由于企业战略的变革，或者顾客本身的行为模式和需求发生变化，某些顾客与企业战略之间不再匹配。

在有些情况下，有的顾客被企业直接拒绝（当然，这有可能引起法律纠纷）。美国第一资本金融公司（Capital One 360）就是金融行业快餐模式的榜样，只有服务，没有什么装饰性的东西。在该公司的清单上，只有寥寥几种服务，它只关注那些维护成本低的顾客，不需要顾客有最低存款余额，也不用付什么费用，而且与一般银行相比，它的储蓄存款利率略高，而购房贷款利率稍低。为了弥补这种“慷慨”给企业带来的损失，它会尽力帮助顾客使用网络进行交易，而且会定期“清理”一些不符合要求的顾客。如果一个顾客频繁地给银行打电话（企业处理一个顾客来电需耗费 5.25 美元），或者是有与企业规定不符的特殊要求，银行经理会告诉他们：“嗨，这儿好像不适合你，你应该回到社区银行，接受你感到舒服的面对面服务。”其结果是，该银行每位顾客的维护成本大大低于银行业平均水平。[26]

还有其他“清理”顾客的例子。例如，开除考试作弊的学生，或者是劝走那些总是滥用服务设施和侮辱其他顾客的人。在有些情况下，企业与顾客关系的终止可能并不是这样充满对抗性。银行期望一些与其利益产生冲突的顾客离开，方法是将他们“转卖”给另一家银行（例如，有些信用卡顾客会收到告知信件通知他们，其银行账户已转至另外一个发卡行）。

正如投资者必须放弃回报很差的投资项目，银行需要处理呆账和坏账一样，每家服务企业都需要对自己的顾客组合进行定期审视，慎重考虑是否终止与那些无价值顾客的关系。当然，在做这些事情的时候，必须充分考虑法律和伦理问题。例如，一家银行可以设置存款账户的最低门槛（如 1 000 美元），但从社会责任角度来看，这显然是不合适的。

顾客满意和服务质量是忠诚的基本前提

没有顾客满意，就不会有真正的顾客忠诚。高度满意或愉悦的顾客会成为企业忠诚的“传道者”，这样的顾客愿意只与一个供应商打交道，而且会为企业到处传播好口碑。[27]而不满意的顾客正相反，他们会选择离去，投向其他企业的怀抱。

顾客满意和忠诚之间的关系可以划分为三个区域，即**背弃区域**（zone of defection）、**中立区域**（zone of indifference）和**情感区域**（zone of affection）（见图 12-6）。在背弃区域，顾客的满意度很低，除非转换成本很高，或者是感知选择缺失，否则顾客会转向其他服务企业。极端的情况是，一些非常不满意的顾客会站到企业对立面，成为阻碍企业发展的“恐怖分子”，他们会大量传播企业坏口碑。[28]在中立区域，顾客满意度处于中等水平，如果有更好的选择，顾客也会转换购买对象。最后一个区域是情感区域，这部分顾客的满意度最高，他们态度鲜明，成为企业最忠实的拥趸。这些顾客会公开赞美企业，向其他人推荐企业，因此，这些顾客也被称为“传道者”。

真正的忠诚包含态度忠诚和行为忠诚，这些顾客不仅大量购买企业的产品，而且

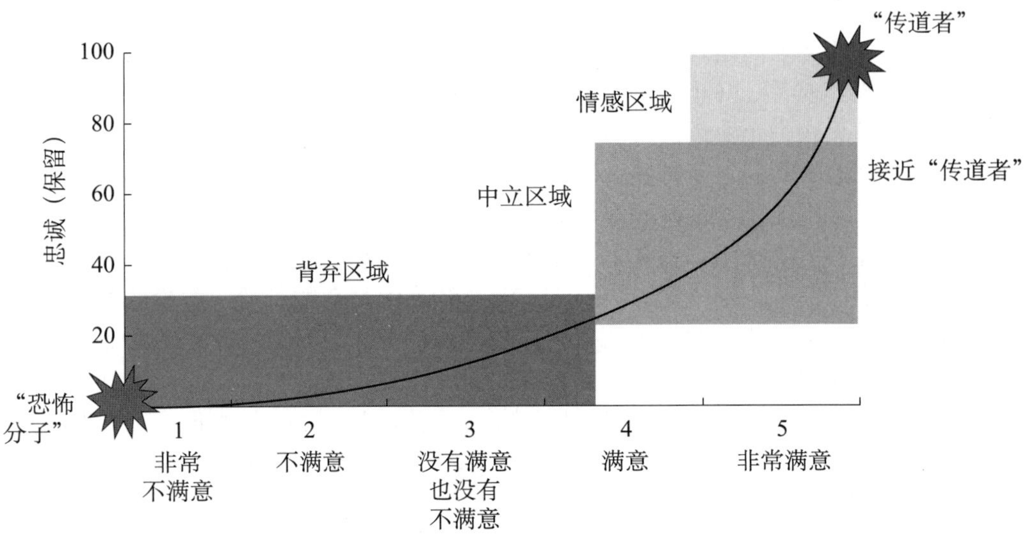

图 12-6 顾客满意与忠诚的关系

资料来源：Adapted from Thomas O. Jones and W. Earl Sasser，Jr.（1995），"Why Satisfied Customers Defect，" *Harvard Business Review*，November-December，p. 91.

对企业有深厚的感情。行为忠诚包括重复购买、大量购买以及为企业传播好口碑；而态度忠诚则是指顾客对企业、企业服务和品牌发自内心的喜欢，是一种情感。

必须指出的是，尽管顾客满意通常会导致顾客忠诚，但并非总是如此。用满意度单一变量无法解释忠诚行为，因为导致忠诚行为的因素有很多，例如转换成本、顾客知识（知识丰富的顾客更有信心转换服务提供者，转换感知风险更低）[29]、企业与竞争对手相比的优势（例如，如果顾客认为，与其他备选服务提供者相比，现在的企业提供的服务是最有价值的[30]，那么，转换就是没有意义的，顾客会继续在本企业购买），以及我们在下一节将讨论的忠诚约束。

顾客忠诚关系构建战略

图 12-4 中的忠诚之轮表明，做好目标顾客市场细分，选择适合的顾客，对服务进行分层，让顾客高度满意，都是顾客忠诚构建的基础。但是，企业还可以通过"约束"策略，强化与顾客的关系，具体策略包括：（1）通过交叉销售和捆绑销售深化与顾客的关系；（2）对忠诚进行奖励；（3）通过更有效的方式构建更高层次的顾客忠诚，如将基于经济利益的忠诚提升为基于社会利益的忠诚，为顾客提供高度定制化产品，使组织与顾客产生有机关联，等等。[31]我们下面将逐一讨论这些策略。

深化与顾客的关系

为了与顾客建立更紧密的关系，交叉销售和捆绑销售是比较有效的策略。例如，银行通常会将尽可能多的金融产品销售给一个顾客或一个家庭。一旦一个家庭在一个银行办理了活期存款、信用卡、储蓄账户、保险箱或者是汽车抵押、房屋贷款等诸多业务，企业与顾客的关系无疑得到了深化，顾客转换的概率会大大降低，除非顾客对银行的服务极度不满意。

除转换成本外，顾客从单一的服务提供者购买不同的服务对顾客本身也是有利的。一站式购买肯定比从不同的服务者购买不同的服务更便利。顾客从一家企业购买很多服务时，顾客通常会被升级，从而得到更好的服务，在有些情况下，购买捆绑式服务可以享受到价格打折等一系列优惠。

通过经济和非经济奖励方式来激励顾客忠诚

只从单一供应商购买服务的顾客少之又少，特别是当服务传递需要独立存在的交易时更是如此（如租车行业），而连续性服务的顾客黏性会稍微好一些（如保险行业）。在很多情况下，顾客会对一些品牌忠诚，而排斥另外一些品牌。在这种情况下，营销的目标就是要强化顾客的品牌偏好，并力争从顾客的消费总支出中获取更大份额。如果顾客忠诚计划设计得科学，就有可能通过不断地奖励，与顾客建立起给企业带来更多收益的良好关系。[32]激励措施基于顾客购买频率、购买价值大小或者是将两者有机结合加以考虑，通过这些措施，企业可以建立起与顾客最基本的关系。所谓的奖励，可以是经济方面的，也可以是非经济奖励。

经济奖励（financial rewards）。经济奖励对顾客有非常好的激励作用，因为这些奖励是有形的（也被称为“硬利益”），典型的如购买折扣、顾客忠诚计划奖励，如航空公司向常客赠送飞行里程、信用卡公司对持卡人的现金回馈，等等。

面对激烈竞争的市场，除了航空和酒店业，从零售服务（如百货商店、超市[33]、书店和加油站）、电信服务商、咖啡连锁店，到快递服务和连锁影院，都推出了相似的顾客忠诚计划。不同的企业实行的忠诚奖励各有不同，如提供免费商品、车辆升级或者度假酒店免费住宿，等等。但事实上，免费里程奖励几乎成了民航服务行业顾客忠诚奖励的“硬通货”。[34]

对信用卡行业的研究表明，建立在经济奖励基础之上的顾客忠诚计划有助于强化顾客对企业价值诉求的感知，而且由于顾客流失率降低和使用频率提高，企业收益会显著增加。[35]格雷厄姆·道林（Grahame Dowling）和马克·昂克尔（Mark Uncle）指出，为了评估顾客忠诚计划对顾客正常行为模式的影响，营销人员需要对顾客的三种心理效应进行测试。[36]

- **品牌忠诚与交易忠诚**。顾客在多大程度上忠诚于企业所提供的核心服务（或品牌），而不是忠诚计划本身？营销人员应当聚焦于那些能够对企业价值诉求和产品定位起到支撑作用的忠诚计划，而不是关注一切。例如，免费升舱、附加价值服务及其他与核心服务相关的利益，这些利益会直接强化顾客的服务体验，而免费里程则不在此列。
- **购买者对奖励如何评价**。若干要素决定了忠诚计划对顾客价值的大小：（1）奖励的现金价值如何（如果顾客必须购买产品的话）；（2）奖励的选择范围大小，例如，顾客可以选择一组礼品而不是只有一件礼品可以选择；（3）奖励的渴望价值，一件新奇独特的东西可能比现金奖励更有吸引力；（4）获得奖励所需的消费量是否在他们的消费能力范围内；（5）顾客忠诚计划的设计是否简便易行，奖励商品兑换是否容易；（6）忠诚计划和积分的心理利益，等等。
- **奖励时间的把握**。顾客参与忠诚计划得到奖励需要多长时间？迟到的喜悦无疑会极大地削弱忠诚计划的吸引力。一种比较好的解决方法是，定期向顾客通报他们的积分情况，让他们知道自己离“大奖”还有多远，对未来即将兑现的奖励予以大力推销。

有趣的是，如果一个企业有顾客忠诚计划合作伙伴（例如，航空公司可能与信用卡公司、酒店、租车公司合作，因为业务有相关性，因此，这些企业之间的积分可以共享），顾客对核心服务购买的满意度会对顾客在合作伙伴的购买行为产生积极的影响。[37]所以，选择顾客忠诚计划合作伙伴非常重要。

当然，仅有设计科学的奖励计划是难以留住有价值顾客的。如果顾客对服务质量不满意，而且相信从其他服务提供者可以得到价格更低但价值相同的服务，顾客可能会很快“背叛”企业。在制定科学的奖励计划的同时，必须为顾客提供高质量服务，服务价格和服务成本必须与顾客感知的价值相匹配。[38]有时，顾客想要的就是企业最基本的服务，能够满足他们的要求，快速、简单地解决他们所面临的问题，那么，这些顾客就会忠诚。[39]另外，我们需要明确的是，奖励计划是有风险的：企业过度关注高价值顾客可能会导致另一部分顾客感知服务质量的恶化。

最后，企业需要记住，顾客可能正是因为经济奖励计划而受挫。在此情况下，奖励计划的本意是提升顾客忠诚度，让顾客传播好口碑，但事与愿违，顾客不仅没有忠诚，反而更加不满意。例如，顾客会感觉自己被排除在奖励项目之外，仅仅是因为账户余额过低或者是购买量不够。如果顾客认为企业的经济奖励没有价值或价值很小，或者兑换经济奖励非常困难，或者是非常麻烦、耗时，那么，经济奖励计划对于顾客就会成为一种负担。[40]有些顾客有太多的预付卡，所以没有兴趣再办卡，特别是当顾客认为价值很小的时候。

非经济奖励（non-financial rewards）。非经济奖励也称为“软利益”，是指货币形式以外的奖励。例如，企业给予参与忠诚计划的顾客服务预订优先权，优先接入咨询电话，等等。有些航空公司在非经济奖励计划方面方法很多，如允许忠诚的顾客携带更多的行李，优先升舱，使用机场专门候机室，等等。甚至对常客，也会采取这些方法，尽管他们可能乘坐的只是经济舱。

重要的无形奖励包括对顾客的认可和欣赏。顾客需要企业对他们的需要给予格外的关注，欣赏企业为满足他们偶尔的特殊要求所做的努力。处于顾客金字塔高层的顾客通常会欣赏企业不成文的服务担保。例如，当服务出现错误时，一线员工会首先关怀那些最有价值的顾客，力图做好服务补救，以保证这些顾客满意。

许多忠诚计划还为高层次顾客提供了重要的等级利益，让他们觉得自己是贵宾，并且享受到特殊对待。[41]等级忠诚计划可以为顾客获取更高等级的会员身份提供有力的刺激和激励，这通常导致更高的顾客钱包份额。

非经济奖励方法对于高层次顾客的作用可能会更大一些，因为这类顾客对非经济奖励的感知价值比经济奖励更高。与经济奖励不同，非经济奖励直接与企业的核心服务相关，而且直接强化顾客服务体验和价值感知。例如，在酒店行业，通过积分兑换奖励计划，给顾客一些礼物的方法对顾客服务体验没有什么作用。但是，如果给顾客优先预订权，优先办理入住手续，允许顾客在规定时间外离店而且不收取额外费用，从标准间升级到套房，以及给予顾客特殊的关怀，等等，这些措施无疑会令顾客的服务体验更加愉悦，让顾客感到温暖，觉得自己受到重视，从而催生再次光临这家酒店的强烈动机。[42]

服务展望 12－4 阐述了英国航空公司怎样通过设计高管俱乐部，将经济奖励和非经济奖励结合起来，以确保忠诚奖励的有效性。

服务展望 12－4

英国航空公司奖励有价值顾客，而不仅仅是常客

与其他航空公司的常客飞行奖励计划的奖励依据主要是飞行里程不同，英国航空公司所构建的英国航空高管俱乐部对不同的乘客采取不同的激励方法，常客主要是看飞行里程，而金卡或银卡乘客则单独对待，奖励的依据主要是积分。作为寰宇一家的创建者之一，英国航空公司与美国航空公司、澳大利亚航空公司、国泰航空公司等众多航空公司共同分享顾客创造的价值，也就是说，顾客乘坐这些航空公司中的任何一家公司的飞机，都可以得到里程（有时是积分）的奖励。

如表 12－1 所示，银卡和金卡乘客会得到额外的利益，包括优先预订权和卓越的地面服务等。例如，即使金卡乘客乘坐经济舱，在登机和候机时也会享受到头等舱乘客的待遇。所有乘客的积分可以连续累积 3 年（3 年后失效），此后的 12 个月里，乘客依然可以享受原来所处等级的待遇。此后，乘客每年必须重新积分，才能享受到特殊的待遇。这样做的目的是让乘客更多地乘坐英国航空公司的航班，而不是通过乘坐其他公司航班积分，然后到英国航空公司享受特殊待遇。在联盟内所有的公司都能通过累积里程而成为金卡乘客的可以说少之又少。

表 12－1　英国航空公司为最有价值乘客提供的利益

利益	银卡会员	金卡会员
预订		金卡会员订票专线
预订担保		如果航班无票，确保经济舱，确保提前 24 小时提供全价机票，至少提前 1 小时登机
等候和待机优先权	高优先权	最高优先权
柜台值机	根据旅行舱位	优先（不管舱位）
休息室	根据旅行舱位	任何舱位，头等舱休息室，可以带一名乘客，可以随时进入，即使不乘坐公司航班
特殊服务帮助		专人负责；遇到问题，比其他顾客优先解决
里程赠送	＋25％	＋100％
升舱		一年积分达到 2 500 分后，会员或同伴可自动升舱；同一年度内，积分达到 3 500 分，可以为两人升舱
伙伴卡		达到 5 000 分，可以收到两张高管俱乐部会员银卡和一张伙伴金卡，积分可以和相爱的人一起分享
特殊权益		达到 5 000 分，免费享受伦敦希斯罗机场 5 号航站楼和纽约肯尼迪机场 7 号航站楼贵宾休息室
终身会员		积分达到 35 000 分，将成为终身金卡会员

资料来源：British Airways Executive Club benefits，https：//www.britishairways.com/en-gb/executive-club/tiers-and-benefits/compare-the-tiers，accessed July 1，2015.

积分多少还与服务类别有关。长途旅行的乘客积分会比短途的要高。但是，那些打折票里程奖励很少，完全没有积分。为奖励那些买高价票的乘客，商务舱和头等舱乘客的积分分别是经济舱乘客积分的 2.5 倍和 3 倍。

尽管公司并没有明确的升舱承诺，但高管俱乐部会员比其他乘客更有可能收到升舱邀请。当经济舱出现过度预订时，员工会根据顾客等级来决定哪些乘客可以升舱。与其他公司不同，只有在过度预订的情况下英国航空公司才会考虑乘客的升舱问题。它不想让常客产生错觉，以为买廉价机票还可以自动升舱。

英国航空开发了一个新的服务项目，即共同居住的家庭成员最多有 6 人可以一起累积里程和使用积分。

小企业一般不会实行通常意义上的忠诚奖励，但却可以尝试利用有效的约束策略。例如，它们可以采取非正式忠诚奖励计划，定期给经常光顾的顾客一些小恩小惠，感谢这些顾客的光临，或者是餐馆优先给顾客预留好的位置，给予他们特殊的关照，等等。

构建更高层次的约束

顾客忠诚计划一个重要的目标就是要“固化”顾客与本企业的购买关系，如果做不到这一点，至少要将企业纳入顾客购买时的供应商名单。但是，基于奖励的顾客忠诚计划模仿起来非常简单，它无法成为构建企业持久竞争优势的基石。相反，高层次的约束却有利于构建企业持久竞争优势。所谓的约束包括三类，即社会约束、定制化约束和结构性约束。

社会约束。你是否注意过，你去理发时理发店的店员会叫出你的名字，她还会询问，为什么这么久没有见到你，当你要出差时，她还会祝你一切顺利。这是服务企业一种情感性的投入，我们称之为社会约束。社会约束及相关的个性化服务一般建立在服务提供者与顾客个人关系基础之上。与经济约束相比，社会约束的建立是比较困难的，需要更长时间，也正因为如此，竞争对手模仿起来也会更加困难。如果企业能够和顾客建立起社会约束，那么，就有机会使他们成为忠诚的顾客。[43]当这种约束延伸到顾客之间的关系层面或者体验层面时，如乡村俱乐部或课堂情境，它就会成为顾客忠诚最主要的驱动因素。[44]

定制化约束。当企业能够为忠诚顾客提供定制化服务时，就会形成所谓的定制化约束。例如，星巴克鼓励员工充分了解经常光临的顾客的偏好，并向顾客提供个性化服务。很多大型连锁酒店通过顾客忠诚计划来了解顾客的偏好。企业可以通过提供定制化服务获取更多的忠诚顾客，所以，当顾客到达酒店时，他们发现，他们想要的，酒店都准备好了，从他们喜欢的房间类型（可吸烟房间或禁烟房间）到床的类型（是双人床还是大床），再到他们喜欢的枕头、想在早晨阅读的报纸，等等。除了这些利益，当顾客到达时，费尔蒙度假酒店的忠诚计划会为会员提供慢跑鞋、尺码合适的衣服、瑜伽垫以及弹力带。[45]在顾客习惯了这些特殊服务后，他们就很难再接受那些无法为他们提供定制化服务的企业（至少不会立刻接受，因为新的服务企业需要花时间了解顾客的需求和偏好）。[46]

结构性约束。在 B2B 市场上，企业经常会采取这种提升顾客忠诚度的策略。结构性约束是通过结构性关系的建立，将顾客融入企业流程之中，进而与企业联系起来。在这种情况下，竞争对手很难将顾客抢走。例如，对某个项目的共同投资；买卖双方在信息、流程和设备方面实现共享。

这种策略也可以应用于 B2C 市场。例如，有些汽车租赁公司在网站上为顾客设计定制化的网页，顾客可以追溯自己上一次服务的细节，包括他们在哪里租的车，在哪里归还，租了什么车，发票抬头以及信用卡的细节，等等。这些策略的实施使得新的租车业务得以简化，服务时间也大大缩短。一旦顾客租车，进入了公司的业务流程，结构性约束便自动建立，企业和顾客融为一体，竞争者很难再插足，把顾客夺走。

你是否已注意到，所有的约束都有利于强化企业与顾客的关系，同时也为顾客树立了信心，传递了社会和特殊待遇利益（参见服务展望 12－1）。但总的来说，除非能为顾客创造价值，约束很难有长期效应。

减少顾客流失战略

迄今为止，我们讨论了顾客忠诚的驱动因素及把顾客与企业更有效地联系在一起的基本策略。这远远不够，我们还必须了解导致顾客流失的因素，进而有的放矢，消除或减少这些因素。

顾客流失分析与监控

顾客流失分析与监控的第一步就是要找到顾客流失的原因。苏珊·凯维尼（Susan Keaveney）曾开展过一项大规模的研究，涵盖了很多服务行业，发现了导致顾客流失的关键因素（见图 12－7）。[47]它们分别是：

- 核心服务失误（44%的受访者）；
- 对服务接触不满意（34%）；
- 过高、具有欺诈性或者不公平的价格（30%）；
- 服务时间、地点不方便或者承诺的服务时间延迟（21%）；
- 顾客失误处理得不好（17%）。

很多受访者决定离开一家企业而转向另外一家，影响因素并不是单一的，可能是许多因素共同作用的结果，如服务出现失误，而且服务补救不及时，也可能是与竞争对手相比，在顾客最关注的服务属性方面，企业做得很差，最终导致顾客选择离去。[48]

具有前瞻性的服务企业会定期开展**顾客变动诊断**（churn diagnostics），从而更好地了解为什么它们的顾客流失了。这一诊断是对有波动、下降以及流失的顾客数据进行分析（当顾客注销账户时，客服中心的员工通常会向他们询问一系列简短的问题），并由第三方研究机构对这些顾客进行深度访谈，从而对其变动的顾客有更深入详细的了解。[49]

例如，手机运营服务企业会采用所谓的**顾客变动预警系统**（churn alert system），对单个顾客的账户进行监控，以对顾客可能的流失进行预判。对于那些重要

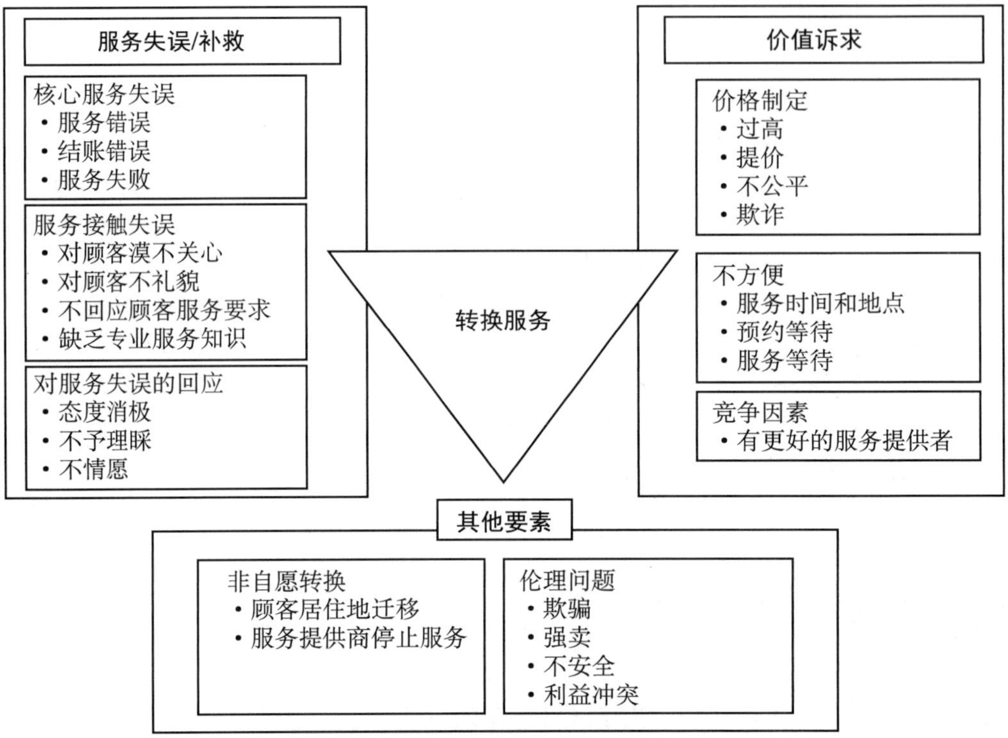

图 12－7　顾客转换服务提供者驱动要素

资料来源：Adapted from Susan M. Keaveney（1995），"Customer Switching Behavior in Service Industries：An Exploratory Study，" *Journal of Marketing*，Vol. 59，April，pp. 71－82.

的顾客，如果有流失的风险，企业会将这些顾客标识出来，然后采取具体的措施挽留他们，例如，给他们送一些礼券，或者是由顾客服务代表致电顾客，判断与顾客的关系是否正常，并决定是否采取必要的改进措施。

应对导致顾客流失的关键因素

凯维尼的研究验证了一些降低顾客流失率的策略的重要性（参见第 14 章），例如，提升服务质量，最大限度地方便顾客，降低顾客非货币成本，同时向顾客提供公平透明的定价（参见第 6 章）。除了这些常用的策略之外，还要特别注意与行业特性相关联的策略和方法。例如，手机用户转换服务供应商的一个很重要的原因是资费更便宜，机型更新。为了防止出现这种情况，有些手机运营服务商推出了定期手机以旧换新业务，还有的则干脆向高价值顾客提供免费手机或者用积分换手机，等等。

除了这些前瞻性的避免顾客流失的策略之外，很多企业也会采取一些被动式的反应策略。例如，对客服中心人员进行特殊训练，建立所谓的**顾客挽留小组**（save team），与那些欲离开企业的顾客进行对话，竭尽全力挽留这些顾客。顾客挽留小组的主要任务就是倾听顾客需要，想尽一切办法满足顾客需求，留住顾客。需要注意的是，对顾客挽留小组的奖励应当非常慎重（参见服务展望 12－5）。

服务展望 12－5

顾客流失管理误入歧途

美国在线（America Online，AOL）发现，该公司的顾客流失管理最终以失败而告终：300 名用户向纽约州大法官办公室投诉，认为 AOL 无视他们的需求，擅自削减服务和停止向他们发送账单。纽约州对此问题进行了调查，最后，AOL 花费了 125 万美元，用来缴纳罚金和改进顾客服务，以了结此案。

哪里出问题了？原来，AOL 一直奖励呼叫中心员工努力保留那些致电要求终止服务的顾客。如果员工能够说服一半或者更多的类似顾客留在企业，他们就可以得到高额的奖金。正如大法官办公室所宣称的那样，AOL 员工的这种做法会加大顾客取消服务的难度。作为回应，AOL 同意增加取消服务请求录音，由第三方进行监督，并对纽约所有宣称无法取消服务的顾客免除一个月的话费作为补偿。当时，纽约州大法官说："这一协议的达成有助于确保 AOL 通过提高服务质量，而不是不光彩的手段来保留顾客。"

资料来源：The Associated Press，"AOL to Pay ＄1.25M to Settle Spitzer Probe，" *USA Today*，August 25，2005，p. 5B.

实施有效的顾客抱怨管理机制和服务补救流程

对于那些不高兴的顾客来说，能让他们留在企业的最有效的方法就是有效的顾客抱怨管理和出色的服务补救策略，包括让顾客能轻松地倾诉他们所遇到的问题，企业对顾客所反映的问题迅速有效地予以解决。这样，顾客就会回到满意状态，降低转换的倾向。[50]我们将在第 13 章中详细地讨论有效服务补救问题。

提高转换成本

另一种减少顾客流失的有效方法是提高顾客转换服务提供者的成本。[51]很多服务企业自身就有"门槛"。例如，顾客原来在一家银行存钱，如果想换银行，会非常麻烦，特别是所开账户与借记卡、信用卡和其他相关银行业务捆绑在一起的时候就更麻烦，况且绝大多数的顾客也不愿意花时间去了解另一家银行的服务流程和产品。[52]企业可以通过提供附加价值，如更高的便利性、定制化和优先权（这些通常被合并称为积极转换成本或"软锁定战略"）来提高顾客转换成本，进而密切它们与顾客的关系。研究证明，这种策略在促进顾客态度和行为忠诚方面都比我们下面要讨论的"硬锁定战略"更为有效。[53]

硬锁定战略指通过合同约定违约罚款的方式来约束顾客服务转换行为，例如，合同约定中的一些条款也可能会成为顾客转换成本，如中介公司收取的定金，当顾客将股票或债券转移到另外的金融机构时，顾客所支付的定金就成为顾客转换服务提供者的代价。企业在运用这些策略时必须慎之又慎，避免使顾客产生自己成为企业"人质"的感觉。如果一家企业转换成本很高，同时服务质量又很差，就会引起顾客反感并传播企业的坏口碑。在某个时点上，顾客可能忍受了很久，一个不当举措可能就会成为压垮骆驼的最后那根稻草，于是顾客转投其他服务提供者。[54]

顾客忠诚战略的实施

在我们对忠诚之轮的讨论中你可以看到，很多战略的实施需要对顾客深度了解，以积极主动地提升顾客忠诚度。促成顾客忠诚的路径和方法很多，包括通过顾客忠诚计划创建会员关系、CRM 系统、客户经理以及一线员工的不懈努力。在讨论这些要素之前，我们先集中研究一下关系营销和交易营销之间的区别。

交易性营销情境下的顾客忠诚

交易（transaction）是指双方以货币为媒介的价值的交换行为。一次或多次交易并不必然意味着双方会形成所谓的关系，因为关系的形成需要相互认知和熟悉。如果每次交易都是间断式的，而且服务提供者无须记住顾客的名字，彼此不熟悉，企业也没有与顾客长期交易的记录，那么，我们可以基本断定，有价值的营销关系并不存在。从旅客运输服务到饮食服务，再到电影院服务，对于很多服务来讲，这个结论都是成立的，顾客的每次购买和使用都是独立事件，没有关联关系。

在交易性营销情境下，顾客忠诚战略只能更多地聚焦于忠诚之轮战略最基础的部分，如市场细分、顾客需求与企业能力的匹配以及传递高质量的服务，等等。但是，其他的促成要素就没有这么简单，需要企业深度了解顾客的行为。例如，如果企业不了解个体顾客的消费行为，就无法提供分层次的服务，也无法进行忠诚奖励、定制化、个性化以及顾客流失管理，等等。为了实施上述战略，企业必须建立个体顾客数据库，这是关系营销的基础。

关系营销

关系营销（relationship marketing）一般是指与顾客保持长期关系的营销活动，最理想的状态是顾客和企业都对建立更深的相互依赖关系和更高附加价值的交换感兴趣。对于那些没有购买意愿，也不想在未来购买企业产品的顾客来说，一个企业采取的营销模式可能是交易营销；而对于另一些顾客，则可能采取的是另外的营销模式，以提升这些顾客的忠诚度。[55]埃弗特·古梅松认为，企业与顾客的关系至少有 30 种。因此，他极力倡导所谓的**总体关系营销**（total relationship marketing），其含义为：

> ……营销应建立在关系、网络、互动和认知的基础之上，并且营销应有机地融入销售组织、市场和社会的网络之中。企业与顾客之间应当是长期和双赢的关系，双方共同创造价值。[56]

关系营销需要会员制关系。下面我们将说明，有些服务天然就适合关系营销，而另一些则不然，与顾客构建这样的关系会非常艰难。

构建会员制关系

对现有顾客关系特性的分析可以先问这样几个问题：第一，供应商与顾客的关系有会员制的特点吗？比如，顾客与电信公司、银行及家庭医生之间都存在着类似的关系。对顾客关系特性做过分析吗？第二，服务传递是不是像保险、广播和警察服务一样具有连续性特征？或者对服务交易都是单次交易和收费？表 12－2 对服务组织与顾客之间的关系进行了分类。其中，**会员制关系**（membership relationship）是企业与可识别顾客之间最正式的关系，这种关系会给双方同时带来利益。

表 12－2　企业与顾客关系分类

服务传递特性	服务组织与顾客之间关系类型	
	会员制关系	没有正式关系
连续式服务	• 保险服务 • 有线电视服务 • 大学教育 • 银行服务	• 广播电台服务 • 警察服务 • 灯塔服务 • 公共高速服务
间断式服务	• 长途电话服务 • 电影院套票预订 • 网上购票旅游服务 • 担保式维修服务 • 美国 HMO 会员医疗服务*	• 邮政服务 • 收费高速公路 • 电影院服务 • 公共交通 • 餐馆

* HMO 为美国健康维护组织的简称（Health Maintenance Organization），由患者、医院和保险公司三方共同组成，目的是最大限度地保护患者权益。——译者注

间断式交易所牵涉到的交易双方通常并不熟悉，典型的行业包括交通、餐饮、电影院和修鞋店等。此类服务市场交易的问题是：与会员制市场相比，间断式服务企业对其顾客的情况知之甚少，如这些顾客是谁，每个顾客对服务的要求是什么，等等。在间断式服务行业中，要想与顾客建立起关系，必须付出加倍的努力。

在理发店这一类的小型服务企业中，服务提供者会记住那些经常光顾的顾客的需要和偏好，并对顾客的需要、偏好和购买行为进行正式的记录。对于企业来说，这非常重要，因为这样可以避免服务人员向顾客提出同样的问题，从而节约服务时间成本，为顾客提供定制化的服务，并对顾客未来需求作出有效的预测。另外，提供系列化服务（如剧院的套票和公共交通中的月票、年票等）也可以将间断式的顾客关系转化成会员制，这并不需要对顾客更深入的了解和设计复杂的忠诚战略就可以做到。

大型服务企业一般会有大型的顾客数据库，那些愿意与企业保持长期关系的顾客会得到额外的利益（如酒店、航空、租车行业的顾客忠诚计划和咖啡连锁店的移动 App 可归入此类）。企业实施顾客忠诚计划可以更好地了解现有顾客交易特点和偏好，进而使交易更顺利地进行。对于服务传递来说，顾客交易特点和偏好都是特别有价值的信息，因为这是提供定制化、个性化服务和进行市场细分的前提条件。因此，在交易型服务行业，实行顾客忠诚奖励计划并与 CRM 系统有机结合，成为忠诚之轮中所讨论的忠诚战略的重要促成要素。

对顾客关系理论不甚了解的人通常会将忠诚积分与顾客忠诚计划等同起来。但事实上，顾客忠诚计划最有价值的部分不仅仅是所谓的积分，而是忠诚战略实施给

企业和顾客双方带来的其他利益。正是忠诚计划强化了核心服务（从优先权到定制化），而且最具价值的部分即在于此。你也许会问，企业干脆别搞积分活动了，直接把最有价值的东西给最有价值的顾客不就行了吗？问题远没有这么简单，这得从消费者心理说起。作为消费者，我们通常需要一点小刺激，才有动力登录、下载某个 App，向企业提供自己的信息及接纳顾客忠诚卡。企业为了得到企业各分店（一般是位于不同国家）、渠道和服务系统的客观看法，一个比较好和可靠的“识别器”就是顾客忠诚卡（或会员卡号），或者是与手机号码相关联的 App。有些“识别器”可能会有问题，如姓名、护照号码和地址就可能会有问题，因为姓名和地址很容易拼错，而护照号码则是经常变化的。所以，通过积分的方式，鼓励顾客登录，并在他们预订酒店、登记入住和购买等情况下，通过会员编号、卡号或移动 App 来了解顾客的基本信息，是一种非常有效的方式。在此基础上，再通过忠诚之轮中所阐述的约束，为企业和顾客双方创造价值。

当然，忠诚计划和忠诚战略的实施必须通过 CRM 系统，因为只有 CRM 系统才能获取、分析并将顾客的相关信息传递给一线员工和客户经理（在 B2B 情境下，或者是顶层消费者细分市场）。关于一线员工的问题我们在第 11 章已经讨论过，下面将集中研究 CRM 系统在顾客忠诚战略实施过程中的作用。

CRM：顾客关系管理

服务营销人员早已经了解 CRM 的重要性，在一些行业 CRM 已经应用了数十年。例如，街角食杂店、附近的汽车修理店以及银行为高价值顾客提供的服务，等等。一说到 CRM，我们通常会想到花钱、复杂的 IT 系统和基础设施。但事实上，CRM 更多关注的是与顾客建立并保持关系的全过程。[57]也可以说，CRM 是我们所构建的忠诚之轮的“推进器”。在进入到战略视角之前，我们先简单审视一下 CRM 系统。

CRM 系统的共同目标

很多公司拥有数量众多的顾客（有的可能有数百万），有不同的接触点（如银行业中，接触点可能包括银行职员、客服中心员工、自动取款机及网站等），而且可能在不同的地点提供服务。在一些大型服务场所，服务提供者与顾客进行面对面服务时，只能以一对一的方式进行，一个前台服务人员不可能同时接待两个顾客。今天，情况完全不同了，CRM 系统使得这一切成为可能，它可以获取顾客信息，然后在不同的接触点为顾客提供服务。从顾客角度看，有效实施 CRM 系统，可以在同一接触点，为顾客提供个性化和定制化的服务。这意味着，在每次交易中，员工为顾客提供服务之前，就已经知晓顾客的详细资料，包括顾客的偏好、交易历史或者是在过去的交易中曾遇到过哪些问题。这无疑会极大地提升服务质量，并为顾客创造更高的价值。

而从企业的角度看，CRM 系统使得企业能够更好地了解顾客，更科学地进行市场细分和顾客分类，更有针对性地促销、交叉销售，甚至可以建立顾客流失预警系统，在顾客将要流失之际向企业发出“警报”。[58]服务展望 12－6 对 CRM 系统的应用进行了简单的总结。

服务展望 12－6

CRM 的应用

- **采集数据**。系统运行需采集顾客数据，包括接触细节、人口统计特征、购买历史以及服务偏好，等等。
- **数据分析**。根据企业设定的标准，利用系统对采集的数据进行分析和归类，以便对顾客进行分类，进而为他们提供定制化服务。
- **销售自动化**：利用 CRM 系统，可以有效地发现新的销售机会，进行交叉销售和向上销售，原理是利用 CRM 系统，可以对整个销售过程，即从开始直到售后服务进行有效的跟踪和促进。
- **营销自动化**。顾客数据库挖掘使得企业能够精准定位目标市场。在实施顾客忠诚和顾客保留计划的情况下，运转良好的 CRM 系统使企业能够实现一对一营销。结果是营销支出的投资回报率上升。企业还可以利用 CRM 系统，通过顾客回应分析，评估营销活动的有效性。
- **客服中心自动化**。客服人员可以轻松地获取顾客相关信息，这样就可以更好地提升服务质量。同时，来电显示和账号也会清晰地表明顾客所处的层级，进而为不同的顾客提供不同的服务。例如，如果存在等待现象，白金顾客的电话肯定被优先接入。

CRM 战略的构成

不能将 CRM 视为一种技术，我们必须从战略视角，即从盈利性发展和管理顾客关系角度来审视 CRM。[59]图 12－8 为我们提供了由五个关键流程构成的 CRM 战略的整合性理论框架。

1. **战略构建**包括对业务战略的评估，其中包括对企业愿景、行业发展趋势和竞争态势的评估。业务战略通常由高层管理者制定。CRM 对企业绩效有积极影响，企业战略的作用至关重要。[60]战略一旦确定，就应起到引导顾客战略的作用，包括我们在忠诚之轮中所讨论的目标市场的选择、顾客群的分层、忠诚约束的设计以及顾客流失管理。

2. **价值创造**将业务和顾客战略转换成具体的顾客和企业价值诉求。为顾客创造的价值包括服务优先权、对忠诚的奖励、定制化和个性化服务；而企业得到的价值是顾客获取和维护成本的下降以及更多的销售收入。CRM 的核心是双向价值创造，这就需要顾客参与 CRM 活动（例如，主动提供服务信息等），唯有如此，他们才能从企业 CRM 活动中获取价值。例如，对于一个顾客而言，如果想得到租车公司良好的服务，就必须将很多信息存储在租车公司内部，包括驾驶证信息、发票寄送地址、信用卡的详细信息以及保险方面的情况等，等到下次再预订服务时，提供这些信息所需要的时间就全部节约了，这就是价值。企业甚至可以利用一个顾客提

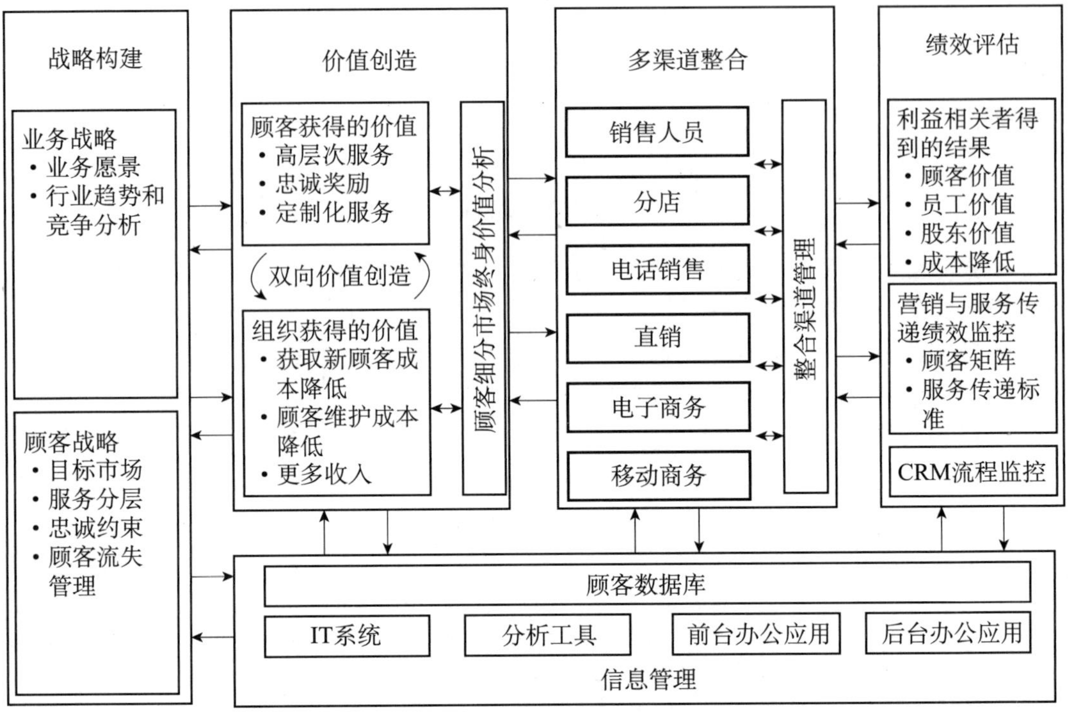

图 12－8 CRM 战略的整合性理论框架

资料来源：Adapted from Adrian Payne and Pennie Frow（2005），“A Strategic Framework for Customer Relationship Managment,” *Journal of Marketing*，Vol. 69，October，pp. 167－176.

供的信息为其他顾客创造价值（如亚马逊网站在你购买图书时，会根据其他类似顾客的购买情况，主动向你推荐类似的书籍，并提供对这些图书的评价）。只有在双赢的情况下，CRM 才是最有价值的，也才能称得上成功。[61]

3. **多渠道整合**。很多服务企业与顾客的互动渠道是多样性的，企业所面临的挑战是，企业与顾客在不同渠道的互动界面应当是一致的，必须都能够为顾客提供定制化和个性化的服务，不同渠道之间不能产生冲突。

4. **信息管理**。服务在不同渠道之间的顺畅传递取决于企业在所有渠道的信息采集能力，企业需要将采集到的信息与其他相关信息进行整合，并及时向不同接触点一线服务人员（或自助服务中的顾客）提供。信息管理流程包括：

● 包括所有顾客信息在内的信息存储；

● IT 系统，包括 IT 硬件和软件；

● 分析工具，例如数据挖掘包；

● 具体应用组合，如企业活动管理分析；

● 信用评估、顾客分类、顾客流失预警系统，甚至包括顾客欺诈调查和管理系统等；

● 前台办公应用，对与顾客直接接触的相关活动起支撑性作用，包括销售自动化和客服中心管理应用；

● 后台办公应用，对内部顾客相关活动，如物流、采购和财务等活动起到支撑性作用。

5. **绩效评估**。CRM必须直面的三个关键问题是：

第一，CRM战略为核心利益相关者（即顾客、员工和股东）创造价值了吗？

第二，是否实现了营销目标（从争取新顾客数量、顾客支出、顾客保留到顾客满意）和服务传递绩效目标（例如，呼叫中心标准，如呼叫等待时间、掉线情况及第一次呼叫顾客问题解决率等）？

第三，CRM运行情况是否达到了预期目标？例如，是否制定了与CRM相关的战略？为顾客和企业创造价值了吗？信息管理系统是否有效？对不同服务渠道的整合是否有效？这种绩效评估将起到持续改进CRM战略的作用。

CRM实施过程中常见的失误

令人遗憾的是，以前很多企业CRM的实施都以失败而告终。[62]根据高德纳咨询公司的研究，失败率大致在55%，而埃森哲公司估计的比例更高，大约在60%。导致高失败率的一个最重要原因是导入CRM系统，但却没有与之相匹配的顾客关系战略。这些企业忘记了一个事实：CRM系统只是一种工具，它的作用是增强企业顾客服务能力，但并不是顾客关系管理战略本身。

进一步说，CRM的实施会牵涉到不同的部门和管理职能（从顾客接触中心、在线服务到分公司运营、员工培训，一直到IT部门），不同的计划（从销售和忠诚计划到新服务推出和交叉销售计划），也牵涉到不同的流程（从信贷额度授权到顾客抱怨管理和服务补救）。CRM实施牵涉面之广，以至于很多企业在实施的过程中会顾此失彼，进而造成实施过程的失败。CRM失败的具体原因包括：

- **把CRM视为一种技术创新**。在CRM战略制定过程中，由IT部门主导而不是高级营销或管理部门主导，很容易出现将CRM过度技术化的倾向。结果是CRM在实施过程中，缺乏战略导向，缺乏对顾客和市场的了解，失败也就在所难免了。
- **缺乏以顾客为中心的思想**。很多企业在实施CRM时，没有树立以顾客为中心的思想，在服务过程和传递渠道设计时，没有构建为有价值顾客持续传递质量一致性服务的策略。
- **没有真正了解顾客终身价值的意义**。很多企业没有根据顾客的不同盈利能力设计不同的营销战略。另外，对不同的顾客采取服务成本分摊的方法，忽略了顾客的终身价值问题（参见第6章关于作业成本法的有关讨论）。
- **缺乏高层管理者的有力支持**。如果公司高管不参与，CRM战略天生就是有缺陷的，也是注定要失败的。
- **没有进行CRM实施所必需的业务流程重组**。CRM的实施要求企业重新设计顾客服务和后台服务流程，否则很难成功。很多CRM的失败就是因为有些管理者试图让CRM去适应已有的服务流程，而不是重新设计流程，因为原有服务流程可能不是以顾客为中心的。重新设计业务流程还要求管理层的有效变革、员工的参与和支持，很多企业在实施CRM过程中，这些方面都被忽略了。
- **低估数据整合的挑战性**。很多数据分布在企业的不同部门，企业在CRM实施过程中，未能有效整合这些顾客数据。而CRM成功的一个关键就是所有需要这些数据的员工都能在第一时间得到这些数据，从而为顾客提供更好的服务。

最后，CRM如果实施不当，顾客可能会认为CRM战略对他们是有害的，而不是相反。[63]例如，有些CRM的实施会让顾客感到他们受到了不公正的待遇（例如，无论是新顾客还是老顾客，如果企业的价格和促销没有惠及他们，他们就会感到不公平），可能还包括隐私问题。企业成功实施CRM的第一步就是避免落入这些陷阱。

怎样正确实施CRM战略

很多企业耗费巨资，CRM的实施却以失败而告终，这些案例触目惊心。但我们必须看到，也有很多企业在CRM实施方面越做越好。达雷尔·里格比（Darrell Rigby）和戴安娜·莱丁厄姆（Dianne Ledingham）曾评论道："CRM并不是吞噬企业资金的'黑洞'，相反，它是企业成功的基石。"[64]麦肯锡资深咨询人员坚信，CRM的实施并不一定马上见效，但肯定为企业的未来成功奠定了基础。他们建议，在实施CRM时，要先反思一下，究竟应该怎样有效地建立顾客忠诚，而不是简单地关注CRM所牵涉的技术本身。[65]图12-8阐释了怎样全面实施CRM，但不要试图用CRM来改造整个业务，而且CRM能否成功取决于能否聚焦于与顾客关系生命周期相关的问题，而不是其他。上述CRM战略存在的问题也为企业改进CRM、在整个组织实施CRM提供了进一步改善的空间。[66]同样，里格比、莱希赫尔德和谢夫特（Schefter）也建议，企业在聚焦于顾客战略而不是技术时，需要提出如下问题：

> 如果企业最有价值的顾客知道你要投资1.3亿美元来提升他们的忠诚度，他们将会怎样建议你花这笔钱？他们会建议你创建顾客忠诚卡，还是多设几个收银台，抑或是在仓库中存放足够的牛奶？究竟是哪个答案，取决于你公司的类型和你与顾客想建立什么类型的关系，等等。[67]

在界定实施CRM系统欲构建的顾客关系战略之前，管理人员必须进行讨论，以确定一些关键问题：

1. 我们的价值诉求应怎样改变以提升顾客忠诚度？
2. 在服务传递过程中，定制化和一对一营销要达到什么程度才是适当的，企业才是有利可图的？
3. 增加现有顾客的销售收入，给企业带来利润增加的可能性有多大？不同层级和不同细分市场的顾客在这方面会有多大差异？
4. 我们现在能够投入CRM的时间和资源有多少？
5. 如果我们坚信CRM是科学的，过去我们为什么没有朝这个方向努力？不把大笔的钱投在技术方面，今天我们将怎样建立与顾客良好的关系？[68]

正确回答这些问题会得出这样一个结论：CRM系统现在也许不是最好的投资或最重要的投资，甚至我们今天可能没有CRM也能做得不错，但将来一定是回报率最高的投资。我们更要强调的是，该系统仅仅是一种工具，必须根据我们的战略加以改变，这样才能真正有效。

结　论

市场占有率的提升牵涉到很多因素，如销售收入的增加，现有顾客产品或服务的交叉销售，以及企业与顾客之间长期忠诚关系的建立和维系。为了说明这一问题，我们首先引入了忠诚之轮作为理论分析框架，将寻找和选择正确的顾客作为研究的逻辑起点，然后了解他们的需求，对服务进行分层，让顾客高度满意。其次，为了构建真正的忠诚，企业需要与顾客建立紧密的约束，以深化相互之间的关系，具体的方法包括交叉销售、捆绑销售、忠诚奖励，以及社会约束、定制化和结构性约束等高水平约束。最后，企业应能够识别和减少导致顾客流失的因素，当现有顾客流失时，能及时采取措施，补充新的顾客。

对那些为企业创造最大价值的顾客，企业要给予格外关注。他们的购买频率最高，花很多钱购买企业的高端服务。CRM 使我们在忠诚之轮中所阐述的顾客忠诚建立成为可能，它通常与顾客忠诚计划整合实施。即使在交易型业务中，顾客忠诚计划也可以帮助企业与顾客建立起有效的会员制关系，再加上有效的 CRM 系统，使得企业有可能对高价值顾客的行为进行追踪，了解他们购买服务的时间和地点，他们购买的是什么等级或类型的服务，以及他们的购买支出情况，等等。在获取服务关键接触点相关信息后，一线服务人员、客户经理和系统（如 ATM、网站和移动 App）就可以通过各类约束，为顾客传递高价值服务。从顾客角度看，CRM 能够极大改进服务，并通过定制化和不断提升的便利度，增加顾客价值。

本章小结

1. 顾客忠诚是提升企业盈利的重要影响因素。忠诚顾客的利润来源主要包括：（1）购买增加；（2）运营成本降低；（3）忠诚顾客向新顾客推荐服务；（4）忠诚顾客愿意支付溢价。同时，从长期看，顾客获取成本通过长期分摊，会更加低廉。

2. 为了了解顾客忠诚对利润的影响，企业需要知道如何计算顾客终身价值（LTV）。LTV 的计算内容包括：（1）顾客获取成本；（2）收益流；（3）特殊服务成本；（4）顾客在企业预计停留年限；（5）未来现金流贴现率。同时需要指出，忠诚的顾客不一定是永远盈利的顾客，当他们面临价格折扣和高层次服务时，其盈利性就有可能下降。

3. 只有顾客能从企业得到利益，他们才会忠诚。顾客认为忠诚可能给他们带来的利益包括：

- 信任利益。由于对服务提供者的信任和接受了良好的服务，他们会感到安全，感知风险下降。
- 社会利益。包括服务提供者可以记住你的名字，与服务提供者之间的友情，以及其他由良好关系而给顾客带来的利益。
- 特殊待遇利益。包括价格优惠、额外服务以及服务优先权等。

4. 顾客忠诚的建立是非常艰难的。忠诚之轮提供了一个系统的理论框架，指导企业怎样去构建顾客忠诚。该框架的逻辑顺序为：

● 首先，企业需要构建顾客忠诚的基础，这个基础便是信任，没有信任，就没有忠诚。信任是顾客从忠诚中所能够获得的重要利益之一。

● 其次，一旦有了忠诚的基础，企业需要创建约束以强化与顾客的关系。顾客可以由此获得社会和特殊待遇利益。

● 最后，不能仅仅关注顾客忠诚，还要花费时间和精力来关注顾客流失问题，以降低顾客流失率。

为了构建顾客忠诚的基础，企业要做的工作包括：

5. 对市场进行有效细分，选择正确的顾客。在选择细分市场时，企业必须格外小心，要选择那些与企业匹配、有价值的顾客，而不是单纯追求顾客数量。

6. 通过顾客分级的方法来有效管理顾客群，可根据他们为企业带来的价值，将他们分成不同级别的顾客（如白金、黄金、铁和铅）。对不同级别的顾客，采取定制化战略，提供不同水平的服务。高价值顾客得到高水平服务，而对低级别的顾客，企业应通过增加购买量、提高价格、降低服务成本等途径，提高这部分顾客的盈利率。如果实在无利可图，则终止与这些顾客的关系。

7. 必须清楚，顾客忠诚的基础是顾客满意。顾客满意及忠诚可以划分为三个区域，即背弃、中立和情感区域。只有高满意度的顾客才能真正进入情感区域，也才会有真正意义上的忠诚。所谓真正意义上的忠诚，指行为忠诚（增加购买量和购买支出）和态度忠诚（对企业或品牌有情感）。

在与顾客建立关系时，企业会采用忠诚约束方法。顾客约束又可以分为三类。

8. 交叉销售和捆绑销售可以在一定程度上强化顾客与企业的关系，因为这会提高顾客退出的门槛，同时，一站式购物通常会提高顾客便利性。

9. 顾客忠诚奖励计划的目的是通过经济奖励（如忠诚积分）和非经济奖励（更高层次的服务、优先服务、认知和欣赏）增加顾客购买量和支出。

10. 高层次约束包括社会约束、定制化约束和结构性约束，这些营销策略比简单的奖励性约束更难以模仿。

11. 忠诚之轮的最后一步是了解顾客流失的原因，进而系统性地降低顾客流失率。

● 顾客转换服务提供者的一般原因包括：服务失误和不满意；感知价格欺诈和不公平；不方便和顾客失误后糟糕的回应，以及服务关键要素表现不如其他可供选择的竞争对手。

● 为防止顾客流失，企业应当对关键原因进行分析，作出积极应对，要弄清楚顾客为什么离开，完善顾客抱怨和服务补救流程，并适度提高顾客转换成本。

12. 忠诚之轮中所讨论的很多战略都要求企业对顾客有深刻的了解，以积极提高顾客忠诚度。例如，除非企业非常了解个体顾客的消费行为，否则，它无法提供分层服务、定制化和个性化服务，顾客流失管理更无从谈起。实现上述目标，企业可以考虑采用会员制关系模式，这样即使在交易型服务中也能通过忠诚计划和 CRM 系统来构建顾客忠诚。

13. 最后，应当将 CRM 系统视为忠诚之轮顺利实施的推进器。当企业通过很多服务传递渠道为大量顾客传递服务时，CRM 系统的作用会更加凸显。有效的 CRM 战略包括五个关键流程：

● 设计战略，包括目标市场选择、服务分级以及忠诚奖励设计。

● 创造价值，包括通过服务分级和忠诚计划向不同层级的顾客传递不同的利益（如优先等候和升级等）。

● 对服务传递渠道进行整合，为顾客提供统一的互动界面（如从网站到分公司）。

● 信息管理，包括数据采集、分析工具选择（如对营销活动管理的分析及顾客流失预警分析）和这些分析工具在前后台的应用。

● 绩效评估，企业要问自己三个关键问题：

（1）CRM 的实施为企业和顾客创造价值了吗？

（2）营销目标实现了吗？

（3）CRM 系统运行情况与预想的一致吗？

● 科学的绩效评估应当促进 CRM 战略和系统持续改进。

复习题

1. 为什么说顾客忠诚是增加服务企业利润的重要因素？

2. 为什么说选择适合的顾客对顾客关系管理成功与否至关重要？

3. 如何评估顾客的终身价值（LTV）？

4. 忠诚之轮中各个战略之间的相互关系是怎样的？

5. 企业怎样才能构建顾客忠诚的基础？

6. 什么是服务分级？简述其应用对顾客和企业的意义。

7. 试罗列一些能够应用于顾客约束和激励顾客与企业建立长期关系的关键指标。

8. 在构建顾客忠诚的过程中，为什么说与核心服务相关的利益（如定制化、交易便利性和服务优先权）比与核心服务无关的奖励（如奖励里程）更有效？

9. 在构建有效忠诚战略中，顾客流失管理的作用是什么？有哪些工具可以用来了解和降低顾客流失率？

10. 为什么说顾客忠诚计划是顾客忠诚战略的重要组成部分？

11. CRM 在顾客关系战略构建中的作用是什么？

应用练习

1. 请列出你经常光顾的三家服务企业，并针对每一家企业，说明忠诚于该企业的原因。

2. 你作为一个消费者的忠诚和上一题中的企业绩效之间有什么关联性？按照你的观点，通过赢得你的忠诚，这些企业是否可以构建起自己持久的竞争优势？

3. 请列出你曾光顾过若干次的两家服务企业，由于你对它们的服务不满意，现在已经不再去（或准备停止购买），并回答如下问题：我停止（或准备停止）购买这两家企业服务的原因是什么？

4. 你作为一个消费者的忠诚和上一题中的企业绩效之间有什么关联性？如果企业想把你留住，它们可以做哪些工作？企业应怎样做，才能避免像你这样的顾客流失？

5. 试对两个不同的顾客忠诚计划的优劣进行评价，并阐述应如何改进。

6. 设计一份调查问卷，对两个顾客忠诚计划的有效性进行调查。第一个顾客忠诚计划是你的同学或家庭最喜欢的会员制忠诚计划；第二个应当是一个不太有效的顾客忠诚计划。采用开放式问卷形式，设计以下问题："最初是什么吸引你加入了该忠诚计划？""顾客忠诚计划对你的购买或使用行为有影响吗？""这些计划影响了你购买该企业竞争对手的产品吗？""你觉得它们对忠诚顾客提供的奖励有效吗？""会员制确实立即给你带来了好处吗？""你对会员制忠诚计划最满意的三点是什么，最不满意的三点又是什么？""你对这些计划的改进建议是什么？"请根据上述问项说明哪些因素会影响忠诚/会员制计划的成败。利用忠诚之轮理论框架进行分析并作出陈述。

7. 与两三家已经实施 CRM 系统的企业的员工进行沟通。询问他们利用这些系统与顾客互动的情况，弄清楚如下两个问题：第一，CRM 系统是否帮助他们更好地了解顾客；第二，CRM 系统是否改进了顾客的服务经历。同时，询问他们还有哪些想法和好的建议，以便更好地改进他们所在组织的 CRM 系统。

第13章 顾客抱怨管理与服务补救

抱怨是礼物。

——克洛斯·穆勒
管理顾问和作家

顾客不期望完美。他们期望意外后有保障。

——唐纳德·波特
英国航空公司副总裁

凡人多舛误，唯神能补救。

——克里斯托弗·哈特、詹姆斯·赫斯克特、厄尔·萨瑟
哈佛商学院现任和前任教授对18世纪诗人亚历山大·蒲柏的名言的重新诠释

学习目标

通过本章的学习，您将能够：

1. 认识顾客面对服务失败可能采取的行动；
2. 理解顾客为什么抱怨；
3. 了解顾客抱怨时对企业有何期望；
4. 了解顾客对有效的服务补救有何反应；
5. 解释服务补救悖论；
6. 掌握有效的服务补救系统的原则；
7. 熟悉一线服务员工处理顾客抱怨并进行服务补救的策略；
8. 认识服务保证的作用；
9. 掌握如何设计有效的服务保证；
10. 了解企业在何种情况下不应该提供服务保证；
11. 熟悉七种不良顾客群体，并掌握如何对其进行有效管理。

开篇案例

太少、太迟——捷蓝航空公司的服务补救

美国东海岸遭遇了一场可怕的暴风雪。[1]数百名乘客被困在纽约肯尼迪国际机场的捷蓝航空公司的飞机上长达11小时。这些乘客情绪狂躁。捷蓝航空公司没有一个人做任何事情让乘客离开飞机。此外，捷蓝航空公司取消了6天内超过1 000

架次航班，使得更多的乘客束手无策。这一事件使得捷蓝航空因良好服务而在美国享有的最好服务品牌之一的盛誉大打折扣。《商业周刊》原本将捷蓝航空排在25个顾客服务领导者中的第四位，但是因为这一事件将捷蓝航空踢出了榜单。到底发生了什么呢？

现场没有服务补救计划。没有一个人——机组人员、空乘人员、管理人员——主动引导乘客离开飞机。捷蓝航空事后提供的赔偿和旅行优惠券似乎没有减少乘客的愤怒，乘客被困的时间确实太长了。捷蓝航空的执行总裁戴维·尼尔曼（David Neeleman）以个人名义向公司数据库里的所有乘客发送了一封电子邮件，解释出现问题的原因，进行了诚恳的道歉，详述了公司服务补救的努力。他甚至出现在午夜的电视节目中道歉，并承认公司本应该制定更好的应急预案。但是，公司在恢复声誉方面仍然有很长的路要走。

慢慢地，随着捷蓝航空制定了全新的顾客权利清单，公司重新建立了声誉。这个权利清单要求公司在航班延误的某些情况下予以赔偿或提供优惠券。尼尔曼也变革信息系统，跟踪空乘人员的位置，升级网站允许乘客在线重新预订，在总部对员工进行培训，使员工在必要时在机场为乘客提供帮助。所有这些行动都旨在恢复其原有的声誉和地位。

顾客的抱怨行为

服务质量和服务生产率的第一定律可能是：第一次就将事情做对。但是我们无法忽略一个事实，那就是服务失误总是会发生，有时候是由组织无法控制的原因造成的。[2]服务接触中许多关键时刻非常容易出现问题。诸如即时表现、顾客参与和人是产品的构成要素等特殊的服务特征，增加了服务失误发生的概率。企业如何处理顾客抱怨和解决问题，直接决定着其要么建立顾客忠诚，要么眼睁睁看着顾客转向其他服务供应商。本章概览如图13-1所示。

顾客对服务失误的行为反应

对于你所获得的服务，你很可能不会始终感到很满意。对这些令你不满意的服务你将作出何种反应呢？你会向员工进行口头抱怨、要求见经理或者投诉吗？或者，你可能只是自己私下嘀咕抱怨，向你的朋友和家人发牢骚，抑或是当你下次需要同样类型服务时选择其他供应商？

如果你是一位对糟糕服务从不抱怨的顾客，那么你并不孤单。全球范围内的研究表明，绝大多数人不会抱怨，特别是当他们认为抱怨毫无用处的时候。图13-2描述了一个顾客对服务失误可能采取的行动。这个模型至少表明三种主要的行动。

（1）采取某种形式的公开行动（包括向企业或者第三方抱怨，例如消费者维权组织、消费者事务或管理机构甚至是民事或刑事法庭）；（2）采取某种形式的私人行动（包括转换供应商）；（3）不采取行动。

顾客可能选择采取其中一种或几种行为，记住这一点非常重要。管理者需要意识到，顾客背叛造成的影响远远不止未来收益流的损失。生气的顾客会告诉许多人他们的遭遇[3]，互联网使不高兴的顾客可以在 BBS 上公开抱怨，或者在自己的网页上公布他们在特定组织经历的不愉快事件，让数以千计的人看到。

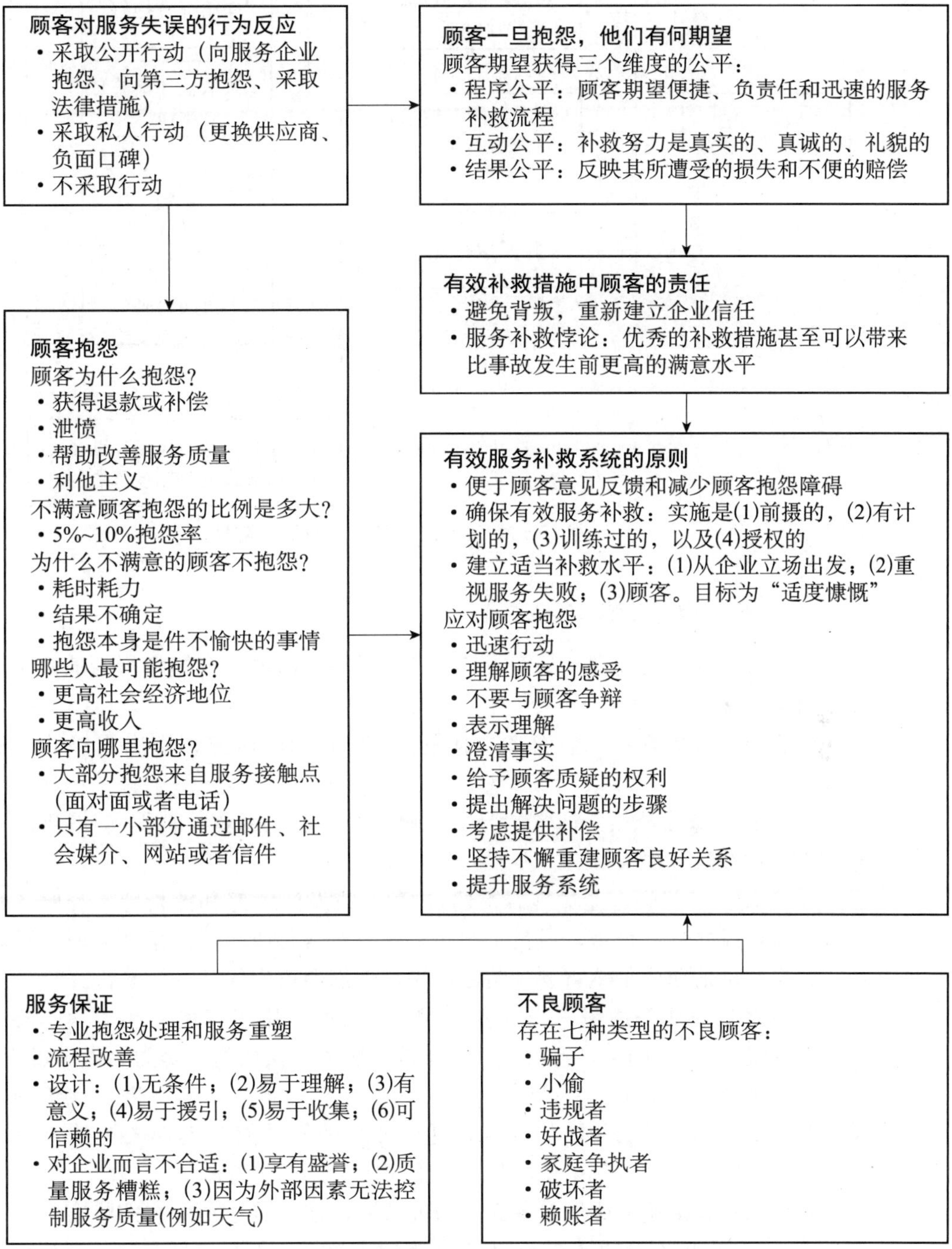

图 13-1　顾客抱怨管理与服务补救组织框架

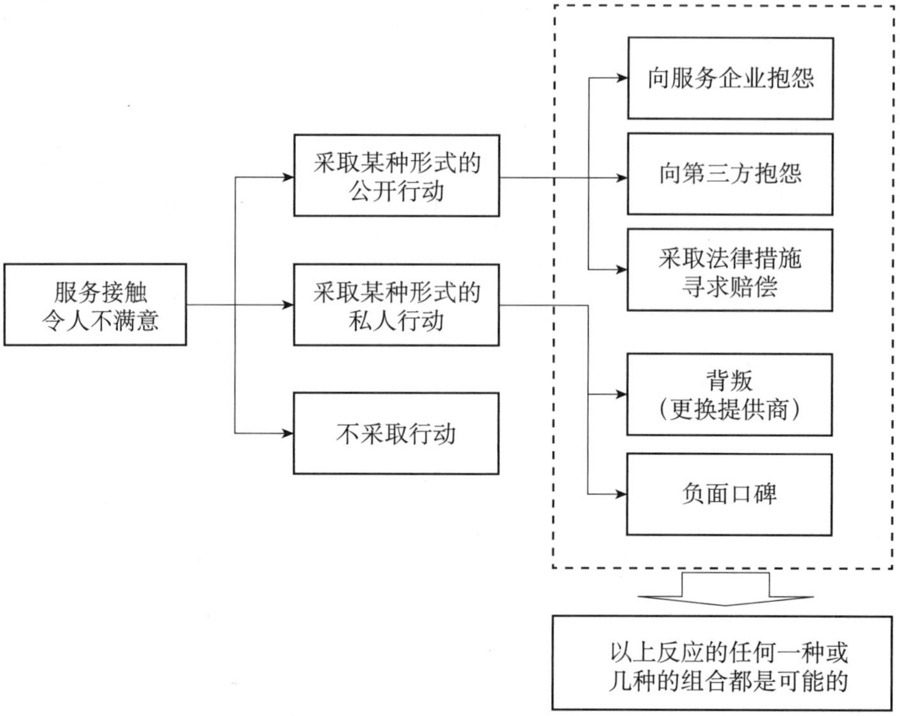

图 13-2 顾客对服务失误的反应类型

了解顾客的抱怨行为

管理者若想有效处理不满意或者抱怨的顾客，需要了解抱怨行为的几个关键方面，可从如下问题开始。

顾客为什么抱怨？一般而言，对顾客抱怨行为的研究识别出抱怨的四种主要目的。

1. **获得退款或补偿**。通常情况下，顾客要求通过退款、补偿和/或重新获得服务等方式弥补经济损失。[4]

2. **泄愤**。一些顾客通过抱怨重建自尊和/或发泄愤怒和挫折感。当服务过程中出现官僚作风并且不合理，或员工很无礼、故意威胁或明显冷落顾客时，顾客的自尊心、自我价值和公平感将受到负面影响，他们会很生气并且情绪化。

3. **帮助改善服务质量**。当顾客高度参与到服务中时（例如在大学、校友会或者主要的银行），他们会进行反馈，为了改善服务质量而付出努力、做出贡献。

4. **利他主义**。最后，一些顾客是在利他主义思想的驱动下进行抱怨的。他们希望其他顾客不再经历相同的不快遭遇。如果他们没能引起别人对某一问题的注意，以致该问题给他人带来了麻烦，他们可能会感觉不舒服。

不满意顾客抱怨的比例是多大？研究表明，在对服务不满意的顾客中，平均只有5%～10%的顾客会真正进行抱怨。[5]有时，这个比例会更低。一份对公交公司记录的评价报告表明，抱怨发生的比例是每100万人中只有大约3个人会抱怨。假设一天乘车两次，一个人需要1 370年（大约27个生命周期）才能乘坐100万次车。换言之，即使众所周知公交公司通常不会提供优质服务，抱怨的比例也低得令人难以置信。尽管只有少数不满意的顾客会抱怨，但是有迹象表明，全球的顾客正变得消息越来越灵通、越来越自信，在为自己的抱怨寻求满意结果方面也越来越积极。

为什么不满意的顾客不抱怨？很多研究已经发现了顾客不抱怨的许多原因。顾客可能不愿意花费时间写抱怨信、发送电子邮件、填写表格或者打电话，尤其是当他们认为这些服务没有那么重要时。许多顾客认为抱怨结果不确定，他们相信没有人会关心或愿意解决他们遇到的问题。在某些情况下，人们根本不知道该去哪里抱怨或者该做些什么。还有许多人感觉抱怨是件令人不愉快的事情。他们可能害怕起冲突，特别是在抱怨与顾客认识的某个人相关，并且他们之后还要与之打交道的情况下。[6]

最后，抱怨行为也受到角色认知和社会规范的影响。顾客在认为自己在服务中处于"弱势"地位（影响或控制交易的能力）的情况下，其表达不满情绪的可能性更小。[7]当涉及专业服务提供商时，例如医生、律师或建筑师，情况更是如此。社会规范并不提倡公开批评这类专业人士，因为他们被认为是专家。

哪些人最有可能抱怨？研究结果一致表明，社会经济地位较高的人比社会经济地位较低的人更可能抱怨。他们受过更好的教育，有更高的收入以及更多的社会参与，这些使得他们有自信、有知识和动力说出他们遇到的问题。[8]此外，这些人对出现问题的服务产品有更多的认知。

顾客向哪里抱怨？研究表明，大多数抱怨发生在接受服务的地点。本书一位作者最近完成了一个开发和实施顾客反馈系统的咨询项目，他发现超过99%的顾客反馈是面对面或者通过电话反馈给客户服务代表的。在所有的抱怨中，不到1%是通过电子邮件、信函、传真或顾客反馈卡反馈的。一项对航空公司乘客的调查发现，在对飞机上提供的餐食不满意的受访者中，实际上只有3%的乘客会抱怨，而且他们全部是向航班上的空乘人员抱怨的。没有人向公司总部或者顾客事务办公室抱怨。[9]当顾客主要想发泄愤怒和挫败感时，他们会使用非互动式渠道抱怨（如电子邮件或信函），但是当他们想解决或纠正问题时，则会借助诸如面对面或电话等互动式渠道抱怨。[10]

事实上，即使顾客进行了抱怨，管理者通常也无法听到那些顾客反馈给一些员工的抱怨。如果没有正式的顾客反馈系统，只有少部分抱怨能够传递到公司总部。[11]如果顾客已经采用某种方式进行抱怨但是没有作用，他们可能会转向公众进行抱怨。这源于"双向偏差"。服务绩效已经引发第一层次的不满，解决方式也无效。[12]

顾客一旦抱怨，他们有何期望

无论服务失误何时发生，人们都希望获得公平的赔偿。但是研究表明，许多顾客觉得他们既没有得到公平的对待，也没有获得足够的赔偿。当这种情况发生时，顾客的反应是直接的、情绪化的、持久的。反之，产出的公平对于顾客满意度具有积极作用。[13]

斯蒂芬·泰克斯（Stephen Tax）和斯蒂芬·布朗（Stephen Brown）发现，公平的三个维度决定了超过85%的服务补救满意度（见图13-3）。[14]

- **程序公平**是指顾客在寻求公平时必须遵守的政策和规章制度。顾客希望公司

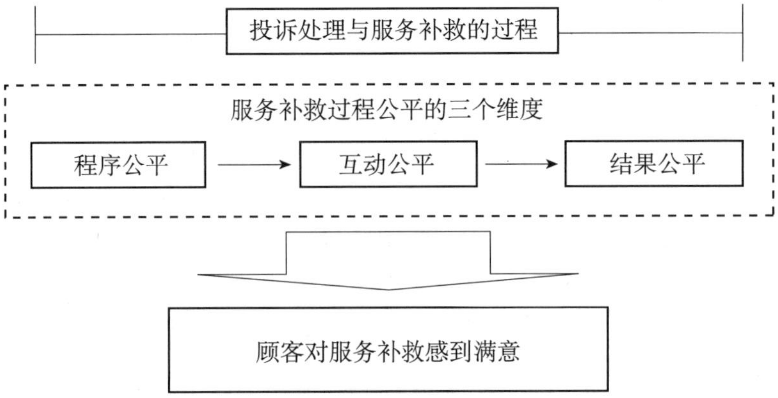

图13-3 服务补救过程感知公平的三个维度

资料来源：Adapted from Stephen S. Tax and Stephen W. Brown（1998），“Recovering and Learning from Service Failure,” *Sloan Management Review*，Vol. 49，No. 1，Fall，pp. 75-88.

承担责任，这是开启公平程序的关键，接着是便捷、迅速反应的服务补救过程，包括富有柔性的系统以及对顾客在补救过程中付出投入的报酬。

- **互动公平**涉及为顾客提供服务的员工和他们对顾客所做出的行为。对服务失误进行解释并努力解决问题是非常重要的。而且，必须让顾客认为这些补救努力是真诚的、诚实的、礼貌的。
- **结果公平**是指顾客因服务失误所遭受的损失和不便而获得的赔偿。这不仅包括对服务失误进行补偿，还包括对顾客在服务补救过程中所花费时间、努力和精力的补偿。

顾客对有效服务补救的反应

“感谢上帝让我们有抱怨者”是一个非常煽情的题目，文章是关于顾客抱怨的，这也描绘出成功管理者的感慨：“感谢上帝，让我在打电话时遇到一位不满意的顾客，我所担心的是那些没有打来电话的人。”[15]抱怨的顾客给了公司纠正问题（包括企业可能都不知道的一些问题）、修复与抱怨者之间关系以及今后提高顾客满意度的机会。

服务补救（service recovery）是一个术语，即企业通过一系列努力，纠正服务失误产生的问题，并且维护与顾客间的良好关系。服务补救努力在获得（或修复）顾客满意和顾客忠诚方面发挥至关重要的作用。[16]在每一个组织中都可能发生对顾客关系产生消极影响的事情。真正考察企业对顾客满意度和服务质量的重视程度，不是看它在广告中的承诺，而是看它在服务失误后对顾客的反应方式。尽管抱怨通常会给服务员工对服务顾客的态度带来消极影响，但是对服务和其工作具有积极态度的员工而言，他们更可能将抱怨视为改进工作的潜在资源，从而探索出能够帮助顾客的其他方法。[17]

有效的服务补救需要采取精心设计的举措，以解决问题并安抚不满的顾客。对企业而言，拥有有效的服务补救战略是至关重要的，因为在以下条件下所产生的哪怕一个服务问题，都会摧毁顾客对企业的信心：

- 失误是十分令人厌恶的（例如，供应商明目张胆的不诚实行为）；
- 问题构成了一种失误模式，而不是单独的一个事件；
- 补救努力微薄，使原有的问题复杂化而不是纠正失误。[18]

失败的风险很高，特别是在顾客有很多竞争者可供选择的情况下。一项对服务业中顾客转换行为（更换服务提供者）的研究发现，在所有受访者中，接近60%的人表示服务失误促使其更换服务提供商，其中又有25%的人列举了核心服务失误，19%的人表达了对服务员工的不满意，10%的人表示对之前的服务失误的反应不满意，4%的人描述了服务提供商不遵守职业道德的行为。[19]

有效服务补救对顾客忠诚的影响

当企业有效解决顾客抱怨时，顾客更有可能成为企业忠诚的顾客。事实上，已经有研究表明，抱怨但对服务补救满意的顾客向其他顾客推荐企业服务的概率是抱怨但对服务补救不满意的顾客的15倍。[20] TARP研究发现，在顾客对服务不满意却不抱怨的情况下，不同类型产品的再购买意愿在9%～37%之间。对于重要的抱怨而言，如果企业同情地倾听顾客的抱怨，虽然解决方案没能令顾客满意，但是保留比率也会从不满意但是不抱怨时的9%提高到19%。如果抱怨诉的解决令顾客满意，保留比率则会攀升至54%。如果问题迅速得到纠正，特别是在服务现场得到纠正，保留比率最高可达到82%![21]

我们可以得出这样的结论：解决抱怨应该被视为盈利中心而不是成本中心。当不满意的顾客背叛时，企业损失的不仅仅是下一笔交易的价值，还可能损失从该顾客那里或由于从不满意的朋友那里听到有关企业负面评价而不会与该企业发展业务的人那里获得的长期利润流。然而，很多企业依然没有接受这样一种理念：在服务补救上的投资从获取长期利润的角度看是非常值得的。[22]

服务补救悖论

服务补救悖论（service recovery paradox）认为，那些经历了服务失误而随后问题得到圆满解决的顾客有时比那些最初没有遇到任何问题的顾客可能更满意。[23] 例如，乘客登机后发现因为超额预订没有座位，即使他已经确认过。补救这次服务后，乘客会因为获得免费升舱而开心。顾客比事故发生前更加满意。

服务补救悖论可能会导致你认为顾客体验服务补救后更加满意。然而，这种方式对于企业而言过于昂贵。重要的是服务补救悖论总是存在。研究已经发现，服务补救悖论并不普遍。[24] 例如，对零售银行业的反复服务失误的研究表明，当顾客经历第一次服务失误并得到完全满意的补救时，服务补救悖论成立。[25] 但是如果第二次发生服务失误，该悖论就消失了。顾客似乎会原谅企业一次，但是如果反复发生服务失误，他们就会失望。该研究进一步表明，在体验了一次相当好的服务补救之后，顾客的期望值提升了，因此，出色的服务补救成为他们对企业解决以后服务失误的期望标准。

顾客对服务补救是否满意可能也取决于服务失误的严重程度和“可补救性”——没有人能够替换损坏的婚纱照或遭到破坏的假期，也不能消除由于服务设备引起的无法弥补的伤害所产生的后果。在这种情况下，即使是进行最专业的服务补救，也很难想象人们会对服务补救真正感到愉快。我们可以将上述服务补救问题与酒店服务比较一下。如果一个客人预订了一个普通房间，但到达酒店后发现该房间被别的客人入住了，但酒店立即给客人提供了更好的房间，甚至套间，即用更好的服务产品来对上述失误进行补救，客人通常会感到非常愉悦，也许希望酒店将来还出现类似的失误。所以，服务补救悖论对不同行业可能有不同的适用性。

总之，最佳的服务策略是在一开始就做对。正如迈克尔·哈格洛夫（Michael Hargrove）所说的那样，“服务补救会将服务失误转变成你无法想象的为顾客重新服务的大好机会”。[26]遗憾的是，实证研究发现，40%～60%的顾客表示对其经历的服务补救流程并不满意。[27]

有效服务补救系统的原则

认识到现有顾客是有价值的资产基础之后，管理者需要开发应对不满意的顾客体验的有效服务补救程序。遗憾的是，正如已经讨论过的，许多服务补救失败了，服务展望13-1描述了一些服务补救失败的共同原因。接下来，我们将讨论正确地实现这一点的三条指导原则：(1) 便于顾客进行反馈；(2) 能够进行有效的服务补救；(3) 确定适当的补偿标准。第四个原则是从顾客反馈中学习到的，它能够驱动服务改善，我们将在第14章进行讨论。图13-4展示了有效服务补救系统的构成。[28]

服务展望13-1

常见的服务补救错误

以下列举了许多组织在服务补救中所犯的典型错误：

- 管理者忽略了服务补救所能带来的巨大经济回报。近年来，许多企业集中精力削减成本，只是空谈要保留高盈利性的顾客。此外，它们对需要尊重所有的顾客熟视无睹。
- 企业在服务失误的预防措施上投资不足。理想状态下，服务规划者在潜在的问题变成现实的问题之前就会考虑到这些问题。尽管防范措施不能取代服务补救系统，但是它们极大地减少了一线员工和服务补救系统整体上的负担。
- 为顾客服务的员工不能表现出良好的态度。在服务补救中，最重要的三件事是：态度、态度、态度。无论服务补救系统设计得多么好，规划得多么完美，一旦一线员工没有和颜悦色的友好态度，服务补救系统就不会发挥作用。
- 企业没有为顾客抱怨或反馈提供便利。尽管这方面已经有所改进，例如酒店和餐厅提供顾客意见簿，但是在向顾客宣传其简便性和价值方面所做甚少。研究表明，大量的顾客并不知道存在能够帮助他们解决问题的反馈系统。

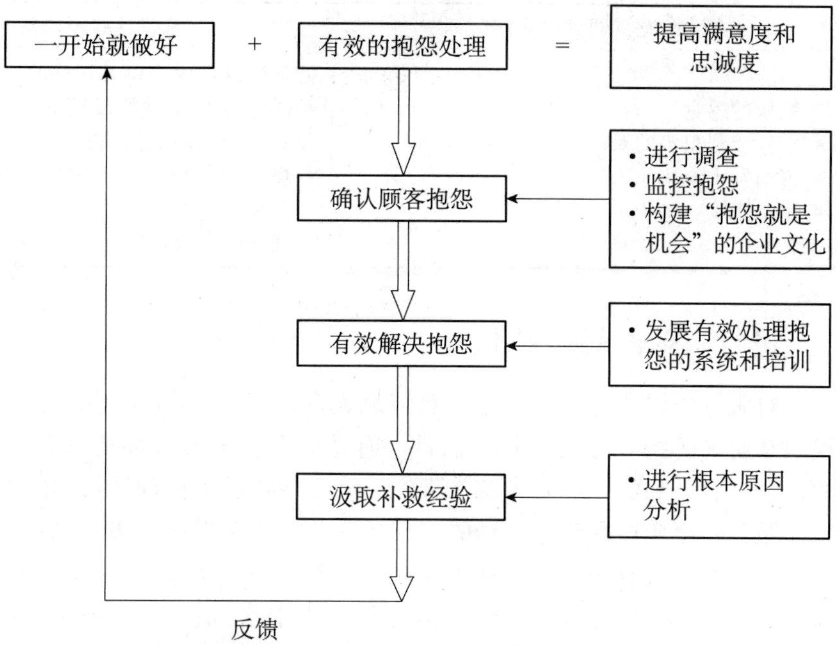

图 13－4　有效服务补救系统的构成

资料来源：Christopher H. Lovelock，Paul G. Patterson，and Jochen Wirtz，*Services Marketing*：*An Asia-Pacific and Australian Perspective*，6th ed.（Sydney：Pearson Australia，2015），p. 419.

便于顾客反馈意见

管理者如何应对不高兴而又不愿意对服务失误进行抱怨的顾客呢？最好的办法是直接处理他们不愿意进行抱怨的原因。表 13－1 总结了能够采取的可行措施，以克服我们在本章前面所确认的不进行抱怨的原因。许多企业改进了提出抱怨的程序，如增加特定的免费电话、网站链接、公众平台、在分支机构显眼的地方设置顾客意见簿。在顾客通讯中，有些企业用“您告诉我们，我们来处理”的标题专门报道，以期带来服务改进。

表 13－1　　减少顾客抱怨障碍的策略

不满意顾客遇到的抱怨障碍	减少这些障碍的策略
不方便 ● 很难找到合适的抱怨程序 ● 耗费精力，如写信或寄信	使反馈容易、方便： ● 在所有与顾客沟通的材料（信函、网站、清单、宣传册、电话黄页等）上印上顾客服务热线号码、电子邮箱、邮政地址
对结果持怀疑态度 ● 不确定企业是否会解决或采取什么措施解决顾客不满意的问题	使顾客放心，他们的反馈会得到认真对待，并会带来好处： ● 按服务补救程序实施，并将其传递给顾客，例如通过顾客通讯及企业网站 ● 专门报道由顾客反馈而获得的服务改善

续前表

不满意顾客遇到的抱怨障碍	减少这些障碍的策略
不愉快的感觉 ● 害怕受到粗鲁的对待 ● 害怕发生争执 ● 感觉尴尬	使提供反馈成为顾客积极的体验： ● 感谢顾客提供的反馈（可以通过公开的方式，要感谢全体顾客） ● 培训服务员工不与顾客争论，让顾客感觉舒适 ● 允许匿名反馈

进行有效的服务补救

对服务失误的补救不仅需要热情地表现出解决任何问题的决心，还需要责任、规划和明确的指导方针。具体而言，有效的服务补救程序应该是：（1）积极主动的；（2）有计划的；（3）训练有素的；（4）一线员工得到授权的。

服务补救应该是积极主动的。服务补救需要在现场积极主动地进行，理想的情况是在顾客还没有抱怨之前就进行补救（参见服务展望13－1）。服务人员应该对不满意的信号非常敏感，并询问顾客是否遇到问题。例如，服务员可以询问那些将所点的菜只吃了一半的顾客："先生，一切都合您的胃口吗？"顾客可能回答说："是的，谢谢，我不是很饿。"或者"牛排味道很好，但我要的是半熟的；另外，太咸了。"后面的反应给了服务员工进行服务补救的机会，而不是让用餐者不满意地离开餐厅，以后可能再也不会光顾。

服务补救程序需要进行规划。针对服务失误，特别是对那些经常发生并且无法通过已设计好的补救系统进行处理的服务失误，需要制定应急预案。[29]例如，在旅行和接待行业中，收益管理通常会导致超额预订、乘客无法登机、顾客在事先确定了座位或预订的情况下仍然不得不退出服务。为了简化一线员工的任务，公司应该确认最常见的服务问题，如超额预订，为员工开发出事前预定的解决方案组合，以便其处理问题。在顾客服务中心，顾客服务代表已经准备了服务脚本指导他们在服务补救事件中的工作。

必须教授员工服务补救技巧。作为顾客，你在遇到服务失误时可能会立刻感到不安，因为事情没有按照预期发展。因此，你会寻求员工的帮助。但是，员工有意愿和能力帮助你吗？只有实施有效的培训，一线员工才会有自信和能力处理好顾客抱怨问题[30]，让沮丧的顾客快乐起来。如何应对日常所遇到的顾客抱怨，企业怎样开展有效的培训，请参见服务展望13－2。通过这种培训，即使是不常见的服务失误，一线员工也有能力和信心将不满意顾客转换为满意顾客。

服务展望13－2

进行有效的服务补救

大厅里几乎空无一人。波士顿万豪长码头酒店的夜班经理与一位晚到的客人正在交谈。

"是的，琼斯博士，我们正在等候您的到来。我知道您预订了三个晚上的客房。但是，先生，我很抱歉地通知您，今晚我们没有空余的客房了。我们原以为今天会有大量的客人退房，但是没有。先生，您明天在哪里开会?"

博士告诉前台服务员会议地址。

"会议地址就在欧尼帕克豪斯酒店附近，离这里不远。请让我给他们打个电话给您安排一个今晚的房间。我马上回来。"

几分钟后，前台服务员带着好消息回来了。

"先生，欧尼帕克豪斯酒店今晚给您预留了一个房间。当然，我们会承担全部费用。我们会把所有找您的电话转给您。给您这封信，以便向他们说明情况、方便您登记入住。这是我的名片，您有任何问题在前台就可以直接联系到我。"

博士转怒为喜。但是前台服务员还没有结束这次对话。他把手伸进抽屉取出现金，"这是两张10美元的纸币，应该足够支付您乘出租车从这里往返欧尼帕克豪斯酒店的费用。我们明晚就将有客房。这里是一份礼券，明早您可以在5层的员工餐厅免费享用包括面包与热饮料的早餐。……再次为今天所发生的事情向您致歉。"

博士离开后，夜班经理转过去对前台服务员说："大约15分钟后，给他打个电话确认是否一切顺利。"

一周后，仍然是波士顿各个酒店的客流高峰期，无意间听到他们交谈的客人坐在出租车里前往同一家酒店。一路上，他给同伴讲述了他一周前亲眼看见的这一幕优秀的服务补救场景。两位客人到达酒店后，径直走向前台准备登记入住。

他们得到的却是意料之外的消息："先生们，我非常抱歉，我知道你们预订了两个晚上的客房，但是我们今晚没有客房。你们明天在哪里开会?"

本来要成为该酒店的两位客人交换了一个懊恼的眼神，他们跟前台服务员说了他们今后的行程计划。"那里离艾美大酒店很近。我给他们打个电话，看看能否帮你们订到房间。请稍等片刻。"服务员走后，讲故事的人说："我打赌他会带着一封信和一张名片回来。"

不出所料，前台服务员返回时带来了解决方案；尽管这并不是一部呆板的剧本，但是一周前发生的一幕此时竟然再次上演。讲故事的人原以为上次只是前台服务员偶尔表现出的积极解决问题的态度，现在他意识到这一切都是计划好的，是对特定类型的顾客问题事先规定好的反应。

资料来源：Adapted from：Ron Zemke and Chip R. Bell，*Knock Your Socks Off Service Recovery*（New York：AMACOM，2000），59-60.

服务补救需要给员工授权。服务补救努力应该富有弹性，应该给员工授权让他们发挥判断力和沟通技巧，以找到令抱怨的顾客感到满意的解决方案。[31]这在不同寻常的服务失误中尤其如此，因为企业可能没有制定或试行可能的解决方案。员工需要有决策和花钱的权力，以便及时解决服务问题，修复与顾客的良好关系。在丽思卡尔顿和喜来登酒店，员工有权主动做事，而不是被动行事。员工可以自己做主，发挥他们最好的能力，去帮助顾客解决问题。在当今时代公众抱怨大肆流行，员工需要在网上回复，例如使用微博提供解决方案。[32]

补偿应该有多慷慨呢

显然，不同的补救策略需要的成本大不相同。企业应该在发生服务失误后给出多少补偿呢？或许一个道歉就足够了？下面的经验规则可以帮助管理者回答这些问题：

- **企业的定位是什么**？如果企业以服务卓越而著称，并且为高质量收取高额的服务费用，那么顾客会期望服务失误极少发生，企业应该作出显而易见的努力，对极少的失误给予顾客价值不菲的补偿。但在低档的大众市场中，顾客通常认为接受道歉和再服务就行。
- **服务失误有多严重**？总的指导方针是“罪罚相称”。顾客对很小的不便所期望的补偿也很少（这种情况下道歉即可），但是如果服务失误造成了时间、精力、烦恼或焦虑等方面的重大损失，顾客会期望得到更多的补偿。[33]
- **受到影响的顾客是谁**？长期顾客和大量购买的顾客对服务失误补救的期望值更高，企业尽全力挽回与他们的业务关系是值得的。一次性顾客的要求没有那么高，对企业而言其经济价值也较小。因此，给他们的补偿可以较少，但是仍然需要公平。第一次使用服务的顾客如果受到很好的待遇，很可能会成为经常光顾的顾客。

服务失误补偿的总的经验原则应该是“适度慷慨”。如果伤害了顾客的自尊，那么光有补偿是不够的，还要诚挚地向顾客道歉。

过度慷慨的补偿不仅昂贵，顾客甚至会消极地理解这种反应，在他们的脑海中提出诸如企业业务是否正常等问题，使他们去怀疑背后的动机。顾客可能会有员工以及业务方面的隐忧。与简单的公平的补偿相比，过于慷慨似乎并不会带来更高的再购买率。[34]还存在另一种风险，即过于慷慨的名声还可能鼓励不诚实的不良顾客积极地“寻求”服务失误。[35]事实上，顾客真正想要的是对于其服务问题的满意解决而不是附加的修饰物![36]

应对抱怨的顾客

管理者和一线员工必须准备好应对苦恼的顾客，包括不良顾客，他们咄咄逼人、针锋相对，让人无法接受，有时甚至会侮辱没有犯错的服务员工。

良好的交流技能和换位思考对于前台员工处理这种境遇至关重要。服务展望13-3提供了有效解决问题的具体指导方针，这些方法用以使恼怒的顾客平静下来，为顾客提供公平、满意的解决方案。[37]

服务展望 13-3

一线员工的指导方针：如何应对顾客抱怨和补救无效

1. 迅速行动。如果抱怨是在服务传递过程中发生的，时间对实现完全补救至关重要。如果抱怨是在服务之后发生的，许多企业已经建立了 24 小时内或更快的反应机制。尽管完全解决问题可能需要更长的时间，迅速承认失误仍然相当重要。

2. 承认顾客的感觉。要么默默地承认，要么明确地表示理解（例如，"我能够理解您为何感到不悦"）。这一方法有助于建立良好的关系，也是恢复受损关系的第一步。

3. 不要与顾客争辩。企业的目标应该是收集事实以找到双方都能够接受的解决方法，而不是赢得争论或证明顾客是傻瓜。争论会妨碍倾听，它很少能够缓解愤怒的情绪。

4. 表明你能够站在顾客的角度理解他们所遇到的问题。站在顾客的角度认识事情是理解顾客认为出了什么问题、为什么顾客不高兴的唯一途径。服务员工应该避免以自己的理解草率地得出结论。

5. 澄清事实、梳理原因。失误可能是由服务效率不高、顾客误解或者第三方的过失行为引起的。如果做错了事，应该立即道歉。越能获得顾客的原谅，则顾客期望获得的补偿就越少。不要自我防卫；自我防卫可能表明组织想隐瞒什么事情或者不愿意调查全部情况。

6. 给予顾客质疑的权益。并非所有的顾客都是诚实的，也并非所有的抱怨都是有道理的。然而，应该将顾客的抱怨视为合理的，除非发现确凿的反证。如果存在损失一大笔钱的风险（如保险理赔或可能的官司），就一定要进行认真的调查。如果涉及的金钱很少，或许就不值得为了补偿金或其他补偿进行讨价还价。检查记录，确定同一顾客是否有过可疑抱怨的记录也是一种好方法。

7. 提出解决问题的步骤。如果不可能及时找到解决办法，就告诉顾客企业将如何进一步解决问题，以表明企业正在采取补救措施，同时也使顾客能预计相关的时间（因此企业应该谨慎，不要作出超出能力的承诺）。

8. 使顾客知悉进展情况。没有人愿意被蒙在鼓里。不确定性会导致焦虑和沮丧的情绪。如果人们知道发生了什么情况，收到定期的进展报告，他们就会更愿意接受异常情况。

9. 考虑提供补偿。如果顾客没有获得他们认为物有所值的服务，或者由于服务失误而遭遇严重的不便和/或时间及金钱损失，就要提高金钱补偿或提供同类价值相等的服务作为补偿。这种补救策略也可能会降低愤怒的顾客采取法律措施的风险。服务保证通常提前安排了这种赔偿的内容，企业应该确保履行所有的保证。

10. 坚持不懈地努力去重新获得顾客的信任。如果顾客很失望，最大的挑战之一就是恢复他们的信心，并维系今后的关系。可能需要坚持不懈地消除顾客的失望情绪甚至愤怒，使他们确信企业正在采取措施以避免同样的问题再次发生。真正优异的补救措施在建立忠诚顾客关系方面是非常行之有效的。

11. 自查服务传递系统、追求卓越。顾客离开之后，企业应该进行检查，以确定服务失误是不是由意外的错误或系统故障引起的。企业应该利用每次抱怨完善整个服务系统。即使发现抱怨只是因为顾客误会引起的，这也暗示沟通系统的某个地方不是很有效。

服务保证

顾客导向的企业将专业的抱怨处理和有效的服务补救进行制度化的一种方法是服务保证。事实上，越来越多的企业向顾客提供服务保证，承诺如果服务不能达到预定的标准，顾客有权要求一种或多种形式的补偿，例如简单的更换、获得赔偿金或退款。设计良好的服务保证不仅能使服务补救更有效，而且能够形成从服务失误中学习并随后改善服务系统的制度。[38]

服务保证的作用

服务保证是促进和实现服务质量的有力工具，原因如下[39]：

1. 服务保证迫使企业集中关注在每个服务要素中，顾客想要的是什么、期望的是什么。

2. 服务保证确定了明确的标准，它告诉顾客也告诉员工什么是企业所支持的。因为管理者强调质量失误的经济成本，而劣质服务需要赔偿顾客，这使得管理者认真地对待服务保证。

3. 服务保证要求开发能够产生有意义的顾客反馈并采取措施的系统。

4. 服务保证迫使服务组织了解它们为什么失误，鼓励它们识别并克服可能的失误点。

5. 服务保证通过降低购买决策风险、建立长期忠诚，提升了营销能力。

站在顾客的角度，服务保证的首要功能是降低与购买行为相关的感知风险。[40]保证的存在使得顾客认为一线员工准备解决问题并会提供适当的补偿，所以顾客更倾向于抱怨，并且似乎顾客也是这么做的。萨拉·比约林·里顿（Sara Bjorlin Liden）和皮尔·斯卡伦（Per Skalen）发现，即使不满意的顾客在抱怨之前不知道服务保证的存在，在他们得知企业有处理服务失误的预定程序并认真对待他们的抱怨后，也会对企业留下积极的印象。[41]

在汉普顿酒店（Hampton Inn）的“百分百汉普顿保证”的案例中（“如果您没有百分百的满意，您不需要付费”），清晰地表明了服务保证的优点。作为正在大力发展的业务，汉普顿向表达出不满的顾客提供房间赔偿金的策略吸引了新顾客，它也是保留老顾客的有力工具。人们选择入住汉普顿酒店是因为他们相信在这里会获得满意的服务。同样重要的是，服务保证是一种重要的工具，它让管理者认识到提高服务质量带来的新机遇。

在讨论服务保证对员工和管理者的影响时，汉普顿酒店的营销副总裁说：“设计服务保证让我们知道了是什么让顾客感到满意，而不是我们自己认为什么可能让顾客满意。”汉普顿酒店要求从客房预订人员到一线员工再到总经理以及公司总部的人员，每个人都必须仔细倾听顾客的声音，尽可能最大限度地预测顾客的需要，迅速进行问题补救，以使顾客对解决方案感到满意。从以顾客为中心的角度审视酒店的功能，对企业开展业务具有深刻的影响。

正如一位经理所说，服务保证“为水龙头注入了压力”，它会显示哪里存在“漏洞”，提供修补这些漏洞的经济动力。结果，服务保证对汉普顿连锁酒店的产品一致性和服务传递产生了非常重要的影响。最终，研究表明“百分百汉普顿保证”对企业财务绩效产生了巨大的积极影响。[42]

如何设计服务保证

有些服务保证很简单并且是无条件的。另一些则看似出自律师之手并且包含许多限制条件。比较服务展望 13-4 中的例子，想一想你会相信哪些保证，并且这些保证会使你倾向于和哪家企业进行商业往来。

服务展望 13-4

服务保证范例

美国邮政服务快件保证

服务保证：国际邮递快件不在此服务协议范围之内。由于海关检查导致的军用运输延误亦除外。如果在指定的美国邮政邮递设施内，在指定投递时间或之前投递了隔夜到达收件人的包裹，我们将努力在保证时间之前将包裹邮递给收件人或其代理人。邮递时需要收件人的代理人或邮递员签名。如果邮递未能在保证时间之前作出，寄件人可以提出赔偿要求，美国邮政将赔偿邮递费，除非延误是由以下情况引起的：由于执行法律的原因造成的适当扣留；罢工或停工；邮递运输延误；转运、返还、不正确的地址或不正确的邮政编码；航班延误或取消；邮政服务或航空公司控制之外的政府行为；战争、暴乱或内战；由于邮政服务之外或不可抗力引起的美国邮政运输网重要部分产生故障。

宾恩公司（L. L. Bean）的保证

我们保证，我们的产品在任何情况下都会让您百分之百满意。如果没有让您百分之百满意，您可以随时退回您从我方购买的任何产品。我们不希望您从宾恩公司购买任何不能让您完全满意的产品。

我们的保证基于双方——你满意（或者不满意）购买服务，我们都会执行。我们保证价格最低。这是我们的商业标准。如果你不完全满意，我们乐意退换货。

MFA 公司（一家专业的招聘机构）

我们“不说大话、以行动证明”的两个做法是：

1. 退款：我们提出无条件退款保证——如果在找工作的过程中，您对进展有任何一点不满意，只需简单地向我们陈述事实，如果在讨论之后您仍不能百分百满意，我们将欣然无条件退还您已支付的每一分钱。不狡辩、不争论，保证按期退款。

2. 12 个月在职保证：我们推荐的候选人保证在贵公司工作满 12 个月。如果在此期间他们离开了您的公司，无论什么原因，我们都将免费为您寻找其他岗位候选人，直至找到合适的替代者为止。

臭虫杀手公司（Bugs Burger Bug Killer）的保证（一个对付害虫的公司）

- 在您所有房屋内的臭虫被清除之前，您不欠我们一分钱。

● 如果您对臭虫杀手公司的服务不满意，您将获得价值12个月的服务补偿——外加次年您选择其他公司清除服务的费用。

● 如果客人发现您的房屋内有臭虫，臭虫杀手公司将为客人支付餐费或房费、寄发致歉信并为他们以后的餐饮或入住付费。

● 如果您的房屋因为蟑螂或啮齿动物而倒塌，臭虫杀手公司将支付任何罚款及所有因此而损失的利润，外加5 000美元。

资料来源：Printed on back of Express Mail receipt，January 2006.（Note that USPS has dramatically improved its guarantee since.）Printed in all L. L. Bean catalogs and on the company's website，http：//global. llbean. com/guarantee. html，accessed August 26，2015. MGA Group's Website，http：//www. mfagroup. com/recruiting. htm，accessed June 1，2009. Reproduced in Christopher W. Hart（1990），"The Power of Unconditional Service Guarantees，" *Harvard Business Review*，July-August.

宾恩、MFA和臭虫杀手公司三个企业的保证是强有力的、无条件的，而且是令顾客信任的。另外一个保证则因为许多限制条件而受到削弱。近年来美国邮政增加了6个新条件。哈特（Hart）认为服务保证应该符合以下标准[43]：

1. **无条件**——保证中无论承诺了什么，都必须是完全无条件的，不应该给顾客带来任何意外的内容。

2. **易于理解和沟通**——保证应该让顾客容易理解、便于沟通，这样就能够使顾客清楚地知道他们可以从保证中获得的好处。

3. **对顾客是有意义的**——保证的内容是对顾客很重要的事情，赔偿应该多于弥补服务失误所需的费用。[44]

4. **易于援引**——保证应该方便顾客援引。

5. **承诺兑现简单**——如果发生服务失误，顾客能够轻松、没有障碍地要求企业兑现服务保证所做出的承诺。

6. **可信赖**——保证应该是可信的。

完全满意是你能做到的最好的保证吗

完全满意的服务保证通常被认为是可能的最佳设计。但是，有迹象表明，与这种保证相关的模棱两可的问题会使感知价值减少。例如，顾客可能会问："完全满意是什么意思？"或者"尽管服务企业没有错误，但是当我不满意时能够要求执行服务保证吗？"[45]特性保证（例如，保证24小时到货）是高度明确并且不存在模糊点的，尽管保证范围有限。完全满意与特性保证结合的联合保证（combined guarantee)，解决了这一问题。它将完全满意的广度和具体特性保证的低不确定性结合起来。实践证明，这种类型的保证优于单纯的完全满意保证和根据具体特性设计的保证。[46]如果具体特性保证被作为服务保证（如准时交付），但顾客对服务的其他方面不满意，那么联合保证中完全满意则可以涵盖这些方面。表13－2举例说明了不同类型的服务保证。

表 13-2　　**服务保证的类型**

名称	保证范围	举例
单一特性保证	服务保证中包含服务的一个关键特性	在三款指定的普通比萨中，在工作日中午 12 点到下午 2 点之间选择其中任何一款，保证 10 分钟内供应。如果不能准时供应比萨，顾客下次点餐可以免费。
多特性保证	服务保证中包含多个重要的服务特性	明尼阿波利斯万豪酒店保证："我们对您作出如下质量保证： ● 态度友好、手续高效的入住服务； ● 客房整洁舒适、设备运行正常； ● 态度友好、手续高效的结账服务。 如果您认为我们的服务没有达到该保证的要求，我们将给您 20 美元现金，并且不会提出任何异议。该保证完全按照您的理解实施。"
完全满意保证	服务保证中包含服务的所有方面，无一例外	兰兹角（Lands' End）保证："如果您对在我方购买的任何产品，在您使用的任何时间内感觉不能完全满意，我们将为您全额退款。我们说到做到，无论何事、无论何时一贯如此。但是为确保本保证完全清晰明确，我们决定对其进行进一步简化。保证日期×××。"
联合保证	服务保证中包含服务的所有方面。服务保证有关于重要特性的最低服务执行标准以减少不确定性	数据处理信息服务公司（Datapro Information Services）保证："准时交付高质量的包含本保证中所列内容的报告。如果我们未能传递符合本保证的服务，或者您对我们工作的任何方面感到不满意，您可以从最后付款中扣除您认为任何合理的费用额度。"

资料来源：Wirtz，J. and Kum，D（2002）."Designing Service Guarantees—Is Full Satisfaction the Best You Can Guarantee?" *Journal of Services Marketing*，Vol. 15，No. 14，pp. 282-299.

引入服务保证总是合适的吗

在决定是否引入服务保证时，管理者应该仔细考虑企业的优势和劣势。艾米·奥斯特罗姆（Amy Ostrom）和克里斯托弗·哈特（Christopher Hart）认为在一些情况下引入服务保证是不合适的[47]：

● 已经因卓越的服务而享有盛誉的企业可能并不需要服务保证。事实上，如果提出保证可能会给市场造成混乱，这可能与它们的形象不符。[48]更确切的是，人们希望定位高端的服务企业即使在没有服务保证时也将事情做好。

● 相反，如果企业目前的服务很糟糕，就必须首先将服务质量提高到超过服务保证的水平。否则，很多顾客援引那些需要成本支出的服务保证。

● 那些因为外部因素而无法控制服务质量的企业考虑引入服务保证是不明智的。例如，美国国家铁路客运公司（Amtrak）意识到由于缺乏对其铁路基础设施的充分控制而导致其支付大量的赔偿金，它被迫放弃了服务保证，其中包括若火车晚点，顾客可以获得旅费赔偿。

● 在那些顾客购买和使用服务的经济风险、人身风险、心理风险很小的市场中，增加服务保证很少会增加价值，但是却增加了设计、运行和管理的成本。

在竞争企业之间的感知服务质量差异很小的市场中，第一家实施服务保证的企业可能获得先发优势，从而为其服务创造有价值的差异化。如果不止一家竞争企业已经实施了服务保证，提出服务保证可能会成为行业的必备要素，保证能够产生影响力的唯一可行途径是作出与竞争者截然不同的保证。[49]

阻止滥用和机会主义消费行为

贯穿本章，我们都在提倡企业应该欢迎抱怨、采用服务保证，甚至鼓励这些行为。当我们在讨论专业化抱怨处理和服务补救的重要性时，我们必须承认并不是所有的抱怨都是诚实的。只要企业拟定了服务补救政策或提出保证，就总会存在被顾客利用的可能。而且，并非所有抱怨的顾客其行为都是对的或是有道理的，这些顾客事实上可能成为另一些顾客抱怨的原因。[50]我们将这些人称为**不良顾客**（jaycustomers）。

从其他英语国家到北美的访客经常因“不守规则的行人”（jaywalker）一词而困惑，它是一个具有鲜明美国特色的单词，用以描述在不允许的地方或以危险的方式横穿马路的人。前缀“jay”来源于19世纪的一个俗语，意为“傻瓜”。我们把“不良顾客”定义为语言错误、行为不负责任的顾客，他们的行为会给企业、员工以及其他顾客都带来麻烦。

这些顾客不合作、行为粗鲁，对任何企业来说都是个问题。但是，他们对服务行业具有更大的破坏力，对服务场所中有很多其他顾客也在场的服务行业破坏力尤其大。从我们自己的体验也会知道，其他顾客的行为会影响到自己对服务的享受。如果你喜欢传统音乐并听一次交响音乐会，你会希望其他观众在演奏期间保持安静，不要因为大声说话、咳嗽或没有关闭手机而破坏了大家对音乐的欣赏。相反，在摇滚乐演奏会或体育比赛中，观众的积极参与可以增加现场的火爆气氛，如果观众都默不出声，那就显得死气沉沉了。但是，在观众的热情与对方运动队支持者的干扰行为之间存在一个清晰的界限。企业如果不能有效处理顾客的不良行为，也将面临破坏已建立的与其他顾客间关系的风险。

每一种服务都存在不良顾客，但是对于这个话题的观点存在分歧。否定的一方认为：“顾客是上帝，不可能做错事情。”而另一方则认为，顾客市场中充斥着恶劣的人，绝不能指望他们会达到任何有自尊的服务提供商对他们的期望和要求。第一种观点在雄心勃勃的管理类图书和对员工的鼓动性演讲中被广泛宣传，但是，第二种观点在一些曾经在某方面被顾客的不良行为激怒而变得挑剔的管理者和员工那里很有市场。就像生活本身就有许多见解迥异的观点一样，这两种看法都有其正确的部分。然而，有一点是非常明确的：任何有尊严的企业都不愿意与态度不良的顾客保持长期关系。

每一种服务都有不良顾客。不良顾客是不受欢迎的。最好的办法是企业从一开始就避免吸引这些顾客，最差的办法是企业需要控制或防止他们的不良行为。在讨论如何应对不良顾客之前，我们先介绍不良顾客的主要类型。

不良顾客的七种类型

定义问题是解决问题的第一步，所以我们首先介绍不良顾客的不同类型。[51]我们已经确定了七个大的分类，并对它们进行了类别命名，但是许多与顾客接触的员工都有自己独特的叫法。

骗子（cheat）。顾客欺骗服务企业的方法有很多种。欺骗的方法从单一目标的利用补救政策写索赔信件和利用服务保证欺骗，到夸大或伪造保险索赔和退货欺诈（例如，为了一个晚会买晚礼服，使用过之后再将其退回商店）。[52]假退回已经成为共识并被社会接受，特别是对于网上零售商。一家公司报告说1%的顾客购买5件及以上商品，并退回90%或者更多![53]以下引文贴切地描述了这些顾客的想法：

> 在登记入住酒店时，我注意到它所作出的“百分之百满意，否则退款”保证，情不自禁想利用这个机会，所以在结账时我告诉服务员，因为交通噪声吵得我一晚上没睡着，我要求退款。他们二话没说给我退款了。这些企业太傻了，需要更好地警告它们一下。[54]
>
> 我已经抱怨了，这个服务太慢、太快、太热、太冷、太亮、太暗、太友好、太不人性化、太公开、太隐私……事实上这都不是事哦，只要你抱怨了，信封内装着的将是充满歉意的回信和赠券。[55]

企业不会轻易检查顾客是不是伪装的不满意还是真的不高兴。在本章的结尾部分我们将讨论如何对付这类骗子顾客。

小偷（thief）。小偷型不良顾客不愿意付款，只想去偷窃商品和服务（或为了少付款而偷换价格标签，或毫无根据地砍价）。在零食店里，失窃是一个大问题。零售商委婉地称之为“萎缩”，这使它们的年收入损失一大笔钱。许多服务提供者都中了一些逃避付款的阴谋诡计。对于有技术能力的顾客而言，有时确实有可能对电表加装线路，盗拨免费电话，或盗用有线电视信号。免费乘坐公共交通工具、偷偷溜进电影院或者在餐厅吃饭不付钱，这些行为也很常见。我们一定要谨记一些欺诈性付款，譬如刷偷来的信用卡或开空头支票。发现他们如何偷窃是预防此类事情发生或抓获窃贼并在必要时起诉他们的第一步。但是，管理者不能损害诚实顾客的服务体验，使诚实顾客变得疏离。诚实顾客也可能因为心不在焉而忘记付款，一定要对此作出相应的特别规定。

违规者（rulebreaker）。违规者在服务业中也很常见。就像高速公路需要安全规范一样（包括“不要乱穿马路”），许多服务企业也需要给员工和顾客制定行为规范，以引导他们安全地完成服务接触中的各个步骤。政府机构出于健康和安全考虑会制定一些这样的规定。许多餐厅常见的标示“衣冠不整者谢绝入内”是一项与健康有关的规定。航空旅行中的安全规定是最佳实践——除了监狱，几乎没有多少地方会让健康、神志清醒的成年顾客感觉如此受束缚（虽然理由很充分）。

除了执行政府规定，服务提供商通常会执行自己的规定，以促使交易顺利进行，避免对员工提出无理要求，防止滥用产品和设备，合法保护自己，并使顾客少犯错误。例如，对于那些给自己和他人都会带来危险的粗心的滑雪者，滑雪场的管理越来越严格。相互冲撞会造成严重的伤害甚至死亡，所以滑雪巡逻队员必须以安全为中心，有时要履行准警察的职责。就像危险的司机会被吊销驾驶证一样，危险的滑雪者也应该被滑雪场拒之门外。例如，在科罗拉多州的维尔及海狸河，滑雪巡逻者曾在一个周末之内作废了近400个人的缆车通行证。在丹佛附近的冬季公园，如果滑雪者因为危险行为而被没收公园通行证的话，他们必须在听完45分钟的安全课程之后才能领回通行证。佛蒙特州奥克木山的滑雪巡逻者会向鲁莽的滑雪者发出警告，并在他们的缆车票上贴上一张鲜艳的橙色标签。如果他们因为行为不当而再次被拉到路边，他们将被遣送下山并被禁止滑雪一天或更长时间。“我们不想做滑坡上的‘盖世太保’，”滑雪场营销主任说，“我们只是想教育一下那些人。”

企业应该如何处理这些违规者呢？这通常要看他们违反了哪些规定，如果是可以依法执行的规定——偷窃、坏账、试图把枪支带上飞机等——这些行为必须被明令禁止以保护员工，并惩戒或劝阻顾客的违规行为。

企业的规定显得有些含糊其词。它们真的有必要吗？如果不必要，企业应该取消它们。它们与健康和安全相关吗？如果相关，针对规定对顾客进行教育可以减少事后补救。对于确保所有顾客的舒适和享受的规定也是如此。还有一些诸如“你不要插队”（尽管在美国和加拿大，人们对这一文明行为的文化期望远远超过其他国家，任何一个去过巴黎或香港迪士尼乐园的游客都可以证实这一点）这样的不成文的社会规范。也可以依赖其他顾客帮助服务人员执行对每个人都有影响的规定，顾客甚至可以在这方面采取主动。

过多的规定也会带来风险。它们会让一个组织显得官僚、专横，并且把本来以服务顾客为宗旨的员工变成将执行所有规定视为首要任务的警察。规定越少，重要的规定就越醒目。

好战者（belligerent）。或许你在商店、机场、酒店或餐厅里看见过他——红着脸愤怒地吼叫，或者冷酷地说着侮辱、威胁或淫秽的话。凡事并非总令人称心如意：机器出故障，服务太蹩脚，顾客受冷落，航班延误，订单误传，员工不帮忙，承诺未兑现。或许当顾客在被告知要遵守规定时，他们会因此发泄怨恨。即使在服务员工没有任何过错的时候，他们也经常受到不友好的对待。如果员工没有解决问题所需要的权力，好战的顾客就会变本加厉，甚至会进行人身攻击。遗憾的是，当愤怒的顾客向服务员工咆哮时，后者有时也会不礼貌地回应，这就使冲突升级，减少了解决问题的可能。

酗酒和吸毒使问题更加复杂。关心员工的企业会尽力地培养员工应对这类困境的能力。角色扮演类培训活动有助于员工增加自信和培养果敢的性格，并帮助他们应付恼怒、好战的顾客（有时被称为“发飙者”）。员工同样需要学习如何化解顾客的愤怒，平息他们的焦虑，并安抚他们的痛楚（尤其是当顾客因企业的不良表现而有充分的理由变得烦躁不安的时候）。

“我们好像生活在一个愤怒的年代”——在注意到文明程度的整体衰退之后，斯蒂芬·格洛夫（Stephen Grove）、雷蒙德·菲斯克（Raymond Fisk）和乔比·约翰（Joby John）如是宣称。[56]他们认为，愤怒的行为在社会化过程中被当做一种对待特定情境的恰当反应而被人们学习。罗杰·布吉（Roger Bougie）和他的同事们进行的研究揭示出，愤怒和不满意是性质不同的情感。不满意的顾客会有一种未被满足或“被遗忘”的感觉，想弄明白哪些人或事情应该对此负责；而愤怒的顾客思考的是他所处的情境是多么不公平，试图报复那家企业并伤害某些人。[57]近年来，“空怒症”引起了人们的广泛关注，因为它会给无辜的乘客带来极大的危险性（见服务展望13-5）。[58]

服务展望13-5

空怒症：蛮横的乘客不断制造问题

1988年，“路怒症”一词被创造出来，用于描述那些怒气冲天、充满攻击性的司机，他们对路上的其他人构成了威胁。同样，“空怒症”一词形容的是那些危及乘务员、飞行员和其他乘客安全的暴力蛮横的乘客。空怒症在所有的航班乘客中发生率极小，据报道每年大约5 000起，但是在空中发生的任何事件都有可能影响其他数以百计的乘客的舒适和安全。

尽管恐怖主义是大众一直关心的问题，但失控的乘客也对安全构成了严重的威胁。在一架从佛罗里达州奥兰多飞往伦敦的飞机上，一名醉酒的乘客打碎了电视屏幕，开始猛击窗户，告诉其他乘客他们将“被吸出去之后死掉”。乘务员把他捆住，飞机被迫临时降落在缅因州班戈市，美国执法人员逮捕了那名乘客。还有一架从牙买加飞往荷兰的飞机也在班戈临时降落，因为机上有乘客走私毒品。在他的腹内一个装满可卡因的气球破裂后，他变得狂躁起来，把卫生间的门打成碎片，并掐住一名女乘客的喉咙。

在一架从伦敦飞往西班牙的飞机上，一名在登机时已经喝醉的乘客被乘务员告知不能在卫生间抽烟，后来当乘务员拒绝再给他倒酒时，他变得非常愤怒。他将一只免税伏特加酒的酒瓶在女乘务员的头上砸碎，致使她的头部缝了18针，之后才被其他乘客制服。另一些危险故事还包括向乘务员泼热咖啡、用头撞副驾驶员、试图闯进驾驶舱、将乘务员扔过三排座椅，以及试图在飞行中打开紧急出口等。一次美国国内航班上发生了一出惨剧，在飞机降落在犹他州盐湖城的20分钟前，一名粗暴的乘客踢开了驾驶舱的门，随后被其他乘客制服并差点被掐死。

越来越多的航空公司把违反规定的乘客送上了法庭。西北航空公司永久禁止3名粗暴的乘客乘坐该公司的航班。英国航空公司对那些失控的乘客发放“警告卡”。空怒症也同样会出现在大牌明星身上。摇滚歌星考特尼·拉芙（Courtney Love）因在一架从洛杉矶飞往伦敦的飞机上有破坏行为而在到达目的地时被逮捕，她自责自己“出言不逊”。一些航空公司在飞机上配有身体控制设备，以制服失控的乘客直至将他们移交给机场有关部门。

2000年4月，美国国会把对空怒症乘客的民事罚金从1 100美元增加到25 000美元，以减少乘客的不良行为。对于性质最严重的事件，刑事处罚也提高至10 000美元的罚款以及最长20年的监禁。一些航空公司因担心乘客产生抵触和畏惧心理而不愿意公布这一消息。然而，反恐安全防范规定的实施使得人们更能接受对控制和惩罚空怒症的程序所进行的强化措施。

是什么导致了空怒症？失控的心理或对权势人物心怀不满都是导致许多服务场景中愤怒行为的可能原因。研究者表示，拥挤的长时间飞行给人带来的压力越来越大。航空公司自己也有责任，它们把飞机座位排得太密，还不解释航班延误的原因。研究发现飞行压力中的风险因素包括焦虑和易怒型性格，它们也表明在不熟悉的航线上飞行要比在熟悉的航线上承受更大的压力；另一个原因可能是禁烟规定。不过，酗酒仍是大多数事故的根源。

航空公司正培训员工如何应对粗蛮的乘客，并在他们发生事端之前找到他们。一些航班给乘客提供了一些在长时间飞行中如何放松的建议。一些航空公司也考虑过给那些非常想吸烟的乘客提供烟，但是不允许他们点燃。飞行安全措施也许减少了航班上的易怒行为，人们越来越关注地面乘客的愤怒。澳大利亚一项针对机场员工的调查发现，共有96名员工在工作中经历过空中愤怒，其中，31%的员工每天都会经历不同程度的空中愤怒，还有15%的员工报告他们被乘客触碰或攻击过。

资料来源：Based on information from multiple sources, including: Daniel Eisenberg, "Acting Up in the Air," *Time*, December 21, 1998; "Air Rage Capital: Bangor Becomes Nation's Flight Problem Drop Point," *The Baltimore sun*, syndicated article, September, 1999; Melanie Trottman and Chip Cummins, "Passenger's Death Prompts Calls for Improved 'Air Rage' Procedures," *The Wall Street Journal*, September 26, 2000; Blair J. Berkley and Mohammad Ala (2001), "Identifying and Controlling Threatening Airline Passengers," *Cornell Hotel and Restaurant Administration Quarterly*, Vol. 42, August-September, pp. 6 - 24; www. airsafe. com/issues/rage. htm, accessed August 26, 2015.

当一位挑衅的顾客拒绝别人平息局面的努力时，员工应该如何化解困境呢？在公共场合，应该首先把他与其他顾客隔离。有时，主管需要出面调解顾客和员工之间的纠纷；在其他时候，他们需要支持员工。如果一名顾客对员工进行人身攻击，就有必要呼叫安保人员或警察。一些企业试图掩盖这类事情，害怕有损公共形象。但是另外一些企业觉得有必要公开支持自己的员工，例如美体小铺（Body Shop）的一位管理者曾命令一个脾气暴躁的顾客离开商店，并告诉她："我不会容忍你对我员工的粗鲁行径。"

电话里的粗暴行为引发了另一个棘手的挑战。有的服务员工会挂断发怒顾客的电话，但是这种做法并不能解决问题。例如，当得知因账户透支而导致支票被拒（这意味着他们违反了规定），或者在贷款申请被拒绝的时候，银行的顾客往往会觉得很烦躁。当顾客通过电话没完没了地斥责服务员工的时候，一种解决方法就是坚定地对顾客说："这样的谈话无助于解决问题。要不，我过几分钟再给您致电，让您有时间再回想一下这些信息？"在许多情况下，休息并反思一下才是最需要做的事。

家庭争执者（family feuders）。与自己家人（或者更糟糕的是与其他顾客）发生争执的人——构成了好战者的一个分支类型，我们称之为"家庭争执者"。员工的介入可能会让情况缓和，也可能让情况变得更糟糕。在有些情况下，有必要进行仔细的分析并作出谨慎的反应。但另一些情况，例如顾客在一家很好的餐厅里打起食物战（没错，的确有这种事）时，就需要立刻作出反应。服务管理者在遇到这些情况的时候，就需要当机立断、迅速行动。

破坏者（vandal）。破坏者在任何服务行业中都会存在。顾客会对服务设施及设备进行蓄意的破坏。地毯、桌布或床单上的香烟烧出的洞；汽车座位被割破或酒店家具被破坏；顾客的车被故意损坏。无聊的或醉酒的年轻人是造成外部破坏的主要原因。情绪不良的员工也会进行破坏。但很多此类问题还是源于那些主动选择错误行为的为服务买单的顾客。饮酒和吸烟有时是诱因，与心理问题也有关系，还有一个原因是疏忽。也有的情况是，气愤的顾客认为服务提供者怠慢了自己，因此想方设法进行报复。

应对破坏的最好办法是预防。加强安全措施可以防止一些破坏行为。如同公共场所的开放式设计，明亮的灯光也会起到很好的预防作用。企业可以选择外观漂亮而又防碰撞的墙面、给设备盖上保护罩，以及给家具配上保护套。教育顾客如何正确使用那些设备（而不是拍打设备），以及在易碎的物品上标注警示，能够减少对设备的滥用或者粗心的操作。此外，还有经济上的制裁：收取押金或与顾客签订协议，让顾客同意对可能由他们造成的损坏照价赔偿。

如果预防措施失效并且造成了破坏，管理者应该做些什么呢？如果肇事者被抓住了，要首先让他说明是否有可以减轻责任的原因（因为可能是意外）。对蓄意毁坏可以采取从警告到法律起诉的各类制裁。至于被破坏的设备，则应尽快修理好(在任何法律或保险的强制下)。一位公交公司经理的想法非常正确，他说："如果一辆我们的车遭到破坏，无论是玻璃碎了，还是座位坏了，或是车顶被人涂鸦，我们都立刻停止这辆车的运营，这样别人就看不到这些破坏了。否则就等于在告诉更多人，他怎么没想到也这么干呢!"

赖账者（deadbeat）。除了那些根本就不打算付款的人（我们称之为"小偷"），还有一些顾客在接受服务之后未能及时付款，这部分顾客就是所谓的赖账者。赖账者产生的原因有很多。正如之前所述，事先预防胜过事后补救。为了防止出现上述情况，很多企业实施预付款制度。最好的例子就是接受服务前，你必须购票。直销组织会在顾客预订的时候要求他们留下信用卡号码，就像在预订酒店时所做的一样。另一个预防措施就是在顾客接受服务之后马上出示账单。如果邮寄账单，就应该选择快递，这样顾客还能够记清楚接受过的服务。

并非每个不付款的人都是无可救药的赖账者。人们可能有充分的理由延期付款，也总会找到可以接受的付款安排。主要的问题是，与委托服务企业代收款的做法相比，这种个性化付款方式的成本是否合理？可能还有其他需要考虑的因素。如果顾客的问题只是暂时的，那么保持这种关系的长期价值是什么？它能赢得人们的善意和口碑并帮助顾客解决自己的问题吗？这些都需要作出判断，但是如果企业的最终目标是建立和保持长期关系，那么它们要探索的路还很长。

顾客不良行为的后果

顾客的不良行为不但影响一线服务员工和其他顾客，而且会影响组织本身。[59]如果员工被谩骂，不仅会影响他们短期的心情，也会造成长期的心理伤害。他们自己的行为也会产生负面的效果，比如他们会对顾客进行报复。因此，顾客不良行为会打击员工的情绪，也会影响到生产率和服务质量。[60]

顾客不良行为对其他顾客的影响分为积极和消极两方面。一些顾客会认为员工受到了侮辱，因而支持员工。但是不良的行为也有传染性，会导致其他顾客的加入，使原本就糟糕的情况升级。更深入地讲，在接受服务时遇到负面事件会影响很多顾客的消费体验，甚至会促使他们停止使用该项服务。缺乏士气的员工不再像原来那样高质、高效地工作，或者他们不得不请病假，这都会给企业造成经济损失。企业也会因为重置丢失或被损的物品、法律成本或者支付欺诈性索赔而蒙受直接的经济损失。

正如之前介绍的空怒症一样，不良顾客行为的本质可能是由服务行业的特点所决定的。服务展望13-6汇总了一些学者针对接待业中不良顾客行为所做的研究。

服务展望 13-6

酒店、餐馆和酒吧的不良顾客分类

为了更好地了解接待业不良顾客的行为特性，劳埃德·哈里斯和凯特·雷诺兹专门就酒店、餐馆和酒吧的不良顾客分类问题进行了研究。他们采取开放式访谈方法，每人一小时，一共访谈了31位管理人员、46位一线工作人员以及29名顾客。这些访谈分别在19家酒店（这些酒店内都有酒吧和餐馆）、13家餐馆和16家酒吧进行。研究选择的是非随机抽样方案，访谈对象是有较为丰富的酒店等行业消费经历且了解服务接触特性的员工或顾客。所有被调查者都遇到过不良顾客，调查所做的就是要求他们对当时的情况进行回忆。最后，106名被访者提供了417个相关案例。

通过对这些案例的分析，哈里斯和雷诺兹对不良顾客进行了分类：

1. **信函求偿不良顾客**：这些顾客会故意或带有欺骗性地给顾客服务部门写信，编造他们如何受到了不公平的待遇，以期获得公司的补偿支票或礼品券。

2. **不受欢迎的顾客**：他们的行为可以分为三个子类别：(1) 不受欢迎的家庭或孩子让人头疼的行为；(2) 犯罪行为，包括买卖毒品或卖淫行为；(3) 无家可归者，他们可能会以某些服务场所为家，偷窃其他顾客的食物或饮料等。

3. **服务设施或物品滥用顾客**：他们会肆意破坏服务设施，偷走物品当作纪念品收藏。

4. **品德败坏的下班后员工**：他们了解工作流程，从顾客角度来“揩企业的油”，他们会故意捣乱，使服务过程中断，以便为自己获取经济利益或者只是想给一线员工制造麻烦。

5. **报复性顾客**：由于感觉自己受到了不公平待遇，他们会对他人实施暴力，或破坏服务设施。

6. **爆粗口顾客**：有些人通过颇具专业水平的口头抱怨来谋求补偿，还有一些人则是以羞辱一线员工或其他顾客为乐事。

7. **全武行顾客**：他们会从身体上给一线员工造成伤害。

8. **色魔顾客**：通常团伙行动，对一线员工进行语言或肢体性骚扰。

有些顾客行为，如信函求偿不良顾客和服务设施或物品滥用顾客的行为，是偷偷摸摸进行的，而且他们的行为具有复杂的多变性，有时也许可以归入其他类别；他们的目的也不确定，有时可能想要钱；有时只是醉酒胡闹；他们可能会有个人精神问题，也可能是受团伙驱使。

表13-3归纳了研究中各种顾客所占的比重。引起我们关注的是，除了不受欢迎的顾客这一类，其他各类的分类及事件的总结都建立在被调查者自己所做的不当行为的基础之上。

表13-3　被调查者各类不良行为所占比例（%）

分类	员工	顾客
信函求偿不良顾客	30	20
不受欢迎的顾客	39	47
服务设施或物品滥用顾客	51	20

续前表

分类	员工	顾客
品德败坏的下班后员工	11	11
报复性顾客	30	22
爆粗口顾客	92	70
全武行顾客	49	20
色魔顾客	38	0

资料来源：Lloyd C. Harris and Kate L. Reynolds (2004), "Jaycustomer Behavior: An Exploration of Types and Motives in the Hospitality Industry," *Journal of Services Marketing*, Vol. 18, No. 5, pp. 339 - 357.

这份根据调查录音逐字分析后形成的报告有些令人沮丧，甚至可怕。这些不良行为对管理者和一线员工提出了严峻的挑战，因为这些行为有的可能只是个体行为，想讹点钱，有的则具有团伙性，酒精的作用使他们胆大妄为，而现有的社会道德规范对他们却束手无策。

处理顾客的欺诈行为

不诚实的顾客会以多种方式利用慷慨的服务补救策略、服务保证，乃至强烈的顾客导向。例如，他们可能从公司偷东西，拒绝付费，假装不满意，故意引起服务失误的发生，或者夸大真实服务失误引起的损失。公司能够采取哪些措施来保护自己不受到顾客的机会主义行为的伤害呢？

对顾客持怀疑态度很可能会使他们敬而远之，在服务失误的情况下更是如此。美国技术调研机构（TARP）总裁特别强调：

> 我们的研究发现，在大多数组织中，预谋的偷窃行为占顾客总数的 1%～2%。但是许多组织为了防范那些肆无忌惮的顾客……为了抓住 2%真正的骗子，就把 98%的诚实顾客当成骗子来对待。[61]

知道这一点后，可行的假设应该是“若有怀疑，相信顾客”。但是，正如服务展望 13 - 7 所示，对服务保证援引或同一顾客重复的服务失误赔偿支付进行监控至关重要。例如，一家亚洲航空公司发现，同一顾客在连续三个航班中丢失了行李。这种事情发生的概率实际上可能比赢得全国性彩票大奖的概率还要低，所以一线员工需要留意这个顾客的情况。下次当他登记行李箱时，登记处的人员对其行李箱从登记处到旅客目的地领取行李处进行了全程录像。结果表明，当该旅客走向行李遗失处报告丢失行李时，一个同伙领取并带走了他的行李。这次，警察正等着他和他的朋友。

服务展望 13 - 7

追踪行骗的客人

作为保证追踪系统的组成部分，汉普顿酒店开发出了识别有欺骗意图的顾客的方法——利用化名或者各种不满意的问题不断地要求兑现保证以获得其房费赔偿金。表现出较高的援引保证倾向的顾客会受到个性化的关注，公司顾客支持团队（Guest Assistance Team）将对其进行服务跟踪。无论何时，只要可能，高级经理就会致电这些顾客并询问他们最近的入住情况。他们的交谈可能是这样的："您好，琼斯先生，我是汉普顿酒店的顾客支持主任，我了解您前四次入住我们酒店遇到了一些问题。由于我们非常严肃地对待我们的服务保证，我想我应该给您打个电话，了解一下出了哪些问题。"

在这种情况下，顾客通常的反应是沉默不语。有时，沉默之后顾客会问，总部如何知道他们遇到了问题。这些电话也会产生幽默的效果。有一个顾客在一次往返美国的旅行中曾17次要求兑现保证，当他被问及"你旅行的时候想住在哪里"时，他热情地回答道："汉普顿酒店。"打电话的执行主任说道："但是，我们的记录显示您前17次入住汉普顿酒店，已经要求兑现了百分百满意保证。"这位顾客（他原来是位长途卡车司机）称颂道："这就是我喜欢汉普顿的原因！"

资料来源：Christopher W. Hart and Elizabeth Long, *Extraordinary Guarantees* (New York: AMACOM, 1997).

在另一个案例中，为了提高服务质量、预防顾客欺骗，美国大陆航空公司将45个独立的顾客数据库合并为一个数据仓库。公司发现一个顾客因祖父去世，在12个月中获得了20次死亡赔偿！

为了有效地预防顾客欺骗，有必要维持所有赔偿费用、服务补救、归还物品，以及任何在特殊情况下给予顾客的其他利益方面的重要数据仓库（例如，这些处理结果不仅仅保留在地方公司或分支机构层面，必须建立一个重要的系统），并且为了预防非正常处理结果和系统允许的不合理补偿，合并各个渠道的顾客数据也是非常重要的。[62]

研究表明，如果顾客认为他们在某些方面受到了不公平待遇（如我们前面讨论的结果公平、程序公平和互动公平），他们就有可能抱怨，进而要求企业进行服务补救。另外，与小公司相比，顾客更愿意向大公司进行抱怨，因为他们认为，大公司实力雄厚，在补救成本方面不会太计较。同时，在补救问题上，一次性顾客比忠诚顾客更有可能发生欺骗行为，而与员工没有良好个人关系的顾客更容易钻企业服务补救规定的空子。

服务保证经常用于服务补救，并且研究发现保证的赔偿额度（例如，是10%还是100%的退款保证）对顾客的欺骗行为没有影响。似乎在100%退款保证中欺骗的顾客在10%退款保证时也会欺骗，在10%退款保证中不欺骗的顾客在100%退款保证时也不会欺骗。但是，再购买意愿显著地降低了欺骗意愿。进一步的发现表明，如果提供的服务质量远远高于刚好让顾客满意的水平，顾客也不愿意欺骗。[63]

这些发现提供了非常重要的管理启示：

1. 企业要确保服务程序公平。

2. 大企业应当更加警惕顾客欺骗并具备良好的防欺骗系统。

3. 管理者能够实施并因此从100%退款的保证中获得更大的市场收益，而不必担心大额赔付会增加欺骗行为的发生。

4. 因为重复购买的顾客不太可能利用服务保证进行欺骗，所以可以为长期顾客或作为会员项目的顾客提供保证。

5. 真正卓越的服务企业与一般服务提供商相比，更少担心顾客的欺骗行为。

结 论

鼓励顾客反馈是提高顾客满意度和顾客保留率的一种重要方法。进入顾客的内心和思想是一种机会。即使在最糟糕的情况下，抱怨的顾客也预示着他们希望与公司发展长期的关系，但是也表示企业并非一切都好，顾客希望企业将事情做好。因此，服务企业需要针对服务失误开发有效的服务补救策略，以维护与顾客之间的良好关系。这对企业的长期成功是至关重要的。

拥有专业的、慷慨的服务补救系统并不意味着“顾客总是对的”，企业会面临顾客滥用。所以，对所有人（诸如其他顾客、服务员工、服务企业）的利益而言，重要的是有效地应对不良顾客。

本章小结

1. 当顾客不满意时，他们有许多选择。他们可以采取如下行动：公开行动（例如向企业、第三方抱怨，甚至采取法律行动）；私人行动（例如转换提供商/或者传播负面口碑）或不采取行动。

2. 为了对服务失误进行有效的补救，企业需要了解顾客的抱怨行动、动机和顾客期望企业作出的反应。

● 顾客抱怨最常见的是基于以下四个原因：(1) 获得退款或补偿；(2) 泄愤；(3) 帮助改善服务质量；(4) 希望其他顾客不要经历相同的遭遇（例如出于利他主义而抱怨)。

● 事实上，因为不知道去哪里抱怨，或发现抱怨需要花费精力并且不愉快，或觉得没把握获得赔偿，大部分不满意的顾客并不抱怨。

● 具有良好教育背景、高收入、更多社会参与的人更倾向于进行抱怨。

● 顾客更倾向于服务视角的抱怨（面对面或者电话)。只有很少比例的抱怨是通过邮件、社会媒介、网站或者信件实施。

3. 一旦顾客进行了抱怨，他们期望企业以公平的方式处理他们的抱怨，这种公平包括三个维度：

● 程序公平——顾客希望企业的服务补救过程便捷、迅速、富有柔性。

● 互动公平——顾客希望得到诚实的解释、真诚的解决问题、礼貌的对待。

● 结果公平——顾客期望服务赔偿能够补偿他们因服务失误所带来的损失和不便。

4. 有效的服务补救能够通过许多方法避免顾客流失并恢复顾客对企业的信心。当顾客抱怨时，给了公司纠正问题、修复与抱怨者之间关系、提高顾客满意度的机会。所以，服务补救是保留一个有价值的顾客的重要机会。

5. 服务补救悖论是经历了服务失误而随后问题得到圆满解决的顾客有时候比那些最初没有遇到任何问题的顾客可能更满意。然而，这种方式对于企业而言过于昂贵。重要的是服务补救悖论总是存在。最佳的服务策略是在一开始就做到最好。

6. 有效的服务补救系统应该：

● 便于顾客进行反馈（例如在所有的沟通材料中公布热线号码和电子邮箱）并鼓励其积极进行反馈。

● 有效的服务补救应是：（1）积极主动的；（2）有计划的；（3）训练有素的；（4）授权的。

● 建立合理的补偿标准。以下情况其补偿标准应该更高：（1）如果企业以服务卓越著称；（2）如果服务失误非常严重；（3）如果是企业非常重要的顾客。

7. 针对服务一线员工有效处理顾客抱怨和服务补救的指导方针是：（1）迅速行动；（2）承认顾客的感觉；（3）不要与顾客争辩；（4）表明你能够站在顾客的角度理解他们所遇到的问题；（5）澄清事实、梳理原因；（6）给予顾客质疑的权益；（7）提出解决问题的步骤；（8）使顾客知悉进展情况；（9）考虑提供补偿；（10）坚持不懈地努力去重新获得顾客的信任；（11）自查服务传递系统、追求卓越。

8. 服务保证是制度化、专业化处理顾客抱怨和进行服务补救的强有力的手段。服务保证为企业设定了一些标准，也减少了顾客的感知风险并促使顾客的长期忠诚。

9. 服务保证应该：（1）无条件；（2）易于理解和沟通；（3）对顾客是有意义的；（4）易于援引；（5）承诺兑现简单；（6）可信赖。

10. 并非所有企业都认为服务保证是有利可图的。特别是在以下情况下，企业应该谨慎地履行服务保证：（1）企业已经因卓越的服务而享有盛誉；（2）企业的服务很糟糕，必须首先提高服务质量；（3）因为外部因素而无法控制服务质量（例如天气）；（4）购买服务时顾客的感知风险较低。

11. 并非所有的顾客都是诚实的、礼貌的、讲道理的。一些顾客想钻服务保证的空子，一些顾客给服务一线员工和其他顾客造成了不便和压力。这些顾客被称为不良顾客。

● 存在七种类型的不良顾客：（1）骗子；（2）小偷；（3）违规者；（4）好战者；（5）家庭争执者；（6）破坏者；（7）赖账者。

● 不同类型的不良顾客给企业带来了不同的问题，破坏了其他顾客的服务体验。因此，企业需要管理不良顾客的行为，甚至跟踪顾客援引服务保证的频率，或者不得不将这些顾客列入黑名单。

复习题

1. 顾客对服务失误的典型反应是什么？

2. 为什么许多不满意的顾客不愿意抱怨？顾客一旦进行了抱怨，他们又会对企业有何期望？

3. 为什么企业更愿意那些不高兴的顾客前来抱怨？

4. 什么是服务补救悖论？这一理论在何种条件下最可能成立？既然该悖论在某种情况下确实成立，为什么按照计划提供优质服务是最佳选择？

5. 企业如何才能使不满意的顾客更方便进行抱怨？

6. 为什么服务补救策略应该是积极的、有计划的、训练有素的、得到授权的？

7. 与服务补救相关的赔偿应该达到何种慷慨程度？

8. 如何设计服务保证？服务保证对处理好抱怨和服务补救系统有什么作用？

9. 在何种情况下不适合提出服务保证？

10. 不良顾客的种类有哪些？企业应该如何应对这些不良顾客？

应用练习

1. 回忆一下你最近一次不满意的服务经历，你抱怨了吗？为什么？如果你没有抱怨，解释一下不抱怨的原因。

2. 你最近一次对某服务企业对你抱怨的处理感到很满意是什么时候？详细描述一下发生了什么，什么使你很满意。

3. 对于一家本地储蓄银行、大型国内银行、定位高端顾客的私人银行而言，对一份被错误退回的支票的最恰当的服务补救措施分别是什么？解释你的理由，并计算其他备选补救措施的经济成本。

4. 为一项高感知风险的服务设计一个有效的服务保证。要解决的问题是：(a) 怎样确保你的服务保证能够减少潜在顾客的感知风险；(b) 为什么企业现有的顾客也会赞成，并由此使其感知风险更低。

5. 服务保证应该慷慨到什么程度？看看以下事件并作出评论。评估每个备选项，对它们进行逐一评论，选择一项你认为最好的补救措施并说明理由。

“鸡尾酒虾还冻着呢，服务人员为此道歉，还给我免了单，”一个顾客曾如此满意地描述他所经历的服务补救。看看下面餐馆的服务补救规定，试着确定每项规定的成本：

选项 1：微笑并道歉，将鸡尾酒虾解冻后送上，再次微笑并道歉。

选项 2：微笑并道歉，重新换一盘送上，再次微笑并道歉。

选项 3：微笑、道歉，重新换一盘送上，并附赠一份免费的咖啡或甜点。

选项 4：微笑、道歉，重新换一盘送上，免收客人 80 美元的餐费。

选项 5：微笑、道歉，重新换一盘送上，免收客人全部餐费，并附赠一瓶免费的香槟。

选项 6：微笑、道歉，重新换一盘送上，免收客人全部餐费，并附赠一瓶免费的香槟和一张 3 个月内有效的餐券。

6. 识别你所选择服务中可能存在的不良顾客行为。如何设计服务过程，使这些顾客的不良行为最小化及可控性最大化？

第 5 篇　追求卓越服务

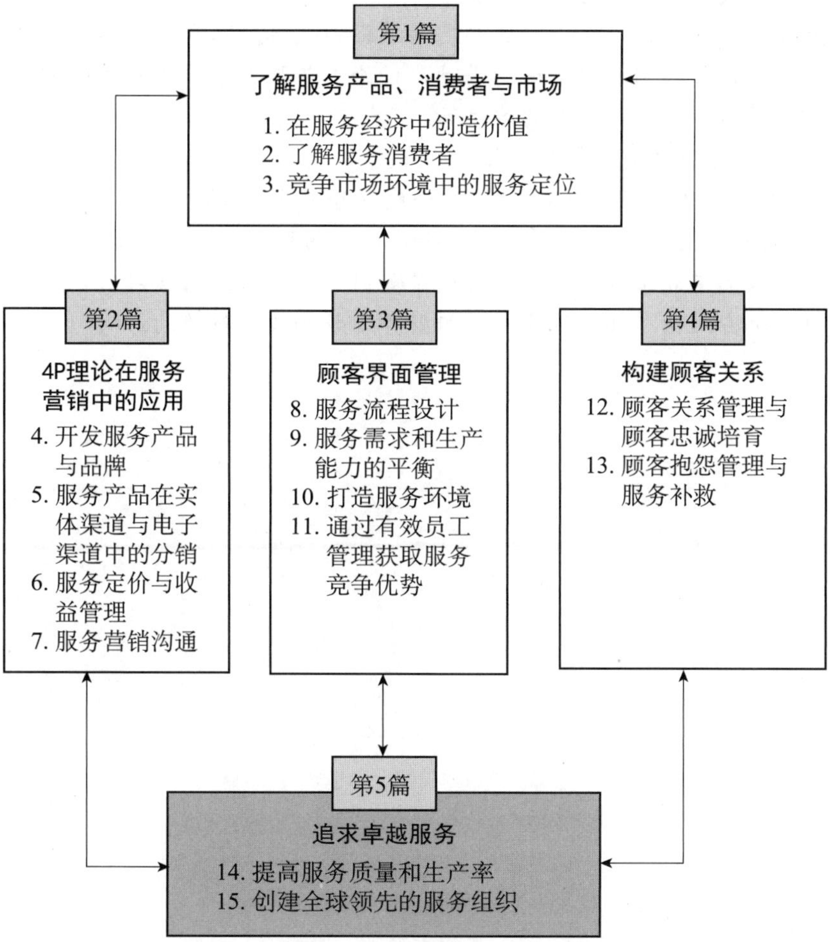

图Ⅴ　服务营销理论框架

第 5 篇聚焦服务质量与服务生产率，以及企业怎样在竞争中通过提升服务质量和生产率实现服务领先。

第 14 章　提高服务质量和生产率

服务企业财务绩效的提升离不开服务生产率和服务质量。第 14 章讨论怎样利用差距模型对质量差距进行诊断，以及弥合这些质量差距的战略。本章还介绍了系统地倾听和了解顾客的有效工具，即顾客反馈系统。同时，讨论了与服务生产率相关的问题，如怎样降低成本以及重要的提升服务生产率的方法等。

第 15 章　创建全球领先的服务组织

第 15 章涵盖了一流服务组织的特性，介绍了服务绩效的四个层次，即失败者（loser）、平庸者（nonentity）、专家级（professional）、领军者（leader），为企业提供了一种度量企业绩效层次的有效工具。本章还讨论了如何将服务组织从低层次逐步推进到高层次绩效水平，结尾部分讨论了顾客满意对组织财务绩效和股东价值的影响。

第14章 提高服务质量和生产率

不是所有可以量化的东西都是重要的。也不是所有重要的东西都可以量化。

——阿尔伯特·爱因斯坦

物理学家、诺贝尔奖获得者

改善质量，自动提升产能。通过低价和高质量占领市场。立足商圈，提供职位。如此简单。

——爱德华·戴明

工程师、统计学家、教授、管理顾问、TQM之父

我们的使命不可违背：为顾客提供我们所能提供的最佳服务；把成本降到最低；产生盈余以继续推进永无止境的流程更新。

——约瑟夫·皮雷

新加坡航空公司前主席

学习目标

通过本章的学习，您将能够：

1. 解释服务质量、生产率和利润率之间的关系；
2. 熟悉服务质量的各种测量维度；
3. 了解如何应用差距模型诊断和解决服务质量问题；
4. 理解服务质量的软性测量和硬性测量的差异；
5. 解释有效的顾客反馈系统的关键目标；
6. 熟悉关键的顾客反馈收集工具；
7. 熟悉服务质量硬性测量方法和控制图；
8. 选择分析服务问题的重要工具；
9. 理解质量反馈并决定最优信任水平；
10. 了解如何定义和测量服务生产率；
11. 理解生产率、效率和效果之间的差别；
12. 熟悉提高服务生产率的关键方法；
13. 了解提高服务生产率是如何影响服务质量和价值的；
14. 理解如何整合所有的工具，以提高顾客服务质量和服务生产率；
15. 了解全面质量管理（TQM）、ISO 9000国际质量管理体系、六西格玛（Six Sigma）、鲍德里奇国家质量奖（Malcolm-Baldrige）以及欧洲质量管理奖

（EFQM）方法等是如何与管理和提高服务质量和服务生产率相关联的。

开篇案例

轮渡公司提高服务质量的实践

海联英国轮渡公司（Sealink British Ferries）经营从英国到冰岛和欧洲其他国家的航线，它所提供的服务质量很差。[1]公司使用严密的、军事化风格的组织结构，非常注重轮渡的操作运营，但顾客所体验到的质量却被放在了次要位置。它后来被瑞典斯坦纳轮渡公司（Stena Line）收购，斯坦纳是世界上最大的汽车轮渡公司之一。与海联相比，斯坦纳有一整套改善服务质量的部门。

在合并之前，公司对轮渡准时或可靠运营不重视。轮渡经常晚点，在报告中采用标准的致歉辞令、忽视顾客抱怨，顾客服务经理没有改善这种局面的任何压力。被接管之后，情况开始改变。通过关注个别问题解决了延迟出发和晚点到达的难题。例如在一条航线上，码头经理深入所有操作员工并给予每一个人改善流程中具体环节的“所有权”。他们对每一次航行进行详细的记录，总结延误起航的多种原因，并监督竞争者的表现。这种员工参与管理将不同岗位的员工紧密地联系在一起，并帮助服务员工从经验中学习。在两年内，斯坦纳在这条航线上的轮渡实现了近乎100%的航行正点率。

轮渡上的服务是另一个单独被列出需要提升的领域。之前，顾客服务经理做的是那些方便员工而不是方便顾客的事情，包括将餐间休息定在顾客对服务需求最多的时候。正如一位观察员所说，“顾客在轮渡上的第一个小时和最后半个小时完全被忽视了，当设施关闭时……顾客留在船上自寻出路……员工只对那些提出要求和努力吸引他们注意的顾客作出回应。”

公司要求每条轮渡上职能领域的员工都改善一个具体的方面，并在小团队中完成这种改善。最初，一些团队比另外的团队更加成功，结果导致服务不一致，顾客从一条船转向另一条船。接下来，管理者分享想法、回顾经验，使各条船能够适应。头两年的关键变化奠定了最终的成功，使得在所有轮渡、所有班次上达到了一致的服务水平。2006年以来，员工总计提出近1 500条改善建议。

到2015年，斯坦纳有35条船航行在22条航线上，每年运输700万名乘客和150万辆汽车。作为市场领军者，公司强调持续的服务和产品改进。公司网站上说：

> 顾客选择斯坦纳后必须有最好的体验，包括旅行、度假、放松或者运输。斯坦纳的核心使命是不断改善服务，开发和创新产品与服务，为顾客创造价值。

整合服务质量战略与服务生产率战略

本章开篇关于斯坦纳轮渡公司成功的故事是一个通过提高服务质量和服务生产

率扭转日益衰败的企业的绝佳案例。在本章中，我们将学习服务质量和服务生产率是能够为顾客和企业创造价值的双路径。本章概述如图 14－1 所示。

接下来探究服务质量、生产率和利润率之间的关系。

服务质量、生产率和利润率[2]

服务生产率、顾客满意度（例如，优秀的）和利润率之间的关系如图 14－2 所示。当检查个体链接时可以看出，每一因素都是公平的，高顾客满意度应当提升底线中的高重复购买、钱包份额和推荐。同样，每一因素都是公平的，高产能应当导致高利润率、低成本。

服务生产率和顾客满意度的关系更加复杂。对服务生产率的一般理解是内部生产率和顾客满意度（外部生产率）之间关系的平衡。但是，尽管内部生产率、服务质量（外部满意）和利润率之间可能存在冲突，但也有三者同时提升的例子。例如，如果服务企业通过重新设计服务流程，包括消除不创造价值的工作步骤，使服务流程更精简、更快捷、更方便，就有可能实现生产率和顾客满意度的同步提升，并对企业盈利能力产生积极影响。例如，自助服务酸奶店用相对便宜、使用更便捷的设备替代较为昂贵的店员，在这种情况下，企业的内部和外部生产率都会提升，进而导致企业盈利的同步提升。

反之，如果生产率提升导致顾客不满的体验增加，顾客满意度将下降。例如，服务人员工作速度过快会导致顾客感觉慌张和不愿。同样，在需要人工交互的地方使用语音提示以减少员工人数、增加教室空间以提升教授产能以及降低火车频率增加载客率都会损害顾客体验。在这些例子中，都存在一个均衡，短期中产能迅速提升直接增加利润率。然而，产能的增加降低顾客满意度，中期或者长期会导致较低的顾客忠诚度和回头率。这意味着这些产能增加的方式对利润率具有积极的直接影响，但是同时也存在消极影响（通过顾客满意度）。

同样，如果未仔细考虑运营和人力资源，提高顾客满意度的市场战略设计可能会提高成本和混乱度。例如，在顾客中心使用人工替代交互式语音应答系统增加员工总人数、减少教室面积提升学生上课体验和增加火车频率便利乘客将在中期到长期通过顾客满意度积极作用于利润率。然而，这种变化在短期中会对利润率产生迅速的消极影响。最终对利润率的结果取决于直接和间接的相关影响。

最后，一些质量的提高可能不会增加任何产能（例如，前台部门流程改进不会改变其成本），反之亦然（例如，后台部门效率提升不会对顾客接触点有任何影响）。在这些例子中，仅存在生产率或顾客满足度提高对利润率的积极影响。

可以看出，生产率和顾客满意度之间的关系是积极、中立和消极的。更广范围内，质量关注增加顾客立场的均衡利益，产能着重企业的财务成本，如果不合理安排，两者之间存在冲突。底线是服务质量战略和服务生产率战略应综合考量，而不是孤立考虑。接下来我们讨论既定产能下如何提升服务质量。

整合服务质量和生产率
- 质量和生产率是为顾客和企业创造价值的双路径
- 服务质量和生产率的提升能够互相补充、独立或者影响对方对利润率的作用

差距模型

通过微观水平的差距分析，差距模型帮助确定质量问题原因：
- 差距1：知识差距
- 差距2：标准差距
- 差距3：传递差距
- 差距4：沟通差距
- 差距5：感知差距
- 差距6：服务质量差距

每一种差距都有不同原因。惯例是解决每一种差距

什么是服务质量
- 顾客定义
- 连续满足和超出顾客期望

测量服务质量

顾客反馈
- 作为“软性测量”

目标
- 绩效评估和基准
- 通过聚合力量和改正缺点改善绩效
- 创造顾客导向服务和变革文化

使用混合工具获得信赖和动态反馈，例如：
- 调查、反馈卡、网络/手机信息、抱怨和称赞
- 神秘购物
- 焦点小组讨论和服务评论
- 在线评论和讨论

营运测量
- 流程和结果测量
- 作为“硬性测量”
- 与流程活动和结果有关，可以计数、有时效或者量化（例如系统更新时间、服务反应时间和失败率）

分析、报告和公布顾客反馈与运营测量
- 一线员工每日清晨简报
- 为流程负责人和服务团队提供月度服务表现更新
- 为中层管理者和流程负责人提供季度服务表现评论
- 为高层管理者和整个企业提供年度服务表现报告

分析服务质量问题

分析工具
- 鱼骨图分析根本原因
- 帕累托图确定失败点和根本原因
- 蓝图

质量反馈
- 评估质量成本和收益
- 重要绩效矩阵
- 基于服务挽救成本的最优信任水平

测量和提高服务生产率

定义和测量生产率：
- 生产率：产出/输入
- 效率：与标准对比（如正确地做事）
- 有效性：与目标对比（如做正确的事）
- 三种必须均衡

生产率提高策略：
- 通用策略（如更好、更快、更便宜地做同一件事）
- 顾客驱动方法（如改变时间需求、使用低成本服务传递渠道和自助服务）
- 第三方外包
- 监管潜在顾客提升生产率

提示服务质量和生产率的系统方法

服务质量提升九步法：
- 决定提高的优先流程
- 设置目标：（a）顾客满意；（b）缺点；（c）循环时间；（d）生产率提高
- 确定质量关键要素
- 评估流程绩效
- 识别质量缺陷
- 识别缺陷根本原因
- 提高流程绩效
- 控制和微调
- 从头开始

广泛使用的组织范畴方法：
- 全面质量管理（TQM）
- ISO 9000标准
- 鲍德里奇国家质量奖和EFQM方法

图14-1 提高服务质量和生产率

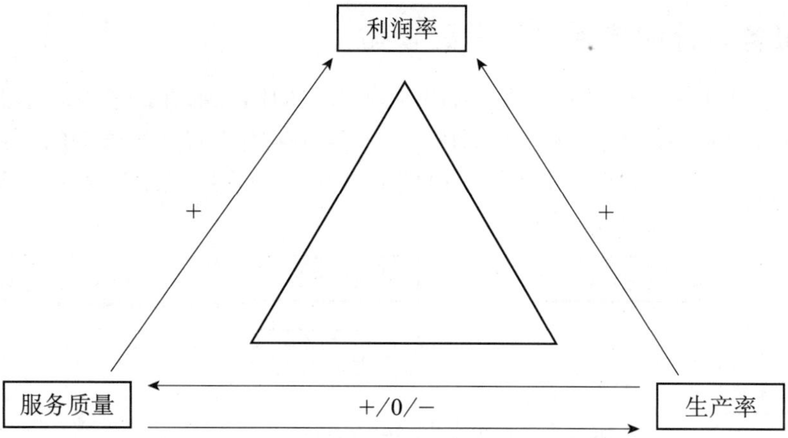

图 14 - 2 服务质量-生产率-利润率三角

什么是服务质量

到底什么是服务质量？在不同情境下，**质量**（quality）一词有不同的含义。[3]现有观点主要建立在制造业基础之上，充分考虑了工程和制造业实践，一般是指所生产产品质量与设定标准比较，是否在容忍水平之内（如汽车制造业中的焊接缝隙大小）。在服务业中，这种质量是一种运营驱动的质量。它只关注所生产产品或服务是否与设定标准一致，而且紧紧围绕提高生产率和降低成本这些目标。

服务研究者认为，服务的本质要求用不同的方法定义和测量服务质量。许多服务具有无形、多面的特点，这就使得评价一项服务的质量比评价一件有形产品的质量更加困难。因为顾客经常参与到服务生产过程中，这就需要区分服务传递**过程**（process）（克里斯廷·格罗鲁斯将其称为功能质量）和服务的实际**产出**或**结果**（output）（他称之为技术质量）。[4]格罗鲁斯和其他研究者还提出，感知服务质量是顾客将其所认知的服务传递和实际结果与他们的服务期望进行比较的结果。因此，我们从顾客实际感知与期望一致或者实际感知超过期望来定义服务质量（详细讨论见第 2 章）。

识别并纠正服务质量问题

知道了什么是服务质量之后，让我们学习一个用于识别和纠正服务质量问题的模型。

服务设计和传递中的差距模型

瓦拉瑞尔·泽丝曼尔等人识别出服务组织中四种潜在的差距，这些差距可能导致第五种也是最严重的决定性差距——顾客所期望的与其所感知的所接受服务之间的差距。[5]图14-3扩展并优化了他们的框架结构，以显示发生在服务设计与服务传递各个阶段的6种差距。

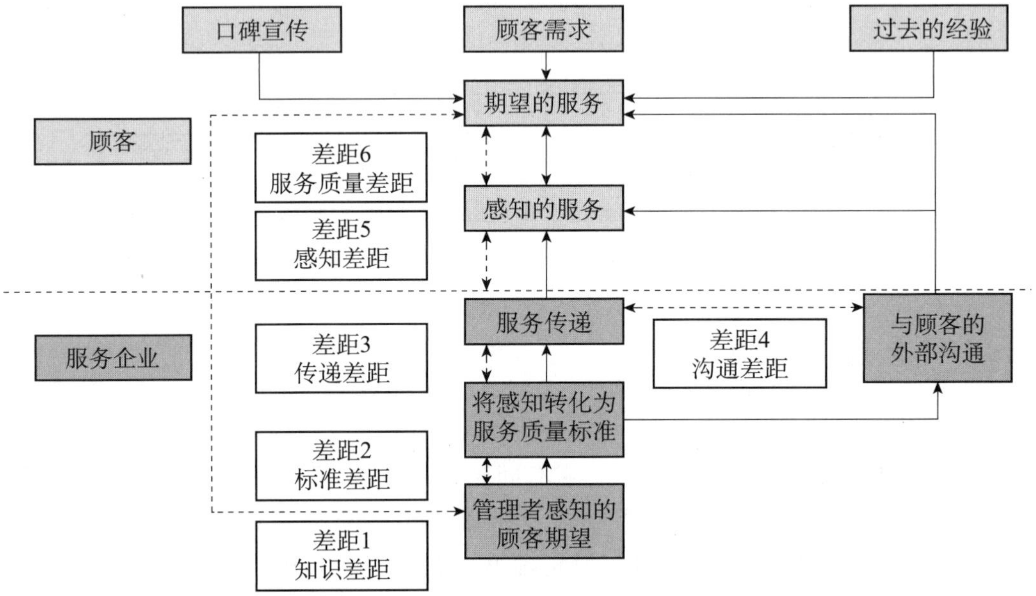

图14-3 差距模型

资料来源：Adapted from the original five-gaps model developed by Parasuraman, A., Zeithaml, V. A., & Berry, L. L., "A conceptual model of service quality and its implications for future research," *Journal of Marketing* 49, Fall 1985, 41-50; Zeithaml, V. A., Bitner, M. J., & Gremler, D., *Services Marketing: Integrating Customer Focus Across the Firm* (p. 46), NY: McGraw Hill/Irwin, 2006. A further gap (Gap 5) was added by Christopher Lovelock (1994), *Product Plus* (p. 112), NY: McGraw Hill.

- **差距1——知识差距**（knowledge gap）。它是高层管理者对顾客期望的理解与顾客实际需要和期望之间的差距。
- **差距2——标准差距**（policy gap）。它是管理者对顾客期望的理解与为服务传递所制定的质量标准之间的差距。之所以称为标准差距，是因为管理者制定的标准没有能够准确反映出他们对顾客期望的理解。制定低于顾客期望的标准的典型原因包括成本考虑和可行性考虑。
- **差距3——传递差距**（delivery gap）。它是特定的传递标准和服务提供商在这些标准上的实际表现之间的差距。
- **差距4——沟通差距**（communications gap）。它是企业宣传的与实际传递给顾客的服务之间的差距。这个差距是由两个小差距造成的。[6]第一个是内部沟通差距，是企业广告所宣传的以及销售人员所认为的产品特性、服务表现、服务质量水平与企业实际能够传递的服务之间的差距；第二个是过度承诺差距，其产生的原因是市场销售人员为了吸引更多顾客，扩大销售收入，从而作出一些服务生产能力所无法达到的承诺。

● **差距 5——感知差距**（perceptions gap）。它是实际传递给顾客的服务和顾客感知其所得到的服务之间的差距，因为顾客有时不能准确地评价服务质量。

● **差距 6——服务质量差距**（service quality gap）。它是顾客所期望的服务与他们对实际所得到的服务的感知之间的差距。

在这个模型中，差距 1、差距 5 和差距 6 代表了顾客与组织之间的外部差距。差距 2、差距 3 和差距 4 则是发生在组织内部各个职能领域和部门之间的内部差距。

处理服务质量差距的核心策略

服务设计与传递过程中的任何差距都会破坏与顾客之间的关系。服务质量差距（差距 6）是最重要的，因此提高服务质量的最终目标是尽可能消除或缩小这一差距。但是为了达到这个目标，服务组织通常需要努力缩小图 14－3 所示的其他 5 个差距。提高服务质量需要确认引起每一个差距的具体原因，然后制定消除这些差距的策略。

差距模型的优越性在于它提供了一种能够跨行业应用的普遍认知和解决方法。我们在表 14－1 中总结了消除 6 个质量差距的一系列通用良方。这些方法是思考如何消除组织内特定差距的良好出发点，在本章后面部分，我们将讨论微观或者流程水平的具体细节。

表 14－1　消除服务质量差距的方法

差距 1——知识差距 建议：教育管理者了解什么是顾客所期望的 ● 执行有效的顾客反馈系统，包括顾客满意度调查、抱怨内容分析与专门的顾客小组讨论。 ● 加强市场调研的程序，包括问卷调查和访谈设计、抽样、现场实施与定期重复市场研究。 ● 增加顾客与管理者之间的互动（例如“现场的一天”项目和部门经理在顾客交流中心接电话一天）。 ● 改善上行沟通，促进和鼓励一线员工与管理者之间的沟通。
差距 2——标准差距 建议：基于顾客需求和期望建立适合的服务产品、流程和标准 ● 正确执行顾客服务流程： —采用严谨的、系统的、以顾客为中心的服务和顾客服务流程设计或再设计。 —使重复的工作任务标准化以确保一致性与可靠性，并用技术代替人际接触，改进工作方法（软性技术）。 ● 在所有的工作单位中，建立、传播并强化可衡量的、以顾客为导向的服务标准： —为服务传递的每个步骤建立一套明确的服务质量目标，该目标应具有挑战性、可实现性，以及明确地针对满足顾客期望而设计。 —优先确保员工理解并接受目标、标准。 ● 开发一系列能够满足顾客期望的服务产品： —基于优质、标准和经济水平的产品差异，允许顾客依据自己的需求进行自我细分。 —给顾客提供不同价格的多种水平的服务。
差距 3——传递差距 建议：确保服务表现符合标准 ● 确保顾客服务团队士气高昂，能够达到服务标准： —通过关注员工与工作匹配提高招聘质量；按照工作表现优秀的标准选拔具备相应能力和技能的员工。 —培训员工有效执行所分配任务所需的技术与软性技能，包括人际沟通技能，特别是在有压力的情况下服务顾客的技能。

—明确员工角色，并确保员工理解他们的工作如何对提升顾客满意度发挥作用；教给他们关于顾客期望、感知与问题的知识。
—建立能够以顾客为中心提供服务和解决问题的跨职能服务团队。
—通过下放组织的决策权，给一线管理者和员工授权。
—测量绩效，提供定期反馈，奖励那些质量达标的顾客服务团队、员工及管理者。
- 配备合适的技术、设备、支持流程与生产能力：
—挑选最合适的技术和设备以提高绩效。
—确保内部支持岗位上的员工为他们自己的内部顾客和一线员工提供优质的服务。
—平衡需求与生产能力。
- 为服务质量进行顾客管理：
—教育顾客，从而使其在有效传递服务的过程中扮演好自己的角色并承担责任。
- 与服务传递涉及的中介和第三方有效结盟：
—与中介结盟的目标、绩效、成本和奖励（例如，顾客交流中心外包服务传递或者航空公司登机手续柜台）。
—监管和激励服务质量。

差距4——沟通差距
建议：消除内外部沟通差距的方法是，保证沟通承诺是现实的，并且顾客理解准确
- 确保沟通内容体现顾客期望，培训负责销售和营销沟通的管理者有关运营能力的知识：
—当开发新的沟通项目时，从一线员工和运营人员那里获取信息。
—在顾客看到广告和其他沟通信息之前，让服务提供商先预览。
—使销售人员参与到运营人员与顾客面对面的会谈中。
—发展内部培训和激励性广告活动，以加强对营销、运营和人力资源职能的理解与整合，从而在不同网点进行标准化的服务传递。
- 激励销售团队和服务传递团队结盟。避免销售团队过分关注销售额（例如，过分承诺）和忽视顾客满意度（例如，额外的预期）。
- 保证沟通内容能够使顾客设定现实的期望：
—在进行外部发布之前，预先测试所用的公告、手册、电话脚本和网站内容，以确定目标观众的理解是否符合公司的设想（如果不是，进行修改和再测试）。确保广告内容正确地反映那些对顾客最为重要的服务特征。让顾客知道什么是不可能的，并告知其原因。
—确认并及时解释服务表现中的不足，指明那些企业不能控制的因素。
在协议或合同的最前面写明任务内容和服务保证。完成工作之后解释哪些是与具体的广告声明相关的工作。

差距5——感知差距
建议：服务质量传递有形化和可沟通
- 使服务质量有形化，并且对所传递服务的质量进行沟通：
—开发服务环境，开发与所提供的服务水平相一致的有形线索。
—对于复杂的信任型服务，在服务传递过程中使顾客知道正在进行的事情，并在服务传递后做任务报告，以便顾客能够感知到他们所获得的服务。
—提供有形证据（以修理为例，让顾客看已被更换的损坏部件）。

差距6——服务质量差距
建议：消除差距1至差距5，始终如一地满足顾客期望
- 差距6是前面所有的差距积累起来的结果。在差距1至差距5都被解决后，差距6也将不复存在。

资料来源：Adapted and extended from Valarie A. Zeithaml, A. Parasuraman, and Leonard L. Berry, *Delivering Service Quality*: *Balancing Customer Perceptions and Expectations* (New York: The Free Press, 1990), Chapters 4-7; and Valarie A. Zeithaml, Mary Jo Bitner, and Dwayne D. Gremler, *Services Marketing*: *Integrating Customer Focus Across the Firm*. 5th ed. (New York: McGraw-Hill, 2013), Chapter 2. The remaining prescriptions were developed by the authors.

测量服务质量

我们现在已经掌握了差距模型以及消除 6 种服务质量差距的通用方法，接下来讨论如何通过对服务质量的测量来提高服务质量。人们常说“没有测量就没有管理”。没有测量，管理者就不能确认是否存在服务质量差距，更不用说知道是哪些差距、存在于何处以及采取哪些可能的纠正措施。当然，我们需要通过测量手段来确定在实行变革之后改进目标是否达到。

服务质量的软性测量和硬性测量

顾客定义的服务质量标准和测量方法可以划分为两类：软性的和硬性的。软性测量不是简单的观察，必须通过与顾客交谈才能完成。软性标准为员工提供了达到顾客满意的方向、指导和反馈，通过测量顾客感知和信念对软性标准进行量化。[7] SERVQUAL（见第 2 章）就是一个成熟的软性测量系统的例子，我们将在本章接下来的部分讨论其他顾客反馈工具。

与之相反，硬性测量和硬性标准是指可以通过检查进行计算、计时或测量的特征和活动。这些测量可能包括：顾客在等待电话接通时有多少电话被取消了，多少订单填写正确，完成一项特定任务需要多长时间，在服务传递的某一特定阶段顾客需要排队等候多少分钟，火车晚点的数量，行李丢失的数量。制定标准通常需要参考某项特定措施得以实现的比例。对服务提供商的挑战是要确保对服务质量的可操作性测量能够反映出顾客的需求。

以服务著称的组织同时采用软性的和硬性的服务质量测量方法。这些组织善于倾听顾客和与顾客接触的员工的意见。组织越大，使用多种专业化设计和实施的顾客反馈程序、研究程序来创建正式的反馈项目就显得越重要。我们将用一节来介绍硬性测量方法，然后在顾客反馈部分向读者全面介绍软性测量方法。

从顾客反馈中学习

企业如何对照服务质量的软性标准测量它们的绩效呢？根据伦纳德·贝里（Leonard Berry）和 A. 帕拉苏拉曼（A. Parasuraman）的观点：

> 企业需要使用多种方法在不同的顾客群中建立一个持续的倾听系统。单独的服务质量研究是在某一时间点上所进行的特定角度的快镜头拍摄。更深入的观察和更有根据的决策来源于不同角度、不同镜头的一系列连续的快照，这形成了系统性倾听的实质。[8]

在本节中，我们将讨论如何通过制度化的顾客反馈系统[9]对顾客反馈进行系统的收集、分析以及发布，从而实现顾客驱动式的学习和服务质量的提高。[10]

有效的顾客反馈系统的关键目标

“并不是最强大的物种生存下来，也不是最聪明的物种生存下来，而是最能够适应改变的物种生存了下来，”查尔斯·达尔文（Charles Darwin）写道。同理，许多战略家得出结论：在竞争日益激烈的市场上，对企业而言，最终的竞争优势是学习和改变的速度比竞争更快。[11]这个观点来自通用电气公司前 CEO 杰克·韦尔奇，他曾列出 21 世纪的战略，“我们只有两种竞争优势：第一，比竞争对手更快地了解我们的顾客；第二，比竞争对手更快地将知识转变为行动”。

顾客反馈系统是顾客驱动学习型组织的重要输入因素，有效的顾客反馈系统有助于快速学习。有效的顾客反馈系统的具体目标通常分为三个主要类型：

1. **评估并对标服务质量和服务绩效**。其目标是回答“我们的顾客满意度有多高”这一问题。这一目标包括：了解与竞争者相比企业的绩效如何，与上一年度（季度或月度）相比企业的绩效又如何，是否在服务某一方面的投资得到了顾客满意度方面的回报，接下来企业要走向何处。通常情况下，与其他单位（分支机构、团队、服务产品和竞争者）进行比较的关键目标是，激励管理者和服务员工改善服务表现，特别是在结果与赔偿相关的情况下。对标不仅仅是与同一行业的企业进行比较。例如，西南航空公司对标 F1 方程式赛车，让飞机快速进站加油；必胜客对标联邦快递的包裹准时递送；宜家对标军队出色的协同与物流管理。

2. **顾客驱动的学习与提升**。该目标是回答“什么使顾客高兴或者不高兴?”以及“什么优势是我们需要巩固的，什么劣势是我们需要改进的?”为此，需要更具体或更详细的过程和产品信息，以指导企业的服务改进措施，并瞄准有较高服务投资回报的领域。

3. **创建顾客导向的服务文化**。该目标使组织聚焦于顾客需求和顾客满意，建立一种服务质量文化。它也包含一种持续提高和改变的文化。

在已经讨论过的三个目标中，企业似乎在第一个目标上做得很好，但是经常在剩余两个目标上错失良机。尼尔·摩根（Neil Morgan）、尤金·安德森（Eugene Anderson）和维卡斯·米特尔（Vikas Mittal）在一项顾客满意度信息使用（customer satisfaction information usage，CSIU）的研究中得出如下结论：

> 在我们抽样的许多企业中，似乎没有从它们的 CS（顾客满意度）系统中获得聚焦于顾客学习的重大收益，因为这些系统首先被视为控制机制（如评价或对标）……（企业）可能在重新评价它们如何分配现有 CSIU 资源方面做得很好。大多数 CSIU 资源……应用于 CS 数据收集。这通常导致用于分析、发布和使用信息的资源太少，而正是这些信息使得对数据收集的投资获得了全部可能的回报。[12]

使用顾客反馈收集工具组合

素有“美国最动听的歌喉”美誉的女高音歌唱家勒尼·弗莱明（Renee Fleming）曾经说过：“我们歌唱家不能听到我们自己唱歌，这是很不幸的事情。你听自己唱歌感觉完全不同。我们需要别人的耳朵——来自外部的……”同样，公司需要倾听顾客的声音。表 14-2 总结了常用的反馈工具及其满足多种要求的能力。认识到不同的工具各有利弊之后，服务营销者应该选择几种顾客反馈收集工具结合使用，以获得所需的信息。正如伦纳德·贝里和帕拉苏拉曼观察到的：“结合几种方法可以使公司扬长避短。”[13]

表 14-2　　关键顾客反馈收集工具的利弊

收集工具	测量层次							
	公司	流程	交易具体性	可操作性	代表性可靠性	服务补救的可能	直接学习	成本有效性
全面市场调研（包括竞争者）	●	○	○	○	●	○	○	○
全面满意度年度调研	●	⊙	○	○	●	○	○	○
交易调研	●	●	⊙	⊙	●	○	○	○
服务反馈卡	⊙	●	●	⊙	⊙	●	⊙	●
神秘购物	○	⊙	●	●	○	○	⊙	○
主动反馈（如抱怨）	○	⊙	●	●	○	●	⊙	●
焦点小组讨论	○	⊙	●	●	○	⊙	●	⊙
服务评价	○	⊙	●	●	○	●	●	⊙
网上评价和论坛（例如评价和社交媒体的帖子）	○	⊙	●	●	○	●	●	●

●表示完全满足要求；⊙表示基本满足要求；○表示几乎/完全不能满足要求。

资料来源：Adapted from Jochen Wirtz and Monica Tomlin (2000), “Institutionalizing Customer-driven Learning through Fully Integrated Customer Feedback Systems,” *Managing Service Quality*, Vol. 10, No. 4, p. 210.

全面市场调研、年度调研和交易调研。全面市场调研（total market surveys）和**年度调研**（annual surveys）常用来测量主要顾客对服务流程和产品的满意度。[14]测量通常是高层次的，其目标是获得整个公司的全面服务满意度的总体指数或指标。这种调研以指数数据（如使用不同的属性评级）和/或权重数据（如根据核心部分和/或产品给出权重）为基础。

像这样的全面指数说明了顾客满意的程度，但并没有说明他们为什么感到满意或不满意。对单个流程或产品能提出的问题数量是有限的。例如，一个典型的零售银行有 30～50 个关键的顾客服务流程（例如，从汽车贷款申请到出纳的现金保管）。由于流程数量极大，许多调研只能就一个流程提出 1～2 个问题（例如，您对 ATM 服务的满意度如何），并且不能更为详细地讨论问题。

相反，交易调研，也被称为拦截调查，通常是在顾客完成具体的某次交易后进行的。此刻，如果时间允许，顾客可能被深入地询问有关该流程的问题。以银行为例，ATM 服务的所有关键属性和有关方面都可以包含在调研中，包括诸如“最喜欢”、“最不喜欢”以及“改进建议”等开放式问题。这种反馈更具可操作性，能够告诉公司为什么顾客对该流程感到满意或不满意，通常也能产生有关如何提高顾客满意度的具体的真知灼见。

许多市场研究代理机构提供成本有效的邮件、短信、电子终端和以 App 为基础的交易调查工具。例如，酒店顾客在退房后收到一封带有网上调查链接的自动邮件或者信息。月度数据在酒店后台自动汇总，包括供应链上每一家单独的酒店甚至每一个酒店中单独的部门（例如，前台、房间、客房服务、餐馆、spa 和健身房）。这种结果可以自动生成并且以每月每酒店 100 美元的低价提供。

同样，触摸屏终端上的交易点调查允许测量交易发生后的顾客满意度。再一次，收集、分析和报告都是全自动的，并且分析可以针对终端处的特定员工。

这三种调研如果设计得当，就会具有代表性和可靠性。基于以下原因要求代表性和可靠性：

1. 精确地评估公司、流程、分支机构、团队或个人相对于质量目标目前所处的位置，即目前实现质量目标的程度。重要的是进行有代表性的可靠的抽样，以确保所观察到的质量得分变化不是样本偏差和/或随机错误造成的。

2. 评估单独的服务员工、服务传递团队、分支机构和/或流程，特别是激励计划与这些评估相关时，更需要评价具有代表性和可靠性。员工是否信任并接受评价结果，取决于该方法是否精确无误，特别是调研发布了坏消息时，更需要评价具有代表性和可靠性。

服务补救的可能性也很重要，如果可能的话，应该将其设计在反馈收集工具之中。但是，许多调研承诺匿名性，从而不可能确认和对不满意受访者作出反应。在个人接触或电话调研中，可以让访问者询问顾客是否愿意公司就其不满意的问题找到他们。

服务反馈卡、网络和手机短信。提供顾客反馈的强大且便宜的工具有：服务反馈卡、在线表格、电子邮件、短信或者 App[15]，这些都是以顾客为中心的支持工具。例如，反馈卡可以附在每份房屋贷款批准函上或者每份医院发票上。这些卡片是衡量过程质量的有效指示器，可以得到哪些表现出色、哪些不佳的具体反馈。但是，那些高兴的顾客或者不满意的顾客在回应者中占据了太多的权重，这影响了服务反馈卡这种工具的可靠性和代表性。

神秘购物。服务提供商通常使用“神秘购物”（mystery shopping）来确定一线员工是否展现了企业所希望的行为（见服务展望 14-1）。银行、零售商、汽车租赁公司以及酒店是积极利用神秘购物者的几个行业。例如，一家全球连锁酒店的中央预订办公室外包了大批的月度神秘电话调研业务，以评价与电话销售流程相关的个人技能。诸如准确定位各种产品、向上销售和交叉销售以及完成交易等行为可以得到测量。这种调研也可以在“温馨友好的问候”和“与打电话的人建立良好的关心”等层面上评价电话交谈的质量。神秘购物在训练、培训和服务表现评价上具有高度的可操作性，并能产生深刻的见解。

服务展望 14-1

顾客是质量控制的巡查员吗

神秘购物是检查一线员工是否展现出所期望的行为，以及是否遵守具体服务流程的好方法，但是这种方法不能与顾客调研方法结合使用。Up Your Service! 的创始人罗恩·考夫曼描述了最近的一次服务经历。

“从机场出来坐在酒店的汽车上，我们经历了非常棒的乘车旅程。司机非常友好。

他递给我们一条冰镇毛巾和一瓶冷饮。他让我们选择音乐，与我们谈论天气，确认我们对空调温度满意。他的微笑和好心情感染着我们，我喜欢这样。”

“在酒店，我填完了入住登记表，服务员还回了信用卡。然后，服务员要求我完成另一个表格。”上面写着：

司机服务情况调查表

1. 我们的机场代表向您问好了吗？	是/否
2. 您收到冰镇毛巾了吗？	是/否
3. 您收到冷饮了吗？	是/否
4. 您有选择音乐的机会吗？	是/否
5. 司机询问您对空调温度的意见了吗？	是/否
6. 司机是以安全速度行驶吗？	是/否

房间号：__________　轿车号：__________　日期：__________

考夫曼继续说道：“当我看到表格时，之前所有的好心情一扫而空。司机的热情突然好似游戏。他对我们健康的关心成为对行为清单的遵循。他的好心情只是达标的表演，而与他的客人无关。我感觉自己像酒店的质量巡查员，但是我并不喜欢这样。如果酒店想知道我的想法，那请我当顾问，而不是巡查员。问我：从机场到酒店的旅途中，你感觉最享受的是什么？（我将向他们讲述他们非常棒的司机）。我们该做什么可以让你的旅途更加愉快？（我将推荐他们手机使用服务）。”

资料来源：Copyright © 2009 Ron Kaufman. Used with permission.

由于神秘电话或来访的数量通常很小，单独的调研并不具有可靠性或代表性。但是，如果某个员工月月表现良好（或不好），那么管理者有理由相信从神秘购物中得出的结论，即这个人表现出色（或欠佳）。

顾客主动反馈。顾客的投诉、赞美和建议可以转化成有助于监控质量、突出服务设计和传递所需进行的改进的信息流。投诉和赞美是获得顾客详细反馈的丰富资源，能够使我们了解什么使顾客生气，什么让他们高兴。

正如反馈卡一样，顾客主动反馈就总体顾客满意度而言不是可靠的测量方法，但是为改进提供了良好的思想源泉。如果收集反馈的目标主要是获得对什么需要提高的反馈（而不是为了对标和/或评价员工），可靠性和代表性就不是必要的，诸如投诉/赞美或焦点小组讨论等更为定性的工具就足够了。

详细的顾客投诉信和表扬信、电话谈话录音以及员工的直接反馈可以作为优质的工具，用于内部交流顾客所需要的是什么，使所有级别的员工和管理者都亲自倾听顾客的声音。这种第一手的学习经验在塑造服务人员的思想和顾客导向方面，比使用客观的数据和报告要强有力得多。例如，新加坡航空公司每个月在员工杂志上刊登投诉信和表扬信。西南航空公司在员工培训会上把顾客提供反馈的录像播放给员工看。亲眼看到顾客对其服务的评论（正面的和负面的）给员工留下了比任何数据分析更深刻、更持久的印象。

由于投诉、建议和询问可以被当作有用的研究成果，它们应该被汇集到中心收集点，编成日志，归类分析。[16]这就要求系统当场获取顾客反馈，并报告给中心单位。一些公司利用简单的局域网记录员工收到的所有反馈。协调这些活动并非易事，因为存在许多接入点，包括公司自己的一线员工可能会面对面、通过电话或信函、电子邮件等与顾客接触；中介机构代表原始供应商从事商业活动；通常在后台工作的经理，但是寻找更高级别管理者的顾客会联系他们。

焦点小组讨论和服务评论。焦点小组讨论和服务评论都能就可能的服务改进和方法提出具体的见解。通常情况下，焦点小组是根据关键顾客细分市场或使用者群体进行组织的，以识别这些使用者的需求。服务评论是深度的、一对一的访谈，通常是对公司最有价值的顾客一年采访一次。公司的高层管理者通常访问顾客，与他们讨论诸如公司上一年度的服务表现如何、哪些需要保留、哪些需要改变等问题。这位高层管理者回到公司后与顾客经理讨论反馈，写信给顾客，详细说明公司将对顾客的服务需求作出什么样的反应，以及公司在下一年度将如何管理。除了提供良好的学习机会（特别是在对所有顾客的评论进行整理分析后），服务评论聚集于留住最有价值的顾客，在服务补救潜力上表现优异。

在线评论和讨论。越来越多的用户生成内容和数据使得顾客对一家企业和竞争对手服务质量的感知具有更好的洞察力，以及随着时间的推移，能科学比较两者之间在空间特性和时间上的变化。[77]对帖子的情感分析和文本信息的即时处理，可以将实时洞察力融入消费者服务感知变化过程之中。[78]正如一项研究所表明的那样，对消费者在线情感的监控可以成为对线下品牌跟踪调查，甚至股票价格市场变化最重要的指示器。[79]在线监管工具结合大数据分析提供真实情感的数据信息，地点定位和用户目录的分析可以增加技术的使用，例如文本挖掘、图像处理和聚类、社会地理标记、人类注释和地理对应，等等。[20]

然而，这些分析应当被视为对更传统的工具，例如调查和座谈会的补充。考虑下面的例子。一种高质量、高价格的随时取用食物的商业模式迅速增长（即顾客必须喜欢它的供应），但是在线评论确实是有争议的（例如，“如果你有钱挥霍，你可以做得更烂”和“价格真的是太糟糕了”），在重要的评分网站上只有三星。

其中一位合伙人会见了网站的评论精英，令他惊讶的是，他发现评论员并不像他们的顾客（30岁及以上的专业人员）。这些评论员大多20岁左右，有大量闲散时间撰写评论，看起来似乎比真实顾客更熟悉。合伙人从谈话中发现这些评论者大多对价格极其敏感并愿意为顶级食物支付昂贵价格，只要可以丰富他们的评论素材。实际上，他们喜欢食物，但是当感觉价格过高时他们会降低企业评价。企业管理者根据这次的发现进行座谈会，以确保找准自己企业的核心顾客。[21]在线用户目录不见得如此重要，如果企业的核心目标是期望人们将自己的评论发布到网上。

分析、报告、公布顾客反馈

如果不能把信息发布给相关方面采取措施，选择相应的反馈工具并收集顾客反馈将会变得毫无意义。因此，为了促使员工不断提高和学习，报告系统需要把反馈及其分析结果传递给一线员工、流程负责人、分支机构或部门经理以及高层管理者。图14-4为我们提供了信息流向组织中不同利益相关者的一览图。它也表明信息如何在不同管理层之间实现互补：高层管理工具提供不同时点的管理对标和与竞争者关系信息，而一些底层（基本的）管理工具则使我们清楚地知道顾客对我们的评价变动情况，进而为我们提供提升服务质量的视角和想法。

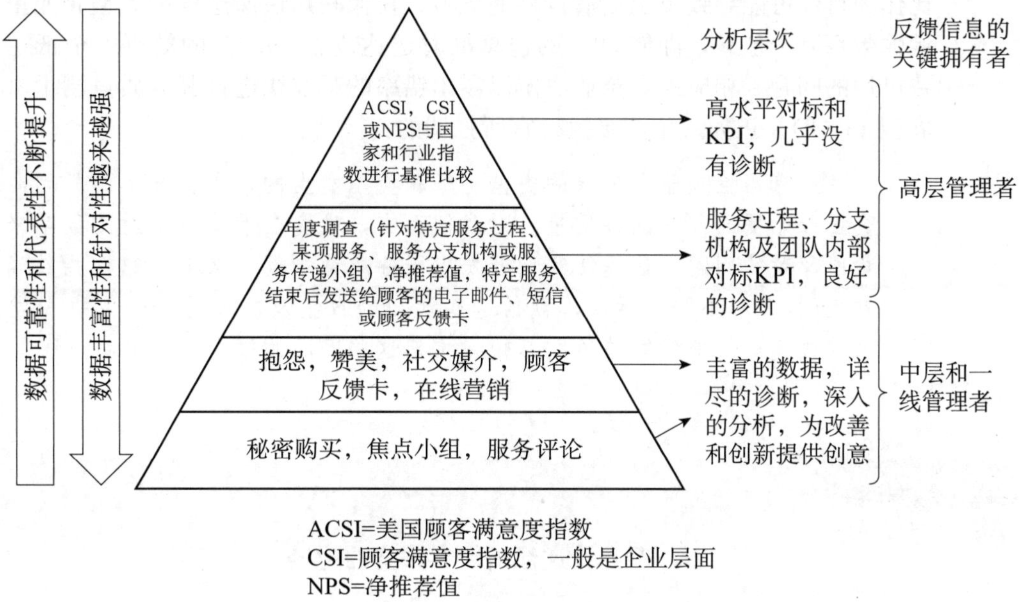

图 14-4　不同管理层级的报告工具

投诉和表扬应该立即流向一线，正如许多服务行业所做的一样，每天在晨会上与员工讨论顾客的投诉、赞美和建议。此外，我们推荐三种服务表现报告，给服务管理层和团队学习提供必需的信息：

1. 月度服务表现的更新为流程负责人及时地提供了顾客评论及运营流程效果的反馈信息。在此，反馈要逐字提供给流程经理，以便其转而与服务人员讨论。

2. 季度服务表现评论为流程负责人、分支机构以及部门经理提供了流程效果与服务质量的趋势。

3. 年度服务表现报告为高层管理者提供了具有代表性的、与顾客对公司服务满意度有关的状况及长期趋向的评估。

这些报告应该简洁易懂，关注关键指标，为负责行动的人提供易于理解的评论。除了顾客反馈之外，这些报告还应当包含下一节中将要讨论的关键测量。

服务质量的硬性测量

前面学习了多种收集软性服务质量指标的方法，现在让我们更详细地了解服务质量的硬性测量。硬性测量通常指的是运营流程或结果，包括诸如正常运营时间、服务反应时间、服务失误率以及传递成本。在复杂的服务运营过程中，将使用多种服务质量测量方法记录服务各个阶段的情况。在顾客没有深入参与服务传递过程的低接触度服务中，许多运营流程测量方法适用于对顾客只有次要影响的后台活动。

联邦快递公司是最早理解需要在企业范围内建立包括影响顾客的所有关键活动的服务质量指数的服务企业之一。通过频繁发布单一合成的指数，高层管理者希望联邦快递的所有员工都能够朝着提高服务质量的方向努力。企业认识到了使用百分比作为目标可能导致员工沾沾自喜的危险。在像联邦快递这样的大型企业里，每天运输数百万个包裹，即使99%的包裹准时送达或者99.9%的航班安全抵达都会导致可怕的问题。相应地，企业决定以零出错率的基准线进行服务质量测量（见服务展望14-2）。正如一位高级执行官所强调的：

> 只有当检查服务失误的类型、每种类型发生的数量、发生的原因时，你才真正开始提高你的服务质量。对我们而言，难度在于使用绝对的数字来表达质量所导致的问题。这促使我们开发出服务质量指数（SQI），这个指数涵盖每天发生的12种不同的活动，包括这些活动的数量及其权重……依据引发顾客烦恼的程度——他们写信给联邦快递抱怨这些问题的倾向就是证明。[22]

服务展望14-2

联邦快递倾听顾客声音的途径

"我们相信服务质量必须通过数学方式来测量，"联邦快递公司的主席、总裁兼CEO弗雷德里克·W.史密斯（Frederick W. Smith）明确表达了他对服务质量的看法。公司致力于实现明确的质量目标，并由持续的测量流程跟进这些目标。这种措施形成了联邦快递测量服务质量的基础。

联邦快递首先设立了两个雄心勃勃的目标：每一次与顾客的接触和交易中实现百分百满意；处理每个包裹传递百分百满意。顾客满意度通过准时投递的百分比来计算，即准时投递包裹数量与包裹总数之比。然而，实际情况表明，准时投递的百分比是内部标准，不等于顾客满意度。

由于系统地记录了顾客抱怨，联邦快递能够识别出CEO史密斯所说的"恐怖级别"即最常见的8种顾客抱怨：(1) 错误日期投递；(2) 投递日期正确，时间错误；(3) 未收取包裹；(4) 包裹遗失；(5) 误传消息给顾客；(6) 账单及文件错误；(7) 员工服务失误；(8) 包裹损坏。这种"硬性"指标的设计反映了广泛的"软性"顾客研究的发现结果。这份清单是联邦快递建立其顾客反馈系统的基础。

联邦快递完善了这份"恐怖"清单，并开发出服务质量指数，它是一种从顾客角度反映顾客满意度与服务质量的涵盖12个项目的测量方法。每个项目根据其在决定整体顾客满意度中的相应重要程度被赋予权重值（见表14-3）。分数用于计算日指数。就像打高尔夫球的得分一样，指数越低，成绩越好。但是，与打高尔夫球不同的是，SQI涉及大量的数字——通常有6位数——反映每天运输了大量的包裹。总体SQI和12个项目每日跟踪，从而对连续的指数进行计算。

表14-3 联邦快递服务质量指数（SQI）的构成

服务失误的类型	权重因素×事件发生的次数=每天的得分
递交延误——日期正确	1
递交延误——日期错误	5
未回复追踪请求	1

续前表

服务失误的类型	权重因素×事件发生的次数＝每天的得分
重新抱怨	5
遗失递送的证明材料	1
发票修正	1
错过取件	10
丢失包裹	10
包裹损坏	10
航班延误（分钟）	5
超载（包裹丢失了标签）	5
放弃致电垂询	1
服务失误总分（SQI）	225

在上一年度服务失误发生的总次数基础上进行缩减，制定了平均每天 SQI 的年度目标。为了确保持续关注 SQI 的每个独立构成部分，联邦快递建立了 12 个质量行动小组，每个小组负责 SQI 的一个组成部分。这些小组负责分析问题背后的根本原因并加以纠正。

除了采用 SQI 反映程序、服务和顾客优先度的变化，联邦快递还采用其他多种方法获取反馈。

顾客满意度调研。这项电话调研每个季度在随机抽取的几千名顾客中进行一次，顾客由联邦快递的有关部门分层抽样。调研结果每个季度递交给高层管理者。

目标顾客满意度调研。该项调研包括具体的顾客服务流程，每半年进行一次，受访的顾客群是在过去 3 个月内体验过一次具体联邦快递服务流程的顾客。

联邦快递中心评论卡。评论卡从联邦快递店铺的商务中心收集而来，其结果每年两次制成表格，递交给负责顾客的管理者。

在线顾客反馈调研。联邦快递委托第三方进行定期调研，获取在线服务的反馈（例如，包裹追踪）以及进行新产品的专业调研。

从这些多样化的顾客反馈方法中获取的信息，帮助联邦快递在业内保持了领先地位，在促使其获得享有声望的鲍德里奇国家质量奖中发挥了重要的作用。

资料来源："Blueprints for Service Quality：The Federal Express Approach，" *AMA Management Briefing*（New York：American Management Association，1991），51－64；Linda Rosencrance（2000），"BetaSphere Delivers FedEx Some Customer Feedback，" *Computerworld*，Vol. 14，No. 14，p. 36；Madan Birla，*Fedex Delivers：How the World's Leading Shipping Company Keeps Innovating and Outperforming the Competition*（John Wiley，2005），91－92；Madan Birla，*FedEx Delivers：How the World's Leading Shipping Company Keeps Innovating and Outperforming the Competition*（Wiley，2013），ISBN－13：978－0471715795.

硬性测量是如何显示我们的表现的呢？**控制图**（control charts）是一种对照具体服务标准进行硬性测量以反映长期服务表现的简单方法。这种控制图可以用于监控并展现单独的变量或者整体的指数。因为控制图是可视的，所以非常容易辨认发展趋势。图 14－5 反映了某航空公司准时起飞这个重要的硬性指标的表现。因为服务表现不稳定并且不令人满意，这些显示出来的趋势表明管理层需要解决该问题。当然，控制图只有在其所依据的数据有效时才有作用。

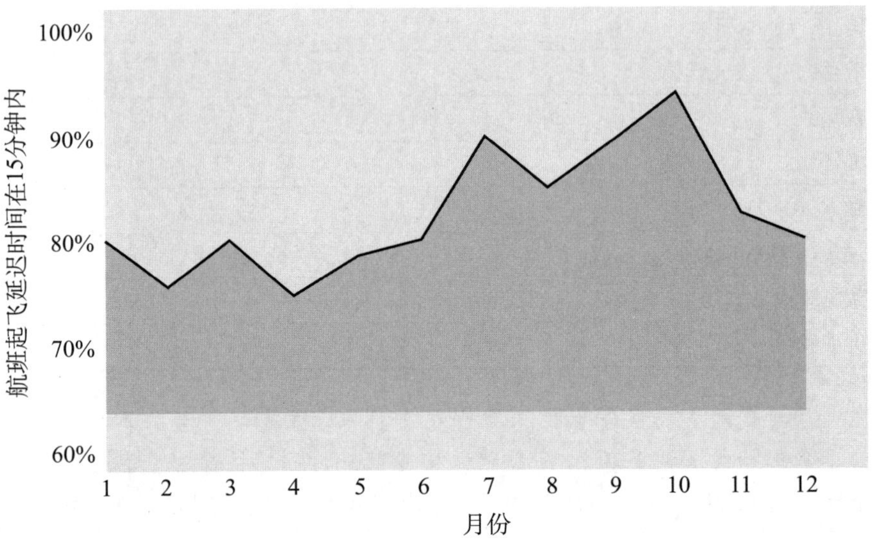

图 14－5　航班起飞延迟控制图

分析和解决服务质量问题的工具

在介绍服务质量的软性测量和硬性测量方法之后，我们如何更深入地剖析，以识别服务质量不佳的普遍原因并采取改进措施呢？如果问题是由可以控制的内部因素引发的，没有理由允许同样的问题再次发生。实际上，想要在服务失误后维护与顾客的良好关系，就取决于承诺的兑现，以达到“我们正在采取措施以确保不再发生类似事件”的效果。把预防当作目标，让我们简单地看看决定具体服务质量问题的根本原因。

根本原因分析：鱼骨图

因果分析采用由日本质量专家石川馨（Kaoru Ishikawa）发明的技术。几组管理者和员工对可能引起某个具体问题的所有原因进行头脑风暴。然后，将这些原因归为五类中的一类——设备、人力（或人员）、物资、流程或其他——并显示在因果图上，就形成了因其形状而得名的众所周知的鱼骨图。这种方法在制造业应用了许多年，近来也应用到服务业。

为了增强其在服务组织中的使用，我们在此列出了一个包括 8 组而不是 5 组因素的扩展框架。[23]“人员”被分为前台人员和后台人员，以突出顾客通常直接经历的前台服务问题，而后台的服务失误通过涟漪效应，趋向于更间接地表现出来。

此外，当意识到许多服务问题源于信息失败，"信息"就从"流程"中分离出来。例如，这种失误通常是由于前台人员没有得到需要的信息或者没有告诉顾客做什么、何时做。

"顾客"在脚本中被赋予更加深远的角色。在制造业，顾客对日常的运营流程的影响微乎其微，但是在接触度较高的服务业，顾客会参与前台运营。如果他们没有扮演好自己的角色，就可能降低生产率并给他们自己和其他顾客带来质量问题。例如，如果一名乘客拎着一只必须托运的特大行李箱，而且在最后一分钟才登机，就会造成飞机晚点。图 14－6 是扩展的鱼骨图的一个例子，分析了造成航班出发延误的 27 个可能的原因。[24]

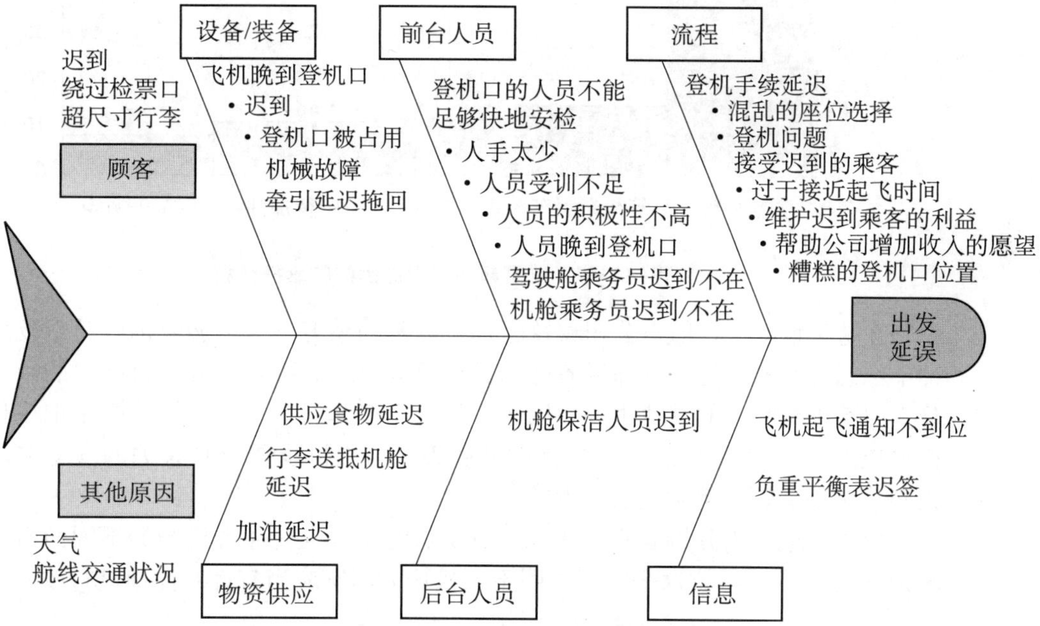

图 14－6　航班出发延误的因果图

当确认所有导致航班晚点的原因之后，就有必要衡量每个原因对实际航班延误有多大的影响。这就需要采用结合帕累托分析的频率计算，在下面的内容中将会讨论。

帕累托分析

帕累托分析法（意大利经济学家维尔弗雷多·帕累托（Vilfredo Pareto）首创，故以其命名）试图确认引起所观察到结果的主要原因。这种分析法以所谓的 80/20 原则为基础，因为它通常反映了大约有 80%的变量值（例如，服务失误的数量）主要是由 20%的因果变量进行解释（例如，通过鱼骨图分析出的可能的原因数量）。将鱼骨图和帕累托分析相结合，可以找出造成服务失误的主要原因。

在航空公司的例子中，分析表明，公司航班从其所属机场出发晚点，88%是由所有可能原因当中的 4 个（占比 15%）造成的（见图 14－7）。实际上，超过一半的延误是由其中的一个因素造成的：接受迟到的乘客（例如，在正式登机时间停止后，员工让整个航班等待一个还在办理登机手续的乘客）。

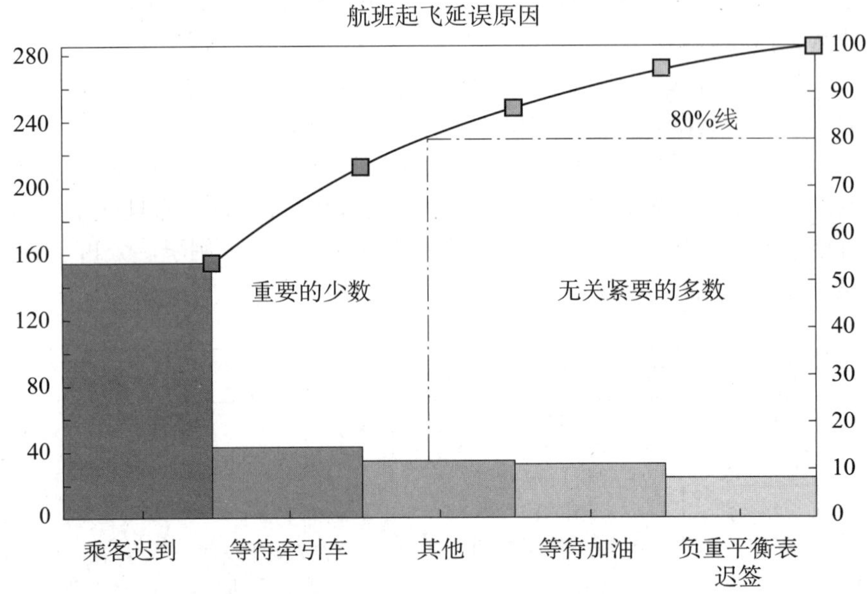

图 14-7 航班起飞延迟原因的帕累托分析

在这种情况下，航空公司善待了那位迟到的乘客——可能鼓励以后重复发生这种不愿意发生的行为——却冒着疏远其他所有已经登机并等待飞机起飞的乘客的风险。引起飞机晚点的其他主要原因还包括：等待牵引（一台专门的机车把飞机从登机口拖出来），等待加油，以及负重平衡表（与飞机承重分布有关的安全要求，机长必须对每个航班都做记录）迟签。

然而，进一步分析表明，造成航班晚点的原因也会随着机场的不同而有很大的区别（见图 14-8）。这个发现说明不同机场的团队应当有针对性地进行改善。

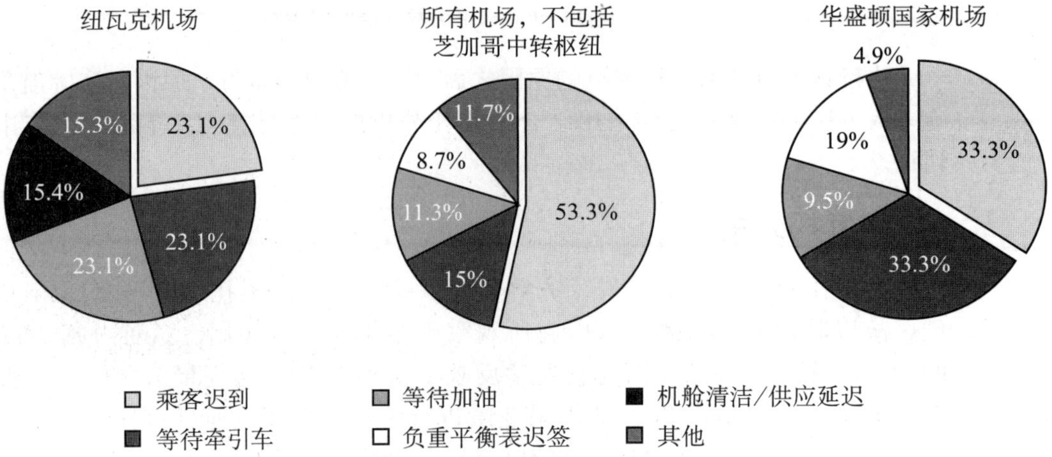

图 14-8 航班出发延误原因分析

绘制蓝图——确认失误点的有力工具

从鱼骨图和帕累托分析可以找出引起服务失误的原因及其重要程度，而蓝图将进一步深入分析服务失误发生在服务流程中的哪个环节。正如在第 8 章中所介绍的，一幅精心绘制的蓝图通过描述顾客接触服务供应商、设备以及装备时能够体验的一系列的前台互动，以及不为顾客所见也不是顾客服务体验一部分的后台支持性活动，使我们能够形象地看清服务流程。

蓝图可以用于识别可能的失误点，即服务失误在哪个点上最可能发生。它能够帮助我们理解在某个点上的服务失误（如预订日期输入错误）在接下来的过程中将如何产生连锁反应（如患者来到医生的办公室，却被告知医生不在）。通过累加蓝图中失误点的频率次数，管理者能够确认最频繁发生的服务失误的具体类型，从而给予特别关注。明白发生什么问题和在哪里发生了问题，是预防服务质量问题重要的第一步。

一种令人满意的解决方案是，在系统外设计服务失误点（参见第 8 章中讨论的解决该问题的“故障自动预防装置”：防呆技术）。当服务失误在流程外不易设计或不易预防的情况下（例如与天气或公共基础设施有关的问题），解决办法可能会倾向于发展应急计划和服务补救指南。（服务补救政策和流程请见第 13 章。）

质量的回报

现在我们已经了解了如何识别具体的质量问题，并且可以运用第 8 章中学到的如何设计和重新设计优化服务流程的内容。然而，如果没有理解与质量改进相关的财务问题，这套整体流程并不算完整。许多公司在提高服务质量上花费了不少精力，然而其中多数公司对结果仍感到失望，甚至那些因服务质量而得到认可的公司有时提高服务质量的努力却造成了财务困难，部分原因在于它们在提高服务质量上过于浪费。而有时，这种结果也反映了质量项目本身较差或执行得差。

评估质量提高举措的成本和收益

质量的回报（return on quality，ROQ）是评估成本和收益的一种量化方法。它基于以下假设：（1）质量是一种投资；（2）提高质量的努力在财务上必须是可以计算的；（3）在质量上的花费可能会过多；（4）并非所有用于质量的开支都是同样有效的。[25]因此用在提高质量上的支出必须与可预期的利润增长相联系。ROQ 的一个重要含义是如果能够与提高生产率项目相协调，那么质量提高举措将更加有效。

为了确定新的质量提高举措的可行性，必须提前进行仔细的成本预算，然后与预期的顾客反应联系起来。该项目能够使公司吸引更多的顾客（例如，通过现有顾客的口碑）、增加钱包份额以及（或者）减少失误吗？如果能，可以产生多少额外的净收入？

如果资料充足，对那些在许多地区同时运营的公司而言，检验过去的顾客体验并确定服务质量与收益之间是否存在关系，就变成了一种可能（参见服务展望 14－3）。能帮助识别顾客满意度和购买行为的巨大改善的方法包括重要性-绩效矩阵（见图 14－9）、多元回归分析（能够确定总体满意度的最高影响），以及一种叫做边际效应分析（marginal utility analysis，MUA）的新方法（用于分析权利改变，例如，“如果你可以改善……你将获得什么权利”）。[26]

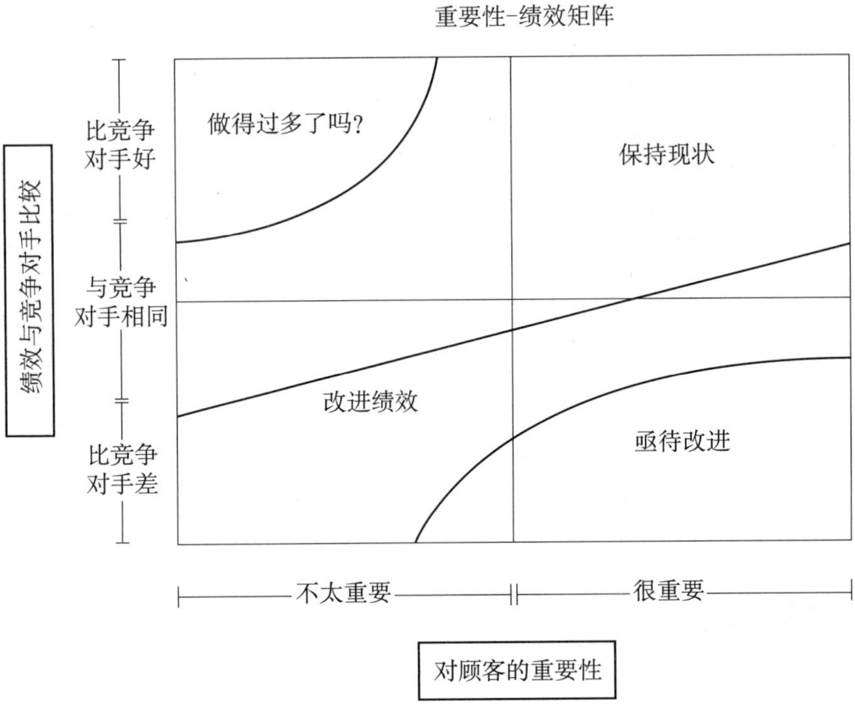

图 14-9 基于竞争和顾客需求的企业服务重要性-绩效矩阵

服务展望 14-3

假日酒店的设施质量和客房收益

为了确定酒店业产品质量和财务绩效之间的关系，谢里尔·基梅斯（Sheryl Kimes）分析了美国和加拿大1 135家假日酒店特许经营店3年来的质量和运营绩效数据。

产品质量指标来源于特许经营者的质量保证报告，这些报告基于有经验的质量检查员提供的未发布的半年检查报告，他们在不同的地区轮岗，检查分布在19个不同地区的各个酒店，并给它们评分。本研究中包括12个质量维度：2个与客房有关（卧室和浴室），10个与所谓的商务区域有关（如外部装修、大堂、公共卫生间、用餐设施、走廊、会议室、娱乐场所、厨房以及后院）。每个质量维度包括10～12个单项。检查员记录每个维度的缺陷数和整个酒店的缺陷总数。

全球假日酒店还提供了每个酒店的每间可用客房收益（RevPAR）。为了针对各地区不同的条件进行调整，基梅斯分析了从上千家美国和加拿大的酒店以及《史密斯旅游接待报告月报》（Smith Travel Accommodation Reports，这一报告广泛地应用于旅游业）所获得的销售和收入数据。这些数据有助于基梅斯计算每个假日酒店的中等规模的直接竞争者的每间可用客房收益，这些信息可使调查样本中的所有假日酒店的每间可用客房收益具有可比性。

为了达到研究目的，如果一个酒店在某个领域的至少一个项目上失败，那么该失败就被认定为该领域的“缺陷”。研究表明，随着酒店存在的缺陷数量的增加，每间可用客房收益减少。对每间可用客房收益有特别强烈影响的质量维度包括外部装修、客房和客房浴室。甚至一项单独的缺陷都会引起每间可用客房收益的显著减少，如果以上三个领域都存在不足，则会对每间可用客房收益有更大的影响。基梅斯计算出存在缺陷对酒店年平均收益的影响高达204 400美元。

从质量回报的角度来看，以上研究表明，在客房管理和预防维护上增加开支应该首先集中于酒店的外部装修、客房和客房浴室。

资料来源：Sheryl E. Kimes (1999), "The Relationship between Product Quality and Revenue per Available Room at Holiday Inn," *Journal of Service Research*, Vol. 2, November, pp. 138 - 144.

确定可靠性的最佳水平

在提高服务质量上我们应该做到什么程度呢？服务质量差的公司通常在提高服务质量上进行相对较少的投资就可以获得可靠性的巨大飞跃。如图14-10所示，在减少服务失误方面的初始投资总是能够带来显著的成效，但是在达到某个阶段后，当进一步的服务改进要求提高投资水平，甚至这种投资变得极其昂贵时，回报却开始递减。那么，我们应该将可靠性定位在什么水平上呢？

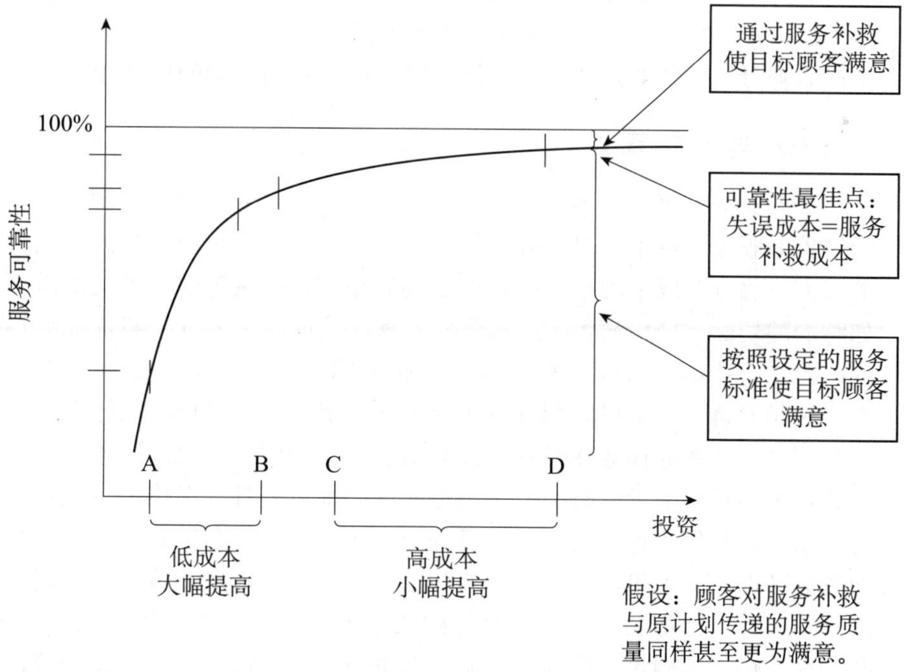

图14-10　提高服务可靠性何时变得不经济

通常，服务补救的成本低于不满意顾客的成本。这就意味着，服务公司应当依据质量改进的递增投资等于服务补救或服务失误的成本。尽管这一策略不能保证“零缺陷”，但是通过提供已经规划好的服务，或者即使服务失误发生，顾客也能获得令人满意的服务补救，公司将努力做到使顾客百分百满意。

生产率界定与度量

从历史发展的角度看，服务生产率的增长一直比制造业生产率缓慢，但麦肯锡全球研究院最近所做的一项调查表明，自2000年以来，美国对劳动生产率贡献最大的五个行业全部来自服务行业，包括零售和批发业、金融与保险、行政管理支持、科学和技术服务。[27]很显然，技术进步会极大地提升服务生产率。在本章中，我们将对服务质量和生产率改进策略进行整合性研究，企业需要确保提供高质量的服务以提升其长期盈利能力。我们将首先讨论生产率的定义及其度量。

服务行业中生产率的界定

简单来讲，生产率测量的是相对于所使用的投入量而言的产出量。因此，提高生产率要求增加产出投入比。提高这一比率的方法有：产出量一定时减少所需要的资源投入量，或投入量一定时增加产出量。这一比率的提高可能通过削减既定产出下需要的资源和/或增加既定投入水平下的产出实现。

但是在服务行业中，我们所说的“投入”指的是什么呢？投入因行业性质的不同而有所不同，但是可能包括劳动力（包括体力和智力）、材料、能力和资本（包括土地、建筑物、设备、信息系统和金融资产）。服务绩效的无形性使得服务业的生产率测量比制造业困难，这个问题对于以信息为基础的服务业而言更加严重。

生产率的测量

服务业的产出难以界定，所以服务业中生产率的测量非常困难。在以人的身体为对象的服务行业中，以医院为例，我们可以参照一年中治疗的病人数量和医院里的“人口普查”或平均空床率。但是我们如何说明医院的各种类型的干预活动，例如肿瘤的切除、糖尿病治疗或接骨呢？病人之间有何不同？我们如何评估必然不同的结果？有些病人可以康复，而有些病人的病情则恶化，更令人悲伤的甚至是死亡。相对而言，几乎没有标准的医疗程序可提供高度可预计的结果。

测量生产率的任务在以货物或其他有形物为服务对象的服务行业中可能要容易一些，因为许多组织具有类似于制造业的特征，其日常工作内容是容易测量的投入与产出。这类例子包括更换汽车机油、矫正车轮的修车厂和提供特定且简单食谱的快餐店。然而，如果汽车修理厂要找出并维修漏水问题，或者我们讨论的是一家因其丰富多样、独特的烹饪方法而著称的法国餐厅，测量的任务就变得更加复杂了。我们又应该如何测量以信息为基础的服务行业，如何界定一家银行或咨询公司的产出呢？

不考虑更多的细节，劳动力产出（例如，单位员工收益、单位员工价值增加和单位员工服务顾客数量）和资本产出（例如，资产回报率）经常用来衡量产能水平。

服务生产率、效率与效益

当我们讨论生产率的问题时，需要区别生产率、效率和效益这几个概念。[28] **生产率**（productivity）是指在特定的投入水平下所获得的产品（例如，劳动生产率和资产生产率）。**效率**（efficiency）需要和某个标准相比较，通常是以时间为基础的。它测量事情完成的程度。例如一个员工完成某项特定任务，相对于预先设定的标准而言需要多长时间。完成的速度越快，效率越高。**效益**（effectiveness）则可以定义为组织达到其目标，也就是实现了其结果的程度，它还包括典型的顾客满意度。彼得·德鲁克说："效率是正确地做事情，效益是做正确的事情。"

传统的测量生产率和效率的技术聚集于产出和标杆管理，而不是结果。这意味着强调产能和效率，忽略了效益。例如在货运业，当以生产率为目的时，延迟运输与准时运输的一吨英里的货物，其产出被看做一样的。同样，理发师每小时接待 3 位顾客，并发现减少与顾客的谈话以及快速地完成服务，能够使她的产出量增加到 4 位顾客。即使发型本身还是一样好，顾客也可能认为服务过程质量降低了，从而导致顾客对整体的服务体验评价较差。在这个例子中，生产率和效率都达到了，但效益却没有保证。

就长期而言，在持续传递顾客所希望的效果方面更加有效的组织，应该能够索要更高的价格，并建立忠诚、有利可图的顾客基础。因此，有必要强调效益和结果（包括为顾客创造质量和价值），而不仅仅是生产率和效率。[29]

提高服务生产率

许多服务领域的激烈竞争促使公司不断寻找提高其生产率的方法。[30] 本节将讨论提高生产率的源泉及可能方法。

提高生产率的通用策略

一般认为，提高服务生产率是运营经理的职责，并且他们的关注点可以概括为"更好、更快和更便宜"。通常围绕以下这些措施进行：

- 认真控制流程中每个步骤的成本。许多部门经理比喻道："成本就像手指甲：你必须不断修剪。"
- 努力减少材料和劳动力的浪费。
- 培训和激励员工更快、更好、更有效率地工作。因此，员工应该生产率更高地工作（注意：更快不一定更好，如果会导致错误或令人不满意、需要重新做的工作的话）。
- 扩展服务工作者所能从事的一系列任务（这可能要劳动者同意），允许管理者把员工分配到最需要的地方来减少生产中的瓶颈和停工时间。
- 通过供给与需求的更好匹配来提高生产能力利用率，或者将生产能力与需求平均水平而不是高峰期水平进行匹配，从长期来看才不会造成人员和设备的浪费。

● 给员工提供能够使他们工作得更快，以及/或者达到更高质量水平的设备、技术及数据库。

● 建立专家体系，从而使辅助专职人员能接手先前由薪资更高的专职人员所做的工作。

● 再造顾客服务流程实现更高生产率和效率（例如，通过六西格玛方法）。

● 用自动化机器和顾客操作的自助服务技术代替员工。

● 通过分类服务将服务资源用于更重要的顾客。

● 非核心业务可以外包给成本效率更高的第三方。

尽管可以采取渐进的方式提高生产率，但是主要的提高方式常常要求重新设计顾客服务流程。例如，当顾客面临无法忍受的漫长的等待时间时，就需要重新设计服务流程了。我们已经在第 8 章深入地讨论了重新设计服务流程的问题。

以顾客为主的提高生产率的方法

在顾客与服务过程紧密相关的情况下，运营经理应该考虑如何使顾客的投入更有成效，营销经理应该考虑采用什么样的营销战略来影响顾客，使其行为更能提高生产率。其中的一些战略包括：

● **改变顾客需求的时间安排**。通过鼓励顾客在非高峰期使用服务，甚至激励他们这样做，管理者能够更好地利用公司的经营性资产，并提供更好的服务。这个问题与我们在第 9 章详细讨论的如何在能力受限的服务业务中管理需求相关，在第 6 章中也探讨了相关的收益管理战略。

● **鼓励使用其他的服务流程渠道和自助服务**。将交易转向成本更低的渠道，如互联网、App 和自助服务机，既能提高生产效率，又能通过降低在高峰时期员工和某些特定类型设备设施的压力来推动需求管理。许多技术创新已经被用来使顾客能够自己完成服务，而不是先前的由服务人员来操作。这些与顾客在服务流程中作为服务的共同创造者而承担了更加主动的角色相关，在第 8 章已经有所讨论。

● **要求顾客使用第三方**。在某些情况下，管理者也能通过把一种或多种营销支持功能授权给第三方来提高服务生产率。专业的中介组织可能具有规模经济效益，这使它们能够以比核心服务供应商更低的成本完成任务，从而允许服务提供者把注意力集中于其特定领域的质量与生产率。旅行社可以看做中介组织的例子。我们在第 5 章已经详细讨论了中介组织的运用。

生产率提高如何影响质量与价值

管理者应该从更广泛的业务流程视角来考虑生产率的提高，将资源投入转换为顾客所期望的效果，尤其是对于那些不仅跨部门，有时还跨地区，而且将服务运作的后台与前台相联系的流程。因此，当公司进行生产率改进时，需要考虑对顾客体验的影响。我们在本章开始部分也讨论过。

前台提高生产率的措施。在高接触度服务中，许多改进生产率的措施是显而易见的。一些变革仅仅要求顾客被动地接受，另一些则要求顾客在与组织接触的过程中采用新的行为模式。如果计划进行实质性变革，首先进行市场调查以确定顾客对其如何反应就显得很重要。不能预见对顾客造成的影响可能导致业务损失，并抵消预期可能提高的生产率。请回顾一下第 8 章中有关如何管理和克服顾客的不满情绪以改变服务流程的内容。

后台变革如何影响顾客。后台变革的营销效果取决于其是否影响顾客或者被顾客察觉到。如果航空力学发展出更快捷的服务型喷射发动机，同时不会引起工资率或原材料成本增加，航空公司就会获得生产率的提高，同时也不会影响顾客服务体验。

然而，其他后台变革可能会产生延伸到前台并影响顾客的连锁反应。服务营销人员应该时刻关注后台变革，不仅要确认这些连锁反应，还要使顾客为之做好准备。以银行为例，可能为了增加内部质量控制和减少月对账单成本，银行决定安装新的计算机和打印外围设备。然而，这些新设备可能改变银行对账单的外观和每月寄出的时间。如果顾客注意到这些改变，或许银行就要对其作出解释说明。如果新的对账单更便于阅读和理解，这种改变就值得作为一种服务改进的方式进行推广。

警惕降低成本战略。在缺乏新技术的情况下，大多数提高服务生产率的尝试会围绕杜绝浪费和减少劳动力成本来进行。削减前台员工意味着，要么是其他员工不得不更努力、更快速地工作，要么是在繁忙时刻没有足够的人手及时地为顾客服务。尽管员工可能做到在较短时间内工作得更快，但很少有人能够在较长的时间内保持高速度：他们会精疲力竭、犯错以及匆忙地应付顾客。一次努力做 2～3 件事情的员工——例如一边面对面地服务顾客，一边接电话、整理票据——可能每件事情都做得很糟糕。过度的压力会导致不满和沮丧的情绪，特别是与顾客接触的员工可能会陷入努力满足顾客需求和实现管理者的生产率目标的两难境地。

一种更好的方式是寻求重新设计服务流程的机会，这样可以使生产率大幅提高，同时提高服务质量。生物识别被认为是一种可能同时实现这两个目标的新技术（见服务展望 14－4）。

服务展望 14－4

生物识别——提高生产率和服务质量的下一个尖端技术?

服务业激烈的竞争和微薄的利润不允许公司奢侈地增加质量改进的成本。更确切地说，困难就在于不断地寻求同时大幅提高服务质量和效率的方法。过去互联网使许多公司做到了这一点，并重新定义了包括金融服务、图书和音乐零售以及旅行社在内的服务业。生物识别可能是下一个促进服务质量和生产率同时提高的主要技术。

生物识别是基于身体特征或特性鉴定和确认个人身份的技术。身体特征包括指纹、面部识别、手形、虹膜形态图像；特性包括签名、按键模式以及声音识别。与你知道的事情（密码或个人信息碎片）或你拥有的东西（磁卡钥匙、灵通卡或代币）相比较而言，生物识别作为一种能够证明“你是谁”的技术，更方便也更安全。它不存在遗忘、丢失、复制或被别人窃取你的生物遗传特征的危险。

生物识别的运用范围包括控制进入服务设施（迪士尼乐园采用了该技术，向季票持有者提供特有的进入方式），呼叫中心的声音识别（家居购物网和嘉信银行使用了该技术，进而实现了更快捷、一站式服务的客户端身份验证），银行的保险箱自助服务方式（夏威夷银行和田纳西州第一银行都在使用），以及超市的支票购物（包括克罗格、Food 4 Less和BI-LO），甚至在学校（图书馆借书和基于指纹的账户贷款）。这些生物识别技术的使用将更加受欢迎。

生物识别技术显然具有令人振奋的应用前景。一般来说，这些技术是非常安全的，但如果被错误利用，潜在危害也非常严重。即使生物识别也是可以克隆的。例如，指纹是可以伪造的。重置被泄露的密码是一件令人烦恼的事，但如果你的虹膜和指纹数字信息被盗，你能想象到会有什么后果吗？也许在应用生物识别技术时，对于那些极高的风险应当有相应的防控方法。在未来服务创新中，生物识别技术可以为服务组织和顾客提供最高的附加价值。

资料来源：Jochen Wirtz and Loizos Heracleous（2005），"Biometrics Meets Services," *Harvard Business Review*，February，pp. 48－49；Loizos Heracleous and Jochen Wirtz（2006），"Biometrics—The Next Frontier in Service Excellence，Productivity and Security in the Service Sector," *Managing Service Quality*，Vol. 16，No. 1；*The Economist*，"Internet Security：Kill or Cure," September 7，2013，p. 52.

提高服务质量和生产率的集成和系统化方法

我们讨论了提高服务质量和生产率的多种工具和概念。表14－4整合了最常用的9种方法，企业可以用于单一客户流程的服务质量和生产率提升。此类项目一般由企业内部团队和外部咨询专家联合完成。但是，外部专家只是暂时介入，服务流程的持续改进依然主要是企业内部团队的职责。

表14－4　顾客服务质量提升九步法

步骤	目标	应用的潜在工具
1	确定需要改进和再设计的优先流程	• 根据流程发生频率和每个流程抱怨数量决定优先流程 • 利用优化矩阵（实施难易度和潜在业务影响大小）来寻找用最少的精力就能轻易实现的目标作为流程改进的起点
2	为流程设计目标：（1）顾客满意度；（2）流失；（3）循环时间；（4）生产率提高	• 通过内部标杆管理决定目标 • 决定绩效水平目标（例如，你的目标是行业最优还是达到行业平均水平?） • 使用项目图表管理顾客服务流程再设计
3	确定优先服务流程的关键因素并决定顾客需求和期望	• 使用蓝图确定顾客流程中的接触点并考虑顾客流程的线性可视化 • 每一接触点决定了所有重要维度顾客视角的服务质量（例如第2章中使用5种维度进行测量），分析顾客反馈，不断总结和分析顾客的满意以及抱怨，列出团队关注点

续前表

步骤	目标	应用的潜在工具
4	评估流程绩效	• 进行硬性运营流程测量（例如循环时间、顾客等待时间、一次性解决时间等） • 测量流程绩效的顾客感知（例如特定流程顾客满意度调查） • 与一线员工对话，询问他们该做的和不该做的以及迫切需要提高的
5	确定绩效和质量差距	• 依据流程绩效测量记录、顾客需求和期望，确定绩效和质量差距 • 明确主要绩效差距，例如在服务蓝图上标记服务失败（和/或抱怨）频次以理解服务流程失败的关键
6	明确质量差距的根本原因	• 在顾客服务质量感知中使用差距模型捕捉所有可能的差距来源 • 使用 TQM 工具缩小特定差距，例如使用帕累托图了解主要缺陷，使用鱼骨图定位导致缺陷的关键因素，再次使用帕累托图理解导致缺陷的根本原因
7	提高流程绩效	• 使用差距模型缩小 6 种差距（见表 14－1） • 使用顾客服务设计和再设计工具（见第 8 章） • 所有失误点服务补救计划都不能超出流程（例如应是主动的、预先计划的、训练有素的和被授权的，见第 13 章）
8	控制和微调并进一步提升流程	• 再设计后，使用运营测量和顾客反馈监控再设计后的流程绩效 • 使流程达到一种新的更高水平的绩效 • 要求企业通过逐步改进来调整服务流程（例如，利用看板或其他工具促使团队监控并对其所负责的流程进行持续改进）
9	重新开始，服务流程改进永远在路上	• 创造一种通过不断工作和顾客服务流程再设计实现以顾客为核心、流程提升的文化；成为顾客驱动的学习型组织

很多系统性的方法也可以帮助服务企业形成以顾客、服务质量和生产率为中心的组织文化。事实上，本章中介绍的工具和概念来源于这些方法，包括全面质量管理、ISO 9000、六西格玛和鲍德里奇国家质量奖与欧洲质量管理奖。本节简要讨论这些方法以及它们与服务质量和生产率的关系。

全面质量管理

全面质量管理（Total Quality Management，TQM）的概念首先起源于日本，广泛地应用于制造业，现在也被许多服务企业使用，包括服务机构。全面质量管理能够帮助组织不断优化服务，提高服务传递流程中的生产率，并且通过创新性的流程改进而可能成为价值创造的持续来源。[31]

全面质量管理中的一些理念和工具能够直接运用于服务。就像本章中提到的，诸如控制图、帕累托图、蓝图和鱼骨图这样的全面质量管理工具能够帮助服务企业监控服务质量，并确定具体问题的根本原因。

在服务业成功实施全面质量管理的 12 项关键维度包括：（1）高层管理者的关注和卓越的领导力；（2）人力资源管理；（3）技术系统，包括服务流程设计和流程管理；（4）信息与分析系统；（5）标杆管理；（6）持续改进；（7）关注顾客；（8）员工满意度；（9）工会干预与员工关系；（10）社会责任；（11）服务环境；（12）服务文化。[32]

ISO 9000 认证

国际标准化组织（International Organization for Standardization（IOS），总部设在瑞士日内瓦）的成员包括160多个国家和地区，该组织提倡标准化和提高质量以促进国际贸易的发展。ISO 9000[33]包括要求、定义、指导方针以及相关的标准，对公司的质量管理系统提供独立的评估和认证。ISO 9000对“质量”的定义为：“具备满足顾客明确需求或隐含需求能力的产品或服务所包含的特征和特性总和。简言之，质量就是要满足或超过顾客的需要和要求。”

ISO 9000是由一组质量管理各个方面的分类指标构成的一个指标体系。这些标准为确保产品和服务连续满足顾客需求以及质量不断提高的组织提供指导和工具。

为了保证质量，ISO 9000采用了许多TQM工具并在使用它的公司中使之常规化（例如计划—实施—行动—检查循环）。

服务企业采用ISO 9000标准的时间晚于制造业，已经采用ISO 9000认证的主要服务领域包括批发和零售商、信息技术服务供应商、健康护理供应商、咨询公司以及教育机构。通过采用ISO 9000标准，服务企业特别是小型公司不仅能够保证它们的服务符合顾客期望，而且能够实现内部生产率的提高。

六西格玛

六西格玛方法最初是由摩托罗拉公司（Motorola）开发出来的，以提高产品质量、减少索赔，之后很快就被其他制造公司采用以减少在多个领域的缺陷。

后来，服务企业也采用了各种各样的六西格玛战略来减少缺陷、缩短周期时间、提高生产率。[34]早在1990年，通用资本（GE Capital）就采用了六西格玛方法来减少顾客贷款、信用卡保险等的幕后成本。该公司的总裁兼首席运营官丹尼斯·内登（Denis Nayden）曾说：

> 尽管六西格玛最初是为制造业设计的，但是该模式可以应用于交易型服务。最明显的例子就是，必须保证通用资本发放给顾客的数百万张信用卡及其他账单准确无误，这有助于我们减少调整成本。在金融业务中，最大的成本之一就是赢得新顾客，如果我们能为顾客提供优质的服务，他们就会与我们在一起，从而减少开发新顾客的成本。[35]

统计数据表明，六西格玛意味着要达到这样的服务水平，即缺陷只有百万分之3.4（defects per million opportunities，DPMO）。为了理解这一目标有多么严苛，我们可以想想邮件投递服务。如果邮件投递达到99%的准确率，那么在每300 000次邮件投递中就有3 000份邮件遗失。如果达到了六西格玛的服务水平，同样多的邮件中只有一份邮件会出问题。

随着时间的推移，六西格玛从减少缺陷的方法演变为整体业务提升的方法。正如潘德（Pande）、纽曼（Neuman）和卡瓦纳（Cavanagh）所定义的：

> 六西格玛是实现、维持并使商业成功最大化的灵活的综合系统。精确理解顾客需求，讲原则地使用事实、数据和统计分析，努力关注管理、改进并重新开发业务流程，这些因素都能促进六西格玛的实现。[36]

两大战略，即流程改进与流程设计/再设计形成了六西格玛方法的奠基石。流程改进战略致力于确认并消除服务传递问题的根本原因，进而提高服务质量。流程设计/再设计战略是改进战略的辅助性战略。如果不能确定或有效地消除现有流程中的根本原因，那么，要么设计新流程，要么对现有流程进行再设计，以全面或部分地解决该问题。

在分析与改进业务流程时，使用最广泛的六西格玛工具是 DMAIC 模式（见表 14-5）。DMAIC 即：

- 确定机会（问题、范围和目标）。
- 测量关键步骤/投入。
- 分析以确认根本原因。
- 提高流程和绩效。
- 控制流程以实现更高绩效。

表 14-5　在流程改进与再设计中应用 DMAIC 模型

	流程改进	流程设计/再设计
定义（define）	• 确认问题 • 定义要求 • 设定目标	• 确认具体的或广泛的问题 • 定义目标/改变远景规划 • 明确范围与顾客要求
测量（measure）	• 验证问题/流程 • 改进问题/目标 • 测量关键步骤/投入	• 根据要求测量绩效 • 收集流程效率数据
分析（analyze）	• 提出因果假设 • 确认根本原因 • 验证假设	• 确认最佳实践经验 • 评估流程设计 • 提炼需求
提高（improve）	• 开发消除根本原因的方法 • 测试解决方案 • 使解决方案/测量结果标准化	• 设计新流程 • 实施新流程、结构、系统
控制（control）	• 确定标准措施以维持绩效 • 需要时纠正问题	• 进行测量和评估以维持绩效 • 需要时纠正问题

资料来源：Republished with permission of McGraw-Hill Companies from *The Six SIGMA Way：How GE，Motorola，and Other Top Companies Are Honing Their Performance* by Peter S. Pande，Roland R. Cavanagh，Robert P. Neuman，Copyright 2000；permission conveyed through Copyright Clearance Center，Inc.

鲍德里奇国家质量奖和欧洲质量管理奖

鲍德里奇国家质量奖（Malcolm Baldrige National Quality Award，MBNQA）是由美国国家标准与技术研究院（National Institute of Standards and Technology，NIST）设立的，其目标是促进质量管理的最佳实践，认可并公开美国公司所取得的质量成就。除美国外的其他国家也有同样的质量奖项，最为广泛的是欧洲质量管理奖（European Foundation for Quality Management，EFQM）。[37]

由于该框架是总体性的，没有区分制造业组织与服务业组织之间的差别，所以，该奖项有一个特别的服务类，该框架可以用来创造持续不断地改进服务质量的文化。获得该奖项的主要服务企业有丽思卡尔顿酒店、联邦快递公司以及美国电话电报公司（AT&T）。研究已经证实，采用该框架能够提高组织绩效。[38]

鲍德里奇模式从以下七个方面评估公司：

- 管理者对服务质量文化的关注程度；
- 将提高服务质量列入优先发展规划，包括服务标准、业绩目标、顾客满意度的测量、缺陷、周期时间以及生产率；
- 具有帮助组织收集、测量、分析和报告战略性及运营性指标的信息和分析；
- 能够使公司传递卓越服务的人力资源管理，从雇用合适的员工到开发、参与、授权和激励机制；
- 流程管理，包括监控、持续提高服务质量与流程再设计；
- 关注顾客和市场，从而使公司明确顾客的要求和期望；
- 商业结果。[39]

公司应该采取哪种方法

由于有多种途径可以系统地提高服务企业的服务质量和生产率，就产生了这样的问题：我们应该采取哪种方法：TQM，ISO 9000，鲍德里奇模式还是六西格玛？最好的做法是认为以上方法是整合并相互依存，而不是完全孤立的。TQM可以应用于复杂程度不同的质量管理问题，其基本工具如流程图、频率图和鱼骨图，各种类型的服务企业都可以应用。六西格玛和ISO 9000似乎更适用于投入水平和复杂程度较高的公司，关注流程提高和绩效标准改善，接下来的是鲍德里奇模式或者EFQM方法为组织提供完美框架。补充方法在服务展望14－5的教育机构研究中可以看到。

服务展望14－5

全面质量管理在教育机构中的应用

高等学校争夺优质生源的竞争愈演愈烈，它们必须在管理中牢固树立以顾客（学生）为中心的理念，以提高学生满意度。那么，高等教育服务质量的内涵是什么？一个包括以下五个变量的全面质量管理模型被提出，这些变量被认为可以达到提升学生满意度的目的。这些变量分别是：

- 高层管理者的重视。学校高层管理者不能把提高学生满意度只停留在口号上，要付诸行动，将追求优异的教育和服务质量付诸实践。
- 课堂教学。大学需要大师，需要大师将专业知识富有激情地传授给学生。
- 校园设施。不能只有一流的校园，还要有一流的课外活动，更重要的是，这些活动必须具有持续性。
- 善待学生。要善待学生，让学生在一个充满友爱的环境中学习、成长。
- 重视学生意见反馈和改进。来自学生的持续性意见反馈可以不断改进工作。

这些学者对通过ISO认证及没有通过ISO认证的学校选取了工科背景学生作为研究

对象，他们发现，那些通过了 ISO 9001：2000 认证的学校在实施全面质量管理方面比那些没有通过认证的学校更快。他们的研究结果还表明，尽管设计了五个指标，但有两个指标对学生的满意度影响更大。这两个变量是学校高层管理者的重视及校园设施。学校高层管理者应当致力于提升教学服务质量，从而改善学生在大学的服务体验。

以上这些方法中的任何一种实际上都可以为了解顾客需求、分析流程以及提高服务质量和生产率提供有用的框架。企业可以根据其自身需求和预期的复杂水平，来选择一种特定的方法。每种方法都各有优点，所以应该多种方法并用。例如，ISO 9000 可以用于使程序和流程文件标准化，六西格玛和鲍德里奇模式可用于改进流程，使整个组织集中于提高绩效。

成功与否取决于具体的改进项目与整体商业战略整合的情况。服务冠军们会使服务质量管理的最佳实践经验成为组织文化的核心组成部分。[40] NIST 跟踪了获奖者的股票指数，该指数被称为“鲍德里奇指数”，观察发现，获奖者能够一直跑赢标准普尔 500 指数（S&P 500）。[41] 颇具讽刺意味的是，两次获得该奖项、六西格玛方法的创造者摩托罗拉公司却在经济上损失巨大，仍在失去其市场份额，部分原因是跟不上新技术。同时，因为来自竞争对手的压力或仅仅将之视为营销工具而采用其中一种方法的公司，与将这些方法视为有效开发工具的企业相比，成功的机会要小一些。[42] 显然，不能把成功当成理所当然的事情，实施、投入并适应不断改变的市场、技术和环境，才是持续成功的关键。

结 论

提高服务质量和服务生产率通常就像一枚硬币的两面，为顾客和公司提高价值都提供了巨大的潜力。服务业所面临的关键挑战是，按照对公司有效的成本方式向顾客传递令人满意的效果。提高服务质量和提高生产率战略应该相互增强而不是彼此阻碍。在一个不断革新和竞争的市场环境中，几乎没有多少行业能够进行较多的投入（例如，允许较低的生产率）来获取更高的质量。因此，关键的一步就是要寻求能够同时带来服务质量和生产率巨大飞跃的改进措施。

本章小结

1. 质量和生产率是为顾客和企业创造价值的双路径。然而，生产率和顾客满意度（和对收益的影响）之间的关系分为积极的、中性的或消极的，因此需要仔细管理。

2. 对服务质量有不同的定义。本书中我们采用以顾客为基础的定义，即质量就是能够持续地满足或者超越顾客的期望。

3. 差距模型是一种能够发现和界定服务质量问题的重要工具。我们定义了引起质量不足的六个差距：

- 差距 1：知识差距；
- 差距 2：标准差距；
- 差距 3：传递差距；
- 差距 4：沟通差距；
- 差距 5：感知差距；
- 差距 6：服务质量差距，这是最重要

的差距。为了消除这一差距，其他5个差距就要首先消除。

我们总结了可能引起每种差距的一系列潜在原因，还提供了识别这些原因并消除差距的一般方法。这些都是从组织角度出发的。

4. 服务质量有软性测量，也有硬性测量。软性测量往往基于对顾客和员工反馈信息的认知。硬性测量与流程和结果有关。

5. 来自顾客的反馈信息应该通过顾客反馈系统（customer feedback system, CFS）进行系统收集，顾客反馈系统的主要目标包括：

- 对服务质量和表现的评价和测量标准；
- 顾客驱动式的学习和提高；
- 创造以顾客为导向的服务文化和变革文化。

6. 企业可以采用各种工具来收集顾客反馈信息，这些工具包括：（1）全面市场调查；（2）整体满意度年度调研；（3）交易调研；（4）服务反馈卡；（5）神秘购物；（6）顾客主动反馈；（7）焦点小组讨论；（8）服务评论；（9）在线和社交媒体监督。

7. 硬性测量与运营流程和运营结果相关，能够被计算、计时或观察。控制图是显示具体服务质量标准的硬性测量在较长时间内的表现的一种简单方法。

8. 分析和识别关键服务质量问题的主要工具有：

- **鱼骨图**（fishbone diagrams）展现了质量问题的原因；
- **帕累托分析**（Pareto analysis）评估质量问题出现的频率并明确一般原因；
- **服务蓝图**（blueprinting）能够准确地查找顾客服务流程中失误点的位置，并有助于重新设计流程。

9. 服务应当将服务水平提高到流程变化带来的收益与由此可能产生的服务补救成本（服务失误的实际成本）相等的水平，这样在服务失误时，顾客便可以接受满意的服务补救。

10. 行业不同，企业的主要投入，包括劳动力、原材料、能源和设备等也不尽相同。

11. 区别下列三个概念非常重要：生产率（productivity）是特定投入的产出水平（即投入产出比）；效率（efficiency）是在特定时间内，企业产出与特定标准比较后的结果（如产品交付速度）；效益（effectiveness）指目标实现程度，如顾客满意度目标是否实现。

12. 生产率提高的通用策略包括：

- 成本控制；
- 减少材料和劳动力浪费；
- 培养员工高生产率地工作；
- 拓展员工工作范围以减少瓶颈和等待时间；
- 提高生产能力利用率；
- 给员工提供能够使他们工作得更快、更好的设备及数据库；
- 建立专家系统，使辅助专职人员能接手先前由薪资更高的专职人员所做的工作；
- 用机器和顾客操作的自助服务技术代替员工；
- 将资源分配给更重要的员工；
- 将非核心业务外包给成本效率高的第三方。

以顾客为主的提高生产率的方法有：

- 改变顾客需求的时间安排；
- 鼓励使用其他服务渠道和自助服务；
- 在部分服务传递中要求顾客使用第三方。

13. 当生产率提高时，企业应该知道前台和后台的改进也都会对服务质量和顾客体验产生影响。

14. 顾客服务流程改进包括9个步骤：

（1）确定需要改进的优先流程（例如，通过流程发生频率和抱怨数量，利用优化矩阵）；

（2）确定顾客满意度、流失、循环时间和生产率改善目标（例如，通过对标和项目图表）；

（3）寻找质量关键要素（例如，通过服务蓝图寻找接触点，然后利用服务质量度量方法以及顾客和员工反馈，来了解对于顾客来讲哪些是重要的服务质量关键要素）；

（4）评估流程绩效（例如，通过硬性运营指标和软性的顾客反馈指标）；

（5）确定绩效和质量差距（例如，将流程绩效与顾客需求和需要进行比较，将服务蓝图中罗列的服务失误频率与现实服务失误频率进行比较）；

（6）明确质量差距的根本原因（如利用差距模型去控制质量问题产生源，利用鱼骨图、帕累托图和服务蓝图来进一步发现特定的差距）；

（7）提高流程绩效（例如，利用差距模型来消除服务质量差距，利用第8章中讨论的顾客服务流程再设计来提升流程绩效，或者第13章中介绍的服务补救方法来提升流程绩效）；

（8）控制和微调（对重新设计的流程绩效进行监控并进一步微调）；

（9）重新开始，服务流程改进永远在路上。

15. 全面质量管理、ISO 9000认证、六西格玛、鲍德里奇国家质量奖和欧洲质量管理奖也是系统的常作为补充的可用来管理和改进服务质量和生产率的方法。

复习题

1. 解释服务质量、生产率和利润率之间的关系。

2. 服务质量中可能出现什么样的差距，服务营销人员应采取何种措施来预防这些差距？

3. 为什么服务质量既要软性测量也要硬性测量？

4. 有效的顾客反馈系统的主要目标是什么？

5. 收集顾客反馈的主要工具有哪些？每种工具的优点和缺点各是什么？

6. 服务企业可以采用哪些工具来分析和解决服务质量方面的问题？

7. 为什么服务企业的生产率测量要比制造企业困难？

8. 提高服务生产率的主要工具有哪些？

9. 像全面质量管理、ISO 9000、六西格玛、鲍德里奇国家质量奖和EFQM这样的方法如何被用来管理和改进服务质量和生产率？

应用练习

1. 回想你最近作为服务消费者的经历。在哪些维度上你对该服务的期望值和它的实际表现值之间存在巨大差距？其内在的原因是什么？管理层应采取哪些措施来提高质量？

2. 收集一些顾客反馈表格和工具（顾客反馈卡、问卷和在线表格），解释用这些工具如何收集信息才能实现有效的顾客反馈系统的主要目标。

3. 监控一家大型比萨连锁店的服务质量、生产率以及利润率有哪些关键措施？具体而言，如果将管理成本考虑在内的话，你会向这家企业推荐什么样的措施？应当听取何种结果反馈？由谁来听取？为什么？分店员工的薪酬体系应当部分建立在何种措施基础之上？为什么？

4. 作为消费者，你可以通过什么方式来提高至少三家你经常光顾的服务企业的生产率？每个服务企业的哪些显著特征可以使你的这些行为变得可能？

5. 进行文献搜索，查找在服务企业中成功实施ISO 9000和六西格玛需要哪些关键的要素。

第15章 创建全球领先的服务组织

营销在企业中具有无比重要的基础作用，我们无法把它视为一个独立的管理职能。它从最终结果，即顾客的视角，来审视整个企业。对营销的关注和责任感应当渗透到组织各个领域。

——彼得·德鲁克[1]

管理咨询大师、教育家、作家、现代管理之父

企业越短视，其行为越有可能毁掉自己的价值。

——唐·佩珀斯和玛莎·罗杰斯

佩珀斯-玛莎管理咨询公司联合创始人

很多人实际上并不理解工作更努力、工作时间更长的人更容易成功，因为不积跬步，无以至千里，细节决定成败。

——约翰·伍登

加州大学洛杉矶分校棕熊队传奇教练

学习目标

通过本章的学习，您将能够：

1. 了解全球领先服务组织的特性，熟悉服务绩效的四个层次；
2. 明确怎样将一个失败的服务企业推向成功；
3. 知道以顾客为中心对企业盈利和股东价值的长期影响。

本书阅读旅程即将接近尾声，你的服务营销课程也即将结束。我们希望前面几篇内容的精彩程度能超出你的预期，希望你能对服务营销与管理有全新的认识，希望你能掌握服务营销的基本工具和技能，更希望通过学习激励你成为服务行业的佼佼者。

本章是最后一章，将对全球领先服务组织的特性进行总结。我们还将讨论成为服务行业领导者会给企业带来哪些经济利益。最后，我们的观点是：别只读书，请行动起来！

创建全球领先的服务组织

具有创新性的服务组织到底是什么样的？根据对服务营销几十年的研究，我们

认为，那些具有创新性的服务组织具有一些共性的东西。下面，我们就对服务绩效的四个层次进行分析，并研究服务组织怎样成功地攀登绩效阶梯。

从失败者到领导者：服务绩效的四个层次

企业某个方面的卓越表现并不能保证服务领先。相反，全方位卓越才能确保企业成为服务业的领先者。为了获得这样的绩效表现，我们需要重新评估之前提到的组织内的三种职能——营销、运营和人力资源管理。表 15－1 将服务绩效分为四个层次：失败者、平庸者、专家、领军者（leader）。[2] 对应每一个层次，都有一个典型组织在 12 个维度上表现的简要描述。

在营销职能层面，我们观察营销的作用、竞争诉求、顾客类别和服务质量。在运营层面，我们考虑运营的作用、服务传递（前台）、后台运营、生产率和新技术引入。最后，在人力资源管理层面，我们考虑人力资源管理的作用、劳动力、一线管理。显然，在三个维度和职能之间存在交叉。此外，在不同行业、不同的传递系统之间，各维度的相对重要性是不同的。例如，在高接触度服务中，人力资源管理职能扮演更突出的战略角色。这一整体服务绩效框架的目的在于，深入观察服务领军者为何表现优秀，那些未达到应有水平的组织需要作出哪些改变。

如果你想深入地评估特定行业的一家企业，把表 15－1 作为出发点可能会对你有用。记住，要把一些要素调整为你所需要的，再进行分析。

服务失败者。服务失败者处在顾客、员工和管理视角的底层，在营销、运营和人力资源管理方面都不合格。顾客会容忍他们，并不是因为其表现还可以，而是因为没有其他选择，这也是服务失败者还能够生存的原因。这种类型组织的管理者甚至可能将服务传递视为不可避免的灾难，在迫不得已的情况下才会引入新技术；心不在焉的员工也是制约绩效提升的消极因素。

服务平庸者。尽管他们的绩效表现还有很多不尽如人意的地方，但是已经摆脱了失败者最糟糕的特征。平庸者为传统的运行思维模式所困，比如，高度依赖标准化来节约成本。它们秉承“够用就行”和“没坏就不修”的理念，营销策略单一，人力资源和运营职能可能合二为一。消费者对这样的组织既不主动寻求也不避讳。管理者不断重复诸如提高质量的陈词滥调，却不能设定清晰的优先关系、描绘出明确的过程，也得不到下属的尊重和忠诚。人们发现很多这样的公司在既定的市场中进行着无谓的竞争，你可能无法将它们区别开来。定期的打折活动可能就是吸引新顾客的主要手段。

服务专家。服务专家和平庸者处于不同的级别，它们有明晰的市场定位策略，细分目标市场中的顾客主动寻求这种企业，它们因满足了顾客的不同期望而建立起持久的信誉。服务专家的营销手段更趋复杂，比如，运用有针对性的沟通和基于为顾客提供的价值的定价方法，通过市场调研来测量顾客满意度，并强化服务概念。服务专家可以通过实现运营与营销协同来引入新的服务传递体系，实现生产率与顾客服务质量之间的平衡。相对于平庸者，服务专家在后台与前台行为之间有更明晰的关联，并拥有一条更为主动的、投资导向的人力资源管理路径。

服务领军者。服务领军者是全球服务领先者，在它们各自的领域中都是佼佼者。服务专家固然好，服务领军者却是出类拔萃的。当我们谈论服务领军者时，马

表 15-1　服务绩效的四个层次评估工具

层次	1. 失败者	2. 平庸者	3. 专家	4. 领军者
营销职能				
营销的作用	仅有策略之用；广告和促销缺少焦点；不介入产品或定价决策。	混合使用销售和大众沟通，使用简单的细分战略；选择性地进行打折促销；进行基本的满意度调查。	有明确的应对竞争的战略定位；利用有焦点、具有鲜明吸引力的沟通，来明确顾客期望并教育顾客；以价值为基础定价；监测顾客使用，实施忠诚度项目；利用多样化的研究手段测量顾客满意度，获得服务提升的想法；与运营协同，以引入新的传递系统。	特定细分市场中创新的领头羊，因营销技巧而著名；在产品/流程层面上树立品牌；执行复杂的关联数据库分析，作为一对一市场营销和积极顾客管理的输入；使用一流的研究手段；利用概念测试、观察、领先顾客作为新产品开发的来源；与运营/人力资源关系密切。
竞争诉求	顾客不是因为企业表现尚好才惠顾。	顾客既不主动寻求也不避讳此类企业。	顾客基于其满足期望的持久信誉主动寻求此类公司。	公司的名称就是卓越服务的代名词；愉悦顾客的能力使其期望值达到对手无法企及的高度。
顾客类别	非特定的；以最低的成本服务大众市场。	了解一个或多个细分市场的基本需求。	公司清晰地了解顾客组群的需求差异和他们各自对公司的价值。	基于其未来对公司的价值选择与保留顾客，包括他们对公司提供新的服务商机的潜力，以及刺激创新的能力。
服务质量	极具变动性，通常是不令人满意的；屈从于运营优先。	满足一些顾客的期望；关注一个或两个关键维度，但不是所有的。	在多个维度上持续满足甚至超越顾客期望。	将顾客期望提升到新的水平；持续改进。
运营职能				
运营的作用	被动的；成本导向。	作为管理职能的主线，创造并传递产品，将标准化视作生产率的关键，从内部角度定义质量。	在竞争战略中扮演战略角色；认识到生产率和顾客服务质量之间的平衡；愿意外包；监测竞争性操作来获取思路和威胁的信息。	因创新、专注和卓越而闻名；是与营销和人力资源管理平等的搭档；具备内部研究能力，有学术关系；不断地实验。

续前表

层次	1. 失败者	2. 平庸者	3. 专家	4. 领军者
服务传递（前台）	不可避免的灾难。定位和计划同顾客偏好无关，一贯忽视顾客。	守旧的企业；“够用就行”，“没坏就不修”；对消费者建立严格的规则；传递过程中的每一步都独立运行。	受顾客满意度而非传统驱动；愿意定制化，增强新的渠道；强调速度、便捷和舒适。	围绕顾客组织无缝的传递流程；员工知道自己的服务对象；专注于不断的改进。
后台运营	与前台脱节；在机制中无足轻重。	为前台的传递步骤作出贡献，但组织是分隔的；对顾客不熟悉。	流程明确地同前台联系在一起；将自身角色视作服务“内部顾客”——反过来服务外部顾客的人。	即便地点相隔万里，也与前台传递紧密地整合在一起；理解自身角色如何同服务外部顾客的整体流程联系在一起；不断地进行对话。
生产率	不明确；管理人员由于超出预算而受到惩罚。	基于标准化；将成本控制在预算内，并从中获得好处。	专注于重新构建后台流程；避免出现生产率提升却降低顾客服务体验的情况；为了效率持续地改善流程。	理解质量回报的概念；积极寻求顾客参与生产力提升；不断地尝试新流程和技术。
新技术的引入	较晚的应用者，迫于生存才采用。	为了节约成本而随大流。	当 IT 技术能够增强顾客服务，以及提供竞争优势的时候，就早早地采用该技术。	同技术领先者一起开发新应用，以创造先驱者优势；追求竞争者无法匹敌的绩效水平。
			人力资源职能	
人力资源的作用	提供能够满足工作最低技能要求的廉价劳动力。	招聘、培训能够胜任的员工。	投资于选择性招聘和持续培训；保持贴近员工，促进向上的流动性；努力提高工作生活的质量。	视员工质量为战略性优势；公司因其杰出的工作环境而闻名；人力资源帮助高层管理者培育企业文化。
劳动力	消极约束：糟糕的执行者，无所谓的态度，不忠诚。	足够的资源，遵循程序，但缺乏创见；离职率通常较高。	积极性高，工作努力，在流程选择上被授予一定的自主权，向公司提供建议。	具有创新力，授权程度高；非常忠诚，认同企业价值和目标；创造流程。
一线管理	控制员工。	控制流程。	倾听顾客；指导并帮助员工。	高层管理者新理念的来源；指导员工的职业发展和提升对企业的价值。

说明：每一部分得分根据组织的表现评估（1～4 分）。求得每一部分的平均分即为对应职能的得分，求得每种职能的平均分即为总得分。
总得分在 3.5 以上，说明表现优秀；总得分在 2.5～3.4，说明表现良好；总得分在 1.5～2.4，说明表现糟糕；总得分在 1.4 以下，说明表现很差。
资料来源：This framework was inspired by，and expands upon，work in service operations management by Richard Chase and Robert Hayes.

上会联想到亚马逊、麦肯锡、丽思卡尔顿、美国西南航空、星巴克以及美捷步这些企业。它们几乎就是杰出服务的代名词，它们永远可以使顾客愉悦。同样，这些优秀的服务组织还以它们在这三种职能间优秀的内部沟通及协作能力而闻名。这种能力来源于相对扁平的组织结构，以及广泛利用团队工作，为顾客构建出无缝的服务流程。

服务领军者在营销管理中大量地运用顾客关系管理理论，对顾客需求有深入的洞察力，将顾客服务建立在一对一基础之上。在应对先前没有被意识到的顾客需求时，它们采用概念测试、观察，以及同领先顾客的沟通来拓展创新的、突破性的服务。运营专家与全球技术领先者协同工作，开发能够创造先驱者优势的新型应用领域，并且能够让公司提升到竞争者在很长一段时间内都无法企及的水平。高层管理者将员工质量看做战略优势。人力资源管理试图创造并保持一种服务导向的文化，同时创造杰出的工作环境，吸引并留住最优秀的人变得简单。[3]员工认同企业价值和目标，因为他们受到鼓舞、被授权，勇于接受改变，成为企业新理念不断产生的源泉。

向高绩效层次迈进

所有的公司都想成为市场上的佼佼者。我们想赢得顾客忠诚，我们想让顾客为我们传播好口碑。如果我们能够实现这些目标，企业市场份额、股东价值和企业声誉都会得以提升。这些都是向高绩效层次迈进的强有力的理由。[4]企业绩效层次的提升是有因可循的，有些工作无疑有利于企业绩效层次的提升，包括：改进和协调营销、运营和人力资源三者之间的关系，制定更具竞争性的市场定位，以及提高顾客满意度。

这要求组织中各层级的人力资源管理者为企业确定正确的方向，制定正确的战略，并确保相关战略能够在组织各层次得以贯彻实施。本书的各章研究的就是上述内容，即有助于你成为企业变革动力源的工具、概念和相应的理论。

顾客满意度与组织绩效

本书的理念可以概括为将“以顾客为中心，为顾客创造价值”作为企业长期核心战略。该理念渗透在你从本书中学到的很多关键概念和模型之中，包括服务利润链、成功循环、服务人才循环、忠诚之轮以及差距模型。最后一章阐述的是：长期视野和顾客中心一定会得到丰厚的回报。

已经有充分的证据表明，在顾客满意度和企业总体绩效之间存在着战略相关关系。密歇根大学的研究人员发现，顾客满意度平均每提升1%，企业投资回报（return on investment，ROI）[5]会上升2.4%。还有些学者对美国顾客满意度指数（American Customer Service Index，ACSI）进行了研究，结果发现，顾客满意度分数每变动5%，公司市值会变动19%。[6]换句话说，提升顾客满意度，为顾客创造更多价值的同时，企业也会为股东创造更多的价值（见服务展望15－1）。

服务展望 15-1

顾客满意与华尔街：高回报、低风险

顾客满意度与股票价格有关系吗？克拉斯·福内尔及其同事对此问题进行了长期研究。他们特别探讨了对顾客满意的投资是否会导致股市高回报，如果答案是肯定的，那么这些回报会不会带来现有金融理论可以预测的高风险。

研究人员构建了两个股票组合，一个是基于历史数据假设的股票组合，另一个是真实的股票组合，对真实的股票情况进行数年的实时监控。我们假设这两个股票组合属于不同的公司，而且在 ACSI 方面表现都不错。

基于 ACSI 的股票组合每年根据顾客满意度情况进行一次调整。只有顾客满意度排在前 20%的企业才会进入组合（上年已经在前 20%的自然进入榜单）。如果低于 20%，企业会被卖掉。对两个股票组合的收益和风险进行度量，即以风险为变量，调整企业收益，以使其能够与纳斯达克（NASDAQ）和标准普尔 500 指数进行比较。

研究的结果对投资者和管理者来说都是惊人的。福内尔和他的同事发现，顾客满意度高的企业，其收益也非常高，远远超越了其他竞争对手，其股票价格也很高，甚至 CEO 的年薪都高于其他企业。[7]

但有一个问题，ACSI 的发布与企业在股票市场的表现无法同步，也就是说，股票价格变动滞后于顾客满意度和企业盈利状况。另一项基于零售业的类似研究也证明了这一点。正因为如此，想成为服务行业“领头羊”，必须具有长期战略视野。[8]

研究结论是：在市场上更快地行动以提高 ACSI，那么，企业就能获取更多的股票收益。这项研究说明，股票市场可能并不完美，但与营销研究是一致的，即留住满意顾客会提升企业现金流的水平和稳定性。

在稍后的一项研究中，勒赞·阿克索伊和她的研究团队在上述研究基础上，利用十年的面板数据，在剔除了不正常回报之后，证实 ACSI 能比标准普尔 500 指数给组织带来更高回报。

对于营销管理者来说，两项研究都证明了对顾客关系管理的投资（会计人员称其为支出）和由此带来的现金流对于企业来讲是至关重要的，因此，也有利于股东价值的创造。

尽管这些研究结论令人信服，但还是要注意来自财务人员的阻力，你清楚地知道顾客满意与市场表现之间存在相关关系，但财务人员会因为市场表现的滞后性而对顾客满意度提升的意义产生怀疑。了解更多关于 ACSI 的内容，请浏览网站 www. theasci. org。

资料来源：Claes Fornell，Sunil Mithas，Forrest V. Morgeson Ⅲ，and M. S. Krishnan（2006），“Customer Satisfaction and Stock Prices：High Returns，Low Risk，” *Journal of Marketing*，Vol. 70，January，pp. 3 - 14；Lerzan Aksoy，Bruce Cooil，Christopher Groening，Timothy L. Keiningham，and Atakan Yalçin（2008），“The Long-Term Stock Market Valuation of Customer Satisfaction，” *Journal of Marketing*，Vol. 72，No. 4，pp. 105 - 122.

结论

你已基本阅读完本书，我们希望这本书没有让你失望。我们的目标是让你对服务营销和管理有较为深入的了解，而且掌握服务制胜的基本工具和技能。将一个组织构建成全球领先的服务组织并保持领先地位，即使对天才领导者也不是一件易事。我们希望，通过学习本书，你能够成为服务组织的有效营销人员和领导者。更重要的是，我们希望，本书不仅为你提供了必需的知识和洞察力，还能够帮助你树立新的理念和态度，进而带领企业成为服务行业的领导者。如果我们能做到这一点，作为作者，我们就实现了自己最初设定的目标。

在每一章的开篇，我们都引用了一些名人名言，在本书的最后，我们想引用托尼·罗宾斯（Tony Robins）的话作为全书的结束："如果不知道该做什么，那么，就做你所知道的。"我们衷心希望，你所学的所有知识能够在你的工作中，给你带来快乐、成就感和成功！

本章小结

1. 服务绩效有四个层次，后面两个层次是我们要重点研究的内容。

- 服务失败者。服务失败者处在顾客、员工和管理角度的底层，在营销、运营和人力资源管理方面都不合格。它们之所以能生存下来，是因为垄断使得消费者没有选择权，只能从它们那儿购买，别无选择。
- 服务平庸者。尽管它们的绩效表现还有很多不尽如人意的地方，但是已经摆脱了失败者最糟糕的特征。
- 服务专家。这些企业有清晰的市场定位，顾客选择这些企业，是基于它们较好的声誉，而且能够满足他们的期望。服务专家在营销、运营、人力资源和其他管理职能整合方面都有出色的表现。
- 服务领军者。服务领军者是全球服务领先者，在它们各自的领域中都是佼佼者。与服务专家相比，服务领军者更出类拔萃。它们的公司名称就是卓越服务和愉悦顾客能力的代名词。

我们利用表15-1对服务领军者与其他三者之间的异同点，从不同角度进行了详尽的分析，包括营销复杂度、对员工的管理和激励以及服务质量和生产率的持续改进。

2. 各个层级的人力资源管理者需要为企业确定正确的方向，并保证相关战略在组织中得以顺利实施。本书的不同章节都研究了这一问题。通过本书的学习，你已经掌握了基本的概念和理论，使自己成为组织变革的动力源。

3. 服务领军者的长期战略视野和顾客中心会得到丰厚的回报。实证研究表明，高顾客满意度通常会给企业带来超额财务回报。

复习题

1. 服务绩效的四个层次是怎样界定的？根据你自己的服务经历，对每一层次举例说明。

2. 提升顾客满意度会给股东带来更好

的财务回报，这一观点有证据吗？

应用练习

1. 选一家你熟悉的企业，从文献、网站、公司出版物和微博等渠道获取相关信息。尽可能全面地对该公司进行评价，看其处于哪个层次。

2. 根据你从本书学到的知识，服务组织成功的关键驱动要素是什么？试着构建一个整合性的短期模型，解释服务组织成功的关键驱动要素。

案例研究

案例1 贝克特医生的牙科诊所

劳伦·K. 怀特

一位牙科医生尝试在医疗服务质量上将她的诊所与其他诊所区分开来。为了向病人提供更高质量的服务并且通过提高效率来提高生产率，她改变了办公室的布局，重新设计了服务传递方式。但是，要说服病人支付与服务质量相匹配的费用并不容易，况且这些服务往往不在保险的支付范围之内。

牙医业的管理

“我只是希望服务质量上的差距能够更加显而易见，”贝克特医生谨慎地说。经过调查，她发现自己旧办公室的环境过于拥挤，影响了诊所员工的工作效率。于是贝克特医生将她已小有名气的牙科诊所搬到了现在的所在地。鉴于牙科服务的成本一直在不断上升，工作效率成为牙医业中至关重要的因素。贝克特医生不愿意用牺牲服务质量的方式削减成本，因为她意识到提高生产率才是制胜法宝。

贝克特医生在牙科学校里所学的课程教会了她很多专业方面的技能，但是商业方面的知识却相当有限。她从未正式学习过商业经营的技巧，也不曾了解什么是顾客需求。如果严格遵守牙医的专业准则，任何形式的营销或者广告都是不鼓励的。22年前，当贝克特医生刚刚开始行医的时候，这一切并不是什么大问题，因为那时的利润率还相当可观。但是，自那以后，牙医业发生了翻天覆地的变化。因为劳动法、医疗事故保险的转变，以及为了更新设备、训练员工来适应科技进步的资金投入的增加，牙科诊所的运营成本一直在上升。贝克特医生的运营成本现在占年收入的70%～80%，这还不包括她自己的工资和诊所的房租。

在运营成本增加的同时，一场减少保险公司和员工医疗费用的运动正在全美国范围内进行。这场运动旨在通过健康维护组织（HMO）给病人提供“管理式医疗”来减少医疗费用。这些健康维护组织对医生和牙医所提供的各种医疗服务和手术进行定价，从而为这些服务设置价格上限。对于病人来说，这样做的好处是使得保险覆盖了他们几乎全部的医疗支出。然而对于医疗服务提供者来说，这样的价格限制使得他们无法提供某些服务以及高质量的医疗护理。贝克特医生决定不加入健康维护组织医护人员的行列，因为赔付率只有实际治疗支出的80%～85%。她觉得在这样的赔付率下，很难保证病人享受到高质量的服务。

上述变化使得贝克特医生面临着巨大的挑战，因为她想要的是向病人提供最高质量的牙科服务，而不是成为一个低成本的医疗服务提供者。在一位顾问的帮助下，她决定把在服务质量的基础上将她的诊所与其他诊所区分开来作为首要目标。贝克特医生和她诊所的员工开发出一份内部任务书来帮助他们向着这个目标迈进。该任务书（主要在后台办公室展示）用醒目的字体书写着：我们的目标是在充满关怀的优质环境中，用高效、盈利的方式提供高质量的牙科服务。

高质量的服务往往意味着更高昂的价格，因此贝克特医生的病人的医疗费用通常不在医疗保险的覆盖范围内。如果服务质量差距不明显，这些病人很有可能决定重新选择一位隶属于健康维护组织的医疗服务提供者，或者是其他价格相对低廉的医生。

重新设计服务传递系统

新的办公环境给了贝克特医生一个重新审视自己服务各个方面的绝佳机会。她希望这个工作环境能在彰显她的个性和价值观的同时也给予员工愉快的体验。

□ 设施和设备

起初，贝克特医生考察了她曾经工作的北卡罗来纳州小镇上可供出租的办公区域。她没有发现任何感兴趣的地方，于是她雇用了一名来自旧金山的建筑师来帮她设计一个现代化的、照明好、宽敞舒适的办公室。此举使得建筑成本增加了10万美元，但是贝克特医生觉得这是使她的服务卓尔不群的关键因素。

贝克特医生的新办公室在设计风格方面充满了斯堪的纳维亚风情（这一点反映了她自己的瑞典文化背景以及她对细节的精益求精）。等候室和接待区使用了颜色柔和的现代家具：棕褐色、灰色、绿色和紫色，不一而足。这个区域里还有很多绿色植物和花卉，墙上挂着艺术作品。柔和的古典音乐萦绕耳边。病人候诊时可以选择品尝一杯咖啡或茶，也可以浏览精心挑选的当季杂志。

诊疗区的设计既实用又吸引人。贝克特医生专门配备了一个小会议室，里面既有给孩子准备的各种玩具，也有为大人准备的DVD播放器，可供播放关于牙科手术的各种科教片，同时还有各种帮助病人使治疗效果最佳的文字资料。

检查室的椅子是皮质的，非常舒适。每个房间都有一扇很大的窗户，让病人能够看见鸟儿在窗外觅食。天花板上悬挂着各种吸引人的装饰物，用来转移病人的注意力，使他们忽略检查过程中陌生的声音和感官刺激。病人也可以选择戴上耳机，享受种类繁多的音乐。

所有的后台办公室员工（包括贝克特医生）都穿着粉色、紫色和蓝色等颜色令人愉悦的制服，这些制服同时也和办公室的装修色调一致。所有的技术设施看上去都非常现代，一尘不染。一些最先进的医疗设施也被应用在某些手术中。贝克特医生的牙科学位证书放在她办公室里十分显眼的位置，环绕在周围的是她和她的员工在为提高技术水平而参加的各种活动中获得的证书。

□ 服务人员

牙医诊所中一共有8位员工，包括贝克特医生（她是其中唯一的牙医）。剩下的7位员工根据工作职责的不同被分为前台和后台员工。前台员工的职责（由两位员工负责）包括接待、文秘和财务（预算）。后台办公室的员工被分为卫生员和诊疗助手。

三位诊疗助手的工作是协助贝克特医生和卫生员进行治疗。他们并没有大学本科学位，但是接受过专业训练。两位卫生员则负责例行检查、洗牙和其他治疗。在许多牙科诊所里，卫生员往往显得有些“恃才傲物”，因为他们接受过良好教育（本科学位加专业训练），并且经验丰富。而这种“恃才傲物”，贝克特医生表示，足以摧毁办公室员工之间团队合作的任何可能性。正因为她的卫生员把自己视为大团队中的一员，愿意与其他员工共同合作，努力向病人提供高质量的服务，贝克特医生感觉自己非常幸运。

贝克特医生十分看重自己与其他员工之间的友谊，并且充分认识到他们是服务质量中关键的一环。她表示：“病人对于服务质量的认知，90%来源于她们和前台以及其他员工的互动，而不是基于这些员工的专业技术。”当贝克特医生决定重新设计她的诊所的时候，她和员工对她的目标进行了认真的讨论，并且参与了决策。这些变化对于大部分员工来说意味着新的期望和新的工作流程，有的员工也许无法适应。在新的流程实施的过程中，出现过一些人员流动（大部分是自愿的），但是现有的团队成员之间的合作非常愉快。

在每天早晨的短暂例会上，贝克特医生和员工都会讨论当天的日程安排和病人。他们也会在每两周举行一次的会议中讨论一些战略问题和由此产生的麻烦。在这些会议中，员工针对如何提高医疗服务质量提出建议。其中一些最成功的建议如下：给向其他病人介绍诊所的病人送感谢卡；给刚刚接受过重大手术的病人打回访电话；给刚洗过牙的病人赠送“大礼包”，包括牙刷、牙膏、漱口水、牙线；用荞麦皮枕头和床单为需要经受长时间手术的病人提供舒适的体验；在候诊区提供咖啡和茶水，并放置包含所有员工及家人照片的相册。

诊所对员工表现的期望（技术水平和人际交往能力）非常高。但是与此同时，贝克特医生也给她的员工提供了参加各种课程、研讨会来提高他们技术水平的机会。如果诊所收益不错，贝克特医生也会向员工发放月度津贴，来犒赏他们的辛勤工作。诊所的财务数据对员工都是公开的，这样他们就可以看见进度滞后以及病人不满对于诊所收入的影响。此举能够激励员工为病人提供更高质量的服务。整个诊所还有一年一度的出游活动（由贝克特医生负担各种费用），家属也可以参加，但要自己承担旅行费。他们曾经一同游览了夏威夷和华盛顿。

□ 治疗过程和病人

在顾问的帮助下，整个办公室系统都被重新设计，包括账单、开处方、实验室工作以及病人的治疗。这样做的主要目标就是将这些例行程序标准化，减少错误，从而使得所有的病人都能享受同等质量的服务。每一个治疗流程都被分配了相应的时间，员工们通过努力工作来保证这些流程达到对应的时间标准。办公室明文规定，如果不能为病人重新安排就诊时间，每个病人的等待时间不能超过20分钟。如果诊疗进度有所延迟，员工应当提前打电话告知病人。如果有病人取消了预约，员工也应该尽快将时间分配给其他病人，从而保证办公室得到充分的利用。为了保证整个诊所运转流畅，员工之间应该互相帮助，哪怕这些工作并不在他们的职责范围内。

贝克特医生的诊所拥有2 000位“活跃”的病人（还有许多不经常出现的不那么活跃的病人）。他们大多是拥有专职工作的白领：大学雇员、医务工作者以及本地的企业家。她没有做过任何形式的广告，关于她新诊所消息的传播仅仅是靠病人之间的口耳相传。贝克特医生的诊所业务繁忙，以至于病人在做简单的洗牙或者牙科检查之前有3～4个月的等待时间（如果他们没有每6个月自动预约）。这似乎并不影响病人对贝克特医生诊所的偏爱。

贝克特医生非常重视转诊病人，因为新病人可不会凭空出现。她并不需要向这些新病人推销自己的服务，因为他们早就对她提供的服务有所耳闻，这些消息的来源往往是他们的朋友和家人。所有的新病人都要进行例行检查，以便贝克特医生对他们的医疗需求进行评估，以及进一步向他们介绍自己的服务。她坚信，这是第一次向病人展示她所提供的独特服务的机会。

诊所面临的严峻挑战

“重新设计服务其实是简单的那部分，”贝克特医生一声叹息，“最艰难的工作实际上是向病人证明我们所提供的是真正优质的服务。”事实上，很多病人对看牙医非常抵触，以至于他们踏入办公室的时候就带着负面情绪。这更使得医生的工作难上加难。贝克特医生尝试将这样的观念传达给病人：高质量的牙医服务来源于积极的、长期的医患关系。这一理念体现在悬挂在等待区的“病人任务书”中：我们是一个充满关怀和职业精神的牙科医疗团队，立志为积极的、对质量要求高的、希望一生都拥有完美微笑的病人提供服务。我们的目标是为病人提供一个不断进步的、教育性的环境。您所关心的就是我们所关注的。

尽管贝克特医生非常享受自己的工作，但她坦陈，一直保持积极向上的态度并不是一件容易的事情。这份工作要求医生有着精益求精的态度，而对病人来说，治疗过程却往往充满痛苦。她常常会感觉自己如履薄冰，因为她很清楚病人经常会对她的服务十分挑剔，因为他们既焦虑又感到不适。治疗前的消极评价对贝克特医生来说并不是什么新鲜事儿（比如“我真是太讨厌看牙医了——并不是针对你，但是我真不想来这儿!”）。当这种状况发生时，她总是提醒自己，无论病人是否表示感激，他们都应该得到高质量的服务。“病人往往在不得已的情况下才来看牙医，”贝克特医生说，“因此我尽量做到最好，让他们感到舒适和安心。”尽管病人很少直接对她的服务大加赞赏，但是以长远的眼光来看，她希望自己的工作能够给他们的健康和外表带来质的变化。

案例问题

1. 这个案例反映了7P服务营销组合要素中的哪些？用例子来证明你提出的每一个要素。

2. 为什么人们不喜欢看牙医？你觉得贝克特医生针对这个问题所采取的策略行之有效吗？

3. 贝克特医生和她的员工是怎样帮助病人了解自己的服务的？他们还能做些什么？

4. 在这个案例中，贝克特医生提供了哪些额外服务？是怎样提高服务质量的？

5. 将你自己看牙医的经历与此案例进行比较。你发现了哪些不同？基于你对这个案例的认识，你能够给你自己现在和以前的牙医以及贝克特医生提出什么样的建议？

6. 对贝克特牙科诊所的网站进行评价（http：//www.mychicodentist.com）。这个网站的优势是什么？你有哪些改进的建议？

案例2 优步：美国市场竞争中的领导者，中国市场上远远落后的第二

约亨·沃茨和克里斯托弗·唐

摘　要

优步允许人们通过智能手机预约和共享乘坐私家车。优步的总部位于美国，其运营范围涉及全球60个国家，尤其风靡于亚太地区。本案例首先探讨优步在美国的发展和成长，然后探究其在全球范围内的扩张以及随后进军中国的短暂经历。虽然在主要城市优步以其高市场渗透率获得了国际化的成功，但其在中国市场上却惨遭滑铁卢。考虑到优步在其他许多国家市场上的精彩表现，其在中国市场上失败的原因是什么？

引　言

优步由特拉维斯·卡兰尼克（Travis Kalanick）（现任CEO）和加勒特·坎普（Garrett Camp）（联合创始人）于2009年在美国旧金山创立。它的商业模式是，在任何时间、任何地点，都可以使用应用程序来呼叫司机（见图表1）。在短短的三

 Jochen Wirtz is Professor of Marketing at the National University of Singapore, and Christopher Tang is a UCLA Distinguished Professor and the holder of the Edward W. Carter Chain in Business Administration.

The authors thank Chia En Celeste for her excellent assistance with the data collection, analysis, and writing of this case study.

年时间内，优步为司机和乘客建立起庞大的网络社区，蓬勃发展成为某些人所称的“即时满足经济”，由智能手机这一日常生活的遥控器推动。“如果我们能在五分钟内为您叫到一辆车，我们也可以在五分钟内为您做任何事。”卡兰尼克说。[1]

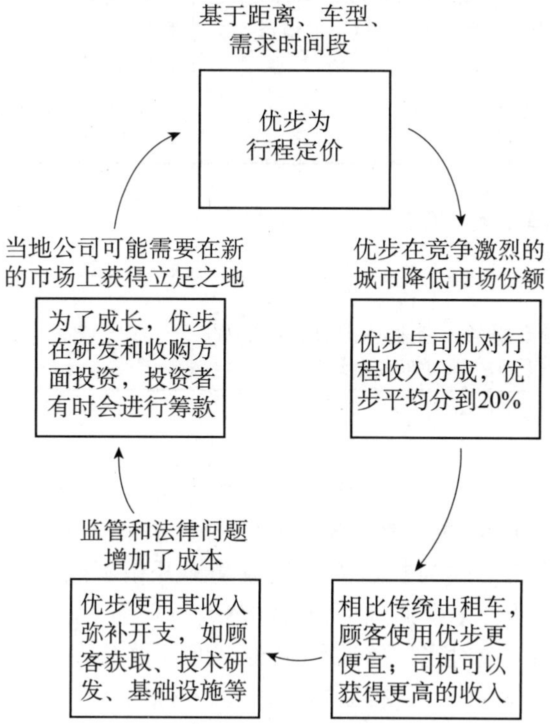

图表 1　优步的商业模式

资料来源：Forbes：http：//www. forbes. com/sites/aswathdamodaran/2014/06/10/adisruptive-cab-ride-to-riches-the-uber-payoff；accessed October 27，2015.

优步的业务拓展至美国之外的国家，它威胁到欧洲和亚洲地区的出租车服务，尤其引发法国、德国和印度的抗议。尽管这一结果导致了政府的审查、更为严格的管制以及与当地出租车公司发生争端，但是优步颠覆性的商业模式成功地对其所运营国家的出租车行业构成了颇具成效的挑战。截至 2015 年 8 月，优步以 510 亿美元的市值成为世界上最有价值的创业公司。

优步在基于应用程序的出行服务和拼车方面享受着先发优势，其用户和司机数量比其在美国的主要竞争对手 Lyft 多得多。Lyft 把自己定位于更加非正式的、以社群为中心的交通方式，鼓励司机和坐在副驾驶的乘客在行程过程中交谈。作为一个比优步晚三年进入市场的后来者，截至 2015 年底，Lyft 只在美国 65 个城市运营。与此相反，优步已经在 60 个国家的 300 个大城市运营。两家公司都基于不同的价格提供各种服务（见图表 2）。

图表 2　　优步和 Lyft 在美国的服务对比

优步	Lyft
UberX 最便宜的优步服务。四座。司机每天驾驶 2000 型或更新型小汽车。	Lyft 最低成本的服务。四座汽车。

续前表

优步	Lyft
UberXL 座位至少可容纳六位乘客。一辆 UberXL 车通常是 SUV 或小型货车。比 UberX 价格贵。	Lyft Plus 座位可以容纳六位及以上的乘客。比 Lyft 价格稍高。
UberPOOL 和别人拼车，均摊费用。	Lyft Line 拼车服务，让你与行程相同的乘客搭配乘车。与合伙使用汽车类似。
UberPlus/UberSelect 四座豪华小轿车。例如有着皮质内饰的宝马、奔驰、奥迪等。	
UberBLACK 优步的高级奢华服务。商业登记且已投保的车辆。通常是黑色的越野车或豪华轿车。	

服务以费用上升为序排列。

资料来源：http：//www. ridesharingdriver. com.

对于任何一个想要国际化的出租车公司来说，中国都是具有高度吸引力的市场。优步于 2013 年在上海首先运营它的出租车服务。对于优步而言，进入困难的新市场不足为奇，因为它之前已经成功地开拓不同的市场，包括英国、印度和南非。然而，优步在中国遇到了独特的障碍——强大的竞争者、低成本的出租车服务以及不知道如何应对当地的监管机构。优步也与在当地有着较大市场份额的竞争者——滴滴和快的——进行激烈的角逐。滴滴在中国 360 个城市培养了 100 多万名司机，而优步仅仅在 20 个城市拥有 10 万名司机。

优步的成长

2008 年，优步商业模式的概念化模型首次在法国巴黎提出，正是由于那个时候创始人卡兰尼克和坎普在开完会返回的路上叫不到出租车。两位创始人讨论通过一款手机应用程序来解决这一问题——按键即可叫车。

2009 年，UberCab 诞生。在下载应用程序后，注册和输入信用卡信息，顾客即可一键叫车。GPS 可以定位，车费和小费会从其信用卡自动扣除。上线几个月后，美国旧金山市交通运输机构就针对 UberCab 在名称中使用 Cab 提出了反对意见，加上 UberCab 也没有出租车运营许可证，所以优步没运营多长时间就遇到了监管问题。

在把名字改成 Uber 之后，事情开始朝着好的方向发展。在仅仅运营 6 个月之后，优步的市值就达到了 6 000 万美元。优步不仅从天使投资人和风险投资者获得了投资，还从艾什顿·库奇（Ashton Kutcher，A 级投资的创始人）、肖恩·科里·卡特（Jay Z，Roc-A-Fella 唱片公司的联合创始人）、杰夫·贝佐斯（Jeff Bezos，亚马逊的创始人）这样的杰出名人获得了支持。

早期优步面临着许多障碍和批评。批评之一就是针对“峰时定价”模式，即在高峰时段向顾客收取更高的打车费用的做法。在 2013 年 12 月纽约的一场暴风雪中它备受关注，当时它的价格是标准价格的 8 倍，引发了大量的负面报道。卡兰尼克将这种现象归咎于经济原因——它反映了在既定时间点的供需，以及对那些在高峰时段愿意支付的顾客进行有效分配的能力。为了平息公众的愤怒，优步最终调整了它的定价模式。在纽约暴风雪期间，优步规定价格上涨最高到正常价格的 2.8 倍。[2] 2015 年 1 月，优步自豪地宣布，它在美国拥有超过 16 万名活跃的司机，每天提供超过 100 万次行程。

优步的运营范围覆盖美国人口的 75%，甚至当它将目光投向国际市场时，依然聚焦于国内的成长。它主要致力于建立一个强大的司机网络和提高对顾客的服务水平。这些努力是值得的——仅在 2014 年 12 月期间，有 4 万名位美国司机加入优步；服务效率也得到了提升，在费城 91%的 UberX 行程在 10 分钟内到达；当人们去庆祝和喝酒的时候，对优步的需求到达顶峰，这印证了优步的定位——“更好的深夜选择”。优步还开始把更多的精力投入到履行社会责任的事业中。例如，其 Uber MILITARY 项目雇用了 1 万名退伍军人——前军事服役人员——作为司机，经计算，仅仅在旧金山一个城市，UberPOOL 的使用就节省了 1.3 万加仑的燃料。[3] 通过将其司机网络扩大至社会中不同的人口群体，提供可供选择的分享出行的方式，减少等待的时间，优步能够建立司机的有效网络和顾客忠诚，这使得竞争对手难以进入市场并发展。

Lyft 的增长和对抗

Lyft 由约翰·齐默（John Zimmer）和洛根·格林（Logan Green）创立于 2012 年，最初主要凭借低价和优步竞争。它聚焦于短途的城市行程。据 Lyft 统计，在 2014 年 12 月，Lyft 达到 220 万次行程，2014 年收入估计为 1.3 亿美元。在 2015 年 5 月，Lyft 的市值达到 25 亿美元[4]，其 2015 年有高达 7.96 亿美元的收入增长，比 2014 年激增 512%。

虽然优步推崇其以标志性的黑色轿车来区分为专业人员提供的豪华服务，但是 Lyft 也会用粉色的小胡子来装饰它的车。当你在旧金山的街道上行驶时，粉色的小胡子已经成为 Lyft 公司的显著标志。[5] 同时，所有 Lyft 乘客都以碰拳来彼此问候。虽然这些包括以舌触脸的交流方式成功地使 Lyft 的定位差异化，但是 Lyft 的高管宣称计划在 2015 年 1 月减少“车胡子”、取消碰拳问候的做法。这一决定已在西海岸实施，但没有在美国其他城市甚至是国际上推广。

尽管 Lyft 公司减少了这些做法，但它依然自豪地宣称与优步相比，其本身具有友好而悠闲的行程体验。据 2015 年 3 月彭博社所获取的其内部评论称，Lyft 批评了优步的“自上而下模式”、“奢华精神”和“反社会文化”。[6] 另一方面，Lyft 声称其发展是自下而上的，由司机通过正面的口碑营销来传播，这些司机中有 32%是女司机。总之，Lyft 认为自己是一个“值得信赖的品牌”，以一些令人难忘的小癖好来传递“社会经验”——“车胡子”就是其中之一。

除了其更为轻松的品牌形象，Lyft 主要将自身定位于优步的低价替代者。从 2014 年起，公司宣称削减一项大开支——它首先在 2014 年初削减了 20%的定价，然后在 5 月又降低了 10%。[7] Lyft 也采用“峰时定价”模式；为了避免可能出现的批评，它为非峰时提供 10%～15%的价格折扣。虽然两家公司在同一城市都致力于采用有竞争力的降价策略，但 Lyft 司机通常收取的——以及赚取的价格——比优步司机要低（见图表 3），这与 Lyft 作为优步的低价替代者的定位相一致。

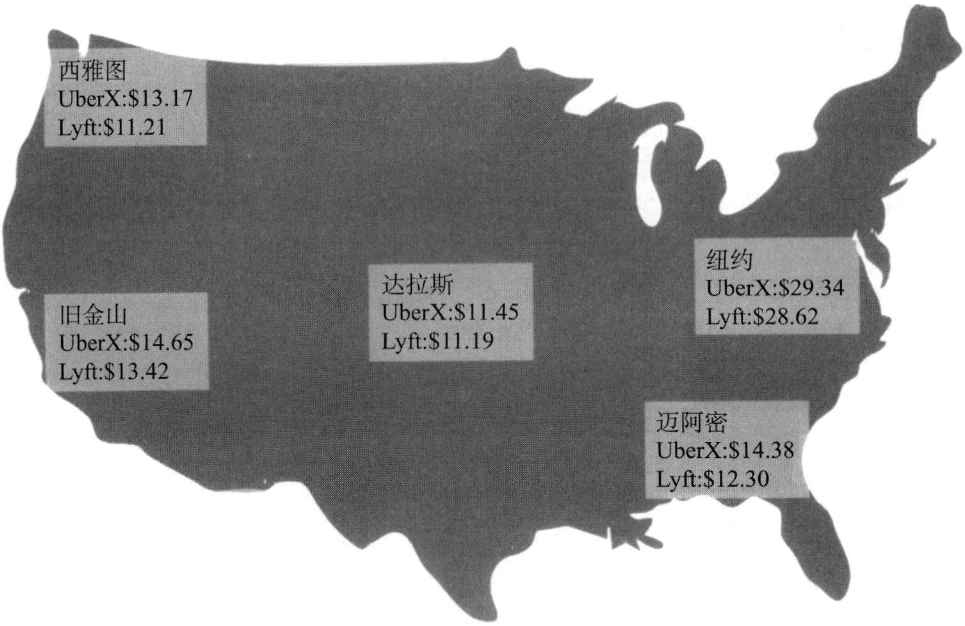

图表 3　优步和 Lyft 司机在所列城市每次行程的平均收入

资料来源：http：//time. com/money/3959091/uber-lyft-price-per-trip；October 27，2015.

虽然 Lyft 品牌强大，并且预期在 2015 年 12 月在市场营销上投入其收入的 60.5%，但它的运营不如优步稳定。一个可以看出这一点的例子是，Lyft 在 2014 年 7 月试图进入纽约密集的出租车网络，而在此之前优步已经在纽约运营了 3 年。由于一起公众曝光事件，以及 Lyft 没有安全要求和许可标准，就在 Lyft 公司计划开始运营的前几天，纽约州财政服务部门向其发出了一封制止信。[8]优步也在那一周积极地将其 UberX 的服务价格削减了 20%，使得在 Lyft 进入市场之前，UberX 的价格明显低于正规出租车。在 Lyft 和优步的竞争中，由于后者已经存在于各大城市，因此享有先发优势，同时又得益于网络的有效性和充足的利润，允许其在需要时采取削减价格的手段给竞争者建立市场进入壁垒，减缓竞争者的发展速度。优步明显更高的市场估值也有助于其筹集更多的资金——2015 年 7 月，优步获得 10 亿美元的融资，而在同一年，Lyft 只获得了一半。这有助于优步在降价时承担损失。

最后，Lyft 试图快速扩张——它在 2014 年融资 2.5 亿美元，在 2015 年 3 月再次融资 5.3 亿美元，主要用于国际化扩张和进入竞争对手还未稳定、竞争较少的市场。

滴　滴

在中国，优步属于市场份额小得多的后来者。在这里，滴滴是毋庸置疑的领导者。滴滴-快的，也就是公众所指的“滴滴”，是中国领先的打车应用软件“滴滴打车”和“快的打车”的合并。2015 年 2 月，合并后的滴滴市值 60 亿美元，到了同年 9 月，市值翻倍达到 120 亿美元。[9]滴滴的服务覆盖了中国 8 亿城市人口这一巨大市场的80%（见图表4）。作为一个财大气粗的主导者，滴滴获得早期司机和顾客使用其产品的网络利润分红。

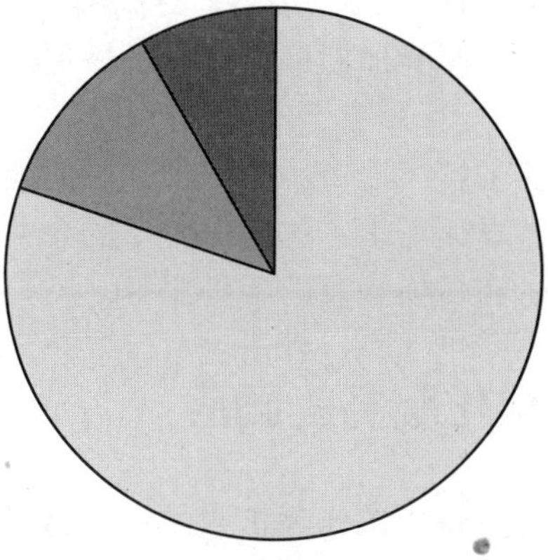

图表4　基于应用程序的中国租车服务的市场占有率

资料来源：http：//fortune.com/2015/09/30/will-china-be-ubers-waterloo，accessed October 10，2015.

由于与当地对接，在合法性方面，滴滴远比优步更成功。[10]滴滴享有众多中国政府投资者的有力支持，中国投资公司（中国的货币基金组织，主要负责外汇管理）是其中最值得注意的一方。这些良好对接的投资者为滴滴提供了成本上的竞争机会以及与监管机构的合作。2015年10月，滴滴成为首家获得上海市交通委颁发的网络约租车经营许可的租车应用程序，这一成功值得纪念。这一许可被誉为里程碑式的决定，使得滴滴在该城市的业务再也不用担心被视为违法运营，同时也消除了司机们的担忧。[11]2015年9月有一位司机就曾说："我一直担心被抓住并罚款。我最大的担忧是政策的不确定性。"有了这个正式许可，更多的司机选择和滴滴而不是它的竞争对手签署合作协议，因为其他租车应用并不能提供相同水平的监管安全。

一开始，滴滴采取积极策略去吸引尽可能多的司机使用它的应用程序。2013—2014年，滴滴花费7亿美元用于对司机的奖励，用货币激励去吸引新手司机以及从现有出租车公司跳槽的老司机。由于现有的出租车公司是滴滴成长壮大的重要来源，因此滴滴的销售团队甚至到大街上向出租车司机推广其应用程序。为了使其移动应用程序被出租车司机用作吸引更多乘客的另一个渠道，滴滴通过向这些司机提供更有吸引力的费率和红利，使司机在峰时专门为其工作。这种使用刺激手段吸引和转化司机的方法使得滴滴迅速转化了大量的出租车司机，很快将它的业务扩张到了其他城市。这也凸显了滴滴和优步在商业模式上的主要区别——滴滴通过使出租车司机适应它的应用程序起步，而优步意图通过打乱出租车行业并替代其服务起步。

滴滴快速增长的部分原因可归于调整和扩展其商业模式以满足独特的地方需求。例如，城市居民经常在过于拥挤的公共交通和高成本的自驾之间为自己寻求一种妥协的方式，所以滴滴在其应用程序中引入了顺风车服务，即一种沿预定路途可以多人共享行程的服务。顺风车是为那些想在自己每天通勤途中收回一些油费和通行费的临时司机所打造的——通过在应用中输入其出发地和目的地，司机可以与附近同一方向的乘客联系，从而共享此次行程。这与那些司机主导行程目的地的传统出租车类型服务不同，他们不能从服务中获利——乘客只支付油费和通行费。这使得价格比普通出租车便宜30%～40%。对滴滴而言，顺风车鼓励了顾客尝试以低成本使用滴滴的服务，因此为他们最终转向价格更高的、以盈利为目的的出租车服务打开了通道。

显然，滴滴足够了解当地市场的需求，因此能够进行有效的顾客细分，从而在产品开发中定位于差异化需求。这使得主要的企业品牌建立了顾客忠诚，这些顾客更愿意在旅程中尝试和转换滴滴的各种服务。

优步对于滴滴多样化服务的回应

优步已经优先考虑将中国作为扩张的主要市场，但令人困惑的是优步在第二的位置上远远落后。在中国优步对滴滴来说就像在美国 Lyft 与优步之间的关系。命运是残酷的，2015 年 9 月，滴滴给 Lyft 投资了 1 亿美元，形成国际行程共享伙伴关系。

优步设法获得了11.5%的中国市场，但专家们吃惊地发现它并没有考虑到中国独特的制度结构。泛太平洋地区的合作伙伴格雷戈·塔尔（Greg Tarr）评论说："当你拥有伟大的技术和商业模式，却不了解那些当地的商业场所，西海岸的这种侵略性也只能到此为止。在处理当地文化、贸易保护主义和无法获得当地投资者方面，中国是与其他国家很不一样的。"这表明优步需要更好地了解中国市场和当地的法规，而不仅仅是把它在旧金山用于吸引美国司机的模式照搬到中国。因此，优步试图通过在中国设立服务器来和中国交通运输部进行紧密合作，以通过和当地交通部门分享出行数据来获得网络服务公司许可。

在中国，优步改变其市场营销策略是当务之急。优步开始采取措施在当地建立后勤团队，包括语言和服务支持。应顾客要求，优步与中国搜索引擎巨头百度展开战略合作，在其应用程序中放弃使用谷歌地图而选择百度地图。百度也在其首页显要位置宣传优步，突出显示"打车"按钮，以链接到优步的首页。优步还通过与阿里巴巴集团的合作，实现更简单的非信用卡支付机制，即支付宝支付。[12]这一点尤其重要，因为很多中国居民不使用信用卡。

为吸引司机与自己的公司签约，优步和滴滴在其他方面也展开了激烈的竞争。双方都为司机提供了达到行程数量目标的奖金，目的是努力扩大地理覆盖范围，减少等待时间。这是一个基于全行业的理解，即把资金投入到迅速建立规模经济这一可操作基础上，是在中国制胜的唯一途径。正如滴滴的总裁柳青所透露，"通过补贴可以让更多的车辆跑起来，从而减少等待时间，降低费率，更多的乘客和司机就会被吸引到这个平台上来。我们已经建立了这样一个增加订单、保留顾客的良性循环。"[13]

为了更有效地尝试和回应滴滴的多样化服务，优步放弃了它在其他国际市场运营得很好的典型的打车模式。2014 年 8 月，优步宣称实施人民优步，即司机提供"非盈利"行程服务，那些参与拼车的乘客只需要支付油费和维护费用。这是优步版本的滴滴顺风车，通过直接竞争去吸引那些想要低价乘车的人。

在中国市场上，优步似乎在追赶，而不是左右行业趋势。抢占市场份额的竞争至关重要，因为这可以被理解为无论谁占据了第一，都将在很长一段时间内保持市场领导者的地位。优步必须决定如何与更强大的竞争对手进行有效竞争，如在哪些方面进行侧面竞争并创新服务，以及在哪些方面与滴滴进行正面竞争。

案例问题

1. 优步如何保持在美国市场上的主导地位？有没有哪个服务或地域利基市场是优步应该容纳 Lyft 的？

2. 优步如何有效地与滴滴进行竞争？它应该与滴滴在中国市场上进行正面竞争，还是应该回避正面竞争，通过服务创新和地域扩张，专注于利基市场的竞争？

案例 3 新西兰体验公司

马克·科尔盖特

你怎样管理一个消费者不可能再次购买的企业？答案是：学学新西兰体验公司的模式！本案例探索了如何真正地进入你的目标市场上游，怎样建立以优质服务见长的文化，以及消费者如何能够像企业自己的员工那样增加这种体验——而不是只有你鼓励他们的时候，他们才去做。

阳光明媚的早晨，汽车行驶到奥克兰的一座死火山的山顶，新西兰体验巴士的司机罗布（Rob）喊道："你是否为最好的探险旅程做好了准备？"不管是司机、巴士，还是当全景展现在面前时，对 40 位对这种突如其来的热情毫无准备的目的相似的游客来说，这都是一场全新的环新西兰旅程的开始。

实际上所有的游客都不知道或者说不确定应该对这次旅程有哪些期待。他们此前从没通过新西兰体验公司旅行过，尽管在买票之前所有人都通过各种媒体渠道听说过它。这些信息在一定程度上降低了他们的不确定感。

罗里·吉利斯（Rory Gillies），一位 23 岁的苏格兰乘客，在澳大利亚旅行途中曾多次听说新西兰体验公司。他对于这一巴士服务公司在新西兰如此成功和与众不同的原因充满好奇。他们看完奥克兰风景后上车的时候，罗里问了司机罗布。

"您这个夏天忙吗？"罗里问道。"我还没有停歇过。"罗布回答，"而且更重要的是，我记得只有一两次我的车没坐满！""所以新西兰体验公司做了什么才如此成功？"罗里继续问道。"如果我告诉你，它会毁了这次旅行，"罗布说，"但你上车来，也许我会在路途中给你一些想法。"

Mark Colgate is Professor of Service Excellence at the Gustavson School of Business，University of Victoria. The support and feedback of the management of Kiwi Experience in the writing of this case is gratefully acknowledged. All statistics on Zealand's tourism industry were taken from http：//www. stats. govt. nz/tourism.

公司背景

新西兰体验公司（Kiwi Experience，KE）是一家由三位合作伙伴创建于1988年12月的探险运输网络。第一辆巴士于1989年底开始运营。新西兰体验公司最近举行了25周年庆典，如今有超过40万乘客经历过“新西兰体验”。

探险背后的观念，是创造一个巴士运输网络，既不像快车那样点对点服务，也不是固定线路的巴士观光。相反，他们设法创造出一种兼备二者优势的交通旅行体验。这意味着新西兰体验公司能够提供像传统快车服务那样灵活的服务，因此顾客可以在他们想要上下车的地方随上随下，除了一次好的探险之旅所能提供的导游、信息以及到达令人兴奋的地方之外，不再有快车或固定线路巴士服务所固有的缺点。

新西兰体验公司是商界的一次创新，也是世界上第一个使用这种形式的公司。事实上，这一观念在一开始特别新颖，新西兰体验公司的员工必须花费很多时间去向潜在顾客解释这一观念。让顾客明白新西兰体验公司的乘客可以在他们喜欢的任何地方上下车（持有一张持续6个月的通行证），但他们仍然是这次探险旅程的一分子。在一开始，超过90%的顾客会在某些地方停下他们的旅程，这表明这一观念对于游客来说很流行。如今，新西兰体验公司的观念在全世界有多个复制版本。

尼尔·格迪斯（Neil Geddes），新西兰体验公司的创始人之一，描述了新西兰体验公司的观念：

> 我总是觉得一辆巴士到处走走停停是最好的方式，因为遇见各种各样的人是旅行中有趣的事情之一。但我无法理解每个人被困在大巴车上，你们所有人不得不做同样的事。我相信你无法一个人创造出理想的假期——这就是为什么新西兰体验公司被创建了。

公司所提供的服务是特别针对背包客、探险者和其他目的相同的游客设计的。这意味着新西兰体验公司是按照高容量、低利润、以成本最小化为关键的商业模式来发展的。

虽然就年龄而言，新西兰体验没有特定的目标市场（他们相信背包客倾向于以生活方式而不是年龄来定义），但通过新西兰体验公司旅行的18～30岁群体最多，18～22岁是最常见的年龄段。同样，来自英国、德国、美国、加拿大、丹麦、瑞士和北欧国家的通过新西兰体验公司进行国际旅行的背包客构成了其顾客群体的大部分。事实上少于1%的顾客来自新西兰本国。

新西兰作为一个旅游胜地

2015年，新西兰共计接待了300万位15岁及以上的国际游客（1999年160万，2014年250万）。这一数字从2014年起有了巨幅上升，因为新西兰旅游业努力从给它带来重创的2007年金融危机中恢复过来了。所有国际游客在2013年的支出是96亿新西兰元，2014年则增加到103亿新西兰元。新西兰的国际旅游业目前市场份额很小，只占1%～2%，但考虑到国家大小，他们已经做得很好了。

在国外，新西兰的营销定位是“干净的、绿色的”探险游乐场，诸如米尔福德峡湾、亚伯·塔斯曼国家公园、汤加里罗高山隧道等目的地有着美丽的自然风光。诸如蹦极、看鲸鱼等是典型的吸引游客的活动，主要向个人或小团体游客营销。当然，《指环王》《霍比特人》等电影也使得新西兰这一旅游胜地增加了国际吸引力。

作为劳动密集程度不断提高的产业，旅游业为新西兰人提供了越来越广泛的工作岗位。2014年，新西兰旅游业全职工作的人数大约为16.8万人，约占劳动人口的7.8%。

新西兰体验公司的成长

新西兰体验公司自创立以来成长迅速。虽然日益增长的乘客数量毋庸置疑是由于到新西兰的游客数量激增造成的，但通过新西兰体验公司进行旅行的乘客占比的增长比海外游客占比的增长高得多。事实上，新西兰体验公司的乘客数量比国际游客数量增长的速度快得多。新西兰体验公司明显占据正在增长的市场的大部分份额。

实际上，新西兰体验公司已经发展成创始人从未想过的规模；他们现在已经拥有30辆巴士、超过40位司机。他们认为他们几年前已经达到市场饱和状态，然而，背包旅行的想法以及人们进行背包旅行的种类在最近几年正在经历极大的发展。新西兰体验公司的董事们对背包旅行的有限定义被扩大了，不仅仅围绕如今那些通过新西兰体验进行旅行的人。例如，那些只有三周假期的专家如今可以选择背包客的形式在新西兰度假。

“体验”

“你觉得怀托摩洞穴怎么样?”在罗托鲁瓦途中的一个停靠站，罗布问罗里。“太令人吃惊了!”罗里回答，“在黑水漂流途中我看到了那个洞穴，我真心喜欢你带我们所有人穿过卢阿古里风景保护区走在烛光路上去看萤火虫的经历。后来，我们中的一队人下车去怀托摩酒吧喝酒——我觉得今天的生活有点艰苦!”罗布大笑。他想，罗里正在慢慢理解什么是真正的新西兰体验。

新西兰体验公司定位于成为市场上那些想要看看真正新西兰美景的人的最佳选择。背包旅行是旅行的全部，遇见其他人，使钱花得有所值，沉浸在当地的环境和文化中。新西兰体验公司的服务能够允许他们这样做；这使得背包客可以选择目的地是哪里，以及他们以所能承受的价格决定把钱花在哪里。

当尼尔·格迪斯被问起是什么使新西兰体验公司如此成功时，他作出了简单的回应。

> 我们确保相比其他任何一家公司，我们给顾客的是他们更想要的。我们的服务不是围绕什么对司机有利来设计的，而是围绕什么对顾客有利来设计的。

我们贴近我们的市场并以此为傲。当我们（新西兰体验公司的董事们）旅行的时候，我们待在背包客旅社，以便发现和理解这个市场需要什么。这使我们可以确保我们总能为顾客提供尽可能最好的服务。这是我们的核心竞争力。

新西兰体验公司试图使所有员工以与顾客交互的商业模式工作。例如，在奥克兰的背包客旅社，新西兰体验公司的会计人员和其他员工在烤肉野餐期间会见顾客。一般而言，这些员工通常不会直接与顾客联系，但这种烤肉野餐可以使他们更好地了解谁是新西兰体验公司的顾客，以及这些顾客来自哪里。

在市场上占据第一对他们也是有帮助的，因为这意味着新西兰体验公司在了解他们的目标市场想要的是什么以及如何有效服务于这些需求方面获得了领导地位。这种了解已经使得新西兰体验公司的员工领会到，正是巴士司机与背包客之间的互动，帮助创造了“KE体验”。

□ 司机

“我们深知，在我们公司，司机是最重要的人。”尼尔·格迪斯声明。他们的市场调查显示，司机可以促成或破坏新西兰体验公司的旅程。这就是为什么新西兰体验公司对它的司机进行非常综合和严格的筛选，以及非常周密的训练。

董事们在寻找特定的人担任司机时，最首要看的是——他们必须风趣、年轻、热爱冒险。他们必须性格外向，以展示新西兰为自豪。虽然这意味着大多数司机来自新西兰，但也不总是满足这样的条件。其次，他们必须具有丰富的驾驶经验，因为他们对于行程安全的保障至关重要。

新西兰体验公司收到数以百计的司机的工作申请；原因之一是酬劳。司机工作得好，就会获得很好的奖励，尤其是在旅行结束他们可能收到的奖金和佣金。但只有非常少的司机符合新西兰体验公司所制定的严格的选拔标准。司机在被选中之前，必须经受一系列驾驶测验和面试。即使到了这关，他们也未必可以得到这份工作。

所有未来的司机之后都要参加一次环新西兰的虚拟旅行。这些司机被要求把各种活动中所想到的或听到的、任何能够促进其有效工作的信息记录下来。在这次最初的训练之后，司机们被带去参加新西兰体验公司的正式旅程，观察有经验的司机是如何做的。这些未来的司机可能被要求在某个时间段内接管驾驶或解说任务。只有当这些司机在这两轮测验中表现得令人满意时，他们才能被新西兰体验公司录用为正式员工。

驾驶新西兰体验公司的巴士是一个高收入但充满压力的工作。除了载着40位乘客平安地环绕整个新西兰旅行，司机还有其他许多责任，包括：

- 提供信息丰富的、知识渊博的解说。
- 每天晚上为所有人订住处。
- 确保车上的乘客尽可能多地进行交流。
- 使乘客之间尽可能多地进行联谊。
- 组织团体烤肉或其他团体活动。
- 组织付费短途旅行。

- 承担巴士日常检查和维护（如清洗）工作。
- 倾听和回复顾客抱怨。

由于上述原因，新西兰体验公司的巴士司机很少有能为其持续工作三年的。但不是所有的司机都因为工作强度而离开，也有的是因为在别处获得了其他工作而离开。

在每次旅程结束后，业务经理都会向每位司机询问任务执行情况。这使得业务经理能够了解司机的疲劳程度，以及他是否应该被从这几周的任务花名册中剔除。一位疲惫不堪的司机无法在巴士上为顾客提供更好的服务，这将有损司机和新西兰体验公司在长途旅行方面的声誉。有经验的业务经理可以轻易看出一位司机什么时候需要休息。司机也需要在每一次旅程结束，填写有关询问他们这次旅程如何及他们所遇到的问题的调查问卷。问卷还包括确保司机有订住所的权利，以提高新西兰体验公司的整体质量这一部分。

显而易见，司机是新西兰体验公司拥有的最重要的资产。他们的热情、知识、个性将影响顾客对这次旅程乃至新西兰体验公司的整体质量感知。

□ 顾客交互

市场调查显示，顾客在巴士上的交互是新西兰体验公司旅程中第二重要的部分。背包客通常喜欢遇到其他和自己目的相似的人，这是他们旅行的本质。实际上，许多背包客旅行都有一个特定的目的，即结识新的朋友和熟人。因此，对新西兰体验公司的管理者来说，交互对于顾客互相结识很重要。

新西兰体验公司采取了一些举措，以确保他们在巴士上实现合理的顾客组合，顾客之间可以互相交流（除了会发生的正式交互之外）。首先，新西兰体验公司尽最大的努力确保，它和订票代理人不接受不适合这种巴士旅行的人的预订。例如，老年旅行者可能对新西兰体验公司所做的这些事情并不感兴趣。这一策略对于避免潜在顾客在旅途中遭受负面经历十分重要。这些顾客的负面经历可能会影响车上其他顾客对这次经历的感受，最终很可能导致对新西兰体验公司的负面口碑。

为了确保顾客交互的发生，公司采取的一种做法是从它的订票代理人中选取代表参加这次旅行，以帮助他们理解什么类型的人会享受新西兰体验公司的旅程。第二，司机被训练以观察巴士上那些会影响其他人所接受的服务质量的乘客，司机之后会对此采取恰当的行动。例如，在一些极端情况下，司机可以要求这样的乘客离开巴士，给他们全额退款。在这种情况下，新西兰体验公司已经认识到，将那些会影响到其他顾客快乐的人请下车是很重要的。

最后，司机鼓励顾客们在巴士上社交。这种做法使不同的顾客在旅行中彼此遇见并在早期就形成友谊。这可能增加顾客在他们的巴士上所拥有的经历，从而对加深顾客对整个旅程的印象有积极的影响。司机通常鼓励通过晚间团体聚餐和社交活动来互相交流，比如化妆比赛。

广告和口碑

“不管怎么说，为什么你选择了新西兰体验公司?”罗布问罗里，因为跨岛渡轮从威灵顿港口离港行驶到南岛的皮克顿需要3.5小时的旅程。“我从未真的计划选它，在我离开苏格兰之前，我一直在计划租一辆露营车。”罗里回答道。

“是什么使你后来改变了主意?”罗布问道。“当我在澳大利亚旅行时，不断地听说新西兰体验公司，”罗里说，“每次我到达一个背包客旅社，我至少会碰到一个人跟我讲有关新西兰体验公司的故事。后来当我去了新西兰，新西兰体验公司在我停留的背包客旅社做了一次幻灯片展示，这真的很打动我!”

许多服务组织可以依赖重复购买来维持和提高它们的盈利。例如，航空公司的顾客经常是那些此前多次乘坐过该公司航班的人。然而，新西兰体验公司却不属于这种情况。对于顾客来说，第二次选择新西兰体验公司进行旅行是不常见的。事实上，新西兰体验公司的所有收入严重依赖新顾客和从别家公司转向选择它的顾客。该公司十分看重宣传和鼓励口碑营销。

新西兰体验公司已经意识到这一点，不仅在其目标市场主推，而且在一切可能的地方尝试去刺激口碑营销。新西兰体验公司意识到在海外进行广告宣传的重要性。背包客经常在他们离开自己的国家到新西兰之前开始搜索信息，尼尔·格迪斯承认了这样的事实：

> 在来新西兰之前，有如此多的顾客搜索好了旅程攻略。大部分人错误地认为背包客是在到达新西兰后才形成他们的想法。但事实上，有25%的顾客在海外就购买了新西兰体验公司的票。因此对我们来说，在海外打广告很重要。

新西兰体验公司的另一项调查也显示，75%的顾客在到达新西兰之前就听说过它。顾客在购买之前熟悉这项服务，将促进销售量。口碑营销解释了一些顾客在进入这个国家之前就听说过新西兰体验公司的原因，但大部分顾客都是通过其他广告宣传了解新西兰体验公司的。例如，在背包客到达新西兰参观的目的地之前，新西兰体验公司在沿途的背包客旅社和青年旅社会放置一些传单，例如夏威夷、悉尼、曼谷、斐济等。

一旦背包客身处新西兰，广告拉锯战就真正开始了。新西兰体验公司选用的是人们通常所说的街头斗士——背包客会在奥克兰和基督城这样的港口城市的地铁终点站、公共汽车站分发手册进行宣传。新西兰体验公司偏好于雇用那些有过体验的背包客，因为和其他人比起来，他们作为其服务的销售者，见多识广、有积极性而且可靠。新西兰体验公司看起来就像和它所获得的每一位顾客进行一场斗争。

新西兰体验公司在其手册和传单上所使用的与众不同的商标无疑使它的广告备受瞩目。它的品牌调查显示它在目标市场的盈利帮助它形成了新品牌：

> 18～35岁的女性和男性。他们有期待感；他们对于未知有所渴望，并寻求彻底的探险。遇到新朋友的想法是他们在选择度假时的重要标准……他们花时间去思考团队的动力可能是什么，这种未知对他们而言会带来强烈的兴奋感。他们从每天的商业竞争中解放出来，他们渴望成为享乐主义者。每天都有新感觉、新经历……几乎没有时间去想这次度假，只有时间去实践！这些男人和女人喜欢大笑——他们喜欢那种不把任何事情看得太严肃的感觉（在他们的

生活中的其他时间段，他们将不得不作为成年人）……只有现在，生活是最生动的。

新西兰体验公司还通过在奥克兰和基督城的背包客旅社进行幻灯片展示，说服那些仍然不确定选择哪种交通工具在新西兰观光的消费者。这些幻灯片体现了新西兰体验公司尝试将自己的服务以更为有形化的形式展现出来，以降低顾客对于进行这种旅行可能存在的感知风险。

新西兰体验公司还创作了自己的宣传信，叫做“Bullsheets”，发放给新西兰的主要订票代理人。这使得代理人对新西兰体验公司所提供的服务有更多了解。最后，新西兰体验公司努力保证其服务在诸如《孤独星球》之类受欢迎的、被背包客广泛阅读的旅行指南上被提及（虽然有关新西兰体验公司的最新报道不都是赞扬）。

新西兰体验公司通过实时监测其服务表现来确保其口碑是正面的。它通过在每辆巴士上对顾客进行调查来实现这一点。一位董事和业务经理将阅览这些调查，以监测发生了什么。然后，他们使用这些调查去提高他们的服务。虽然他们的核心体验基本保持相似，但他们不断尝试为他们的服务增加价值。

这一策略是奏效的，尼尔·格迪斯说道：

我们一直拥有稳固的、忠诚的顾客追随者，他们以和我们一起旅行而自豪，以向别人讲述新西兰体验而自豪。这在背包客市场上是件好事，他们喜欢向其他旅行者传递正面信息。我们依赖于大比例的初次使用者，并通过拥有好的口碑来获得他们。

实际上，新西兰体验公司试图通过确保提供一贯的高质量服务来创造正面口碑。

竞　争

当他们接近弗朗兹·约瑟夫冰川的时候，另一辆巴士从新西兰体验公司的巴士旁边飞驰而过，罗布喊道：“我们的竞争对手来了。”乘客们发出巨大的“不”的声音，当竞争对手渐行渐远时，他们做出不同鬼脸。“他们不会再逗留，”罗里说。“他们必须尽快回到奥克兰，否则没有时间再看风景了！”罗布回答。“没错，好像没有什么重要的事情。”罗里大笑。

新西兰体验公司面临的竞争来自许多地方。直接竞争来自另一个国际背包客长途公车服务，几辆当地背包客巴士，以及其他环新西兰游览的旅行巴士和长途公车服务。过去，新西兰体验公司最大的竞争对手是非传统性的国际背包旅行公车服务公司——魔力大巴公司。这一巴士服务由国际长途公车服务公司创建，在 2013 年因为新西兰体验公司的介入造成市场份额缩减。后来新西兰体验公司收购了魔力大巴，如今新西兰体验公司占据了更大的市场。

然而，一个新的国际竞争对手出现了，流浪巴士公司。这个新对手出现于魔法大巴公司不存在的时候。它的目标市场是比新西兰体验公司稍年长一些的顾客、稍长一些的旅程，少一些聚会，除此之外，它们的旅程十分相似。图表 1 显示了一些相似旅程以及两家公司的报价对比。选择哪家巴士公司，乃至如何环新西兰游，这些对于游客来说都是讨论的热点。最近更新的流浪巴士公司和新西兰体验公司对比详见 http：//backpackercompare. com/nz-backpacker-bus/。

图表 1　　新西兰体验公司和流浪巴士公司：2015 年旅程和价格对比

公司	线路	旅程时长	价格（新西兰元）
新西兰体验	环新西兰	25	1 895
流浪巴士	环新西兰	30	1 995
新西兰体验	奥克兰至基督城	22	1 696
流浪巴士	奥克兰至基督城	21	1 455

其他背包旅行巴士服务存在于新西兰当地特定地区；目前其中有三家仍在运营。这些巴士服务公司大多在新西兰体验公司创建之前就存在了。自从新西兰体验公司介入，这些巴士服务在接下来的竞争中由于顾客喜爱全国巴士线路超过本地线路受到重创。

第三种竞争对手来自全国巴士公司，这些公司既提供在新西兰的不同站点停靠的快车服务，也提供特定线路的、不允许乘客随时上下车的环新西兰旅行。这些巴士对新西兰体验公司造成了威胁，但比背包旅行巴士所造成的威胁小一些，因为它们专注于吸引不同的市场细分。

第四种竞争对手来自其他可以环新西兰旅行的交通方式。这种竞争对手的主要来源是出租的露营车和汽车，尤其在冬天，当大量闲置的汽车和露营车被投入市场的时候。然而，相比选择背包旅行巴士的人，有着不同心理的、行为的、人群变量（特别是收入）的顾客很可能会使用租车或露营车。

对新西兰体验公司来说，新西兰国内航空公司不构成大的威胁，因为新西兰是一个相对较小的国家；它们只有在远途中才会形成威胁。事实上，新西兰体验公司已经尝试通过与这些航空公司创建战略联盟来克服这些来自航空方面的可能威胁。例如，新西兰体验公司提供了一条国际线路，其中就包括从基督城到奥克兰的新西兰航班。新西兰体验公司还提供了其他类似的线路。新西兰的铁路网络对新西兰体验公司几乎不构成威胁，因为其覆盖范围有限。

新西兰体验公司的最后一种竞争对手来自其他国家。大部分顾客度假时间有限，因此不得不决定把有限的时间花费在什么地方。在这种情况下，新西兰和澳大利亚、美国、斐济、泰国及大部分南非国家都存在竞争，这是一个较大的威胁。新西兰体验公司的员工意识到，他们必须在宣传公司的同时宣传新西兰。

探险活动

当罗里靠近巴士时，他的脸色有点发白。“你准备好出发了吗?”罗布问道。“差不多，跳伞活动真是令人难以置信，我觉得有点头晕，”罗里回答。“直到你在昆士城系好松紧绳，你才会知道头晕意味着什么，”罗布说。“不用谢，”罗里说，

"我认为我已经足够兴奋，这种兴奋能够持续一生。"

新西兰体验公司主要的吸引点在于它所提供的大量付费远足和活动。从与海豚共游到特技飞行，一应俱全。通过购买一张新西兰体验公司的巴士车票，乘客在整个新西兰游玩的多项活动中有获得折扣的权利。

新西兰体验公司所提供的活动由于各种原因对于组织来说很重要。第一，它使得新西兰体验公司和其他的竞争对手区别开来，因为一些活动和折扣对新西兰体验公司而言是独一无二的。这是新西兰体验公司尝试去超越顾客期望的方式之一。第二，背包客通常都是冒险者，他们寻求兴奋感和可以挑战自我的活动。通过为他们提供这些活动，新西兰体验公司满足了这些顾客的需求。第三，这些活动也为公司提供了额外的收入来源，因为新西兰体验公司通过带领乘客去参加服务运营方的活动而获得佣金。这使得新西兰体验公司从乘客赚取了更多收入。

对于新西兰体验公司来说，面临的风险之一是这些活动不总是达到它自己所提供的服务的质量要求。如果所提供的某项活动质量低，这将反映在对新西兰体验公司的评价上，因为这是它推荐的。因此，确保维持一贯的（优秀的）质量标准对新西兰体验公司来说非常重要，以便保护它的品牌形象。尼尔·格迪斯解释了新西兰体验公司是如何努力做到的：

> 我们对我们所提供的每一项活动进行评估，并持续监测它们的表现。我们通过顾客调查问卷的形式询问关于他们所参加的付费远足项目的意见。我们还会确保每一项活动都能达到足够的安全标准，在这些法定要求之外，我们还从我们的司机那里得到关于这些活动质量的反馈。

纪念品

"好了，各位，一起挤一挤！"沿着昆士城的海边前行的时候，摄影师喊道。新西兰体验公司巴士上的所有乘客聚在一起，以确保他们都能出现在照片中。"罗布，跳到前面来！"罗里喊道，"我们的集体照中不能没有你！"罗布不情不愿地被推进来拍了照。

纪念品和新西兰体验之旅的记录对新西兰体验公司来说小而重要。不仅仅是因为它们为组织提供了额外的收入，还因为它们能让人对新西兰体验之旅产生积极的回忆，在很长一段时间里有望产生顾客忠诚和正面的口碑。纪念品有T恤衫、长袖运动衫、棒球帽和集体照片。

灵活性和金钱的价值

"我将在昆士城下车，"罗里对罗布说。"我们一行人将在这里逗留几周，欣赏一下令人难忘的风景。""好主意。"罗布说，"确保你预订了巴士；夏季每天都有一辆从这里经过。""谢谢你给我们带来的美好时光，"罗里说，"也许我们下一次乘坐的巴士还是你开的！"

如果有一件事是新西兰体验公司的管理一直坚持的，那就是更灵活的巴士服务。这是因为他们已经意识到，巴士运行得越频繁，他们的服务就会变得越灵活。这增加了它对潜在顾客的吸引力。新西兰体验公司每年有4个月（从1月到4月）提供每天发车服务，在剩余的月份里则每星期发车4～5次（虽然一些不常见的路线运行得不那么频繁）。然而，新西兰体验公司已经学会保持灵活性，迅速改变发车日期。由于它的高容量、低差额模式，它必须在它所运营的路线上顺畅运行。这有时会导致顾客比计划长时间地滞留在不同地方。

创造这种灵活性的方式之一是通过预订系统，这可以告诉新西兰体验公司它的顾客在哪里，在哪里下车，停留多久。这使得客流被有效管理，确保了巴士尽可能坐满。这对新西兰体验公司来说至关重要，因为它只通过15%的运力就获得了显著的利润。这是因为它处于一个非常良好的、显著高于传统的全包性服务旅游盈亏平衡点。不过这个预订系统不是完美的，超额预订或预订不满时而发生（即他们告诉背包客巴士已满，但事实上并未坐满）。

市场调查显示，金钱的价值是新西兰体验之旅第三个重要的方面。票价、所提供的活动、灵活性、服务质量意味着许多背包客经常感到新西兰体验之旅物有所值。到目前为止，新西兰体验公司设法维持着这一感知，这是新西兰体验公司成功的根本原因之一。

但是，新西兰体验公司并没有停下脚步的想法。尼尔·格迪斯很清楚，为了保持竞争优势，他们必须对服务产品进行改进：

> 我们是自己最大的威胁，被看做主流而不是领先者，被认为不是面向独立的旅行者的服务。我们必须在这个市场上持续前进，以确保我们能够给我们的顾客提供尽可能好的体验。

新西兰体验公司所面临的挑战如此清晰而迫在眉睫。它需要被当作领先者而不是主流。它需要确保自己不被贴上“豪饮巴士”的标签，这正是它的竞争对手肯蒂基公司所遭遇的。寻找高质量的巴士司机也是一直以来的担忧之一，因为他们是预订系统的一部分。

“嗨，罗里！”当罗里走向背包客们时，罗布喊道，“你是否已经得到了你的问题的答案？”罗里转头，看起来很困惑。“什么问题？”他问，“哦，你是说为什么新西兰体验如此成功？”

“就是这个问题！你是否已经弄明白了？”罗布问道。“是的，我想我明白了……不，我确实明白了，”罗里有力地说，“这确实很难以表达，也许有一天我会把它写下来。”他说。

“那么，如果你要写下来，别忘记提到我。”罗布大笑。

案例问题

1. 新西兰体验公司是如何持续成为顾客焦点的？

2. 企业文化和领导层在新西兰体验公司的成功中起到什么作用？

3. 讨论其他服务公司在其服务经历中如何使顾客起到更积极（而不是消极）的作用。

案例4 阿克拉海滩酒店高峰时期团体预订的能力

谢里尔·凯莫斯和约亨·沃茨

切瑞塔·霍华德（Cherlta Howard）是阿克拉海滩酒店的销售经理，这家酒店坐落在巴巴多斯岛的加勒比海滩，拥有175个房间，他正在考虑如何处理来自西印度群岛板球委员会的请求。该委员会想要提前6个多月预订阿克拉海滩酒店旅游旺季的大部分房间，并且申请房费折扣。西印度群岛板球委员会承诺会在西印度群岛板球系列赛的所有广告资料和电视转播中对阿克拉海滩酒店进行宣传，并指定其为此项重要国际体育赛事的官方接待酒店作为回报。

酒店简介

阿克拉海滩酒店和度假村坐落于巴巴多斯岛南海岸最好的海滨地区，距离机场和中心城市布里奇镇都非常近。酒店拥有3.5英亩热带景观，正对着巴巴多斯最美的海滩之一，房间以海景、泳池和全岛景色为特色。

在酒店苍翠繁茂的花园中间是一个大型游泳池，泳池旁边有可供休息的浅滩和酒吧。此外，酒店还有壁球场和设施完备的健身房。酒店附属的巴巴多斯高尔夫俱乐部距离酒店仅15分钟路程。

阿克拉海滩酒店有两个餐厅和两个酒吧，以及大型宴会厅和会议室。酒店最近几年成功举办了多场大型会议，并向当地、地区和国际企业客户提供先进的会议设施。三个会议室提供大型企业会议、培训研讨会、产品展示、晚宴和婚宴接待等多种服务。商务中心向顾客提供互联网、传真和复印服务。

酒店共有141个标准间，分为三类：岛景房、池景房和海景房，以及24个海景普通套房、4个双卧室套房和6个顶楼套房，这些套房都由热带粉彩画和手工家具装饰。所有的房间都配备有线电视/卫星电视、空调、吊扇、吹风机、咖啡机、直拨电话、浴缸/淋浴间和阳台。

在标准间中，岛景房和海景房配有一张特大床或两张单人床，池景房配有两张双人床。顶楼套房和双卧室套房都享有海景，包含所有标准间设施的同时入住更加舒适。套房共建有两层，首层在酒店的三楼，有一间起居室和酒吧，由内部楼梯连接四楼的卧室。套房的浴室里还有按摩浴缸、淋浴间、两个洗漱盆和一扇天窗。

24个普通套房都配有一张双人床或两张单人床，同时还有一个配备沙发床的起居室。

酒店绩效

阿克拉海滩酒店的入住率相当高，1—3 月入住率最高，夏季入住率最低（见图表 1）。房间的平均房费遵循相似的规律，从每年 12 月到下一年的 3 月房费最高（150～170 美元），而夏季的房费相对较低（120 美元）（见图表 2）。该酒店的每间可用客房收益（RevPAR）显示，即使有变动，1—3 月的 RevPAR 也会超过 140 美元，但在 7—10 月却下降到 100 美元以下（见图表 3）。顶楼套房的房费为 310～395 美元，而普通套房为 195～235 美元。

图表 1　　阿克拉海滩酒店的月入住率

年	月	入住率
2 年前	1 月	87.7%
2 年前	2 月	94.1%
2 年前	3 月	91.9%
2 年前	4 月	78.7%
2 年前	5 月	76.7%
2 年前	6 月	70.7%
2 年前	7 月	82.0%
2 年前	8 月	84.9%
2 年前	9 月	64.7%
2 年前	10 月	82.0%
2 年前	11 月	83.8%
2 年前	12 月	66.1%
去年	1 月	87.6%
去年	2 月	88.8%
去年	3 月	90.3%
去年	4 月	82.0%
去年	5 月	74.7%
去年	6 月	69.1%
去年	7 月	76.7%
去年	8 月	70.5%
去年	9 月	64.7%
去年	10 月	71.3%
去年	11 月	81.7%
去年	12 月	72.1%

图表 2　　阿克拉海滩酒店的日平均房费

年	月	日平均房费（美元）
2 年前	1 月	159.05
2 年前	2 月	153.73

续前表

年	月	日平均房费（美元）
2 年前	3 月	157.00
2 年前	4 月	153.70
2 年前	5 月	144.00
2 年前	6 月	136.69
2 年前	7 月	122.13
2 年前	8 月	121.03
2 年前	9 月	123.45
2 年前	10 月	129.03
2 年前	11 月	141.03
2 年前	12 月	152.87
去年	1 月	162.04
去年	2 月	167.50
去年	3 月	158.44
去年	4 月	150.15
去年	5 月	141.79
去年	6 月	136.46
去年	7 月	128.49
去年	8 月	128.49
去年	9 月	127.11
去年	10 月	132.76
去年	11 月	141.86
去年	12 月	151.59

说明：包括标准间和套房。

图表 3　　阿克拉海滩酒店的 RevPAR

年	月	RevPAR（美元）
2 年前	1 月	139.49
2 年前	2 月	144.66
2 年前	3 月	144.28
2 年前	4 月	120.96
2 年前	5 月	110.45
2 年前	6 月	96.64
2 年前	7 月	100.15
2 年前	8 月	102.75
2 年前	9 月	79.87
2 年前	10 月	105.80
2 年前	11 月	118.18

续前表

年	月	RevPAR（美元）
2年前	12月	101.05
去年	1月	141.90
去年	2月	148.67
去年	3月	143.02
去年	4月	123.12
去年	5月	105.87
去年	6月	94.23
去年	7月	98.55
去年	8月	90.59
去年	9月	82.24
去年	10月	94.62
去年	11月	115.89
去年	12月	109.24

说明：RevPAR是指每间可用客房收益，由房间入住率（见图表1）乘以日平均房费（见图表2）计算得出。

阿克拉海滩酒店一贯以度假胜地的美称进行宣传，但是近几年由于它优越的地理位置吸引了许多商务顾客。切瑞塔经理也频繁地与旅行社和商务旅行经理保持业务往来。酒店大部分的顾客都是来自巴巴多斯无线电集团或加勒比国际银行的企业顾客（见图表4）。在过去的几年中，酒店顾客的构成也发生了较大的变化。酒店的

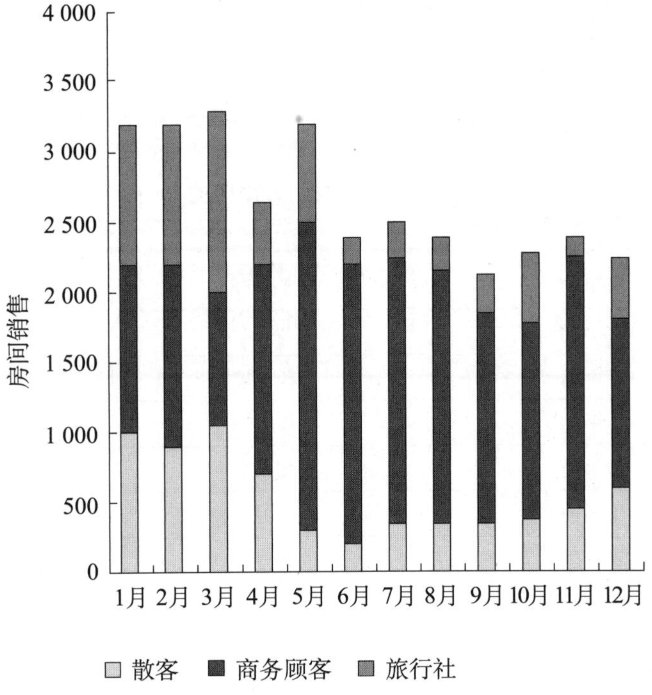

图表4　阿克拉海滩酒店的市场细分

顾客主要是来自英国和加拿大的游客，但是在过去的几年中，企业顾客的百分比大幅增长。大部分企业顾客是与当地公司进行商务会谈才来到此酒店的。阿克拉海滩酒店已经两次被巴巴多斯酒店协会评选为“年度酒店”。

有时，来这里度假的顾客（尤其是在冬季）被商务人士包围让他们感觉很不舒服。就像一位度假者所说的那样：“来这里度假，走在海滩上，看到穿着西装的商务人士在打手机，这让人感觉很怪异。”然而，酒店从商务顾客所获得的平均房费比度假者高，同时企业顾客数量比旅行社顾客和散客数量更加稳定。

西印度群岛板球委员会

酒店的销售经理切瑞塔·霍华德负责与西印度群岛板球委员会（WICB）联系，沟通商讨关于阿克拉海滩酒店成为明年春季在板球爱好者国度中重要的国际体育赛事——西印度群岛板球系列赛的官方接待酒店的可能性。该板球系列赛由加勒比地区的不同国家轮流举办，由巴巴多斯主办下一届比赛，比赛中来自印度和新西兰的参赛队将扮演重要角色。

切瑞塔和酒店总经理乔恩·马迪诺（Jon Martineau）都认为与接待参赛队伍相关的曝光营销对酒店十分有利，但是依照过去的经验，该板球委员会房间预订的日期都处于酒店旺季，他们对于接待此项业务还是担心。他们确定，WICB 愿意负担的房费比过去同时段 140～150 美元的平均房费要低。相比那些在酒店用餐的普通顾客，队员和官员们因为有每日的用餐预算，他们不太可能选择在酒店用餐。同时，他们还担心其他的入住顾客对于板球队的出现会作何反应。尽管如此，对于酒店来说市场潜力还是显著的。WICB 承诺在系列赛的所有宣传材料和赛事电视转播期间将阿克拉海滩酒店列为官方接待酒店。

西印度群岛板球系列赛分为三个阶段，每一阶段都要预订阿克拉海滩酒店的房间。第一阶段是西印度群岛队对阵印度队的比赛，时间是 4 月 24 日至 5 月 7 日；第二阶段还是这两支队伍的比赛，时间是 5 月 27 日至 30 日；最后一个阶段是西印度群岛队对阵新西兰队的比赛，时间是 6 月 17 日至 26 日。

WICB 需要在每一个阶段预订 50 个标准间，想要支付每晚每间 110 美元房费。他们还指定每个参赛队伍要住在单独的楼层。此外，WICB 还坚持要酒店提供所有参赛队员的队服（板球队员都穿着全白的队服）洗涤服务以及练习用具的使用，不收取额外的费用。切瑞塔估算出如果由酒店内部来处理这些洗涤业务每天的花费是 20 美元，如果将这项服务外包每天的花费是 200 美元。

切瑞塔致电酒店的预约经理芬尼·阿姆斯特朗（Ferne Armstrong），听取她的想法。芬尼和切瑞塔想法一样，担心消费力更高的顾客会更换酒店，但她会对预计的房间销售和预订期间的房费做更深入的调查。由于预订的时间超过了 6 个月，芬尼也无法作出准确的预测。然而，她能够提供去年同时期的房间销售和平均房费的数据（见图表 5）。

不久之后，切瑞塔回到办公室分析这些数据，但被 WICB 主席的电话打断了，他想要知道申请的进度。切瑞塔答应在下班前给予回复。他刚挂了电话，马迪诺就打来电话和他沟通关于成为官方接待酒店的巨大市场潜力。

图表 5　　去年同时期的房间销售和平均房费的数据

WICB 系列赛日程	去年同时期房间销售量	日平均房费（美元）
第一阶段		
4/24	141	129
4/25	138	120
4/26	135	128
4/27	134	135
4/28	123	133
4/29	128	124
4/30	141	119
5/1	141	124
5/2	141	121
5/3	139	122
5/4	112	118
5/5	78	126
5/6	95	130
5/7	113	138
第二阶段		
5/27	99	131
5/28	114	132
5/29	114	136
5/30	125	136
第三阶段		
6/17	124	125
6/18	119	122
6/19	112	126
6/20	119	111
6/21	125	110
6/22	116	105
6/23	130	106
6/24	141	101
6/25	141	110
6/26	125	115

说明：日平均房费包括增值税。

霍华德摇着头，困惑地说："我应该怎么办？"

案例问题

1. 什么因素导致阿克拉海滩酒店这种类型的酒店房间需求的变化？

2. 识别由酒店提供的各种市场细分。寻求向来自不同细分市场的顾客提供服务的利弊是什么?

3. 对于 WICB 的预订需求，酒店需要面对的关键事项是什么?

4. 切瑞塔·霍华德应该如何做? 为什么?

案例 5 新加坡航空：具有成本效益的卓越服务的人力资源管理

约亨·沃茨和洛伊佐斯·赫拉克莱厄斯

新加坡航空（SIA）已经通过管理和组织它的人力资源（HR）来获得持续的竞争优势，并且远超同行业内其他竞争对手数十年了。这个案例描述了新加坡航空的人力资源通过招募、筛选、培训、激励和再培训它的员工的方式，同时达到卓越服务和低成本效益这两个明显相互矛盾的目标。

是软件，使我们独一无二，使人们喜欢我们。

——Patric Soow，新加坡航空培训学校高级培训师和主管

在新加坡，我们希望在很多事情上都做到最好。新加坡航空没有什么不同——我们从小就被教导的亚洲优良美德——孝道、关心和照顾、好客，当然，如果可以，最重要的就是尽我们所能去取悦顾客。我们是如何做到的? 有时，人们只是想知道“你们是如何利用飞机上有限的时间和资源做到这些的”，然而我们在某种程度上就是做到了。请叫我们魔术师。

——Lim Suet Kwee，空乘人员绩效管理副经理和前高级机场主管

新加坡航空具有成本效益的卓越服务和人力资源管理

在过去的 40 年里，新加坡航空通过为顾客提供高质量的服务和称霸商务旅游，在竞争激烈的航空业赢得了一流的声誉。新加坡航空好几年都是世界上最受欢迎的航空公司。例如，它 24 次有 23 次被负有声望的英国旅游杂志 *Codé Nast Traveler* 评为世界最好的航空公司，并且在过去 10 年里 3 次获得 Skytrax 年度奖。这些奖项是新加坡航空对顾客高度关注的体现，高级副总裁（产品和服务）Tan Pee Teck 说道：“仅仅保持是不够的，服务平均水平需要整体提高以达到一个较高的水平，因

This case is based on the following earlier publications: Loizos Heracleous and Jochen Wirtz (2010), “Singapore Airlines' Balancing Act—Asia's Premier Carrier Successfully Executes a Dual Strategy: It Offers World-Class Service and is a Cost Leader”, *Harvard Business Review*, Vol. 88, No. 7/8, July-August, 145 - 149. Loizos Heracleous, Jochen Wirtz, and Nitin Pangarkar (2009), *Flying High in a Competitive Industry: Cost-Effective Service Excellence at Singapore Airlines*. McGraw-Hill Education (Asia). Jochen Wirtz, Loizos Heracleous and Nitin Pangarkar (2008), “Managing Human Resources for Service Excellence and Cost Effectiveness at Singapore Airlines,” *Managing Service Quality*, Vol. 18, No. 1, 4 - 19; and on interviews conducted with Singapore Airlines by Jochen Wirtz in 2015.

为常客的期望随后也会提高。”

新加坡航空竞争成功的一个关键因素是它成功地技巧性地掌握了很多公司认为是分开的两极：以低成本传递卓越的服务。新加坡航空的成本比其他任何全套服务的航空公司都低，事实上，它的成本这么低，足以和那些廉价航空公司相比。2001—2009年，新加坡航空可售座位每公里仅仅4.6美分。根据2007年国际航空航天协会的一项研究，全套服务的欧洲航空公司可售座位每公里是8～16美分，美国航空公司是7～8美分，亚洲航空公司是5～7美分。新加坡航空比欧洲和美国最低的运输成本（分别是4～6美分和5～6美分）还低。

引入商务旅游战略的一个关键挑战，是有效地结合职能战略，比如人力资源、营销，或者是运营业务层面的战略，比如新加坡航空的有效的差异化和高水平的运作效率的结合（通过卓越的服务和创新）。这里的关注点就是，人力资源是如何通过创造支持公司战略的产能使新加坡航空成功的，这是很多服务企业至关重要的一个方面。

新加坡航空人力资源战略中存在五个相互联系和相互支持的因素（见图表1），它和高级管理层领导和角色模型一起在新加坡航空以低成本传递卓越服务的商业战略中扮演着重要的角色。下面我们仔细看一下这五个部分是如何发挥作用和彼此补充的。

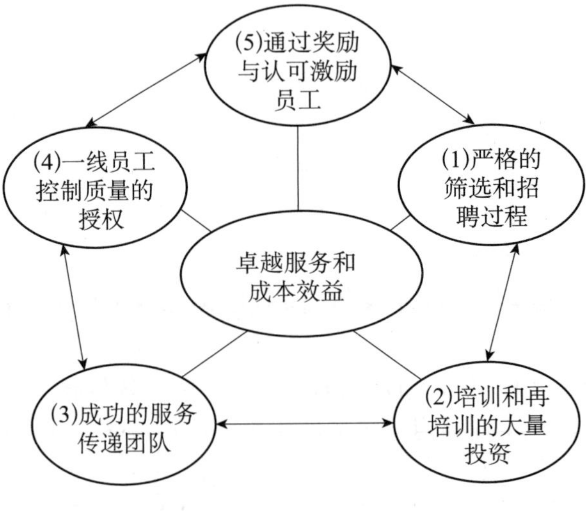

图表1　新加坡航空人力资源战略的五个核心因素

资料来源：该模型根据作者对新加坡航空公司管理层和服务人员的访谈建立。

严格的筛选和招聘过程

从招聘开始，新加坡航空人力资源战略就采取了一套十分严格的体制。高级经理强调新加坡航空寻找的新员工是能够体察顾客感受的，是开朗、友好和幽默的。应聘人员必须符合一系列的标准，首先是年龄范围、学术资格和身体条件的初步筛选。

接下来的招聘面试由四轮组成。在第1轮（每次10个应聘者），要求应聘者自我介绍并回答面试官提出的问题。这一轮将会对他们的英语、自信和外表进行评定。在第 2 轮（每次 6 个应聘者），候选人被分为两组，给他们一个讨论话题。这一轮将会根据他们作为一个团队的工作能力以及他们是否能以一种令人信服的方式有逻辑地表达他们的观点进行评定。在后半场的面试，给应聘者一段文字来测试他们的发音。在第 3 轮，管理者对应聘者进行一对一面试，评估候选人的资质以及是否适合该岗位。在最后一轮，也称为仪容仪表的一轮，制服测试允许面试者评估应聘者穿上新加坡航空沙笼可芭雅服后的仪容仪表。该项评估包括穿上制服后的体态、步态和整体形象。

每年 18 000 名申请者中，大约只有 600～900 名新的空乘人员被雇用来替代 10％离职的人员，包括自愿的、直接辞退的和公司发展需要的。初始培训之后进入试用期，飞行主管将对新空乘人员 6 个月的飞行进行密切监控，并且每月汇报。一般情况下，大约 75％的空乘人员被认可签订最初的 5 年合同，大约 20％的人会被延长试用期，剩下的则离开公司。

毫无疑问，这个一丝不苟的筛选过程确保新加坡航空招聘到具有它所期望特质的应聘者，筛选率是 3％～4％。尽管对表现和行为有严格的程序和严格的规定，但是附近很多刚毕业的年轻人申请加入新加坡航空，因为他们感知到新加坡航空空乘人员的社会地位和相关魅力。新加坡航空在航空行业的服务领导者的声誉和整体技能的发展保证了其能挑选申请人。很多辍学者和毕业生将新加坡航空视为一个值得工作的地方，在两个 5 年合同或者更多年合同之后，在新加坡航空的工作经历也是将来申请其他更赚钱的工作的敲门砖。

培训和再培训的大量投资

新加坡航空特别强调培训，这是人力资源战略的一个关注点。人力资源开发部门的一位高级经理说："新加坡航空在基础设施和科技方面投入了大量的金钱，但归根结底，你需要人去驱动它。在新加坡航空我们认为是人在真正起作用，因此公司有非常全面和综合的方法来开发人力资源。我们有两种类型的培训，即职能培训和全面管理培训。"新加坡航空将近一半的费用用于职能培训和再培训。

尽管在服务业培训经常被强调为成功的一个关键因素，但是新加坡航空在航空业仍然最强调这个方面。它要求新的空乘人员参加集中的 15 周培训课程——行业内时间最长和最全面的培训。新加坡航空的培训目标是确保空乘人员提供温暖和友好的热情服务，同时在乘客心中留下自主和自信的印象。新加坡航空的全面培训不仅包括安全和职能方面的事项，也包括美容护理、美食鉴赏、品酒和谈话的艺术。甚至在经济下滑和经济危机时期，新加坡航空依然高度强调培训。新加坡航空执行总裁 Goh Choon Phong 说道："我们将继续下重金培训和开发人员，以挖掘出他们身上最好的方面，即使在最困难的时候。"

随着新加坡航空的卓越服务声誉变得更强，它的顾客倾向于有更高的期望，这就增加了一线服务员工的压力。一位商业培训经理说，新加坡航空的座右铭是："如果新加坡航空不能为您提供服务，其他航空公司更不能。挑战是帮助员工处理棘手的处境并接受批评。公司要帮助员工处理在必须满足甚至取悦挑剔的顾客时的情绪波动，同时避免产生受人利用的感觉。"前执行总裁 Cheong Choong Kong 也说道："对公司来说，培训是永恒的主题，无论多么年轻或者多么老练都得接受培训。"

为使员工具有开阔视野，不断地接受变化和发展，以及传递新加坡航空定期推出的新服务，不断地培训和再培训都是至关重要的。新加坡航空旗下有四个培训学校——企业学习、空乘人员的三个核心职能、飞机操作和工程部。新加坡航空企业学习中心（Corporate Learning Centre，CLC）是在人力资源的分部门提供一般的管理培训。CLC 为所有员工提供行政和领导力项目的培训，目的是培养高效的经理和有远见的领导者。另外，在商业领域方面，CLC 驱动顾客服务培训和职能培训。

新加坡航空的培训项目（大约 70%在室内）每年涉及 12 000 人。培训通常旨在支持内部活动，比如顾客服务转化（Transforming Customer Service，TCS）项目，该项目涉及五个关键职能部门的员工：空乘人员、工程师、地勤人员、飞行员和销售支持人员。人力资源开发部门的一位高级经理说："为了确保 TCS 文化能在公司内推广，我们将它植入所有的管理培训中。这个项目旨在在关键职能部门的员工之间建立团队精神，我们尽量使乘客全程感到愉快和顺畅。必须认识到，不仅仅是售票处或者订票处以及空乘人员和顾客打交道，飞行员、地勤人员和工程师也在其中，因为他们一直与我们的顾客接触。"她还说："但是 TCS 不仅仅与人有关。在 TCS 中，存在 40∶30∶30 的原则，对人、流程（或过程）和产品都作出了全面的规定。新加坡航空强调 40%的资源用于培训和激励员工，30%的资源用于完善流程和程序，30%的资源用于开发新产品和服务创意。"

新加坡航空的领导力和员工关系管理对于培训活动的成功也起着至关重要的作用。新加坡航空的一个新服务开发项目经理说道："我将自己视为教练，其次才是团队成员。"新加坡航空的经理们经常被视为指导新员工的导师和教练，而不仅仅是指导者和管理者。

新加坡航空也采用了轮岗的方法，使管理者能够对组织有全面的了解。每两三年轮岗到其他部门能够使管理者对组织其他区域的运营有更深的理解。这个活动促进了企业展望，减少了部门之间的冲突，推动了变革和创新，因为新角色带来了新鲜的视角和方式方法。不断轮岗是员工学习和开发的关键组成部分。

打造高绩效的服务传递团队

飞机上的工作环境的特点要求人们作为一个团队来有效传递卓越服务。实际上，有效的团队经常是卓越服务的先决条件。按照这个观点，新加坡航空旨在在团队成员中创造团队精神。7 700 名空乘人员被分成不同的组别。每个组别由大约 180 名员工组成，由小组长担当顾问，来指导和发展新的小组成员。小组长为他们的团队发行简报，组织小组成员进行面对面会议和活动。这些活动包括内部小组游戏、海外会议和现场全天参与。

小组长了解小组成员的优势和弱点，并且充当组员寻求帮助或者建议的顾问。也有培训检查员，他们经常和队员一起飞行，通过洞察绩效和整体反馈来帮助团队的发展。一位培训部门的副经理说："团队领导者可以领导和指出团队哪里需要改善，团队领导者需要评估团队、监督员工发展、监控员工绩效和指导员工。他们根据反馈反过来指导绩效。"

前高级副总裁（空乘人员）Sim Kay Wee 说道："团队内部个人之间的关系纽带很强。因而，当团队领导者做员工评价时，他们是真正了解员工的。你会惊讶于每个员工的档案是如此的全面和细致，甚至有 7 700 条记录。我们可以轻而易举地说出每个员工的优势和劣势。因此，以这种方式，我们很好地掌控；这样做，我们可以确保小组成员实现我们的承诺。如果存在问题，我们将会知道，并且让他们参加再培训。那些做得好的员工将会被提升。"

另外，新加坡航空组织那些涉及更多成员的活动。管理者和小组成员在食品和饮料控制中心有频繁的接触。高级小组成员被邀请参加管理层全天会议。

新加坡航空成员也参与一些似乎完全不相关的活动。例如，为有才华的员工组织兴趣小组，他们在两年一次的机组成员晚宴上为慈善筹集了 50 多万美元。当前，有 30 个不同的小组涵盖了艺术、运动、音乐、舞蹈和社区服务。这些兴趣小组为机组成员在工作之余提供了一个渠道，可以使他们聚在一起追求共同感兴趣的事情。这有助于机组成员进一步发展团队精神。公司相信这些活动鼓励同情他人，珍惜在生命、友情和团队中的美好事情，因而支持机组人员建立这些兴趣小组。

授权一线员工，保证服务质量

随着时间的流逝，机组人员和其他服务人员的软技能受到打磨，使卓越的服务难以复制，不仅在于服务如何传递，也在于支持传递的心态。几乎所有成功的服务企业，都有员工挽救了失败交易，多跑一段路使员工度过愉快的一天或者使顾客避免了一些灾难。一个高级经理（机组绩效）分享了这样一个故事：

> 这位特殊的乘客是 80 多岁的坐轮椅的老太太，遭受关节炎的折磨。她要从新加坡飞往布里斯班。我们的乘务人员发现她疼得一直在大口喘气。乘务人员用自己的热水瓶给老太太做热敷，以缓解她的疼痛，并且跪在老太太身边，为她做了 45 分钟的膝盖和双脚按摩。当时，老太太的双脚已经肿了，乘务人员便将机组发的新袜子送给了她。她照顾老太太有七八个小时。当老太太回到布里斯班时，她的儿子打电话到机组人员住的酒店，想要当面感谢那名乘务人员。后来他还给我们写了一封信。我不知道是培训使她这样还是她个人的原因。我的意思是，人们不会只是单纯接受了培训才会这么做，我是这样认为的。我们找到了正确的人，给了他们正确的支持，给了他们正确的培训，他们才会这样做事。这种体贴关怀的行为是新加坡航空文化的一部分。据机组绩效高级经理说，机组成员为成为新加坡航空的一员感到骄傲，因为新加坡航空给予顾客卓越的关怀。因此他们希望能够做到这些。

员工需要感受到可以自由支配的授权。员工能够独立地做决策，因为一线员工不得不独自频繁地与顾客打交道，因而经理们不可能甚至也不期望时刻监督员工的行为。在新加坡航空，高级管理层强调员工必须对自主性边界有清晰的概念，管理层有责任跟他们沟通并解释授权的限制范围。在服务补救过程中以及顾客有特殊需求的情况下，对一线的授权尤其重要。

通过奖励和认可激励员工

奖励和认可是任何组织可以用来鼓励员工恰当行为（着重强调积极的行为和不被支持的行为）和认可卓越的方式之一。新加坡航空员工的奖励和认可有各种类型，包括有趣多样的工作内容、象征性鼓励、基于绩效的股票期权和一个与员工个体贡献和公司财务绩效相关的显著的薪酬变化比例。新加坡航空通过提供每年基本工资50%的奖金来保持较低的基本工资，奖金取决于新加坡航空的利润。过去几年里，新加坡航空公司获得了很多国际荣誉，包括“最好航空公司”、“最好机组员工服务”和“亚洲最好的公司”，这是对公司的进一步激励。

公司也举办一些公司内部会议使员工知晓最新的发展，并发布通讯。正如机组绩效副经理所说的那样，“这是关于沟通的问题。例如，如果我在购票处增加了一项新服务，我们将会通知在事前、事中和事后涉及的员工。我们将会讨论它的重要性和价值，确保每个人知晓我们在做什么，为什么要这么做。这有助于员工对他们所做的事充满自信。”

沟通也有助于认可卓越服务。员工付出额外的劳动会通过诸如年度 CEO TCS 奖获得认可。机组成员前高级副总裁强调认可的重要性：“我们知道轻拍一下肩膀、一个庆祝典礼、公司通讯里的照片和文字远比纯粹的金钱奖励更能激励人，因此，我们在确保英雄事迹和英雄们的贡献与努力被认可方面作出了大量的努力。”

找到正确的人、创建服务导向的文化是关键。机组绩效高级经理说道：“在这里，有很多无形的东西。我认为它之所以如此独具一格，是很多东西的结合。首先，你必须确保你为工作找到了正确的人，之后，培训至关重要：你培养他们的方式、领导他们的方式和奖励他们的方式。不一定非要用金钱来表达你的认可。我认为另外一个非常重要的元素是机组成员整体的文化，事实上我们拥有为传统感到骄傲的员工。而且我认为我们许多高级管理人员——他们也是从初级做起的——为他们帮助建立航空公司的事实感到骄傲并且希望继续这样。”一位高级经理（机组绩效）补充道：“其他贡献性因素是深深植根于服务文化的，不仅仅存在于机组成员之间，而是贯穿于整个组织。追溯到20世纪70年代早期，航空公司刚成立之时。非常强的组织文化贯穿于整个组织，那就是来自高级管理层较强的使命感。我们认真对待每一次投诉。我们回应每一次称赞和抱怨。我们努力从反馈中学习；这是永不止步的过程。”

新加坡航空奖励和考核评估系统是与期望的行为高度一致的。“机上考核”的关键因素包括形象（整洁、制服和仪容仪表）、服务导向（空乘人员与顾客之间的互动、为顾客服务的能力）、产品知识和工作技能、安全保卫知识和严格按照流程服务、工作关系（团队合作的精神），对于乘务长，人员技能管理和飞行前的简要会议也是额外的因素。附录展示了机组成员是如何被评估的。

新加坡航空按照新加坡的标准提供平均水平工资，该标准低于全球标准。偶尔，新加坡航空管理层和劳工部之间也会存在争议。2007年，当新加坡飞行员联合协会（ALPA-S）不同意管理层提出的 A380 飞行员的工资率时，航空公司备受公众关注，这件事情不得不由劳动仲裁庭解决。

人力资源外延

40 年来，新加坡航空成功地做到了航空业其他航空公司只能想象的事情——成本效益和持久的卓越服务。理解新加坡航空竞争成功的支柱对组织有重要的意义。其中一个关键因素是战略联合，尤其是联合了人力资源实践和公司的竞争战略。

在新加坡航空，上述人力资源管理实践能够确保卓越服务、顾客导向、适应性和注重节约成本的能力的形成，这反过来会支持低成本和卓越服务差异化双重战略。

新加坡航空的经验强调使用培训和开发以达到可以有效支持公司战略的全面发展的员工团队。对领导者来说，关键的问题是：我们的奖励和评估系统应该鼓励什么类型的行为和态度？能支持我们的战略吗？我们是在培训和开发员工以形成支持战略的能力吗？我们是不是在技术培训方面只强调态度和思考的方式？

没有组织可以一直辉煌。近期宏观层面的经济危机，以及中东地区高质量全方位航空公司（如阿联酋航空公司、阿提哈德航空公司和卡塔尔航空公司）和亚洲经济运输（如亚洲航空公司）的快速发展，意味着新加坡航空不仅需要持续关注低成本和卓越服务，而且要再审视和再创造新元素以取得成功。

附录：空乘人员的绩效管理问题

1. 机组空乘人员如何组织，会如何影响绩效系统？

机组空乘人员被分为 45 组，每组由一个组长领导。每组大约由 180 名组员组成，考虑了空乘人员的所有排名。机组组长主要负责监控绩效、培训和开发、建立和谐沟通和机组成员的福利排名。机组组长向机组主管报告，主管一般管理 5 个小组。飞机主管一般受机组主管的管辖。

2. 描述用来指导机组空乘人员的绩效管理工具/过程。

机组成员的绩效是通过“机上评估”（OBA）由同一飞机上的多个机组成员实施的。评估元素是：

a. 形象——整洁、制服和仪容仪表

b. 产品知识和工作技能——空乘人员在不同区域和用餐的服务，以及对流程/工作和产品知识的熟悉程度

c. 服务导向——空乘人员和顾客的互动和为顾客服务的能力

d. 安全和保卫——知识和确保安全的过程

e. 工作关系——评估空乘人员总的态度和团队精神

f. 人际管理技能——监督和人员管理技能，开发高级空乘人员；计划的能力和协调不同服务的能力

3. 评估的频率。

根据排名变化，遵循会计年度。

a. 飞行主管——每个会计年度两次机上评估

b. 其他所有的空乘人员——每个会计年度六次机上评估

4. 公司价值和评估一致的程度。

公司的核心价值植根于机上评估，比如服务导向和产品知识（追求卓越），安

全和保卫（安全），工作关系和人际管理（团队）。

5. 如何培训评估者和培训达到什么水平以保证评估一致性？

所有监管排名的空乘人员必须参加一天关于评估基本原则的培训，被指导使用机上评估表格。对于机上评估不合理的也会有复查的过程，并且机组领导会挑选出那些习惯给出极端评估的评估者。

案例问题

1. 简单归纳新加坡航空成功的人力资源战略五个核心因素的特别之处。

2. 评估每个因素对新加坡航空的卓越服务和成本效益的影响。

3. 尽管这种实践能够帮助服务企业实现较高的公司绩效，但是许多公司并没有很好地实施。对这一现象，你是如何看待的？

4. 为什么说美国全方位服务的航空公司基本上是未细分的低质量供应商？一家全方位服务航空公司是怎样成功定位为高质量服务提供商的？

5. 在美国和欧洲，新加坡航空的一些人力资源实践受到阻碍（例如，空乘人员基于时间的合同每5年就更新一次）。这是公平竞争，还是监管环境？

6. 你如何看待密切关注顾客，同时在内部降低成本的企业文化？

7. 观看 http：//www.youtube.com/watch?v=mlkNzhM2b70（与新加坡女孩环游世界）和 http：//youtu.be/P5SGKR6NJBw（新加坡航空 SQ 女孩），讨论新加坡航空空乘人员会如何看待这些视频。

案例6 LUX*——立足于服务变革的度假连锁店

约亨·沃茨和罗恩·考夫曼

摘　要

LUX*是一家成功服务于印度洋和其他地区的酒店集团。在之前，公司经历了艰难的财务状况、糟糕的服务质量和较差的品牌效应。然而，公司一次领导层的更换使集团经历了一次改变，而这一改变在接下来的一年内展现了积极的反响。这个

Jochen Wirtz is Professor of Marketing at the National University of Singapore. Ron Kaufman is founder and chairman of UP! Your Service Pte. Ltd.

The support and feedback of the management of LUX* is gratefully acknowledged，including Paul Jones，CEO；Julian Hagger，Chief Sales & Marketing Officer & Executive Director；Marie-Laure-Ah-You，Chief Strategy Officer；Nicolas Autrey，Chief Human Resources Officer；Nitesh Pandey，General Manager and Group Chief Innovation Officer；and Smita Modak，Group Training Manager；and Piers Schmidt，Founder of Luxury Branding. The authors also thank Arthur Lee who Provided excellent assistance with the data collection，analysis and the writing of this case study.

All dollar amounts referred to in the text are in US Dollars unless of otherwise indicated. The exchange rate used for all currency conversions is MUR 100 to USD 2.845.

案例描述了一场服务变革，而这场变革使公司在服务文化和顾客体验上取得了快速的进展，财务状况比上年同期有了明显好转。

简 介

LUX* 酒店集团总部在毛里求斯，运营着 8 个度假村和印度洋的一个私人岛屿。该品牌通过新的价值定位——更便捷、更愉快的奢华度假酒店，承诺给顾客提供一种新的生活体验。

什么是更便捷、更愉快的服务？已有的奢华酒店一直和呆板的上层服务以及单调的奢华密不可分。更便捷的服务是指打破这些，在不损害高收入人群利益的前提下，提供一种更为活跃的顾客体验。与此同时，LUX* 想要激活顾客体验，例如，LUX* 并不提高小冰柜内的商品价格，而是鼓励顾客随心使用。为了鼓励此举，LUX* 大幅降低小冰柜内的商品价格。通过这种明智之举，顾客和企业都能从中获益。

尽管 4 年前 LUX* 才开展该活动，但集团度假村一直运营得非常好。在一段很短的时间内，LUX* 成功地转变了服务文化。集团连续 16 次取得了季度性的财务增长，而集团的这一策略也使其在所经营的领域比行业平均水平占有更高的份额。通过多项出色服务的嘉奖就可以反映出该集团的财务状况，其中包括 LUX* 马尔代夫公司在世界级旅游大奖中的“印度洋领先酒店”，LUX* 贝尔地区在全球服务行业中的“毛里求斯最佳酒店”，LUX* 留尼汪岛在世界级旅游大奖中的“留尼汪岛领军酒店”。

黑暗时期

然而，事情并不总是一帆风顺的。在 2011 年 LUX* 成立之前，被称为 Naiade 度假村的该集团的经济状况一直不乐观，没有酒店获得过度假胜地前十家酒店的称号。为了摆脱这一现状，Naiade 度假村意识到该品牌缺乏清晰度。该品牌名称用于九个不同的领域，从三星级到五星级，从而给消费者留下了不清晰的定位。而在 2008—2009 年全球金融危机时期，品牌定位问题愈发明显，导致市场占有率大幅下降（见图表 1）。在 2011 年引人瞩目的爱尔兰酒店游客被杀事件后，集团矛盾达到顶点。

在经历了很长时间的经济衰退和犯罪事件后，酒店员工的动力和士气极度低迷。而在财务上，这些麻烦使得公司 2008—2010 年一直在走下坡路（见图表 2）。2010 年，公司已损失惨重。

触底之后，管理层必须迅速作出调整，度假村在很短的时间内实现了转变。到 2011 年中期，度假村的服务有了大幅提高，很快在财务上也有了好转。从那以后，公司在服务文化和财务状况方面取得了长足的进步和发展。集团是如何实现如此重大的改变的呢？

LUX* 的转折时期

LUX* 转变的第一步可以追溯到 2010 年后半年。在当时的艰难时期，度假村

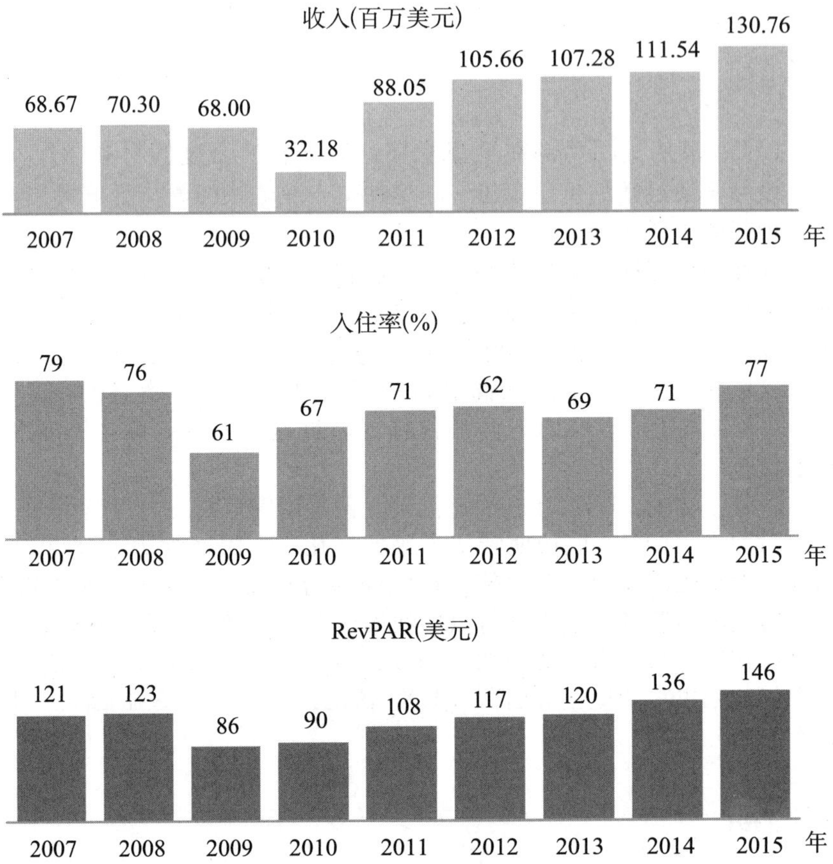

图表 1　收入、入住率和 RevPAR

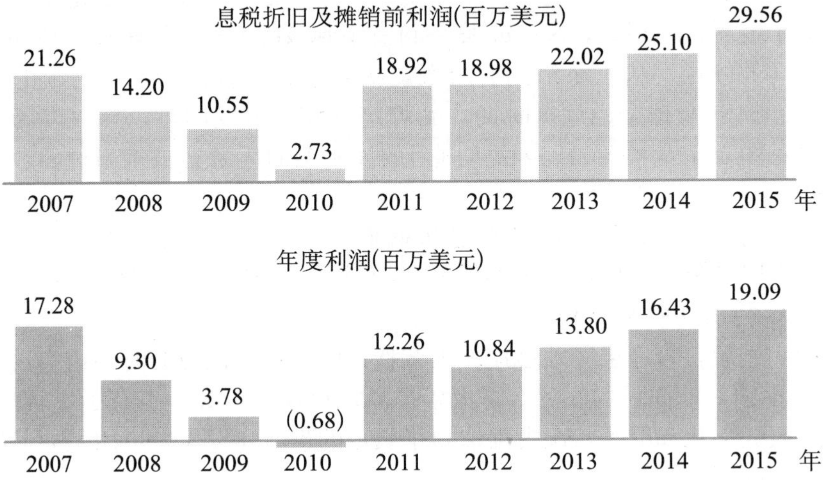

图表 2　LUX* 的财务绩效

说明：2009 年之前，财务年度截至 12 月 31 日。2010 年，所有的财务数据截至 2010 年 6 月 30 日，共 6 个月。从 2011 年开始，财务年度截至 6 月 30 日。

的董事会对公司的领导层作出调整，在2010年10月任命保罗·琼斯（Paul Jones）为CEO。

在琼斯的带领下，在其任期的头12个月内，公司作出了很多改变。它们旨在迅速增加公司的商业利润，打造一个可以向全球扩展的世界性品牌。然而，这对于处于财务困境的度假村来说无疑是一段艰难的过渡期。每个月，度假村都入不敷出，一些员工甚至怀疑这些改变是否使公司陷得更深。

观察到情况不乐观后，琼斯指出，2010年前的数据为我们敲响了警钟，要不是股东的资金注入，公司状况会变得更糟甚至面临破产。另外，资产状况不好，员工士气只会更加低迷。

琼斯和他的团队通过一种综合而一致的策略努力实现4个重要领域的转变（见图表3）。第一，他调查了公司的核心策略和公司价值，度假村的商业模式遵循资产轻量化的策略，从拥有酒店转向管理酒店。相比而言，这种新模式将减少公司现金的流出，因为拥有酒店需要更多资金。例如，在毛里求斯购买一个中型度假村预计花费超过1 500万美元，而新的商业模式将降低其承受的风险，使其扩展的速度更快。这一转变为公司致力于提升服务传递提供了重要动力。

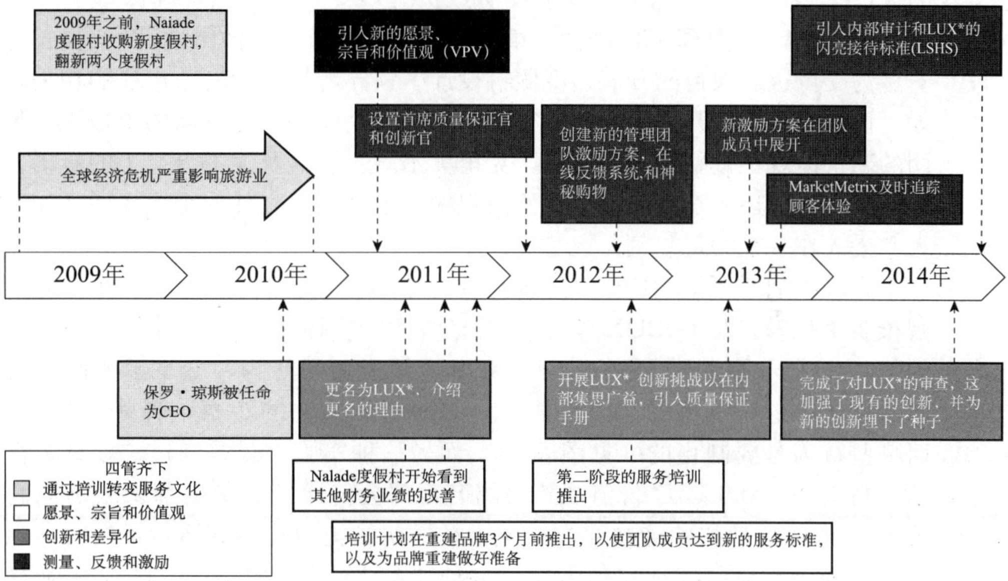

图表3　LUX*的四管齐下

说明：LUX*服务变革从四个方面展开。改变领导层后，琼斯和他的团队在多个领域迅速引入了重要的变化，是扭转公司的关键。公司不断改善，继续保持这一势头。

为了决定今后的发展方向，保罗·琼斯在度假村调用总经理以及集团的高级经理人。来自不同层级的经理和执行官对公司方向作出了重要决定，包括：公司新的愿景、宗旨和价值观，公司新的名称，重新制定了服务标准。一致通过后很多改变很快实现。这带来了公司新策略强有力的开端。

第二，为了鼓励和重振转型中的员工，管理层决定从头开始，重塑公司的服务文化。这包括集团不同层面的高强度的培训、对服务标准的紧密融合，以及在心理上和实际上对旧度假村模式的突破。

第三，琼斯促进了创新意识，他鼓励提出大胆和开放性的观点，勇于接受实验和失败，而这些措施都旨在使 LUX* 的价值定位与众不同。

最后，作为 CEO，琼斯也把很多不同的运行模式工具运用到转型中。这些工具包括对服务的评估以及员工激励计划。

在这四管齐下的策略中，第一个主要变化就是引入了新的 VPV。

愿景、宗旨和价值观

在任何转型发生之前，琼斯需要一个指导性的能提供新度假村基石的范围。一个职业信条详细阐述了公司的精神，并且为员工提供了一种重要的时代思潮。愿景（vision）——我们使每一刻变得重要；宗旨（purpose）——帮助人们享受生活；价值观（value）——人，激情，诚信，领导力，创造力，这三者（VPV）同员工如何与顾客交流沟通密不可分。

在 2011 年 2—8 月间，度假村的每一位成员都是 VPV 建立的参与者。这一过程通过三个阶段开展。第一阶段，CEO 私下拜访了每个酒店，并与员工分享了新的 VPV。第二阶段，经理与所有团队成员开展专题研讨会，确保每个人都能理解 VPV 作为集团运作基础的内涵。第三阶段，所有员工都做出承诺。

为支持这一项目的开展，度假村设计了领导者与员工有效沟通的相关材料。例如，设计了一只张开的手的视觉符号，来展示企业要表达的新的价值观。另外，集团的新价值观也被翻译成了法语、克里奥尔语、汉语及大部分员工的母语。除了上述措施，公司还鼓励员工将企业价值观融入他们工作之外的个人生活，如珍视与家人和爱人在一起的每一刻。

在最初启动后，VPV 一直强调日常小事的积累。在很多公司，使命和价值观很少被提及，但在 LUX*，它们在日常实践中体现出来。后续过程中，度假村的每一位成员通过列出他们应该遵守和应该避免的行为，分享了他们如何遵守规则的例子。这些事例的选择是基于对贯彻新的文化的观察，哪些行为是必需的，而哪些行为是要制止的（见图表 4）。而另一种实施方式是通过“今日名言”的活动，每天一句和 LUX* 价值观相关的名言都会传递到成员内部来激励他们（见图表 5）。这一活动如此受欢迎，以至于在最初实施中有一些运行不畅时，团队成员甚至问为什么他们没有收到名言。这种新的 VPV 形成了 LUX* 变革应遵循的重要基础。

图表 4　一些鲜活的例子告诉员工如何正确地理解 LUX* 的价值观

人		激情		诚信		领导力		创造力	
应该做	不应该做	应该做	不应该做	应该做	不应该做	应该做	不应该做	应该做	不应该做
顾客离开时感谢顾客	消极的、差的、粗鲁的态度	超越期望	消极懒惰	报告任何不正当的行为	做出任何不该做出的违规行为，即使很微不足道	一直在行动	做出不负责任的行为	不要轻言放弃	无礼地拒绝同事的想法

续前表

人		激情		诚信		领导力		创造力	
应该做	不应该做	应该做	不应该做	应该做	不应该做	应该做	不应该做	应该做	不应该做
替生病的同事值班	挑衅顾客	尽量满足每一位顾客	行动的时候沮丧或者消极的态度	在任何情况下敢于说实话	不为错误承担责任	细心和及时采取行动	当事情出错时责怪别人	让顾客感到惊喜	按部就班的程序化流程
时刻保持礼貌、关心和关注	因为很忙就忽略同事	照顾顾客	看到问题的所在而不是心存侥幸地对待问题	报告每项发现	不诚实的行为	以身作则，成为榜样，教导员工、同事、团队成员	独裁	考虑得更多，更好地创新	只是照搬别人的想法

说明：在引入新的 VPV 之后，每个度假村的员工的举止都是 LUX* 价值观的缩影。上述例子的排列无特定的重要性顺序。

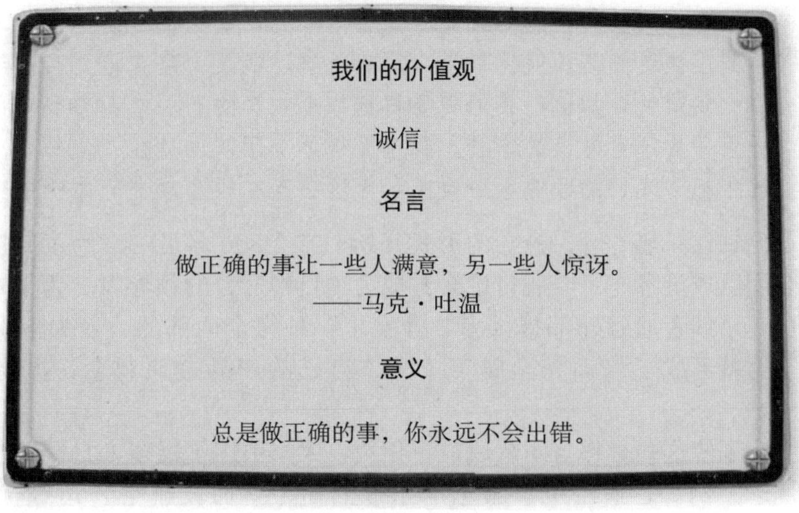

图表 5　一天的示例

团队成员有丰富的度假村和当地环境知识，并通过分享知识表现出骄傲和热情。

说明：今日名言是为了每天提醒员工并用 LUX* 的价值观去鼓舞和激励他们。

通过培训改变服务文化

由 VPV 指导，度假村服务文化的普遍变革正在为重塑形象而筹备实施。公司各个层级的人员都受到高强度的培训，这一行为使得员工发自内心地与服务传递期望保持一致。这种重塑品牌的培训也提供了员工所需的心理上和实际上的新的开始，这些措施也被引入到转型过程中。

全面的培训在全公司展开。除了高级经理会认真讨论他们期待的服务标准问题——向不同企业的标杆学习——LUX* 还和外部的服务供应商一起合作，就基本的服务准则问题进行设计和传递。第一门课程就发布了一项可行的服务教育理论，这一理论使团队成员能够传递由顾客衡量价值的服务。作为课程的一部分，公司向员工介绍建造一幢令人振奋的服务文化的大楼。通过打破一些抽象的概念比如文化，使之变得更具体、更真实，公司实现既定的文化目标会变得更容易。这项培训可以帮助 LUX* 超越标准流程，通过与顾客接触找到他们关注的价值。只有这么做，LUX* 最终才能把一种独特的体验传递给他的顾客。

安塔什·格雷瓦尔（Adarsh Grewal），LUX* 勒莫尼地区的人力资源和培训经理，是受益于此次培训的众多员工之一。他这样评论这次培训：

> 当你打破你日常做的每件事，而且从顾客的角度去看待问题时——无论外在还是内在，你开始意识到每一小步的价值和可能存在的漏洞。很快，打破每个服务活动会变成一种习惯，当这种习惯下意识地发生时，也就是我们真正开始“使每一刻变得重要”的时刻。

纳加森·瓦拉多（Nagassen Valadoo），LUX* 贝勒马尔地区的总经理，分享了对于培训的看法以及对 LUX* 文化变革的反响：

> 作为团队的一员，我体验了整个项目，我想说这是一次丰富的体验。我了解到应该负责任地对待每个人、每件事，我最大限度地对待生活中每件重要的事。我清楚地知道，我们需要根据每个顾客的要求来调整我们的服务以给他们提供一次不可思议的体验。我也懂得每个团队成员在“使每刻变得重要”的过程中都为我们的顾客做了贡献，而这一点在顾客珍贵的体验中变得尤为重要。

培训以一场专题讨论会的形式开始，有 2 800 名员工。为了开展这一培训，30 多名团队成员参与了专题讨论会并成为项目中适合的领导者。为了欢迎不同背景的成员，培训者通过外部提供者，开发了一种完全内部的、专为本次项目定制的材料。这就形成了培训完全属于 LUX* 自己的产品这一观念，提高了团队成员认同度。

为了使这些材料与团队成员更相关，大家引用了很多来自服务企业中成功实践的例子。例如，迪士尼、丽思卡尔顿酒店、新加坡航空公司等优秀服务企业的案例。

这些培训的方式成功地重建了公司的服务文化，这一项目分为两阶段进行，其中第一阶段的结束与第二阶段的开始间隔 4 个月的时间（见图表 6）。以这种方式实施这个项目有利于笼络员工，因为他们能在日常工作中对自己在第一阶段所学的东西加以实践来检验培训的价值。其中一个例子是感知点分析，它使员工通过对顾客所认知和看重的第一理解来关注和传递服务，而不是通过内在的流程来判断。我们所熟知的 LUX* 的 RTG 将这一分析工具运用其中，它解释了不同接触点的重要性，而这一点对于顾客的整体体验是有好处的。这些工具的重要性将会在培训的第二阶段体现出来。

利用不同的服务语言[①]来表达令人振奋的服务文化构成要素是其中的一个例子，通过培训，员工要掌握这种语言。在培训期间，员工要熟悉“服务层次”基本构

① 如难以置信、惊喜，等等。——译者注

架，这一构架对 LUX* 提供的服务进行了详尽说明。作为案例中的关键一点，GMs 说，“让我们给顾客一次前所未有的体验”，团队成员很清楚他们要做什么。显而易见，LUX* 也增加了服务的第七级水平——LUX* 闪亮服务水平（见图表 7）。这样做，LUX* 清晰地与员工讨论服务水平问题。除了讨论既定的服务标准，LUX* 也帮助员工将 VPV 与服务标准相联系，解释为什么他们需要根据公司的信条来传递特定的服务。这表现为一种承诺，而这种承诺使得 VPV 与服务标准密不可分（见图表 8）。

第一阶段

- 介绍六种不同的服务水平。
- 理解为什么服务需要不断改善。
- 识别改善服务的行为。

↓

- 学习通过优先考虑顾客的观点和他们重视的价值，改善顾客服务。
- 分析与改善服务交易的关键接触点。

↓

- 为重塑企业形象，在不同阶段，团队成员致力于承担自己的责任。

第二阶段

- 介绍LUX* 闪亮服务水平。

↓

- 了解顾客如何在四个不同的领域获得价值：主要产品、交付系统、服务心态和持续的关系。
- 明白整个服务体验不仅是向顾客提供度假胜地的服务，而且在之前和之后保持互动。

↓

- 理解在不同的情境中使用适当的沟通方式。

图表 6 培训服务文化

说明：为了使公司转向新方向，员工培训分为两个不同的阶段，以便更多学习建立令人振奋的服务文化。

我们共同的服务语言

LUS*七级服务

LUS*闪亮让人难以想象

让人难以置信

让人惊奇

满足顾客需求

达到顾客期望只是平均水平

顾客基本要求是我们的底线

达不到底线就是“犯罪”

图表 7 七级服务

说明：LUX* 采用 UP！Your Service College 的服务水平框架，并添加了第七级服务。

图表 8	将 VPV 融入服务水平

正如我相信“***Consideration for People***”，对于我的顾客和同事我将永远避免服务错误。

正如我相信“***Serving with Passion***”，我不能满足于仅仅提供基本的服务。

正如我承诺“***Make Each Moment Matter***”，为我的客人和同事实现我们的目的“Helping People Celebrate Life”，我必须超越预期的服务水平。

我希望我和我的同事们总是说实话，公平、真诚和真实。我们总是一起“***Insist on Integrity***”。

我们的信念“***Responsibility of Leadership***”将激励我以身作则，总是向我的顾客和同事提供所需的服务。

我的好奇心和想象力将推动“***Creativity***”。当机会出现时，为我的顾客和同事提供难以置信和令人惊讶的服务。

坚守我们的承诺，成为一个成功的品牌。我们的目标是为所有顾客提供 LUX* 闪亮服务水平。说服他们，他们为自己的假期做了一个完美的选择。

活动开展的 3 个月以后，Naiade 度假村被重新命名为 LUX* 度假村酒店。2011 年 12 月 3 日，LUX* 向记者和媒体打开大门，欢迎来自世界各地的优秀杂志社在度假村逗留。在毛里求斯，公司开展了一整周的活动来庆祝这一仪式。LUX* 的这一活动得到重要合伙人和媒体的积极反响，这也有利于公司口碑的传播。

随着时间流逝，培训变得更加全面，覆盖了五大核心领域（见图表 9）。服务培训一直传递给新的团队成员以及资深人士。LUX* 的新员工入职培训也纳入了该活动内容。

图表 9　　LUX* 培训的重点领域

重点领域	描述
一般的培训	确保团队成员具备处理业务和顾客问题的能力。
服务文化	LUX* 很大一部分的培训专注于构建令人振奋的服务文化，提供世界一流的服务。
技术	专注于培训员工在不同的部门有效地执行工作所需的技术。很大一部分技术培训在内部完成。
领导力	针对公司不同领导层的特定领导力发展项目。培训是与强烈关注领导力的培训机构合作而定制的。
语言	语言培训是非常重要的，以确保 LUX* 能够根据不断变化的市场定制他们的服务体验，尤其是中国和俄罗斯市场近年来快速增长。

60%～65%的入职培训的内容致力于服务传递，以期使新的团队成员顺利地与有经验的员工更好地融合。对于资深人士而言，持续的服务文化培训有助于巩固所学知识。在接下来的课程中，参与者分享了他们如何将所学的核心内容运用到实践中。而且，这些也更新和巩固了培训的课程，从而有利于培养出一群对 LUX* 的成功十分有利的有着强大学习文化、训练有素的团队成员。

创新和差异化

为了传递出一种真正更便捷、更愉快的奢侈度假体验，LUX* 不得不培养出一种服务基因，这种基因敢于面对始终存在的失败体验，LUX* 还应在竞争中培养出一种持续创新、与众不同的文化。

在 LUX* 的发展中，管理层欢迎各种看法。保罗·琼斯一直试图将一种精神植入 LUX* 的基因，这种精神的内涵包括勇于尝试、持续创新、不怕失败。这意味着当公司重组时，甚至在 LUX* 活动结束后，很多想法会付诸实践，公司将其服务和运营的不断发展视为一种规则。

在 LUX* 的观念里，将酒店比拟成剧院再合适不过。酒店的团队成员被看做演员，而管理层则是这部戏剧的制作人。LUX* 尝试使用这种比拟来激励员工，将他们自己最大限度地贡献给顾客。然而，他们很快意识到让这个想法开花结果是困难的。这种想法不仅困扰了顾客，也困扰了团队成员。

在这一点上，全球销售冠军悉尼·皮埃尔（Sydney Pierre）分享道：

> 剧院的比拟是根据创新运营模式而产生的伟大概念和重大转折，但是，实践性和可行性很低，不能真正改变我们的旅行运营模式。

和他观念相似的是市场沟通总监卡洛琳·高德（Caroline Gaud），她说：

> 这使我们的合伙人和顾客感到困惑。一些人期待在度假村看到一场戏剧表演却失望了。这种比拟具有诱导性，造成了太多困惑，因此我们决定放弃。简化品牌概念在这一阶段是很重要的，这可以提高认同感，吸引顾客。

团队创造了 RTG LUX* 这个代名词，其含义是"接受 LUX* 服务的理由"（reasons to go to LUX*），这也是 LUX* 度假村与众不同的卖点。它告诉 LUX* 将要做什么以及鼓励创新精神。创建 LUX* 之初，领导层曾设置过 50 个接受 LUX* 服务的理由。但这些雄心勃勃的目标要想同时实现，有很大的难度。

其中一个接受 LUX* 服务的理由已经不再使用，即秘密酒吧，也称为弹出式酒吧。在不同时间，顾客以一种类似自助但无人管理的方式来接受酒吧服务，自己倒酒，然后记录自己的消费。从理念上讲，这种服务非常大胆、新颖，但却对运营构成了极大的挑战。其中一个挑战是：当顾客为自己服务时，酒漏是难免的，但这对其他顾客的服务体验造成了不良影响。尽管有些设施可控，但并不是所有的设施都可控，这样无疑会影响顾客感知服务质量。正因为如此，必须从那 50 个理由中将其删除。但不管怎样，顾客仍然能在某些区域接受酒店的这项服务。

除了质量，RTG LUX* 的召回还有预算和物流方面的原因。最终，RTG LUX* 的列表被有机地缩减到 20 项。其中一些原因是极具标志性的并且与顾客产生了很好的共鸣。RTG LUX* 在社交媒体和度假胜地领域最具特点的手段是"瓶中信"。

XLuo，一个度假胜地的用户对瓶中信的体验描述如下：

> 我们发现岛上共有四种神秘瓶子，包括免费的葡萄酒、免费的比萨、别墅用餐和免费的鸡尾酒，我们每天早上 6 点左右醒来，在岛上慢跑，花些时间寻

找这些藏在岛上的瓶子，这真是个有趣的方式来开始一天的生活。

革新的理念决定了企业设置首席质量保证官和创新官这一职位。为了激发创新，现任的创新官引入了 LUX* 的创新挑战。每年围绕商业需求设立主题，如提高顾客和员工的忠诚度，增加利润。各度假村的团队以及总公司会推出获准的想法。到年底，团队向陪审团展示他们想法的实施结果。随后，获胜的想法推向度假村，其他创意宣告失败。

一个十分有效的想法是狂欢节，在 2014 年创新挑战中拔得头筹，提高了团队成员的忠诚度。狂欢节是广泛且高参与度的项目，包括健身、创新、礼仪和鼓舞士气周、水疗、致谢、获奖。

例如，礼仪和鼓舞士气周将团队成员的孩子们聚集在一起，为他们举办为期三天的一系列活动，这是节目的主要亮点，也是世界上的首次活动。这些活动有网球课、鸡尾酒课、回收塑料制品、创作诗歌向父母表达感激之情。总的来说，这一活动使孩子们对父母从事的工作产生一种自豪感和尊重感。这一创造性活动对团队成员的满意度有显著的影响（见图表 10a 和 10b），并在第 15 届世界级酒店大奖中赢得最佳人力资源首创精神奖。

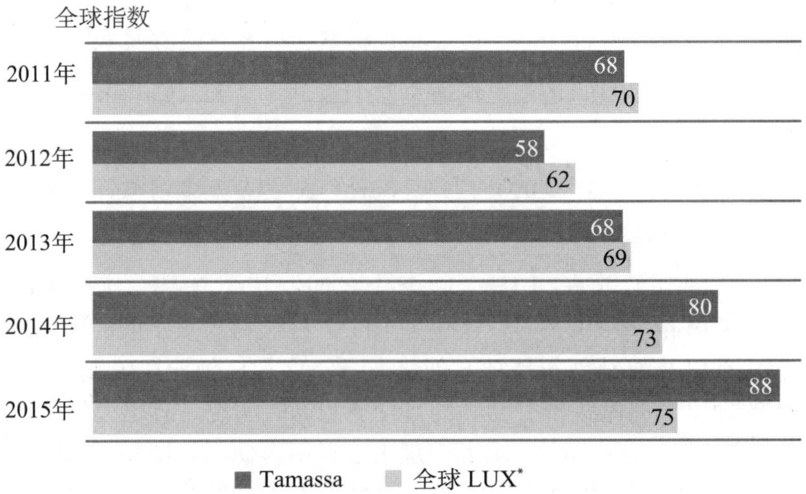

图表 10a 狂欢节的影响

说明：狂欢节引入 Tamassa 后，影响了团队成员的忠诚度，这反映在其全球指数与 LUX* 及其他度假村的走势比较上。

全球指数是五维度的职场幸福指数，通过团队成员满意度调查进行测量，指数得分越高，说明在这些维度上表现越好。

图表 10b 全球指数——职场幸福感的五个维度

维度	描述
重要维度	团队成员的士气（心境：紧张、抑郁、快乐等）
存在维度	个人和职业成就（培训、工作负荷和资源）
社会维度	相互关系、归属感和认可
物质维度	身体舒适、人体工程学、薪酬、福利、乐趣和兴奋
组织维度	对 LUX* 度假村的愿景、宗旨和价值观的内部观念和参与程度

LUX* 非常了解差异化和保持竞争优势的重要性。这种持续创新精神被推出三年的 RTG LUX* 极大地强化。界定 RTG LUX* 的内涵后，在应用时通过寻找成功和失败之处，对 RTG LUX* 的应用效果进行评估，并研究怎样进一步改进。对 RTG 中每个要素价值的评估采用的是由 LUX* 自己创建的 5D 系统（见图表 11）。

图表 11　　5D 系统：走进 LUX* 的理由

评价筛选	指导问题
1. 能提供品牌体验层面的属性吗？	• 愿景——每一刻更重要吗？ • 宗旨——帮助人们庆祝生活吗？ • 能证实对“更便捷、更愉快”的承诺？
2. 能证明我们的创意原则吗？	• 能消除轻率的模式吗？ • 是简单、清新的感觉吗？
3. 能生动地表达品牌的概念吗？	• 能庆祝地区生活、我们的自然和文化吗？ • 灯光华丽吗？沉重还是欢快？
4. 能区分我们和我们的竞争对手吗？	• 它是古怪的、迷人的还是酷的？ • 它是慷慨的、深思熟虑的或令人惊讶的？
5. 能很好地传播这个词吗？	• 它位于搜索排行榜前列吗？ • 它适用于销售吗？ • 它是可共享的吗？

说明：5D 系统是由 LUX* 开发的当前和未来走进 LUX* 的原因的评估系统。

经过审查，管理层决定关注 11 项 RTG LUX*（见图表 12）。它们吸引了不同类型的顾客——家庭、夫妇、年轻人、年轻的心，以及利基受众。RTG 能让顾客感到与众不同。而单一因素不会使顾客选择 LUX*，各种因素共同作用才能形成有吸引力的建议。

图表 12　　选择 LUX* 的 11 个理由

选择 LUX* 的理由	描述
Ici	没有冰淇淋的假日不是真正的假日，所以我们创建了自己的品牌——ici。通过有风格的店面和移动推车提供异国和岛屿情调，而在你的眼前新鲜的华夫格是十分抢眼的。
LUX* 咖啡馆	我们认为美味的咖啡是一种必需品，而不是奢侈品，因此在每个度假村的中心你都会发现 LUX* 咖啡馆。在一个别具一格的咖啡馆，享受我们的咖啡。冰淇淋和冰镇饮品与海边冲浪完美搭配。
电话亭	我们认为假期应该没有压力和烦心的事，因此，如果你来到我们的度假胜地，你会看到一个电话亭，里面有一个古董 VOIP 电话。在这里你可以免费拨打本地及国际电话。我们只关心一件事情：请不要打电话到办公室！
LUX* 自我塑形	LUX* 自我塑形是一种集成的幸福哲学，提供一步一步走向完全健康生活的方式。自然，除了户外运动，我们的私人教练还专注于普拉提、瑜伽和冥想以及拉伸项目来满足你的任何需求。现在开始拉伸你的肌肉吧！

续前表

选择 LUX* 的理由	描述
专用经典葡萄酒	我们很喜欢勃艮第或者波尔多，但从法国的葡萄园到印度洋还有一段很长的路要走，因此我们发掘出南非的令人激动的现代葡萄酒，在薄荷的作用下让瓶口与木塞接触。
天堂电影院	在一个大屏幕上，两只手紧握，折射出我们的生活，并将我们带入另一个经典家庭的世界电影大片。它不会是一场无聊的电影，因为你的服务袋里有新鲜的爆米花、冰淇淋、饮料。
瓶中信	你会在灌木丛旁发现一个孤独的瓶子，在这个神秘的容器中你会发现一个纸卷，这暗示了一个幸运的顾客将会得到特殊对待。请保持警觉，因为如果是你发现的瓶子，那么每日惊喜就是你的了。
螺纹轻	我们不能总是保证晴朗的天空，但在你的帮助下，我们能保证问心无愧，LUX* 在乎目的地及其属性，毕竟难忘的假期不应该以消耗地球为成本，这就是为什么我们尽量"螺纹轻"来 100%抵消你停留时的碳排放。这是在我们实施干预后留下最轻的足迹的方式之一。
妈妈的奶香	希望每个人都能记住酒店和度假村浴室的设施。 想象岛上天然保湿的产品，滋养头发深层的护发素，懒惰浴与热带油脂香味，身体用铜绿的海盐擦洗直到皮肤容光焕发。 LUX* 度假村和酒店为您提供独特的沐浴体验：惊喜、超出想象的愉悦、极简的选择。同时，我们关注环境，我们的产品和包装对待环境就像对待您的身体一样，细心呵护。
妈妈的味道	我们也曾与著名的芳香疗法专家雪莉合作创建了一种基础底油，使用岛上的成分精华、鲜花和香料结合来创造一种神奇的世界香味。这将用于我们的 LUX* 水疗，且油脂与亚麻气味混合在内。
希望之树	在每个 LUX* 度假酒店，你会发现当地工匠精心雕刻的希望之树。 登记后你会得到一条独特的有你名字首字母和访问日期的丝带。虽然不是强制性的，但你会被邀请参与每年的儿童慈善机构捐款活动。你可以系上丝带许愿，虽然我们不能保证你的愿望会实现，但我们能保证每年一次的幸运带可以让你享受 LUX* 的免费度假。

审查的另一个结果是 RTG 的成功扩张。与瓶中信一样，在各个领域都做了大量的改进。更加机智的是，瓶子在不同的时间段放置，以迎合不同睡眠时间的顾客。

为了获取、开发和推广新思想，LUX* 创建了 LUX* 思想银行，这是一个可以将思想放置、分享、讨论、测量和测试的地方。想法由项目团队成员执行和记分。有前途的想法发展成固定模式，再被评估。这些想法由一些高级工程师通过严格的测试过程筛选出心仪的运营商来实施。这一过程被认为是一个新的通道，让 LUX* 每季度推出三项新的 RTG 来推动公司的不断创新。

测量、反馈和激励

在转变过程中，对服务绩效的度量成为优先考虑的事情。在琼斯来 LUX* 就任之前，Naiade 集团就采用书面形式，由公司任命的每个度假村质量保证协调人员采集了顾客反馈的意见。这个系统显然是有局限性的，公司应用起来会有难度。这包括确切的反馈都会滞后，缺乏质量保证协调，因此，限制了高层管理人员的视野，也难以在不同的团队之间对绩效进行有效度量和比较。

在琼斯的领导下，一个基本的顾客反馈系统形成了，服务测量和反馈变得更为复杂。LUX* 的反馈系统成功上线，并且在一个月内招募了首席质量保证和创新官。尽管 LUX* 不能在那个时候给线上反馈系统投入大量的资金，但它看到了线上平台这个发展方向是正确的。通过在线平台，LUX* 能够看到每个度假村在服务质量方面是如何做的，同时也能够激励员工提供更好的服务。

不久之后，LUX* 发布了一本基于全球酒店最佳实践和质量管理的质量保证手册。该手册清楚地阐明了服务目标，如将菜单送到顾客的手里所需的时间。通过神秘购物审核来检查这些目标是否成功实现。

在外部测试方面，公司十分关注顾客反馈和 TripAdvisor 的评分（见图表 13）。例如，公司管理层会时刻监控 TripAdvisor 的定性反馈并及时作出反应。如果与本部门相关，公司不同部门主管也会参与反馈意见的讨论。公司甚至会将这种评分作为员工的 KPI（关键绩效指示标）进行监控和跟踪。

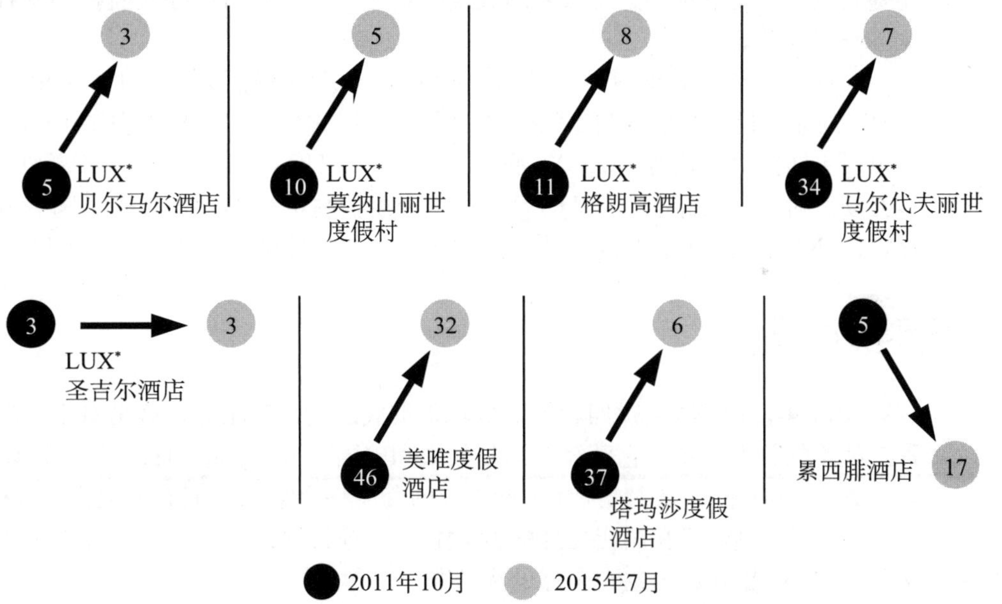

图表 13 各国 LUX* 度假村排名（2011 年 对比 2015 年）

说明：本图说明了 LUX* 度假村 2011—2015 年排名的变化。度假村按国家细分，LUX* 度假村与其他度假胜地进行比较。注意：在 2015 年的排名中 LUX* 圣吉尔和累西腓酒店使用更广泛的地理名称。这导致诸多度假村被列入其中，并解释了累西腓酒店排名下降的原因。

在整个转换过程中，变革的影响体现为财务绩效的改善，如公司公开的季度收入有所增加。这间接地说明，员工对这个反馈系统很满意并且圆满完成自己的工作。然而，在 2012 年 LUX* 的管理层也认识到只有一些激励方案起作用。有时，激励没有使团队成员更为关注服务目标。这便促使管理层评审激励方案，以使其与实现目标相一致。

新的激励方案专注于三件重要的事情——顾客体验、团队合作和利息、税收、折旧及摊销前利润（EBITDA）。2012年，这一方案首先对每个度假村的总经理实施。随后，各种方案不断对不同员工实行。KPI包括利润目标、TripAdvisor的分数、顾客满意度相关指标及团队成员的满意度指数。

在毛里求斯，一个激励方案扩展到所有的团队成员。在这个方案下，个别酒店的绩效与2 000名一线员工的奖励联系在一起。到2015年，团队成员的目标包括EBITDA、Trip Advisor评级以及MarketMetrix评分（顾客满意度的衡量）。当KPI达标时，团队成员能得到基本月薪的8%作为奖金。每月发放奖金作为有形激励，进一步激励一线员工实现公司的目标。

这些手段在LUX*运用得很好，团队在短短几年就把公司经营成为一个国际领先的公司。这也意味着它的一些管理手段必须有所发展。

需要发展的手段之一是LUX*如何测量顾客满意度。2013年，LUX*的线上系统由一个基本系统发展为更加复杂的系统。通过与MarketMetrix合作，LUX*能够在每个瞬间跟踪顾客体验。跟踪的顾客体验方面包括入住、退房、房间、食品和饮料，以及设备和设施。顾客反馈也予以认真对待，CEO通过他的智能手机每天都能收到顾客满意度指标。LUX*的合作伙伴MarketMetrix不仅为度假村服务，还是其主要的竞争对手。对顾客满意度的聚焦有助于公司更好地监控和跟踪度假村及各部门的绩效。

最近，LUX*调整其内部质量标准，LUX*闪亮接待标准（LSHS）成为LUX*的品牌运营标准。与LUX*质量保证手册相比，LSHS代表了LUX*从对标竞争对手转向提供独特的LUX*服务。例如，LSHS指导员工如何着装和如何与顾客互动。对于公司标准，LSHS是适应每个度假村的标准操作程序。随着标准的变化，LUX*也改变了它跟踪这些标准的方式，比如使用内部审计替代神秘购物。

未来的计划

2015年，LUX*通过四管齐下成功地彻底改变了其服务，这是对于未来实现轻资产战略的关键一步。它已经在马尔代夫和中国签署了一系列长期管理协议。

到2016年底，LUX*预计接近1/3的资产将由第三方拥有，但由LUX*投资。最后，LUX*签订了在酒店之外的LUX*咖啡等特许经营协议。伴随着强大的服务文化，LUX*旨在成为遍布全球的大公司。

案例问题

1. 促成LUX*度假村服务变革的主要因素是什么？

2. 你认为LUX*在转型中面临的最主要的挑战是什么？它是如何应对的？它还有什么可以做的？

3. 你认为LUX*接下来应该采取哪些手段巩固其强大的服务文化，不断进行服务变革，并保持高盈利？

词汇表

A

无形性（abstractness） 没有有形的面对面互动的金融安全、投资或专家咨询等活动的无形性。

作业成本方法（activity-based costing，ABC） 基于活动核算成本，由此决定每个顾客所需耗费的资源的方法。

恰当的服务（adequate service） 实现顾客满意的最低服务水平，即低于此水平，顾客将不满意。

广告（advertising） 企业付费的非人际沟通，用以向目标顾客传递产品或服务信息，以说服顾客购买。

远距离交易（arm's-length transactions） 借助邮件、电话等沟通方式，最大限度地减少面对面沟通的顾客与企业互动方式。

芳香疗法（aromatherapy） 利用从花、树干、树叶、树根或其他植物部分中提取的精油，使顾客精神或身体放松的一种天然治疗方法。

态度（attitude） 消费者持续性的对产品、服务或观点的一种喜欢或不喜欢的倾向。

拍卖（auction） 由专业性中介组织的一种销售形式，价格通过买者竞标的方式确定。

广义产品（augmented product） 核心产品（货物或服务）与能够给顾客带来附加价值的附加要素（参见服务之花）。

B

后台（技术核心）（backstage(technical core)） 顾客无法看到的服务运营部分。

旗帜广告（banner ads） 网站上很小的漂移的长方框，内含某品牌的文本或图片信息，点击可见。

行为控制（behavioral control） 顾客可能会改变服务情境，要求企业提供平时并不提供的定制化服务。

行为细分（behavioral segmentation） 根据顾客的知识、态度、使用及对产品的反应对市场进行细分。

标杆管理（benchmarking） 亦称为基准管理，其基本思路是选择行业最优秀的企业作为企业学习的标杆，从而持续推进企业服务质量和成本效益的提升。

利益（benefit） 顾客从服务或有形产品所获得的好处或收益。

大数据（big data） 企业每天所面对的结构化或非结构化的海量数据。

博客（blog） 即网络日志（web log），是一种通常由个人管理、不定期张贴新的文章的以杂志、日志等形式存在的网站。

蓝图（blueprint） 将服务前台和后台整个流程连接起来的可视化图形，对服务传递过程中的各个接触点及其相应的有形要素进行匹配和设计。

跨界活动（boundary spanning） 一个创新系统内个体所扮演的将内部网络与外部信息资源相关联的角色。

跨界职位（boundary spanning positions） 与外部顾客服务接触和内部服务运营都相关的职位。

品牌（brand） 名称、短语、设计、符号或这些要素的组合，其作用是将本企业与竞争对手区分开。

品牌屋（branded house） 企业品牌与企业名称相互一致的品牌战略。

盈亏平衡分析（breakeven analysis） 一种通过分析收益与成本相等的点，进而决定价格的方法。

商业模式（business model） 组织通过价格机制选择及目标顾客选择（使用者、广告或赞助商及其他第三方），来弥补成本，并为所有者创造价值。

企业服务（business-to-business（B2B）service） 一家企业与另一家企业之间的商业交易。

C

连锁店（chain store） 同一所有者和品牌下属的两个以上销售相同商品或服务的分店。

追赶需求（chasing demand） 顾客在不同的渠道和市场间利用价格差来为自己谋取利益。

顾客流失（churn） 现有顾客流失，需要增加新顾客。

顾客流失管理（churn management） 发现可能从公司流失的有价值顾客，并提前采取措施，留住顾客的艺术。

认知控制（cognitive control） 顾客知道事情为什么发生，也知道下一步会发生什么（也称为预测性控制）。

沟通差距（communications gap） 公司试图与顾客沟通的内容与顾客理解内容和后来经历之间的差距。

公司分析（company analysis） 投资者通过采集信息对投资安全性进行的评估，评估内容包括形象、产品、服务及盈利能力。

基于竞争的定价（competition-based pricing） 根据竞争对手定价来确定本企业价格的定价方法。

竞争者分析（competitor analysis） 公司营销计划的关键组成部分。通过对竞争对手分析，了解本企业产品或服务与竞争对手的差异，进而确定产品或服务最重要的属性并利用其来吸引目标市场顾客。

抱怨（complaint） 顾客对服务质量某个方面不满意的正式表达。

联合分析（conjoint analysis） 一种确定顾客对产品特性不同水平价值有用性评价的调查方法。

消费者盈余（consumer surplus） 对质量良好的产品或服务，消费者愿意支付和能够支付金额之间的差额。

消费（consumption） 购买和使用产品或服务。

控制图（control charts） 通过绘制实际服务绩效曲线，并与预先界定的服务标准进行比较，进行服务质量控制的方法。

管理控制模型（control model of management） 建立在职责清晰、自上而下的控制系统和层级组织结构基础上的管理模式，其假设是管理流程是最有效的管理模式。

核心竞争力（core competency） 能够给企业带来竞争优势的能力。

核心产品（core product） 与企业核心竞争力直接相关的产品或服务。

公司文化（corporate culture） 组织内所有成员共享的信仰、经历和故事，它塑造了企业特质。

公司形象设计（corporate design） 利用一致的象征色、符号等，使企业形象更易于识别。

企业社会责任（corporate social responsibility，CSR） 企业自觉履行社会职责，并将其与商业模式有机结合。

基于成本定价（cost-based pricing） 充分考虑生产、传递和营销等成本因素对服务进行定价。

成本驱动因素（cost drivers） 一系列能够导致服务成本变动的活动。

服务成本（costs of service） 已销售产品成本是创造产品或服务所累积的所有成本。

信任属性（credence attribute） 顾客甚至在购买和消费后仍然无法作出质量水平高低判断的服务。

关键事件（critical incident） 顾客和服务提供者之间的特殊遭遇，其对交易双方满意还是不满意影响很大。

顾客关系管理系统（CRM system） 对顾客关系管理战略实施起支撑作用的IT系统和基础设施。

顾客分析（customer analysis） 企业经营计划或营销计划中非常重要的组成部分。

与顾客接触的员工（customer contact personnel） 服务企业中通过电话或面对面等不同方式，直接与顾客发生互动的一线服务员工。

顾客背离（customer defection） 顾客或客户的流失。

顾客界面（customer interface） 顾客与服务组织产生接触的所有节点。

顾客终身价值（customer life-time value，CLV） 顾客一生能够给企业带来的未来预期价值的净现值总和。

顾客忠诚（customer loyalty） 顾客与组织、组织成员或产品（品牌）所建立的忠诚关系，是顾客关系管理最重要的目标。

顾客需求分析（customer needs analysis） 一种手段-目的分析方法，即产品购买决策是实现价值目标的手段。

顾客参与（customer participation） 顾客行为与服务设计、生产和传递过程的相关程度，包括精神、情绪及身体行为。

顾客关系管理（customer relationship management，CRM） 通过传递高价值和提升顾客满意度，来构建并维护有利可图的顾客关系的管理活动。

顾客满意（customer satisfaction） 顾客对特定服务绩效的一种积极的短期情绪反应。

顾客服务（customer service） 为顾客提供的购买前、购买中和购买后服务。

顾客服务代表（customer service representatives，CSR） 代表组织与顾客互动的服务人员。

顾客培训（customer training） 为使顾客能够更好地使用复杂的服务，企业为顾客提供的培训。

定制化（customization） 根据顾客特殊的需求和偏好来设计服务。

虚拟信息空间（cyberspace） 电子交易和沟通产生的没有实体存在的虚拟现实空间。

D

数据分析（data analysis） 对数据进行调查、整理、转换和编码，以发现有用信息，为营销决策提出建议或提供数据支撑。

数据采集（data collection） 根据特定目标，以系统的方式收集和测量信息，以描述企业所要了解的问题，并对不同方案的结果进行比较。

数据挖掘（data mining） 从海量顾客数据中提炼出具有个性化、趋势性和细分性特征的数据。

数据仓库（data warehouse） 包含顾客信息和交易数据的综合性数据库。

决策控制（decisional control） 在不改变任意选择的情况下，顾客可以在两个或两个以上标准化选择中进行抉择。

背离（defection） 顾客改变对某一品牌的服务忠诚，转向另一竞争品牌的行为。

传递渠道（delivery channels） 服务企业（有时需借助服务中间商）通过有形渠道或电子渠道将服务或产品传递给顾客。

传递差距（delivery gap） 服务传递过程中实际传递水平和服务标准之间的差距。

传递流程（delivery processes） 完成某一特定服务的完整过程。

需求曲线（demand curve） 表明不同价格下需求水平的曲线。

需求周期（demand cycle） 某一特定时间段内需求由高峰到低谷的波动过程。

人口统计细分（demographic segmentation） 利用人口统计特征，如年龄、性别、家庭规模、家庭生命周期、收入、职业、信仰等变量对市场进行的细分。

牙科（dentistry） 包括对牙病的研究、诊断、防治等。

理想的服务（desired service） 顾客期望也认为企业可以和应该实现的服务质量。

直复营销（direct marketing） 企业或非营利组织通过各种媒介与顾客直接沟通的一种营销模式。

折扣（discounting） 降价以吸引更多消费者的营销策略。

去中介化（disintermediation） 具有较高品牌价值的服务企业直接与顾客联系，以降低渠道成本，进而实现减少或消除中介的目的。

分配公正（distributive justice） 产品或服务在一个社会中的公平分配。

动态定价（dynamic pricing） 电子零售商采用的一种定价方法，根据顾客购买历史、偏好及价格敏感度信息等，同一产品和服务对不同顾客制定不同价格。

E

电子商务（e-commerce） 通过互联网来完成购买、销售和其他营销过程（参见电子零售）。

效益（effectiveness） 组织实现其目标和期望结果的程度，通常包括顾客满意度。

效率（efficiency） 服务提供过程中，服务组织避免浪费原材料、能源、金钱、精力和时间的能力。

情绪劳动（emotional labor） 服务交易过程中员工所表达出的恰当的社会性情绪（有时可能不真实）。

情绪“画面”（emotionprints） 管理好顾客服务经历，界定好服务过程先后顺序。

员工参与（employee involvement） 在组织实现使命和目标过程中员工的直接参与程度，参与方式包括提建议、分享知识和技能以及在解决问题和作出营销决策时付出努力。

授权（empowerment） 给予一线员工权力来处理所发现的服务问题，在不必征求管理层意见的情况下，对顾客的服务要求作出快速而恰当的决策。

增强性附加服务（enhancing supplementary services） 为顾客提供额外价值的附加服务。

环境心理学（environmental psychology） 主要研究个体与环境之间相互关系的一门交叉学科。

电子零售（e-tailing） 通过网络而不是实体渠道来零售商品或服务。

证据管理（evidence management） 通过对与事件相关证据进行管理，对事件原因、结果等进行分析的管理方法。

过剩产能（excess capacity） 服务组织中未得到充分利用的服务产能。

过剩需求（excess demand） 特定时间内企业服务产能无法满足顾客需要的情况。

期望（expectations） 顾客自己对企业提供的服务所设定的质量标准。

专家系统（expert systems） 能够模仿专家，分析数据，提出解决方案，并给出定制化建议的互动的计算机程序。

F

支撑性附加服务（facilitating supplementary services） 对核心服务产品使用起支撑性作用或者服务传递必不可少的附加服务。

失误点（fail point） 服务流程中如果失误将会对服务质量产生重大影响的服务节点。

家庭争吵者（family feuders） 家庭成员间在服务场所的争吵，更严重的情况是斗殴。

财务奖励（financial rewards） 对顾客具有货币价值的激励。

鱼骨图（fishbone diagram） 一种利用图形来对服务失误原因进行分析的方法（又称为因果图）。

固定成本（fixed cost） 不随着产量或销量变化而变化的那部分成本。

统一定价（flat-rate pricing） 事先为服务设定好固定的价格。

流程图（flowchart） 一种有形的向顾客传递服务的步骤图（参见蓝图）。

服务之花（flower of service） 企业所绘制的围绕核心服务，能够为顾客增加价值的附加价值的图形（参见广义产品）。

焦点小组（focus group） 根据某些特性（如人口统计特征、心理特征或产品所有权等）选定的通常由6～8人组成的小组，企业通过与小组进行深入访谈或引导式讨论来了解顾客对特定问题的认知。

特许经营（franchise） 特许经营权拥有者（franchiser）以合同约定的形式，允许被特许经营者（franchisee）有偿使用其名称、商标、专有技术、产品及运作管理经验等从事经营活动的商业经营模式。

免费增值（freemium） 向顾客免费提供产品或服务（通常是数字产品或应用，如软件、媒介、游戏或网页服务），但顾客需为功能使用和虚拟货物等支付费用的一种定价策略。

一线员工（frontline employees） 服务企业处于服务前台、接听电话、提供在线网络服务或者现场服务的服务人员，他们对服务质量的形成起到重要的影响作用。

前台（front-stage） 服务运营的组成部分，其活动具有可视性。

功能（functionality） 对服务交易绩效起到支撑作用的服务构成部分。

G

总括性服务（generality） 由一系列物、人和事件所构成的服务，如航空服务就包括航班座位、空乘人员和机舱服务等。

地理细分（geographic segmentation） 利用地理变量，如国家、地区或城市等，将一个市场细分成不同的子市场。

全球经济（global economy） 以货币形式表达的世界各国产品和服务交换而形成的世界范围的经济整体。

目标设置（goal setting） 个体发展和组织管理中一个重要的概念。

货物（goods） 通过所有权转移或使用，能够为顾客提供利益的有形产品或设施。

国内生产总值（Gross Domestic Product，GDP） 衡量一个国家经济活动总量最宽泛的指标。

H

光环效应（halo effect） 由于观察者对一个人、公司、品牌或产品在认知方面的偏见，进而影响其对组织和产品特性的理性感知。

高接触度服务（high-contact services） 顾客与服务组织人员、设备等互动频率很高的服务业。

高绩效服务传递团队（high-performance service-delivery teams） 由基于同一目标、技能互补、相互信任的员工组成的服务团队。

品牌家族（house of brands） 公司品牌作为母品牌，下面有很多产品或服务子品牌的一种品牌策略。

人力资源管理（human resource management，HRM） 员工的岗位描述、招募、选拔、培训及激励等一系列与员工管理相关的活动。

人力资源部门（human resource（HR）departments） 无论大小企业，也无论何种行业，与员工幸福关联度最高的部门。

I

形象（image） 与某物相关的一系列信念、观念和印象。

非人际沟通（impersonal communications） 向特定目标顾客传递相关信息，不存在人员接触的单向沟通（包括广告、促销和公共关系）。

基于信息的服务（information-based services） 顾客感知价值主要来源于数据传输的所有服务，也包括精神服务和信息加工服务。

信息管理（information management） 企业管理系统中基础性管理，包括信息的采集、管理、保存和传输，等等。

信息服务（information processing） 针对顾客资产的无形活动。

信息搜寻（information search） 消费者决策过程中的一个阶段，顾客会从内部和外部搜寻相关信息，以作出科学的购买决策。

服务过程中等待（in-process wait） 服务传递过程中的顾客等待。

投入（inputs） 服务生产所需要的所有资源（包括劳动力、原材料、能源和资本等）。

无形性（intangibility） （参见精神无形性和物质无形性。）

无形（intangible） 某些事物可以经历，但无法触摸或保存。

整合营销沟通（integrated marketing communications，IMC） 整合组织内所有沟通传播渠道，以向顾客传递组织或产品清晰、一致和有效的信息。

互动公平（interactional justice） 服务补救过程中顾客所感受到的尊严和被尊重程度。

内部沟通（internal communications） 指组织内部从管理层到员工各种类型的沟通。

内部顾客（internal customers） 即员工，因为他们会从内部供应商（其他员工或部门）接受服务以完成自己的任务。

内部营销（internal marketing） 针对内部员工的营销活动，包括培训和激励，以促使员工建立外部顾客导向。

内部服务（internal services） 能够为最终产出提供价值支撑或增加附加价值的所有内部服务要素。

互联网（Internet） 由无数计算机连接所构成的公共网络，将全球使用者各自连接起来，在互联网上存储有大量信息。

人际技能（interpersonal skills） 在个体间或群体内与他人沟通和互动的生活技能。

可储存性（inventory） 制造业的有形产品是可以储存的，而服务则不具有可储存性。

管理参与模型（involvement model of management） 一种服务员工管理模式，其假设是：如果员工培训恰当，有效激励，并且能够获取足够的信息，那么员工就能够自我导向，在服务传递和运营中作出正确的决策。

ISO 9000 质量管理标准，目的是提高管理的效率和顾客满意度。

J

不良顾客（jaycustomer） 问题顾客的一类，给企业、员工和其他顾客带来麻烦。

工作参与度（job involvement） 对员工工作和决策参与程度的度量。

K

知识差距（knowledge gap） 高层管理者所认为的顾客期望与顾客实际期望和需要之间的差距。

L

工会（labor union） 代表工人集体利益的组织，工会通过与雇主在工资、工作时间和工作条件等方面的谈判，来保护工人合法权益。

顾客接触层次（levels of customer contact） 顾客与服务组织面对面互动的程度。

终身价值（life time value，LTV） 顾客与企业整个关系存续期间能够为企业创造的净利润。

亏本销售（loss leader） 某种产品以低于市场成本的价格进行销售以刺激其他更盈利产品或服务的销售。

低接触度服务（low-contact service） 顾客与服务组织之间极少或不需要直接接触的服务。

忠诚（loyalty） 顾客在较长时间内持续光顾特定

企业的行为。

M

市场分析（market analysis） 对市场活力进行的研究，以确定特定行业的特定市场对企业的吸引力。

市场驱动力（market drivers） 促使顾客购买产品或服务的驱动要素。

市场聚焦（market focus） 企业服务市场的程度，即企业所服务的市场多少。

营销自动化（marketing automation） 企业通过软件平台和相关技术，自动对重复性营销问题作出决策。

营销沟通组合（marketing communications mix） 营销人员采用的一组沟通工具，包括广告、销售促进、事件营销、公共关系等。

营销调查（marketing research） 系统地采集、分析顾客相关数据，并对竞争对手情况进行调查，进而确定组织所面临的市场情境。

市场（marketplace） 聚集着供应商和顾客的有形地点或虚拟空间。

市场细分（market segmentation） 利用细分变量，将一个市场细分为不同的子市场的过程，每个子市场的顾客具有相似的特性和行为模式。

市场协同（market synergy） 将两个营销战略整合以获取更大营销效果。

主特许经营（master franchising） 特许人将特定区域内的招聘、培训等权力授予被特许人并予以支持的一种加盟模式。

最大产能（maximum capacity） 特定时段内企业满足顾客需求的服务能力上限。

中等接触度服务（medium-contact services） 服务过程中顾客与企业接触度有限的服务。

会员制关系（membership relationship） 能够给企业和顾客带来利益的双方之间正式化的关系。

精神不可感知性（mental impalpability） 顾客难以理解的异常复杂、多维且新奇的服务。

精神无形性（mental intangibility） 购买前顾客无法视觉化，对过程和结果也无法预知的服务特性（参见物质无形性）。

精神服务（mental-processing services） 针对顾客头脑的服务，如新闻和娱乐。

精神刺激加工（mental stimulus processing） 针对人脑的无形服务活动。

隐喻（metaphors） 通过一定的修辞手法间接说明两种事物之间的相似性。

手机广告（mobile advertising） 通过移动设备或智能电话向顾客传递产品或服务信息。

手机应用程序（mobile apps） 安装在智能手机或其他小型移动设备，而不是台式或笔记本电脑上的客户端应用软件。

关键时刻（moment of truth） 服务传递过程中顾客与服务提供者的接触互动点，接触对象可以是员工或者自助服务设备，其结果如何对顾客感知服务质量影响很大。

神秘购物（mystery shopping） 一种市场调查方法，企业雇人伪装成顾客，通过实际购买，对服务环境和与员工互动情况进行反馈，进而找到服务质量存在的问题并加以改进。

N

基于需求的细分（needs-based segmentation） 了解顾客现实需求，并以此作为细分依据的市场细分方法。

需求（needs） 潜意识、深层次的渴望，通常与长期生存和认知问题有关。

负向不一致（negative disconfirmation） 产品或服务传递实际感知低于期望水平。

谈判沟通流（negotiation flow） 买卖双方对服务特性和构成及表述方式所达成的一致，目的是销售服务使用权。

净现值（net present value，NPV） 预期实现的现金流入的现值与实施该项计划的现金支出的现值的差额。

净价值（net value） 所有感知收益（总价值）与所有感知支出之差。

非财务奖励（non-financial rewards） 无法用金钱来衡量的奖励。

无形栅栏（non-physical fence） 有形产品在消费、交易和购买者特性方面的差异，服务基本不存在这一问题。

不可搜寻性（non-searchability） 很多服务特性在购买之前无法搜寻和查看。

北美产业分类系统（north American Industry Classification System，NAICS） 根据经济活动类型所作的产业分类，采用北美产业分类的国家包括加拿大、墨西哥和美国。

北美产品分类系统（north American Product Classification System，NAPCS） 根据产品特性所作的分类，采用此分类的国家包括加拿大、墨西哥和美国。

O

离岸外包（offshoring） 服务在一国生产而在另一国消费的情形。

在线广告（online advertising） 也称为在线营销、互联网广告或网络广告，营销和广告的一种形式，利用互联网将促销信息传递给顾客。

机会成本（opportunity cost） 做某事获得某种利益但却丧失做其他事可以获取的利益。

最优能力（optimum capacity） 超过企业能力来服务额外顾客，有可能导致顾客感知服务质量水平下降。

组织文化（organizational climate） 一个组织内所共享的价值观、信念和工作方式，建立在所有员工共识的基础之上。

组织/客户冲突（organization/client conflict） 一起工作的人群由于需求、价值观和兴趣之间的冲突所导致的不和谐状态。

原始设备制造商（original equipment manufacturers，OEMs） 一个具有误导性的概念，指一家公司与电脑和 IT 企业拥有特殊关系。

OTSU（opportunity to screw up） 扭转的机会（参见失误点）。

产出（outputs） 服务传递的最终结果，即顾客感知的价值。

外包（outsourcing） 通过协议，企业将本企业服务流程中的某些环节委托给其他企业。

P

帕累托分析（pareto analysis） 寻找产生问题的不同原因及其各自所占比重的一种分析。

人（people） 服务生产过程中的顾客和员工。

人体服务（people processing） 针对人身体的有形的服务活动。

感知（perception） 个体筛选、组织和解释相关信息，以对外界形成有意义的影像的过程。

感知差距（perception gap） 顾客实际感知的服务与所期望的服务之间的差距。

感知控制理论（perceptual control theory，PCT） 建立在负面反馈基础之上的顾客行为模型，在很多重要的方面与工程控制理论不同。

感知地图（perceptual map） 顾客感知竞争性服务的可视化图形。

绩效评估（performance assessment） 一种测试表格，需要学生完成一项任务，而不是对列好的备选项进行选择。

许可营销（permission marketing） 一种营销沟通策略，鼓励顾客自愿通过特定渠道与企业进行沟通，企业可由此获取产品和服务更多有价值的信息。

个人沟通（personal communications） 营销人员与顾客之间的直接沟通，通常以双向对话的形式进行（包括面对面交谈、电话交谈和电子邮件沟通）。

人员销售（personal selling） 通过服务人员和顾客之间的直接沟通，直接影响购买过程的推销模式。

人际/角色冲突（person/role conflict） 一个人需要扮演两个不相容角色所产生的冲突。

体力付出（physical effort） 在服务传递过程中，由于顾客参与而导致的顾客并不期望的身体方面的付出。

有形证据（physical evidence） 支撑服务过程和展示服务质量、企业形象的有形要素。

有形栅栏（physical fence） 与不同价格相关的有形产品差异。

物质无形性（physical intangibility） 人的五种感官所无法感知的服务要素，狭义上是顾客无法感知和触摸的服务要素。

位置定向广告（placement-targeted ads） 非搜寻性广告，而是直接简单在网站搜索页面上展示的广告。

白金顾客（platinum clients） 在特定服务业消费金额较大、享有一定专属权利的顾客。

播客（podcasting） 一种数字广播技术，包括视频、音频、数字广播、PDF 或电子出版文件，可以下载到自己的计算机或移动设备中随时收听。

防呆设计（poka-yokes） 严谨的防差错系统，可以确保员工以正确的顺序和正确的速度来完成服务任务。

政策差距（policy gap） 管理人员对顾客期望的理解和他们所制定的服务传递标准之间的差距。

市场定位（positioning） 将服务特性植入消费者头脑，以与竞争对手服务区分开的营销策略。

正向不一致（positive disconfirmation） 服务绩效超过顾客期望。

所有物服务（possession-processing services） 针对顾客有形所有物的服务，如维修、货运等。

所有物的服务（possession processing） 对顾客所拥有的所有物进行的服务活动。

服务接触后阶段（post-encounter stage） 服务购买的最后阶段，在该阶段顾客对所经历的服务进行评价，得出对服务结果满意还是不满意的结论，最终形成未来购买意愿。

服务流程后等待（post-process wait） 服务传递结束后的顾客等待。

预期的服务（predicted service） 顾客相信企业能够实际达到的服务质量水平。

服务流程前等待（pre-process wait） 服务传递过程开始前的顾客等待。

服务购买前阶段（pre-purchase stage） 服务购买流程的第一阶段，在该阶段顾客识别出服务特性，对利益和风险进行比较，然后作出购买决策。

价格木桶（price bucket） 特定价格水平上服务能力的销售配置。

捆绑定价（price bundling） 将不同的产品或服务捆绑起来，对整体进行定价的策略。

价格定制化（price customization） 基于差异性变量（如收入等），对不同终端顾客实行不同价格。

价格弹性（price elasticity） 测量价格变动导致需求变动程度的指标。

价格领导者（price leader） 某类市场上价格变动的率先发起者，其他企业是跟进者。

价格领导力（price leadership） 企业对市场价格的控制能力。

程序公平（procedural justice） 解决与顾客矛盾和配置服务资源方面的公平性，一般指在服务失误处理过程中顾客所感知的流程公平性。

流程（process） 服务过程中由不同服务活动、情节和片段所构成的服务运营过程。

流程质量（process quality） 用以支持整个产品寿命周期，包括进入、设计和发展阶段的流程保障体系设计。

产品属性（product attributes） 顾客可以评价的产品或服务所有有形或无形的特性。

产品要素（product elements） 能够为顾客创造价值的所有服务绩效构成要素。

生产能力（productive capacity） 包括设施、设备、劳动力、基础设施等在内的能够为顾客创造产出的所有资源数量。

生产率（productivity） 服务投入转化为能够为顾客增加价值的产出的效率。

产品（product） 企业所生产的核心产出（无论服务还是制造产品）。

促销与教育（promotion and education） 企业所设计的所有沟通活动和激励措施，目的是建立顾客对特定服务或特定服务提供者的偏好。

心理细分（psychographic segmentation） 根据人格特性、社会阶层及生活方式对市场进行的细分。

心理成本（psychographic costs） 一种建立在价格对心理存在影响基础之上的定价策略。

公共关系（public relations） 组织为改善与社会公众的关系，促进公众对组织的积极认知，采取的发布新消息、召开新闻发布会、事件营销、赞助等一系列活动。

Q

质量（quality） 产品或服务满足顾客需求、需要和期望的程度。

排队（queue） 一列人、设施或其他有形物体，或者是无形事物，等待服务或加工。

队列配置（queue configuration） 等待队列组织的方式、方法。

排队论（Queue theory） 对等待队列排列方式进行研究的一种理论。

R

价格栅栏（rate fences） 对不同细分市场顾客采取的不同定价策略。

流程再造（reengineering） 对业务流程进行分析和重新设计，以极大提升组织绩效的活动，如成本降低、质量和速度提高以及顾客服务体验提升等。

关系营销（relationship marketing） 致力于构建与顾客的长期、低成本关系，并能为双方带来利益的活动。

可靠性（reliability） 指可靠和精确地履行服务承诺的能力。

租用（rent） 通过付款来取得他人拥有物的暂时使用权。

重新定位（repositioning） 为有效应对竞争，改变原有定位的策略。

响应性（responsiveness） 时刻准备帮助顾客，为顾客提供即时服务。

零售展示（retail displays） 在商店窗口或其他地

点进行的商品、服务经历或利益的展示活动。

零售引力模型（retail gravity model） 对零售店选址的一种数学方法，包括计算由于大量人口而带来的地理位置中心引力等，然后根据计算结果，配置相应设施和资源，最大限度地方便顾客接受服务。

质量回报（return on quality） 在服务质量改进方面投资所收到的财务回报。

收益管理（revenue management） 对不同细分市场，在不同时点，同一产品，定价不同，进而获取最大收益的一种定价和产品设计策略。

反向拍卖（reverse auction） 一种买者和卖者作用倒置的拍卖方式。

风险感知（risk perception） 人们主观上作出的对风险特性和严重程度的判断。

角色（role） 特定情境中引导人们行为的不同社会提示性要素。

角色一致性（role congruence） 在服务接触过程中，顾客和员工完成自己角色要求的程度。

角色理论（role theory） 关于人的态度与行为怎样受其在社会中的角色地位及社会角色期望影响的社会心理学理论，是试图按照人们所处的社会地位或身份去解释其行为的理论。

S

销售促进（sales promotion） 在短期内刺激顾客购买的促销方式，目的是在短期内快速或大幅提升销售量。

满意（satisfaction） 顾客在接受完服务后，通过产品感知绩效和期望的比较所产生的愉悦或失望的感觉。

脚本（script） 通过个人经历和与他人沟通所获得的习得性行为模式。

脚本理论（script theory） 认为人的行为大多可以归为某特定模式的一种心理学理论。

搜寻属性（search attributes） 顾客在购买前就可以评价的产品特性。

搜索引擎营销（search engine marketing） 通过搜索引擎点击将顾客通过收费广告导向相关页面，进而起到促销产品或服务的目的的一种网络营销模式。

细分市场（segment） 一组具有共同特性、需求、购买行为或消费模式的现有或潜在顾客。

自助服务技术（self-Service Technology，SST） 一种技术界面，消费者可以不必与服务员工接触，独立生产服务。

半变动成本（semi-variable costs） 既包含固定成本，又包含变动成本，在特定的生产或消费水平上，成本是固定的，但超过某一水平后，成本开始变动，即增加或减少。

服务（service） 一方向另一方所提供的经济活动，通常不牵涉到所有权的转移，以租赁、进入、货物、专业技能、网络、系统或者这些要素的组合为顾客创造价值。

服务蓝图（service blueprint） （参见蓝图、流程图。）

服务概念（service concept） 企业提供什么、提供给谁以及通过什么渠道提供。

服务传递系统（service delivery system） 整个服务流程的一个重要组成部分，所有要素被组合起来传递给顾客，包括有形的服务运营要素。

服务主导逻辑（service-dominant（s-D）logic） 在制造业物的交易占据主导地位，我们将其称为制造主导逻辑，而服务主导逻辑正好相反。

服务经济（service economy） 第三次产业占据主导地位的经济形态。

服务接触（service encounter） 顾客与服务（人或系统）直接互动的那段时间。

服务接触阶段（service encounter stage） 服务购买流程的第二个阶段，在该阶段通过与顾客的互动，企业向顾客传递所要求的服务。

服务工厂（service factory） 服务运营进行的实体地点。

服务失误（service failure） 顾客所感知的服务传递的某些方面未能达到其期望。

服务聚焦（service focus） 企业向顾客提供的服务数量多少。

服务保证（service guarantee） 一种服务承诺，如果服务水平达不到事先制定的标准，顾客将得到相应赔偿。

服务领导力（service leadership） 既包括领导哲学，也包括一系列领导能力。

服务模型（service model） 包括对服务概念所作的整合性描述（企业提供什么、提供给谁以及通过什么流程），服务蓝图（服务概念如何传递给目标顾客），以及相应的商业模型（如何取得足够的收益以弥补成本并确保财务弹性）。

服务运营系统（service operations system） 总的服务系统的一部分，通过该系统，企业处理服务投入，服务产品要素被生产出来。

服务产品（service product） 顾客服务中可以销售的那部分服务。

服务利润链（service profit chain） 将员工满意与顾客满意整合在一起的战略框架，其阐述的原理是：员工满意导致顾客满意，而顾客满意则会为企业带来更多的利润。

服务质量（service quality） 顾客对企业所提供服务的长期、主观的评价。

服务质量差距（service quality gap） 顾客实际感知的服务质量和期望服务质量之间的差距。

服务补救悖论（service recovery paradox） 服务出现微小失误，但得到快速、有效的补救时顾客满意度比没有遇到服务失误的顾客更高。

服务补救（service recovery） 服务失误出现后，企业所作出的修正服务失误以维护良好顾客口碑的系统性工作。

服务场景（servicescape） 顾客预订和接受服务的有形场所。

服务科学（service science）研究服务设计、改进和服务系统评价的综合性学科。

服务行业（service sector） 国民经济中各类服务的总称，包括公共和非营利性服务。

服务营销组合（services marketing mix） （参见7P。）

服务分层（service tiering） 对服务进行分层的品牌战略。

SERVQUAL 一种包括5个维度、22个问项的顾客感知服务质量度量方法。

服务产品模型（servuction） 英文service和production的合成词，指服务组织有形环境中顾客可以见到并且可以经历的那一部分。

7P（seven（7）Ps） 服务营销组合，包括传统营销组合的4P和人（people）、过程（process）和有形证据（physical evidence，即服务环境）。

钱包份额（share of wallet） 某产品或服务销售额在顾客总购买额中所占的比重。

六西格玛方法（six sigma approach） 一种严谨的利用数据分析来消除产品缺陷的方法。

社会利益（social benefit） 顾客从产品或服务中所获得的总的社会性利益。

社会约束（social bonds） 服务提供者与顾客之间的个人关系，为企业维护顾客忠诚创造更多的机会。

社交媒体（social media） 人们彼此之间分享意见、见解、经验和观点的工具和平台。

社交网络（social networking） 由一系列社会活动者、不同节点和其他社会互动所构成的社会结构。

空间布局（spatial layout） 楼层平面图、各类装饰的形状与大小、柜台布置、设施和设备排列情况等，为服务环境的一部分。

标准化（standardization） 减少服务运营和传递中的变动性。

黏性（stickiness） 通过方便的导航、免费浏览和与顾客保持持续沟通等方式，吸引浏览者反复浏览和购买。

子品牌（sub-brands） 单个服务或产品品牌，其特性与母品牌不同但相关的一种品牌策略。

附加服务（supplementary services） 对核心服务起到支撑或保证作用的服务。

可持续竞争优势（sustainable competitive advantage） 短期内竞争对手无法超越或削弱的市场地位。

T

有形性（tangible） 有实物形状，可以触摸、拥有或保存。

有形性线索（tangible cues） 服务产品具体的标志，如顾客看到的传递服务的设备，是整个服务产品重要的有形部分。

有形化（tangibilize） 通过展示图片、视频、奖项、顾客好评、证书及其他要素，使无形的服务更加真实和可视。

目标市场（target market） 企业选定并将提供服务的具有共同特性或需求的市场。

目标细分市场（target segments） 企业选定的、与企业经营目标和生产能力相匹配的、具有共同特性或需求的市场。

团队合作（teamwork） 一群有专业能力、知识背景和技能互补的人在特定的团队中，为了一个共同的目标相互支持、合作工作的动态过程。

技术核心（technical core） 顾客无法看到的服务运营部分。

技术技能（technical skills） 完成特定任务所必须具备的数学、工程、科学或计算机相关的能力。

技术驱动力（technology drivers） 建立在企业技术能力基础之上的新产品和服务开发的能力，其目标是推动新产品和新服务，而不是现有产品或服务。

电话营销（telemarketing） 通过电话向潜在顾客营销产品或服务。

服务消费三阶段模型（three-stage model of service consumption） 阐释顾客从购买前一直到购买中和购买后全流程的模型。购买前主要是需求确认、信息搜寻、方案比较和作出决策；购买中主要指服务接触阶段；而购买后则主要是接受服务后期望与感知的比较。

时间成本（time costs） 为做某事必须付出的时间。

总成本（total costs） 给定产出水平上固定成本和变动成本的总和。

全面质量管理（Total Quality Management，TQM） 综合性服务质量管理方法，主要特点是全过程、全员和通过不断反馈进行持续改进。

传统拍卖（traditional auctions） 一种公开销售方式，由专业拍卖师进行，通过竞价，报价最高者中标。

交易型营销（transactional marketing） 一种聚焦单次交易收益最大化的营销模式。

交易调查（transactional survey） 一种度量顾客满意度和顾客感知服务质量的方法，其特征是针对顾客对某特定服务经历在记忆清晰时进行调查。

交易（transaction） 双方所进行的价值互相交换的活动。

U

非理想需求（undesirable demand） 与组织使命、目标和能力相悖的顾客需求。

V

基于价值定价（value-based pricing） 根据顾客由感知价值所愿意支付的价格进行定价。

价值（value creation） 创造任何商业组织的主要目标。

价值交换（value exchange） 一方付费，得到另一方提供的利益或解决方案。

使用价值（value-in-use） 通过产品或服务使用获得的现金流的净现值或其他净收益。

价值诉求（value proposition） 企业试图向顾客提供的一组价值和解决方案，强调与竞争对手产品或服务的不同。

破坏公共财物行为（vandalism） 一个人未经许可，擅自破坏他人财物的行为。

变动性（variability） 服务生产和消费过程中投入和产出缺乏一致性问题。

变动成本（variable costs） 与服务生产和交易数量直接相关的成本。

病毒营销（viral marketing） 通过互联网创造口碑效应并迅速传播，进而达到营销目的。

虚拟排队（virtual queue） 呼入式呼叫中心使用的概念。呼叫中心使用自动呼叫分拨系统，将呼入电话分到中心不同部门或节点。

W

忠诚之轮（wheel of loyalty） 利用系统和整合方法来选定目标市场、争取顾客、发展顾客关系并保留有价值顾客的模型。

口碑（word-of-mouth） 顾客向其他顾客所传播的对服务的正面或负面的评价（通常是现有或曾经接受过企业服务的顾客）。

Y

收益管理（yield management） （参见 revenue management。）

收益（yield） 每单位生产能力能够提供的平均收入。

Z

情感区域（zone of affection） 顾客满意的高水平，在该水平上，顾客忠诚度非常高，不会轻易去寻求替代解决方案。

背弃区域（zone of defection） 除非转换成本过高，在该区域内的顾客如果有现成的或便利性的选择方案，极易背离企业，转向竞争对手。

中立（无所谓）区域（zone of indifference） 如果顾客发现更好的选择，就会作出服务转换行为。

容忍区域（zone of tolerance） 服务传递过程中顾客愿意接受的服务质量水平区间。

Services Marketing：People，Technology，Strategy，8e
by Jochen Wirtz and Christopher Lovelock

Simplified Chinese translation arranged with World Scientific Publishing Co. Pte. Ltd.，Singapore.

图书在版编目（CIP）数据

服务营销：第 8 版/约亨·沃茨等著；韦福祥等译．—北京：中国人民大学出版社，2018．4
书名原文：Services Marketing（Eighth Edition）
工商管理经典译丛．市场营销系列
ISBN 978-7-300-25697-9

Ⅰ．①服…　Ⅱ．①约…②韦…　Ⅲ．①服务营销-高等学校-教材　Ⅳ．①F713．50

中国版本图书馆 CIP 数据核字（2018）第 069305 号

工商管理经典译丛·市场营销系列
服务营销（第 8 版）
约亨·沃茨
克里斯托弗·洛夫洛克　著
韦福祥　等　译
Fuwu Yingxiao

出版发行	中国人民大学出版社		
社　　址	北京中关村大街 31 号	**邮政编码**	100080
电　　话	010－62511242（总编室）		010－62511770（质管部）
	010－82501766（邮购部）		010－62514148（门市部）
	010－62515195（发行公司）		010－62515275（盗版举报）
网　　址	http://www.crup.com.cn		
经　　销	新华书店		
印　　刷	天津鑫丰华印务有限公司		
开　　本	787 mm×1092 mm　1/16	**版　　次**	2018 年 4 月第 1 版
印　　张	32．25 插页 1	**印　　次**	2023 年 11 月第 6 次印刷
字　　数	754 000	**定　　价**	95．00 元

中国人民大学出版社　管理分社

教师教学服务说明

中国人民大学出版社管理分社以出版工商管理和公共管理类精品图书为宗旨。为更好地服务一线教师，我们着力建设了一批数字化、立体化的网络教学资源。教师可以通过以下方式获得免费下载教学资源的权限：

★ 在中国人民大学出版社网站 www.crup.com.cn 进行注册，注册后进入“会员中心”，在左侧点击“我的教师认证”，填写相关信息，提交后等待审核。我们将在一个工作日内为您开通相关资源的下载权限。

★ 如您急需教学资源或需要其他帮助，请加入教师 QQ 群或在工作时间与我们联络。

中国人民大学出版社　管理分社

教师 QQ 群： 648333426(工商管理)　114970332(财会)　648117133(公共管理)
教师群仅限教师加入，入群请备注（学校＋姓名）

联系电话： 010-62515735，62515987，62515782，82501048，62514760

电子邮箱： glcbfs@crup.com.cn

通讯地址： 北京市海淀区中关村大街甲 59 号文化大厦 1501 室（100872）

管理书社　　人大社财会　　公共管理与政治学悦读坊